■ 严昌洪 编著

中国近代史史料学

(增订本)

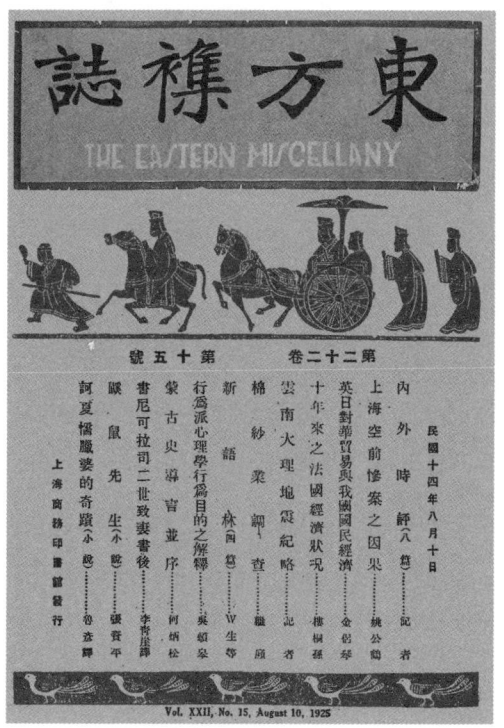

北京大学出版社
PEKING UNIVERSITY PRESS

图书在版编目(CIP)数据

中国近代史史料学/严昌洪编著.—2版(增订本).—北京:北京大学出版社,2018.8
(博雅大学堂·历史)
ISBN 978-7-301-29703-2

Ⅰ.①中⋯　Ⅱ.①严⋯　Ⅲ.①史料学—中国—近代—高等学校—教材　Ⅳ.①K250.6

中国版本图书馆 CIP 数据核字(2018)第 166845 号

书　　　名	中国近代史史料学(增订本) ZHONGGUO JINDAISHI SHILIAO XUE
著作责任者	严昌洪　编著
责任编辑	刘书广　陈　甜
标准书号	ISBN 978-7-301-29703-2
出版发行	北京大学出版社
地　　　址	北京市海淀区成府路 205 号　100871
网　　　址	http://www.pup.cn　新浪微博:@北京大学出版社
电子信箱	pkuwsz@126.com
电　　　话	邮购部 62752015　发行部 62750672　编辑部 62755217
印　刷　者	三河市北燕印装有限公司
经　销　者	新华书店
	965 毫米 × 1300 毫米　16 开本　35 印张　502 千字 2011 年 4 月第 1 版 2018 年 8 月第 2 版　2025 年 6 月第 6 次印刷
定　　　价	76.00 元

未经许可,不得以任何方式复制或抄袭本书之部分或全部内容。
版权所有,侵权必究
举报电话:010-62752024　电子信箱:fd@pup.pku.edu.cn
图书如有印装质量问题,请与出版部联系,电话:010-62756370

目　录

前　言 ·· (1)

第一讲　史料与史学 ·· (1)
  一　史料与史料学 ·· (2)
  二　近代史料的特点 ··· (10)
  三　近代史料的分类 ··· (13)
  四　中国近代史研究与史料学 ································· (23)

第二讲　近代史料的鉴别 ·· (28)
  一　史料的性质及其区分 ······································· (28)
  二　史料的真伪 ··· (34)
  三　史料的鉴别 ··· (40)
  四　考证在历史研究中的地位 ································· (52)
  附录　近代伪史料举例 ··· (53)

第三讲　查阅史料的工具 ·· (60)
  一　字典词典 ·· (60)
  二　基本目录 ·· (73)
  三　索引通检 ·· (91)
  四　类书汇纂 ·· (98)
  五　各种图表 ·· (100)
  六　电子检索 ·· (109)

第四讲　历史档案类史料 (119)
 一　档案的起源与清代档案、民国档案 (119)
 二　近代档案的分类和特点 (129)
 三　若干重要档案出版物举例 (141)

第五讲　官员文书类史料 (171)
 一　官员文书的史料价值 (172)
 二　官员文书类史料的分类及举例 (174)

第六讲　人物传记类史料 (195)
 一　传记 (195)
 二　年谱 (216)
 三　族谱 (228)
 四　回忆录 (231)

第七讲　书信与日记类史料 (236)
 一　书信及其史料价值 (236)
 二　重要书信举例 (245)
 三　日记及其史料价值 (254)
 四　重要日记举例 (269)

第八讲　结集与专著类史料 (281)
 一　文集 (281)
 二　近代文选及其史料价值 (303)
 三　史料选集 (308)
 四　专著 (322)

第九讲　志书与年鉴类史料 (334)
 一　地方志 (334)
 二　专志 (353)
 三　年鉴 (359)

第十讲　政书与典制类史料 (364)
 一　晚清政书 (365)
 二　民国时期的法令法规 (372)
 三　约章类史料 (375)

附录　清代官制与爵位制度 …………………… (378)
第十一讲　报纸与期刊类史料 ………………………… (387)
　　一　近代报刊的兴起 …………………………………… (387)
　　二　近代报刊的史料价值 ……………………………… (392)
　　三　利用报刊史料应注意的问题 ……………………… (396)
　　四　主要报刊介绍 ……………………………………… (401)
　　五　报刊辑录与影印 …………………………………… (433)
第十二讲　笔记与野史类史料 ………………………… (437)
　　一　近代笔记及其史料价值 …………………………… (437)
　　二　野史和稗史 ………………………………………… (455)
第十三讲　实物与口传类史料 ………………………… (465)
　　一　实物史料及其价值 ………………………………… (465)
　　二　口传史料 …………………………………………… (496)
第十四讲　其他类史料 ………………………………… (509)
　　一　地方文献 …………………………………………… (509)
　　二　文艺史料 …………………………………………… (515)
　　三　教科书史料 ………………………………………… (524)
　　四　"他者"著述 ………………………………………… (530)

参考书目 ……………………………………………………… (546)
后　记 ………………………………………………………… (547)

前　言

著名历史学家章开沅先生曾借用一个刊物的名称,把撰写史学论著的三项基本功概括为"文史哲"。"哲"就是科学理论,用来指导我们正确解读史料和建构史实,得出科学的结论。"史"就是翔实史料,用来作为我们分析问题、得出结论的依据。"文"就是优美的文笔,撰写史学论著时讲究文采,则能传之久远,这即是古人所诫:"言之无文,行而不远。"文、史、哲的有机结合,就是撰写史学论著的最高境界了。

作为历史专业的硕士、博士研究生,欲写作一篇成功的学位论文,也是需要文史哲的结合的。一要处理好理论框架或者范式运用的问题,使论文"论起来"。二要在史料方面下功夫。三要文笔流畅。全面地掌握史料,熟练地运用史料,是史学研究的基本功,是学位论文写作成功与否的关键。史料的重要性不言而喻。而研究生们在本科阶段虽然有"中国历史文选"之类的课程,也在毕业论文写作中遇到过史料问题,但对于本专业的史料大多缺乏系统的了解,更遑论那些本科非历史专业的硕士生、博士生,他们更是对史料知之甚少,所以给历史专业的研究生开设史料学课程是很有必要的。本书就是为中国近现代史专业研究生编写的史料学讲义。

早在20世纪80年代中期,单位就安排我们给研究生开设"中国近代史史料学"这门课,以便使研究生通过这门课程的学习能了解近现代史的基本史料,初步熟悉搜集、运用史料的门径。从那时起,这门课讲了多年。每讲一次,就增加一些新的内容,增加一些新的体会。日积月累,形成了这本讲义。感谢北京大学出版社及编辑岳秀坤先生,他们支持将这本讲义变成正式的教材出版。我们想借本书付梓的机会,将自己讲授这门课程的一些做法和体会略作介绍,供采用这本书的老师和同学参考。

多年来的教学和科研实践告诉我们,在史料学的教与学中,应注意多阅读,多实践。要知道一则史料是真是假,有用还是无用,重要抑或不重要,需要有对史料的敏感性,而这种敏感性不像人体过敏来自天生,而是要通过长期地、大量地阅读史料才能具备。要了解自己写学位论文所需史料多还是少,收藏在何处,这也靠多读书,所谓开卷有益。这就是多阅读。

至于多实践,我们是这样做的。

带学生进资料室,钻故纸堆,使其获致对文献史料的感性认识。我们每讲授一种类型的史料,下课后马上带学生进资料室,大家动手从书架上取下那一类型的史料书籍,随便翻翻即可,目的在于对各种类型的史书有一个感性认识,知道是排印本还是影印本,是线装还是平装,是繁体字还是简化字等。我们还提倡研究生多进资料室,把所有书架上的书从头到尾浏览一遍,建立印象,以便掌握家底,了解方位,一旦自己写作论文需要查阅资料时,可以轻车熟路,事半功倍。有条件的地方还应该走进档案馆。我们曾组织学生到省市档案馆现场上课,请馆里工作人员为学生讲档案的收藏情况和查阅、利用档案应注意的问题,听完报告后就进档案库、利用处参观,既与档案馆建立了联系,又使学生了解了查阅档案的程序,等到他们来查档时,则熟门熟路。这就是磨刀不误砍柴工的道理。

带学生参观博物馆,考察遗址遗迹,使其获得对实物史料的感性认识。每个年级开史料学课程的时候,我们都要安排一次参观,或到博物馆、纪念馆,或到原租界街道,使学生通过参观考察,了解历史建筑、文物等实物的史料价值。现在出版物时兴前面加图版,文中加插图,以便从视觉上增强读者的感受。在史学论著中,有时一张实物图片、一张历史照片,比一段文字史料更能说明某些问题。如果参观时留心观察、勤于记忆,并拍摄一些照片保存起来,留待某一天派上用场,在论文中增加一些实物、遗址照片,可使文章增色不少。

组织学生开展社会调查,以便取得搜集口碑资料的经验。我们指导学生利用假期,结合社会实践活动,或者返乡度假的机会,调查民间文献,搜集民间歌谣和传说故事,访问老人,记录口述资料。这些活动可以锻炼学生开展社会活动的能力,取得进行社会调查的经验。在某些课题研究中,有调查材料与文献史料相印证,能更好地说明问题。一旦有这种需要,由于有了前面的锻炼,就能从容地深入有关地方访问、调查,顺利获取所需资料。这种做法还可为将来做口述历史奠定一定基础。

进行鉴别史料真伪的练习,使学生所学考证知识得到应用的机会,积累识别真假史料的初步经验。对于一些新史料,无论是文献史料,还是实物史料、口碑史料,都需要认定其真实性。所以我们讲授"史料的鉴别"一课后,将民间人士提供的,或者在展览中看到的,或者书籍中收录的某些有疑问的史料,印发给学生去鉴别,写出发言提纲,进行课堂讨论,是真是假,拿出根据,各抒己见。讨论中虽然见仁见智,但有助于提高学生辨别史料的能力。曾经有学生将鉴别史料的发言稿整理成论文发表,收到良好效果。

进行阅读史料的练习,提高学生阅读史料、理解史料的能力。由于近代史的史料,有许多是用近代文言文写作的,有的半文半白,如梁启超的文章,有的深奥艰涩,如章太炎的文字,所以搜集到史料是一回事,能否读懂史料、理解史料中的意思又是一回事。我们往往在史料学基本内容讲授完后,选择有代表性的文章印发给学生,课下认真阅读,课上分段讲解,每段一人主讲,然后大家讨论,共同完成对该文的准确理解,最后由老师串讲,重点讲解难懂的字词句。这种阅读史料的练习,可以提高学生阅读近代文言文的水平,有助于正确解读史料。

学位论文的写作应立足于占有翔实史料的基础之上。据说从前北大有位老教授,看学生论文倒着看,先看后面的参考文献,如果发现写作该选题应有的基本史料没有列入,就打回去,让学生进一步搜集史料,重新写作。我们在指导研究生写作学位论文的过程中,除了开出基本参考书目外,还引导他们运用所学史料学知识,借助文史工具书(现在还应加上互联网)提供的线索,广泛搜集史料,并将搜集到的史料加以排比，写出文献综述，编成史料长编，作为写作的基础；注意论文所引史料注释的规范，并做好参考文献的分类，避免参考文献编排上的杂乱无章，给人留下思维混乱的印象。史料工作做好了，论文就成功了一半。所以认真学习史料学，很有必要。

我们在讲课中，参考了学术界一些著作，这次出版又吸收了许多新成果，除了在注释和参考文献中注明外，在此谨向有关学者致以谢忱。惟因编著者学识有限，见闻不广，所参考者不免挂一漏万，而且错误在所难免，敬希批评指正。

第一讲　史料与史学

作为史学研究对象的"历史",是以往事物存在的客观实际,它早已存在,不以时间的推移和人们的意志为转移。"有了人,我们就开始有了历史。"①但最开始有人的时候还没有历史学,历史学是有文字记载以后的事情。

中国汉字中的"史"字的初义并非指史学或史书,先秦时代的国史就不称"史",晋之《乘》、楚之《梼杌》、鲁之《春秋》都是这些诸侯国的国史。汉到隋唐的历朝正史都称为某书,如《汉书》《隋书》《旧唐书》《新唐书》等。虽然周朝末年已有了"史记"作为史书的通称,司马迁所著史书也称作《史记》,但当时的意思是指史官的记载,《史记》原名《太史公书》,就是"太史公的记录"。所以说"史"字的初义是史官。

这一点与欧洲不同,欧洲的"史"字如英文的 History、俄文的 История,均出自希腊文 Historia,初义为"真理的寻求",所指为史书。汉字里"史"字最初为𠁆,根据吴大澂的解释,像手(彐)执简(中)的形状,意为"记事者也",即手持简策记事的人,也就是掌史之官。

史官的职务演变有三个阶段:最初职务很广,不仅记事,而且兼掌历象、日月、阴阳、占卜、望气等天人之际的事务。因为上古政教不分,史官实际总揽全国一切政教活动,而且地位显要。后来逐渐演变,因政教分离,天人之际属于宗教范围,所以史官职权缩小,只包括天人之际

---

① 恩格斯:《自然辩证法》,《马克思恩格斯选集》第 3 卷,人民出版社,1972 年,第 457 页。

的事务及其记载而不能参与政权。《后汉书·百官志》中有"太史令"一职,它是秦代开始设立的,西汉沿袭下来,主要掌天时、星历,即天文、历法,兼记事修史。东汉以后,曾经专掌天文、历法,记事修史的事另有其他官员担任。到了第三阶段,只以著述国史为事,这就是后世对史官的一般认识。这种演变说明,时代愈古史官之权愈广,愈往后权愈小。就地位而言,最初极尊,汉代时"太史公"(西汉时对"太史令"的通称)仍"位在丞相上",而后逐渐转卑。①

既然"史"字的初义是史官而不是史学,那么我国史学始自何时呢?孔子作《春秋》的时候,确定了编史的方法:"'其事则齐桓、晋文,其文则史。'孔子曰:'其义则丘窃取之矣。'"②就是说,所记的事实要选取齐桓、晋文那样的重大政治事件,文体要用史官记录式的写法,立论要"以义断之",这也即是朱熹在《四书集注》中所引尹氏曰:"言孔子作《春秋》,亦以史之文载当时之事,而其义则定天下之邪正,为百王之大法"③,即用公正的笔法来裁断事物,"笔则笔,削则削",以孔子自己的道德标准来维护当时的统治秩序。这表明早在两千多年前,孔子已解决了编撰历史如何选材、行文和立论等重要问题,我国传统史学就正式形成了。至于现代历史科学的建立,那是马克思主义传来中国以后的事情,这种历史科学就是运用历史唯物主义的立场、观点和各种科学方法,通过对史料进行研究,反映历史的本来面目,揭示社会发展的客观规律。

一 史料与史料学

历史学所说的"史料",是人们编纂历史和研究历史所采用的资料。它可以帮助人们认识、解释和重构历史过程。没有史料,或者缺乏真实的史料,就无从进行史学研究。正如梁启超在《中国历史研究法》中所说:"史料者何?过去人类思想行事所留之痕迹,有证据传

---

① 参见李宗侗:《中国史学史》,中国友谊出版公司,1984年,第4—5页。
② 《孟子·离娄下》,朱熹:《四书集注》,岳麓书社,1988年,第423页。
③ 朱熹:《四书集注》,岳麓书社,1988年,第423页。

留至今日者也。""史料为史之组织细胞,史料不具或不确,则无复史之可言。"①陈寅恪则指出:"一时代之学术,必有其新材料与新问题。取用此材料,以研求问题,则为此时代学术之新潮流。治学之士,得预于此潮流者,谓之预流(借用佛教初泉之名)。其未得预者,谓之未入流。此古今学术史之通义,非彼闭门造车之徒,所能同喻者也。"②这些都说明,史料是史学研究的基础。周传儒在《甲骨文字与殷商制度》第一章导言中指出:"近代治学,注重材料与方法,而前者较后者尤为重要。徒有方法,无材料以供凭借,似令巧妇为无米之炊也。果有完备与珍贵之材料,纵其方法较劣,结果仍忠实可据。且材料之搜集、鉴别、选择、整理,即方法之一部,兼为其重要之一部,故材料可以离方法而独立,此其所以可贵焉。"③

从广义来说,史料的主要来源或形式有以下几个方面:

(1)实物的史料,即史上遗留下来的可以反映历史的各种实物,它是史料的最早形式,如遗址遗迹、传世文物、地下发现的遗物、遗体等,有许多要由考古学家进行研究,历史工作者常常直接接受他们的研究成果。

图1-1 实物史料一例——太平天国钱币

---

① 梁启超:《中国历史研究法》,《饮冰室合集·专集之七十三》,中华书局,1989年,第36页。
② 陈寅恪:《陈垣敦煌劫余录序》,《陈寅恪集·金明馆丛稿二编》,三联书店,2001年,第266页。
③ 周传儒:《甲骨文字与殷商制度》,开明书店,1934年,第1页。

大總統誓詞

傾覆滿洲專制政府鞏固中華民國圖謀民生幸福此國民之公意文實遵之以忠於國為眾服務至專制政府既倒國內無變亂民國卓立於世界為列邦公認斯時文當解臨時大總統之職謹以此誓於國民

中華民國元年元旦

孫文

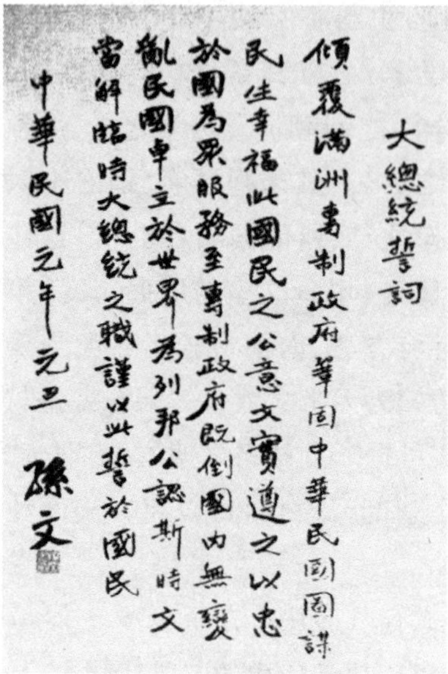

图 1-2　文字史料一例——孙中山《大总统誓词》

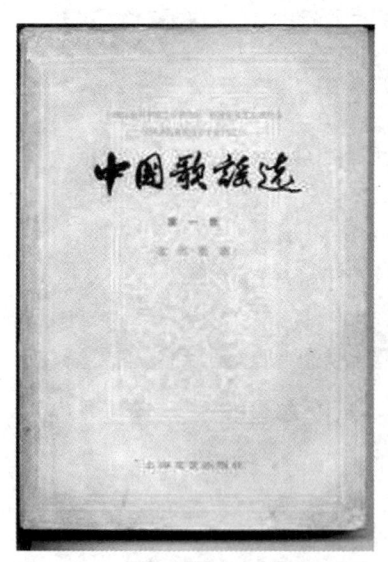

图 1-3　口传史料(记录本)一例——《中国歌谣选·近代歌谣》

(2)文字的史料,即记录史事的载籍,它包括历史过程进行中形成的文字材料和人们在历史进程过后有意留存的文字记录。文字史料的门类很多,且在不断增加,如各种著作、文献、铭刻等,这是大量的,是史料学研究的主要对象。

(3)口传的史料,即以口耳相传方式留存下来的史料,一部分口传史料被记载下来已转化成为文字史料,如传说、访问记录、民间歌谣、口述史等。

此外,还有几种特殊的史料,即音像史料和非物质文化遗产。历史上的声音留存于录音磁带实物上,但作为史料运用的主要是声音而不是录音磁带;图片(照片和绘画等)作为史料也主要是存在于其中的形象,而不是图片本身。至于非物质文化遗产,它是以动态形式留存下来的史料,如某些古代生产、生活技术,可称为“活化石”。

这几种不同来源的史料形式并不能截然划分,碑刻上有文字,但石碑本身又是实物史料;民歌、传说、访问是口传史料,但一旦记录下来,它又是文字的。日记是文字史料,但日记原件又是极珍贵的实物史料。至于带有录音录像的摄像资料,则可能兼有图像、声音、口述多方面的史料形式。一件史料隶属于什么形式,除了本身的属性外,还取决于利用者从什么角度来使用它。

这些材料之所以能够作为历史研究的资料,是因为它们可以从不同角度、不同程度地反映社会发展一定阶段上的人们的物质、精神生活和社会状况演变的历史,帮助我们揭示社会发展的客观规律。

运用史料需要注意三点:

一、注意史料制作和流传过程中一些人为因素对史料价值的影响,必须选取最能反映历史真实的史料。

首先,是文字记录失真的问题。在对历史进行文字记录时,即使是记者当场速记的演讲,第二天报纸刊登出来,也会与演讲人的原话有出入,更何况许多文字记录总是和事实存在一定的时间和空间距离,记录者记忆是否完全可靠是需要打一个问号的。

其次,在史料的制作过程中,作者的主观认知能力与价值取向,直接影响其对史实的记载,有的作者甚至为自己的情绪所左右,不能客观记录,兰克学派所谓"如实的说明历史","不是我在说话,而是历史在借我的口说话",[1]只是他们的一种愿望。同一件事,由不同的人所作的记载是不尽相同的,不仅观点不同,所用材料也不同。光绪皇帝在某些改良派眼里是"深仁厚泽"的"圣主",在某些革命派眼里却是"未辨菽麦"的"小丑"。

再次,在史料的流传过程中,有些会被保存者或转述者出于这样或那样的原因而删略、回避,甚至出于某种原因对历史记录加以篡改,有意无意掩饰或歪曲某些史实。《李秀成自述》就被曾国藩做了手脚,删减了对太平军有利的记载,隐讳不利于湘军的说法,而保留其他派系的败绩。如果不是在曾国藩后代家中得见原稿,很多史实就会一直被歪曲。

因此研究历史时,必须以科学的观点处理和运用史料,选取最能反映历史真实的材料来论述历史。文字史料固然是这样,而口述史料的讲述者也有主观性,他们还多了随意性,想到哪里就说到哪里,有时会

---

[1] 巴勒克拉夫著,杨豫译:《当代史学主要趋势》,上海译文出版社,1987年,第12页。

把采访者引入歧途,这是特别要注意的。实物史料的制作者,也是有一定立场的,最典型的例子是民国时期的铸币,不同时期使用的头像不同,所以有"袁大头""孙小头"等的分别。清末预备立宪时成立的咨议局,其建筑的形式与旧式官衙就有很大的不同,这种标榜模仿西方议会的咨议机构,它的建筑自然是西化的,表现出内容与外在形式的统一。

二、研究历史必须利用大量史料。

恩格斯曾指出:"即使只是在一个单独的历史实例上发展唯物主义的观点,也是一项要求多年冷静钻研的科学工作,因为很明显,在这里只说空话是无济于事的,只有靠大量的、批判地审查过的、充分地掌握了的历史资料,才能解决这样的任务。"①列宁也说:"如果从事实的全部总和、从事实的联系去掌握事实,那么,事实不仅是'胜于雄辩的东西',而且是证据确凿的东西。如果不是从全部总和,不是从联系中去掌握事实,而是片断的和随便挑出来的,那末事实就只能是一种儿戏,或者甚至连儿戏也不如。"②这是因为"社会生活现象极端复杂,随时都可以找到任何数量的例子或个别的材料来证实任何一个论点"。③如,关于辛亥革命时期会党的成分和性质问题长期存在争论,一种意见认为它的基本群众主要是农民和其他贫苦劳动大众,会党是农民组织。另一种意见认为会党的主要成分是散兵游勇、江湖流民,其次是失业手工业者、城镇贫民,有早期的产业工人,农民只是少数,会党是流氓无产者组织。其实,会党的势力渗透到当时社会的各个阶层,既有农民、手工业者,又有游民即破产的农民、手工业者和兵勇,还有其他一些成分,在不同的地方,不同的时间,不同的山头,各种成分所占的比重不尽相同。有些地方的史料可能反映这种成分多些,有些地方的史料可能反映那种成分多些,人们分别根据这些史料来立论,就出现关于会党性质的不同观点。要在类似问题上取得比较一致的意见,除了发掘新的史

---

① 恩格斯:《卡尔·马克思〈政治经济学批判〉》,《马克思恩格斯全集》第13卷,人民出版社,1962年,第527页。
② 列宁:《统计学和社会学》,《列宁全集》第23卷,人民出版社,1972年,第279页。
③ 列宁:《帝国主义是资本主义的最高阶段·法文版和德文版序言》,《列宁选集》第2卷,人民出版社,1972年,第733页。

料外,对现有的各种史料应有一个科学的、实事求是的态度,把握事实的总和,进行全面的排比、分析,作出大体符合实际的解释。对史料各取所需的态度不是严谨的、科学的治学态度,理应摒弃。要掌握大量史料,就必须读书。

三、要防止"重史料,轻理论"和"重理论,轻史料"的两种倾向。

"重史料,轻理论"是中国传统史学的特点,受这种影响很深的一些老学者,对史料很熟悉,但由于不熟悉新理论,不善于运用新理论,论述历史问题,往往事与愿违。这种倾向有一个观点是"史料即史学",以为占有了大量史料就是史学研究的成功。这种旧史学的老路我们不应去走,因为脱离了恰当的理论分析和解释,历史学就会降低成为单纯的史料整理,甚至会成为少数旧式学者养性怡情的古董玩物。有的人往往陷入琐碎的无意义的,有时甚至是无聊的考据上去。20世纪50年代,有人很认真地就洪秀全有没有胡子的问题进行了长篇的考证,罗列了大量材料,结果成为人们的笑柄。其实,诚如有的学者指出的:"占有充足的史料并不意味着拥有对历史的话语权,科学的历史研究绝非是对史料的大量堆砌、机械排比与简单组合。只有用科学的理论来甄别、考量、解析与阐证史料,才有可能作出接近历史真实的诠释。"[①]史料不等于历史,史料学也不等于史学,史料学只是历史学的辅助课目。应该在占有大量史料的同时,认真学习历史唯物主义原理,了解当前新的史学理论和方法,包括西方的一些理论和范式,择善而从。

"重理论,轻史料"是反对前一种倾向而走向了另一个极端。其弊端主要表现在:(1)不大注意根据史实具体地分析问题,满足于空泛地谈论一些理论观点,特别是有少数人喜欢发表新奇的议论,但缺乏史实作为立论的坚实基础。20世纪80年代,曾有人尝试将"三论"(系统论、控制论、信息论的科学方法)引入历史研究中,然而因为这种新颖的研究方法由于缺乏扎实的史料做支撑,没有多少立得住的成果可以传世,喧闹一时后渐渐淡出。没有耐心又急于求成,表现出一种学术上的浮躁情绪。(2)对史料整理和研究工作缺乏严肃的科学态度,信手

---

① 孟广林:《建构世界史研究"中国学派"》,2016年4月14日《中国社会科学报》。

拈来,随意选择和解释史料。(3)在历史教材和课堂教学中,不能以具体的材料来揭示各个历史时期的社会生活真实感,使得教材和教学不怎么生动有趣,缺乏感染力。人们认识事物一般都是先由感性再上升到理性,历史科学的感性认识主要求诸史料。系统地搜集和整理史料,是对历史进行分析的和综合的研究的前提。

清代著名史家章学诚曾说:"夫记注无成法,则取材也难;撰述有定名,则成书也易。成书易则文胜质矣,取材难则伪乱真矣。伪乱真而文胜质,史学不亡而亡矣。"①这段话告诫人们,以假乱真而又华而不实,史学的衰亡是必然的。

从史学出现开始,为了搜集材料和研究材料,史料学也就出现了。孔子提出叙述历史要依据史料(文献,即文字史料和口碑史料),应是我国史料学的开始。孔子说:"夏礼,吾能言之,杞不足征也;殷礼,吾能言之,宋不足征也,文献不足故也。足,则吾能征之矣。"②相传周武王封夏禹后人东楼公于杞。周成王封商纣王之庶兄微子于商丘,号宋公,为宋国。这是两个很小的国家,文献资料都很少,所以孔子能言夏朝和殷朝的礼,却不能得到杞国和宋国的证明。"杞宋无征"后来成为成语,意为事之缺乏证明资料者。

我国历代史学家在搜集史料、整理史料、编纂史料、鉴别史料等方面做了大量工作,史料学取得可观的成就。近代以来,我国史料学又吸收了一些西方的文化思想,在搜集和研究古代史料或近代史料方面做出了一定成绩。梁启超在《中国历史研究法》一书中,论述了史料对于史学研究的重要意义:"治玄学者与治神学者或无须资料,因其所致力者在冥想,在直觉,在信仰,不必以客观公认之事实为重也。治科学者——无论其为自然科学,为社会科学,罔不恃客观所能得之资料以为其研究对象。而其资料愈简单愈固定者,则其科学之成立也愈易,愈反是则愈难。……史学所以至今未能完成一科学者,盖其得资料之道,视

---

① 章学诚著,叶瑛校注:《文史通义校注》,中华书局,1985年,第30页。
② 《论语·八佾》,朱熹:《四书集注》,岳麓书社,1988年,第89页。

他学为独难。史料为史之组织细胞,史料不具或不确,则无复史之可言。"①这就是说,历史学要凭证据说话,它与其他一些学科最显著的区别就在于,在历史学中没有证据就没有话语权,话语权的多少还要视你的证据充分不充分。梁启超还讲了史料的来源、搜集与鉴别的方法等。该书实际上奠定了近代史料学的基础。当然,无可否认,近代史料学也受到西方实用主义的影响,存在为了某种目的而歪曲事实的问题。

史料学大体可以包括两方面内容,一是研究搜集、鉴别和运用史料的一般规律和方法,可称为史料学通论,如荣孟源的《史料与历史科学》一书即是;一是研究某一历史时期或某一史学领域史料的来源、价值和利用,可称为具体的史料学,如陈恭禄的《中国近代史资料概述》、冯尔康的《清史史料学》等书即是。据此,中国近代史史料学的目的应该有二,一是介绍搜集、鉴别和运用史料的一般规律和方法,一是为近代史研究提供比较充分、比较可靠、比较方便的资料或资料线索。它的任务用古人的话说就是"辨章学术,考镜源流",今天具体说来,就是在历史唯物主义指导下:

(1)从事史料的搜集(包括辑佚、补遗、缀合)、分类和整理、翻译,为史学研究提供史料或史料线索。

(2)对史料进行研究,包括鉴别史料和判断史料的价值。具体说来,就是校勘(用不同版本和有关资料对史书进行对比、审查,以纠正其文字上的错误)、考订(考查史书记载事实的真伪而加以订正),鉴定史料的真伪,确定史料的绝对年代或相对年代、考索各种史料的源流和时代特征,解读各种历史文献的义训和思想内容,从而判断史料的实际价值。

(3)编辑史料。把搜集到的史料经过鉴别、筛选,将价值比较高的史料根据史学研究的需要,或按时间,或按门类编辑成册。史学研究往往要先编史料长编或资料集,就属于史料学的工作。

---

① 梁启超:《中国历史研究法》,《饮冰室合集·专集之七十三》,中华书局,1989年,第36页。

二　近代史料的特点

近代史料的特点只有通过与古代史料的对比才能明确。

1.近代史料的数量远远超过古代。

数量不能拿总数相比，而是按断代来比，古代史上没有任何反映一百年历史的史料比近代从鸦片战争到中华人民共和国成立一百年的史料多。古代史籍随着时间的推移不断增加，西汉末年天下图书散乱，刘向受汉成帝之命，将皇家书库"秘府"（或称"秘阁"）中从各地搜求来的书籍进行整理校勘，编纂详细目录，著为《别录》一书，为我国目录学之祖。此书早已散佚，只有部分题跋、后序，如《战国策》《国语》的目录和序流传下来，很像后来的"解题""提要"一类体例。刘向之子刘歆继其业，在旧有基础上又编撰了《七略》，把秘府藏书分为七类：六艺略、诸子略、诗赋略、兵书略、术数略、方技略、辑略（总类），没有史类，说明当时历史书籍数量并不多。后来史籍增加，西晋荀勖撰成《中经新簿》，把群书分为甲、乙、丙、丁四部，丙部即记史记旧事者。这是经、史、子、集四部的雏形，史部占第三位。后来晋元帝时李充编《四部书目》，改称经、史、子、集，史部上升到第二位。对《隋书·经籍志》进行统计，史籍卷数最多，占全部书籍卷数的36%，跃居第一位。清代编《四库全书》，史部为一大类，仅史籍就分成十五类。①

到了近代，新史料不断涌现，一些类型的史料，人们从视而不见到逐渐重视，使史料范围得以拓展，正史等传统文献之外的档案、碑铭、方志舆图、宗教典籍、医书、笔记小说、诗词乃至书信、日记等等，和各类实物、图像、出土材料、考古遗迹都进入史家的视野。这是由于（1）清人和近人比较注意整理档案，编纂史料（如《清实录》《东华录》、各种"方略"、清"三通"、《皇朝经世文编》及各种续编、《筹办夷务始末》《清季外交史料》等）；（2）报刊杂志一类新史料的剧增；（3）中外交往的频繁，外文记载也不少；（4）清人、近人的书札、日记、笔记大量保存和流传，

---

① 参见陈恭禄：《中国近代史资料概述》，中华书局，1982年，第8页。

以及其他种种原因(如印刷技术的发展,简便的铅印逐渐取代刻印使成书较易),可以用作史料的材料,包括成书的和不成书的,大量增加。

现在,"大数据成百倍、成千倍地扩大了历史资料的范围。尤其突出的是,除传统的文献与遗址、遗物外,人类存留的所有纸质的、音像的和其他物质的、非物质的资料,几乎都可被用来协助复原历史的本来面貌。人们在大规模数据基础上可以做到的事情,在以往小规模的局部数据基础上是无法完成的"。①

2. 第一手材料保存较多。

研究古代史,特别是研究前一朝代的历史(断代史),一般以后一朝代所修的正史为主要史料来源,但编纂这些正史时主要依据的前代许多第一手材料今天已见不到了,各代正史对于今天来说不止是第二手材料,甚至是第三手、第四手了。但研究断代史不能不以这些正史为主要的史料来源之一。

今天研究近代史,由于时代离今比较近,大量第一手材料甚至是原生态的材料尚存,包括尚未整理的原始档案、稿本、手札都可以利用。既然第一手材料比古代容易找,那么进行史学研究时,就要尽量先采用可靠的第一手材料。

3. 有大量外国记载可供利用。

研究古代的中外关系,甚至研究外国史,很大程度上要利用中国的史籍,因为中国史籍中往往有《外国传》(《明史》)、《外国列传》(《旧五代史》)、《朝鲜传》(《汉书》)可资参考,而外国记载中国古代情况的书籍就比较难以见到,比较著名的元代有《马可·波罗游记》、明代有《利玛窦札记》、清代有朝鲜人的《热河日记》(朴趾源),然而像这样的书并不多。有人研究古代柬埔寨和中柬交往的历史,主要从中国历代史书的《真腊传》中去找史料。

近代则不同,中外交往频繁,外国人来华人数及其著作剧增,外国政府档案和外国报刊涉及中国的史料也有大幅度增加,这是研究中外关系史,研究帝国主义侵华史等等的重要材料。外国传教士和记者、

---

① 姜义华:《大数据催生史学大变革》,2015年04月29日《中国社会科学报》。

"调查员"等的见闻录,从另一种视角提供了关于中国近代社会的史料。

4. 原始档案逐渐被重视。

过去,档案不被重视,大量的档案被焚毁或当废纸出卖。后来,人们越来越重视档案,把原始档案保存下来,并逐步进行整理,已有不少整理的档案史料出版,各档案馆也逐渐向史学工作者开放越来越多的档案。尤其是国家清史工程开展以来,大量清代档案或整理影印出版,或制成数字化资源供人们利用。档案是近代史料的一座富矿。

5. 能见到造反者自己的文书。

古代奴隶造反、农民起义都很少留下造反者自己的文字,关于这些起义,往往是从官修的正史或当时文人的著作中窥见消息,那些都是被歪曲了的记载,需要加以分析、整理,弄清造反经过和造反者的思想、要求。那时,由于造反者没有形成文字的东西,仅有"迎闯王,不纳粮"一类民谣流传,或者有少量文告,也被官府销毁,没有流传,所以现在见不到。

而在近代,由于时代的进步,农民造反者制作了大量文告、文书并流传下来,如太平天国的文书就是近代史料中的一大类别,义和团也留下了一些揭贴、乱语、告示等等,共产党领导的农民运动更是有许多文件、告示、标语保留下来,这都是研究农民运动的第一手材料。

6. 社会调查和实地考察有比较好的条件,搜集口传史料和利用实物史料比较方便。

古代距离今天的时间久远,虽有一些建筑保存,一些文物流传,一些墓葬和古代遗址被发掘,但毕竟没有近代的更便于社会调查和实地考察。近代由于时间离我们近,有些当事人健在,可以进行社会调查,遗迹和文物保存比较完好,可以就地考察,比古代方便很多。20世纪50年代对太平天国的社会调查,60年代对义和团运动的调查,还有各地对辛亥革命老人的调查,都发掘了一批较有价值的材料。实地考察还可以纠正史籍记载的错误。北京大学陈庆华教授等对第二次鸦片战争时期冯婉贞胜英人于谢庄的故事很感兴趣,组织调查队,从文献和实地两方面进行调查,结果不仅找不到冯婉贞其人的记载,而且,踏勘调查证实圆明园附近也没有谢庄其地,所谓"冯婉贞胜英人于谢庄"的故事并非历史事实。① 海外学者在英国伦敦对清朝驻英公使馆旧址进行踏勘,就订正了有关孙中山伦敦蒙难的一些地名和史实记载的错误。②

由于有了这些特点,利用近代史料对历史进行研究时,得到结果的可靠程度要比研究古代史大些。

三 近代史料的分类

把史料加以分类,是为了介绍的方便。

(一) 专题介绍和分类介绍

介绍近代史料一般有两种方法,即专题介绍和分类介绍。

专题介绍是按中国近代史上历次重大事件,说明它的主要材料,将其逐一介绍。《中国近代史资料丛刊》按鸦片战争、第二次鸦片战争、太平天国、捻军、洋务运动、中法战争、中日战争、戊戌变法、义和团、辛亥革命分为十种,大多在每一种的后面或前面有征引书目与参考书目解题,这就是一种专题介绍。这种介绍为从事专题研究带来好处,可以使人知道研究一个专题主要有哪些史料。但是,有些资料往往包括几个方面的史料,比较重要,每介绍一个专题时,都须介绍一番,就显得重复。如,《张文襄公全集》,在洋务运动、中法战争、中日战争、戊戌变法等专题里都得介绍,多次重复,且效率不高。

分类介绍是对每一种类型的史料作综合性的说明。所谓每一种类型,就是把形式相近的史料聚为一类,介绍这种类型的史料的起源、发展及其特点,它的主要内容、价值和局限性,使用这类史料时应注意的问题等,为大家搜集所需史料引路。

(二) 不同的分类方法

由于各人思考问题和处理材料的思路不同,对史料的分类也不同。

---

① 参见杨天石:《史上并无冯婉贞》,《教师博览》2011 年第 6 期。
② 参见黄宇和:《孙逸仙伦敦蒙难真相》,上海书店出版社,2004 年。

梁启超《中国历史研究法》第四章根据得到史料的途径,将史料分为两种十二类:

  一、在文字记录以外者

    甲、现存之实迹及口碑

    乙、实迹之部分的存留者

    丙、已湮之史迹,其全部意外发现者

    丁、原物之保存或再现者

    戊、实物之模型及图影

  二、文字记录的史料

    甲、旧史

    乙、关系史迹之文件

    丙、史部以外之群籍

    丁、类书及古逸书辑本

    戊、古逸书及古文件之再现

    己、金石及其他镂文

    庚、外国人著述

  梁启超这种分类,优点是对于史料的认识比前人完备。缺点是:(1)把实迹、口碑、古物都列为文字记录以外,不完全合于实际,实迹、古物上面可能有文字,口碑得以流传,多见于记录,如民歌等;(2)"全部"或"部分存留",系指史料的完整或残缺问题;(3)"保存或再现"或"意外发现",系指史料的发现过程;(4)"辑本"系史料的整理与编辑问题;(5)"旧史""类书及古逸书辑本""古逸书及古文件之再现",系同类史料重复,且把书籍和文件混淆。以上这些缺点使史料的分类发生混乱。

  陈恭禄《中国近代史资料概述》的分类为:

  一、公文档案:圣训和实录、方略、奏稿及电稿等、外交史料、太平天国史料、新刊印的档案史料

  二、书札:包括真迹手札和家书

  三、日记及回忆录:日记、自订年谱、回忆录

四、记载:时人记录、笔记、诗歌、报刊

五、正史及其他:史料选集、纪传史、年谱、地方志、典章制度、外人编著的史籍

这种分类比较粗略,不烦琐,方便工作。

荣孟源认为有4种分类法,即按照史料的形式、性质、版本、内容来分类,都是必要而不可少的,也是经纬纵横交织在一起而不可分割的。其中按照史料形式的特点来分类,是史料学中传统的主要分类方法,也是史料工作中最方便的分类方法。他按史料形式分类:

第一类书报

1. 历史记录(殷代的甲骨文;春秋战国时期各国的史记;历朝的起居注、实录;近代政府公报;报纸杂志;个人日记、游记、杂记)

2. 历史著作(《春秋》、各种体裁的通史、断代史、国别史、专史、地理书、都邑簿、地方志、山水志、各科学术史、各行业史、各团体史、家族谱牒、个人传记;历史图表、考订史事或史料的各种著作、历史教科书、传播知识的历史读物)

3. 文献汇编(《尚书》、后日所编的诏令、奏议、文牍、电稿、文编;以一个历史事件、一个学科、一个集团或一个人为专题而汇辑的各类史料;类书;史钞类)

4. 史部以外的群籍(经、子、集)

第二类文件

1. 政府文件(档案)

2. 团体文件

3. 私人文件

第三类实物

1. 生产工具

2. 生活资料

3. 武器和刑具

4. 货币

5. 度量衡器

6. 印信

7. 建筑、墓葬和古迹以及历史事件的遗迹

8. 模型和雕塑

9. 照相和绘画

10. 语言和文字

11. 碑刻和砖瓦

12. 纪念物

第四类 口碑

1. 回忆录

2. 调查记

3. 群众传说

4. 文艺作品①

荣孟源的这种分类确如他自己所说:"不一定完备和妥当,在实际工作中要随时订正和补充。"如第一类书报中的"历朝的起居注、实录、近代政府公报"与第二类文件中的政府文件和档案有重复;不出版的个人日记,是否可算书籍,也成问题。第二类中文件编成书出版,又可放在书报类。第四类中的回忆录、调查记、群众传说、文艺作品与书报都有矛盾,有许多文艺作品还与第一类中的史部以外的群籍之集部重复。

荣孟源还介绍了几种分类法:

按史料性质分类有:

一、原始史料

二、撰述史料

三、文艺史料

四、传抄史料

按版本分类有:

一、原件

---

① 荣孟源:《史料和历史科学》,人民出版社,1987年,第18—25页。

二、复制品

三、改制品

四、重版

五、伪造品

按史料的内容分类有：

一、经济

二、政治

三、军事

四、文化

五、人物①

这种从不同角度的分类，各有各的用处："按照史料形式分类，掌握各类史料的特点，这是史料工作的基础，是保证史料十分丰富的基础。按照史料性质分类和按照史料版本分类，根据各类的特点来辨别史料，是研究史料所必需的两个步骤，是保证史料合于实际的条件。按照史料内容分类，把十分丰富而又合于实际的史料，以问题为中心汇集在一起，辅助历史科学或其他部门进行工作，是史料工作的目的。"②

中华书局1996年出版了由中国社会科学院近代史研究所图书馆有关工作人员编的《中国近代史文献必备书目》，其分类如下：

一、总类

二、诏旨

三、太平天国官书

四、民国政府公报、议案

五、典制

六、外交

七、法令

八、奏议、公牍、信札

---

① 荣孟源：《史料和历史科学》，人民出版社，1987年，第26—34页。
② 同上书，第34页。

九、文集、诗集

十、专著、专集

十一、地方纪事，附外国纪事

十二、传记

十三、年谱

十四、日记

十五、笔记

丁名楠为该书所写的《序》在谈到分类时说：

分类对于书目来说极为重要。能否把应收的书籍较齐全地编入，恰当地加以分类，使每一种书"各得其所"，便于检查，是判别书目质量高低的主要准绳之一。本书目收文集一千三百多种，笔记、年谱的数量也相当可观，虽然仍不免有沧海遗珠之憾（故意剔除不取者除外），但这仍可能成为本书的特色。不过在分类方面，却碰到很大困难。大家知道，近代中国社会处于巨大深刻的变动之中，意识形态方面自然也不例外，旧学新学、中学西学之争，十分尖锐。夏曾佑1904年出版的历史书（后来商务印书馆列为大学丛书，名为《中国古代史》），分章分节撰写，就是不合传统的写书办法的一本"新著"。本书目收录的，古籍占了极大部分，但也有少量的不属于古典目录学范围的这类"新著"。如何处理古籍和"新著"，确实颇费推敲。现在分为十五大类，有的类别界限不清，体例不严，可议之处颇多。它大致以文体和内容为主，按照传统的古籍分类法，加以酌量变通。其所以如此，是因为如照当前通用的图书馆分类分成政治、经济、军事、文化、外交等大类，就会遇到无法克服的困难。原因是许多古籍的内容太泛，包罗太广，过于庞杂，必然会出现一书多见，重复著录，造成极大混乱。可能由于古籍"新著"不能混合编制，杂糅在一起的缘故，它成为近代史综合书目迄今所以难产的主要原因。因为没有现成的模式可援，这本书目在某种意义上也可以说是开头的工作，仅仅是一种尝试。近代史书目究竟如何编撰较为妥当？怎样分类较好？希望图书馆工作者和近代史工作者展开讨论,各抒己见,解决这个长期存在的难题,以利今后的工作顺利进行。①

诚如丁名楠所言,分类确有不好处理之处,有些史料兼有几种情况,放到哪一类均勉强可以,如电报稿、书信,有的从某人的档案中取出来,归入私人档案亦可。有许多奏稿、电稿、公牍、书信、日记,又收入了文集。这些问题可以这样处理:对于具体史籍,可按形式(有许多书的书名表明了形式)分类,一个人物的奏稿,以"某某奏稿"的名称出现,就归在"奏议"中。如果奏稿没有单行本,仅收录在文集里,那就归在"文集"中,收在档案里就归在"档案"中。但讲奏议的特点、史料价值时,不论收在哪里的奏稿都适用。书信、日记及其他也一样处理。

白寿彝总主编的《中国通史》第十一卷是近代前编(1840—1919)、第十二卷是近代后编(1919—1949),每卷前面都用一章的篇幅叙述文献资料,可视为学界对近代史料的最新分类介绍,亦有参考价值。第十一卷的分类如下:

一、政府官书
　　综合类:《实录》和《圣训》《东华录》
　　民国政府公报
　　军事类:《方略》
　　夷务和外交:《筹办夷务始末》《清季外交史料》
二、各级官员文书
　　奏议:1.综合性汇编。2.专题奏议。3.个人著作集。
　　其他公牍
　　民国政府官员文书
　　海关档案及其编译出版
三、典章制度
　　大清会典

---

① 丁名楠:《中国近代史文献必备书目序》,《中国近代史文献必备书目》,中华书局,1996年。

清修《文献通考》

《清史稿》16 志

《北洋政府时期的政治制度》

四、私家著作

专著：记事专著、记言专著

诗文集：文集、诗集、"纪事诗注"

书信

日记：纪程日记、专题日记、常年日记

野史、回忆录、笔记等

五、人物史料

人物传

传记：《清史列传》《清史稿·列传》

碑铭：《碑传集》《续碑传集》《碑传集补》《碑传集三编》

行状

年谱

弟子记

遗事、轶闻

人名录

职官录："同官录"、衙署题名录、《职员录》

科名录：《词林辑略》《同学录》

六、经世文选编

《经世文编》和《补编》

洋务运动时期的《经世文续编》

甲午战后至戊戌时期的经世文选编

庚子以后"新政"时期的经世文选编

七、报刊

外国人在中国创办的报纸

中国人创办的报刊

维新派创办的各种报刊

辛亥革命前资产阶级革命派的报刊

留日学生报刊
　　　辛亥革命及民国建立后的报刊
　八、1949年以来整理出版的近代文献
　　（一）以大事件为主的史料整理
　　（二）专史资料的编辑
　　（三）有关中国近代史外文资料选译
　　（四）《近代史资料》期刊为代表的零星史料的发表。
　　中国第一历史档案馆编的《清代档案史料丛编》
　　中国第一历史档案馆编的《档案史料》
　　中国第二历史档案馆编的《民国档案》①

第十二卷的分类为：

　一、档案

　二、资料丛刊

　三、报纸

　四、期刊

　五、口述史料：综合性回忆录、对历史人物的回忆

　六、人物研究资料
　　　文集
　　　日记和书信
　　　自传与年谱
　　　家谱、族谱、墓志铭等

　七、方志和外文史料②

台北张玉法著有《中国现代史史料指引》，该书先将基本史料（包括通常所指第一手史料和研究一个问题的主要史料）按形式分为：

　一、档案、官书和公报

---

① 龚书铎主编：《中国通史》第十一卷近代前编（上），上海人民出版社，1999年，第1—74页。

② 王桧林、郭大钧、鲁振祥主编：《中国通史》第十二卷近代后编（上），上海人民出版社，1999年，第1—60页。

二、报纸、期刊和年鉴

三、法规、统计资料、地方志

四、丛书、论文集、史料汇编

五、年谱、日记、回忆录、口述史

后又按内容分为：政治史料、外交史料（本来可包含在政治史料中，由于数量大单独分一类）、经济史料、社会史料、文化思想史料、人物史料等。①

根据前人的分类情况，并为介绍方便起见，本书将近代史料按形式分为 11 大类：

1. 历史档案类史料：即馆藏档案和根据档案整理编纂的书籍、刊布档案的刊物等，包括官方档案、海关档案、社会组织档案、私人档案、外国政府相关档案等。

2. 官员文书类史料：即官员职务作品，包括晚清官员奏议、电奏、公牍和民国政府官员文书等。

3. 人物传记类史料：包括传记、行状、碑铭、年谱、族谱、回忆录等。

4. 书信与日记类史料：包括真迹手札、日记稿本和整理出版的书信集、日记等。

5. 结集与专著类史料：包括各种文集、经世文编及记事专著、记言专著等。

6. 志书与年鉴类史料：包括地方志、专门志与年鉴等。

7. 政书与典制类史料：包括典章制度汇编和对外条约等。

8. 报纸与期刊类史料：各个历史时期的报纸、期刊和外国人所办报刊等。

9. 笔记与野史类史料：包括笔记、稗史、私家史著等。

10. 实物与口传类史料：包括可移动文物、不可移动文物以及非文物的历史遗留物、音像史料（历史照片、录音录像资料）以及口碑、口述史料、访谈录、调查记录等。

11. 其他类史料：包括地方文献（具有地方特征的区域性文献，包

---

① 参见张玉法：《中国现代史史料指引》，新文丰出版公司，2000 年。

括文书、契据、手抄本、印刷品、碑刻、地图、图片和其他资料等)、文艺史料(诗词、小说、戏剧等文艺作品)、教科书史料、"他者"著述(来华外国人有关中国的著述)等。

四 中国近代史研究与史料学

中国近代史迄今所取得的成就,与史料发掘、整理方面的进展关系密切。而中国近代史史料的整理和出版工作成绩很大,对于史料的考订、鉴别工作,老一辈史学家作出了很大贡献,如罗尔纲对太平天国史料学的贡献(他著有《太平天国史记载订谬集》《太平天国史事考》《太平天国史料辨伪集》《太平天国史料考释集》《太平天国文物图释》《太平天国史迹调查集》等)。

在史料学的研究和教学方面,陈恭禄的《中国近代史资料概述》是第一部中国近代史史料学著作,开创了近代史史料学的体例。而且作者所介绍和评论的史料,绝大多数是其曾经寓目的,比较可靠。但由于时间已久,一些新史料未能反映,需要有新的近代史史料学问世。荣孟源写过一些关于史料学的文章,在去世前一年整理交出版社,逝世后于1987年由人民出版社出版,书名为《史料和历史科学》。还有张宪文著《中国现代史史料学》、张注洪编著《中国现代革命史史料学》、郑剑顺编著《中国近代史料学概论与史料书籍汇录》、冯尔康著《清史史料学》,台北张玉法著有《中国现代史史料指引》。现在各高校和社科院历史专业的研究生基本上都开设了史料学的课程。

中国近代史史料学亟待发展,应有专门队伍;应作为本科生的选修课,研究生的必修课;史料的考订、辨伪工作应大大加强。中国近代史研究的进一步突破,除了理论、方法外,史料上的新发现十分重要。王国维曾指出:"古来新学问起,大都由于新发见。"①新发现的史料,不仅可以开拓新的研究领域,还可以纠正某些旧史料中的错误记述。

---

① 王国维:《最近二三十年中中国新发见之学问》,《学衡》第2卷第45期。

在20世纪末,学者们对史学研究进行了回顾与展望,在论及21世纪学术研究的前景时,都不约而同地谈到,为使各学科进一步深入发展,必须做一项重要的工作,那就是搜集与整理新的史料。如有的学者在展望中国行会史研究的走向时指出:"历史研究最基本的前提即是史料的搜集,可以说,不同历史时期取得的行会史研究成果,都与当时相关史料的发掘编纂有着密切的关系。但是,与大型成套商会档案的出版相比较,行会史资料特别是有关同业组织档案资料的整理编纂与出版仍显得比较滞后。据我所知,其实全国许多地区的档案馆都或多或少地保存着同业组织的档案,有些档案馆的馆藏案卷甚至多得惊人,完全不亚于商会档案。但由于未编纂出版,研究者利用很不方便,而且成本较高,难以负担。……如果能将这些档案编纂出版,无疑将是行会史和同业公会史研究者的福音,甚至能够像商会档案出版后促使商会史研究成为热点一样,也推动行会史和同业公会史的研究进入到一个新的发展阶段。"①

新史料的发现与利用无疑是促进研究深入的一大前提,但是自1998年《天津商会档案资料汇编》的工作结束后,商会档案整理似乎又冷却下来。其他,像商会相关研究文献索引的编制,商会史有关出版物的搜集,全国各地档案馆的商会档案数据的统计等工作尚未着手进行。故有学者根据这一情况提出建议:"为解决史料缺乏问题,目前不妨先由各地商会史研究学者,统计当地档案馆与图书馆等所收藏的与商会史有关的档案及资料;再汇总编纂一份全国范围的商会史研究相关史料目录提要。甚至可以利用互联网建立商会资料目录库,供学者在线检索查阅。条件稍成熟,亦可集中影印出版一批重要史料。如果能够群策群力,建成这样一个动态的资料库,并及时交换史料发现及研究进展信息,相信一个高质量的商会研究群亦可借此形成。"②

同样的,有关太平天国的文献资料虽然堪称汗牛充栋,但就某一具体的研究课题而言,却又往往显得相对不足,这是时常困扰研究者的一

---

① 朱英:《中国行会史研究的回顾与展望》,《历史研究》2003年第2期。
② 冯筱才:《中国商会史研究之回顾与反思》,《历史研究》2001年第5期。

个问题。有学者认为,"这方面仍然大有潜力可挖。就太平天国自身文献而言,《钦定制度则例集编》《钦命记题记》等书至今仍未发现,还有大量的各类文书湮没无闻。西文资料是太平天国史料的一大宝库,内有不少记载大大弥补了中文记载的不足,但国内学者挖掘利用西文资料的情况却一直很不理想,从而使研究的深度受到限制。倘若能够重视利用西人原始著述,包括重视吸收、借鉴西方学者论著中的相关研究成果,无疑会有助于研究的进一步深入"。①

在21世纪的辛亥革命研究方面,有学者认为:"继续发掘辛亥革命的有关史料,以新材料的发现带动学科研究的深入和细化。作为一门实证性很强的学科,任何科学的历史研究都必须建立在史料的基础上,以新材料的发现作为研究的前提和突破口。新的观点可以层出不穷,但若没有坚强的史料支撑,很可能是昙花一现,经不住时间的检验。这当然是老生常谈,却又是颠扑不破的真理。近20年来辛亥革命史研究能获得出人意料的进展,不正是得益于一大批鲜为人知的新材料的发现,或注意到了一些过去不曾留心但确于研究有补的'旧'材料吗?尽管这些年出版了一批又一批辛亥革命历史资料,包括一些珍贵的档案资料,但绝不可以认为已穷尽了相关的资料。例如英国外交档案中已经发掘出来的资料,只是该档案中与辛亥革命相关资料的一小部分,还有大量的资料有待发掘。又如各地海关档中也有大批与辛亥革命史相关的档案资料,尚未来得及加以系统的发掘、整理。有关辛亥革命时期商会、商团档案均未正式出版,已经整理出的苏州商团档案由于经费原因,也未正式出版。这些相关史料的发掘、出版无疑可以推动辛亥革命研究在现有基础上进一步走向深入。"②

关于党史研究中的史料问题,有学者指出:"在看到中共党史史料的搜集、考证、整理和利用取得成就和经验的同时,也应看到还有不足之处。这就是:一、搜集不够全面,特别是关于中共的国际联系和关于生产力、意识形态、社会史、心理史方面的材料搜集不够。已有的中共

---

① 夏春涛:《二十世纪的太平天国史研究》,《历史研究》2000年第2期。
② 严昌洪、马敏:《二十世纪的辛亥革命史研究》,《历史研究》2000年第3期。

党史资料工作丰富经验(如关于遵义会议史料的征集等等),似还宜进一步从史料学研究的角度作出学术性的系统总结。二、考证还欠深入。个别稍加查考即可避免发生错误的记述屡见不鲜(如一本颇有影响的精装资料书封面(关山度若飞)竟将书名误书为(关山渡若飞))。中共党史史料考证的实践颇丰,但多缺乏相应的论述和概括。三、整理史料未尽科学。在资料整理和编辑工作中有的作者对资料类型、编纂的形式、编者付出劳动的表述形式还缺乏科学的态度。一位知名党史研究工作者编纂、号称经党史研究机构审定的所谓"了解共和国全貌的必读之作"中,竟出现诸多虚构臆度的硬伤。史料整理和编辑如何正确进行和避免误读误释,尚缺乏深刻的探讨。四、忽视使用价值。个别研究者不重视利用原始的有质量的史料,以至在中共党史研究中某些任意炒作的'泡沫史学'现象,时有发生。对于此类问题,虽经指出,但结合实例,就运用中共党史史料如何规范化方面做出深入的论述仍嫌不够。"①

已故学者樊骏曾说:"历史上的文史资料主要是由一代又一代皓首穷经的学者以他们毕生精力收集整理得来的,与此不同,如今甘于寂寞、一辈子埋首故纸堆、以史料工作作为自己惟一事业的专门家,已成凤毛麟角,至少在中国现代文学的史料工作中是这样。"②

距离当时"回顾与展望"10多年过去了,以上学者们所指出的史料的搜集、整理、出版方面的问题有很大改善,但也还存在不足,这种现状必须改变。

应该重视史料学的学习,重视史料的发掘和利用。过去中央研究院的傅斯年等人要求大学生毕业后不要急着写文章,先当图书管理员,熟悉文献。经济史专家严中平认为这种办法好,他说:"我认为青年走上科研岗位,起码三年不要写文章,要钻到资料堆里去。"这种精神值得提倡。

本课程的教学目的就是为史学研究掌握基本功,因为史料学是研

---

① 张注洪:《中共党史史料学的属性、源流和形成》,《北京党史》1999年第4期。
② 转引自宫立:《清通朴实的〈旧日笺〉》,2014年5月28日《中华读书报》。

究历史的必经门径,是打开史料宝库的一把钥匙。本课程将要评介各种史料,作搜集史料的引路;介绍鉴别史料的方法,进行鉴别史料的训练;学习运用史料进行史学研究的方法;涉猎目录学、版本学、档案学、考古学、文字学和工具书;选读一些重要史料,提高近代文言文的阅读和理解能力。

第二讲　近代史料的鉴别

陈寅恪在《杨树达论语疏证序》中指出:"夫圣人之言,必有为而发,若不取事实以证之,则成无的之矢矣。圣言简奥,若不采意旨相同之语以参之,则为不解之谜矣。既广搜群籍,以参证圣言,其言之矛盾疑滞者,若不考订解释,折衷一是,则圣人之言行,终不可明矣。"①对"圣人"经典尚且要广搜群籍来参证,而各类史料情形更为复杂,若不考订解释,史料所记载的史实亦不清楚,意思不清的史料则不能用于史学研究。

史料由于性质不同,其价值有高低之别。史料还有真假之分,假史料不能用于史学研究。真史料内记载的事实是否真实,也没有保证。因此,为了辨别真假史料,也为了分辨史料所记史实是否符合真实,需要对史料加以鉴别。当然,不是对所有的史料都要鉴别一番,而是只对不明晰的、有矛盾疑滞的、有所怀疑的史料进行鉴别。

一　史料的性质及其区分

为了分辨史料价值的高低,还必须把史料按性质分类。荣孟源在《史料分类》一文中根据史料性质将史料分为"原始史料""撰述史料""文艺史料""传抄史料"四类。梁启超《中国历史研究法》将史料分为直接史料和间接史料。陈恭禄《中国近代史资料概述》则分为"原料"

---

① 陈寅恪:《杨树达论语疏证序》,《陈寅恪集·金明馆丛稿二编》,三联书店,2001年,第262页。

和"次料"。台北文海出版社在《近代中国史料丛刊》的前言中亦有类似分法:"近代中国史史料……就内容而论,可别为原始资料(primary sources of materials)与次要资料(secondary sources of materials)两类。前者如历朝实录、东华录、政治官报、大臣奏疏、外交档案、名臣专集、函牍手札、日记、自订年谱、回忆录等;后者如官书传记、行状、碑志、新闻记载、杂志论文、私人笔记、以及参用史料,专题研究所得而成之史籍。"①本书根据他们的分法,直接称为"第一手材料"和"间接材料"。

(一) 第一手材料

第一手材料就是当时遗留下来的实物、当事人的记录和报告、当时人的直接观察和记载,它的来源就是历史本身,不能再追求材料的来源,也即是说,它不是依据别的材料而是依据当时的情形写成的。如,一部分档案、奏议、书札、日记、自传、自订年谱、比较好的回忆录、报刊的论著(直接反映作者的思想)和记者现场采访的记载、调查报告等等。这些材料由于是原始史料,直接反映历史,没有经过改造,可靠性大一些,史料价值高一些。但有些第一手材料常常是片断的,不能反映历史的全貌。第一手材料并非都是历史事实的忠实记录,即便是权威史料,也常常精芜并存,真伪杂糅。占有充足的第一手材料并不意味着拥有对历史的话语权,科学的历史研究绝非是对史料的大量堆砌、机械排比与简单组合。② 对于未必可靠的原始史料,需要进行爬梳整理,并用内部考证的办法来鉴别其中记载的真假。

利用第一手材料时最好尽量用最初的版本、稿本,今人标点、校注的本子可作参考,但不能迷信,不动脑筋,简单地依靠这种本子有时会上当。经过编纂的史料,有可能失真。如,井冈山斗争时期,毛泽东给林彪写过一封信,"是为答复林彪散发的一封对红军前途究竟应该如何估计的征求意见的信。毛泽东在这封信中批评了当时林彪以及党内一些同志对时局估量的一种悲观思想。1948年,林彪向中央提出,希

---

① 见《近代中国史料丛刊》每册卷首。
② 参见孟广林:《建构世界史研究"中国学派"》,2016年04月14日《中国社会科学报》。

望公开刊行这封信时不要提他的姓名。毛泽东同意了这个意见。在收入《毛泽东选集》第一版的时候,这封信改题为《星星之火,可以燎原》,指名批评林彪的地方作了删改",这种隐去真相的做法致使人们不知此文有何针对性,直到1991年出版《毛泽东选集》第二版时,才在篇目首页添加了恢复历史原貌的注释。①

由于编者理解的误差,或者抄写的笔误、印刷的误植,编纂本常常会有字、词、句方面的错漏。例如,《辛亥革命前十年间时论选辑》第二卷下册所载锄非(即刘道一)《驱满酋必先杀汉奸论(节录)》一文②有一段文字如下:

> 此方法乃盛而又盛矣。数百年来,不废八旗一兵,不折索伦一骑,可端坐以观汉人之自戕,为圆明园下酒物也。古之中国,以夷攻夷。今之夷狄,以汉杀汉。以夷攻夷者,中国灭夷之上策。以汉杀汉者,非夷狄灭汉之奇术乎?狠无狠不立,狠无狠不行。满酋非汉奸无以至今日,汉奸非满酋无以终余生。汉奸既与满酋有密接之关系,则汉奸已同化于满。吾国民之杀汉奸,谓之杀汉奸可也,杀满人亦可也。如果内患扫除,不为胡用,则以彼辽沈巢穴已失、全国人心已去之虏,有不入吾掌握者,吾不之信也。嗟嗟!朔风怒号,白杨萧萧。失国之戚,与子同袍。憾之结兮,望帝魂之来兮,卢骚我邻。虚无党赠我以弹兮,我祖黄帝遗我以大刀。我誓悬房首于太白兮,我先杀此汉奸之不同胞。
>
> (汉帜第一期,一月出版)

图2-1 《辛亥革命前十年间时论选辑》书影

这段文字最后几句(画线部分)的句读有误,一些破句让人费解,"帝魂"何谓?"卢骚"怎是"我邻"?而且原文的韵律也被破坏了。应该这样标点:

嗟嗟!朔风怒号,白杨萧萧。失国之戚,与子同袍。憾之结兮

---

① 《毛泽东选集》第一卷,人民出版社,1991年,第97页。
② 锄非(刘道一):《驱满酋必先杀汉奸论(节录)》,张枬、王忍之编:《辛亥革命前十年间时论选辑》第二卷下册,三联书店,1963年,第861页。

望帝,魂之来兮卢骚。我邻虚无党赠我以弹兮,我祖黄帝遗我以大刀。我誓悬房首于太白兮,我先杀此汉奸之不同胞。

"憾之结兮望帝"就是杜鹃啼血的典故:相传战国时蜀王杜宇称帝,号望帝,为蜀除水患有功,不久禅位给臣子,退隐西山,死后化为杜鹃鸟,啼声凄切。这里是指汉族国家被满人统治,就像望帝失国一样结下永久怨恨。"魂之来兮卢骚",是说卢梭的学说、思想、精神传来中国,使人们觉醒。"我邻虚无党赠我以弹兮",是说我们的邻国俄国的虚无党人用暗杀手段与专制统治作斗争的办法给我们以启迪,我们也将用炸弹来对付专制统治者。这样断句后,意思通了,读起来也押韵了,朗朗上口。

编者的一些工作为人们提供了方便,但有时也会让人上当。如,《走向世界丛书》所收张德彝的《再述奇(欧美环游记)》①内有一段文字为:

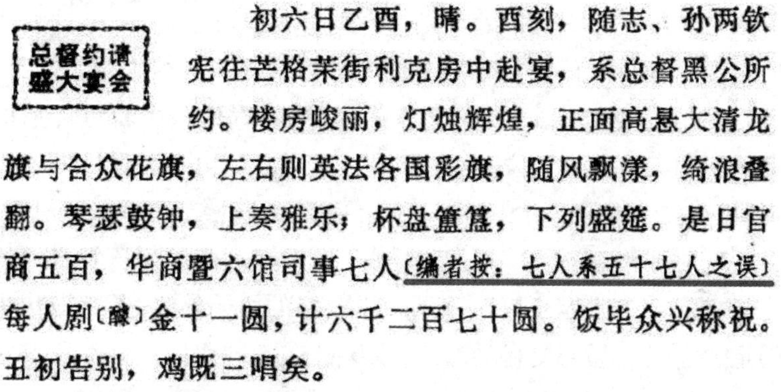

> 总督约请盛大宴会
>
> 初六日乙酉,晴。酉刻,随志、孙两钦宪往芒格茉街利克房中赴宴,系总督黑公所约。楼房峻丽,灯烛辉煌,正面高悬大清龙旗与合众花旗,左右则英法各国彩旗,随风飘漾,绮浪叠翻。琴瑟鼓钟,上奏雅乐;杯盘篚笾,下列盛筵。是日官商五百,华商暨六馆司事七人〔编者按:七人系五十七人之误〕每人劂(醵)金十一圆,计六千二百七十圆。饭毕众兴称祝。五初告别,鸡既三唱矣。

图 2-2 《再述奇(欧美环游记)》书影

原编者在"七人"后面加的按语本来是想纠正正文中记载的错误(也可能系手民误植),其实编者的更正也是错误的,应该是"七十人"之误,因为只有 570 人,每人醵金 11 圆,才有 6270 圆。编者的这个错误要很细心才能发现。

在《康有为政论集》上册康有为代宋伯鲁拟的《请统筹全局折》②

---

① 张德彝:《再述奇(欧美环游记)》,湖南人民出版社,1982 年,第 54 页。
② 汤志钧编:《康有为政论集》上册,中华书局,1981 年,第 228 页。

中有这样一段文字:

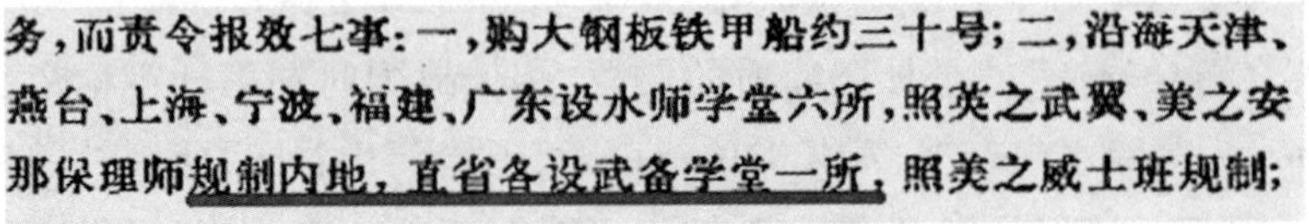

> 务,而责令报效七事:一,购大钢板铁甲船约三十号;二,沿海天津、燕台、上海、宁波、福建、广东设水师学堂六所,照英之武翼、美之安那保理师规制内地,直省各设武备学堂一所,照美之威士班规制;

图2-3 《请统筹全局折》书影

这里显然有一处断句错误,规制与内地之间应该有个分号或句号,内地应该与直省连接,正确的文字是:

……二、沿海天津、燕台、上海、宁波、福建、广东设水师学堂六所,照英之武翼、美之安那保理师规制;内地直省各设武备学堂一所,照美之威士班规制;

这3个例子说明了古人所谓"尽信书不如无书"。从整理编纂史料的人来说,应怀有敬畏之心:对原文,对原作者,必须敬重;对当代读者,对利用者,必须负责,要为学术界、读书界提供一个较可凭信的版本。从利用史料的人来说,应注意尽量运用原始史料。运用原始史料进行研究是历史研究的基础。基础不坚实,研究结论就会出现偏差。章开沅反对那种著书不重视发掘史料、不重视运用原始资料的浮躁之风,提倡搜集"原生态史料",强调历史资料的原始性、完整性对历史研究的重要意义。任何史料的选集、汇编都在不同程度上破坏了其原生态,所以他一向主张对重要的史料必须读原文、读原本,尤其要考虑文本的完整性。只有充分运用原生态的史料,史学著作才能经得起时间的检验,保持它的生命力。[①] 在过去,由于客观条件的限制,在史料搜集、运用上存在很多问题。现在搜集原始史料的条件有很大的改善,可以依据最基本、最可靠的史料来展开探讨,力求让相关研究建立在坚实的史料基础上。

[①] 参见章开沅:《商会档案的原生态与商会史研究的发展》,《学术月刊》2006年第6期。

（二）间接材料

间接材料就是根据第一手材料编写的记述。它的材料还有来源可以追寻。间接材料可以是第二手的，也可以是第三手、第四手的。经过转手以后，转手的人有时会掺杂进自己的私货，根据自己的需要增删，塞进自己的观点或者编造的史实，所以可信程度比第一手材料要低些。撰述史料，如正史、年谱、传记、地方志、史事记载中不是调查得来的那些内容，都属于间接材料。间接材料有时不太可靠。撰述史料的优点是可以使读者了解历史全貌，但是它改造了原始史料，其中有订正错误的地方，也有曲解历史的地方。辨别这些史料纪事的真伪，不仅要分析撰述者的立场和当时当地的情况，而且要分析撰述者为什么并如何改造原始史料。处理这种史料比原始史料要复杂得多，而且各种历史著作也要分别对待。后面将会讲到，《清史稿》就有严重的立场问题。

搜集来的史料，在使用时要弄清它是第一手材料呢，还是间接材料，如果是间接材料，那它的来源或根据又是什么。这样确定了史料的可靠性以后，使用来做论据就能确凿有力。对材料的敏感性、判断力，要在研究过程中逐步培养。应注意不要不加分析地见材料就用。审查历史材料讲究很多，受梁启超"历史统计学"的关于"拿数目字来整理史料，推论史迹"①的影响，如今有的研究者常常对史料进行量化分析，在论著中胪列一些表格，希望证明自己的观点。这本来是很好的研究方法，但是，要注意历史上留下的统计数字不一定准确，过去，在北洋政府农商部的统计中，河南省的耕地面积比全国耕地面积的一半还多；而且计量单位也有很多问题，货币中白银有元、两之分，银两又分库平、关平等等；亩的大小因时因地而异。对这些细致问题要小心。海关统计中也有许多问题。

顺便提及，今天的史学著作和工具书是不是史料的问题。陈恭禄《中国近代史资料概述》中说，根据史料写成的论文或专书，便是"次料"。这种说法把现在人们研究史学的成品作为了材料。虽然在古代史的研究中，我们常常要利用古代史学家的成品作为史料，但对今人的

---

① 梁启超：《历史统计学》，《饮冰室合集·文集之三十九》，中华书局，1989年，第69页。

史学论著也作为史料运用便会混淆了史料与史学的界限。今天进行史学研究时,就不能把今人的史学著作作为史料来引用。然而史学著作中引用了不少史料,有些是难以见到的,可以转引。转引前要考察其可靠性,看引用者有没有断章取义,或文字错漏;转引后要注明转引自何处,尊重别人的劳动。最好是根据别人著作中提供的史料出处,尽可能地去找到原文。不查原文,容易上当,以讹传讹。如,《辛亥革命史》上说史坚如于1900年11月19日慷慨就义,①日期就是错误的,也许是手民误植,其实他就义是在该月9日。工具书一般说来不是史料,个别的可作为史料来源,是因为它汇集了史料,如《中外旧约章汇编》。但许多工具书不好当史料用,即使是《民国职官年表》,也只能把它作为提供寻找史料的线索看待,某某人在哪一年任什么职务,根据这个年份去查政府公报以及别的材料,找到任命他的文件,就落实了。不这样做,也会出错。词典之类工具书更不能作史料用,很不可靠。《中国近代史词典》就有不少错误,如"孙宝琦"条写其"1911年初升任山东巡抚"②,实际情况是宣统元年(1909)五月十一日署山东巡抚,十月十一日实授。

二 史料的真伪

历史研究中利用史料,不仅要区分第一手材料和间接材料,更重要的是要区分真史料和伪史料,因为各种史料都可以伪造,而且也存在伪造的问题。

同治三年六月(1864年7月),曾国荃部攻陷天京,湘军大肆焚掠,大开杀戒。曾国藩《金陵克服全股悍贼尽数歼灭折》称:曾国荃率所部在南京城内"分段搜杀,三日之间,毙贼共十余万人,秦淮长河,尸首如麻"③。实际上湘军所"毙贼"多为南京居民。曾国藩的幕僚赵烈文在《能静居士日记》中对南京城破后的情景有详细记载:"……其老弱本

---

① 章开沅、林增平主编:《辛亥革命史》(上册),人民出版社,1980年,第112页。
② 陈旭麓等主编:《中国近代史词典》,上海辞书出版社,1982年,第279页。
③ 《曾国藩全集·奏稿(中)》,京华出版社,2001年,第196页。

地人民不能挑担,又无窖可挖者,尽遭杀死。沿街死尸十之九皆老者,其幼孩未满二三岁者亦斫戮以为戏,匍匐道上。妇女四十岁以下者,一人俱无,老者无不负伤,或十余刀,数十刀,哀号之声达于四野,其乱如此,可为发指。"①曾国藩的奏报明显有作伪情形。曾国藩曾在日记中坦承军中战状不足凭信的问题:"夜……与申夫、尚斋谈军中战状,虽同见同闻,同在局中之人而言人人殊,不足凭信。古来史传之不足凭信,亦如是矣。"②为什么会是这样?当时一位下级官员丁守存在咸丰皇帝召对时把这种作伪现象说成是体制使然:"上问:'汝随赛尚阿到广西当何差使?'奏曰:'营中大小事均和衷商办,臣专司折奏要件。'上问:'汝办折子是凭什么?'奏曰:'所凭者各营禀报与大营专弁探报,方敢酌量入奏。'上曰:'禀报、探报靠得住么?'奏曰:'固知不能全靠得住,胜仗少有敷衍,败仗少有弥缝,亦体制不得不然。臣固不敢欺蒙皇上,然其中实情亦只有八分。'上点首。"③其实,历史上,"破贼文书,旧以一为十"④,虚报军功的现象十分普遍。蒋介石沿袭这一惯例,抗战期间"对于日军方面公布的伤亡数字,常以 10 倍去估算,如 1938 年 5 月日本方面发布开战以来日军战死 59098 人,蒋推断其实际战死者当在 59 万人以上。当 1940 年 2 月日方广播声称在广西击毙国军 8000 人的战绩,蒋推断国军死亡'并不过千,损失必不甚大'"⑤。民国将领张发奎在其口述自传中坦承,在北伐战争中攻克武汉后,"我沿袭旧习惯,像虚报敌军伤亡数字一样虚报自己的伤亡数字"⑥。战报有作伪,其他史料亦有作伪者。

1. 伪造实物史料。假古董如果用作史料,就是伪史料。伪造的文物不仅会使文物收藏者上当,如果失察,史学工作者也会上当。1956 年 2 月 16 日《光明日报·史学》所刊《赖文光是知识分子出身的农民

---

① 赵烈文:《能静居士日记》,《太平天国史料丛编简辑》(三),中华书局,1962 年,第 376 页。
② 《曾国藩全集·日记(上)》,京华出版社,2001 年,第 322 页。
③ 丁守存:《三朝恩遇记》,转引自张革非、杨益茂、黄名长:《中国近代史料学稿》,中国人民大学出版社,1990 年,第 458 页。
④ 《魏书·国渊传》,陈寿:《三国志》,中华书局,1959 年,第 339 页。
⑤ 参见王奇生:《抗战时期国军的若干特质与面相》,《抗日战争研究》2014 年第 1 期。
⑥ 《张发奎口述自传——国民党陆军总司令回忆录》,当代中国出版社,2012 年,第 71 页。

英雄》一文,提到有一方"赖文光题砚",并以此认定赖文光的出身是知识分子。同年3月15日就有人在该报发表文章,标题就是《"赖文光题袁崇焕藏砚"是假的》。《太平天国革命文物图录》中的"王久年墓碑"以及太平天国时期的一些所谓公据,还有今天文物市场上常常见到的"太平天国通宝",都是假的。

外国也有人伪造名人书信的案例。美国纽约李·以色列是文坛造假高手,她曾伪造了400封名人书信。由于她准确地抓住那些名人的逸闻轶事和语言风格,模仿得惟妙惟肖,足以乱真,蒙骗了许多专家和出版商。在我国,孙中山等名人的书札常被伪造。这些赝品,混淆了是非,不能作为史料来用。2002年11月12日香港普艺拍卖公司以6000元港币拍卖了一封"鲁迅致炜春先生"的信。消息公布后,有人在2003年2月19日《中华读书报》上发表文章,指出香港普艺拍出的鲁迅手札是赝品。根据是造假者将受信人"炜春先生"的姓"楼"弄错为"王"了。鲁迅1935年7月11日致楼炜春的信(即拍卖的那封信的原件)收藏在北京鲁迅博物馆,绝无流散到个人手上或拍卖行之可能。造假者从《鲁迅手稿全集·书信》普及本中临摹了鲁迅这封信,虽然做到了字迹的"形似",但整篇布局和单字摹写均与鲁迅真迹相差甚远。

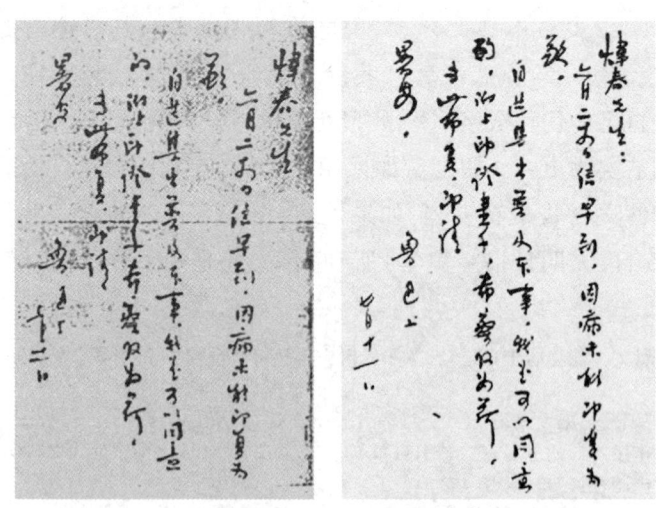

图2-4 鲁迅致楼炜春信
(左为香港普艺拍卖公司拍卖的赝品,右为原件)

拍品和藏品的真伪,要看该物件的源流以及藏家方面可靠的证据,有时候怀疑是一种负责任的态度。

临摹原件的假史料,除了骗取买家的钱以外,在内容上并不影响对史事的认识,而有一些造假的实物,在内容上还会给以误导,这要特别小心。比如,康有为在海外为了扩大影响而伪造的光绪皇帝和康梁师徒的合影,曾长期被收入历史教科书,蒙骗了很多不熟悉那段历史的人。其实,光绪皇帝只召见过康有为一次,梁启超一直没有见

图 2-5　伪造的光绪帝与康梁师徒合影

过光绪皇帝,不可能有三人合影。按当时制度来说,光绪皇帝不可能跟一个工部主事和一个广东举人合影。

2. 伪造文字史料。自古以来就有伪造文字史料的。《古文尚书》东汉末年以后亡佚,而在今本《十三经注疏》中的《古文尚书》就是东晋梅赜所献的赝品。这部伪《古文尚书》为众所周知。其他伪书、伪文还有很多,清人姚际恒著有《古今伪书考》,举出经类伪书 19 种,史类伪书 13 种,子类伪书 30 种,对于托名的伪书详加考证,凡前人研究有定论者,皆记于前,颇便查阅。近代更有署名"襟霞阁"编纂的《十大名家家书》(1925 年上海共和书局出版),此后,以《清朝十大名人家书》为书名多次再版,至今仍然流传甚广。这十大名人为郑板桥、纪晓岚、林则徐、左宗棠、张之洞、胡林翼、彭玉麟、曾国藩、李鸿章和袁世凯。然而,经专家多方考证,其中大多数家书有伪造之嫌。由于作伪,在这些家书中会发现很多富有想象力的错误,有学者以《林则徐家书》《李鸿章家书》《张之洞家书》《袁世凯家书》为例,历数该书中作伪诸现象,如

生死对话、张冠李戴、穿越时空、违背常识乃至虚构人物等。①

  各种人因为各种目的制造伪书。王之春沽名钓誉,把魏源所撰《夷艘入寇记》(另有《道光洋艘征抚记》等名目)略为增删,冒称自己的著作,题名芍塘居士撰《海防纪略》;商人为了金钱,把杜文澜所撰《平定粤匪纪略》(又名《平定粤寇纪略》)增加插图改名为白云山人辑《荡平发逆图说》;清末革命党人为了"激发民气",伪造一些诗文,高天梅就伪造了《石达开遗诗》。清末残山剩水楼刊本《石达开遗诗》出版后,很多书都竞相转载,石达开诗名喧嚣一时。而罗尔纲根据石达开的出身和历史,考证出人们所见石达开的诗,除了庆远(今广西宜山)《白龙洞题壁》一首是真的外,其余全是后人伪造的。1939年柳亚子在《大风旬刊》上看见简又文引据罗尔纲的考据后,写了《题残山剩水楼刊石达开遗诗后》和《题卢冀野辑石达开诗钞后》两篇跋文,也刊于《大风旬刊》。他告诉人们残山剩水楼刊本《石达开遗诗》这部诗集,除《答曾国藩五首》见于梁启超《饮冰室诗话》外,余二十首均为他的亡友高天梅在清末鼓吹革命时假造的,当时集资印了千册,流布四方。柳亚子便是参加刊布的人。此后,人们乃相信了罗尔纲的考证结论。

  戊戌变法失败后,梁鼎芬为了避嫌,伪造电报底稿四则,其一为:"康学灭圣、欺君,神人共愤,贤宜绝之。鼎芬。"他要汪康年找人在报上发表这些"电稿",企图表白自己早已知康、梁、谭等人"罪行",甚至恬不知耻地为报馆作按语吹捧自己的假电报:"右四电,系两湖书院梁监督所发,武昌士子传抄甚多,久已脍炙人口矣。此皆在康学正炽之时,他人不能言也。论事论人,皆有远见深识,本馆亟登诸报,以告同志。"②梁鼎芬这种首鼠两端的做法,很不得人心,章太炎在《清议报》上发表《梁园客》一诗讥刺梁,在自注中称他伪造电报为"作命符数篇"。③广西有梁氏父子伪造了许多太平天国文书,其中以梁任葆名义发表的《太平天国时代大成国隆国公黄鼎凤告谕》,刊于1955年9月

---

① 苏生文、赵爽:《〈清朝十大名人家书〉之谜》,2014年5月28日《中华读书报》。
② 《汪康年师友书札》(二),上海古籍书店,1989年,第1912页。
③ 《清议报全编》卷十六,第四集文苑下,横滨新民社,第37页。

29日《光明日报》,贻害很大。1965年6月18日《人民日报》刊出谢兴尧《黄鼎凤"约法三章"告谕置疑》,指出该告谕是伪文。

3. 伪造口碑史料。如,1951年7月29日《苏南日报》刊载所谓太平天国时期歌颂李秀成的民歌一首,内容为:"农民领袖李秀成,是我伲农民大恩人,杀了土豪和恶霸,领导我伲把田分。"这哪里是太平天国时期的民歌,简直就是20世纪50年代"土改"时的口号,不仅语言不像,而且所说之事有许多误导。

有一个现代伪造史料的真实故事。20世纪80年代,全国政协和一些地方政协文史资料委员会办公室都收到了广西北海市一个叫陈鑫的人用毛笔写的"回忆录",有《我在朱德委员长身边两年》《广州非常会议所见所闻》《我对胡汉民的印象》《回忆老友陈嘉庚》《黎元洪是我从床底下搜出来的》《我所认识的聂云台》《江宽长江轮惨案纪实》等等,作者在稿件中附言,说什么"现年九十四岁,四川人,曾做过大学教授、港报编辑,熟悉各方面情况"。有时又署名"八十老朽""穷老汉"。稿件发表后,得到较高的稿酬。后来懂行的人发现破绽,如《黎元洪是我从床底下搜出来的》,文章提到"笔者当时只有十九岁",20世纪80年代称"八十老朽"的人在辛亥革命时怎么会有19岁呢?顶多9岁。他之所以会露出这个破绽,是因为他把武昌起义的日期弄错了,写成"一九二〇年十月十日"。著名历史学家黎澍嘱全国政协文史办写信去询问一下,结果收到陈鑫的函复,介绍了他"离奇"的经历。虽然存疑很多,但念其年迈,给了他5元笔墨费。1982年陈鑫又给福建省政协寄去一份稿件,题为《林语堂其人其事》,文史办工作人员发现该文重要章节都是摘录、改写于别人的一篇文章,就函请广西北海市政协了解。经调查,陈鑫是北海市搬运公司工人,当时33岁,高中毕业。真相大白后,离奇的骗局使人瞠目结舌。①

荣孟源在分析了这些伪造史料的情况后总结说:"凡本无其物,凭空制造的;仿造原物,冒名顶替的;窜改原物,混淆真相的,不论是实物、文字或口碑史料等等,都是伪史料。凡确定某时、某地、某人为某事遗

---

① 参见张宪文:《中国现代史史料学》,山东人民出版社,1985年,第8页。

留的实物、遗迹、文件、文字和口碑等才是真史料。"①这也就是梁启超在《中国历史研究法》中所说:"凡有当时当地当局之人所留下之史料,吾侪应认为第一等史料。"②但荣孟源又指出,上述真伪界说只是一般的说法,只能解决一部分问题,还有许多特殊情况,如,有的真史料反映的事实却是假的;有的伪史料反而是真的,托名文献、起作用的伪文献、说明真实思想的伪文献有一部分就可作真史料看待;更多的是真伪杂糅的史料。这就需要具体问题具体分析。

三 史料的鉴别

对搜集来的史料,先要通过感性认识,即亲见史料的各种形态,对文献史料,要知道是稿本、抄本抑或是刻印本、排印本。若是报刊,要知道其出版时间、地点、主持者,文章作者、体裁等;若是档案,要知道是正式文件还是底稿、废稿还是誊清稿,文件的责任人、格式、形成时间等。对实物史料,要看到实在的器物,弄清各种实物形成的年代、所反映的史实。对口传史料,要了解是口耳相传的口碑,还是调查笔录,是民间传说还是歌谣。对史料的感性认识,可以初步辨别史料的真伪,剔除伪书、赝品和伪造的口碑。还可以帮助我们初步判断史料的价值。原始材料的价值高于间接材料,真迹手札、真迹日记或者其影印本的可靠性大于排印本,因为排印本可能有手民误植的现象。自刻本的可靠性大于坊刻本,因为作者对自刻本雕版的校对相对认真些、准确些。经过编者编辑过的印本,以讹传讹出现的错误就会更多些。通过对史料的感性认识,我们就可以选用比较可靠、价值较高的史料。

原始史料、真史料,也不能保证其中所记内容的真实性。所以,还必须对史料进行考辨。比方说,对史料作者的身份、其在事发时所处的地位、观察事物的角度、写作的立场等,都需要审视。不同的人对事物

---

① 荣孟源:《史料与历史科学》,人民出版社,1987年,第61页。
② 梁启超:《中国历史研究法》,《饮冰室合集·专集之七十三》,中华书局,1989年,第76页。

的看法不尽相同,需要对不同说法进行考辨,不能只采信一面之词。观察事物的角度不同,记录下来的情形也很不一致。地位不高的平民揭露高层内幕就不能清晰,远离前线的士兵记述战场交锋就不能准确,走马观花的访员描写事件细节就不如当事人真切。选择什么样的史料,就要靠鉴别。罗家伦曾经就袁世凯《戊戌日记》等史料发表感慨曰:

> 因为这封信及其有关文件,使我更感觉到考证史料的困难和评定史料价值的不易。我们研究历史的人当然重视"第一手材料"(First-hand material)。像这种袁世凯亲自写交出来的《戊戌日记》,当然应该分在第一手史料之内,可是其中引起的疑问却如此之多。可见得我们对于所谓第一手史料的处理和认定,还得经过许多手续。不但奸雄会欺人,就是英雄也会欺人;不但坏人会欺人,就是好人有时也会欺人;有人是蓄意的欺人,有人是无意的欺人(也可能是由于记忆的错误)。所以无论是手写的或是口说的史料,必须加以辨别:他当时所处的环境,他愿意记录或发表的用意,他本人的人格、性格,乃至他心里的疙瘩(Complex),都要考虑和计算进去。再用同时有关人物的记录,加以旁征博引,直剖横通,庶几可明真象。当然一个人在无意中留下的记录,比有意留下来的记录,要真确得多,可是这种机会并不易得。①

正误辨伪,以求得真史料的工作就是鉴别。鉴别的方法是考证。考证过去又称考据,一般指对古籍的文字音义及古代的名物典章制度等进行考核辨证。考据的方法,大致以校勘厘正本文,以训诂贯通文义。我国史学史上,考据曾风行一时,对于转变宋明理学的空疏学风,对于古籍的考辨、阐释,做了许多工作。但是逐渐走上烦琐哲学的道路,为今天所不取。

此处所说的考证,主要是指鉴别史料的真伪,考察史料所记事实情节的虚实。考证要有一种问到底的精神,对于有怀疑的地方,一定要查对各种有关材料,辨析清楚,以便水落石出。梁启超说过:"夫学问之

---

① 罗家伦:《一个几乎被失落的历史证件——关于袁世凯〈戊戌日记〉考订》,《历史的先见——罗家伦文化随笔》,学林出版社,1997年,第208—209页。

道,必有怀疑,然后有新问题发生,有新问题发生然后有研究,有研究然后有新发明。"①

考证的方法主要有两种,即外部考证和内部考证。

(一) 外部考证

外部考证是研究某一史籍、文献、遗物是否当时的真本、真物(考古),作者是谁,作于什么时间(相对年代或绝对年代),作于什么地方。从材料的来源问题入手,决定它的真实性的方法就是外部考证。这种判定,可以根据史料本身的内容来看,也可通过旁证来说明。最直接的方法,就是举出一极有力之反证。一般伪书都有破绽可寻。

梁启超在《中国历史研究法》中归纳出了考证伪书的12种方法:

(一)其书前代从未著录或绝无人征引而忽然出现者,什有九皆伪。

(二)其书虽前代有著录,然久经散佚,乃忽有一异本突出,篇数及内容等与旧本完全不同者,什有九皆伪。

(三)其书不问有无旧本,但今本来历不明者,即不可轻信。

(四)其书流传之绪,从他方面可以看见,而因以证明今本题某人旧撰为不确者。

(五)其书原本,经前人称引,确有佐证,而今本与之歧义者,则今本必伪。

(六)其书题某人撰,而书中所载事迹在本人后者,则其书或全伪或一部分伪。

(七)其书虽真,然一部分经后人窜乱之迹既确凿有据,则对于其书之全体须慎加鉴别。

(八)书中所言确与事实相反者,则其书必伪。

(九)两书同载一事绝对矛盾者,则必有一伪或两俱伪。

以上均根据具体的反证而加以鉴别,下面3种是根据抽象的

---

① 梁启超:《中国历史研究法》,《饮冰室合集·专集之七十三》,中华书局,1989年,第71页。

反证而施鉴别:

（十）各时代之文体,盖有天然界画,多读书者自能知之。

（十一）各时代之社会状态,吾侪据各方面之资料,总可以推见崖略。若某书中所言其时代之状态,与情理相去悬绝者,即可断为伪。

（十二）各时代之思想、其进化阶段,自有一定。若某书中所表现之思想与其时代不相衔接者,即可断为伪。

梁启超还有鉴别伪事的方法7种:

（一）其史迹本为作伪的性质,史家明知其伪而因仍以书之者。

（二）有虚构伪事而自著书以实之者,此类事在史中殊不多觏。

（三）有事迹纯属虚构,然已公然取得"第一等史料"之资格,几令后人无从反证者。

（四）有事虽非伪,而言之过当者。汉王充有言:"俗人好奇;不奇,言不用也。故誉人不增其美,则闻者不快其意;毁人不益其恶,则听者不惬于心。"故常将"真迹放大"。

（五）史文什九皆经后代编史者之润色,故往往多事后增饰之语。

（六）有本意并不在述史,不过借古人以寄其理想,故书中所记,乃著者理想中人物之言论行事,并非历史上人物之言论行事。

（七）有纯属文学的著述,其所述史迹,纯为寓言。

对于没有署作者真实姓名,也无写作年月和地点的史料,有了疑问,不考查清楚,不便利用。这虽不是考真伪,但也属于外部考证。

荣孟源《鉴别史料》[①]一文介绍了外部考证所要考察的一些具体问题,包括来源、制作、形式、印章、字体、文体、著录、记载等。

(1)考察来源。鉴别史料首先要考察其来源和流转过程,即弄清史料的原始出处、保存过程和刻印经过。查清了来源,才容易确定史料的真伪。

---

① 荣孟源:《史料与历史科学》,人民出版社,1987年,第87—109页。

例如,《宋教仁集》的编者将其日记《我之历史》收入该集时,即对其源流摸得比较清楚:"这是宋教仁在日本东京留学时的日记,原题《我之历史》,凡分六卷,起于1904年10月30日,讫于1907年4月9日,中间略有间断或重复。1911年年初作者返国后,手稿留置长崎,由陈犹龙保存,1920年由犹龙之子伯华携带归国,并经文骏在湖南桃源三育乙种农校交付石印,惟以内地发行,流传不广。1933年至1935年上海《建国月刊》第9卷第4期至第11卷第4期曾逐期刊登,但多任意改动和错误之处。本集所录日记据三育石印本排印。"①考察了日记的来源和保存、流传经过,就弄清楚了不同版本的时间先后和优劣,也就能够选择比较好的版本重印。《宋教仁日记》保存了有价值的史料,东京革命党人活动的时间、地点有许多都靠宋的日记来说明。如果没有这样考察,照《建国月刊》的铅印本来重印,它的任意改动和错误之处就会在今天继续流传。日记结束处有文骏加的注,说明宋为了更好的从事秘密运动,"惧证据披露,而《我之历史》停矣"。② 可惜的是中间1905年9月22日至12月缺断了3个多月,原因尚不清楚。是宋没有记?是他本人抽出销毁?是保存者丢失?是发表者抽去?不得而知。美国学者普莱斯说:在留学生取缔规则事件发生、陈天华自杀这段时间,"宋教仁日记很神秘地留了一个空白"。③

(2)考察史料的制作。如果制作史料的原料,如纸张等,不是当时的产品,或者制作史料的技术当时还未普及,这个史料就有问题。

如,辛亥革命武昌起义纪念馆门口的两面十八星旗,它的布料和制作工艺都不是1911年所能有的,从而知道它只是仿制品,不能作为实物史料运用。

(3)考察形式。考察史料的形式是否合于当时当地的制度,考察其形式是否合理。这可以用已有的真材料来对比,两者形式不同,就可发现问题。

---

① 陈旭麓主编:《宋教仁集》(下册),中华书局,1981年,第497页。
② 陈旭麓主编:《宋教仁集》(下册),中华书局,1981年,第728页。
③ 普莱斯:《革命与宪法:宋教仁政治策略的发展》,《纪念辛亥革命七十周年学术讨论会论文集》(下),中华书局,1983年,第2621页。

(4)考察印章。有些文件或手书上面盖有当事人的印章或收藏者、保存者的印章,可以与已知真印章比对,假印章总会有些不同,露出破绽。鉴定书画作品,常用这种方法。

(5)考察字体。如果是手稿,就有一个笔迹问题。每个人写字会有自己特定的笔迹。如果被称为是某人的亲笔信,但其笔迹并非属于该人,则有作伪的嫌疑。然而笔迹也可以模仿造假,考察笔迹还要结合其他方面综合地看。

如果是印本,刻本(木刻或石刻)的字形与铅印本的字形差别很大,而铅印本与当今电脑打字激光照排的字形又有不同,这是极容易分辨的。还有清代的避讳改字,民国时在"国父""总理"等称谓下空格,还有不同时期用字不同,辛亥前用"磅",辛亥后用"镑",五四前用"平和",五四后用"和平"。这些都可以作为判断史料真伪的依据。

(6)考察文体。梁启超说:"各时代之文体,盖有天然界画,多读书者自能知之。"[1]用现在的话说,还有语境和话语体系的差异,民国时期的用语与清代不同,新中国的用语与旧时代有很大的区别,今天的用语有许多与"文革"时的用语又不同。如果一篇五四以后的白话文,并用了西语语法,可硬说它是清末人写的,明眼人一看便知系伪造。最典型的是史坚如《致妹书》[2],即据称是史坚如1900年临刑前写给其妹的信,里面不但全部是白话文,而且还用了西语语法。试看部分文字:

> 妹妹:
>
> 我……我受了刑了。我初被捕的几天,那狗官裴景福想用软工夫骗我口供,每次审讯,他都一团和气。然而我不会上他的当,我只一口咬定,我是主谋,除我以外,没有第二个人参加这次暗杀事件。前天——就是我给你写第二封信那天,我进狱的第九天,傍晚又提审了。这次与前形势不同,裴景福满脸杀气,坐在大堂上,

---

[1] 梁启超:《中国历史研究法》,《饮冰室合集·专集之七十三》,中华书局,1989年,第87页。

[2] 见贾逸君编:《中华民国名人传》上册,1937年;肖平编、吴小如注:《辛亥革命烈士诗文选》,中华书局,1963年。

两旁站立许多衙役,公案房放着一只炭炉火光熊熊。

"跪下!"我刚走到公案前,狗官就大声喝跪。"不跪!"我也大声的说。立刻走过两个手拿铁棍的衙役,在我腿上猛击两下。我受痛不过,倒下了。……

又要提审了,这次大约不能再活了。照片一张交老汪带给你。妹妹!我们永别了!你要记住二哥的话:只要我们努力,革命总会成功。妹妹!和你来生再见吧!你不许哭呀!

坚如绝笔
九月十八日

赵矢元曾撰写《史坚如烈士〈致妹书〉辨伪》,从几个方面证实该信是伪造的。①

(7)考察著录,即考察这份史料以前有无著录,有无征引,这也就是梁启超所说的:"其书前代从未著录或绝无人征引而忽然出现者,什有九皆伪。"②一般有价值的真史料,总会有地方反映出来,或者著录,或者征引。只要查阅一下近代史资料目录、记录近代文献的著作、出版机构所编的目录和书报中的广告、书报中有关文献的记载和文献本身中的材料,就可知其是否有著录或征引。

(8)考察史料中的记载。如记载不近情理,多半是伪造。一份史料如果记载日期不合于实际,也证明材料不可信。记载完全来自传抄或附会传闻,证明材料是伪造的。记载的社会状况、时代思想不符合当时情况的,也是伪书。前面所引广西北海陈鑫伪造的假史料里面的记载有许多就不合情理。他写"黎元洪是我从床底下搜出来的",不仅弄错武昌起义的时间,而且黎元洪是否躲在床底下被搜出来,也大有疑问。诚如居正《辛亥札记》"黎元洪出任都督"一节所言:"翌日(八月二十日)天将曙时,众纷纷围集楚望台坡下,见黎元洪着米色长袍,立于其中,神色惊惶。李翊东诘之曰:统领何至此耶?有谓刘赓藻引导蔡济民率兵至黎寓,自其室中挟出者;有谓马荣自其床下挟出者;又有谓

---

① 实元:《史坚如烈士〈致妹书〉辨伪》,《文史》第 3 辑(1963 年)。
② 梁启超:《中国历史研究法》,河北教育出版社,2000 年,第 106 页。

自其参谋家挟出者;仓卒间传说不一。"①还有说黎元洪在参谋刘吉文家换了便衣后到第三十一标第三营管带谢国超家躲避,众人在谢国超家找到黎元洪。长期以来,这个问题一直未能弄清真相,因为当事人当时都说不清楚。然揆诸情理,黎元洪作为高级军官,曾经历过甲午海战的惊涛骇浪,曾两次指挥湖北新军参加大型军事会操,此时既不会以为床下可以躲避枪炮,也不会为了躲避革命党而在部下面前不顾面子钻到床底。所以说黎元洪是从床底下被搜出来当都督的,完全是一种传闻。陈鑫将传闻当真事来写就自然会露出破绽。

附　外部考证之一例

孙中山《复黄芸苏函》这封信函时间不搞准,对中华革命党的有关史实就会出现混乱,使用它就会出错误。《孙中山全集》第三卷(中华书局1984年版)第128—129页上,载有此函,系据《黄芸苏先生纪念集》所刊《国父致黄芸苏先生亲笔函》影印件排印。原函仅署"十月廿三日",未署年份。《孙中山全集》署为"一九一四年十月二十三日",理由是"据函中陈述组织中华革命党并寄'规约'事判断,应为一九一四年"。我们认为将此函的年份定为一九一四年是不妥的,为了说明问题的方便,不妨将原函影印如下:

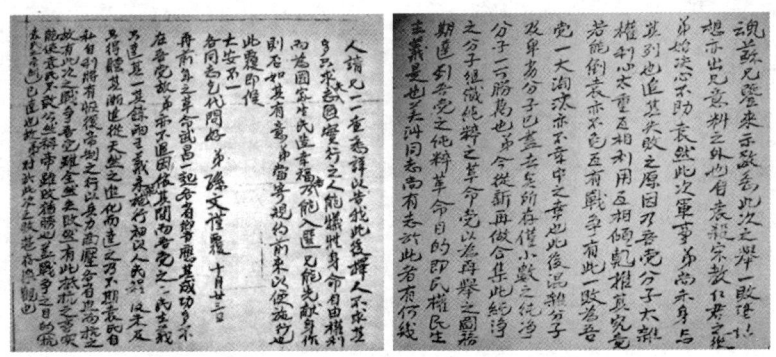

图 2-6　孙中山致黄芸苏函

---

① 罗福惠等编:《居正文集》(上册),华中师范大学出版社,1989年,第45页。

细阅原函,品味语气,当系写于"二次革命"失败不久。特别是几处用语,完全可以证明这一点。

一是"此次之举""此次军事""此次之战争""此次之败"等。这些用语显然是指1913年的"二次革命"。如果复函写于1914年,事已相隔一年,且中华革命党在这期间已发动了几次讨袁的军事行动。如果不先明言"二次革命"一事,起首便径用"此次之举",很容易引起歧义。精明干练如孙中山者,决不会如此行文。只有在"二次革命"失败不久的1913年10月,才能直书"此次之举"而不致引起误解。

另一处是"前年之革命,武昌一起各省响应"。只有在1913年才能称武昌起义爆发的1911年为"前年"。

再者,黄芸苏此时的行踪也可提供弄清问题的线索。1913年春,黄芸苏被选为国民党三藩市(即旧金山)支部政事部职员。1914年元月4日,旧金山国民党美洲支部改选,谢英伯(他已在日本加入了中华革命党)任支部长,黄芸苏任副支部长。2月,冯自由自日本抵达旧金山。谢、黄二人均称将赴美国东部哥伦比亚大学肄业,各辞党职。众乃推冯代理正支部长,代理副支部长一席暂时虚悬。冬,举行翌年正副部长及干事的改选大会,林森和冯自由分别当选为正副部长。10月,黄芸苏当在纽约读书。他与孙中山就党事通信,一般说来在他辞党职就学之后的可能性不大。

至于按《孙中山全集》编者所说,"据函中陈述组织中华革命党并寄'规约'事"来判断,此函也不是写于1914年。中华革命党正式成立于1914年7月8日。10月间,美洲中华革命党的组织早已在国民党内部改组建成(对外仍保持国民党名称)。孙中山此时再在函中问黄芸苏"美洲同志尚有志于此者有何几人?""兄能先献身作则否?"显为多此一举。查1913年9月27日中华革命党(当时尚无明确名称)已开始吸收党员。10月,当正进行扩张组织,发展党员,所以才有请黄芸苏"先献身作则",并请介绍美洲同志的话。函中所提"当寄'规约'前来,以便施行"一事,更足以证明此函不写于1914年。《中华革命党总章》印刷和散发的日期是1914年6月15日。10月前后孙中山致革命同志的多通信函中,均提及寄此文件的事,但都不称为"规约",而是称为

"章程"或"总章",偶有称为"党章"的。可参见《孙中山全集》第三卷第 82、83、92、103、104、112、114、116、138 页所载诸函。而且,就在 1914 年 6 月 15 日总章印出的当天,孙中山已令夏重民向旧金山等地邮寄了十来份。旧金山的革命同志早已在按章办事了,孙中山怎么会在当年 10 月对黄芸苏说:"如其有意,弟当寄'规约'前来,以便施行"呢?那么,函中所说"规约"是什么?原国民党的章程是称"规约"的。既然函中称为"规约",当系写于 1913 年 10 月正酝酿将国民党改组为中华革命党之时。可以设想,那时已将国民党规约的内容按孙中山的"附从革命"的意思进行了修改,但"规约"这一名称尚保留着。所以在最初发展党员时,寄去的便是这种修改后的"规约"。"规约"云云,当系中华革命党总章的早期名称。① 章开沅亦曾指出:"所谓'规约'即系新的党章及誓词,为导致黄兴一派所不赞成并暂时与孙分离之文件。"②

后来出版的《孙中山年谱长编》不仅采纳了这一考证的结论,而且利用日本外务省档案 1913 年 10 月 23 日《孙文动静》乙秘第 1518 号关于孙中山是日向美国加利福尼亚发函两封作为这一结论的佐证。③

有的学者指出:"《总章》何时起草、印刷、散发、讨论等问题,是中华革命党研究中值得重视的问题",而"《中华革命党总章》起草时间一时查不清"。④ 判定了《复黄芸苏函》的年份,《中华革命党总章》起草的大致时间也就可以判定了。考察并订正孙中山《复黄芸苏函》年份的意义盖在于此。

以上这种考订就属于外部考证。

还有从书信的内容来考证其绝对时间的一个典型例子。顾颉刚 1928 年 8 月 20 日曾给胡适写了一封五千言的长信,有学者根据顾颉刚这封信落款时间为"中华民国十八年八月二十日",而《顾颉刚日记》

---

① 严昌洪:《孙中山〈复黄芸苏函〉的年份——与〈孙中山全集〉编者商榷》,《辛亥革命史研究会通讯》第 25 期。
② 章开沅:《实斋笔记》,东方出版中心,1998 年,第 165 页。
③ 陈锡祺主编:《孙中山年谱长编》,中华书局,1991 年,第 857 页。
④ 俞辛焞:《一九一三至一九一六年孙中山在日的革命活动与日本的对策》,《孙中山研究论丛》1985 年第 3 集。

却将致胡适信的时间记在"民国17年8月20日",认为顾"在数年或数十年后以今律古,为达某种现实目的",于是在日记中"篡改他于民国18年(1929)8月20日致胡适函的写作时间",将自己"发生在1929年的行为,一笔抹煞,还将原有记载移前一年"。但有学者根据那封长信中所提到的八件事,确切地考知出时间,最后证实该信确是写于1928年8月20日,顾颉刚本人文字中出现这种矛盾现象的原因是,书信的落款时间是他一时的笔误。①

(二) 内部考证

真史料对于其所记载的内容是否都真实,并没有保证。史料是否真实地反映了历史事实,也需要考证。如孙中山的《伦敦蒙难记》,是真史料,但记载的许多情况是不准确的。有的是由于斗争的需要,故意讲的假话,如被诱进使馆、挟持入内等情节;有的是自己被囚禁,对外面情况不了解而写错了的,如说1896年10月17日给康德黎送信的是柯尔之妻,实际是使馆管家贺维太太。孙中山的《有志竟成》,可以说是研究辛亥革命历史的头等重要资料,但其中史实的错误、记载不准确之处,就相当多。至于那些第二手、第三手材料,有的根据传闻,有的根据错误的记载,以讹传讹。这些都是需要考证的。这种考证史料记载内容的虚实的方法,叫作内部考证。不但要了解作者的记述是来自见闻还是来自传闻,还要从记载的内容,研究作者所讲的真意如何,是否有理由相信他所记载的内容。内部考证的目的,是把有价值的史料和价值不大的史料区别开来,把错误的记载与正确的记载区别开来,增加立论依据的可靠性。

内部考证的具体方法,主要包括如下几种:

(1) 就史料本身找自相矛盾的地方。有的史料对于同一件事,这里是如此说,那里又是另样写,这就起码有一处是错误的。如冯自由《革命逸史》第三集第206页有:"中华革命党于民国二年十一月开始

---

① 参见个厂:《疑而信之,不如考而证之——顾颉刚致胡适五千字长信写作时间辨》,2009年3月4日《中华读书报》。

收纳党员……"而第369页又说:"就余记忆所及,最先填写中华革命党誓约者为浙江永嘉人王统,曾任海军某舰长,系于民二年九月入党,其党证为第一号。"其实九月是对的。如果两相矛盾而看不出孰对孰错,则需与其他史料对照。

(2)对照其他史料记载,去伪存真。如,刘成禺《太平天国战史》中有一段内容讲述洪仁玕使美云:访问金陵的西方使者归上海时,"天王使介弟洪仁玕同行报聘,见上海英美法各领事。美领事曰:'敝国正以解放黑奴有南北各州之战,天王为人民争自由,实东方大革命也。天王盍遣使敝国,一通交好?'仁玕反江宁,呈美领事书,时天王震于西洋炮火,欲探各国向背,是年遣仁玕使美。时美领事归国,赍国书同行。书曰:'太平天国天王告美国大民主:前上海贵国领事以民主意上书天朝,书达金陵,经东王金眼阅过,跪承(呈)朕览。朕以贵民主远居海外,音问不通,翩然来庭,实洽朕意,特遣朕弟仁玕远使贵国。朕闻贵国重人民,事皆平等,以自由为主,男女交际,无所轩轾,实与我天朝立国相合,朕甚嘉赏。一切交涉事件,可与朕弟仁玕往还。凡贵国人民来天朝者,皆上帝之子(孙),朕必以兄弟相待。以后两国永久和好,朕有厚望焉。'(见英人著太平王书中)后仁玕驻美二年归,有《使美日记》。仁玕死江西之乱,书落沈葆桢手,故沈办洋务,稍具条理,多遵仁玕日记所言也"。①对照洪仁玕生平事迹就可知刘成禺这段叙述是杜撰的,如所周知,洪仁玕未赶上金田起义,几经周折于咸丰二年(1852)四月到达香港,后于咸丰九年三月二十日(1859年4月22日)来到天京,被太平天国委以重任,策划军事、修订历法、改革考试、办理外交,未尝离开天京,更未出使美国。其《使美日记》落沈葆桢手,成为沈葆桢办理洋务的重要参考,更是无稽之谈。再如,《革命逸史》记《清议报》于己亥春(1899)在横滨发刊。而梁启超在《清议报一百册祝辞并论报馆之责任及本馆之经历》一文中说:"清议报起于戊戌十月,其时正值政变之后。"其实戊戌十月是对的。这样的两相矛盾,无法判断孰是孰非时,就需要找原始史料核对。

---

① 刘成禺:《太平天国战史》前编,祖国杂志社,1904年,第23—24页。

(3)根据史料记载的线索去查找原始材料,便可真相大白。如果发生疑问,而又有原始材料可查,一定要查。《革命逸史》初集第55页说章太炎《驳康有为论革命书》"逐日揭载于上海苏报"。经查《苏报》原件,仅于6月29日一天刊载了此文节录:《康有为与觉罗君之关系》。如果没有原始材料可查,则需根据情理分析。

(4)根据情理,加以分析。如,《革命逸史》第五集《安庆革命军总司令熊成基》说熊在哈尔滨要谋刺载涛(把考察海军的载洵误为考察陆军的载涛):"成基于载涛过哈之日,尝徘徊于车站附近,欲伺隙行事,旋以警备森严,无可进行,乃在站外餐室据案大嚼,良久始失意他适。"在警备森严的情况下,熊成基这样一个"剪发洋服"具有革命党特征的通缉对象(因安庆起义而遭通缉)竟能在车站附近徘徊,在站外餐室据案大嚼良久,而不被发现吗?凑巧的是,两天以后,在哈尔滨秦家岗下坎俄国饭店,熊成基恰恰因为"剪发洋服"而被拿获了。所以说该文的记载不合情理,不能相信熊成基是因要谋刺载洵而被捕的。证诸其他方面,熊成基谋刺载洵说已被否定。① 还有战报的虚夸有时也是很不近情理的。国民党打内战时,报刊天天有歼灭共军多少多少的报道,如果把这些数字加起来,比解放军总人数多得多。

(5)考察版本,找出异同,分析原因,再来确定其可靠程度。有些历史人物会将早期撰写的文字进行删改,所以版本问题在这里就显得比较重要。

四　考证在历史研究中的地位

1. 辨别史料真伪的重要性

史料是进行历史研究,分析问题,得出结论的依据。所利用的史料准确与否,直接关系到得出的结论是否可靠。史料缺乏,固然难为无米

---

① 严昌洪:《熊成基谋刺载洵一案应予否定》,《研究生学报(华中师范学院)》创刊号(1980年);徐凤晨:《杰出的民主革命家——熊成基》,《吉林师范大学学报》,1980年第2期。

之炊,无法进行史学研究;而搜集到大量史料后,又有一个鉴别与释读的问题。通过对史料的鉴别和释读,弄清历史真相,就可以使对于历史规律的探讨建立在真实的基础上,即实事求是,从而增强历史研究的科学性。通过对史料的鉴别和释读,运用可靠材料,也可以使立论具有充足的证据,从而增强文章的说服力,表明从事研究工作的严肃性。

戴逸《考证学集林·序》指出:"做考证工作要有两个条件,一是学问渊博,见多识广,能从各种文献和实物资料中搜罗爬梳,广征博引,寻找更多的证据。尤其要懂得小学,识字审音,乃能辨证经史。二是有科学头脑,逻辑训练,认真求证,广密推理,一丝不苟。下一判断,如老吏断狱,客观冷静,不杂成见,不带感情。"①《考证学集林》系祁龙威的一部学术论文集,两卷。上卷主要论述考证学的方法与准则,下卷选录了部分读书札记。

2. 史料的考证工作值得重视

前人由于主客观条件的限制,对史料的考证工作还存在局限性。现在大数据时代,为搜集史料,穷尽史料提供了机遇,发掘和出版的史料越来越多,但对于严格辨别史料的真伪提出了更高的要求。现在研究的起点比前人高,要赶超前人水平,就有必要把这一工作做得更好。

附录　近代伪史料举例

为避免利用史料时走弯路,现将已经过史学专家考证过的伪史料择要介绍如下:

1. **"穿鼻草约"**。过去的说法是琦善在英国逼迫下同意了"穿鼻草约",并认为该草约是琦善卖国投降的主要罪证。后来有学者根据可靠的史料证明,"穿鼻草约"是英军单方面制定并提出的条文,琦善并没有同意,直到他被革职锁拿解京,始终没有在草约上签字盖印,故这一草约当时既未签订,事后也未经中英两国政府批准。1983 年 2 月 2 日《光明日报》发表了胡思庸、郑永福所撰《穿鼻草约考略》对此进行了

---

① 戴逸:《考证学集林·序》,广陵书社,2003 年。

详细的考证。

2.《冯婉贞胜英人于谢庄》。载徐珂《清稗类钞》战事类,曾收入中学语文课本。讲的是第二次鸦片战争时期,北京西郊离圆明园10里的谢庄,有一猎户冯三保及其女儿冯婉贞在森林中设伏,诱敌深入,击毙一百几十名英法侵略者的英勇事迹,流传很广。此事不见于第二次鸦片战争的公私文献,既没有著录,又没有史料出处,即来源不明,而且根据北京大学陈庆华教授等组织调查队,从文献和实地两方面进行调查,不仅找不到冯婉贞其人的记载,而且,圆明园附近也没有谢庄其地,《清稗类钞》所云,完全是子虚乌有。该文原题《冯婉贞》,最早载于1915年3月19日的《申报》,作者为陆士谔。徐珂将它收入了自己所编的《清稗类钞》,不仅改了题目,而且对描写人物和作战气氛的部分细节作了删节。只能说这是一个文学故事,而非历史事实,它顶多反映了作者对侵略者的痛恨和对民众寄予的希望。

3.《江南春梦庵笔记》。此书初见于清光绪元年上海《申报》馆铅印的多卷本刊物《四溟赟记》,署名"武昌沈懋良撰"。书后有春草吟庐主人跋,首言:"懋良陷贼十三年,相处者又倡乱之巨逆,宜乎其所言源源本本,如数家珍也。"又说:"所载群逆之出处,伪制之详明,又足补诸书所未备。"所谓"倡乱之巨逆",是指太平天国赞王蒙得恩。书中说洪杨离奇的来历时,作者自注:"上皆蒙得恩所言。"该书被辑入中国近代史资料丛刊《太平天国》。罗尔纲用真实可靠的文献记载与该书相比较对勘,揭露大量破绽,特别是他从史料来源和内容之间的矛盾上,找到铁证,判定这是一部伪书。其作伪手法两种:其一,凭空捏造。其二,篡改文献。罗尔纲撰文称《江南春梦庵笔记》是太平天国史料里的第一部大伪书。① 白寿彝总主编《中国通史》第十一卷近代前编第一章称:中国近代史资料丛刊"也有考核不精致选入伪作的失误。如《太平天国》中的《江南春梦庵笔记》和《义和团》中的《景善日记》,都是伪造的"。

---

① 罗尔纲:《太平天国史料里的第一部大伪书——〈江南春梦庵笔记〉考伪》,载《太平天国史料辨伪集》,三联书店,1985年,第5—37页。

4.《磷血丛钞》。是太平天国时期的笔记选录,苏州文管会范烟桥在 1962 年 8 月 23 日《光明日报》上著文介绍,1979 年上海古籍出版社出版《太平天国史料专辑》,收录了该书的大部分内容。《扬州师院学报》1980 年第 3 期发表祁龙威《〈磷血丛钞〉辨伪》,《重庆师院学报》1981 年第 2 期发表史式《〈磷血丛钞〉考伪》,都说是抄袭《江南春梦庵笔记》,而后者已被罗尔纲证实是伪书。

5. 大成国五文件。即《陈开自述》《大成国隆国公黄鼎凤告谕》(又称《黄鼎凤〈约法十二章〉告谕》)、《大成洪德平浔王谕》《平靖王李告谕》《平靖王米挥》。这些文件于 50 年代末 60 年代初发现公布,引起广泛注意。1965 年 6 月 18 日《人民日报》发表谢兴尧《黄鼎凤〈约法十二章〉告谕质疑》,1983 年广西人民出版社《太平天国史论文集》收录骆宝善《关于大成国的几个文件质疑》,均认为是伪造的。

6.《石达开致骆秉章书》(出自许亮儒的《擒石野史》,《太平天国文书汇编》收录)、《石达开致唐友耕书》(载《唐友耕年谱》,中国近代史资料丛刊《太平天国》第 2 册收录)。此两信实为一封。罗尔纲首先考出石致唐友耕书是唐之子为给其父贴金篡改的。(罗文《答关于一封石达开信的受信人问题》,载《历史学》1979 年创刊号。)后来人们进一步对石达开致骆秉章书的真实性也发生怀疑,张道贵、于玉生《〈石达开致骆秉章书〉质疑》,载《太平天国史新探》,江苏人民出版社 1982 年版;史式《〈石达开致骆秉章书〉考伪》,载《文史杂志》1987 年第 6 期,均认为是赝品。

7. 洪秀全早期反清诗。共 6 首,即《龙潜》《斩邪留正》《金乌》《剑》《日》《时势》,见于韩山文《太平天国起义记》和《洪仁玕自述》。最先是王庆成对《龙潜》等诗的真实性提出了否定的看法,认为洪秀全当时缺乏写这些诗的思想基础,这些诗应是太平天国后来为神化洪秀全而造作出来的。① 沈茂骏随后发表《洪秀全早期反清诗是洪仁玕的伪作》,载《学术月刊》1980 年第 7 期,认为反诗仅见于洪仁玕

---

① 王庆成:《论洪秀全的早期思想及其发展》,《历史研究》1979 年第 8、9 期。

的传述,而且洪仁玕在不同时间的传述中任意改动诗的年代背景和字句内容;反清诗的某些思想内容如反满崇朱(朱元璋)和字句如以"龙""虎"隐喻衬托,不属于洪秀全而属于洪仁玕的;反清诗力求典雅的风格特点与洪秀全的诗作用语平易粗犷的特点不一致,与洪仁玕诗的特点却大致相同。洪仁玕伪造洪秀全反清诗是为了神化洪秀全。

8.《中法马江战役之回忆》。收入中国近代史资料丛刊《中法战争》第3册。作者在中法战争时只有10岁,又与当事人无密切关系,所述不过得自传闻,又未认真核实。仅仅因为叙述了清政府的腐败,受到人们重视,其实错误百出,《江海学刊》1985年第5期发表俞政《〈中法马江战役之回忆〉不可信》。

9.光绪密诏。戊戌政变后,康有为逃亡海外,他在给英国传教士李提摩太的信中附录了政变发生前光绪皇帝赐给他的两道诏书。他宣扬自己奉有光绪密诏,在海外大肆活动。后通过房德邻等人考证,康有为提供的密诏是他篡改了的假圣旨。见房德邻《戊戌政变史实考辨》,载《戊戌维新运动史论集》,湖南人民出版社1983年版。

10.谭嗣同狱中致康、梁绝命书。两通。中华书局一九八一年版《谭嗣同全集》,收入谭嗣同狱中遗康有为、梁启超绝命书各一通(第532页、519页),注谓:"刊《知新报》第七十五册,清光绪二十四年十一月十一日(一八九八年十二月二十三日)出版。"上海人民出版社一九八三年版《梁启超年谱长编》,亦云"八月十日,谭嗣同作两绝命书,一遗康有为,一遗梁启超",并录入遗梁书全文,注谓"转引自汤志钧《戊戌变法人物传稿》上册第37页"。根据连燕堂《谭嗣同狱中绝命书当系伪作》(载《读书》1985年第5期)考证,这两通绝命书始刊于一八九八年十一月二十七日(旧历十月十四日)的日本《东京报》上,《知新报》是据该报译载的。认为此两书系伪作,有两条有力的证据:(一)王照《小航文存》卷三:《复江翊云兼谢丁文江书》,于梁氏"立即于横滨创办《清议报》,大放厥词,实多巧为附会"下注曰:"如制造谭复生血书一事,余所居仅与隔一纸扇,夜中梁与唐才常、毕永年三人谋之,余属耳闻之甚悉,然佯为睡熟,不管他。"(二)唐才质《戊戌闻见录》:"复生身陷囹圄,其始二仆尚得近,后防范密,知不免,故题诗于壁以寄志,而无一字贻亲知,盖搜查綦严,无由寄还,且恐亲知受株连也。后报载其血书二,予读之,疑不类,询之伯兄,盖出卓如手,欲借以图勤王,诛奸贼耳。"

11.《景善日记》。其真伪问题的争论由来已久。景善,满洲贵族,内阁侍读学士,历任户、工、礼、刑各部侍郎,庚子时已退休家居。据英人白克浩司宣称,他在景善住宅发现了这本日记,引起中外人士关注。20世纪40年代开始,学者围绕《景善日记》这份史料真伪进行考证,有的认为是真史料,翦伯赞将其收入中国近代史资料丛刊《义和团》第1册,并在书目解题中认为系景善所作无疑。但更多人认为是假史料。程明洲曾在《所谓〈景善日记〉者》(载《燕京学报》第27期,1940年),旁征博引,指出《景善日记》系伪造,言外之意,《景善日记》似是有人为荣禄脱罪而编造的。多年后,毛以亨《所谓景善日记——批评之批评》(载《大陆杂志史学丛书》第2辑第5册,台北大陆杂志社,1967年)再次梳理《景善日记》中、英文不同版本的传播情况,指出程明洲的主要观点其实源于英国人刘逸生(William Lewisohn)所撰《对所谓的〈景善日记〉的一些批评性的意见》一文,该文发表于1937年的《华裔》杂志(Monumenta Serica,辅仁大学主办),强调程氏本人的"新发现"并不多。同时,毛氏明确指出,《景善日记》是英国汉学家白克浩司(也译白克豪斯,巴克斯,或巴恪思,Edmund Backhouse,1873—1944)受荣禄委托假造的,目的是为荣开脱罪责,免除战犯嫌疑。1981年,丁名楠访英时,阅读了《景善日记》英文原稿,并撰文《景善日记是白克浩司伪造的》(载《近代史研究》1983年第4期),对此案再做评判,认为日记确系白克浩司造假,但并无刻意为荣禄辩解的意图;之所以过多描述荣禄,是因为他是慈禧的心腹,"为人机诈、阴鸷、善变,富有统治经验,善于玩弄权术",白克浩司为了使日记生动,富有戏剧性,"所以通过景善这个老朽之口把当时处于关键地位的荣禄突出出来"。这个结论受到学界关注。① 有的说虽是冒名之伪作,但内容还是有一定的史料价值,因为白克浩司当时在北京,见到过一些文件,著录在"日记"中,这些文件和日记所记部分史实基本上是可信的,因此此日记仍被义和团研究者时常引用。

12. 所谓庚子年"洋人照会"。以往论者多依据恽毓鼎《崇陵传信录》、袁昶《乱中日记残稿》、吴永《庚子西狩丛谈》《景善日记》等文献,认为慈禧决定对外宣战是因为轻信了江苏粮道罗嘉杰之子向荣禄密呈的"假照会"。林华国在《庚子宣战与"假照会"关系考辨》(《北京大学学报》1987 年第 2 期)一文中认为,这种说法无可靠的原始材料可资印证,恽氏说法不足为凭,导致清廷宣战的直接原因还是联军对津沽的侵略行径。高心湛《荣禄与庚子事变》(载《许昌师专学报》1993 年第 4 期)认为,所谓进呈"照会"之事,各家记述参差纷杂,多有不同,大可视为以讹传讹,不足为据。牟安世则在《义和团抵抗列强瓜分史》(经济管理出版社,1997 年)中认为,该照会是丁韪良受英国公使窦纳乐委托起草的,拟交各国公使审定,内有"勒令太后归政"一条,不料事先走漏消息,为罗嘉杰得知,密报荣禄呈送慈禧。但作者并未解释罗是如何获得照会内容的。该问题仍然疑窦丛生,需要继续探讨。孔祥吉则在《义和团运动若干重要史实辨析》(载《历史档案》1988 年第 1 期)中认为所谓洋人照会是子虚乌有的事,如果罗嘉杰拿假照会激怒慈禧使其宣战,那么清廷后来惩处祸首时,肯定是会追究罗的责任的,实际上罗并没有受到惩处。

13.《龙华会章程》。载日人平山周著《中国秘密社会史》,收入中国近代史资料丛刊《辛亥革命》中,章程提出的田地归公的纲领为史家所注目。一般认为它是浙江哥老会支派龙华会的章程,订于光绪三十年正月初一日(1904 年 2 月 16 日)。杨天石、王学庄在《历史研究》1979 年第 9 期上发表《〈龙华会章程〉探微》,李时岳在《辛亥

---

① 参见马忠文:《荣禄与晚清政局·导言》,社会科学文献出版社,2016 年。

革命史丛刊》第一辑上发表《〈龙华会章程〉考释》,对此进行考析,得出大体相同的结论,章程实际是光绪三十四年(1908)江浙皖闽赣五省革命协会章程,应正名为《革命协会章程》,章程原署时间属有意倒填。

14. 所谓汤化龙密电。 一般说汤化龙是两面派,武昌起义后一面出任军政府总参议,一面又串联柯逢时、连甲等在柯逢时家聚会,由其拟稿,密电清廷,请派兵剿灭革命。杨天石、王学庄在《复旦学报》1981年第5期上发表《汤化龙密电辨讹——兼论汤化龙在武昌起义前后的政治表现》,认为密电是讹传。

15. 致驻华武官训令。 1927年4月,张作霖在搜查驻北京的苏联使馆之后,公布过一件据说是来自莫斯科的《致驻华武官训令》。《训令》称"为引起外国干涉",必须采取一切措施唤起群众反对外国人,"不惜采取任何手段,直至抢劫和杀人"。据主要当事人之一回忆,这份《训令》的"俄文原件"其实是假的,是张作霖为了诬陷共产国际和镇压中国共产党人,支持其下属,操纵一个白俄记者、哈尔滨《喇叭报》主编来塔列夫斯基精心伪造的①。

16. 中国共产党的革命路线。 抗战初期,武汉特务组织曾假托张浩、林毓英的名义写了《中国共产党的革命路线》一书,并广为散发,书中歪曲了中共提出的民主共和国等口号,捏造事实,破坏共产党的统一战线政策,破坏国共合作。②

---

① 习五一:《张作霖伪造共产国际文件的真相——访原张作霖外交特派员张国忱》,《民国春秋》1987年第1期。
② 赵爱国:《档案文献编纂学》,山东大学出版社,2001年,第66页。

第三讲　查阅史料的工具

查阅史料的工具有两大类,一是文史工具书,二是电子检索。

著名史学家邓广铭于1956年在北大的课堂上提出研究中国古代史要掌握年代、地理、职官、目录4种基本工具,简称"四把钥匙"。研究中国近代史也离不开这"四把钥匙"。这些学问都涉及工具书问题,如,年代学涉及大事年表、日历对照表之类;职官学要用到职官年表;地理学有时需要利用古今地名词典;目录学中的目录、索引本身就是工具书。

文史工具书大致可分为6类,即字典词典类、基本目录类、索引通检类、大事年表类、类书汇纂类、各种图表类。还有一类工具书称《年鉴》,从历史学的角度看,过去的年鉴可用作史料,现在的年鉴可供了解信息。

现在处于大数据时代,查阅史料又多了一种手段,即电子检索。

文史工具书有多种用途,下面从查找史料、阅读史料、利用史料的角度谈谈这些工具书的基本内容、主要用途和用法。

一　字典词典

字典词典类工具书主要供阅读、校勘史料时解决有关字、词、典章、典故、人名、地名、成语等方面的一些疑难问题,克服拦路虎。如,在有些官府公文和私人信件上,有时会看到"阅后付丙"或"请付丙丁"的字样。如果不懂,就要查字典词典。在五行中,丙、丁均属火,所以用丙丁作为火的代称,把文件烧掉就称为"付丙丁",省称"付丙"。这说明注有"付丙"字样的文件、信件的机密性或见不得人。皇室贝勒载洵为接待德国皇储,因手中拮据,写信给大臣盛宣怀借钱,这是很丢面子的事,所以在盛的信封和信函后面一再写上"付丙",嘱其烧毁。但由于收件人没有付丙,今天也就看到了。

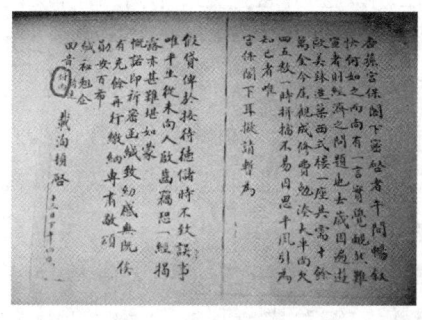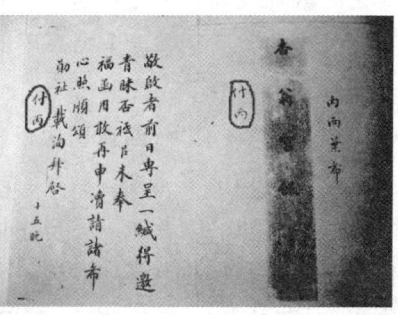

图 3-1　载洵致盛宣怀信

字典与词典的区别在于:字典着重解决字的形、音、义及其用法,而词典以两个以上字或词组为对象,以释词为主,解释词语的意义、概念、用法,兼收单字与副词,也包括人物、典章、成语、地名等。但随着语言的发展,字典不仅收单字,同时也释词,而《辞海》收 10 万多条辞目,也还解释了 1 万多单字,因而字典与词典不能截然分开。词典与辞典通用,没有区别。

汉代许慎的《说文解字》与《尔雅》同时出现,自此以后,中国的字词典大致分为三类:

(一)主义的,《尔雅》最早,元明清有《骈雅》《通雅》《别雅》《叠雅》等。

(二)主形的,除《说文解字》外,还有《字辨》《字汇》(明·梅膺祚)、《正字通》(清·张自烈)、《康熙字典》等。

(三)主音的,早期有《声类》,已佚。隋代有陆法言《切韵》,元明清有《韵会》《音韵阐微》等。

字典

今天查阅史料时常会用到的字典有：

(1)《康熙字典》：清康熙四十九年(1710)张玉书、陈廷敬等奉敕编纂，30多人参与其事，康熙五十五年(1716)编成。它是康熙皇帝重视文化的重要表现。体例基本仿《字汇》和《正字通》，是古代字书向现代字典过渡的大型字书。全书采用部首分类法，以十二地支分12集，214个部首。有人编了一首顺口溜，便于按部首的笔画查其在某集："一二子中寻，三笔在丑寅，四在卯辰巳，五在午部寻，六画未申七在酉，八九戌集十亥门。"该字典先音后义，先本音本义后别音别义或转义。以古书为例证。如果编者加以考辨了则加按语。共收47043个字，比以前任何一部字典收的字要多。有康熙年间内府刊本，商务印书馆1933年影印，上海书店1985年重印；道光七年(1827)内府刊本，上海古籍出版社1996年影印。台北启业书局1979年又出版了高树藩编《新修康熙字典》。

《康熙字典》可以解决阅读史料时碰到的生僻字。如，章太炎为其两个女儿取名叫㸚、叕，这两个字就很难认，可利用康熙字典查到读音和字义。

《康熙字典》的优点在"增《字汇》之阙遗，删《正字通》之繁冗"。但该词典缺点也不少，一是引用书证时错讹较多，二是无断句标点，用反切方式注音，不便于今天读者使用。对于引用书证的错讹，道光年间有王引之等的校订本，改正原书错误2588处。2003年6月，上海世纪出版集团汉语大词典出版社推出的标点整理本《康熙字典》，有五大特色：标点精当、注音贴切、考证随文，字形兼备，查检简便。可以利用。北京书同文数字化技术有限公司制作的《康熙字典》电子版以同文书局石印本为底本，并附王引之的字典考证于后。互联网上有好几个网站可在线查阅《康熙字典》电子版。

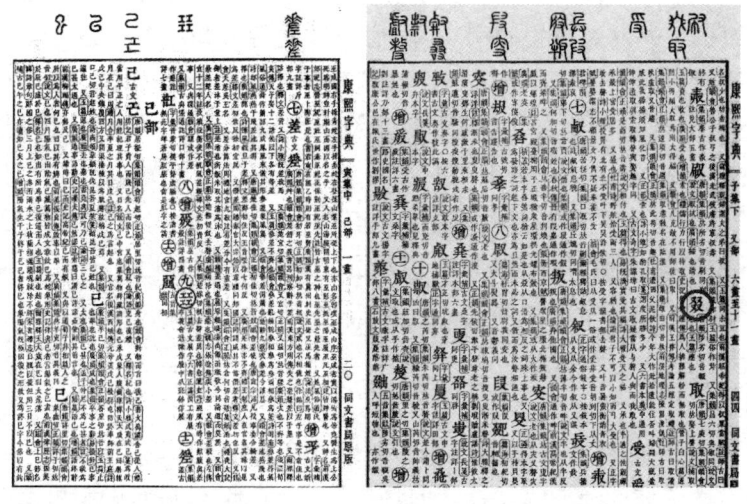

图 3-2　《康熙字典》局部

(2)《中华大字典》：陆费逵、欧阳溥存等编。1909 年开始编纂，1914 年编成，1915 年中华书局出版，比《康熙字典》晚了近 200 年。1935 年重印，1978 年再次重印。本书共收字 4.8 万多，其中包括方言字和翻译的新字，较《康熙字典》多出 1000 多字。该书编撰目的为纠正《康熙字典》中的错误，弥补其不足，力求取而代之。与《康熙字典》相比，它将当时由外语所译新字、新名词、科技术语等收录于内，纠正了《康熙字典》中两千余处错误，且全书附有各种插图，在注音、释义、印证方面则更简明、合理、有条理性。是 20 世纪 80 年代以前中国字典中收字最多的一种。

(3)《汉语大字典》：是最新的一部解释汉字形、音、义为主要任务的大型语文工具书。共计收列单字 56000 左右，全书约 2000 万字，可谓鸿篇巨制。它结束了长期以来"大国家，小字典"的状况，对于从事历史研究的人来说，特别有用。阅读史料时，碰到生僻的、在一般字、词典中查不到的字，在《汉语大字典》中一定能查到。这么多字从哪儿来的？以历代辞书为依据，并从古今著作中增收部分单字。每个单字条目内容一般包括字头、解形(有古形的字，列出甲骨文、钟鼎文、篆字、隶书的代表性字形)、注音(用汉语拼音标出现在音读，同时还注有中古反切和上古韵部)、释义(分两个方面,先用造字原理对本义进行解说,再按字的发展过程对引申义、通假义进行解释。多音字则音义结合,音随义转)、引证(每一义项下,收列古今用例3个左右。此字典由汉语大字典编辑委员会编纂,湖北辞书出版社和四川辞书出版社于1986—1990年出版。由于部头太大,内容专深,一般读者很难利用,后来湖北辞书出版社又出版了普及本。精选了2万个字头删去古形、古音及不常见义项,保留最为实用部分。其优点是"拼音为序,方便查检""略加注释,帮助理解"。

词典

最常用的词典是《辞源》和《辞海》。这是我国两部规模较大、影响很久、权威性极强的收字释词的百科辞书,是学习、科研必不可缺的重要工具书。查阅前要弄清楚它们的区别,以便知道在什么情况下利用《辞源》,什么情况下使用《辞海》。《辞源》所收大致止于1840年以前的古代汉语、一般词语、常用词语、成语、典故,兼收各种术语、人名、地名、书名、文物、典章制度。《辞海》所收古今中外的成语、典故、人物、著作、历史事件、地名、团体组织、各学科的名词术语,注重反映科学技术方面的新学说、新成果及其重大发展,对文史哲和其他各科目的解释,也注重了形式的变化和时代的发展。

(1)《辞源》:1908年开始编纂,1915年出版了第一版。它是解决古汉语问题的最大的工具书。专收古代汉语词汇和成语,以及文史方面的百科条目,如,典故、名物制度、古今名人名著、一般常见的古今地名。着重从语文典故的角度着眼,有关的尽量收,侧重于出处、源流。旧《辞源》还有社会科学、自然科学和工程技术上的一些新名词和翻译名词,1958年以后修订时,根据与《辞海》《现代汉语词典》分工的原则删去了。

一般把1949年前的《辞源》初版、续编和《辞源》正续编合订本等称为老《辞源》,而称1979年至1983年出齐的四卷本《辞源》修订本为新《辞源》。《辞源》(修订本)是商务印书馆编辑部与广东、广西、湖南、河南《辞源》修订组合编,商务印书馆1979—1983年陆续出版,1988

年出版合订本。经过修订的《辞源》,保留了释词溯源的特色,成为一部专供阅读古籍使用的古汉语词典。内容包括古书中的词语典故和有关古代文物典章制度等方面的词语;释义注意词语的出处和词义的发展演变;书证一律标明作者及时代、篇目、卷次。有些词目后略举参考书目。

2007年商务印书馆启动再次修订《辞源》的工作。2015年《辞源》第三版正式出版发行。这次修订的《辞源》以尽量全面收录古代文献用字用词为目标,单字条目和复词条目的增补均控制在各集总条目的百分之十以内。根据"音义契合,古今贯通"的修订原则,系统整理《辞源》文字系统和注音系统,标注上古音。释文不仅要注意准确,还根据《辞源》的特色,简洁明确。《辞源》修订的目标是改正显误,补足欠缺,将知识性错误减到最少。全面修订《辞源》在文字、注音、释义、书证、出处等方面的硬伤。《辞源》第三版收入字头14210个、复词92646个、插图1000余幅,全书1200万字,共有4767页,分上下两册。其中新增字头1302个,新增复词8512个,补充文化与名物相应的插图618幅。增加字数超过200万字。《辞源》一百年来的多次修订,使它从400万字增加到1200万字,成为一部以词语形式储存古代典籍中传统文化知识的中国式现代辞书,一部阅读古代传世文献的大型工具书。随着时代的发展,新的《辞源》还发行了网络版和优盘版。

虽然《辞源》收词只到鸦片战争前为止,但阅读近代史料时会碰到引用的古代著作、人名、典故,如不知其意,可以在《辞源》中查找。如清末革命宣传家杨毓麟在《新湖南》中几次用到"矛炊剑淅"这个词语,过去部分编者不明其意,一误为"矛炊剑渐",再误为"矛炊剑折",使读者不知所云。其实,在《辞源》中可以查到"剑头炊"一语,知道出自《世说新语·排调》的"矛头淅米剑头炊",意为矛头淘米剑头炊饭,形容处境极其危险,杨毓麟写作"矛炊剑淅"是活用典故。

(2)《辞海》:是一部兼收语词和百科词语的大型综合性辞书。1936年开始编纂,后来不断有新版本问世:1965年有16分册本,1979年版有20分册本,1982年出版《语词增补本》《百科增补本》,1983年合编为《辞海》增补本,1989年版为26分册本,1999年版为彩图5卷本、普及3卷本,1980年还有缩印1卷本。它是解释当代自然科学和社会科学的许多词语的最大一部词典,曾经拆散为26个学科分册,接近西洋百科全书的形式。中国近代史部分也收了一部分词语,择要列目,取舍较严,写法上常常寓评价于叙述。

《辞海》每10年重修一次,1989年版收词12万条,1600万字,增加了1800条,260万字。《辞海》中有个条目"小野妹子",是日本遣唐使,按日本人名字的习惯,女性多用"子",而此人名字不仅有"子"字,而且还是"妹子",按中国的习惯,"妹子"一般应该是女性,所以小野妹子很容易被人误认为女性。如果在释文中加一"男"字表示性别,又破坏了全书男性人名均不说明性别的体例,编纂者考虑再三,在1989年版该条释文中适当地方加了一个"他"字,既点明了"小野妹子"这一特殊人名的性别,又保持了全书体例的统一。所以有人称为"一字之功"。此事说明《辞海》的编纂比较严谨规范。《辞海》书后附录有《中国历史纪年表》《中华人民共和国行政区划简表》《常见组织机构名简称表》《中国少数民族分布简表》《世界国家和地区简表》《世界货币名称一览表》《计量单位表》《基本常数表》《天文数据表》《国际原子量表》(1997年)、《元素周期表》《外国人名译名对照表》《外国地名译名对照表》《汉语拼音方案》《国际音标表》等,也是很有用的工具。

然而《辞海》也有不尽如人意的地方。有学者将《辞海》1989年版中"林语堂"词条与《美国百科全书》"林语堂"词条进行对比研究,发现《辞海》"林语堂"词条存在着一些问题。[①] 毋庸讳言,《辞源》《辞海》都存在一些问题,查阅这类辞书时应予注意。

2009年已出版第6版,收单字字头17914个,比第5版增加近400个,附繁体字、异体字4400余个;词条127200余条,比第5版增加4200余条;字数2300余万字,比第5版增加200余万字;图片16000余幅,与第5版相当。该版删去词目7000条,新增词目12300余条,条目修订面超过三分之一。同时,还由世纪出版集团投资研发了首款电子阅读器,内置《辞海(第六版)》电子版,在用这款阅读器浏览图书的时候

---

① 苏明明:《从两个林语堂词条谈起》,2009年3月4日《中华读书报》。

随时可以调用《辞海》查阅资料。

(3)《汉语大词典》：是我国迄今为止规模最大的历时性汉语语文词典。自 1975 年以来，由五省一市千余位专家学者及有关工作人员，经过 20 年的艰苦奋斗，至 1994 年始完成了编纂与出版任务。《汉语大词典》全书 13 卷，共收古今词语 375000 条，其中包括单字 22000 条，复音词及成语、典故、熟语等 35 万余条，插图 2500 幅，凡 5000 万字。其书古今兼收，源流并重，解说齐备，资料宏富，可以说是一部反映汉语历史概貌的大型工具书。① 后来又有《汉语大词典普及本》问世。普及本在立目、释义、举证等很多方面大都是从《汉语大词典》中精心筛选后重编而成，书中不但保留了《汉语大词典》所有的精粹内容，而且还适当增加了一些原书所没有的新词义或其他精当的义例；同时还具有注重简要实用、兼及普及与提高、内文一律使用规范汉字、调整了词典编写体例，词条内容力求紧凑简洁，一目了然等特色，降低了书价，利于普及大众。②

由于工程浩大、书成众手，以及时代背景和各种条件上的限制，《汉语大词典》难免会有一些疏失和不足。李申、王本灵著《〈汉语大词典〉研究》(商务印书馆，2015) 以大量文献材料为依托，全面排查，审慎考证，梳理出《大词典》立目、释义、书证等方面存在的各种问题，归纳出"释义不确""义项不全""例证晚出""缺少书证或书证不充分""词形不全""引文有误""其他问题"等 7 个方面，对 1300 多个条目提出了具体订补意见。可以参考。

(4)《中文大辞典》：台湾中国文化学院、中国文化研究所编，1968 年 8 月出版。全书 40 册，收单字约 5 万个，词条 37 万多条，共 5000 万字。注重汉字源流，考证博综古今文献，解说力求精确扼要，例句均注明出处和引用书目。1982 年内地翻印。有人指出该书不尽可信，如，该辞典释"休哉"一词曰"休哉，即美哉，又吉庆之意。苏轼《表忠观碑》：'呜呼休哉，魏公之业。'"经查，《苏东坡全集》无此语。其实更早

---

① 《汉语大词典》出版说明。
② 《汉语大词典普及本·出版说明》，汉语大词典出版社，2000 年。

的沈约《宋书》已用此"休哉"。①

(5)《近代汉语词典》:白维国主编,上海教育出版社2015年出版。注意这里所称"近代"系指初唐到19世纪中叶一千多年的历史时期。这一时期近代汉语正处于上承古代汉语、下接现代汉语的关键时期,对于这段时期语言的系统整理,有助于勾勒整个汉语的演变轨迹,并解密众多隐藏在语言中的文化信息,增加人们对于这一千多年中华文明发展史的认识。在编纂过程中积极吸收借鉴汉语词汇最新的研究成果,突破了传统辞书对一些词语的释义,揭示了词语所表达的真正文化内涵。比如,"额手"一词,《汉语大词典》以及《现代汉语词典》都释其为"以手加额(表示敬礼或庆幸)",然而据有关研究成果表明,"额手"的"额"并不表示额头,"额"与"拍"同音,"拍"义为击打,"额"是"拍"的假借字,"额手"即"鼓掌"之义,因此,该词典直接释其义为"鼓掌(表示庆贺等)"。再如"杜撰"一词,不但是近代汉语词,同时也是现代汉语中的常用词,各大语文辞书都收有"杜撰"一词,均释其为"编造、虚构"。有关研究成果认为,"肚撰"和"杜撰"当是历史上的一对异形词,"肚撰"之义犹为"臆撰","肚、腹"与"胸、臆"属同一义域的词,"肚撰"与"臆撰"的构词方式与思路相同,因此,"杜"当是"肚"的假借字,故而,该词典吸收这一成果,将"肚撰"列为正词条,而将"杜撰"列为副条,由此,解开了"杜撰"这一常用词词义的来源之谜。② 还有一部同名词典,高文达主编,知识出版社1992年出版。

《近代汉语大词典》:许少峰编,中华书局2008年出版。这是一本解释自唐代至清代古籍中出现的口语词的工具书,共收词50306条,为历史研究提供了丰富的语言资料。

此外,还有《现代汉语词典》《古今汉语词典》《现代汉语学习词典》等,均可利用。

---

① 高放:《台湾版〈中文大辞典〉不尽可信》,2001年10月31日《中华读书报》。
② 《千年的词汇演变史,亦是千年的文明发展史 ——〈近代汉语词典〉拆解千年语言密码》,2016年8月10日《中华读书报》。

成语典故类词典

阅读近代史料时,会遇到一些成语典故,除了可查阅《辞源》《辞海》外,还有专门的词典。

(1)《汉语成语大词典》:本书编委会编,汉语大词典出版社1996年出版。本书在《汉语大词典》基础上选收古今成语(严格意义上的成语)24808条。书证一般只举最早和最晚两种。另有一种《中华成语全典》,由湖北大学古籍所编,湖北辞书出版社出版。收词31885条,几乎囊括了古今文献典籍中的全部成语。它注重语源,不仅反映成语的最早出处,还告诉读者该成语最初从何典故而来。阅读史料碰到一些不太熟悉的成语典故,可以查阅此词典加以了解。

(2)《古书典故词典》:本书编写组编,江西人民出版社1984年初版,江西教育出版社1988年出修订版。

(3)《引用语词典》。朱祖延编著,四川辞书出版社1994年出版。本书收经史子书及古代文学作品的成句被后人引用而不注明出处的3000余条。编著者后扩大了收条范围并增加近现代书证,将此书扩充为《引用语大词典》,2000年由武汉出版社出版,2010年又出版了增订本。

专科词典

阅读近代史料需要用到的专科词典有《中国人名大辞典》《中国历代人名大辞典》《中国文学家大辞典》《中国古今人名大辞典》《中国古今地名大辞典》《中国地名大辞典》《中国历史人物辞典》《中国国民党名人录》《民国人物大辞典》《近代来华外国人名辞典》《中国近代史词典》《中国方志大辞典》《中国历史大辞典》《中国近现代社会思潮辞典》《中国年谱辞典》《中国近现代人物名号大辞典》《清史稿词典》《清代典章制度辞典》《近代中国百年史辞典》《义和团大辞典》《太平天国大辞典》《辛亥革命辞典》《中国抗日战争大辞典》《国民革命事典》《中国近代化大辞典》《中国现代社团辞典》以及《孙中山辞典》《宋庆龄辞典》等。《禹贡发刊词》指出:"历史是最艰难的学问,各种学科的知识它全部需要。"因此进行史学研究,需要经常翻阅各种专科词典,以了解各种学科的知识。《发刊词》还说:"因为历史是记载人类社会过去的活动的,而人类社会的活动无一不在大地之上,所以尤其密切的是地理。历史好比演剧,地理就是舞台;如果找不到舞台,哪里看得到戏剧!所以不明白地理的人是无由理解历史的,他只会记得许多可佐谈助的故事而已。"①可见古今地名词典和历史地图的重要。主要专科词典举例如下:

(1)《中国历史大辞典》:该词典编纂工作由中国社会科学院发起组织,先后有 800 余名专家学者参加编纂工作,编纂委员会以郑天挺、谭其骧为主任,郑天挺、吴泽、杨志玖为主编。这是新中国第一部由国家组织编写的特大型历史专科辞典。它以全面发掘和整理中华民族的历史遗产、反映和总结以往中国历史学科的重要研究成果,传播和弘扬中国的历史文明为宗旨。编纂工作从 1978 年启动,历经 21 年,在陆续完成各个分卷(先秦史卷、秦汉史卷、魏晋南北朝史卷、隋唐五代史卷、宋史卷、辽夏金元史卷、明史卷、清史卷(上)、清史卷(下)、民族史卷、历史地理卷、思想史卷、史学史卷、科技史卷)之后,经过修订增补,在 2000 年年初完成汇编本(上下两册),由上海辞书出版社出版发行。全书收词上起远古时代,下迄 1911 年辛亥革命,共收词目 67154 条,共 1100 万字,内容包括从先秦到清末的各断代史和大量专门史,涉及中国古代政治、经济、思想、文化、教育、法律、科技、民族、风俗、宗教、外交等各个领域,附有大量图片、表以及各朝历史地图,堪称是一部全面、权威的中国历史百科全书。其特点是,释文取材广博、考证严谨、叙事简明、体例统一、论断恰当,可与大型通史类著作互为依托,相得益彰。②

(2)《近代来华外国人名辞典》:中国社会科学院近代史研究所翻译室编,中国社会科学出版社 1981 年出版。主要收录 1840—1949 年间来华的参赞以上外交官、重要口岸领事官、海关、盐务及邮政主管职

---

① 谭其骧撰,顾颉刚修改:《禹贡发刊词》,《禹贡》第一期,1934 年 2 月。
② 《〈中国历史大词典〉汇编本出版》,引自北京社科门户网站"北京社科规划"(http://www.bjpopss.gov.cn/bjpopss.asp)。

员、租界地行政长官、政府顾问、著名传教士、军人、汉学家、新闻记者、商人、"探险家"、科学家及其他与中国近代史有关的外国人1800多人。

(3)《中国年谱辞典》：黄秀文主编，百家出版社1997年出版。收录刊行于1993年以前的自先秦至当代的人物年谱4115种，涉及谱主2431人，等于是一部详细的年谱目录。该书以谱主出生年代的先后顺序编排，分谱主小传与年谱介绍两部分。附有谱主索引和谱名索引。

编纂词典，是向读者提供正确、规范的知识，所以编纂者一定要带有敬畏心，严肃、认真地做好每一步工作。但现在各类辞书出版太多太滥，多为互相抄袭，错漏很多。仅举一例说明之。《中国近现代名人大辞典》（档案出版社，1993年）在第286页上有"吴昆"词条，释文为：

【吴昆】(？—1940)湖北黄冈人。字寿天，一作寿田，号孔生。早年入武昌文普通学堂学习。1904年3月赴日本留学，入东京弘文学院。1905年8月同盟会成立，为最早会员之一，并任评议部评议员，代理庶务。1906年加入日知会，后回国从事革命活动。中华民国成立后，被选为国会议员，协助宋教仁将同盟会改组为国民党。1937年七七事变后，主张抗日救国。1940年病故。

在相邻的第287页上又有"吴崑"词条，释文为：

【吴崑】(1882—1942)湖北黄冈人，字寿田，或作寿天，号吼生。1905年在武昌与刘静庵等筹划组织日知会。后东渡日本留学，参加同盟会，被推为评议员。次年受孙中山派遣，陪同法国军官欧几罗赴内地考察党务。1907年同宋教仁、白逾恒等赴东北，在辽宁设立同盟会支部，策划起义，被清政府逮捕。后逃脱到东京，曾主持同盟会本部事务。辛亥革命后，任汉口军政分府秘书。1912年当选为国会议员，后协助宋教仁改组国民党，反对袁世凯。1917年随孙中山南下护法。1925年孙中山逝世后，闲居在家。抗日战争时曾聘为湖北银行董事。1942年8月在湖北恩施病故。

且不论两个词条内容上有何矛盾，有何错误，单就将吴崑一人误作两人，并排在相邻的两页上，就是一个不能容忍的疏忽。有人指出《清史稿词典》问题较多。还有一些粗制滥造的辞书会给人误导,使用时要慎之又慎。

另外,《中国科学技术史·度量衡卷》虽不是工具书,而是史学专著,但对于了解历史上的度量衡法定单位的量值和其他杂乱的度量衡单位的比值,从而扫清阅读、利用史料时碰到的"拦路虎",很有帮助,顺便提及。类似的还有《中国水利史典》,中国水利水电出版社2016年出版。

王强主编的由凤凰出版社2015年出版的《近代文科工具书》(全43册),属于"南开大学中国社会史研究中心资料丛刊"之一种,收录晚清民国文科工具书30部,包括新知识、新学科两类,新学科中,涉及哲学伦理、教育、法政、经济、文学等方面。这些工具书是《新尔雅》(汪荣宝、叶澜编,文明书局,1906年)、《现代语辞典》(李鼎声编,光明书局,1939年)、《现代知识大辞典》(现代知识编译社编,现代知识出版社,1937年)、两部同名的《新名词辞典》(邢墨卿编,新生命书店,1934年;胡济涛编,上海春明书店,1949年)、两部同名的《新知识辞典》(新辞书编译社编,上海童年书店1930年;顾志坚等编,北新书局,1948年)、《简明哲学辞典》(〔苏〕M. 罗森塔尔、犹琴合著,孙冶方译,华北新华书店1948年)、《哲学辞典》(樊炳清编,商务印书馆,1926年)、《新哲学社会学解释辞典》(辞书编译社编,光华出版社,1947年)、《辩证法唯物论辞典》(〔苏〕米定·易希金柯编著,读书出版社,1948年)、《伦理宗教百科全书》(〔英〕海丁氏编,上海广学会,1929年)、《文艺辞典》及续编(孙俍工编,民智书局,1928年、1931年)、《文艺辞典》(胡仲持编,华华书店,1946年)、《新文艺辞典》(顾凤城等编,光华书局,1931年)、《新文化辞书》(唐敬杲编,商务印书馆,1932年)、《新术语辞典》(吴念慈等编,上海南强书局,1936年)、《社会问题辞典》(陈绶荪编,民智书局,1929年)、《新主义辞典》(梁耀南编,阳春书局,1932年)、《社会科学大词典》(高希圣等编,世界书局,1935年)、《社会科学小辞典》(施伏量编著,新生命书店,1935年)、《社会运动辞典》(王伟模编,明日书店,1930年)、《百科新辞典》(郝祥辉编,世界书局,1926年)、《汉译日本法律经济辞典》(〔日〕田边庆弥著,上海商务印书馆,1909年)、《法政辞解大全》《中国法律大辞典》(朱采真编,世界书局,1935年)、《法律政治经济大辞典》(余正东编,长城书局,1930年)《中国教育辞典》(王倘等编著,中华书局,1929年)、《兵学辞典粹编》(吴石著,兵学研究会,1937年)。这些书既是工具书,又是史料,通过它们可以了解一些新知识、新学科的词语在近代史上是如何解释的,以便知道中国近代文化的转型过程和学术发展的脉络。

二 基本目录

目录有两种,一为书内目录,即将一书的卷、篇或章节的名称按顺序排列在该书的前面,便于读者了解全书的内容和编次。一为群书目录,即将相关群籍的书名、篇名,甚至内容梗概、作者生平、对书的评论、校勘情况、收藏情况等等汇集起来,按一定的顺序排列,便于人们了解相关文献的信息。这就是汪辟疆《目录学研究》所说的:"目录者,综合群籍,类居部次,取便稽考是也。"①这种目录一般称为书目。刘向、刘歆父子编的《别录》《七略》就是最早的目录。所谓"目录之学,启自西京,子政撰《别录》于前,子骏成《七略》于后"。② 那是汉成帝时,以天下图书散乱,命至各地广泛搜求,将搜集的图书集中于秘府,命刘向(字子政)领衔整理校勘。每校书毕,则"条其篇目,撮其旨意,录而奏之"。所以刘向每校一书即作一篇提要,称"叙录"。后将各书叙录合编为《别录》一书,被称为我国目录学之祖。其子刘歆(字子骏)同校秘府藏书,刘向死后,刘歆继续完成校书工作,并在《别录》的基础上编成《七略》,不仅是叙录,而且还将群书分类,有"六艺略",系儒家经传,包括易、书、诗、礼、乐、春秋、论语、孝经、小学九种;"诸子略",系儒、道、阴阳、法、名、墨、纵横、杂、农、小说等十家之著作;"诗赋略",收赋四种(屈原赋、陆贾赋、孙卿赋、杂赋)、歌诗一种;"兵书略",包括兵权谋、兵

---

① 汪辟疆:《目录学研究》,转引自彭斐章等编:《目录学资料汇编》,武汉大学出版社,1986年,第31页。
② 刘纪泽:《目录学概论》,转引自彭斐章等编:《目录学资料汇编》,武汉大学出版社,1986年,第50页。

形势、兵阴阳、兵技巧四种;"数术略",有天文、历谱、五行、蓍龟、杂占、形法六种;"方技略",系医经、经方、房中、神仙四种。前面有"辑略",作为诸书总论和分论。"七略"可称为我国最早的图书分类目录。但《别录》和《七略》均失传。班固编纂《汉书》根据"七略"作"艺文志",共收书六略38种,596家,13269卷。宋代已有"目录之学"的称谓,而到清乾隆年间是古典目录学的鼎盛时期,目录学被称为显学。宋代郑樵的《通志·校雠略》和清代章学诚的《校雠通义》是中国有关目录学的重要著作。

现代目录学对目录的定义更为宽泛,认为"目录是著录一批相关的文献,并按照一定的次序编排而成的一种揭示与报导文献的工具"。这里所指的文献不仅是书籍和文章、文件,还包括各种报刊和视听资料,它"是一批相关的文献经过著录、分类和科学地编排而成的二次文献"。①

(一) 目录的作用

揭示与报导文献的外形特征和内容梗概,为生产和科研工作者提供有关文献的情报,是目录的一般社会职能。对史学研究者来说,目录就是指示治学的门径。清代王鸣盛在《十七史商榷》中说:"凡读书最切要者,目录之学。目录明,方可读书;不明,终是乱读。"②"目录之学,学中第一紧要事。必得此问途,方能得其门而入。然此事非苦学精究,质之良师,未易明也。"③陈垣亦指出:研究和教学,要"从目录学入手","目录学就好像一个账本,打开账本,前人留给我们的著作概况可以了然。古人有什么研究成果,要先摸摸底,到深入钻研时,才能有门径,找自己需要的资料,也就可以较容易地找到了"。④ 陈恭禄《中国近代史

---

① 武汉大学、北京大学《目录学概论》编写组编著:《目录学概论》,中华书局,1982年,第2页。
② 王鸣盛:《十七史商榷》卷七,上海书店出版社,2005年,第45页。
③ 王鸣盛:《十七史商榷》卷一,上海书店出版社,2005年,第1页。
④ 陈乐素、陈智超编校:《陈垣史学论著选》,上海人民出版社,1981年,第643页。

资料概述》强调:"学者须先有历史目录学之知识,而后能利用史料。"①

具体说来,目录有不同功用:目录家之目录"纲纪群籍,簿属甲乙",即汇集群籍为一编,标题其书之作者、篇卷,以书之性质分类或以书之体例分类,目的在于"便寻检";史家之目录"辨章学术,剖析源流",即不仅为纲纪群籍,簿属甲乙而设,还要根据一代之学术与一家一书之宗旨来分类排列,使古今学术之隆替、作者之得失,能考索而得;藏书家之目录"鉴别旧椠,校雠异同",即广征各种版本,互勘异同;读书家之目录"提要钩元,治学涉径",即指示途径,分别后先,使学者对于群籍能识其指归,辨其缓急。这四个方面,藏书家注重版本,读书家重视提要,史家重视源流。②今人亦强调"传统目录学仍是'学中要紧事'",是因为"中国传统目录学,虽然只是研究传统目录的一门学问,但它依靠分类体系及著录时的取舍方式,承载了中国传统学科体系及其知识系统,集中体现了中国各门传统学术的源流及其传承关系,反映当时学者在经史子集各门学术中学术批评的思想和方法,兼具'辨章学术,考镜源流'、'折衷六艺,宣明大道',以及'读书治学门径'的功能"。③

一般习惯认为,目录学就是图书目录学,其实,除了书本外,还有大量的历史文献(档案、信札、图片、文件等)和历史文物(考古发掘的实物、地面遗存的实物等),这些也是有编目的,对于从事史学研究亦很重要。

(二) 目录的分类

目录有许多分类方法。

"通行目录"与"详细目录":前者只载书名、作者、卷数、出版或印行者、出版时间;后者附有解题或提要,作者生平简介,甚至还包括版本

---

① 陈恭禄:《中国近代史资料概述》,中华书局,1982年,第39页。
② 参见汪辟疆:《目录学研究》,转引自彭斐章等编:《目录学资料汇编》,武汉大学出版社,1986年,第29—31页。
③ 陈晓华《传统目录学仍是"学中要紧事"》,2016年08月18日《中国社会科学报》。

的考证、存佚完缺的情况,以及对书的内容的评论等。

"综合目录"与"专科目录":前者是著录百科群籍的分类目录;后者是著录某一种学科的书籍目录。

"官修目录"与"私家目录":前者是历代王朝中央图书馆的藏书目录;后者是藏书家为自己所藏书籍编撰的目录。光绪三十年(1904)问世的《古越藏书楼书目》开我国近代图书馆目录之先河。古越藏书楼是20世纪初由徐树兰捐款创办的公共藏书楼,设在绍兴城内。通过商务印书馆的《涵芬楼藏书目录》可以了解该藏书室毁于战火前所藏图书的情况。在从前"官修目录"与"私家目录"之外,现在又有了公共图书馆编纂的藏书目录。

还有"图书目录"与"文物档案目录"的分法。另外,有一种连环套式的目录,其主体分类排列,但附有字顺索引,以利检查。索引实际上也是一种目录,与主体目录共同构成了"连环套"。

(三) 几种基本目录

1. 综合性书目:可提供查找史籍的方便。

官修目录中《四库全书总目提要》和《四库全书存目》,共收书10254种,其中存目6793种,对于每一种收录的书都做了提要,除了对书名、作者、卷数、主要内容的提示外,还做了大量烦琐的考证。有中华书局1965年版。两书差不多把乾隆朝以前所有的书都收括进去了。乾隆以后的书可在《书目答问》以下各书目中查找。

个人撰写的书目有:余嘉锡的《四库提要辨证》,中华书局1980年;卢光明等的《钦定四库全书总目》,中华书局1997年;《四库全书简明目录》,上海古籍出版社1985年。

《续修四库全书总目提要》:1931—1935年修成,主要收录《四库全书》和《提要》有篡改、版本不精和遗漏的古籍,以及乾隆以后的禁毁书、佛道藏的重要典籍、词曲小说方志类书籍、敦煌遗书、外国人用汉文所撰著作等,共收录古籍三万余种。齐鲁书社1996年出版了全部影印本。

《书目答问》:张之洞在四川学政任上为回答生童问其"应读何书,书以何为善"的问题所编,请缪荃孙协助。故编写此书的目的是为初学者指示读书门径,可谓"读书家目录"。其总括四部、统摄九流的包容性,显示了一个读书人应该具有的修养。该书目是研究中国学术最基本的书目。共著录图书两千二百余种,设经、史、子、集、丛书五部,下又分小类、子目若干,突破了传统的四部分类法。又于各书下注明卷数、作者、通行易得本等,间有简明按语,指示读书门径。按该书略例所言,"此编所录,其原书为修《四库》书时所未有者十之三四,《四库》虽有其书,而校本、注本晚出者十之七八"。可见有补《四库全书》之用。末有附录二:一、别录,举初学可用群书读本;二、分类列举清著名学者的姓名、籍贯。书中介绍了截至光绪元年的中国重要书籍以及较好的版本:"经部举学有家法实事求是者,史部举义例雅饬考证详核者,子部举近古及有实用者,集部举最著者。"① 尤其重视收录清代特别是乾嘉以来直至当时的学术著作,包括少量新译外国科技书籍,如"新译西洋兵书五种:上海制造局刻本。克虏伯炮说四卷、炮操法四卷、炮表六卷,水师操练十八卷、附一卷,行军测绘十卷,防海新论十八卷,御风要术三卷"。② 光绪二年(1876)刊刻,后收入《张文襄公全集》和新编《张之洞全集》。

《书目答问补正》:五卷。近人范希曾著。《书目答问》存在许多不足,既贪多自炫,又仓促成书,无论是在收录方面,还是在分类、版本方面,都有不少问题。对书的推荐站在清朝官方正统立场,不少好书并未收入,如,不收小说、戏曲及所谓的"越轨"书,是其一大瑕疵。其中的疏漏讹误亦不在少数。分类也有失当之处,版本选择并未实现《略例》所设定的目标。所以范希曾作此书予以补正。除订补前书错漏外,并选取后出之有关重要新著和影刻珍本作了补充,增加了1930年前出版的与原书所收录性质相近的图书1200种。从光绪二年(1876)到1930年间许多书可以从中查到。南京国学图书馆1931年初版。中华书局1963年出版了影印本。

---

① 张之洞:《书目答问》,赵德馨主编:《张之洞全集》第12册,武汉出版社,2008年,第223页。

② 同上书,第268页。

以上两书被人们认作是读古书,治旧学的工具,鲁迅曾说:"我以为要弄旧的呢,倒不如姑且靠着张之洞的《书目答问》去摸门径去。"①

1923年胡适和梁启超先后为年青人提供了两种国学方面的书目。

《一个最低限度的国学书目》是胡适1923年应清华学校四位将要出国留学的"很想在短时期中得着国故学的常识的少年"拟的,"并不为国学有根柢的人设想,只为普通青年人想得一点系统的国学知识的人设想"。胡适又说,"这个书目不单是为私人用的,还可以供一切中小学校图书馆及地方公共图书馆之用。所以每部书之下,如有最易得的版本,皆为注出"。该书目收书190种,分工具之部、思想史之部、文学史之部三部分。②

《国学入门书要目及其读法》是梁启超应《清华周刊》记者之约,为准备出国留学的青年所拟的书目。他在文章中批评胡适上述书目:"胡君这篇书目,从一方面看,嫌他墨漏太多,从别方面看,嫌他博而寡要,我认为是不可用的。"梁启超的书目共收书160种,分修养应用及思想史关系书类、政治史及其他文献学书类、韵文书类、小学书及文法书类、随意涉览书类等五类,后面又列了最低限度之必读书目:

《四书》《易经》《书经》《诗经》《礼记》《左传》;

《老子》《墨子》《庄子》《荀子》《韩非子》;

《战国策》《史记》《汉书》《后汉书》《三国志》《资治通鉴》(或《通鉴纪事本末》)、《宋元明史纪事本末》;

《楚辞》《文选》《李太白集》《杜工部集》《韩昌黎集》《柳河东集》《白香山集》。其它词曲集随所好选读数种。

以上各书,无论学矿、学工程……皆须一读。若并此未读,真不能认为中国学人矣。③

---

① 鲁迅:《而已集·读书杂谈》,《鲁迅全集》第3卷,人民文学出版社,2005年,第460页。

② 胡适:《一个最低限度的国学书目》,《读书杂志》1923年第7期。

③ 梁启超:《国学入门书要目及其读法》,《饮冰室合集·专集之七十一》,中华书局,1989年,第21页。

《西学书目表》亦系梁启超所撰。国学以外,梁启超早在清末于《时务报》上刊登了他拟的《西学书目表》,专门介绍西学、新学的书籍,梁启超认为:"国家欲自强,以多译西书为本,学者欲自立,以多读西书为功。"①该书目除宗教图书外,著录了近20余年来译出的西书300多种,对于传播西方近代文化,推进维新运动作出了贡献。在分类、著录方面有创新。如,分西学(包括算学、重学、电学、化学、声学、光学、汽学、天学、地学、气体学、动植物学、医学、图学等13目)、西政(包括史志、官制、学制、法律、农政、矿政、工政、商政、兵政、船政等10目)、杂类(包括不能专属西学、西政的书籍,有游记、报章、格致、西人议论之书、无可归类之书5目)三大类,是图书分类划分自然科学、社会科学、综合性图书三大部类的雏形。在著录上,揭示每种书的书名、撰译人、撰译年代、刻印处、本数、价值,指出书的优劣、深浅程度和读法。书后还专门附有"读西学书法",讲述各书得失、译笔优劣,阅读门径。又附载《通商以前西人译著各书》,使读者对西方著述有一个完整的了解。

维新思想家们起先很重视西方图书的翻译推介,但当时懂得并能学习西方学术思想的人不多,他们转而学习日本人,因为日本人通过明治维新学习西方取得了成就,于是也重视日本图书的译介。梁启超在光绪二十八年(1902)曾发表《东籍月旦》,收入日人著述,也收西书的日译本。在他之前,康有为于光绪二十二年(1896)就编辑了《日本书目志》15卷,介绍日本明治维新以来的书刊。

此外,清末的译书目录还有:《增版东西学书录》(徐维则辑,顾燮光补辑)、《译书经服录》(顾燮光撰)和《新学书目提要》(通雅斋同人撰),熊月之将此三部著作汇集成《晚清新学书目提要》,由上海书店出版社2007年出版。

以上这些书对于了解西学东渐的历程有很好的帮助。

孙殿起为书商,在卖书的过程中涉目所及,随笔记之,积久成帙,就成为一部目录学著作《贩书偶记》。此书有几个特点:(1)凡《四库全

---

① 梁启超:《西学书目表序例》,《饮冰室合集·文集之一》,中华书局,1989年,第123页。

书》中所收的一概不录,卷数互异者除外;(2)明代以前之书,以《四库全书总目》搜罗略备而不予收录,收的大部分是清朝的书,也兼收辛亥革命和抗战以前有关古代文化的著作,作用相当于《四库全书总目》的续编;(3)非单行本不录,间有在丛书中者,必系初刊单行之本或抽印之本;(4)《四库全书》《书目答问》不收的小说之类文艺作品也收进了一些。这些特点正好弥补了前两种书的不足。书中著作者的籍贯、刊刻年代,俱详注本书下,便于甄择稽考。有中华书局 1959 年版、上海古籍出版社 1982 年版。后来孙殿起的助手又将所积累的资料 10000 余条,编为《贩书偶记续编》。

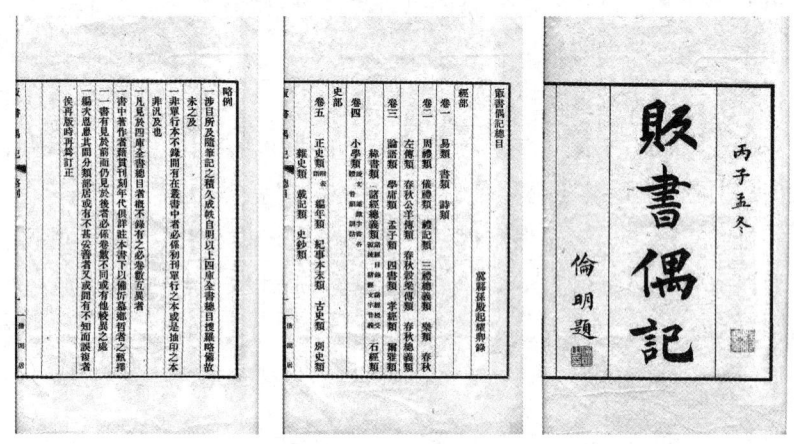

图 3-3　《贩书偶记》书影

丛书目录是指以丛书为收录对象、专供查检丛书总目及其子目的书目。清嘉庆年间顾修编《汇刻书目》,是我国第一部丛书目录。

《中国丛书综录》是上海图书馆编的一部丛书目录,中华书局上海编辑所 1959—1962 年初版;上海古籍出版社 1982—1983 年再版。将 1949 年后各大图书馆所藏的丛书书目全部收入,共收历代丛书 2797 种,古籍 38891 种。但没有收入丛书的单刻本就查不到。全书分三册,第一册是总目,著录丛书书名、编纂者、版本,并详列子目。该册书后附"丛书收藏情况表"和"丛书书名索引"。第二册是子目分类目录,按四部分类法编排,详注各子目的书名、卷数、作者及所属丛书。第三册是子目的书名索引和作者索引,为第二册服务,属于连环套式的目录。

对《中国丛书综录》的补编、补正本有:《中国丛书综录补正》,湖北省图书馆阳海清编撰,蒋孝达校订,江苏广陵古籍刻印社1984年出版。体例和编排与《综录》一致,新书不补,主要是对《综录》版本、异名、子目等的增补,最后有《丛书异名索引》。《中国丛书广录》,阳海清编,湖北人民出版社1999年出版。收录《综录》所未收之丛书,复出者必有所不同;近40年来影印和重新出版的古籍丛书亦予收录;佚书与"存目"古籍也酌情收录。《中国丛书综录续编》,施廷镛编著,北京图书馆出版社2003年出版,新收录丛书1100余种。

上海图书馆1980年编印的《中国近现代丛书目录》,香港商务印书馆同时出版。总目二册,索引二册,收馆藏1902—1964年中文丛书5549种,各类图书30940种。按丛书名称第一字的笔画为序,注有该丛书出版时间和出版机构。每种丛书下面有各书子目,注有作者、出版时间。

《生活全国总书目》由平心编,生活书店1935年出版。是在生活书店《全国出版物目录汇编》(1933)的基础上扩编而成,收录1912—1935年间全国书店、学术机关、文化团体、图书馆、政府机关、研究学会的出版物及私家出版单位的出版物约2万种。特点是:选书严格,收录图书不论学派,惟以内容严正为尚,荒诞、迷信、低级趣味者一概不收;分类较细,按照图书情况分为总类、哲学、社会科学、宗教、自然社会科学、自然科学、文艺、语文学、史地、技术知识等10类。与《杜威十进分类法》相比,类目有所突破和创新,如细类中有"辩证法唯物论""日本对华经济侵略""日本侵华论"等;重视阅读指导,在款目上用不同符号区分图书内容深浅,并对某些图书加以注释。译书附有原著者名和书名,书后附《全国儿童少年书目》及主题、洲别、外国著者等索引。这为图书馆编目工作提供了参考,至今一些图书馆还将它作为常备工具书。

重庆市图书馆《抗战时期出版图书书目(1937—1945)》第一、二辑,收书16000多种,1957年、1958年内部编印。

新中国又编了一些《全国总书目》《全国新书目》等通行目录,而且每年都有新版问世,提供新出版图书信息。此外,台北方面也有"中央图书馆"编的《"中华民国"出版图书目录汇编》及续辑、三辑和"台湾新闻主管部门"编的《"中华民国"图书总目录》等。

其他各个图书馆都编有馆藏图书目录。

2. 专科书目：可帮助查找某一方面专题的书籍。

(1) 书目方面：书目方面的书目称为"书目之书目"。

梁子涵编的《中国历代书目总录》，由台北中华文化出版事业委员会于1953年印行。按图书总目、史乘目录、学科书目、特种书目和藏书目录五大类著录。所记各书尤详于版本。《书目丛编》，台北广文书局1967—1971年编印，分《书目丛编》《书目续编》《书目三编》《书目四编》《书目五编》，汇集历代较为重要的古籍书目94种。所收书目标准，一为解题书目，二为综合性书目，三为各书均具有独立参考价值。〔日〕长泽规矩也编著，梅宪华等译的《中国版本目录学书籍解题》，书目文献出版社1990年出版。著录各种版本目录图书500余种，解题内容包括撰述原委、内容特点、著录方法、版本优劣、学术价值及撰者生平等。

(2) 文学方面：

《晚清戏曲小说目》，阿英编，上海文艺联合出版社1954年出版。收光绪初年至宣统三年小说戏曲和翻译小说1000余种。

《中国近代小说目录》，王继权编，百花洲文艺出版社1998年出版，介绍近代各种小说。

(3) 年谱方面：

《中国历代人物年谱集目》，杭州大学图书馆资料组编印。收录了先秦到现代的单刻本、附刻本和丛书、杂志中所载年谱近2000种。每种谱目下，标明编著者、版本、谱主姓名及生卒年，并加注公元。

《历代人物年谱总目》，王宝先编，台北东海大学图书馆1965年印。

《中国历代人物年谱考录》，谢巍编撰，中华书局1992年出版。收录1983年以前出版的海内外公私所藏及历代文献著录的年谱6250多种，谱主4000多人。分为3个部分：正编、附编和索引。正编按时代、谱主生卒年的先后排列年谱，著录谱主简况、年谱编者、版本、备注及备考等项。对谱主的姓名、字号、籍贯、生卒年均简要叙述,对善本、孤本、稿本等年谱注明收藏者。附编著录合编年谱、合刊年谱、疑年录、生卒年表等。索引是谱主姓名索引,按姓名笔画顺序排列。

《中国历代年谱总录》(增订本),杨殿珣编,书目文献出版社1996年出版。该书初版于1980年,收录1979年以前所编的年谱(包括未刊稿本和港、台出版的年谱)3015种,反映谱主1829人。增订本收录年谱4450种,反映谱主2396人。按谱主的生卒年为序编排。一人多谱者,再按编者的年代为序编排。谱主注明生卒年,下列年谱名称、卷数、编者、版本。凡见于历代著录而编者未见原书者,均列入《待访年谱简目》。由于该书年谱大多为编者所见,具有著录准确、可靠程度高的特点。附有谱主姓名别名索引。

《近三百年人物年谱知见录》,来新夏著,上海人民出版社1983年出版。该书收录生于明清至民国人物年谱800余种,按谱主生卒年为序,分为六卷。第四、五卷属于近代人物。每一年谱著录谱名、撰者、刊本,记载谱主事略,摘录史料,说明编谱情况。第六卷是附录,包括"知而未见录"、谱主索引和谱名索引。不但有年谱书名、作者,甚至还有谱主简介、年谱收藏单位。

(4) 地方志方面:

《清学部图书馆所藏方志目》,缪荃孙编录,1913年印。该书根据清点清皇宫内阁大库移交京师图书馆的地方志编成,著录清代方志1676部,明代方志240部。是为方志有专目之始;惟所录者限于内阁大库移藏之本,后之人欲睹明清府县志之全者,读之尤未满足。

《中国地方志综录》,朱士嘉编,商务印书馆1935年初版,1958年出版增订本。将全国41个图书馆收藏的7413种地方志的书名、卷数、纂修人、版本、收藏单位等情况一一著录。按行政区划排列,以表格形式著录,首列名称,依次为卷数、纂修人、版本、藏书单位、备注。还附有书名索引、人名索引。附录有现存台湾的稀见方志(232种)目录和美国国会图书馆所藏稀见方志(80种)目录。朱士嘉曾在美国国会图书馆工作过。顾颉刚在该书初版序言中称:"朱君士嘉学于燕京大学研究院即以方志为题;嗣主辅仁大学讲席,又以方志设教。竭五年之力,博采旁罗,得国内外现存方志五千余种,作此综录,以示大凡,盖直接为目录学家创一新例,间接为史地学者开一大道,可谓盛事矣!"

《中国地方志联合目录》,中国科学院北京天文台主编,中华书局1985年出版。以朱士嘉《综录》为蓝本,加以重大补充修改而成。是目前国内外收录志书最完整、最系统、参加藏书单位最多、应用最广泛的一部方志目录。著录全国190家图书馆、博物馆所藏1949年以前编纂的历代地方志8200余种。据该《目录》统计,宋以前志书仅存5种;宋代志书存33种;元代志书存11种;明代志书存992种;清代志书存5701种;民国志书存1629种。收录范围包括通志、府州厅县志、乡镇志、卫所关岛志等。

《中国地方志总目提要》,金恩辉主编,台北汉美图书有限公司1996年印行。收录1949年10月前编纂的历代地方志8577种,各撰有提要。

《台湾公藏方志联合目录》,"中央图书馆"编,台北正中书局1957年出版。

《中国地方志联合目录》,日本东洋学文献中心编,东京1964年印行。该目录包括了东洋文库、东京大学东洋文化研究所、内阁文库、京都大学人文科学研究所所藏的方志。

(5) 妇女著作方面:

《历代妇女著作考》,胡文楷著,收汉魏六朝到近代四千多位妇女的著作,清代居多,大约3500人。

(6) 华侨史方面:

《华侨问题日文文献目录稿》,张祥义编,亚洲经济研究所1969年印行。

《华侨问题中文文献目录稿》,张祥义编,亚洲经济研究所1971年印行。

《华侨问题西文文献目录》,戴国辉编,亚洲经济研究所1972年印行。

《东南亚华侨研究参考书目》,李亦园编,"中央研究院"民族研究所1964年印行。著录1900年至1964年间出版的有关东南亚华侨之中日文著作 1820 种,包括书籍 597 册,论文 1223 篇。

(7) 中国近代史方面:

复旦大学历史系资料室所编《中国近代史论著目录(1949—1979)》,1980 年由上海人民出版社出版。分 3 部分:(1)报刊论文资料索引,收篇目 1 万余条;(2)论文集篇目分类索引,引用著名学者个人的专集、专题的论文集或综合性论文集 80 余种;(3)书目,收录了中国近代史书籍 1200 余种。这是关于中国近代史的一种比较好的目录。

姚佐绶、周新民、岳小玉合编的《中国近代史文献必备书目》,由中华书局于 1996 年出版。丁名楠指导了编纂工作,并作序。该书共收录 5600 种公私著述,绝大部分是生活在 1840—1919 年期间的人所留下的文字。每种著述著录书名、卷数、异名、著者姓名、出版时间、出版地、出版机构和书的刻印方式等。书后附书名、著者姓名(别名、笔名)索引,以备查考。

《国内外有关中国近现代史书目一览(1949—1977)》,中国社会科学院近代史研究所 1977 年编印。

张海鹏编的《中国近代史论著目录(1979—2000)》,由上海人民出版社于 2005 年出版。这是一本中国近现代史研究者必备工具书,也是刚踏入中国近现代史相关研究领域者不可或缺的入门指南。编者积 20 余年时间精心编制这个目录,为史学界提供了 1979—2000 年国内近代史学领域较为完整、系统的专题研究的目录索引。全书分论文、著作两部分,论文部分汇编论文、资料、书评等篇目题录近 4 万条;著作部分汇编论著、资料、文集、工具书等书目题录 1 万余条,方便相关研究工作者检索,并进而全面掌握研究信息。

"中央研究院"近代史研究所 1968 年编印的《中国现代史资料调查目录》,著录中国国民党党史会所藏报纸、期刊、公报、一般资料目录,以及近代史研究所所藏外交部档案资料目录。

国图文献保护中心新编了《近代专题文献书目汇刊》(37 册),凤凰出版社 2014 年出版。该书巨帙蔚观、兼收并蓄。目惟求备,录取其详;汇惟求全,刊取其精。搜罗近代专题文献目录 80 余种,含国学、新学、方志舆图、金石书画、档案、佛典、馆藏目录等各类近代文献目录。

前面提及的白寿彝总主编的《中国通史》第十一卷近代前编（1840—1919）、第十二卷近代后编（1919—1949），分别在本卷第一章叙述文献资料，可视为近代史料书目的分类介绍。

(8) 清史方面：

为适应国家清史工程的需要，黄爱平主编了《清史书目（1911—2011）》，中国人民大学出版社 2014 年出版。收录了从中华民国建立到 2012 年这 100 年间，国内外研究清代历史的所有书籍，共分上下两编。上编包括政治、经济、军事、法律、社会、民族、宗教、外交等共 16 个大类；下编分为经、史、子、集、丛书、档案共 6 大部分，收入书目近 4 万条，200 万字。本书邀集海内外清史学术名家，耗时数年，精心编纂而成，基本涵盖近代以来所有对清代问题的研究，是一本不可多得的学术工具书。

国家清史编纂委员会传记组 2005 年编印的《六十八种清代人物资料书目》为清史工程内部参阅材料，作为清史纂修工程传记类项目成果汇编，几乎涵盖清代各种传记材料。

《国家清史编纂委员会已出版图书目录》，截至 2012 年 8 月，计有图书 155 种 2030 册。其中有档案丛刊 11 种 191 册、文献丛刊 37 种 1681 册、研究丛刊 28 种 31 册、编译丛刊 52 种 98 册、图录丛刊 10 种 10 册、工具书丛刊 1 种 1 册、清史论著目录系列 2 种 2 册、《清史译丛》10 种 10 册、其他 4 种 5 册。

人民出版社 2007 年还出版了周惠民主编的《1945—2005 年台湾地区清史论著目录》和马钊主编的《1971—2006 年美国清史论著目录》。

《全国清代档案史料出版书目表》由国家清史编纂委员会档案组邹爱莲、胡忠良、刘兰青整理，收录 1925 年至 2003 年全国已出版的清代档案和以档案为主要史料来源的著作共 302 种，其中涉及近代部分书籍多种。著录有出版物名称、册数、编著者、出版者、出版时间和字数，在中华文史网上可下载。

(9) 太平天国史方面：

张秀民、王会庵编，金毓黻校订，上海人民出版社 1957 年出版的

《太平天国资料目录》,属于中国近代史资料丛刊《太平天国》的附录,单独成书,配套使用。

《旨准颁行诏书总目》,属于太平天国所颁诏书的目录,只著录文件名,附印于官书之前,形式简单,所收诏书目录随诏书不断问世而屡有增加,最后达到几十种,可供了解太平天国官书的概况。

（10）戊戌维新运动方面：

张伯桢所编《万木草堂丛书目录》,收录康有为所著书137种,分经、史、子、集4类。是研究康有为生平和思想的重要参考资料。

翦伯赞编撰的《戊戌变法书目解题》,收录在中国近代史资料丛刊《戊戌变法》第4册后面。录书296种,分总类、上谕奏议、专著一、专著二、文集、传记、笔记杂录、日记、诗集、小说、报纸杂志、近人著述、书目13类。此外附西文参考书目1篇,录书18种。

（11）辛亥革命史方面：

湖北省图书馆编印的《武汉地区辛亥革命史料联合目录》,分3部分：①书目；②各地《文史资料》中有关辛亥革命的篇名目录；③报刊资料篇目目录。前两部分反映武汉地区各馆（湖北省社会科学院、武汉大学、华中师范学院、中南财经学院、武汉师范学院、武汉市图书馆、湖北省图书馆）馆藏,第三部分编入目录。

刘望龄编的《辛亥革命史主要中文书目》,载于其著作《辛亥革命大事录》(知识出版社,1981年)中。按笔画排列,收书目750多种。

朱英编的《1949—1989年辛亥革命史论文目录索引》,作为《辛亥革命辞典》(武汉出版社,1991年)附录二。

《湖北地区辛亥革命档案资料联合目录》有湖北省档案馆牵头编著,2001年内部印行。收录各有关单位所藏辛亥革命档案、资料的目录。分两个部分,第一部分是未公布的档案资料目录,第二部分是已公布的档案资料目录。

《中国内地及港台地区辛亥革命论文目录汇编》由严昌洪主编,台湾部分由张玉法撰稿,香港部分由林启彦和李金强撰稿。所收目录以20世纪报刊发表的辛亥革命研究论文为主,港台地区兼收了部分论文集所载文章,少量有史料价值的资料性文章也酌情收录了一部分。武汉出版社 2003 年出版。

赵慧、涂文学主编的《辛亥革命研究史料目录(1899—1999)》，收录了 100 年间书籍文献和报刊文献中的辛亥革命史料及研究文章。武汉出版社 2002 年出版。

《辛亥革命文献目录》，〔日〕山根幸夫编，东京女子大学东洋史研究室 1972 年印行。包括中、日文专书及期刊论文。

（12）民国史方面：

刘朝辉编著，大象出版社 2010 年出版的《民国史料丛刊总目提要》，是张研、孙燕京主编的《民国史料丛刊》的总目提要。该丛刊分政治、经济、社会、史地、文教 5 大类，共 1127 册 2194 种图书，其中三分之二以《民国时期总书目》为线索按图索骥，三分之一是多方寻求，补其所无。编选原则是人文社会科学领域用于民国研究的民国版书籍类稀见基础史料，原则上不包括非出版物以及报纸、刊物、写真集、图画册、题名录等。

《"中华民国"开国五十年文献总目》，中国国民党中央委员会党史资料编纂委员会 1969 年编印。

（13）抗日战争史方面：

《国家图书馆藏民国时期抗战图书书目提要》，国家图书馆编，遴选从 1931 年到 1949 年期间有关抗日战争的文献目录及提要，包括各出版机构的正式出版物、国民政府各级政府出版物，还包括日伪机构的出版物共九千余种。此外，还有近千种现藏善本库中的抗日根据地出版物。编者将这些资料区分为政治、军事、经济、外交与国际关系、法律、社会、教育与体育、日本研究、抗战史、文学艺术文化事业等领域，分门别类地进行了系统整理。

（14）人物方面：

以国家图书馆藏资料，由线装书局于 2003 年出版的《中华历史人物别传集》丛书，是目前影印出版之传主时代跨度最长、收录人物别传最多、编纂规模最大的历代人物传记资料汇编。所载人物，多为历代著名思想家、政治家、军事家及学者等，上起三代，下至 20 世纪中期，共计 1326 人、传记 1591 种。近现代人物收录不少。《中华历史人物别传集总目》,为此丛书之书目。

黄自进主编的《蒋中正先生研究资料目录(1980—2000)》,包括概述研究资料、分期研究资料、相关历史人物研究资料3部分,收史料、书籍、期刊、硕博士论文等,共2673笔资料,反映近20年来以蒋介石为主题的中国近代史研究成果。后附作者索引、书名及篇名索引、重要事件及人名索引。台北财团法人中正文教基金会2001年印行。

(15)报刊方面:

全国图书联合目录编辑组编的《(1833—1949)全国中文期刊联合目录》(增订本),由书目文献出版社于1981年出版。收录了全国50所图书馆在1957年年底以前所藏1949年前国内外出版的中文期刊19150种。同时注明各种期刊的收藏单位和收藏卷期。其补编本由北京图书馆、上海图书馆编著,书目文献出版社1994年出版。补收清末至民国时期期刊16400种,可与前者配合使用。

教育部高教一、二司,高等教育出版社1985年出版的《47所高等学校图书馆馆藏外文期刊联合目录》,按文字分编俄文和西文(英、德、法等文字)两部分,共收各高校图书馆所藏外文期刊12044种(其中俄文958种,西文11086种)。均注明期刊名称、刊期性质、出版机关名称、出版地、创刊年代、出版变动情况、收藏单位的代号、收藏卷期与年份。

《中国近代期刊篇目汇录》,全6册。上海图书馆所藏近代报刊为全国之最,为了便于读者查阅,在馆长顾廷龙和当时上海市文化局主管图、博的方行策划下,于1959年起,组织人力,把近代期刊中哲学、社会科学方面有参考价值者汇录其全部篇目,以上海为主,兼及全国50家图书馆所藏,自1857年的《六合丛谈》起,至1918年止,约1200万字,由上海人民出版社出版,"文革"前印行了第一册,其余五册"文革"结束后据校样印出。可供了解各种期刊的详细篇目。

上海图书馆1961年编印的《辛亥革命时期期刊总目》,收录辛亥革命时期国人在东京编辑出版的期刊20种。另有丁守和主编《辛亥革命时期期刊介绍》可供参考。

《东方杂志总目》,由三联书店编辑部编,1957年出版,1980年重印。《东方杂志》是中国近代史上出版时间最长的期刊。该书收录了《东方杂志》1904年3月创刊至1948年12月终刊的全部篇目,按卷期先后顺序编排,每条注明篇名、著译者、所在页码。

《上海图书馆馆藏中文报纸目录(1862—1949年)》系上海图书馆1957年编印,1982年重印。

史和、姚福申、叶翠娣编,福建人民出版社1991年出版的《中国近代报刊名录》,收录1815年至1911年中文报刊1753种和国内出版的外文报刊136种。对每种报刊都作了简要介绍,着重说明创刊时间、出版地点、主持人、报刊宗旨、性质及其主要栏目。其内容提要称该书为"我国第一部专门以近代报刊史料为内容的工具书"。

《中国近代期刊篇目汇录》:上海图书馆编,上海人民出版社1979年出版。选辑1857—1918年间出版的期刊,偏重于哲学社会科学,包括51处单位收藏期刊495种,共11000期,汇录其全部目录,按照创刊年月顺序编辑。

台北"中央图书馆"搜集了155个公私立学校图书馆、市乡镇图书馆的中文期刊,编成目录,于1982年编印了《"中华民国"中文期刊联合目录》。同年还编印了《台湾公藏人文及社会科学西文期刊联合目录》。

〔日〕市古宙三编的《日本主要研究机关图书馆所藏中文新闻杂志总合目录》,收录日本23个图书馆所藏中文杂志,由日本东洋文库1959年印。

每位研究生都应该有自己的读书目录。有些研究生入学后,求知欲很强,常常广泛地阅读各种书籍,但由于目录不明,终是乱读。不论是硕士生还是博士生,入学第一学期,一般要结合自己的专业和研究方向,制订读书目录和读书计划。此事不容易做好,要"质之良师",即与自己的导师商量,共同开出一个书单。书目可分两部分,一是本专业的基本参考书,特别是可以提高自身素养的文史哲书籍;二是研究方向必读的参考书。两部分的书都应当包括理论方面的著作、前人的研究成果和基本史料。根据书目认真阅读,可以提高理论素养,了解学术动态,掌握基本史实,为学位论文的写作打好基础,做好准备。待确定学位论文的选题后,还要摸一下史料情况,列一个基本史料清单,通过阅读史料构思写作思路。同时,做学位论文应充分利用各种目录,这样才知道自己所选择的题目前人有没有研究,研究到何种程度,可以避免重复劳动。网上流传有张海鹏、杨奎松、茅海建、马勇等教授为青年学生推荐的中国近现代史书目,可资参考。

三 索引通检

"索引"来自日文,又名"引得",源自英文 Index,我国旧时称"通检"。其性质与目录相似,但又有不同。一般索引不仅提供书名、作者、卷数、出版时间等情况,还把书的内容,如人名、篇名、专名词、书中涉及的主要问题及可供研究的重要线索,甚至著作的原文等,按照性质或类目,逐一摘引,分类编排,注明册数、页数,以便读者检索。有些索引是可以单独存在的工具书,有些索引就附在图书的后面。钱亚新《索引和索引法》(商务印书馆,1935年)说:"将一种书报或一套书报中讨论所及的人名、物名、事名、地名、时名、书名或篇名等分析而组合,用一定的方法排列它们的次序,并表明它们在书报中所在地位的表,叫做索引。换言之,索引是一种检查指定范围内的书报所有特项知识的工具。"[1]哈佛燕京学社曾成立有专门的引得编纂处,1931—1950年编纂汉学引得丛刊(64种),包括《艺文志二十种综合引得》等书,至今为广大文史工作者所使用,在治学中起着重要的作用。

索引种类很多,主要有书语索引、书名、类目索引、篇名索引、人名索引、地名索引,以及专题资料索引、综合资料索引(如期刊、报纸资料索引《申报索引》即是)和书后索引等。《廿四史传目引得》《二十五史人名索引》《八十九种明代传记综合引得》《清代碑传文通检》《宋元方志传记索引》《室名别号索引》《古今人物别名索引》《清代书画家字号引得》《中国历代书画篆刻家字号索引》等都是编得比较好的索引。

与查阅近代史料有关的几种索引举例介绍如下:

---

[1] 钱亚新:《索引和索引法》,商务印书馆,1929年,第6—7页。

(一) 书语索引

陈垣在《中国史料的整理》一文中说:"许多索引是以书做单位,把每一部重要书籍的内容凡是有名可治的,都编成索引,使检查者欲知某事某物系在某书之某卷某篇,皆能由索引内一索即得。西洋近出的书籍差不多都有索引,故学者研究学问时间极省而效能极高。我以前听宣道师的说经,见他们每举一经节,皆能将所有同意义的经节散见于'新旧约'者征引无遗,心中颇佩其记性之强,到后来一问,才知道他们所靠的是一部《圣经索引》。这样看起来,索引的功用是何等的大啊!"①

书语索引就是把某一种书刊的原文逐节、逐句甚至逐字地按照笔画或类目编成索引,以备读者检索原书之用。《十三经索引》《尚书通检》就是这样的书语索引。

20世纪80年代日本学者集体阅读《民报》后编纂《民报索引》就是一种书语索引。如"民族革命"一词,在《民报》哪些文章中出现过,这些文章在第几期,第几页。出现过多少次就摘引多少。要了解革命派关于民族主义的思想言论,就可以照索引提供的线索去查找,使读者免去了翻阅全部《民报》之劳。这种索引虽然方便,但它只是寻章摘句的片断书语,应该根据它所提供的线索认真阅读全文甚至整个《民报》,还要涉猎革命派其他言论,才能全面了解他们关于民族主义的思想,从而避免断章取义。

(二) 书名、篇目索引

将一部书的类目,或群书(如总集、丛书、结集)的书名、类目、篇目,或按笔画,或根据内容性质,编成索引,以备查阅。这类索引有《群书检目》《清代文集篇目分类索引》《国学论文索引》及续、三、四编、《文学论文索引》及续、三编、《石刻题跋索引》等。下面介绍几种与中国近代史研究有关的索引。

陈乃乾编撰的《清代碑传文通检》,由中华书局1959年重印出版。

---

① 陈垣:《中国史料的整理》,《史学年报》1932年第1卷第1期。

该书把清人传记材料,包括传记、别传、家传、墓志铭、墓表、行述、行状、遗事、事略等,编成索引,分列碑传主人公的姓名、字、号、籍贯、生卒年代和碑传文的作者,及所载书名、卷数;依碑传主的姓名笔画顺序排列。凡明朝人死在崇祯十七年(1644)以后,及现代人生活在清宣统三年(1911)以前的人,只要有碑传材料保存下来而为作者所见到的,一律收入,为研究清人生平提供了很好的线索。

复旦大学历史系资料室编,上海辞书出版社1990年出版的《辛亥革命以来人物传记资料索引》,收录1911—1949年期间18000余人的中文传记资料8万余条。凡1900—1985年间大陆和港台地区出版的中文专著、论文集、报刊、年鉴、索引、百科全书和文史资料中关于辛亥革命以来人物的传记资料均胪列之,以政治、经济、军事、文化等知名人士为主,兼收华侨人士及少量中国籍外国人、辛亥革命以前的死难烈士。不论人物的政治面貌,兼收并蓄。按传主姓名笔画顺序编排,下列传记资料,按专著、报刊、论文集等分类。人物的别名、字号酌设参见条。该书出版后为近现代人物研究提供了很好的资料线索,受到学界欢迎,日本学者卫藤沈吉称:"它的出版为中外辛亥革命史的研究,做了件功德无量的好事。"①

东北师范大学图书馆1988年印了王继祥主编的《中国近现代人物传记资料索引》。福建师范大学图书馆情报资料科和历史系资料室编印了《北洋军阀史研究资料索引》,辽宁省政协文史资料委员会编印了《张学良资料索引》。

中山大学图书馆、历史系资料室、孙中山研究室编印的《孙中山著作及研究书目资料索引》,名为索引,实为目录,分1949年前、1949年后、台港三部分,截至1979年3月。

《中国史学论文索引》,第一编上、下册由中国科学院历史所第一、二所与北大历史系合编,科学出版社1957年初版,中华书局1980年再版。收录从清末至抗日战争前夕即1900—1937年近40年内的1300

---

① 傅德华:《〈二十世纪中国人物传记资料索引〉编纂纪实》,《中国索引》2008年第2期。

多种期刊中的 30000 多篇史学论文,分 17 大类,上册有历史、人物传记、考古学、目录学 4 类,下册有学术思想史、社会科学史、政治科学史、经济学史、文化教育事业史、宗教史、语言文字学史、文学史、艺术史、历史地理和地理学史、自然科学史、农业史、医学史、工程技术史等 14 类。该书可供查阅 1949 年以前的学术动态,一般论文目录或索引只编排 1949 年以后的论文,可与该书互相补充。做研究时如要写学术前史,可以利用。后附按人名、地名、朝代名、原有标题以及各种专名编成的《辅助索引》,以便查检。另附有《外国人名汉译对照表》。

该书第二编上、下册由中国社会科学院历史研究所编,中华书局 1979 年出版。从 1937 年 7 月—1949 年 9 月,共搜罗杂志 960 余种,收录论文 3 万余编。上册为综合性科目,包括史学、中国史、传记、考古、目录学等 5 个大项目;下册为专史性科目,包括中国学术思想史、中国政治社会生活史、中外关系史、中国经济史、中国文化教育史、宗教史、中国语言文字史、中国文学史、中国艺术史、历史地理、中国自然科学史、中国农业史、中国医学史、中国工程技术史等 14 个大项目。最后附录《所收杂志期刊一览表》。

《一百七十五种日本期刊中东方学论文篇目附引得》属于哈佛燕京学社"引得特刊"之十三,于式玉、刘选民编,哈佛燕京学社引得编纂处校订,1940 年印行。

谭卓垣主编的《中文杂志索引》,由岭南大学图书馆 1935 年编印。收录清末至 1929 年出版的 105 种杂志上刊载的论文资料。按文章标题编排,并有笔画索引。可供查找 20 世纪 20 年代的期刊资料。

《申报索引(1919—1949)》:全 30 册,《申报索引》编辑委员会编,上海书店出版社 2008 年出版。《申报》影印本全套八开 400 册。要从这样庞大的一部《申报》中查找资料,可谓大海捞针,是极费时费力的事情,故亟需一部查检方便的"索引"。《申报索引》正是为与《申报》配套而编纂的一部大型工具书。该索引按年编纂,每年 1 册。主要部分是新闻资料的分类索引,分为政治、军事、外交、经济、文化、历史地理、社会生活、国际等大类,大类下再分小类。条目采用《申报》的原标题,或在辨析资料的基础上重新标引。每条注明标题、著者、影印本编号、号码、版区等编号,同时附有人名索引。每册包括 3 大部分:本年大事记、正文、人名索引和《自由谈》索引。该索引不同于一般图书报刊索引的最大特点在于,查找所需资料时,读者即使不翻阅《申报》,也可理解资料的原意。所以它不仅仅是一部大型的检索工具书,同时也是一部可阅读的史书。它的出版,为《申报》的开发利用带来很大便利。

王云五亦编了《重印东方杂志全部旧刊总索引》,由台北商务印书馆股份有限公司 1976 年出版。该索引与该公司 1974 年出版的《重印东方杂志全部旧刊总目录》一起,可与 1971 年该公司重印的《东方杂志》旧刊 50 卷配套使用。

新华日报索引编辑组编的《新华日报索引(1938 年 1 月 11 日至 1947 年 2 月 28 日)》,北京图书馆 1962 年出版。每年一册,共 9 册,包括了《新华日报》上的全部文章的篇目、消息、简讯、图片等。上海书店 1987 年重版。

还有《北洋画报索引》《人民日报索引》(1946 年 5 月 15 日至 1948 年 12 月 31 日)、《新中华报索引》(1939 年 2 月 7 日至 1941 年 5 月 15 日)等可供参考。

人民日报图书馆编辑,人民日报出版社 1959 年出版的《十九种影印革命期刊索引》,可查找 1954 年前后由人民出版社影印的 19 种革命期刊的全部文章,这 19 种期刊是《新青年》《每周评论》《共产党》《先驱》《向导》《前锋》《中国工人》《政治周报》《农民运动》《布尔塞维克》《无产青年》《实话》《群众》《八路军军政杂志》《中国青年》等。另有《二十六种影印革命期刊索引》,中国革命博物馆资料室编,人民出版社 1988 年出版。

余秉权编,香港亚东学社 1971 年出版的《中国史学论文引得(1902—1962 年)》,有作译者姓氏检字表、本引得所收期刊一览表,有自 1902 年《新民丛报》在日本创刊至 1962 年 10 月《文史》在北京刊行止共 60 年的刊物 355 种。将这些刊物中的中国史学论文篇目制成引得,分作译者、题目、期刊名称、卷期、年月、页号、附注等栏目,按作者姓氏笔画为序。该索引对于撰写学位论文的学术前史颇有帮助。

复旦大学历史系资料室 1973 年内部印行过《文史资料选辑篇目分

类索引》，在该索引基础上增加内容编辑了《五十二种文史资料选辑篇目分类索引》，由上海人民出版社1982年正式出版。收录1982年以前全国政协及各省市自治区政协等单位编辑出版的《文史资料选辑》的全部篇目，分政治、军事、经济、文化、社会、人物6部分，另有附录一篇。

此外还有《〈文史资料选辑〉篇目分类索引(1—100辑)》(中国人民政治协商会议全国委员会文史资料研究委员会编，中国文史出版社，1986年)、《革命回忆录目录索引》(复旦大学历史系编印)、《清代文集篇目分类索引》(王重民主编，北京图书馆，1935年)和《国学论文索引》及续编、三编、四编，《文学论文索引》及续编、三编等可资利用。

（三）人名索引

把一种书或几种书中的人名辑出，编成索引，注明原书的卷数或页数，以备检索，如《廿四史传目引得》等即是。

1935年开明书店出版的《二十五史人名索引》提供的线索以开明书店当时印行的二十五史为准，现在使用颇不方便。中华书局出版了《二十四史纪传人名索引》，只是有传的人物才有索引，散见于其他人物传记中的人物则无从查找。

古人一人多名，而且不习惯用本名，这就给读者和专业文史研究者带来不少麻烦和困惑，往往会因字、号和室名之异，将一人误为数人。所以查找人物的有关资料时，还应注意其人姓名以外的字、号、官衔、封爵、谥号以及郡望等。这可以查以下索引。

陈乃乾编《室名别号索引》，1957年中华书局重版。共收室名、别号17000多条，人物收至清末为止。有的历史人物由少而壮，由壮及老，各个阶段会使用不同的字或号，反映不同阶段的人生感悟，故通过室名别号，还可窥见人物各个时期的思想信息。

《清人室名别称字号索引》，杨廷福、杨同甫编，20世纪80年代出版，上海古籍出版社于2001年出版增补本。该书将有清一代在政治、经济、军事、科学技术、医药、文学、美术、音乐、戏剧、收藏等各方面，凡有著述或一技之长的人物的室名、别号、别称等，辑录汇成索引，共收入36000多人，103000余条，增补本又增补了3000多人，10000多条。使用者既可由被检者的异名求其本名,亦可由本名得其异名,省却诸多翻检稽考之劳,是广大文史工作者和爱好者案头必备的工具书。

陈德芸著《古今人物别名索引》,1937 年由岭南大学图书馆印行。所收人物时限较长,辛亥革命以后甚至当时还活着的不少人的笔名、别名都收录在内,共约 7 万余条。

张静庐、李松年合编的《辛亥革命时期重要报刊作者笔名录》,载《文史》第一辑,中华书局 1962 年出版。从 1900 年兴中会机关报《中国日报》起,至 1914 年中华革命党机关刊物《民国》杂志止,共收录当时重要报刊上的作者 700 余人,笔名 2200 多个。

张静庐、李松年、林松合编的《戊戌变法前后报刊作者字号笔名录》,载于《文史》第四辑,中华书局 1965 年出版。收录当时作者 900 余人,笔名 2400 余个。以上两索引是作者整理中的《近代现代报刊作者字号笔名索引》的一部分。

陈玉棠编的《辛亥革命时期部分人物别名录》,载《辛亥革命史丛刊》第五辑,中华书局 1983 年出版。将字、号、书斋名、别名、笔名等录出,并尽可能将所知出处辑录说明。

北京孔庙院内的《进士题名碑》共计 198 块,记载着明清两朝 201 科考中进士的 51624 人的姓名、籍贯以及他们的名次。朱保炯、谢沛霖编纂的《明清进士题名碑录索引》,将碑上的进士姓名等做成索引,方便读者检索。一共 3 册,由上海古籍出版社于 1963 年出版。1979 年又出版了新版,可检索每位进士考中年份、名次、籍贯。据其考中年份,可以确定其开始参与当时上层社会活动的主要年份;据其籍贯,可以向相应的地方志等文献追索传记。阅读人物传记资料,对某人是否进士产生怀疑,可以查阅此书,一查便知真假。《明清进士题名碑录索引》中,存在着遗漏或误刻等问题。例如顺治四年(1947)进士季芷、孙自式、陈谦生,分别被误写作李芷、邹自式、徐谦生;顺治十六年(1659)进士赵济美、刘士泓、屈超乘,分别被误写作赵济姜、刘士弘、屈起乘;康熙三年(1664)进士李世愍、吕振、裴裵,分别被误写作李世惠、吕桭、裴裘,等等。凡此类讹误,均可据清代地方人物传记资料及其他相关地方志等予以订正。

图 3-4　明清进士题名碑和《明清进士题名碑录索引》

《清代官员履历档案全编索引》是配合中国第一历史档案馆编《清代官员履历档案全编》使用,收录范围为被考核、任命官员的姓名。但《索引》存在不少讹误漏略之处,主要表现为姓名遗失、姓名书写错误、人物资讯遗漏、人物资讯误加、册次讹误、页码讹误、姓名排序错误等方面。王志明撰文《〈清代官员履历档案全编索引〉校正》(载《故宫博物院院刊》2012 年第 1 期)分别加以纠正,检索时可以利用。

此外还有《中国地名索引》和《汉语拼音〈中华人民共和国地图〉地名索引》,虽然是查阅现代地名的工具书,但在中国近代史研究中查找古今地名沿革变迁很有帮助。

四　类书汇纂

"类书"是我国古代就有的一种工具书,它是辑录古籍中的片断或整篇资料,按照类别或韵目加以编排,供寻检、征引之用的文献。按夏南强《类书通论》下的最新定义:"类书是一种将文献或文献中的资料,按其内容分门别类,组织撮述;或者条分缕析,原文照录或摘录的图书。"根据需要对文献、事物或知识进行类分,形成类事类书、类文类书与事文并举类书。① 可以帮助读者寻查利用相关资料。清末还有一些"汇纂",性质差不多。把很多书中的原文按其内容性质,分门别类地编排、摘录,汇集成书,为读者提供参考材料。原文只是根据需要部分地、片段地摘录,不加说明解释。有人称这类图书为资料性工具书。也有介绍工具书的著作将政书也归为工具书,将政书作为一类史料在后文介绍。

类书始于魏文帝曹丕时的《皇览》,古代著名类书有唐代的《艺文类聚》、宋代的《太平御览》、明代的《永乐大典》和清代的《古今图书集成》。《太平御览》(宋太平兴国年间李昉、扈蒙等奉旨修纂)、《册府元龟》(宋真宗时期王钦若、杨亿等奉旨编纂)与《太平广记》《文苑英华》合称宋代四大类书。还有《玉海》《渊鉴类函》等。有些类书被用来校勘和辑佚,如《艺文类聚》《太平御览》等就是收录古籍较早底本的类书。

使用类书时需要熟悉类书的编纂年代和辑录文献资料的时限。类书引用古籍常有校勘不精,甚至删改原文、断章取义之处,类书之间辗转抄袭更是普遍现象,需要格外注意。使用类书可利用索引,以提高查考的效率。对于未编出索引的类书,要了解其分类体系及类目的含义。

与近代史有关的类书有如下一些:

徐珂编撰的《清稗类钞》,共16册,中华书局1981年重版。分礼制、考试、兵刑、婚姻、方言、风俗、狱讼等许多类,汇钞清代稗官野史。但不著录史料来源,错误也不少,不仅有前述《冯婉贞胜英人于谢庄》之类抄录报上杜撰故事的糗事,更还有将民国年间形成的资料作为清代稗史抄录的,如,会党类"三合会"条,就有"以上为三合会小历史,其宗旨始不过反清复明,自逸仙变化其思想,易而为近世之革命党,其徒党偏伏各地。辛亥革命之所以风靡南方者,三合会未始无力也",显然是民国年间的资料。

《清朝野史大观》与前一部书性质类似。这两部书既是工具书,也

---

① 参见夏南强:《类书通论》,湖北人民出版社,2001年。

是史料汇编,讲笔记野史类史料时将要详细介绍这两部书。

法律条文汇编、条约集、数据集等派生于类书或汇纂,如《通商约章类纂》《中外旧约章汇编》《光绪宫中现行则例》等将在政书与典制类史料中介绍。

五　各种图表

图表是以编年或图表形式记载事物发展的工具书。其中历表可用来查考不同历法的年月日对照。年表则用于查考不同历史纪年对照和编年史事。专门性图表有生卒年表、职官表、地理沿革表及统计表等。图录包括照片、绘画和历史地图等,可形象、直观地反映史实。

（一）历表

一般分新、旧两种:旧历表是把中国历史上的朝代、帝王年号、干支年月等顺序编列,以供查对;新历表是把上述各项和西历纪元的年月日列表对照,以供换算。历表与年表不同之处是,年表要系事,历表就是日历。

荣孟源编的《中国历史纪年》,由三联书店1956年出版。第一编是《历代建元谱》,第二编是《历代纪年表》,均编到1949年,第三编是《年号通检》。可将帝王年号、干支、公元纪年等互相对照查考。

《近世中西史日对照表》,郑鹤声编,商务印书馆1936年初版,中华书局1981年按重印。此书称"近世"而不称"近代",是因为它所包含的上下限年代,与中国近代史的上下限年代并不吻合,而是以西方葡萄牙人初次航海来华进行通商的1516年(明代中叶正德十一年)起,迄于1941年,共计426年。其中包括明朝中叶以后的128年,清朝的268年,和民国的30年。其间交叉的年代,有南明34年,清朝入关以前28年,都可以在有关各年份的中缝上查到。每年二页,每页六格,每格分"阳历""阴历""星期""干支"四项,而附节气于干支项内。前列《中外年号纪元对照表》,后附《太平新历阴阳历史日对照表》,以资参考。

郑鹤声在该书自序中指出:"史日之应用,以近代为宏,中外各国,莫不皆然。我国自明季以还,海航大通,欧美文明,骤然东来,国际问题,因之丛生,所有活动,几无不与世界各国发生关系者。中西史日之对照,较之上古中古,其用更繁。此本书之所以以近世为限断者一也;其次,时代愈近,见闻愈多,纪事愈详,对于月日之应用亦益宏,理所必然。我国史书之详备者,莫如实录,实录之完存者,仅明清两代耳(清代实录未印出前,以东华录最为详备)。其书按日排比,更需史日之对照。徒以甲子纪日,读者非加推寻,不能骤悉。至节气推求,亦颇有助于史实之考证,而各种对照表,俱未列入。此本书之所以以干节(按,指干支和节气)相对照者二也。以此为准,庶几一目了然。"①《文史知识》1984 年第 9 期刊有钱炳寰《怎样使用〈近世中西史日对照表〉》一文,可以参考。

陈垣所著《中西回史日历》是囊括公元元年(在我国汉朝汉平帝年间)至 2000 年两千年的中历(即农历)、西历(即公历)、回历(即伊斯兰教历)每日对照的大型日历表。全书共二十卷,每卷记载一百年,每页列表两年。历表分上、下两格,上格记载西历纪年、中历朝代皇帝谥号纪年和干支、回历纪年,还有重要的历史事件,如改朝换代的年月等;下格排列西历的月、日,中历的月、日,朔闰、冬至日,回历的月首日,三历对照,精密准确。为方便由中历查找,在每页书边标该页记载的中国历史朝代。1926 年定稿付梓,先以陈垣的书斋名"励耘书屋"的名义初版。后交由北京大学研究所国学门出版。1956 年北京古籍出版社影印出版,1962 年经陈垣修订增补后,由中华书局重印。本历表内容比较完备,推算准确,可供利用。

紫金山天文台编,科学出版社 1959 年出版的《1821—2020 二百年历表》可以利用。

现在网上流行的《日梭万年历》是一款用现代高精度天文算法生成的公历、农历、回历三历对照、信息丰富、年代特长的多功能万年历。时间跨度长达 4000 年(公元 1583 年至 5582 年)。可查询的信息包括:每日的公历、农历、回历日期,节气、节假日,年月日的天干地支、节气的

---

① 郑鹤声编:《近世中西史日对照表·自序》,商务印书馆,1936 年,第 3—4 页。

交节时刻等等。史学工作者利用它可以很快对公历与农历、年月日与干支进行换算,节省翻检其他工具书的许多时间。

《中国近代史历表》:荣孟源编,1977年中华书局重印。主要作用是查检阴阳历的对照关系。从1830年1月25日开始,编到1949年9月30日止。附录有《太平天国历简表》《五千年间星期检查表》《韵目代日表》。

《韵目代日表》也是应该掌握的。从前发电报很贵,人们发电报往往惜字如金,除了免去客套话,正文极简外,还想出了在发电时间上用代码的办法,即以字代月、代日。一年中有12个月,可以用十二地支替代,即用子丑寅卯辰巳午未申酉戌亥分别对应一月到十二月。日期方面,由晚清状元洪钧提出了"韵目代日"的办法,即用平水韵韵目分别替代30日。其中三十,按规定该用"陷",但是于军队不吉利,忌用,便用"卅"(卅,拼音:sà,就是三十)字代替;又公历三十一日没有韵目可用,通常都用"世"或"引"字来代替;"世"字是"卅一"的合写,"引"字则像阿拉伯数字31,于是就形成了下面的《韵目代日表》。

日期	韵目				日期	韵母			替代
	上平声	下平声	上声	去声	入声		上声	去声	入声	
1	东	先	董	送	屋	16	铣	谏	叶	
2	冬	萧	肿	宋	沃	17	篠	霰	洽	
3	江	肴	讲	绛	觉	18	巧	啸		
4	支	豪	纸	寘	质	19	皓	效		
5	微	歌	尾	未	物	20	哿	号		
6	鱼	麻	语	御	月	21	马	个		
7	虞	阳	麌	遇	曷	22	养	祃		
8	齐	庚	荠	霁	黠	23	梗	漾		
9	佳	青	蟹	泰	屑	24	迥	敬		
10	灰	蒸	贿	卦	药	25	有	径		
11	真	尤	轸	队	陌	26	寝	宥		
12	文	侵	吻	震	锡	27	感	沁		
13	元	覃	阮	问	职	28	俭	勘		
14	寒	盐	旱	愿	缉	29	豏	艳		
15	删	咸	潸	翰	合	30		陷		卅
						31				世、引

图3-5 《韵目代日表》

在中国近现代史上，经常会碰到地支代月和韵目代日的问题。如，1927年的"马日事变"中的"马日"；1940年皖南事变前何应钦、白崇禧致朱德、彭德怀、叶挺、项英的"皓电""齐电"，朱德等人回复的"佳电""皓电"等，还有1945年8月抗战胜利前夕，蒋介石电邀毛泽东赴渝商讨国家大计，二人之间曾有六次来往的"电报对话"，这六封电报落款日期分别是"未寒""未铣""哿""未养""梗""敬"等。这些"马日""皓电""齐电""佳电""未寒""未铣""哿""未养""梗""敬"，都是什么意思呢？知道了地支代月，韵目代日就懂了，这就是《韵目代日表》的用处。有的工具书将"艳电"解释为文辞华美的电报，是对来电的敬称，显然是错误的，该书编者不懂韵目代日的道理，其实"艳电"就是29日的电报。

汤有恩编《公元干支推算表》，1961年由文物出版社出版。包括3个表：《公元推算干支表》《干支推算公元表》《历代年号通检》。

现在一般用陈旭麓主编的《中国近代史词典》后面所附录的《中国近代史历日对照间表》。

另外，在从前有些人的文章中喜欢用古代书籍中的干支代名词来纪年，如果不懂这代名词所指代的干支，就只有干瞪眼。如魏源的《圣武记》序就有"玄黓摄提格之岁孟秋相月哉生魄"。古人用岁阴、岁阳纪年。这种纪年法始于春秋战国时期，实际上它与天干地支纪年没有区别，只是代号不同罢了。它可以与干地纪年互相转换。如《尔雅·释天》中干支和岁阳、岁阴是这样对应的：

天干与岁阳	地支与岁阴
甲 阏逢	子 困敦
乙 旃蒙	丑 赤奋若
丙 柔兆	寅 摄提格
丁 强圉	卯 单阏
戊 著雍	辰 执徐
己 屠维	巳 大荒落
庚 上章	午 敦牂
辛 重光	未 协洽

壬	玄黓	申	涒滩
癸	昭阳	酉	作噩
		戌	阉茂
		亥	大渊献

"玄黓"代表"壬","摄提格"代表寅,即壬寅年。辛亥就是"重光大渊献"。乙未就是"屠维协洽"。《史记》与《尔雅》所记岁阳、岁阴又有不同。《尔雅·释天》对月份也有别称,如正月为"陬",二月为"如",三月为"寎",四月为"余",五月为"皋",六月为"且",七月为"相",八月为"壮",九月为"玄",十月为"阳",十一月为"辜",十二月为"涂"。上文"相月"就是七月。"哉生魄"中的"哉"是开始的意思,"魄"即月黑无光的部分。农历每月十六开始月缺,即始生月魄。"哉生魄"就是十六日。"哉生明"指农历每月初三日或二日,此时月亮开始有光。魏源记的是壬寅年七月十六日。

(二) 大事年表

年表本来是纪传体史书的一部分。是按照年代次序排列历史事件及人物的表格。但有一些正史没有年表,学者们为补其所未备,就专门作年表以为补充。

大事年表是学习历史的辅助工具书,它把重要的历史事件提纲挈领地记载下来,按照发生年代的顺序编纂成表,以供检阅。史事日志是更详细的一种大事年表。

《中外历史年表》由翦伯赞主编,齐思和等编,三联书店1958年出版,后由中华书局1962年重印。从公元前4500年到1918年。内容相当全面,叙述比较简括有条理。将几千年来中国和外国的比较重要的历史事件,按照年代的顺序,简明地加以编纂。读者可将中外大事对照。现在提倡用全球视野研究中国近代史,要了解中国发生重要历史事件时,世界各国同时发生了什么历史事件,就可以查阅此书。比方说,1905年是中国近代史上具有转折意义的年份,这一年发生了抵制美货运动,清廷派五大臣出洋考察政治,同盟会在东京成立,清政府决定明年起废除科举,留日学生抗议日本颁布取缔规则等诸多重要事件,通过查阅《中外历史年表》,可知这一年前后,在日俄战争中战败的俄国与日本签订《朴茨茅斯和约》,俄国爆发第一次资产阶级革命,越南发起东游运动,印度人民开展反英斗争,伊朗、土耳其先后爆发资产阶级革命,标志着亚洲的觉醒。这些事件与中国发生的事件之间有何关联,可以引发思考。另有续编《中外历史年表(1919—1957)》(中华书局,1963年)。

张习孔、田钰主编的《中国历史大事编年》,北京出版社1987年出版。全书分5卷,记载原始社会至1918年间中国史事,内容涉及范围广。还有《中国历史大事年表》(冯实君著,辽宁人民出版社,1984年)、《中国历史大事年表》(沈起炜编著,上海辞书出版社,2001年)等,基本都是记事上起远古,下迄清,对政治、军事、经济、文化等方面,都能有所反映,使读者既便检事,也可以通过浏览全编,略知中国古代史事要略。缺点是许多事件不著月份。

专题性大事年表,包括学术年表,专记某一学科或专题的重要历史事件。如,虞云国等编著的《中国文化史年表》(上海辞书出版社,1990年)、吴文治编著的《中国文学史大事年表》(黄山书社,1987—1993年)。与近现代史相关的专题年表有:

吉林师大近代史教研室编,1959年上海人民出版社出版的《中国近代史事记》,第一部分记载1514—1838年间与近代史有关的重要事件,目的在于供研究中国近代史时参考。第二部分记1839—1919年间重要史事,是全书主要部分。

梁寒冰、魏宏运主编,黑龙江人民出版社1984年出版的《中国现代史大事记》,以编年体例记录中国现代史上所发生的重大历史事件,脉络清晰,便于查考。

郭廷以编著的《近代中国史事日志》,中华书局1987年据台湾初版影印。郭廷以从1926年开始根据当时报刊撰写每日大事日志,同时着手辑录清季以来之部。1945年重行整理,直到1963年在台湾初版,历时30余年。这是一部近代中国的综合记录。始于鸦片战争,而于战前的中西关系仍择要编年,以明其由来;及禁烟事起,始按月日系事。止于1911年底。虽以政治、外交、军事为多,其有关经济、文化者,亦尽可能篡入。为了查考方便,另将全部记事酌量划分为几个阶段,分别列举要目,另摘出子题,注于页旁,并于卷首冠以年月简表,算是目录或全书提要。书末附录军机大臣表、主要督抚表、总理衙门大臣表、出使各国大臣表、各国使节表。郭廷以1946年曾在商务印书馆出版过《太平天国史事日志》,到台湾后又出版过《中华民国史事日志》。然这些书中亦有少量舛误,使用时应予注意。

(三) 生卒年表

生卒年表就是将众多历史人物的生年和卒年制成年表,一般按生年先后顺序排列,既便于检索单个历史人物的生卒年,又可以显示相关历史人物在历史时期中的某些联系。使用公元纪年的生卒年表,应注意农历与公历的换算。某农历年对应某公历年,只是一般情况,可以直接对换,如宣统三年是农历辛亥年,公元1911年。但农历年的最后一两个月往往对应公历下一年的最初一两个月,如果按年换算就会出错。如梁鼎芬卒于农历己未年十一月十四日,如果按年来换算他就是卒于1919年,所以许多辞书工具书按此标出他的卒年,但实际上农历己未年十一月十四日是1920年1月4日,标1919年是错误的。为了纠正这类错误,王学庄发表《十种辞书工具书民国人物生卒年订补》,不仅对《中国历代名人辞典》《中国历史人物辞典》《历代人物年里碑传综表》《中国历史人物生卒年表》《简明历史辞典》《中学历史辞典》《辞海》及其《历史分册》(中国近代史、中国现代史)、《中外史地知识手册》《中国近代史辞典》《中国近代史知识手册》等辞书工具书一些人物词条没有标生年或卒年的进行了补充,而且对标错了的作了改标,其中有许多人物就是因为辞书工具书在将农历换算成公元时造成了错误。该文发表于《近代史研究》1986年第3期,可以参考。

清钱大昕所撰《疑年录》,考求古今名人生卒年,为此类著作之始。《疑年录汇编》,张惟骧编,小双寂庵丛书本,1925年印。本书汇编各家疑年录,并加以增补正误,正编16卷收3928人,补录1卷收20余人。

梁廷灿《历代名人生卒年表》和陶容、于士雄《历代名人生卒年表补》合刊本,北京图书馆出版社2002年出版。

还有《清代人物生卒年表》(江庆柏编,人民文学出版社,2006年)、《历代人物年里碑传综表》(姜亮夫编,中华书局,1959年)、《中国历史人物生卒年表》(黑龙江人民出版社,1981年)等。后者除了生卒年有错误外,对清朝前期少数重要人物有的该收而未录,有的籍贯、字号、著录亦有舛错。①

(四) 职官年表

职官年表就是将一些重要官职的历任人员按任职时间先后制表排列,以供检索。还有一种供查考历代官制的工具书"职官表",以表格形式列出职官设置和沿革,可与职官年表互相参考着使用。

清代有两部职官表,一部为乾隆年间官修的《钦定历代职官表》(永瑢、纪昀等编纂),另一部为道光二十五年(1845)湖南黔阳县教谕黄本骥编的《历代职官表》,将官修72卷版本删除释文、仅保留原有表格67篇以及清朝官制之简略说明,节编成6卷,然未增订乾隆四十五年(1780)以后的官职添设、裁并情形,也未修正官本中的错误。

钱实甫编《清代职官年表》(全4册),中华书局1980年出版,1997年重印。该书包括49种年表,取材于《清实录》及《宣统政纪》,并参考清代其他有关资料。书后附有人名录和字号、籍贯、谥号等索引。这是一部最详尽、最完备的清代职官工具书。其中也有错讹之处,有学者已撰文指出。

钱实甫还编有《清季重要职官年表》(中华书局1959年出版,1977年再印)、《清季新设职官年表》(中华书局1961年出版,1977年再印)和《北洋政府职官年表》(华东师范大学出版社1991年出版),是研究晚清和北洋政府时期职官的工具书。其中《清季新设职官年表》介绍的是第一次鸦片战争后清政府新设置的各种衙门及其重要职官,是清代原来的政府机构中没有的,颇具参考价值。

与《北洋政府职官年表》类似的有刘寿林编的《辛亥以后十七年职官年表》,中华书局1966年出版。

---

① 梁锦霞:《〈中国历史人物生卒年表〉指瑕》,《山西大学学报》1992年第4期。

刘寿林等编的《民国职官年表》,中华书局 1995 年版。包括 1912—1949 年整个民国时期的中央和地方政府的重要职官。全书分为上下两编。上编的中央之部起自 1912 年元旦南京临时政府成立,止于 1928 年 6 月奉系军阀退出北京,包括了南京临时政府、北洋政府职官年表以及议员名录等;附记伪洪宪政府中央职官、张勋复辟伪中央职官及伪总督、巡抚、都统年表等;地方之部起自 1911 年辛亥革命后各省独立,止于各省脱离北洋军阀,建立国民党政权,包括了武昌起义后各独立省区都督表和各省军政、民政、司法职官年表。下编的中央之部起自 1925 年 7 月广州国民政府成立,中经武汉国民政府、南京国民政府,止于 1949 年 9 月国民党在中国大陆统治结束,包括广州国民政府、武汉国民政府、南京国民政府职官年表和南京国民参政会议长主席团秘书长年表(附南京国民参政会参政员姓名录)、广东国民政府(广东军政府)委员部长表、中华共和国人民革命政府(福建人民政府)职官表等;地方之部的起止期限,则因各省(市)国民党政府成立和结束的时间不同而有所先后,包括了各省、市政府职官年表;附记各种伪政权的职官年表等。

(五) 统计表类

历届中央政府和地方政府都有许多统计表,一般收在档案里,而编成书出版就成为大家都可以利用的工具书。

清末钱恂曾编过一些统计表,如,《光绪通商综核表》,内有《洋关税钞岁入表》《各关税钞分列表》《带征洋药厘金表》《内地半税细数表》《进出货价赢绌表》《各国往来货价表》《进口货价类列表》《出口货价类列表》《各国运销茶数表》《俄国运茶另数表》《各口运销洋药表》《进口杂货衰旺表》等,多为光绪元年至十三年中外通商资料。他还编有《中外交涉类要表》,除了《各国换订约章表》和《使臣出洋分驻表》外,属于统计表的有《江海口岸贸易表》(1842—1888 年)、《陆路口岸贸易表》(1689—1887 年)。有光绪二十年(1894 年)两书上海合刊本。可供研究中外经济关系参考。

另有《光绪会计表》,清末刘岳云编,4 卷。编者曾任户部主事,他辑录光绪初年至二十年(1894)各省、部有关财政收支的册籍,编成此书。可供研究光绪朝财政史参考。光绪二十七年(1901)印。另外,光绪年间一些省份还印有财政说明书,可结合来看。

清史编纂委员会的文献丛刊中有一部《清道光至宣统间粮价表》,由中国社会科学院经济研究所编,分量很大,多达2200万份,分为23册排印。研究晚清粮食问题和社会问题可以参考。

杨联陞撰文谈中国经济史上的数词与量词,用中国古代史上的事例说明,利用中国经济史上的数量统计时,要留心查出印刷及抄写上的错误,要留心区分虚数与实数的不同,要留心以为是实数的数字,其可靠的程度很可能不同。还要注意同样的量词在不同的时、地,可能也代表不同的数量。① 这些问题,在近代史上的很多统计表中都可以发现,也是要十分留心的。

除了以上各表以外,还有各种图录,包括地图、绘画、照片等,还有今人将老照片编辑成册,也是很有用的工具书或史料。在后面实物类史料中的图像史料会有详细介绍。

六 电子检索

大数据时代或"E考据时代",为搜集史料,穷尽史料提供了机遇。目前的历史研究已不再局限于在故纸堆苦苦爬梳的传统,数字化史料为世界各地的学者提供了研究依据,为不同国籍的学者提供了远程搜集史料的机会。国际历史科学委员会名誉主席、芬兰坦佩雷大学教授玛丽亚塔·希耶塔拉(Marjatta Hietala)表示:"随着资源和数据的数字化,史学研究者可以不再囿于地点的限制","只要打开电脑就可以登录档案馆、图书馆,查阅原始资料"。② 这对于协助历史学者搜集大量史料非常重要。网络电子资源的丰富,使得今天的资料搜集手段远远

---

① 杨联陞:《国史探微》,新星出版社,2005年,第110—118页。
② 转引自闫勇:《数字化助推史学教研发展》,2016年6月17日《中国社会科学报》。引文中"图书馆"三字是引者补充的。

胜于以往。我国图书馆、博物馆、档案馆文献数字化发展较快,尤其是图书情报界在数字图书馆理论研究、资源建设、标准体系、技术研发和数字图书馆服务等方面有了较大的进展,取得了一定成果。其中包括中国国家数字图书馆、全国文化信息资源共享工程、中国高等教育文献保障系统、大学数字图书馆国际合作计划等等,其中以中国国家数字图书馆的规模最大且具代表性。

在这种新的形势下,学术界已十分注意利用数字化资源,通过互联网搜集各方面的史料。此处介绍一部有关电子检索的工具书。

《汉语古籍电子文献知见录》:张三夕、毛建军主编,世界图书出版广东有限公司2015年出版。这是一部介绍汉语古籍的电子文献目录。所涉及的"古籍"为汉语古籍,其载体包括甲骨、金石、竹帛、纸质文献以及缩微胶片等。其时间限定为1912年以前书写或印刷的汉语文书籍或以1912年以前书写或印刷的汉语文书籍为内容的近现代和当代出版物。其地域限定在中国或中国以外地区书写或印刷的汉语文书籍。本目录古籍电子文献包括古籍书目数据库、古汉语电子语料库、古籍全文数据库、数字图书馆以及古籍电子出版平台等几种类型。解题内容主要包括:电子文献名称、开发或建置单位、数据库性质、数据库包含的内容、检索方式、检索语言、数据库评价、参考网址等。该目录所收录的电子文献资源达275条之多,其中对中国近代史学习和研究关系比较密切的目录主要有如下一些:

联机公共目录查询系统(中国国家图书馆)

http://opac.nlc.gov.cn/F

中华古籍善本国际联合书目系统(中国国家图书馆)

http://mylib.nlc.gov.cn/web/guest/zhonghuagujishanbenlianheshumuxitong

"数字方志"资源库(中国国家图书馆)

http://mylib.nlc.gov.cn/web/guest/shuzifangzhi

近代文献联合目录(上海图书馆)

http://search.library.sh.cn/lhml/help.htm

古籍书目查询(上海图书馆)

http://search.library.sh.cn/guji

家谱数据库(上海图书馆)

http://search.library.sh.cn/jiapu/

晚晴期刊全文数据库(全国报刊索引)

http://www.cnbksy.cn/home

晚清期刊篇名数据库(1833—1911)（全国报刊索引）

http://www.cnbksy.com/product/productDescription;JSESSIONID=194df2eb-31b0-4e8e-9d63-7f077c412349?id=13&isProduct=false

《北华捷报》全文数据库(上海图书馆)：

http://www.cnbksy.cn/literature/newspaper/6b1b6f86672230-5755cc3ed167dcf40a

《字林西报》全文数据库(上海图书馆)：

http://www.cnbksy.cn/literature/newspaper/93fd35bc0be223-2669b2080b7e5b831c

《盛宣怀档案》全文数据库(上海图书馆)

http://www.library.sh.cn/zthd/sdms/

民国报刊与古籍全文数据库(广东省立中山图书馆)

http://eweb.zslib.com.cn/com/wuqing/main.php

中国社会科学院图书馆馆藏汉语文古籍检索系统(中国社会科学院图书馆)

http://219.141.236.148/ecolas-c/search/search.php?class=simple_all

中国年谱数据库(华东师范大学图书馆)

http://202.120.82.49/tpi_8/sysasp/share/login.asp?sysid=72

《大清历朝实录》数据库(北京书同文数字化技术公司、中国第一历史档案馆)

数字方志(中国国家图书馆)

http://mylib.nlc.gov.cn/web/guest/shuzifangzhi

北京爱如生数字化技术研究中心中国近代报刊库和中国方志库

http://db.ersjk.com/

近代报刊(北京时代瀚堂科技有限公司)

http://www.neohytung.com/Main.aspx

大成老旧刊全文数据库(北京尚品大成数据技术有限公司)

http://laokan.dachengdata.com/tuijian/showTuijianList.action

大清国史人物列传及史馆档传包、传稿全文影像资料库(台北"故宫博物院")

http://npmhost.npm.gov.tw/ttscgi/ttsweb?@0:1:npmmeta7::/tts/npmmeta/metamain.htm

近代名人暨外交经济档案数位典藏(台北近代史研究所)

http://digitalarchives.tw/site_detail.jsp?id=2530

东京大学东洋文化研究所汉籍善本全文影像资料库[1]

http://shanben.ioc.u-tokyo.ac.jp/index.html

京都大学人文科学研究所全国汉籍数据库——日本所藏中文古籍数据库

http://kanji.zinbun.kyoto-u.ac.jp/kanseki/

中国高等教育文献保障系统(CALIS)

http://www.calis.edu.cn/

大学数字图书馆国际合作计划(CADAL)(即中美百万册电子图书)

http://www.cadal.zju.edu.cn/index

该目录还收录有各个省市和高校图书馆有关数据库,此处不一一列举。

有人将各类历史文献数据库加以整合[2],列表如下:

---

[1] 1941年创办的东京大学东洋文化研究所在20世纪90年代开始建立古籍目录数据库,从2002年开始建立古籍全文影像数据库,在互联网上免费提供开放性服务。在保护古籍的同时,也着力保证研究者的使用需要。同时,东洋文化研究所将所藏中文古籍4000余种,以数字化方式无偿提供给中国国家图书馆,在国图网站上面向读者提供服务。

[2] 据网上资料。

中国国家图书馆免费历史文献数字资源：

数字善本：http://mylib.nlc.cn/web/guest/shanbenjiaojuan

数字方志：http://mylib.nlc.cn/web/guest/shuzifangzhi

地方志：http://mylib.nlc.cn/web/guest/zhengjidifangzhi

家谱：http://mylib.nlc.cn/web/guest/zhengjijiapu

民国文献：http://mylib.nlc.cn/web/guest/zhengjiminguowenxian

民国图书：http://mylib.nlc.cn/web/guest/minguotushu

民国期刊：http://mylib.nlc.cn/web/guest/minguoqikan

民国法律：http://mylib.nlc.cn/web/guest/minguofalv

民国报纸：http://mylib.nlc.cn/web/guest/minguobaozhi

其他国内免费历史文献数字资源：

上海图书馆家谱、古籍数字库：http://wrd2016.library.sh.cn/

浙江图书馆民国期刊数据库

http://diglweb.zjlib.net.cn:8081/zjtsg/qk/qk_dl.htm

天津图书馆缩微文献数据库：http://swyx.tjl.tj.cn/

大连图书馆特殊馆藏资源库：http://www.dl-library.net.cn/book/

苏州图书馆馆藏古籍数据库：http://fzk.szlib.com/AncientBook/Main/Ancient_Index.html

贵州省地方志全文数据库：

http://dfz.gznu.edu.cn/tpi/sysasp/include/index.asp

宁波图书馆特色资源：http://elib.nblib.cn/SSO/main/

陕西省图书馆陕西省文史资料数据库：

http://www.shawh.org.cn:8080/sxlib/wenshiziliao/index.htm

首都图书馆古籍插图库：http://query.clcn.net.cn/GJAndST/gjct1.htm

清华大学科技史数字图书馆资料库：

http://166.111.120.21:4237/home/database/htm/index.htm

中国第二历史档案馆档案查询（目前全文查询北洋档案）：

http://218.94.123.149:8081/shac/res/layouts/login.jsp

中国近代教材数据库

http://jc.reasonlib.com/index.aspx#stream/showtopic/=/_blank

中国历史地名数据库

http://www.histchina.com/

明清妇女著作

http://digital.library.mcgill.ca/mingqing/chinese/index.php

民国图片资源库

http://www.minguotupian.com/

《东方杂志》全文检索数据库

http://cpem.cp.com.cn/

中国历史文献库

http://www.reasonlib.com/

中国历史人物传记资源数据库

http://202.106.125.9:81/index.html?dologin=%2F

《袁世凯全集》数据库

http://yuanshikai.goosuudata.com/index.php?m=login&a=index

中共党史期刊数据库

http://dangshi.dachengdata.com/tuijian/showTuijianList.action

港台历史文献数字资源

香港公共图书馆数字资源：https://mmis.hkpl.gov.hk/mmis-collection

香港中文期刊论文索引

http://hkinchippub.lib.cuhk.edu.hk/

"国家图书馆"古籍与特藏文献资源：http://rbook2.ncl.edu.tw/

"国家图书馆"古籍影像检索系统：http://rarebook.ncl.edu.tw/rbook/

"中华民国"政府官员资料库：http://gpost.ssic.nccu.edu.tw/

台湾"故宫博物院"典藏资源：http://www.npm.gov.tw/zh-TW/Article.aspx？sNo＝02000019

台湾"故宫博物院"清代人名权威资料查询：

http://npmhost.npm.gov.tw/ttscgi/ttsweb？＠0：0：1：mcta-uac：：/tts/npmmeta/dblist.htm＠＠0.6063065726879766

台湾"中研院"史语所"史学连线"

http：//saturn.ihp.sinica.edu.tw/~shih/

台湾"中研院"近代史全文数据库

http：//mhdb.mh.sinica.edu.tw/index.php

台湾"中研院"汉籍电子文献

http：//hanji.sinica.edu.tw/index.html？

台湾"中研院"历史语言研究所文物图像：http：//saturn.ihp.sinica.edu.tw/~wenwu/index.html

傅斯年图书馆

http：//lib.ihp.sinica.edu.tw/

台湾大学图书馆免费电子资源：

http：//drm.lib.ntu.edu.tw/cgi-bin/db/browse.cgi

古汉籍善本数位化资料库国际合作建置计划：

http://rarebookdl.ihp.sinica.edu.tw/ra/ra1.html

中国近代报刊数据库(台湾得泓)：

http：//www.dhcdb.com.tw/SP/

华文库(报刊)

http：//www.huawenku.cn/index.html

海外部分汉文历史文献免费数字资源

韩国国史编纂委员会明清实录数据库：

http://sillok.history.go.kr/mc/main.do

韩国国史编纂委员会朝鲜王朝实录数据库：

http：//sillok.history.go.kr/main/main.do

日本国立国会图书馆：http://dl.ndl.go.jp/

日本国立公文书馆：http://www.digital.archives.go.jp/

东京大学东洋文化研究所汉籍善本全文影像：http://shanben.ioc.u-tokyo.ac.jp/index.html

京都大学人文科学研究所东方学电子图书馆：http://kanji.zinbun.kyoto-u.ac.jp/db-machine/toho/html/top.html

亚洲历史资料中心（日本）

https://www.jacar.go.jp/chinese/index.html

早稻田大学藏汉文古籍：

http://www.wul.waseda.ac.jp/kotenseki/about_en.html

哈佛大学哈佛燕京图书馆：http://mylib.nlc.gov.cn/web/guest/hafoyanjing

哈佛大学中国拓片数据库：

http://vc.lib.harvard.edu/vc/deliver/home?_collection=rubbings

普林斯顿大学葛思德东亚图书馆：

http://library.princeton.edu/eastasian/diglib/

耶鲁大学藏中文善本：

http://digitalcollections.library.yale.edu/eal/index.dl

加州大学伯克利分校东亚图书馆中国拓片数据库：

http://www.lib.berkeley.edu/EAL/stone/index.html

欧洲数字化图书馆：http://www.europeana.eu/portal/

http://diglweb.zjlib.net.cn:8081/zjtsg/qk/qk_dl.htm

英国外交部解密档案：中国 1919-1980

苏联历史档案数据库

http://hsd.bbtdb.com/Index.aspx

联合数据库

世界数字图书馆：https://www.wdl.org/zh/

Familysearch（中国族谱收藏）：

https://familysearch.org/search/collection/1787988

中国历代人物传记资料库：

http://db1.ihp.sinica.edu.tw/cbdbc/ttsweb?@0:0:1:cbd-bkm@@0.5934195671624346

复旦大学图书馆资源发现系统：

http://discovery.fudan.edu.cn/primo_library/libweb/action/search.do?vid=fdu

复旦大学图书馆古籍书目检索系统：http://www.library.fudan.edu.cn:8080/guji/index.htm

开世览文(中国高校人文社会科学文献中心)

http://www.cashl.edu.cn/portal/homepage.html

目录数据库

高校古文献资源库：http://rbsc.calis.edu.cn:8086/aopac/jsp/indexXyjg.jsp

全国古籍普查登记基本数据库：

http://202.96.31.78:8585/xlsworkbench/publish

复旦大学图书馆古籍书目检索系统：http://www.library.fudan.edu.cn:8080/guji/index.htm

台湾书目整合查询系统：

http://metadata.ncl.edu.tw/blstkmc/blstkm#tudorkmtop

日本全国汉籍查询系统：http://kanji.zinbun.kyoto-u.ac.jp/kanseki/

中国大陆各省地方志书目查询系统：http://webgis.sinica.edu.tw/place/

台北"中研院"历史语言研究所：

http://www2.ihp.sinica.edu.tw/resource1.php?TM=6&M=1&C=79

以上数据库的网址通过检验，大都可以根据各网站的利用规则来查阅。但有的网址会有变动，仅供参考。

类似介绍资料数据库的网页还有几个，如，中国近现代史网络资源简介、中国史研究网络检索资源、中国文史研究免费学术资源集、日本东洋史学界网络资源举要、学术资源大礼包等等，可以参考。

大数据时代的电子搜索为更快捷更广泛地搜集史料提供了方便，但不会改变史料的形式和特点，用这种方法搜集到的史料，仍然需要根据其特点来利用。电子搜索对于严格辨别史料的真伪提出了更高的要求，同时也对研究者的解读、分析、综括能力提出了更为严峻的挑战。

下面将按照史料的形式分类介绍其特点、价值和利用时应该注意的问题。

图3-6　电子检索网页之一

第四讲 历史档案类史料

历史档案是历史上政府机关、社会组织和个人在社会活动中形成的、作为历史真迹保存起来,以备查考的文字、音像及其他各种方式和载体的材料,是当时政治、经济、军事、文化、教育、社会等各个领域活动情况和历史人物工作与生活情况的原始记录,是研究历史的重要依据。

本讲将重点介绍馆藏档案和根据档案整理编纂的书籍、刊布档案的刊物等,包括官方档案、海关档案、社会组织档案、个人(私人)档案、外国政府相关档案等。

一 档案的起源与清代档案、民国档案

(一)"档案"的起源

"档案"一词应该是古代汉文书中的"案卷"与起源于清代满文的"档子"的合成词。

"案"的原意是用来写字的几案,而古代文字又多刻写在简册上,保管时需要卷起来存放,从而引申出了"案牍""文案""文卷""案卷"一类词语。

"档子",满语读作"Dangse",就是记事板。清陆陇其《三鱼堂日记》引汪琬《钝翁类稿》:"又《陕西提督李思忠墓志铭》云:'本朝用薄

板五六寸,作满字其上,以代簿籍。每数片辄用牛皮贯之,谓之档子。'"①杨宾《柳边纪略》之三:"边外文字多书于木,往来传递者曰牌子,以削木片若牌故也。存贮年久者曰档案,曰档子,以积累多,贯皮条挂壁若档故也。然今文字之书于纸者,亦呼为牌子,为档子,犹之中土文字,汉以前载在竹简,故曰简,以韦编贯,故曰编。今之人既书于纸为卷、为部而犹呼之为编、为简也。"②清人入关前,官员奏本都用木牌子,入关后规定奏本不准再用牌子,而用纸书写的文件仍称"牌子",积累保存起来,仍称"档子",与汉文"案卷"结合,便出现了"档案"一词。

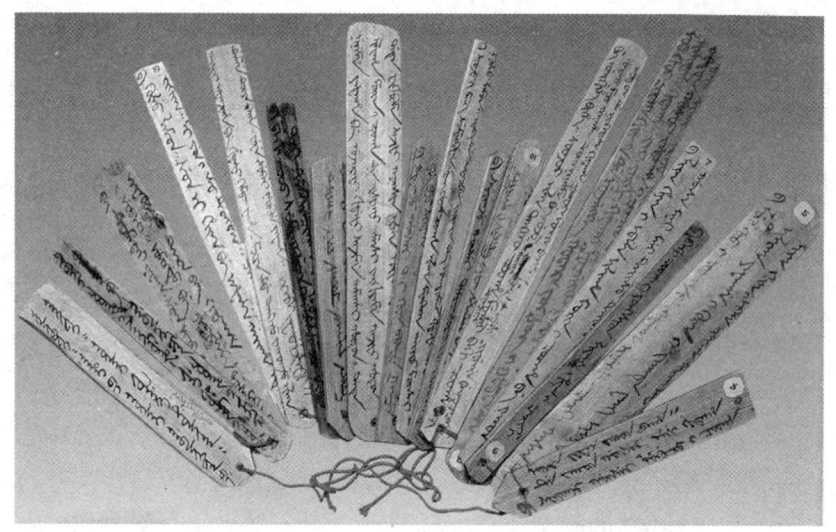

图 4-1　档案馆展示的满文木牌

因此,贯以韦编卷起来保存也好,贯以皮条挂壁若档也好,档案就是具有查考使用价值,经过分类立卷归档集中保存的文件材料。这里的文件材料不局限于木质的牌子,它是各种公文或私人文书,有的是未经公布的,有的是已经公布的文件底稿。现在又增加了音像等多种载体。自从有了文书保存管理制度,也就有了档案。一般说来,文书直接

---

① 陆陇其:《三鱼堂日记》卷六,《续修四库全书》五五九《史部·传记类》,上海古籍出版社,2002年,第534页。
② 杨宾:《柳边纪略》卷三,中华书局,1985年,第55页。

公布的称文件或文献,归档保存的草稿、副本等就叫做档案。实际有档案的时代比"档案"这个词的起源要早。有人说殷墟甲骨文是最早的档案,因为它贮存在一处,而且按朝代顺序整齐排列,有的还分类成包。秦汉时代起,把档案和图书一起保存在石室金匮之中,司马迁就曾利用其中的档案编写过《史记》,该书的《太史公自序》云:"䌷史记石室金匮之书。"①

古往今来,一些著名学者都重视利用历史档案。

(二)清代档案

清初沿袭明朝制度,设有内阁。内阁大学士协助皇帝草拟诏书,批阅奏章。回收的谕旨和上呈的奏章等公文就由内阁存档。内阁建有很大的档案库,称为"大库",分门别类地储存着各种档案和书籍,其中档案占70%。同样地,中央各部门、地方各级政府,都建有自己的档案。当时管理档案有一套比较好的办法:每一种档案都有不同式样的封套,上边注明文件的内容,然后编号,由专人负责保管。因此一般说来,档案保存完好。如,内阁大库保存的明末清初的档案,到20世纪初年也没有损失。当然由于年代久远,遗失的档案也不少,现存康熙朝档案、理藩院档案、总理衙门档案就很少。

到了清末民初,档案开始受到较大破坏。光绪二十四、五年(1898—1899)间,内阁大库因年久失修,遇雨渗漏,便要进行修缮。但尚未动工,八国联军入侵北京,修理之事因之延宕,直到宣统元年(1909)才正式动工修理。为了便于施工,事先将库存档案移出一部分,暂存于文华殿两庑,另一部分以远年旧档无用,奏请焚毁。当时张之洞以大学士管理学部事务,奏请将内阁大库藏书拨交学部,设立学部图书馆。其他档案仍旧焚毁。学部参事罗振玉参与交接之事,偶尔抽阅拟焚之件,发现多为珍贵史料,如,乾隆朝大学士阿桂攻打金川的奏折等,便建议张之洞奏请停止焚毁,并将拟焚之件亦拨交学部。事得允准,这批档案才免遭厄运。民国后,旧档归于教育部历史博物馆,先存

---

① 司马迁:《史记》卷一百三十,中华书局,1959年,第3296页。

放孔庙敬一亭,1916年该馆在午门办公,档案也经初步分检,完好的存于午门楼上,其余的存放在端门门洞内。1921年北洋政府以经济困难,为济燃眉之急,竟把档案卖了八千麻袋给造纸商人,重15万斤,仅得4000元。事为学术界所知,竞相抢购,有些学术机构甚至还公开定价收购,古董收藏家也想乘机捞取重要文物据为己有。据说还是罗振玉出3倍价钱买了回来,但只剩七千麻袋了。他租屋雇人,整理了极小部分,印成《史料丛刊初编》10册。后来罗振玉限于人力物力,日久难支,于1924年转卖给前驻日公使、社会知名人士李盛铎。李盛铎只是收藏,并未整理史料刊行。在档案多次转手过程中,许多人染指其间,一些管理此事的官员也偷偷摸摸暗中收藏。鲁迅见状,十分气愤,发表《谈所谓"大内档案"》杂文予以揭露。1929年,又由前中央研究院历史语言研究所收购,但重量又减少了2万多斤。他们选印了其中一部分文件编为《明清史料》甲、乙、丙、丁4编,余下的交由北京大学整理。

现在,清朝中央政府档案主要收藏在北京中国第一历史档案馆。该馆原称故宫博物院明清档案部。经过多年的搜集、集中,如今那里收藏明、清两代中央和部分地方机关档案1000余万件。保存的清代档案按档案形成的机构,划分为70多个全宗。其中有各个时期的各种中央机关(如军机处、内务府、内阁、六部、外务部等)的档案、地方上几个军政机关(如山东巡抚衙门、宁古塔都统衙门、长芦盐运使司等)的专档和少数大臣(如端方、赵尔巽等)的专档。其中,内阁、内务府全宗档案数量各在100万件(册)以上,军机处、宫中、宗人府、刑部-法部档案也各在50万件(册)以上。以上六大全宗占全部馆藏清代档案的80%以上。其他全宗从十几万件(册)到几十件(册)不等。最小档案全宗是尚虞备用处档案,只有1件。这些档案已汇编成书发行了一部分,如《掌故丛编》《文献丛编》《史料旬刊》《清代文字狱档》等,其余具有史料价值的陆续整理出版。现将该馆几个主要全宗的内容简介如下:

1. 清内阁档案:数量最多,归纳为5种。(1)经内阁下达的文书和经内阁上呈的文书,下行文书有制、诏、诰、敕、谕、旨、朱谕、廷寄、金榜等;上行文书有题、奏、表、笺、呈、启本、手本、册文、塘报、揭帖、黄册、乡会试录、电报、记事等;(2)官修史籍与史官记载,如起居注、实录、圣训、会典、本纪、方略、纪略、史书等;(3)内阁日常文书(办公文书);(4)修书馆文书;(5)满文老档。5种档案中题本最多,按吏、户、礼、兵、刑、工六科编目,在六科基础上再按朝、年份分类。如礼科再分为典礼类、学校科举类、印信类、外交类、天文气象类、其他类。

2. 军机处档案:可归纳为3种。(1)分类汇抄的档案,分满、汉文两种,按性质又细分为目录类、上谕类、奏事类、专案类、电报类、记事类。目录类中最重要的是"随手登记档",相当于军机处经办的上谕与奏折的总目,并有简要的内容摘要。(2)军机处录副存查奏折。按问题分18大类:内政、外交、军务、财政、农业、水利等。(3)军机处进呈和日行公事文书。

3. 宫中档案:宫中指皇帝办公和生活的地方。朱批奏折发交奏事人处理后,每年年终缴回宫中,都是原件。还有经皇帝斟酌不宜交议的奏折,称"留中不发",也保存在宫中。宫中档内还有谕旨和"谕旨汇奏"及奏事处档案。

中国第一历史档案馆编辑出版的《清代档案史料丛编》第四、七、十一、十三辑连载介绍了清代历史档案名称简释,还介绍了清代历史档案的其他有关知识,可以参考。

中国第一历史档案馆与南京的中国第二历史档案馆联合主办《历史档案》杂志,每期以60%左右的篇幅公布各个历史时期(主要是明、清和民国时期)的政治、军事、经济、中外关系、文教卫生、科学技术等方面的新整理的档案史料。

在《历史档案》上发表的《光绪临终前脉案选》,就有比较高的史料价值。关于光绪皇帝之死因,历来众说纷纭,成为一桩悬而未决的历史疑案。由于光绪与慈禧太后生前存在政治矛盾,两人又在24小时内相继去世,这便使光绪帝的死因蒙上了一层神秘的政治色彩,连末代皇帝溥仪在《我的前半生》中也认为慈禧加害光绪的可能性是存在的[①]。但中国第一历史档案馆所藏光绪帝生前诊病的脉案(相当于"病历"),特别是死前数日脉案记录非常详细,从发病到治疗、死亡,每天都有记

---

① 爱新觉罗·溥仪:《我的前半生》,东方出版社,1999年,第22页。

录,真实地反映了光绪帝病情如何日甚一日,终致死亡的全过程,为揭开光绪死因之谜,提供了直接的、可靠的史实依据。从中可以初步断定,光绪之死因乃是心肺功能的慢性衰竭,合并急性感染。① 这一结论得到"尸检"报告的印证:"1980 年,清西陵文物管理处在清理崇陵地宫时,发现光绪遗体完整,体长 1.64 米,无刃器伤痕。通过化验颈椎和头发,也无中毒现象,与清史档案专家、医学专家的分析判断相吻合,即光绪属正常死亡。"②然而事情的真相好像尚未完全揭开,2008 年,国家清史编纂委员会、中央电视台、中国原子能科学研究院、北京市公安局法医检验鉴定中心、清西陵文物管理处等单位在北京联合举行的清光绪帝死因研究报告会上宣布,光绪帝死于砒霜中毒。据说,利用高科技手段,检测了 1980 年留下的光绪皇帝的头发、遗骨及衣物,其结果是发现了光绪体内砷中毒现象,③似乎推翻了光绪皇帝是病死的结论。但仍有学者持保留意见,百家讲坛《囚徒天子光绪皇帝》主讲人喻大华根据后一说法指出:"我认为不能够因此就认定是他杀。有些环节还没得到充分的解释,不能做定论。"他说,如果是急性砒霜中毒,就要把医案解释清楚。还有一种可能是,医案是假的。"但光绪临终医案被篡改的可能性不大。皇帝看病往往是好几位医生同时在看,还有王宫大臣、内务府官员陪同,看完以后到另一个屋会诊,集思广益才落笔写成医案,写好之后送给皇帝看,想改那么容易?"④

  无独有偶。同治帝临终脉案也被披露,澄清了载淳的死因。过去传说他是死于梅毒,为使皇室丑闻不致泄露,太医秉承慈禧旨意,作为天花病医治。中国第一历史档案馆为澄清历史事实,在《清代档案史料丛编》第七辑中公布了《万岁爷天花喜进药用药底簿》中御医对同治帝临死前诊断记录(即脉案)及处方,并对这份脉案进行研究,认为"从这本进药薄的名称,以及从载淳患病到去世的脉案、用药处方,都可以

---

  ① 中国第一历史档案馆:《光绪临终前脉案选》,《历史档案》1983 年第 4 期。
  ② 参见戴鞍钢:《晚年慈禧与光绪关系新议》,2014 年 2 月 5 日《团结报》。
  ③ 危兆盖:《光绪帝死因真相大白》,2008 年 11 月 3 日《光明日报》。
  ④ 《清史学者出书揭秘光绪死亡真相》,2011 年 11 月 16 日《中华读书报》。

证明是因患天花没有治好而去世的"。①

现在中国第一历史档案馆提出让档案走出宫墙,让历史贴近百姓。他们拍摄了大型电视纪录片《清宫秘档》,披露了大量有关清王朝历史人物、历史事件的原始记录,还出版了《清宫档案揭秘》一书,凭借身居档案库房的独特优势,潜心挖掘,透过翔实可靠的皇宫秘档,揭示清宫中一桩桩疑案,颇受读者欢迎。

国家清史编纂委员会成立后,开始以国家的力量编纂新的清史。在编纂过程中有一项重要任务就是把清代档案整理出来。档案部门先行一步,准备完备的档案资料,作为推进清史工程顺利完成的保证。为配合清史工程,中国第一历史档案馆有重点、分阶段、突击整理著录,同时采用先进的计算机技术、网络技术,边著录,边录入,边扫描上网,以便清史纂修人员能及时利用。

(三) 民国档案

中华民国档案主要收藏在南京的中国第二历史档案馆。该馆原称中国科学院历史研究所第三所南京史料整理处,1964 年改今名。民国档案包括从 1912 年到 1949 年的档案,现在馆藏档案资源已超过 220 万卷(宗)以上,包括南京临时政府、广州和武汉国民政府档案,民国北京政府(即北洋政府)档案、南京国民政府档案、日伪(汪伪)政权档案。民国北京政府的档案原本在北京,因档案馆的分工而调往南京。

馆藏档案形式主要为公文书,此外还有照片、图片、唱片、勋章、印章、股票、钞票、邮票、任命状、商标、字画、家谱、碑帖等。许多档案藏品鲜为人知,属于旷世珍品,它们不论在史学研究、工作参考还是在文物考证、艺术鉴赏等方面都具有不可估量的价值。这里保存了孙中山手拟和签发的文件以及文件上的批语、建立南京临时政府的经过、袁世凯当选总统、刺杀宋教仁案、洪宪帝制活动、张勋复辟、蒋介石发动"4·12 政变"等重大历史事件的档案史料。

中国第二历史档案馆所收藏的南方革命政府档案、北洋政府档案、

---

① 中国第一历史档案馆编:《清代档案史料丛编》第七辑,中华书局,1981 年,第 265 页。

国民党和国民政府档案及汪伪政权档案分别介绍如下。

1. 南方革命政府档案

南方革命政府档案主要有南京临时政府、陆海军大元帅大本营、广州和武汉国民政府三个部分构成。南京临时政府档案极不完整，仅100多卷。但内容极为珍贵。

陆海军大元帅大本营档案共138卷，档案所属年代为1923年1月至1925年6月。主要内容有大本营组织条例草案及下属机构成立的文件；段祺瑞召开善后会议及南方表示反对的有关文件；冯玉祥发动北京政变后，孙中山表示政见及北上的有关文电；孙中山逝世后，唐继尧企图就任副元帅及范石生等人共起声讨的通电；1925年国民党中央执行委员会发布的阐明党务方针、主张国共合作的训令和关于整理军队等问题的决议；有关孙中山葬事活动事项的文电；以及国民党党务、军事、内务等方面的文电、函电、通电、电文等。

广州和武汉国民政府档案共475卷，档案所属时间为1925年7月至1927年8月。主要内容有广州国民政府成立宣言；政府各机构的组织章程、条例和接收前大本营机构的有关文件；重大政治事件与工农运动、国民党党务、军事、政务、司法、监督等方面的文电。

2. 北洋政府档案

北洋政府档案共有52个全宗，近6万卷，大部分全宗的档案起自1912年到1928年，也有只到1924年的。重要全宗有国会、总统府军事处、临时执政府军务厅、国务院、内务部、外交部、财政部、教育部、交通部、农商部、司法部、大理院、总检察厅、蒙藏院（蒙藏事务局）、陆海军大元帅统率办事处、陆军部、参陆办公处、督办边防（参战）事务处及所属机构、步军统领衙门、京畿卫戍总司令部等。涉及内容十分广泛。

3. 国民政府和国民党中央档案

国民政府和国民党中央档案数量庞大，除一部分档案移存台湾外，现收藏的共585个全宗，计130万卷，主要起自1912年至1949年（内夹杂有少量的晚清和北洋政府时期）。其中分国民党及其他党派档案；国民大会、国民参政会档案；国民政府及其直辖机构档案；军事机构档案；立法、司法、考试和监察机构档案；行政机构档案等6大部分。这些机构的档案,除少数残缺外,大部分都较完整。

4. 汪伪政权档案

汪精卫政权系统的档案,抗日战争胜利后曾为国民政府各部门所接收,有些档案略有散失和损毁。中国第二历史档案馆收藏的汪伪政权档案计74个全宗,近7万卷。还有伪临时政府和行政委员会、伪中华民国维新政府的档案。

此外,中国第二历史档案馆还收藏了民国时期一部分知名人士的个人档案。有冯玉祥、熊希龄、朱启钤、张静江、陈友仁、孔祥熙、吴稚晖、王宠惠、杨杰、戴传贤、陈布雷、蔡元培、黎元洪、蒋中正等人。冯玉祥、邵元冲、陈布雷等人的日记正在整理出版。

第二历史档案馆也出版了专业杂志《民国档案》。

根据该馆馆藏档案数字化工作进展状况,目前可以对外提供查阅的馆藏档案范围有两个方面:

一是电子版及缩微版档案,可供查阅的有南京临时政府、广州与武汉国民政府、广州陆海军大元帅大本营的档案;中央银行档案(部分);财政部(部分)及社会、教育、农林、经济、内政、国防等部的档案;民国时期邮政系统(部分)、烟草行业、黄河水利方面和广州地区、新加坡地区的档案选编;北洋政府公报与国民政府立法院公报;中央研究院与国史馆档案;国防部史政局及战史编纂委员会及军事参议院、陆军总司令部、海军部及海军总司令部的档案;国民党中央秘书处和宣传部的档案;私立金陵大学和私立金陵女子文理学院的档案;北洋政府国务院与内务部的档案;汪伪行政院档案等。

二是已经辑印出版的相关档案专题出版物资料。

民国时期已经有一套行之有效的编档办法。以外交部1912年8月9日颁布的"编档办法"为例,其主要内容为:

> 各司厅档案宜分科编号,每科立簿记一本,除编号外兼记每案事实,由主管科员随时记录,分发生、办法、结果三层。归档时于纸夹上按干支编列字号,每字分十号,每档一号。各科做木橱一架,分二十五夹,每夹按次编字,各存十号,共计能容二百五十档。簿记前数页列分类目录,下注某字第几号,如提洪字三号档案,于架

上洪字夹内第三纸夹即是。

每届年终,将各档用布包封,包头大书年分并字,如元年天、地、元、黄,按次存放旧档架上。至某案已编成专档者,于档册上仍注某字某号,与档案并存或另存均可。字号与案夹符合,查取自然便利。

各案中洋文附件宜用华文注明事由,归于原档内,以便编档时将洋文一同编入。①

除北京和南京的这两个历史档案馆外,还有中央档案馆和各级地方档案馆,这些档案馆是综合性档案馆,比方中央档案馆不仅收藏有1949年以来各历史时期的档案,也收藏着1949年前中国共产党的革命历史档案,各地方档案馆则收藏着当地历史和现在的档案。如,湖北省档案馆藏有民国时期档案、革命历史档案、1949年后省直机关档案、1949年后中南大区档案等。山东曲阜的孔府档案、重庆的巴县档案都很有参考价值。有些地方档案馆也编印了具有地方特色的档案资料选编。如:上海市档案馆编、上海人民出版社出版的《上海档案史料丛编》,根据内容、形式、数量,按单位、专题、事件等分辑汇编出版,以本馆收藏为主,必要时也选编其他单位保管的历史档案。

1949年国民党败退台湾时从大陆带去了部分档案,台北"故宫博物院"保存了清代档案40余万件,"中研院"保存内阁大库残档约一二十万件,还有总理衙门的档案,整理出版了"矿务档""教案档""海防档"等。国民党党史会收藏有各种档案45万件以上,主要是国民党的史料,包括孙中山、蒋介石等国民党重要人物的著作、手稿、信函、批示、日记、照片、墨迹等,以及国民党历次代表大会、全会、中央高层会议的原始文件,各类官方出版物,各个时期的政府公报已影印出版。"国史馆"藏有南京国民政府档案、行政院和各部、会档案,以及人物专档。如蒋介石的"大溪档案"、阎锡山档案等,还有照片档案(数量达15万余张)、视听档案、微缩影档案等。其他机构如"总统府"机要室、"国防部"史政室与情报局、"司法行政部"调查局等,都收藏着不少档案资料。

以上这些档案可以说是研究历史的一个资料宝库。

---

① 《外交部部令》,《政府公报》第103号(1912年8月11日)。

二 近代档案的分类和特点

（一）近代档案的分类

1.官方档案。官方档案系指晚清和民国时期中央及地方各级政府保存的档案。

如清代皇帝下行的文书。这些文书通称"圣旨"或"上谕"，其实里面还有许多区别，《清会典》对以上名称早有规定："朝廷德音下逮宣示百官曰'制'，布告天下曰'诏'，昭垂训行曰'诰'，申明职守曰'敕'，中外封章上达庆贺皇帝、皇太后曰'表'，皇后曰'笺'，陈事曰'疏'。"①

简介如下：

制：帝王之言曰"制"。清代皇帝颁布殿试之"金榜"，授予百官之"诰命"等文书，都有"制"。开首语为"奉天承运，皇帝制曰"。

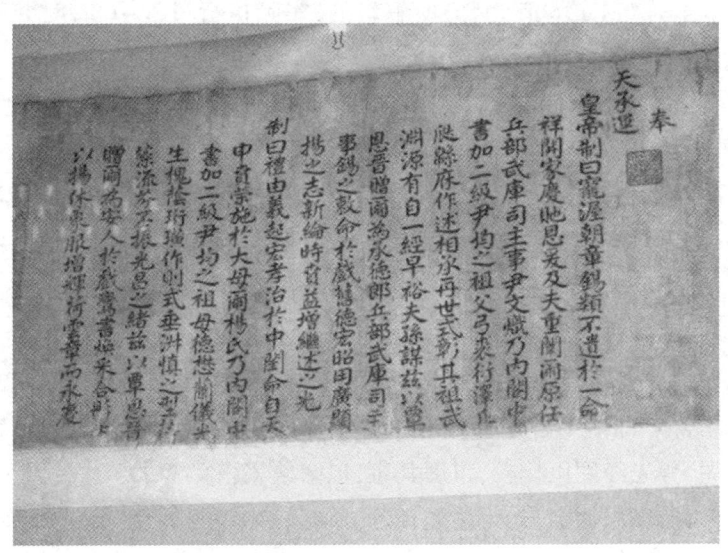

图 4-2 清朝皇帝的"制"

---

① 乾隆《钦定大清会典》卷二，《四库全书》本。

诏：虽说"诏"就是告的意思，但自秦汉以下，惟天子独用。遇有大政事、大典礼，如登极、亲政、策立皇后以及上"尊号""徽号"等都有"诏"，称为"诏书"。戊戌维新时的《明定国是诏》即是这一类。诏书由内阁拟缮，黄纸墨书，钤印玉玺，交礼部刊刻，以黄纸印刷，谓之"誊黄"，颁行天下，使家喻户晓。其领用玺印诏书，仍须缴回。开首语为"奉天承运，皇帝诏曰"。

诰命：封赠五品以上官员及世爵承袭罔替者，称"诰命"。

敕命：册封外藩、封赠六品以下官员及世爵有袭次者，称"敕命"。如，敕封达赖喇嘛。

敕谕：凡特降者，如发给外任官的委任状，一般称"内阁奉上谕"。

旨：因所奉请而降者，曰"奉旨"。或因奏请而即以宣示中外者，亦曰"内阁奉上谕"。

廷寄：是通过军机处密发的命令，可以是"奉上谕"，可以是"奉旨"。

电旨：是用电报拍发的命令。

以上是《钦定大清会典》所解释的，实际执行过程中，有时并不严格区分。

官方档案中还有清代臣工上行的文书，称为"题""奏""表""笺"等，可统称"奏议"。具体介绍如下：

题奏："题本"与"奏本"的统称。奏是进的意思，臣下言事称奏事。明制，臣下章疏，有题本、奏本之别。清承明制。凡兵刑钱粮，地方民务所关，大小公事，皆用题本，也就是臣工题报经办政务的本章，由官员用印具题，所以称为题本。如"两广总督奴才耆跪奏为遵旨筹办夷务并密陈事情原委恭折驰奏仰祈圣鉴事"就是题目。京内各部院的题本径送内阁，称"部本"，各省经过通政司转交内阁的题本称"通本"。题本到内阁，皆先经阁臣检校，审度其事，拟缮票签（称"票拟"），夹置于本，进呈御览，以候钦定，如得谕允，即照所拟以朱笔批写，于是又改称"红本"，遂抄传关系衙门施行。有私事启请，如到任、升转、加级记录或代所属专员谢恩等，用奏本，奏本比题本略小，不准用印。清初，规定科道及在京满汉各官奏折，皆直接到宫门陈奏；设军机处后，内外官员奏折，凡紧要事务概具奏折，即送军机处，也就是说，奏折也可用来奏报政务。

送通政司转内阁的题本,变成了例行公事。原来题本重要,因此雍正三年(1725)曾废奏本而概用题本。① 可到了光绪二十八年(1902)却下令废题本,专用奏折,通政司也一并裁撤。奏章(奏议)用折本(即平时所称"折子"者)缮写,所以又称"奏折"。凡奏疏上达御览,经批答者,谓之"朱批"。朱批奏折仍须缴进,臣工不得存留。夹在奏折里的附件称"片",或进一步说明折中之事的详细情况,或附带说另一件事。奏议有时称奏疏,疏是条陈,逐条陈说。

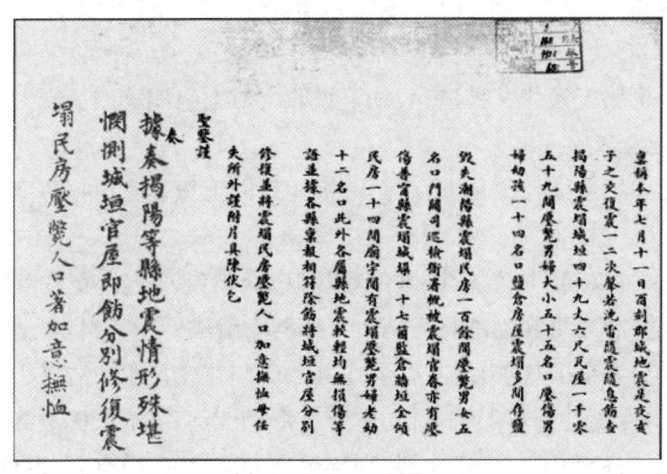

图4-3 光绪朝朱批奏折

表笺:每逢皇帝皇后生日及元旦、长至②、万寿③三大节日,内外臣工进行祝贺的上行文书,进呈皇帝、皇太后的叫"表",进呈皇后的叫"笺"。此外还有藩属进呈的也叫"表文"。

官方档案中还有各类衙门之间平行的文书,清代有牒、咨、移会、照会、函,民国改用公函,照会则专用于国际往来文书。各类衙门下行的文书清代有札、批和示,民国改为令或指令、训令,示有指示、批示。还有公布于众的布告、公告、告示等。

---

① 《清会典》十三,进本,《六部成语注解》"奏折夹片"。
② 夏至日最长,故称长至,冬至后日渐长,故也称长至。此处指冬至节。
③ 皇帝生日又称"万寿节"。

中国第二历史档案馆以档案示例的形式介绍了南京临时政府的公文种类:

令:上级公署行用于下级公署之公文。

咨:平级公署互相行用之公文。

呈:下级公署行用于上级公署或民众行用于公署之公文。

批:上级公署受有呈词而裁决判断之公文。

状:委任职员及授赏徽章之证书。

札:属于清代文种遗存,是上级职官向非所属下级职官行用之公文。

禀:也属于清代文种遗存,是下级职官对上级职官或民众对官府陈述事宜之公文。

详:亦属于清代文种遗存,是下级职官向上级职官申报重要事项之公文。

清末咨议局、资政院,民国的参议院、众议院、国会、立法院之类民意机关的档案,可视为准官方档案。把档案编成专题资料集,清政府做过,《方略》《筹办夷务始末》都是,还有编而未成的,卷帙浩繁。统治者编纂这些专题性资料汇编,目的是为皇帝、大臣们统治人民或办理外交作借鉴。有的为了夸耀武功,曾刊行颁赐大臣,然印数有限,流传不广;有的因事涉机密或对外屈辱,仅有稿本,秘而不宣,只是在清朝覆亡之后,才被公诸于世而为人们所研究利用。

2.社会组织(包括企事业单位及团体等)档案。

近代一些大型企业事业单位、政治社团、学术团体,也有自己的档案。企业,如汉冶萍公司、轮船招商局、南满洲铁道株式会社等,都有档案保存下来。事业,如学校、医院、图书馆等,也有档案。政治社团,如保存下来的共和党、统一党的章程、会议报告书、党员名录等。学术团体,如南社,社会团体,如商会,等等,也有公文档案。为了区别于官方档案,可以称为社会组织档案。

3.个人(私人)档案。

一些官僚和社会名流,在自己家里保存了一批信函、文书,死后被人接管,有的整理公诸于世。为了区别于他们保存在衙门里的公文档案,可以把它称为个人档案或私人档案。如,署江苏布政使吴煦、邮传部尚书盛宣怀、孙中山、陈诚等都有个人档案,孙中山在中山市翠亨村故居保存的一部分文书就是个人档案。这些个人档案已被整理出版了一部分,没有整理出版的还不少。

4. 外国政府相关档案。

许多外国政府由于内政外交的需要,公布了一批外交文件,称为"蓝皮书""白皮书""黄皮书"等。其中有涉及中国和外国关系的文件,常常可供利用。外国有许多档案虽未整理公布,但公开的程度优于中国,可供查阅,有机会到外国去,可以利用。有些被中国学者拍成缩微胶卷带回来,并被整理出版。

5. 太平天国文书。

这是一类特殊的档案。太平天国本来也有保存档案的机构,保存着天国的一些文书。但由于太平天国运动的失败,这些文书不复以档案的形式保存下来,而是夹杂在清方档案、私人著述(如《贼情汇纂》)之中,或散落在民间和外国人手中。外国人手中的后来由外国的图书馆、博物院收藏,中国学者到外国去,把它搜集回来整理出版,可把它作为太平天国的档案看待。已出版的有《太平天国资料》《太平天国文书》《太平天国诏谕》等。

(二)近代档案的特点

1. 原生性。

历史档案很大一部分是原始记录,属于一种原生态的资料,因而史料价值比较高。郑天挺充分肯定历史档案在史学研究中的地位和作用:"历史档案在史料中不容忽视,应该把它放在研究历史的最高地位,就是说,离开了档案无法研究历史。靠传说、靠记录流传下来,如无旁证都不尽可信。历史档案是原始资料的原始资料,应该占最高地位。这就是为什么学历史的人总愿意上档案馆参观、查找、抄录历史档案的原因。"①但也要注意,存在于档案馆的资料,并不一定可靠,同样需要

---

① 郑天挺:《清史研究和档案》,《历史档案》,1981年第1期。

参考官私文献加以考订、鉴别。

2. 无用和有用的统一。

历史档案,放在库房里,束之高阁,不加整理,只是一堆废纸,无从用起,所以说它无用。但如果加以整理,使之眉目清楚,就成了史料价值很高的第一手材料。另外还要看对什么人而言,对于研究者,很多档案都是有用的,而在局外人眼里,可能一文不值。鲁迅曾指出:

> 那么,这(指"大内档案")不是好东西么?不好,怎么你也要买,我也要买呢?我想,这是谁也要发的质问。
>
> 答曰:唯唯,否否。这正如败落大户家里的一堆废纸,说好也行,说无用也行的。因为是废纸,所以无用;因为是败落大户家里的,所以也许夹些好东西。况且这所谓好与不好,是因人的看法而不同。我的寓所近旁的一个垃圾箱,里面都是住户所弃的无用的东西,但我看见早上总有几个背着竹篮的人,从那里面一片一片,一块一块,检了什么东西去了,还有用。①

3. 多和少的统一。

清代档案和民国档案,汗牛充栋,多得不得了。但有价值的,在历史研究中可以利用的,还是少量的,问题是要有人先去爬梳、挑剔,去其无用,保留精华。据说,纂修清史工程需要利用的档案约 700 万件,这对于我国现存清代档案 2000 余万件来说,还是小部分。

4. 杂乱和系统的统一。

原来分类立卷归档保存的文书,由于各种原因,变得很乱。走进未经整理的旧档案室或仓库,如入垃圾堆,杂乱无章,零零星星。然一经整理,立刻显出它的系统性,许多重大历史事件的始末都可以反映出来。如收藏在图书馆的盛宣怀个人档案,卷帙浩繁,头绪众多,尤其是虫蠹鼠咬,年久漫漶,简直令人目眩。但经过整理者们的辛勤劳动,就有了非常宝贵的系统资料。

---

① 鲁迅:《谈所谓"大内档案"》,《鲁迅全集》第 3 卷,人民文学出版社,2005 年,第 586 页。

(三) 历史档案的史料价值

1. 能为研究历史提供丰富的第一手资料。

史载,道光皇帝弥留之际,召王大臣至圆明园慎德堂,宣示朱谕,立皇四子奕詝为皇太子,封皇六子奕訢为亲王。但很少人见过这份朱谕。其实,道光皇帝秘密立储的档案就保存在中国第一历史档案馆里。该馆人士揭秘这组有关秘密立储的珍贵档案和实物,使得今人能一睹中国几千年封建社会仅存的、最最机密的、由皇帝手书的传位谕旨的真容。① 这就是第一手资料。

一些价值比较高的档案的发掘,可以将史学研究引向深入甚至取得突破性进展。美国斯坦福大学胡佛研究所搜集了大量中国近代历史人物珍贵的档案资料,并成立了近代中国档案特藏室,其中有蒋介石、蒋经国、宋子文、孔祥熙、陈诚等的私人档案资料,国民党改造委员会、中华妇女联合会等机构的文档,还有跟中国近代史密切相关的史迪威将军日记、陈纳德的档案等,总计达600多种,超过300多万份,都是第一手资料。国内学者已利用这些档案资料出版了几部重要的研究成果,如《寻找真实的蒋介石》(杨天石)、《国民党的联共与反共》(杨奎松)、《宋子文与战时中国》(吴景平)等。学者们预计,胡佛研究所的这批民国私人档案的陆续开放,"对中国的民国史研究是有力的推动,中国近代史的研究被注入新

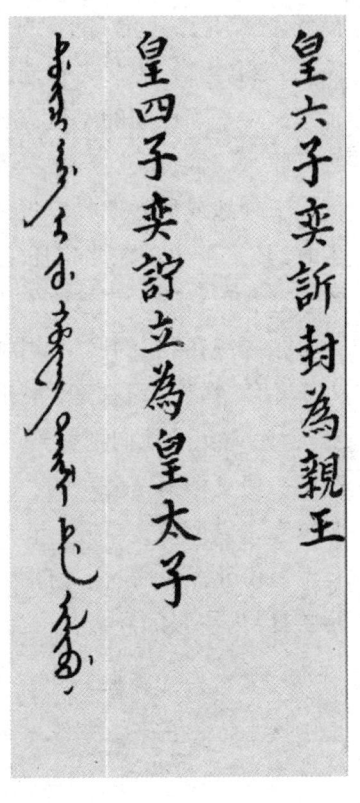

图4-4　道光帝立皇太子朱谕

---

① 参见李国荣主编:《清宫档案揭秘》,中国青年出版社,2005年。

的活力,目前正酝酿着一次大的突破"。①

2. 是印证或纠正各类史料和历史著作的重要凭据。

历史档案史料可以印证其他史料或史学著作所记载的史实,甚至是纠正各种错误记载的重要凭据。

如,一个时期以来,一些人声称慈禧太后是山西长治人,又是成立慈禧童年研究会,又是开研讨会,又是拍电视片,搬出权威人士写文章、题词,还出版《慈禧是山西长治人》,闹得沸沸扬扬,煞有介事。然而此说存在诸多疑点,另一些人便从清代档案中找否定此说的证据。根据咸丰五年(1855)挑选秀女时的《秀女排单》中关于慈禧胞妹(即醇亲王福晋、光绪皇帝生母)的记载,慈禧的祖辈属满洲镶蓝旗,姓叶赫那拉氏,父亲名惠徵,祖父名景瑞,曾祖父名吉朗阿。《京察册》等档案记载了惠徵生平和任职的年代,惠徵在道光二十九年(1849)才被授任道府级官职,这时慈禧已经15岁了,所以不存在惠徵在外地做道员期间,慈禧生于外地或从外地收养之说。档案记载,道光十五年(1835)慈禧出生时,其父惠徵正在北京任笔帖式,其祖父景瑞在刑部任郎中,也在北京。这些材料证实了慈禧太后的出生地是北京。②

张国焘在《我的回忆》中吹嘘自己在北洋军阀的狱中坚强地与敌人作斗争,在受"踩杠子"酷刑时,"只有咬着牙关,忍着剧痛,一言不发","总避免给他们把握到不利于我的材料,还向他们抗议"。可是中国第二历史档案馆公布的《京师警察厅呈报侦缉队拘传煽惑路工首领张国焘讯供形情文(1924年5月24日)》等一组档案戳穿了他的谎言。其中一份北洋政府《内务部为密咨张国焘口供致各地文稿》(1924年6月9日)内有张国焘叛变革命,导致李大钊等牺牲的证据:

> 案据京师警察厅解送拿获共产党人张国焘等一案,业将审讯情形函达在案。兹经派员将张国焘提讯明确,据称:伊等以私组工党为名,实行共产主义。陈独秀为南方首领,有谭铭三等辅助进行;北方则李大钊为首领,伊与张昆弟等辅助进行。北方党员甚

---

① 2008年9月17日《中华读书报》报道。
② 参见李国荣主编:《清宫档案揭秘》,中国青年出版社,2005年。

多,大半皆系教员学生之类,一时记忆不清。时常商量党务,男党员有黄日葵、范体仁、李骏、高静宇(即高尚德)、刘仁静、方洪杰等,女党员有陈佩兰、缪佩英等。查李大钊充膺北京大学教员,风范所关,宜如何束身自爱,乃竟提倡共产主义,意图紊乱国宪,殊属胆玩不法。除张国焘等先行呈明大总统分别依法判决外,其逸犯李大钊等相应咨行贵部查照,转令严速查拿,务获归案讯办,以维治安,而遏乱萌。①

孔祥吉发现康有为《戊戌奏稿》的篡改就是靠清朝的档案,存在档案中的奏折与印行的奏稿文字有所不同。②

王年一曾利用档案史料和其他史料对"八一"南昌起义的若干史实进行考证,纠正了不少误传的史实。③

3.对文学研究和文艺创作,对编纂地方志均有很重要的参考价值。

严肃的文艺创作在故事情节安排上,在细节上,可以虚构,但在大的背景方面一定要尊重历史,所以懂得这个道理的作家艺术家,也很重视查阅档案资料,并运用到自己的创作中去,从而避免关公战秦琼式的笑话。

编纂地方志更离不开本地档案的利用。四川昭化旧时无志,康熙年间本地一位贡生以个人力量纂辑了一本县志,但由于能力有限,失实者居其大半。乾隆年间的知县李元署任才三月,就乘"民醇事简,讼庭阒寂"之机,命各房吏书拣数十年案牍分类编次,弄清史实之本末,而对于境内山川景物、风土人情,则日召父老恭询之,或公余踏勘,以耳闻目睹为实,对于旧志与史实不相符者,一一考订,"以成一家之法"。④当代编修地方志,也需要利用档案史料。有档案馆工作人员在日常工作中发现,来档案馆查阅档案最多的是地方志工作者,特别是第一轮、第二轮修志的高峰期,地方志工作者所阅档案占该馆档案利用的70%

---

① 中国第二历史档案馆:《关于张国焘1924年被捕和叛变的记载》,《历史档案》1981年第2期。
② 参见孔祥吉:《〈戊戌奏稿〉的改篡及其原因》,《晋阳学刊》1982年第2期。
③ 王年一:《关于"八一"南昌起义若干史实的考证》,《历史研究》1979年第7期。
④ 李元:清乾隆《昭化县志》序。

左右。①

4. 为研究当时的社会和经济状况提供有益的线索和佐证，为今天的经济发展、科学进步也提供了资料和历史经验。

1939年，法律史家杨鸿烈就曾撰写《"档案"与研究中国近代历史的关系》一文，在《社会科学月刊》第1卷第3期和第5期连载。他认为："我们若把明清两朝的刑部、御史台、大理寺所谓的'三法司'的档案用统计学方法整理出来，一定可推测出明清两代民风的升降厚薄，而且近代的中国社会史、法制史、犯罪史等也将以之为重要的材料。"

今天治理水患，预防地震，都要利用历史档案中的历代洪水资料、地震资料。中国水利水电科学研究院水利史研究室编校的《再续行水金鉴》资料取材于河工档案抄册、《清实录》《东华录》《光绪会典》《清会典事例》等官修之文献档案以及刊行的治河大臣奏议、专著、地方志及《京报》《申报》等。资料范围包括黄河、长江、淮河、运河，以及海河、珠江、辽河、西北内陆河流和海塘的治理工程档案，是水利、历史、地理、经济、环境、灾害等行业以及政府主管部门了解国情和从事规划、计划工作必备的档案资料。该书于2004年由湖北人民出版社出版。国家档案局明清档案部编的《清代地震档案》（中华书局，1959年）为地震预防与救灾提供了很好的借鉴。

5. 档案史料还是解决某些历史遗留问题和社会现实问题的有力凭证。

在香港、澳门回归时，中国第一历史档案馆曾通过珍贵档案出版及在北京和港澳举办专题展览等形式，积极配合回归庆典活动，明清档案有力地证实，香港、澳门是中国的领土，明清两朝政府曾充分行使国家主权，现在恢复行使主权无可争辩。在台湾、西藏等问题上，档案材料亦有充分证据证明那些地方从来就是中国领土不可分割的一部分，有力地反击了"台独""藏独"势力的分裂活动。

在《中国国民党第六届中央执行委员会第三次全体会议记录》（1947年3月）中，有一份陆幼刚、程潜、朱家骅、陈布雷等人联署的题

---

① 王素香、范晓萍：《浅谈地方志与档案的关系》，《黑龙江档案》2010年第2期。

为"加紧建设西南沙群岛,力保主权而固国防案"的提案,强调"我国南海诸岛自来有'万里石塘''万里长沙'等称,近代相沿亦名西沙、南沙、团沙群岛,连同东沙群岛,总称中国南海诸岛,统属我国固有领土,见诸宋、元、明、清历代史籍,由来久远。此次抗战胜利,国土重光,我中央政府于去年冬饬派广东省政府委员萧次尹等为接受西南沙群岛专员,会同海军及各部代表前赴办理战后接受任务",指出我国"方庆永固南疆,实施建设,不意最近法国为此对我提出西沙群岛主权之争,并派舰占驻西沙群岛中之一小岛。其侵占我国领土,蔑视友邦主权,莫此为甚,亟应据理力争,加强防卫,以保主权",并对各该群岛之今后管治建设,提出了具体的建议。这份提案,以及国民党六届三中全会对提案的处置,是南海诸岛为中国领土的又一证明,是中国政府对西沙、南沙群岛拥有主权的又一历史依据,是中国政府对南海诸岛行使管辖权的又一具体表现,也是对至今个别国家企图将南海诸岛从中国割裂出去,以侵占中国领海权益阴谋的有力回击。①

曾任台湾政治大学边政研究所所长、民族学系系主任、民族研究所所长的唐屹,长期致力于民族与边疆问题研究。历经多年的艰辛努力,搜集、整理、编辑了50余册有关中国南海问题的资料。近年来,随着南海、钓鱼岛等海疆问题愈发紧要,他加紧搜集、编辑相关资料、公诸于世。他在北京所公布的南海问题档案资料,共53册,充分证明中国在南海拥有主权。②

(四) 利用档案应注意的问题

由于近代档案有以上那些特点,所以整理工作就是至关重要的。在整理和利用档案时,除了时间和耐心以外,还有几点值得注意。

首先,要对档案材料所反映史实的虚实进行判断。一般说来,档案材料是真实可信的,官方文件弄虚作假被发现要受相当处分。但是,一

---

① 《70年前一份维护南海主权的联名提案》,2016年8月19日《中华读书报》。
② 《台学者公布涉南海档案53册:清廷1907年南海立碑宣示主权》,2016年6月30日《北京日报》。

些档案的真实性值得怀疑,由于各种利害关系,文件制作者不一定说真话,故宫的档案也不全部可靠,官员在向皇帝报告情况时,会因为种种原因而说假话,如,报告灾情会故意多报,受灾五分奏报为八分,以求得到更多赈济钱粮;有时又会少报,以减轻追究防灾不力所获处分。奏报军情时也会出于不同的目的扩大或缩小自己或敌方的损失。档案史料的真实与否,既要从档案文件本身形成的来源、过程方面去作外部考证,以证实形式载体的真实性,更要从档案文件记述内容的准确程度方面去作内部考证,以证实内容的真实性。

其次,要了解档案的基本情况。明确自己要查阅的是哪个机构的档案,弄清各个机构有没有存档。充分利用各个档案馆的指南。中国档案出版社在20世纪90年代初曾出版了一套《中国档案馆指南丛书》,可资利用。还要善于利用档案目录。各档案馆都有一套档案目录本或卡片,调阅前先要查目录。目录结构举例如下:

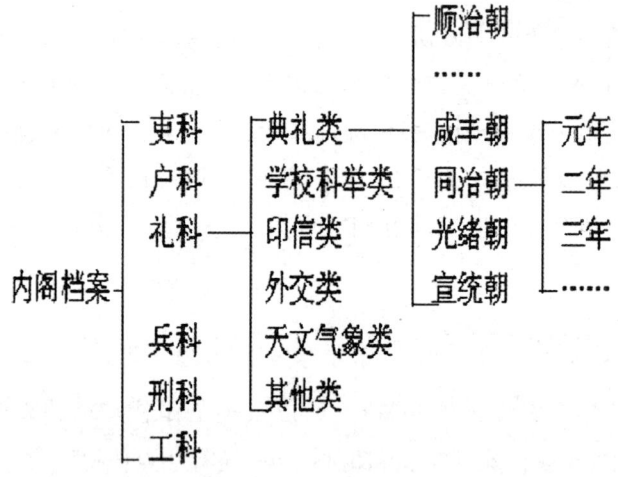

再次,要掌握文书构成、运转规律。具备清代典章制度的知识,懂得民国各个历史时期的公文制度。像前面说到的清代公文方面的一些制度,如"票拟""红本""贴黄""留中"等等。如果不懂其含义和作用以及运转关系,就会在整理和利用档案时做无用功。所以说,熟悉清代典章制度,对于从事清史研究和掌握清代档案史料的内容甚为重要。

民国各个历史时期文书制度都有不同。如，南京临时政府废除专制王朝的制、诏、诰、敕、题、奏、表等，规定使用令、咨、呈、示、状5种文件名称。1914年5月北京政府公布了一个公文程式，它以袁世凯炮制的民三新"约法"为依据，规定总统公布法律、条约及其他命令时，无须声明经由国会同意或议决，这与民元临时约法是相抵触的，而且为了恢复帝制的需要，这个公文程式中大量采用了专制时代的文件名称，如"策令""申令""饬""详""封寄""交片""禀"等。1916年6月袁世凯死后，黎元洪公布了新的公文程式，取消了袁氏的上述公文程式，把公文分为"令""状""咨""呈""公函""布告""批"等13种，各有用途。南京国民政府1927年8月13日颁布首部《公文程式条例》，规定政府机关使用令、通告、训令、指令、人名状呈、咨、咨呈、公函、批答10种公文名称。这些都是在整理利用档案时必须知道的。公文中一些特定用语也应了解。如，"职""窃""览""等因""奉此""去后""前来"等，均是公文中常见的用语，各有特定的用途。

最后，还必须具有考据学的知识，对于没有署人名、时间、地名之类的重要文件，还必须考证出它的确凿的人名、地名、时间，以备应用。对于模糊的字迹要能判断。有时要利用到前面讲的工具书。还应有书法艺术的鉴赏力和古汉语知识。旧时代的一些手稿，有的写得龙飞凤舞，难以辨认，有了书法知识，可以认草书和异体字。有了古汉语知识，可以理解一些词语的含义。

三　若干重要档案出版物举例

中国第一历史档案馆、中国第二历史档案馆、中央档案馆、国家图书馆和各省市档案馆，均陆续整理、编辑出版了一批档案出版物，可在各馆官网上查到。这里介绍部分重要档案出版物。

在一般史料学的著作中，往往把清代官修的编年体史料长编《圣训》《实录》《方略》和私家编纂的《东华录》一类史籍放在档案中介绍，因为这些史籍基本上是抄录、汇编档案材料而成。

（一）清代官方档案汇编

1. 圣训

"圣训"是皇帝谕旨诏令的汇编。每一位皇帝死后,继位者即派大臣将先帝的谕旨选编成书,以便子孙重温、遵守。"圣训"可看作是某一皇帝的史料汇编。《清圣训》起自太祖努尔哈赤,终于穆宗同治帝,共十帝,光绪死后三年爆发革命,未能编成圣训。圣训辑录谕旨,分门别类编纂,有圣德类、圣孝类、圣学类等等。每一类中按年月日先后排列。没有目录,也没有索引,只是各以类聚,便于查阅。十朝圣训只有三朝属于近代史范围,分别是《清宣宗皇帝圣训》《清文宗皇帝圣训》《清穆宗皇帝圣训》。圣训是为先帝歌功颂德的,为尊者讳的情况十分明显,要注意分析。如,咸丰壮年嗣位,贪恋腐化生活,常常住于圆明园。时值太平天国运动,清朝处于危险时期,朝臣中有忠心耿耿为王朝担忧的人,奏请暂缓临幸御园。咸丰下诏辩护,还处罚言官,仍往圆明园。这种随便处罚言官,不虚心接受意见的表现,是刚愎自用的行为,而编圣训者却列为"圣德"类,何德之有？① 除了为尊者讳的问题外,还有一个缺陷是没有将密诏列入。在奏折上的批谕也是反映皇帝思想的,甚至有指导作用,也没有收录。收录的谕旨也有不少删节。但在不能够得到原本文件的条件下,还是可以利用的。

2. 实录

"实录"是编年史的一种体裁,专记某一皇帝统治时期的大事。最早有南朝周兴嗣撰写的《梁皇帝实录》,记梁武帝事;又有谢昊撰写的《梁皇帝实录》,记梁元帝事,皆散佚。唐初以后,每一位皇帝死后,继位者必敕史臣撰修实录,沿为定制。历代实录共有110余部,但大多数已佚。唐代仅存韩愈撰《顺宗实录》,宋代仅存《太宗实录》残本20卷。只有明、清各朝实录保存完整。唐代实录主要根据起居注和时政记或依据此二者编成的《日历》。清实录所依据的材料则主要是诏令、奏章。

---

① 参见陈恭禄:《中国近代史资料概述》,中华书局,1982年,第58—59页。

《清实录》全称《大清历朝实录》。它是清代官修的编年体史料长编。每帝死后,设实录馆负责纂修,事毕撤销。修成的实录以汉、满、蒙三种文字书写五份,分贮皇史宬①、乾清宫、内阁实录库和沈阳故宫。包括太祖努尔哈赤至德宗光绪帝十一朝,共4363卷,另有各朝实录的卷首共42卷(包括各种目录、凡例、修纂官姓名等)。宣统朝没有实录,但有《大清宣统政纪》70卷可属于这一类。1936年伪满洲国曾将上述实录、政纪影印,分装122帙,每帙10册,共1220册。台湾所藏清历朝实录正本,于1964年由华联出版社影印行世。1986年中华书局亦影印出版了全部《实录》。以上卷数是按中华书局影印本统计的。实录为嗣君和先朝大臣所编纂,不敢有不利于先帝的记载,失德之事,多不见于实录。利用实录时,必须注意它对档案中原件的删节和篡改。从雍正到光绪间,实录不断有所修改,今本已非本来面目。伪满所印窜改更多,《德宗实录》尤甚。如,光绪二十六年五月(1900年6月)所谓宣战诏书以后到七月的许多谕旨,在十二月时作为矫诏,明令删改。而七月初六(1900年7月31日)的谕旨存档原文为:"如有教匪窜出抢掠等情,当饬队力剿。"而《光绪实录》却改为:"如有教民窜出,不可加害。"陈恭禄认为看一部史料价值高低,可看它,一、是否为正文,二、是否完备。而《清实录》这两条都没有做到,多次删节修改,已不是原来正文,许多谕旨未录,也不完备。② 又如,中华书局版《清实录》影印说明披露,定稿本卷四六五光绪二十六年六月乙亥条作:

> 其实教民亦国家赤子,非无良善之徒。只因惑于邪说,又恃教士为护符,以致种种非为,执迷不悟,而民教遂结成不可解之仇。现在朝廷招抚义和团民,各以忠义相勉,同仇敌忾,万众一心。因念教民亦食毛践土之伦,岂真皆甘心异类,自取诛夷。果能革面洗心,不妨网开一面。

伪满本作:

---

① "宬"是古代用于藏书的屋子。"皇史宬"就是明清两代皇室保存其皇家史册的档案馆。
② 参见陈恭禄:《中国近代史资料概述》,中华书局,1982年,第64页。

其实教民亦国家赤子,本属良善之徒。只因信从异教,又恃教士为护符,以致种种猜嫌,因此造端,而民教遂结成不可解之仇。现在朝廷弹压义和团民,各以安分相勉,不许妄动,以安人心。因念教民亦食毛践土之伦,岂真皆甘心反抗,自取其祸。果能觉悟前非,不妨网开一面。

《清实录》虽有重大缺陷,但其史料价值还是不小的,因为它卷帙浩繁,内容丰富,涉及政治、军事、财政、文化等方面,都有可供参考的史料。对于研究清代典章制度、社会变迁、经济活动和人民群众的反抗斗争,仍具有重要价值。读《清实录》要注意两个问题,一是该书以干支纪日,需要查阴阳日历对照表。二是没有标题,查检很不方便,要查某事,一定先弄清楚时间,再按时间查找《清实录》相应内容。

与近代史关系密切的是宣宗(道光)、文宗(咸丰)、穆宗(同治)、德宗(光绪)四朝实录和《宣统政纪》。《光绪实录》,即《清德宗景皇帝实录》。清末开始设馆,由世续任监修总裁官,修了十一年,到民国初年才成书。历任总裁官有那桐、张之洞、陆润庠、溥良、荣庆、鹿传霖、徐世昌、陈宝琛、恩顺等。共597卷,按日记录光绪一朝诏谕、奏章。对光绪时代政治、军事、外交、经济、文化诸事,内外职官任免等,都有详细记载。仅存汉文正文一份,未译成满、蒙文字。

3.《光绪朝东华录》①

乾隆三十年(1765)清政府重开国史馆于东华门内,时蒋良骐任纂修,根据"实录""红本"和其他官修的书,摘录"朝章国典兵礼大政与列传有关合者"成书32卷,称《东华录》。此后王先谦、潘颐福等先后辑录成"十一朝东华录",起于清初,迄于同治朝。《光绪朝东华录》为朱寿朋所编,记载光绪朝34年间的事迹,出版于宣统元年(1909),时《德宗实录》尚未纂修,所以它根据的材料主要是依靠邸抄、京报、《谕折汇存》与《阁抄汇编》等专门刊载发抄官文书的公开发行物,还利用了当时的报纸、期刊,并搜罗各种清人文集中的上谕、奏折等。因其与蒋良

---

① 《光绪朝东华录》不属于官方档案汇编,但它利用了部分官方档案,故在此附带介绍。

骐、王先谦、潘颐福各录体例相同,故称《东华续录》,通称《光绪朝东华录》。《东华录》的编辑体例基本上仿照《实录》,逐年逐月以至逐日地记载,是一种编年体的资料长编。《光绪朝东华录》起同治十三年十二月(1875年1月),迄光绪三十四年九月(1908年10月),凡220卷,460万言。光绪朝是中国社会发生剧烈变化的重要阶段,是研究近代史的重点之一。本书所辑录的材料虽纯属官方文献,但因其搜集的数量较多,涉及的范围较广,除了记录清朝末叶的一些腐败的内政和失败的外交以外,在客观上仍保存着一些与经济生活及种族矛盾与阶级矛盾有关的史实,作为资料,对研究政治、经济、文化的历史发展来说,是很有价值的。本书宣统元年由上海图书集成公司出版,1958年由中华书局重印出版,共分5册。其特点有:(1)材料丰富,可补其他史料之缺;(2)出版及时,编排有条理;(3)包罗万象、编年体式史料长编,有利于从整体上、在事物的相互联系中把握事物发展的规律;(4)有利于中国近代各种专史和科技的研究。但也存在许多问题与缺陷,过去鲜为人知,有人视其如同档案等第一手材料一样可靠,并不认真检核,就难避免偏差。①

4. 方略

清朝皇帝在镇压农民起义或少数民族起义,或大规模用兵之后,要设置方略馆,诏派大臣主持编纂"方略",编成后上表呈进皇帝审定,所以称为"钦定某某方略"。编纂人可以调用一切有关战争的谕旨和奏章,将其重要者选入,并作一些删节或文字上的修正,按年月日排比,成为巨帙,日用干支表示,同于实录。它是一件大事始末的史料汇编,用文件叙述它的发生、发展和结局的全过程。内容偏于军事方面。按体裁论,属于编年体,但因只记一役之始末,又属纪事本末体,故《四库全书》编入纪事本末类。

方略编纂始于康熙朝,当时编有二种,最早的是《平定三逆方略》,记平定吴三桂、尚之信、耿精忠三藩之乱。乾隆朝有些方略称纪略,共有10种;嘉庆朝3种。属于近代史范围的有《钦定剿平粤匪方略》《钦

---

① 李志英:《光绪朝东华录研究》,《近代史研究》1986年第5期。

定剿平捻匪方略》《钦定平定云南回匪方略》《钦定平定贵州苗匪纪略》《钦定平定陕甘新疆回匪方略》5种,总称《钦定平定七省方略》。由于它主要以档案为依据,基本保存材料原貌,较《清实录》所记为详尽,研究太平天国、捻军和各地少数民族起义的历史都要用到这些方略。但要注意书中内容多张扬朝廷"德业"、清军"战功",于造反民众则竭力污蔑。台北文海出版社有限公司出版有《中国方略丛书》。

5. 筹办夷务始末

研究清政府对内战争要看《方略》,而研究对外战争和外交活动则要看《筹办夷务始末》。

《筹办夷务始末》为清代道光、咸丰、同治三朝的外交史料。它是咸丰帝接受协办大学士杜受田的建议,下令设馆编纂夷务而成。"夷务"即"夷人事物","夷人"一词来自于对外国人的贬称。中国古代把中原民族称为"华夏",把周边民族称为"蛮夷"。19世纪西方殖民者东来,清朝人亦把他们视为"蛮夷""夷人",把与他们打交道的事务称为"夷务"。后来因外国人抗议,"夷务"遂演变为"洋务""时务"。

《道光朝筹办夷务始末》由文庆等人纂辑。80卷。时段为自道光十六年(1836)议禁鸦片始,至二十九年(1849)坚拒英人进广州城止,计14年。该书凡例称:"凡内阁军机大臣所奉谕旨,内外臣工折奏,下至外国夷书(即照会之类)、义民信札,凡有关于夷务者,编年纪月,以次备书,非徒详往事之是非,实以资异时之考证。"内有不少原始资料,如禁烟有关交涉和鸦片战争始末及奏章御批文件等。是研究第一次鸦片战争的重要史料。但外国文书,编者以其文字费解,摈弃不录,仅"择稍有关系者,照原文附录于各折之后",反映对外交涉和对外战争的资料汇编,不收录外文资料,不能不是该书的重要缺点。

《咸丰朝筹办夷务始末》由贾桢等人编纂。80卷。时段为自道光三十年(1850)起,至咸丰十一年(1861)止。体例一如《道光朝筹办夷务始末》,成书于同治六年(1867)。资料比较丰富,为研究第二次鸦片战争的重要史料。

《同治朝筹办夷务始末》由宝鋆等纂辑。100卷。自咸丰十一年(1861)七月起,至同治十三年(1874)止。体例亦同《道光朝筹办夷务始末》,成书于光绪六年(1880)。所载均为原始资料,如英法支持清廷镇压太平军、京师开设同文馆、派学生出洋、江南设制造局、福建创立船政局等重要史事,收录咸备。是研究早期洋务运动兴起的重要史料。

三朝《筹办夷务始末》编成以后,因屈辱外交,不敢公之于众,几十年未印行。直到1929年,故宫博物院才陆续影印出版。1964年、1979年中华书局先后出版齐思和等整理标点的《筹办夷务始末》(道光朝、咸丰朝)。

清廷官修《筹办夷务始末》只有道光、咸丰、同治三朝的档案史料,而在《筹办夷务始末》之后的外交史料有《清季外交史料》。

光绪、宣统两朝凡37年,没有官修的外交史料汇编,只有私家编纂的《清季外交史料》。编者为王彦威、王亮父子。王彦威于光绪十二年(1886)任军机章京,得见军机处所藏档案,曾将未刻之道光、咸丰、同治三朝《筹办夷务始末》录副收藏。继又抄辑光绪元年(1875)至三十年四月(1904年5月)有关中外交涉之谕旨、奏章、函电、照会、条约等文件,别择删削,以近20年之力,成光绪朝《筹办夷务始末记》(陈恭禄《中国近代史资料概述》称《洋务始末》),未及付梓即去世。其子王亮于民国年间复补辑光绪三十年五月(1904年6月)至三十四年(1908)间文件,续成全书。因注重外交,所以改名为《光绪朝外交史料》。其中文件有留中未公之于世和驻外使馆未报部之案卷。凡中法战争、中日战争、辛丑条约等事首尾俱备,为光绪朝重要外交史料。各文件均加标题,以年月先后为序。各卷首标出诸文件目录,后又编有索引,颇便检索。王亮后来又编纂《宣统朝外交史料》,两书合称《清季外交史料》,还编有《清季外交年鉴》,实为一种大事年表。该书存在的问题是,对所抄录的文件属于何种档案,未作说明或注解;王彦威曾离开北京几年,没有抄录档案,后来从别处抄了一些材料来补足,但这些增补的材料来自何处,也没有交待。陈恭禄就怀疑其中袁昶三折是伪作不足信。该书共280卷,又卷首1卷。有书目文献出版社1987年影印版。

此外,有关外交档案史料还有中国第一历史档案馆的前身故宫博物院曾编辑出版的《清代中俄关系档案史料选编》《清光绪朝中法交涉史料》《清宣统朝中日交涉史料》《清光绪朝中日交涉史料》等。

6. 其他清代档案资料汇编

1996年中华书局出版了中国第一历史档案馆编的《光绪朝朱批奏折》。

现在新修清史工程编纂出版档案丛刊,已出版11种191册,与近代史相关的有:

《庚子事变清宫档案汇编》(影印),18册,中国第一历史档案馆编,中国人民大学出版社,2003年。

《清宫热河档案》(影印),18册,中国第一历史档案馆、承德市文物园林局合编,中国档案出版社,2003年。

《清代中南海档案》(影印),30册,中国第一历史档案馆编,西苑出版社,2004年。

《清代军机处电报档汇编》(影印),40册,中国第一历史档案馆编,中国人民大学出版社,2005年。

《葡萄牙外交部藏葡国驻广州总领事馆档案(清代部分·中文部分)》(影印),16册,澳门基金会、葡萄牙外交部档案馆、广东省立中山图书馆、澳门大学图书馆编,广东教育出版社,2009年。

《大连图书馆藏清代内务府档案》(影印),22册,大连图书馆编,国家图书馆出版社,2011年。

《清代四川巴县衙门咸丰朝档案选编》(影印),16册,四川省档案局(馆)编,上海古籍出版社,2011年。

清代自设立军机处以后,"上谕"由军机大臣秉承皇帝的意旨撰拟,经皇帝阅后封发。并抄录一份存底,保存在军机处,这就是"上谕档"的来历。它是皇帝所发布上谕的总汇。中国第一历史档案馆将所编《清代历朝上谕档》交由广西师范大学出版社于1996年开始出版,2009年已出齐。属于近代的有《道光朝上谕档》(30册)、《咸丰朝上谕档》(11册)、《同治朝上谕档》(13册)、《光绪朝上谕档》(34册)和《宣统朝上谕档》(3册),按年月日编排,原文影印出版。它从清代最高决策者皇帝方面反映清代全貌,极具史料价值,是研究清代政治、经济、军事、外交、文化、民族、宗教等方面不可缺少的第一手资料。

故宫博物院文献馆编的《清季教案史料》,2册。辑录清军机处旧档中所存各国有关教案之照会编成，1937年印行。第一册为同治六年（1867）至光绪十年（1884）英、俄、法、比四国照会，涉及浙江、江苏、台湾、福建、安庆、天津、南昌、汉口、武昌等处教案19起；第二册全部为同治十年（1861）至光绪九年（1883）美国照会，涉及江西、福建、北京、山东、广东、广西等处教案10起。每一案中文件均按年月先后排次，所录多为《筹办夷务始末》及《清季外交史料》所无，为研究近代中国教案史之重要资料。

中国第一历史档案馆所编《清廷签议〈校邠庐抗议〉档案汇编》，由线装书局于2008年出版。《校邠庐抗议》是冯桂芬在咸丰十一年（1861）写成的一部政论书。光绪十五年（1889），帝师翁同龢把这本书推荐给了光绪皇帝。百日维新高潮时，光绪二十四年（1898）五月二十九日，光绪皇帝下旨："将《校邠庐抗议》印刷一千部交军机处。"六月十四日，书印好后发给各部院卿堂司各官签注意见和加以评论。文献资料记载了这件事。但这些官员有多少签议了意见，签议的意见是什么，并不为人知。本档案汇编所涉及签注意见的官员共523人，上自大学士下到知州知县等。这些人当中，有顽固反对变法的，也有拥护支持变法的。他们通过对《校邠庐抗议》一书的评议，在一定程度表明了对变法维新的态度，从一个侧面反映和记录了戊戌变法时期的政治、经济情况和官僚的思想状况，是珍贵的历史文献。

下面介绍几种台湾出版的有关洋务的档案资料汇编。

《海防档》与《矿务档》《教务档》同属于台北"中研院"近代史研究所编的《中国近代史资料汇编》。《海防档》系据清季总理各国事务衙门暨外务部誊清之"海防"档案（即所谓"清档"）影印而成，其中铁路部分除一部分"清档"外，有半数系编者另据光绪三十三年至宣统三年（1907—1911）的"原档"抄补，合并影印，格式悉仿"清档"，以便使版式划一。内容包括了诏谕、奏疏、函札、照会、咨文、合同等，起自咸丰十年（1860），迄于宣统三年。共分（甲）购买船炮；（乙）福州船厂；（丙）机器局；（丁）电线；（戊）铁路；（己）矿务6部分，每一部分前由编者重编目录，犹如索引，每一部分后面附有大事年表。

《矿务档》据总理各国事务衙门及外务部之档案中有关矿务部分，

合并编辑而成。其中包括"清档"之"各省矿务档"、《海防档》中之矿务部分、编者另据原档抄补者。起自同治四年(1865)迄于宣统三年。计分23部分,第一部分为一般矿政,其他22个部分为分省的各省矿务。

《教务教案档》又名《各国教务教案档》。影印清代总理衙门和外务部档案(共900余册)而成,分为京师教务、通行教务及各省教务三大类。依类顺序排列。内容包括经济通商、资本主义各国在华开设商埠、修路、开矿、借款、赔款、慈善赈济、侨务招工、国际会议、法律交涉、传教教案,如上海会审公堂案、马嘉理案、中美商订"公断条约"案、修改上海会审章程案等。是研究近代中国教案和中外关系的重要史料。

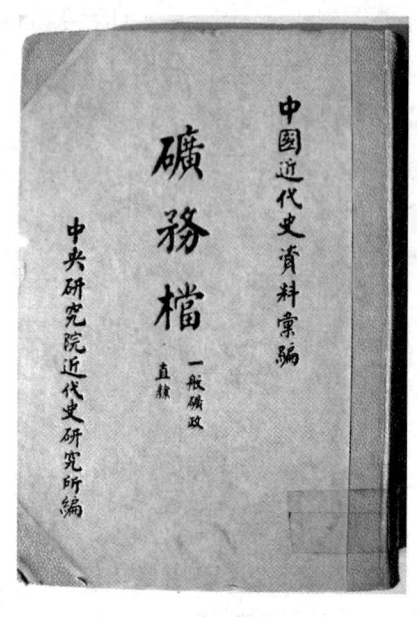

图4-5 《矿务档》书影

7. 重要事件的专题档案

《清政府镇压太平天国档案史料》由中国第一历史档案馆编,社会科学文献出版社1994年出版。该馆以清军镇压太平天国运动为主题,整理公布了一批清方档案,为太平天国运动史研究提供了新的资料。

由国家档案局明清档案馆编,中华书局1958年出版的《戊戌变法档案史料》,系就该馆所藏关于戊戌变法的档案史料编辑而成,40余万字。内容多为当时内外各官员及举贡生监等人的建言上书,即所谓"条陈",正反两种观点都有。分为12类:综合上下两类、荐举新政人才、添裁机构及官制、文武科举改制、筹设文武学堂及游学章程、练新军及办团练、农工商务、银行币制、开矿筑路、设报馆译书局、其他。每类按时日排比。但这个运动的主角康有为的条陈却很少,仅存他建议办报的两件。其他条陈有的可能"留中"了;有的是军机处随手登记档记载有疏漏;有些为编者当时没有发现。

《义和团档案史料》系国家档案局明清档案部编,由中华书局1959年出版。收录的档案一部分是原藏清宫各处的朱批奏折,另一部分是军机处的月折包、上谕档、电寄档和电报等。这些史料是当时北京和各省衙门以及派驻国外各使节就有关义和团运动的情况向清廷报告或请示的文书,送到宫里来的;其中也有当时送到西安逃亡政府、所谓"行在军机处",后来存入宫中的;还有军机处记录清朝最高统治者向国内外发出的指示的文件等。按时日先后排比次序。未经剪裁,内容完整,对了解和研究义和团运动有着重要的参考价值。

故宫博物院明清档案部编的《清末筹备立宪档案史料》,由中华书局1979年出版。本书有关史料是从清代军机处、宫中等处所存"月折包""上谕档"以及"朱批奏折"等档案中选辑的。为了便于读者识别,每件都拟了标题,在每个标题下分别注明出处。共辑史料370多件,70余万字。自光绪三十一年六月(1905年7月)派载泽等五大臣出洋考察起,迄宣统三年九月(1911年10月)武昌起义后清政府被迫宣布成立"责任内阁",任命袁世凯为总理大臣止。按文件内容将全书分为《清末统治集团对预备立宪的策划和议论》和《清末筹备立宪各项活动的情况》两部分,列了11个项目。举凡清政府策划、操作这件事情的始末,包括统治集团内部意见分歧、各地活动情况均有反映。

还有《晚清国际会议档案》是清政府参加历届国际会议原始档案的汇集,共甄别整理该专业档案2600余件。涉及光绪三十年至宣统三年(1904—1911)清政府参加的国际性会议,包括罗马邮政会、美国渔业会、柏林无线电会、广州农学会、海牙兽医会、上海禁烟会、伦敦红十字会、巴黎制冷会、墨尔本女工会、上海古玩会、彼得堡船业会、雷斯敦照相会、罗马美术会等。这些档案资料,不仅内容系统丰富,史料新鲜,而且从未公开发表,系属首次全面公布。该书由中国第一历史档案馆编,广陵书社2008年出版。

明清两朝中央政府和皇室形成的档案分别保存在北京与台北,其中中国第一历史档案馆保存1000多万件,台北"故宫博物院"保存40多万件。在辛亥革命100周年之际,中国第一历史档案馆筛选整理

5700余件,出版《清宫辛亥革命档案汇编》80册;台北"故宫博物院"搜集整理1000余件,出版《清宫国民革命史料汇编》4册。

另外,中国第一历史档案馆编辑出版的《清代档案史料丛编》,陆续从故宫博物院明清档案部所藏档案中选刊一些具有一定史料价值的档案,供各方面人士参考。每辑刊载的史料,按其内容分为几个专题,专题之前酌加按语,简介史料概况。有时也刊载一些关于清代文书档案的情况介绍和名词解释。每辑约10万字。每个专题的文件按具文时间的先后编排,分别编列顺序号码。无具文时间者,则用收文或朱批时间编排;无具文、收文时间者,则推定大致时间,加注说明。每件文件的标题为编者所加。本丛编由故宫博物院明清档案部编,从1978年起由中华书局陆续出版,每辑20万字左右,至1990年已出版14辑。已公布的主要史料内容涉及近代史的有:太平天国运动时期清政府的财政状况、太平军北伐,以及辛酉政变、周福清贿赂科场案、北洋练兵案、毅军纪略、清末改革币制、东三省辛亥革命等。已发表的主要文章有:《清代历史档案名称简释》《故宫明清档案部所藏档案的过去和现在》《赵尔巽全宗档案概述》《清代内务府沿革初探》等。

(二)民国官方档案汇编

1949年前,由于政权更迭、战争频仍、社会动荡,民国历届政府均没有条件像清朝政府那样大规模编纂档案史料传世,1949年后,中华人民共和国政府于1951年2月在南京成立中国科学院历史研究所第三所南京史料整理处,以原国史馆的史料为主,并接收了原国民政府各中央机关残留在南京等地的档案,开始大规模整理民国档案。该馆和其他地方档案馆先后整理出版的民国档案史料主要有如下一些。

1.《中国现代政治史资料汇编》

《中国现代政治史资料汇编》是中国科学院历史研究所第三所南京史料整理处编印的内部资料,供中央有关部门和少数高校研究参考,1959年编印完成。内容全部是北洋政府和南京国民政府各院、会、部的档案文件。全书共244册,分五四运动时期、第一次国内革命战争时期、第二次国内革命战争时期、抗日战争时期、第三次国内革命战争时期。它是目前国内研究中国现代史、革命史,尤其是研究中华民国史的规模最大,内容也最丰富的一套重要资料,其中有不少珍贵的档案史料。但是,《中国现代史史料学》如此评论说:"这套资料并没有充分发挥作用,主要因为它不是正式出版物,从道理上讲,不能作为正式材料引用。特别是由于该汇编系仓促编成,印刷质量较差,错、漏字较多,使用时必须与原件校对。"①

2.《中华民国史档案资料丛刊》

中国第二历史档案馆编辑,主要是一些专题性的档案资料汇编。其中有《五四爱国运动档案资料》(中国社会科学出版社,1980年)、《直皖战争》(江苏人民出版社,1980年)《北洋军阀统治时期的兵变》(江苏人民出版社,1982年)、《中国无政府主义和中国社会党》(江苏人民出版社,1981年)、《善后会议》(档案出版社,1985年)、《五卅运动和省港罢工》(江苏古籍出版社,1985年)等。

3.《中华民国史档案资料汇编》

《中华民国史档案资料汇编》由中国第二历史档案馆编,江苏人民出版社、江苏古籍出版社从1979年起陆续出版。这一套档案资料利用该馆所藏具有一定史料价值的档案编辑而成。时间断限为1911—1949年,分为5辑:第一辑为《辛亥革命》(1911年),第二辑为《南京临时政府》(1912年)(第一、二辑出版时合为1册),第三辑为《北洋政府》(1912—1927年)(在第三辑编辑出版时,学术界尚称北洋政府,现在学术界已不称北洋政府,而称北京政府),第四辑为《从广州军政府至武汉国民政府》(1917—1927年),第五辑为《南京国民政府》(1927—1949年),下面又分3编。

4.中华民国史档案资料影印本

中国第二历史档案馆整理的部分档案资料,分别由南京出版社、档案出版社影印出版了《中央周刊》《经济部公报》《中国国民党中央党务公报:1937.7—1947.12》《中国国民党中央党务月刊1928.8—1936.12》和《国民政府行政院公报》《立法院公报》《国民政府监察院公报》

---

① 张宪文:《中国现代史史料学》,山东人民出版社,1985年,第33—34页。

《南京国民政府外交部公报》等。其他出版社还出版了《民国教育公报》《中国国民党中央执行委员会常务委员会会议录》《伪满洲国政府公报全编》《伪满洲国地方政府公报汇编》等。

5.《北洋政府档案》(精装196册，索引8册)，中国档案出版社2016年出版。集中选编了中国第二历史档案馆馆藏民国北洋政府各档案全宗中具有利用和研究价值的史料共两万余件，全面地反映了北洋时期政治、军事、文化、外交及社会、经济等各方面的发展状况。

6. 重要事件的专题档案

《湖北革命实录馆武昌起义档案资料选编》，湖北省暨武汉市政协、中国社会科学院近代史研究所、湖北省博物馆、武汉市档案馆合编，湖北人民出版社出版，共3卷。后湖北省博物馆编辑出版续编1卷。本书资料全部选自原湖北革命实录馆所藏档案。这批档案不是公文，而是该馆为记录、编纂湖北革命史实而搜集来的集体和个人所撰写的史料，共500余件，该馆还编有武昌起义史料长编8册。这批资料几经转手，现除了湖北省博物馆收藏了大部分外，武汉市档案馆、北京的近代史研究所也藏有一些。上卷包括第一编武昌首义及湖北军政府建设，中卷包括第二编湖北各属响应及第三编首义人物事略(上)，下卷包括第三编(下)及第四编各省起义。撰述这些史料的人，都是亲身参加辛亥革命的人士，可视为第一手资料，其价值是无庸怀疑的。当然也有些问题，如许多材料由于作者文化程度不高，文字不免粗疏杂芜。有些属于"攘臂言功之作"，对个人成绩不免夸大渲染。亦不够完整，如有关日知会、共进会的史实就没有。

中央档案馆和中国第二历史档案馆与有关地方档案馆联合出版了一套关于日本帝国主义侵华罪行的档案《日本帝国主义侵华档案资料选编》，其中有《九一八事变》《东北历次大惨案》《东北大讨伐》《东北经济掠夺》《伪满宪警统治》《伪满傀儡政权》《华北历次大惨案》《河本大作与日军山西"残留"》《华北治安强化运动》《华北大"扫荡"》《华北事变》《南京大屠杀》《汪伪政权》《日汪的清乡》《细菌战与毒气战》《侵华日军在湖北暴行史料》等。关于抗日战争的还有《中华民国重要史料初编：对日抗战时期》(国民党中央党史会出版)、《中国战区受降档案》(南京出版社,2015年)、《日本侵略华北罪行档案》(河北人民出版社,2005年)等。

清末民国有关西藏的部分档案有:《清末十三世达赖喇嘛档案史料选编》(中国第一历史档案馆、中国藏学研究中心编,中国藏学出版社,2002年)、《清宫珍藏历世达赖喇嘛档案荟萃》(中国第一历史档案馆编,宗教文化出版社,2002年)、《清宫珍藏历世班禅额尔德尼档案荟萃》(中国第一历史档案馆编,宗教文化出版社,2004年)、《十三世达赖圆寂致祭和十四世达赖转世坐床档案选编》(中国藏学研究中心、中国第二历史档案馆编,中国藏学出版社,1991年)、《九世班禅圆寂致祭和十世班禅转世坐床档案选编》(中国藏学研究中心、中国第二历史档案馆编,中国藏学出版社,1991年)、《九世班禅内地活动及返藏受阻档案汇编》(中国第二历史档案馆、中国藏学研究中心编,中国藏学出版社,1992年)、《民国时期西藏及藏区经济开发建设档案选编》(刘丽楣、曹必宏主编,中国藏学出版社,2005年)、《蒙藏委员会驻藏办事处档案选编》(郭玉琴主编,台北蒙藏委员会,2005—2006年)、《西藏亚东关档案选编》(中国藏学研究中心、中国第二历史档案馆编,中国藏学出版社,2000年)、《元以来西藏地方与中央政府关系档案史料汇编》(多杰才旦主编;中国藏学研究中心等编,中国藏学出版社,1994年)、《晚清民初西藏事务密档》(全国图书馆文献缩微复制中心编,国家图书馆文献开发中心出版社,2010年)等。

(三) 革命历史档案汇编

抗日战争时期,中共中央书记处曾在延安编辑出版了《六大以来——党内秘密文件》《六大以前——党的历史材料》和《两条路线》三部历史文献集。《六大以来》在正式成书之前,曾先以散页形式选印一部发给高级干部阅读,1941年12月正式出版。《六大以前》和《六大以来》的出版曾对延安整风运动的顺利开展,对总结党的历史经验,研究党的历史上的路线问题,确立党的实事求是思想路线,都发挥了重要作用。这两部文献汇编的编印发行(包括1949年后的再版),也推动了中共党史研究的发展,在中共党史研究方面占有重要地位。

成立于1959年的中央档案馆设有中共中央档案部,该部收藏有中国共产党成立以来至1949年的各个时期的革命历史档案和各中央局档案。中央档案馆利用这些档案编辑出版了《中共党史资料丛书》,由中央党校出版社陆续出版。其中有《中共中央政治报告选辑(1922—1926)》《中共中央政治报告选辑(1927—1933)》《南昌起义(资料选辑)》《秋收起义(资料选辑)》《平江起义(资料选辑)》《广州起义(资料选辑)》《北伐战争(资料选辑)》《皖南事变(资料选辑)》等。

该馆还单独或与其他单位合作编辑出版了《中国共产党第一次代表大会文件汇编》《中国共产党第二次至第六次代表大会文件汇编》《中共党史报告选编》《中共中央文献选辑1921—1949.9》《中共党史资料》《遵义会议文献》《中共中央第一次国内革命战争时期统一战线文件选编》《中共中央土地革命前期统一战线文件选编》《中共中央抗日民族统一战线文件选编》《中共中央解放战争时期统一战线文件选编》《中共文书档案工作文件选编1923—1949》《陕甘宁地区抗日民主根据地·文献卷》《晋察冀解放区历史文献选编:1945—1949》《解放战争时期土地改革文件选编》《中国共产党关于西安事变档案史料选编》《中共中央在西柏坡》《共和国雏形:华北人民政府》等。

由陕西人民出版社2014年出版的《红色档案——延安时期文献档案汇编》,囊括了目前能收集到的延安时期政治、经济、军事、文化、教育等方面的珍贵文献档案资料,包括延安时期出版的期刊、图书,以及个人日记、笔记、单位档案材料等。其中首次收入的期刊有《解放》《共产党人》《八路军军政杂志》《中国妇女》《中国工人》《中国青年》《中国文化》《大众习作》《文艺月报》《谷雨》《群众文艺》《文艺突击》《文艺战线》《大众文艺》《草叶·新诗歌·中国文艺》《鲁迅研究丛刊》。图书有《五月的延安》《陕甘宁边区实录》《整风文献》《速写陕北九十九》等。档案有《陕甘宁边区参议会史料汇编》《陕甘宁边区政府文件选编》,共计20余种,60卷。

(四)社会组织档案

社会组织档案包括了企事业单位及团体等的档案。

1. 海关档案

韩启桐、郑友揆合编的《1936—1940年中国埠际贸易统计》,1951年由中国科学院出版。这是最早利用海关贸易资料整理出版的海关档案。

中华人民共和国成立后有计划有系统地编辑档案资料汇编是从1952年开始的。当时成立了中国历史学会和中国经济学会,两会合组了一个"中国近代经济史资料丛刊编辑委员会"。陈翰笙、范文澜、千家驹3人为主要负责人。编委会成立后所做的一件主要工作,就是与对外贸易部海关总署研究室合作,编译了《帝国主义与中国海关资料丛编》十五辑,自1957年至1961年由科学出版社出版,1962年改由中华书局出版。1982年重印。有几辑(第一至三、第十一、第十四辑)因故未公开出版。已经出版的第四至十辑和十二辑、十三辑、十五辑,分别为《海关与中法战争》《中国海关与缅藏问题》《中国海关与中葡里斯本草约》《中国海关与中日战争》《中国海关与英德续借款》《中国海关与义和团运动》《中国海关与庚子赔款》《中国海关与邮政》《中国海关与辛亥革命》《一九三八年日英关于中国海关的非法协定》。旧中国海关自19世纪60年代以后,一直在帝国主义控制之下,总税务司实际上是清政府的外交顾问,各地洋税务司也是封疆大吏的顾问,所以海关档案并不单纯是有关海关税收、税务行政的记录,而且涉及当时的政治、经济,乃至军事、文化各个方面,它是帝国主义分子如何策划、密谋以及贯彻执行帝国主义的殖民政策,以使中国沦落为殖民地、半殖民地的铁证。这些材料大都是总税务司与各地税务司之间往来的密件,过去一直储存在海关的秘密档案室里,从未公开发表,因此史料价值很高。

中国海关总署和第二历史档案馆联合整理的《中国旧海关史料》170册,由京华出版社2001年出版。该书几乎收录了全部的海关贸易年报和十年报告,为迄今最为重要的旧海关出版物的整理成果之一,为学界利用海关资料进行相关研究提供了极大便利。在其"前言"中说明此书的资料来源为:1980年国务院办公厅向全国发出通知,将旧政权中央级的档案资料统归中国第二历史档案馆保存,原放在陕西华县海关总署档案资料后库、天津海关、上海海关三个地方的旧海关档案资料,集中到第二历史档案馆保存并整理。整理中发现尚有缺漏,于是在编辑《中国旧海关史料》时,又寻访了吉林、辽宁、北京、天津、山东、江苏、上海、浙江、湖南、江西、广东、广西等省市的部分图书馆、档案馆,进行补配。尽管如此,仍有部分年代(尤其是伪满时期)的海关资料尚未收齐。

据吴松弟介绍,中国旧海关出版物由7大系列和"系列外之书"共8大类构成:

第一是统计系列(Statistical Series),它是海关最主要的出版物。

第二是特种系列(Special Series),共44个编号。

第三是杂项系列(Miscellaneous Series),共54个编号,每个编号基本是一本书。

第四是公务系列(Service Series),共75个编号,主要是为了某一方面的工作而长期发行的专刊。

第五是办公系列(Office Series),共132个编号,一个编号一个报告。

第六是督察系列(Inspectorate Series),共10个编号,一个编号一个报告。

第七是邮政系列(Postal Series)。

"系列外之书"内容广泛,包括《语言自迩集》《南京官话》、中文修辞手册、英汉标准口语辞典、中文教科书等语言学的著作,以及海关法典和工作手册、银行和货币报告、中外关系等。

这批旧海关出版物是研究中国近代史的最大资料库之一,可为近代史研究尤其是为经济史研究提供大量一手的原始资料。但由于时代的局限,其统计、报告和专书中仍存在一些问题,必须谨慎地利用才能发挥其独到的学术价值。他建议:"在利用海关统计资料的时候,必须要对其以上问题予以足够的重视,应利用其他相关资料和数据进行必要的修正,或做出充分的说明。还应注意到,绝大多数海关出版物毕竟是出自洋员之手,难免或多或少带有'西欧中心观'的思维定势,有些记述和评论存在有失客观或强为之解之处,是需要对此加以辨别的。"①

中国第二档案馆、哈佛燕京图书馆、上海海关档案馆收藏中国旧海关出版物是最多的,利用旧海关出版物现在已经出版了《中国旧海关史料》,基本是第一系列出版物。还有《美国哈佛大学图书馆藏未刊中国旧海关史料(1860—1949)》283 册(吴松弟主编,广西师范大学出版社,2016 年)、《中国近代海关总税务司通令全编》46 册(海关总署编,海关出版社,2013 年)。《上海海关档案馆藏未刊中国旧海关史料》的出版工作也已展开,中国海关总署档案馆的相关资料正在整理之中,即将出版。

2. 事业单位和社团的档案

学校等事业单位、商会等社会团体,都有自己的档案,官方档案中有关于这些事业单位和社团的档案也有单独整理出版的。

《京师大学堂档案选编》,由北京大学和中国第一历史档案馆编,北京大学出版社 2001 年出版。

《中国近代第一大学北洋大学(天津大学)历史档案珍藏图录》,由中国第一历史档案馆和天津大学编,天津大学出版社 2005 年出版。

北京市档案馆编的《北京会馆档案史料》,由北京出版社 1997 年出版。

光明日报社于 1989 年出版了北京市档案馆编的《日伪北京新民会》。

广东省档案馆和广东青运史研究委员会办公室 1983 年编印了《新学生社史料》。

档案出版社 1988 年还出版了中国第二历史档案馆编《中国民主社会党》和《中国青年党》。

彭泽益主编的《中国工商行会史料集》(2 册),属于中国社会科学院经济研究所中国近代经济史参考资料丛刊之一,由中华书局 1995 年出版。

---

① 参见吴松弟:《旧海关出版物与近代中国研究》,《社会科学家》2014 年第 12 期。

商会档案是社团档案之大宗。

近年来国内各大档案馆收藏的商会档案陆续出版,并初步形成规模。已经出版的主要商会档案如下:

(1)《近代中国商会档案汇编》(50册),缩微中心全国缩微中心2012年影印本。

(2)《一九二七年的上海商业联合会》,上海市档案馆编,上海人民出版社1983年出版。

(3)《天津商会档案汇编》第一辑(1903—1911)上下、第二辑(1912—1928)全4册、第三辑(1928—1937)上下、第四辑《1937—1945》、第五辑《1945—1950》,天津市档案馆、天津社会科学院历史研究所、天津市工商业联合会合编,由天津人民出版社1989年至1998年出版。另外,天津市档案馆单独编了《天津商会档案》(钱业卷)(全29册),由天津古籍出版社2009年出版。

(4)《苏州商会档案丛编》第一辑(1905—1911)、第二辑(1912—1919)、第三辑(1919—1927)上下册、第四辑(1928—1937)上下册、第五辑(1938—1945)上下册、第六辑(1945—1949)上下册,华中师范大学历史研究所与苏州市档案馆合编,章开沅、刘望龄、叶万忠与马敏、祖苏、肖芃等先后主编,由华中师范大学出版社1991年至2011年出版。另外,华中师范大学中国近代史研究所与苏州市档案馆合编,章开沅主编的《苏州商团档案》(上下),由巴蜀书社2008年出版。苏州市档案馆还编了《苏州丝绸档案》(上下),江苏古籍出版社1995年出版。

(5)《保定商会档案》第一辑(全20册)、第二辑(全25册),姜锡东、许平洲、梁松涛主编,分别由河北大学出版社于2012年、燕山出版社于2013年出版。

(6)《厦门商会档案史料选编》,厦门总商会编,鹭江出版社1993年出版。

(7)《绍兴县馆藏商会档案集锦》(一函四册),绍兴县馆藏历史档案精品丛书编纂委员会编,中华书局2004年出版。

(8)《民国安顺县商会档案史料汇编》,贵州省安顺市档案馆,西南民族大学西南民族研究院编,王小平、时光总编,民族出版社2011年出版。

(9)《民国江阴县商会档案选编(1945—1949)》,卞宏主编,文汇出版社2012年出版。

在这些商会档案出版物中,天津商会档案与苏州商会档案整理质量较高,对推进近代中国商会研究的深化发挥了积极作用。

《天津商会档案汇编(1903—1911)》属于《中国近代经济史资料丛刊》之一种,天津市档案馆、天津社会科学院历史研究所、天津市工商业联合会编,天津人民出版社1989年出版了第一辑上下两册。后来陆续出版了第二至第五辑。据该书内容介绍,天津商会档案全宗保存在天津市档案馆,记录了天津商会由官办商务局到商务公所再到商务总会的演变过程;记录了天津、北京等地商业市场的兴衰和旧式商业逐步向新式商业过渡的历史过程,以及商业资产阶级的若干特点;记录了天津民族工业的兴起和天津的封建盐商、买办和高利贷者,逐渐改变投资习惯,开始投资于新式民族工业,逐步向工业资产阶级转化并建立自己的团体——天津工商分会的过程;记录了津、京、沪、穗之间经济上紧密联系,尤其记录了天津作为北方主要门户形成的历史过程,以及天津经济圈内中心城市与内陆腹地交互作用的一些情况;记录了天津作为通商大埠、京师大门,庚子后金融风潮迭起,以致引起全社会的动荡,从而推动币制改革,终于导致银圆普及的具体过程以及商会在这一变革中采取的行动;记录了商会组织者们所进行的多次商情调查中留下的一批可供计量研究参考的数字,还记录了天津城市管理、市政建设与当时人们的社会心理、服饰衣着、民风民俗和文化教育等方面的一些情况。

苏州市档案馆所藏的苏州商会档案,是一宗保存得比较完好、比较系统的历史档案。这些档案是苏州商会在40多年间与各级官府、各地商会进行联系,从事经济、政治、文化教育活动的原始记录,共约7000卷。从1983年起,华中师范学院历史研究所(今华中师范大学中国近代史研究所)与苏州市档案馆联合整理出版《苏州商会档案丛编》,同样被纳入《中国近代经济史资料丛刊》,华中师范大学出版社于1991年开始出版了六辑。

3. 各大企业档案

1962年起,中国科学院经济研究所、中央行政管理局资本主义经济改造研究室主编的《中国资本主义工商业史料丛刊》,内有《北京瑞蚨祥》《上海民族橡胶工业》《上海市棉布商业》《上海民族机器工业》《上海民族火柴工业》《上海民族毛纺织工业》《永安纺织印染公司》《旧中国机制面粉工业统计资料》等。中华书局1963—1979年间出版。

《上海资本主义典型企业史料》丛书,是包括南洋兄弟烟草公司、荣家企业、刘鸿生企业等在内的典型企业建立、发展与改造的专题资料集。编纂者署名为中国科学院上海经济研究所、上海社会科学经济研究所、上海社会科学院经济研究所经济史组等,上海人民出版社1958—1981年间出版。

《汉冶萍公司档案史料选编》(2册),湖北省档案馆编,中国社会科学出版社1994年出版。

《湖北开采煤铁总局荆门矿务总局》,属于《盛宣怀档案资料选辑》之二,徐元基、季平子、武曦编,上海人民出版社1981年出版。

《英美烟公司在华企业资料汇编》,全4册。上海社会科学院经济研究所编,中华书局1983年出版。时间从英美烟公司1902年开始在华设置产销机构起,至1949年止。全书以问题为经,时间为纬,分为九章。主要资料来源为:原颐中烟草公司上海总公司的档案;上海和英美烟公司设厂各地档案馆保管的资料,以及各地工商局、工商联和卷烟厂保存的资料,还有其他一些资料。

关于满洲铁道株式会社的资料,主要有吉林大学和吉林省社科院合编的大型多卷本史料书《满铁史资料》(中华书局1979、1987年版);辽宁省档案馆、辽宁社会科学院合编的《九一八事变前后的日本与中国东北——满铁秘档选编》(辽宁人民出版社1991年版)等。这些书所编的资料,都属首次披露的满铁档案,弥足珍贵。

《北京自来水公司档案史料:1908—1949》,北京市档案馆等编,北京燕山出版社1986年出版。

《北京电车公司档案史料:1921—1949》,北京市档案馆等编,北京燕山出版社1988年出版。

《交通银行史料.1:1907—1949》(2册),交通银行总行、中国第二历史档案馆编,中国金融出版社1992年出版。

《云南兴文银行始末》属于"云南档案史料丛编"之一,云南省经济研究所与云南省档案馆合编,1992年印行。

《中国银行行史资料汇编,上(1912,1949)》(3册),中国银行总行与中国第二历史档案馆编,档案出版社1991年出版。

《旧上海的证券交易所》,上海市档案馆编,上海古籍出版社1992年出版。

(五)私人档案

过去,担任过公职的人员,离职时会在自己处留有一部分文件底稿之类档案资料,离世后这些档案资料经人整理出版,就是很有价值的史料。举例如下:

太平天国历史博物馆编的《吴煦档案选编》,对于研究太平天国和小刀会起义,研究咸同年间财政及中外关系等都是很有价值的。吴煦(1809—1872),浙江省钱塘县人。道光八年至同治元年(1828—1862)间先后在浙江、江苏任幕僚、知县、署理苏松太道并监督江海关、苏松太道兼署江苏布政使等职,曾参与镇压上海小刀会,办理上海厘捐,商订与英、法等国通商税则,向英、美、法借洋兵抵抗太平军,与美国人华尔组织洋枪队及协助江苏巡抚李鸿章对太平军作战等活动。吴煦档案是吴煦在其活动中形成及抄存的文件材料,包括奏折、照会、函牍、记事、探报、译报、账册等文种数万件,1953年在杭州被发现,1959年后存太平天国历史博物馆,1978年又得到补充。1958年曾由三联书店出版过《吴煦档案中的太平天国史料选辑》。该书共选编档案2231件,其中书信1796件,按问题分成4个部分,各部分内按文体设类,类内按具文时间排列,第一部分为太平天国资料;第二部分为会党活动及农民抗漕斗争资料;第三部分为中外交涉及资本主义列强侵华资料;第四部分为清政府财政经济资料。选编由江苏人民出版社于1983—1984年出版。

《盛宣怀档案选编》是篇幅更大,更有价值的个人档案。盛宣怀既是一个企业家,又是晚清炙手可热的大员。40多年的官场生活和洋务活动,遗留下大批个人档案资料。这些档案资料品类繁多,除了他自己的去文来件外,有许多是别人送给他或他通过各种渠道取得的,来源很广,甚至有些官方档案,如,与外国签定的约本,也落入了他的私档。其中很大部分带有机要性质,有的还写上了"阅后付丙"字样。内容涉及政治、经济、军事、外交和文教各个方面,以政治和经济两类所占比重较大,反映了19世纪70年代起40余年间中国发生的许多重大事件和变革。1939年,盛宣怀后裔曾从这批档案资料中挑出部分奏稿和电稿,编印了《愚斋存稿》,许多他们认为有碍盛宣怀官声、私德的都不收或作了删改。后来这些档案资料由上海图书馆收藏,20世纪70年代起整理出版了《盛宣怀档案资料选辑》,其中有《辛亥革命前后》《汉冶萍公司》《中国通商银行》《上海机器织布局》《义和团运动》《轮船招商局》等专题。不论是《愚斋存稿》还是《盛宣怀档案资料选辑》的内容都只是"盛档"的冰山一角。2007年在上海图书馆整理小组完成编目工作的基础上,正式成立盛宣怀档案出版编纂委员会和盛宣怀档案研究中心,由著名学者王元化任两个机构的主任,他在两个机构的揭牌仪式上指出:"'盛宣怀档案'原件的发布,将能补史之阙、纠史之偏、正史之讹。"①上海图书馆所藏"盛档"作为国家清史纂修工程《文献丛刊》专刊之一,于2012年12月完成100册的《盛宣怀档案选编》的编纂工作,由上海古籍出版社于2015年出版。

《孙中山藏档选编(辛亥革命前后)》,由广东省中山市翠亨村孙中山故居收存提供,黄彦、李伯新选编,中华书局1986年出版。本书选编的是孙中山故居所收藏的孙中山私人所藏的档案资料。其中有一部分是孙中山卸任临时大总统后,离开总统府时带出的部分文书和过去他私人收存的函电;一部分是孙中山离开南京后到各地,特别是在广州时所收到和发出的函电和文书;还有的是孙中山的随行人员胡汉民、汪精卫等提供的各种文件。包括电报、函札、公牍、呈文、规章、批件、演说词和其他文件等,共508件。大多是手稿、原抄件,还有当时印刷的传单、

---

① 2007年3月21日《中华读书报》报道。

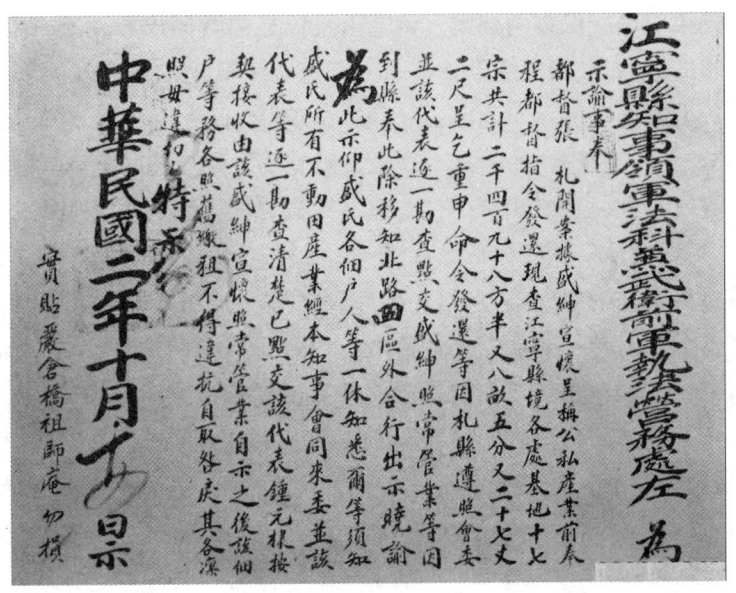

图4-6 盛宣怀档案之一例

小册子。电报最多,大部分是收到的电码译稿,译错了的字,编者对照电码改译了,小部分是发出的电文原稿。绝大多数从未刊布过。共分12个部分:一、黄花岗起义前后;二、南京临时政府军政设施;三、革命军北伐;四、南北议和与北京政变;五、财政;六、实业;七、文教卫生;八、政治团体;九、华侨和对外关系;十、各地欢迎孙中山;十一、各省情况;十二、其他。由于是私人所藏,比较零星,对一些重要历史事件来说都不是完整的资料,只能在研究中,选择一点补其他材料之不足。很多电文没有年月,编者进行了考订。

辽宁省档案馆选编的《溥仪私藏伪满秘档》,由档案出版社1990年出版。该书收录的主要是记述溥仪及其追随者的政治动态和秘密活动的函件,在当时属于"密札",有助于人们了解伪满上层的内幕。内容包括:1.溥仪出任伪满执政及改制称帝;2.满日关系;3.策划入关、制定方案;4.陈宝琛、朱益藩密札;5.溥仪生活片断;6.外国报刊对日本侵略及伪满洲国的评论。

《南长街54号梁氏档案(全二册)》,是2012年中华书局出版的梁启超兄弟旧居所保存的档案。该宅由梁氏兄弟共同出资建造,1929年梁启超逝世后,其弟梁启勋及其家人一直居住于此。由于这个缘故,一批珍贵文献得以保存于此宅,并历经"文革"劫难流传至今,这就是"南长街54号梁氏档案"的由来。这批文献有不少梁启超的手迹、稿本,亲笔书信就有241通,其中有家信,也有致袁世凯、岑春煊、冯国璋、外国某人、汤觉顿、汪大燮、林长民、孙传芳、梁思永、罗文干等的书信。最早的一封写于光绪三十年(1904),最后一封写于1928年10月,距其去世不到3个月。另一批重要文献是康有为致梁启勋的书信,总共23通,均为1905至1908年之间的信函。另有汤觉顿致梁启勋书18通。除信札外,还有梁氏兄弟的手稿墨迹,如梁启超亲笔所拟《讲学社简章》《梁启超脱党通告》《挽康有为联草稿》,以及赠潘若海、何擎一、高啸桐诗词、跋麦孟华诗词稿等。这批个人档案的出版为学术界研究梁启超提供了新资料。

〔美〕戴吉礼编的《傅兰雅档案》是收藏在美国加州柏克莱大学档案馆的英国传教士傅兰雅的档案,分为3卷:在中国的第一个十年(1861—1871)、在上海江南制造局、柏克莱岁月,内容包括他的往来书信、旅行札记、格致汇编、格致书院、翻译成就、论文集等等。对研究傅兰雅、近代中国社会、近代中外交往史等提供了极其珍贵的原始资料。本书为全英文档案,在正文旁附中文提示,并配有大量插图及照片。广西师范大学出版社2010年出版。

(六)外国档案馆藏关于中国档案

由于外国对中国的侵略,许多有价值的近代档案史料流入外国,给我国的历史研究带来了巨大的损失,这些档案史料现多藏于英、美、日、俄、德、法等国家的档案馆、博物馆或者图书馆。我国有些学者利用出国留学、交流或考察的机会,将这些档案资料复制了一部分带回国内发表,对于推进学术研究大有裨益。前述太平天国文书,就是中国学人从国外复制回来的。最早传回太平天国文书并出版问世的,是北京大学教授刘复。20世纪30年代以后,发现流失海外的太平天国文献成就最为卓著的是被誉为"太平天国史料第一人"的萧一山。1936年,向达留学英国的时候,从不列颠博物馆抄得太平天国文书,有天王、幼主诏旨及护王陈坤书部兵册、记事文书等多种文件。同一时期,王重民在欧洲考察期间,从英国剑桥大学图书馆和法国巴黎东方语言学校传回一批国内未知未见的太平天国文献。80年代,王庆成将藏于海外的太平天国文献作了详细的统计和介绍,并积极发现新史料,1993年社会科学文献出版社出版的《太平天国的文献和历史——海外新文献》和2004年中华书局出版的《影印太平天国文献十二种》收录了王庆成于海外新发现的诏旨、告示、公文等太平天国文书若干。

国外友人在太平天国文书发现方面也给过不少帮助,"英国太平天国史学者柯文南从伦敦公共档案馆发现了26件太平天国和天地会等的文献史料",并于1979年寄给南京太平天国历史博物馆,包括了天王诏旨、布告、照会、供词等珍贵太平天国文书;日本东京大学教授小岛晋治将他在日本发现的两件太平天国史料寄回我国。①

国外一些政府部门和图书资料收藏单位保存的档案中,有相当一部分涉及中国近代历史和中外关系史,已经翻译出版的部分只是国外档案的一小部分,大量的档案有的仍藏在库房,有的制作成缩微胶卷,有的已经数字化并上了互联网,中国学者可以根据需要加以利用。章开沅、罗福惠、严昌洪主编的《辛亥革命资料新编》(湖北人民出版社2006年出版)就收录了日本学者久保田文次复印赠送的"日本外务省藏档案——有关中国清末革命党及流亡者部分"、法国学者白吉尔提供的法国外交部和法国陆军部所藏辛亥革命前后法国政府有关中国问题的档案文件选辑和美籍学者史扶邻复印赠送的辛亥革命前后英国外交部关于中国问题的档案文件选辑。

据介绍,日本庋藏有丰富的有关近代中日关系史的档案。这些资料,不仅对研究近代中日关系史,而且对治中国近代史的学者来说,都是极其珍贵的史料。其中隶属于日本外务省的外交史料馆,收藏有5万多册(件)明治、大正和昭和前期外务省与驻外使节的来往电文,在

---

① 参阅赵彦昌、陈婧曙:《论太平天国档案流失海外的原因、经过及其具体分布》,《档案与建设》2012年第7期。

政治、外交、经济、司法、文化等方面保存有大量的中日关系史的原始档案。总理府所属的国立公文书馆中内阁文库现藏有69万册档案,其中与中日关系较密切的档案全宗有《太政类典》《公文录》《公文类聚》《公文别录》《公文杂纂》等。此外日本防卫厅和国立国会图书馆都收藏了大量的近代档案,可资利用。①《日本涉华密档》全部是历史原件影印本,包括《战时日本外务省涉华密档》《近代日本涉华密档·陆军省卷》《近代日本涉华密档·海军省卷》3部分,全部以日本本国的档案材料证实日本侵华历史。线装书局2014年出版。

近年来我国学者在美国国家档案馆查阅有关中国抗战档案时,在美国外交关系档案中发现了反映日军南京大屠杀的珍贵档案、中国抗战的影像、日军在中国使用毒气的情报等等。

英国外交部档案(包含少量外交与联邦事务部档案)现存英国公共档案馆,共计1113个档案系列,其中与清代中国有关的档案涉及10余个类目的70余个系列,档案总量应不少于5000卷。这些档案可以分为三个层次:一是中国档案(FO931),是1858年第二次鸦片战争期间英方劫掠的中国广东省官方档案(英国方面于1988年12月将该档案的缩微复制品交还中国,现收藏于中国第一历史档案馆和广东省档案馆)。二是中文档案(FO682、FO932、FO1048、FO1080),是中文秘书处形成或保存的用中文记述的档案,这4个档案系列与FO931共同构成英国外交部档案中的中文秘书处类。三是英文档案(兼有少量中文档案附件),主要保存在综合通信类,约12个系列;大使馆与领事馆档案类,约42个系列;条约类,4个系列;机密印刷物类,3个系列;领事法院类,3个系列;杂件类,3个系列。② 台港两地图书馆收藏了部分英国外交部档案相关微卷。

其他国家,如美国国家档案馆亦藏有大量关于中国的档案,已翻译出版的有沈志华、杨奎松主编的《美国对华情报解密档案(1948—

---

① 参阅王宝平:《日本东京所藏近代中日关系史档案》,《历史档案》2000年第3期。
② 参阅赵雄:《英国外交部档案及其与清代中国有关档案概述》,《历史档案》2003年第4期。

1976）》（东方出版社 2009 年出版），是以中央情报局为主的美国情报机构收集的中国情报以及对这些情报进行分析和评估的报告。作为中国国内第一部以美国对华情报为主题的译著，本套书有三大特点：第一，档案来源广泛，包括纸质文本、数据库和缩微文献；第二，以绝密、机密的"特别国家情报评估"和"国家情报评估"为骨架，较为全面系统地展示了冷战时期美国情报机构对中国政治、经济、军事、外交状况的认知、分析、评判和预测；第三，由国内知名学者撰写的各编"导论"，不仅概述了本编收录文件的种类、来源和内容，而且对文件判断的准确程度及其原因进行了客观公正的评价。总计约 660 万字，是了解和研究中国与世界现当代史、冷战国际史、政治史、经济史、战争史等领域极为难得的重要参考资料。

法国国家档案馆收藏的陆军部和外交部的档案中，关于中国近代史的资料没有翻译出版的仍很多。

张蓉初翻译的《红档杂志有关中国交涉史料选译》（北京三联书店 1957 年出版），是一本"内部读物"，它是苏联出版的《红色档案》杂志中发表的有关中国近代史上重大交涉事件的档案资料的选译。该杂志是十月革命后苏联学者在整理沙皇时代的档案的过程中随时发表重要资料或是资料性论文的一个期刊。《红色档案》杂志有关中国交涉史料的翻译出版为研究中国近代国际关系史的学者提供了十分珍贵的原始资料，特别是对研究中俄关系史具有重要参考价值。

另外，《俄罗斯解密档案选编：中苏关系（1945—1991）》（沈志华主编，东方出版中心出版）刊登了 2600 余件解密档案。其中有一部分关于战后中苏关系的内容属于近代史范围。

还有国际机构保存的关于中国的档案史料。如"TRUTH"（真相）史料在联合国日内瓦图书馆尘封近 80 年后，近年其复印件回到国内。该档案的作用：开辟国联研究新视角；九一八事变国际性的历史见证；再现辽沈地区知识分子抗战史。

《远东国际军事法庭庭审记录·中国部分》，由上海交通大学出版社与国家图书馆出版社于 2016 年联合出版。它是东京审判有关中国部分的庭审内容以中文形式首次呈现，对这些资料的完整的搜集、整理、译校、出版,使这部分的庭审记录成为便于中国读者与研究者阅读、查考的文献。东京审判中,涉及中国部分的审理共有120日,留下的记录约10400页,译成中文约300万字。按内容、庭审顺序、篇幅分为侵占东北检方举证、全面侵华检方举证、毒品贸易·侵占东北检方举证、侵占东北辩方举证(上、下)、全面侵华辩方举证(上、下)、南京暴行检辩双方举证、被告个人辩护举证(上、下)、检辩双方最终举证与辩护以及远东国际军事法庭判决书等12卷。

图4-7 《远东国际军事法庭庭审记录·中国部分》

第五讲　官员文书类史料

各级政府官员文书,是在他们办公过程中形成的文件,用现在的话说,就是政府官员的职务作品,包括奏议、电稿、公牍、文告等。晚清民国各级政府官员的文书,内容十分丰富,涵盖了政治、经济、军事、外交、社会、文化等多方面的问题,具有重要的史料价值。

"奏议"是一定级别的中央或地方官员写给皇帝的论政言事的文字。刘勰《文心雕龙》将奏议细分为章、表、奏、议,"章以谢恩,奏以按劾,表以陈情,议以执异"。① 他说的是汉代的情况,后世区别渐小,统称"奏议"或"奏疏""奏章"甚至"奏折"。

近代有一种以"政书"命名的书,它不同于"四库全书"中分类的"政书"。《四库全书总目》史籍中有一类为"政书",那是一种著录记载有关典章制度的史书,分通制、典礼、邦计、军政、法令、考工六属。如《通典》《文献通考》之类的书。一些介绍工具书的著作把它作为工具书一类,本书则在"政书与典制类史料"那一讲中介绍。这里所说的"政书"是指各级官员从政时的公文汇集,包括上行、平行、下行的各种公文、案牍。有许多归入各种档案之中,有许多收入个人文集,但仍有以"政书"名称单印的。所以把它与奏议一起列为官员文书类史料。收录有奏议、政书的档案出版物前面已作介绍,至于收录有奏议、政书的官员个人文集,则将在"结集与专著类史料"中介绍。

---

① 刘勰:《文心雕龙》章表第二十二。

一　官员文书的史料价值

由于鸦片战争以后，清政府面临"多事之秋"，一方面，西方殖民者东来，在中外交往频繁的形势下，所谓外交无小事，初与洋人打交道的官员，特别是地方疆吏，凡报告军情、会谈商务、边疆交涉、教案处理，事无巨细，都要上奏朝廷，请求裁断。这类文书比以前要增加许多。另一方面，近代农民运动、少数民族起义和革命运动不断，为了镇压民众反抗，地方官员疲于奔命，中央官员手忙脚乱，要兵要饷，言胜言败，都要上折子。仅同治三年（1864）一年内，曾国藩所上《近日军情片》即有11件之多，这还不算更多的言及具体战事的奏折，可见战争年代，官员文书亦有所增加。同时，朝廷为缓解舆论压力，维护其统治，曾下诏广开言路，征求直言，如，同治初年，言路大开，廷臣争抒所见。光绪二十四年六月十五日（1898年8月2日），正在变法中的光绪帝亦下诏："朝廷振兴庶务，不厌讲求，所赖大小臣工，各抒谠论，以备采择。……其部院司员，有条陈事件者，着由各堂官代奏。士民有上书言事者，着赴都察院呈递，毋得拘牵忌讳，稍有阻隔。"①于是，不仅言官们可以上疏指摘朝政，朝臣也得应诏直陈积弊，士民亦可上书建言革新。由于这些原因，近代官员文书数量激增。其主要特点和价值如下：

官员文书多为第一手材料。奏议、公牍的署名作者，或者本人就是当事人，或者是根据下级官员的报告来起草文稿的。所拟公文，虽不免有夸张、粉饰的文辞，但在一般情况下不可能凭空捏造（欺君之罪是要杀头的）。奏议一般来说反映国家大事，比较重要。材料来源比较直接。所以这类公文应作为第一手材料看待。

从纵的方面看，关于同一事件的奏议或案牍集中在一起，可以提供研究这一问题的比较完整的材料，因为有些持续时间比较长的事件，有连续的上疏。如《黄爵滋奏疏许乃济奏议合刊》，对于鸦片战争前清政府内部严禁派和弛禁派论战的情况，就有比较完整的反映。

---

① 《清实录·德宗实录》卷四二一，中华书局，1986年，第15—16页。

从横的方面看,奏议、政书涉及的面比较宽,同一个时期的大量奏议汇集在一起,可以提供当时政治、经济、军事、文化和社会等方面的情况。因为一个官员要管理当地各方面的大小事务,甚至参与国事,都有奏疏或其他公文。如,张之洞督鄂时的奏疏、公文,不但可以反映湖广地区较全面的情况,连全国性的大事他也颇多建言。

奏议有的由长官亲自撰稿,而大量的却是幕僚主稿,难免虚夸邀功,文过饰非,有不准确的、不真实的地方,还必须参照其他材料加以考订。一般说来,关于外交的报告比军事报告要可信些。有些官员印行的文书,是有删节的。对本人不利的不愿录印,对朝廷不利的不敢录印。一些奏折中所附条陈或建议被驳斥,也不再存刻。所以有些关键性问题在奏折中却得不到反映。清廷在借洋人的力量助剿太平军时,曾于同治元年(1862)花钱从英国购买了一支舰队,聘英国军官阿思本为帮统。阿思本舰队来华后,要直接进攻天京,但曾国藩不愿它分夺湘军的赃物和"功绩",极力反对这个舰队。他与李鸿章联名上奏称:"洋人意气凌厉,视轮船为奇货可居;视汉总统如堂下之厮役、倚门之贱客。则水陆将士皆将引为大耻",①主张将舰队无偿地分赏各国。但《曾文正公全集·奏稿》中没有这个奏折。

电报兴起以后,重要的事情常常用电奏。电奏的特点是反映情况快、敏感,但文字有时简省,意思不明朗,另有奏疏或信函补充,需要互相参阅。

因此利用官员文书作史料时,要注意搜集、阅读有关某件事的全部公文,如连续的奏疏、来往的公牍,不能抓住一件,不及其余。比如一个官员犯了错误,被人弹劾,皇帝派人去调查,有时几上几下,反复进行,直到结案。因此不能只看一个调查者的奏疏,这有可能是一面之词。要掌握全过程。也要注意结集时有篡改的,一经发现疑问,则查对原稿,弄清原意。咸丰四年四月初二日(1854 年 4 月 28 日),曾国藩亲自率战船 40 艘,陆勇 800 人,与太平军战于长沙西北之靖港。结果湘军大败,水勇溃散,陆勇亦退,战船三分之一被焚夺,曾国藩两次投水自

---

① "中研院"近代史研究所编:《海防档》,(甲)购买船炮,第 245 页。

尽,被左右救起。10 天后他上了一个奏折,就是《靖港败溃自请治罪折》,以其在靖港被太平军打败,自请"交部从重治罪"。折后附有朱批。在收入《曾文正公全集》奏稿卷二时,录朱批为:"另有旨。此奏太不明白,岂已昏聩耶? 钦此。"① 其实《清实录·德宗实录》所载此谕为:"此奏太不明白,岂已昏聩耶? 汝罪固大,总须听朕处分。岂有自定一拿问之罪? 殊觉可笑! 想汝是时心摇摇如悬旌,漫无定见也。"② 后面几句因为太丢面子,曾国藩的后人为尊者讳,编集子时删去了。

二 官员文书类史料的分类及举例

官员文书类史料种类很多,且很复杂,主要有如下几类:

(一) 奏稿

奏议系有资格上奏的高级官员奏报给皇帝的文件,所奏内容大多为国家重要政务,因此在各级官员文书中是最重要的。

清代制度,大臣奏疏之刊刻多在身后,由子孙或门生故吏为之,生前刊刻者殊少。盖大臣奏疏,拜印封发,留有原稿,正本仍由朝廷批示发回办理,有朱批者,当年年终将原本清点造册,咨由军机处代为缴存。其他各项批折例不呈缴,只在刊刻之前封送国史馆存备采择。故刊行者只称"奏稿"。如未将原折件缴存而率先刊刻,则将受相当处分。

清代以前刊刻奏稿者不多见。乾隆四十四年(1779)因福建巡抚黄检(汉军旗人)私刻祖父黄廷桂奏疏,朱批多不符,乾隆帝谕令大臣家有刻奏疏者,送京毁版,黄检交部议处。尽管如此,清代刊刻奏稿者剧增。

奏议的刊刻为不能接触宫中档案的人提供了有关资料。当然奏疏不全是国家大事,有封赠赏赐、谢恩请安,甚至表彰"刳股疗亲""节妇殉夫""寿妇百龄""五世同堂"也要载入奏章。这些除对了解官员个人生平或研究社会史有点用外,价值不大。

---

① 李瀚章编:《曾文正公全集》,传忠书局,光绪二年(1876),奏稿卷二,页六三。
② 《清实录·文宗实录》卷一二八,中华书局,1986 年,第 272 页。

晚清奏议出版物很多，刘锦藻《清代续文献通考·经籍考》《清史稿·艺文志》及其《补编》之《诏令奏议类》、日本《东京大学人文科学研究所汉籍分类目录·诏令奏议类》、中国人民大学历史系《近代奏议目录》（油印本）等，记载了较多的近代奏议书目，可供参考。① 奏稿类出版物还可分以下几种：

1. 个人奏稿单行本

个人奏稿单行本，或称奏议、奏疏，或称奏折，或称奏稿、奏牍，前面冠以作者名号。与近代史有关的人物有奏稿单行本的不少，需要熟悉一些有关官制和室名别号等方面的知识，才能从书名上知道作者本名是谁。有用谥号题书名的，有谥号者，认为是很高的荣誉，后人刊刻奏稿时常有以谥号题书名者，如《骆文忠公奏议》（骆秉章）、《曾忠襄公奏议》（曾国荃）、《杨勇悫公奏议》（杨岳斌）、《刘壮肃公奏议》（刘铭传）、《李忠节公奏议》（李秉衡）、《李文恭公奏议》（李星沅）、《曾惠敏公奏疏》（曾纪泽）、《丁文诚公奏议》（丁宝桢）、《彭刚直公奏稿》（彭玉麟）、《刘襄勤公奏稿》（刘锦棠）等，这里的文忠、忠襄、壮肃、忠节、文恭、惠敏、文诚、刚直、襄勤等，皆为谥号；有用封爵题书名的，如《李肃毅伯奏议》（李鸿章）、《左恪靖侯奏稿》（左宗棠）等，恪靖侯、肃毅伯是封爵，左宗棠、李鸿章在其奏议刊刻时健在，尚无谥号，故用封爵；还有用官衔题书名的，如《毛尚书奏稿》（毛鸿宾）、《郭侍郎奏疏》（郭嵩焘）、《周中丞抚江奏稿》（周树模）、《程中丞奏稿》（程德全）等，尚书、侍郎为内阁各部正副长官，中丞为巡抚的另一种称呼，巡抚还有抚军、抚台、抚院、抚宪、部院等别称；有用室名别号题书名的，如《望崧堂奏稿》（陈璧）、《茹经堂奏疏》（唐文治）、《松龛奏疏》（徐继畬）、《耐庵奏议存稿》（贺长龄）等，望崧堂、茹经堂、松龛、耐庵等就是室名或别号；有用作者住所题书名的，如《水流云在馆奏议》（宋晋）、《养寿园奏议辑要》（袁世凯）等，水流云在馆、养寿园分别是宋晋、袁世凯的住所名称；也有用作者治所题书名的，如《归化奏议》（三多）、《抚皖奏稿》（李嘉端）、《抚滇奏疏》（张凯嵩）；至

---

① 龚书铎主编：《中国通史》第十一卷近代前编（上），上海人民出版社，1999年，第13页。

于《筹瞻疏稿》(鹿传霖)、《出使奏疏》(薛福成),则是以所办政务题书名,其中"筹瞻"指处理瞻对土司叛乱事件。现代整理出版的奏稿,则径以其人的名字题名,如《程德全守江奏稿》《锡良奏稿》《郭嵩焘奏稿》《袁世凯奏议》《吕海寰奏稿》等。据龚书铎主编的《中国通史》第十一卷近代前编介绍,各类官员奏议单行本大致情形如下:

(1)京师的阁部大臣及院寺堂官的奏议,约近百种。如刑部左侍郎黄爵滋的《黄少司寇奏疏》,太常寺少卿许乃济的《许太常奏议》,体仁阁大学士翁心存的《知止斋折稿》,户部尚书孙瑞珍的《孙文定公奏议》,内阁学士署户部右侍郎袁希祖的《袁侍郎奏稿》,都御史陆宝忠的《陆文慎公奏稿》等。

(2)科道言官的奏议,约有四五十种。如尹耕云的《心白日斋集》,赵启霖的《静园集》,江春霖的《梅阳江侍御奏议》,胡思敬的《退庐奏疏》。

(3)各省督抚的,如前举林则徐、曾国藩、胡林翼、左宗棠、李鸿章、刘坤一、张之洞、袁世凯等人的奏议都是。他如马新贻的《马端敏公奏议》,曾国荃的《曾忠襄公奏稿》,沈葆桢的《沈文肃公政书》,刘岳昭的《滇黔奏议》,丁宝桢的《丁文诚公奏稿》,岑毓英的《岑襄勤公奏稿》,谭钟麟的《谭文勤公奏稿》,陶模的《陶勤肃公奏议遗稿》,刘铭传的《刘壮肃公奏议》,李秉衡的《李忠节公奏议》等,为数很多。近代督抚共有四百六十七十人,其中有一百四十余人有奏议留下来,各种结集和版本总算起来,共二百六十余种。

(4)边疆地区的将军、大臣、都统、副都统等,和内地督抚一样,掌管该地区军政事务,其奏议结集的也有二三十种,如驻藏大臣景纹的《驻藏奏稿》,归化城副都统兼署绥远城将军文瑞的《光绪绥远奏议》。

(5)钦差大臣的奏议,为数不多,如《向荣奏稿》,《僧格林沁奏稿》,又称《僧王奏稿》。

(6)驻外使节的奏议,计三十余种,如出使英、法、俄等国大臣曾纪泽的《曾惠敏公遗集·奏稿》,出使法、德、奥、俄等国大臣许景澄的《许竹筼先生奏稿录存》,出使英、法、意、比等国大臣薛福成的《庸庵全集·出使奏稿》。

(7)其他各地文武官员,包括学政、布政使、按察使、道员、提督等,传世的奏议亦有数十种,但各人的奏议篇数并不多。①

现将重要奏稿举例如下:

《戊戌奏稿》,康有为撰,麦仲华编。戊戌变法期间,康氏奏折稿有63篇(其中有代人作者)。变法失败后,多抄没散佚。后其女康同薇搜集,辑得20篇,以收全无期,为免再次散失,遂删定印行,附"进呈书序"5篇。另有目无文13篇。《知新报》中所载康有为戊戌年的奏稿竟未收。有宣统三年(1911)刊本。汤志钧所辑《康有为政论集》,于散

图 5-1 《戊戌奏稿》书影

佚、代作奏稿,颇多补录。孔祥吉撰有《〈戊戌奏稿〉的篡改及其原因》一文,指出康有为对其戊戌年奏疏改易颇多,主要是从以下几方面进行:①加进了制定宪法、实行立宪的内容;②将维新派在变法时的政治纲领由开制度局改为开国会;③极力掩饰他在百日维新前后尊崇君权的思想。孔祥吉认为兴民权、开国会等是维新派原本的思想,但在百日维新期间有所倒退。十几年后刊印《奏稿》时,增添了所谓大开国会、立行宪政、限制君权之类的内容,一则用以回击革命派的攻击,以求摆脱政治上的困境;二则可以起到敦促清廷尽快实现立宪的作用。②

端方所撰《端忠敏公奏稿》,沈冕士、杨子勤、家筱濂等编,劳乃宣序谓"已岁在屠维协洽陬月",即农历己未年正月,也就是公历1919年。③ 所收奏稿自光绪二十五年(1899)九月暂护陕抚起,至宣统元年(1909)督直止,共16卷。对于新政中练兵、教育多有建言,光绪三十

---

① 龚书铎主编:《中国通史》第十一卷近代前编(上),上海人民出版社,1999年,第13页。

② 参见孔祥吉:《〈戊戌奏稿〉的篡改及其原因》,《晋阳学刊》1982年第2期。

③ 《中国近代史文献必备书目》谓民国七年即1918年铅印,《中国历史大辞典:清史(下)》谓有1913年刊本,均与序言所记年份有矛盾。

一年至三十二年(1905—1906)出洋考察政治,回国奏请改定官制以为立宪预备等情形也在奏稿中,且颇多关于鄂省史实。但谢恩折多。

《庸庵尚书奏议》系陈夔龙所撰,俞陛云编。共16卷,从光绪二十五年(1899)起至宣统三年十二月十八日(1912年2月5日)交卸直督暨北洋大臣篆务止,按任官地点分为京兆奏议1卷(顺天府尹)、清淮奏议1卷(督漕)、大梁奏议4卷(抚豫)、三吴奏议2卷(抚苏)、两湖奏议4卷(督鄂)、北洋奏议4卷(督直)。在京兆任内,八国联军入京,诏派充留京办事大臣之一,协助奕劻、李鸿章等议和。后历任外官,办理新政,镇压人民反抗斗争,对于预备立宪问题也有建言,表示出一种保守审慎的态度。1913年印行。

《养寿园奏议》是袁世凯的奏议,从光绪二十四年(1898)八月小站练兵始,迄于三十三年(1907)七月内调外部止,按年排次,巨细无遗。沈祖宪编的《养寿园奏议辑要》选择其特别重要者别为"辑要"6册共44卷。中国当时所谓新政,都是枝枝节节而为之,学点皮毛,聊以涂饰外人耳目。只有湖北和直隶两省办得好些,比较系统,有一定规模。袁世凯在直隶办新政,六七年间粗具规模,对后来直隶实业、新政,颇有影响,这也是袁世凯在民国初年能够得到各方面的支持成为举足轻重的强人的原因之一。从他的奏议中可以看到有关迹象。同时,袁的奏议无一不与清季朝政有关,与当时内阁官报相比,详略相去很远,可补充政府公布的材料之不足。该书1938年由项城袁氏宗祠刻印。

《江春霖御史奏稿简注》由卢金城注,厦门大学出版社2000年版。江春霖(1855—1918),福建莆田人。字仲默,号杏村,光绪进士。任御史时,不畏权贵,敢于直言,曾先后8次上书弹劾直隶总督兼北洋大臣袁世凯,并参劾奕劻卖官纳贿,贪污腐败。光绪三十四年(1908)上书抨击摄政王载沣。宣统二年(1910)再参奕劻,奉旨回原衙门行走,愤而辞职归乡。辛亥革命后不剪发为道家装束,住梅阳山,自号梅阳道人。该书系对江春霖著《梅阳江侍御奏议》(1919年刊印)的简注本。书中奏稿有较高的史料价值。如《奏劾莆田田赋不均,请饬量为增减疏》《奏请饬限清理莆田田赋疏》《奏参莆田县官吏通同作弊田赋疏》

等,是关于当年莆田田赋、官吏苛勒百姓乃至逼死人命情况的可靠文字记录。《请核定官俸片》详细记载着清朝各级官员俸禄情况及为了提取对外赔款银两清廷折扣官员俸禄的情况,是研究清朝官员薪酬、俸禄对腐败的影响等的重要参考资料。①

《刘襄勤公奏稿》是吴丰培据清光绪二十四年(1898)长沙刻本整理的刘锦堂的奏议。卷首有吴丰培序。刘锦堂是湘军将领,久隶左宗棠部,后进军新疆,平定阿古柏叛乱,安定全区,并出任新疆建省后第一任巡抚。他在新疆更改旧制,使新疆二百年来由军政管理,而改为正规的行省制度,筹饷运粮,练兵汰勇,兴办屯田,安抚民族,有一定的建树。本书将他进驻新疆的奏稿,举凡经办之事务,如内政、外交,一切奏报政府的奏章具备于此,乃为新疆研究的可贵资料。书目文献出版社1986年影印出版。

恽毓鼎所撰《澄斋奏稿》由史晓风标点整理,浙江古籍出版社2007年出版。恽毓鼎(1862—1917),字薇孙,一字澄斋,河北大兴人。光绪进士,担任晚清朝廷史官达19年之久。对办理新政、经营新疆、修铁路、办教案等多所建言。该书对于清史研究,特别是晚清历史研究具有重要价值。

《左文襄公奏牍》由台北"中研院"历史语言研究所编。左宗棠所遗《左文襄公全集》有奏稿、文集、书牍、批札等94卷。本书取其"奏稿"及"书牍"中与台湾有关各篇,合辑为"奏牍"。左宗棠服官与台湾直接有关的,计分两段时间,即在闽浙总督任内与钦差大臣督办福建军务时期。前一时期为同治二年至五年(1876—1879),初则专意两浙,继则剿办"粤贼",治军之日多、治事之日少,对于台湾的经理,较少顾及。后一时期为光绪十年至十一年(1884—1885),时值法兵侵台,专为督办援台军务赴闽。故本书所收"奏稿",前一时期较为零杂,后一时期则具始末。其中多份奏疏对于在中法战争中中国军民抗击法国侵略者,保卫台湾的事迹,多有陈述。

---

① 参见陈天宇:《一个清末御史奏稿的启示——〈江春霖奏稿简注〉读后》,载莆田新闻网(www.ptxw.com)。

2. 奏稿汇编

奏稿汇编有3种类型：

(1)相关人物的奏议汇编，如：

有一种《四家奏议合钞》，汪瑸编辑。8卷，卷首1卷。有光绪九年(1883)随山馆刊本。是林则徐、骆秉章、胡林翼、曾国藩四人奏稿选编合刊本。其中《林文忠公政书》2卷，收林则徐在各地任职时有关河工、赈灾、民政、盐务、漕运、禁烟等奏稿32篇；《骆文忠公奏议》2卷30篇；《胡文忠公遗集》2卷48篇；《曾文正公奏议》2卷44篇。后三种奏稿多涉及清军与太平军作战时有关用兵、筹饷、练军、选将等事。把林则徐与后面三人合在一起出奏稿，也许与镇压太平军有关，因为道光三十年(1850)拜上帝会在广西活动频繁，清廷任命林则徐为钦差大臣，要他"驰赴广西"。卧病在家的林则徐"在侯官奉到上谕，至是力疾上道……卧舆兼程，日行百里"，病情加重，在潮州去世。由于林则徐是在赴任途中去世，他的奏稿中就没有镇压起义军的内容。书中所录奏稿，凡原无标题者皆据内容添加，篇幅过长者间加删节。

还有围绕禁烟问题进行严禁与弛禁论争的《黄爵滋许乃济奏议合刊》，齐思和整理，中华书局1959年出版；山东诸城刘氏祖孙三代刘统勋、刘墉、刘环之撰的《诸城刘氏三世奏稿》(一卷)等。

(2)专题性奏议汇编，如：

佚名编《船政奏议汇编》，54卷。有光绪十四年(1888)福建本衙门(即督办福建船政大臣衙门)刻本。《船政奏议续编》，不分卷，不著编者，宣统二年(1910)福建本衙门铅印。两书辑录了自同治五年(1866)，迄光绪二十八年(1902)36年间督办福建船政诸大臣左宗棠、沈葆桢、文煜、丁日昌、吴赞诚、黎兆棠、张梦元、何如璋、张佩纶、裴荫森、卞宝、谭钟麟、边宝泉、裕禄、增祺、许应骙等人有关船政的奏疏，为研究福州船政局、海军以及中法战争的重要史料。

《琼选汇编(清末军事时务奏稿类编)》，傅永康辑，光绪年间稿本，全国图书馆文献缩微复制中心2005年印。本书为清光绪年间洋务新政时期各地军政要员上呈光绪皇帝的关于军事时务的分类奏稿。全书依水师奏稿、陆军奏稿、时务奏稿、船政奏稿分为4卷。各卷首列目录，分类收录各地总督、巡抚、将军、水师提督、总兵、布政使、总理船政等各地军政要员上呈光绪皇帝之具奏、会奏,共百余件。此书庋藏国家图书馆多年,未曾刊布,现据原件影印出版。以上呈奏议者皆朝中大员,如李鸿章、袁世凯、鹿传霖、刘坤一、荣禄、刘秉璋、谭钟麟、刘永福之辈,故颇具价值。

《中日甲午战争奏稿》(全1册),全国图书馆文献缩微复制中心2010年出版。收录中日甲午战争开战、议和、签约各阶段丁立钧等上呈奏稿,凡28件。内容主要涉及:朝廷和战之议;甲午军务兵情;呈奏作战机宜;力谏议和签约;纠弹参奏专权误国大臣等。这些原始奏稿从不同的侧面揭示了甲午战争的幕后风云,极具参考价值。

《户部奏稿》,国家图书馆分馆编,全国图书馆文献缩微中心2004年印。原档为68册,藏国家图书馆。包括户部呈交之奏稿51册和各省巡抚大臣财政奏销的阁钞17册两部分,时间由光绪九年(1883)七月起至光绪十一年(1885)十一月止,逐月收录,每月1~5册不等。时值洋务时期,内容较多的涉及筹办海防及金陵机器局和天津机器局等用款度支方面。同时还有催促各省交纳漕粮、筹办粮饷、春夏收支、赈济灾民,由各省筹给京官津贴,以及向各省拨款事宜等方面。书中奏销制度是清代财政制度的一项非常重要的职能,李鸿章、左宗棠、卫荣光、裕禄、潘蔚等封疆大吏所奏之岁课奏销,涉及田赋奏销、钱粮奏销等。是研究清光绪年间户部职能及具体政策制度、事务的极有价值的史料。

《清光绪兵部奏稿》则是国家图书馆藏清兵部职方司抄录本,共13册,包括《兵部奏稿》和《兵部奏折底》两部分组成。时间为光绪十一年至十五年(1885—1889)和光绪二十八年(1902)。经文津书店以年月日顺序编排整理出版。内有大量封疆大吏等奏折,反映这一时期及前期军政事件。其史料丰富,内容详尽,为中国近代史的研究提供了珍贵的历史文献,尤其对清末历史事件和军政档案的研究有补阙的作用。

《清宪政编查馆奏稿汇订》,宪政编查馆撰,清光绪间稿本。内容为光绪三十三年(1907)宪政编查馆馆务、政务等各项奏折。清末新政最重要的一项就是实行宪政、预备立宪,清政府派员出洋考察宪政,命政务处筹订宪法大纲,并于光绪三十二年(1906)宣布预备立宪。本书即是隔年宪政编查馆对宪政的奏折报告之原始稿件。该书提供了预备立宪后,清朝政府在实行预备立宪方面做出的种种努力及考察的真实记录,还涉及法部大理院修订法律办法等。本书的出版,为研究这一段历史,考证清政府的新政政策提供了不可多得的第一手资料。

毛佩之纂《变法自强奏议汇编》20卷(光绪二十七年上海书局石印本)、程宗裕编《教案奏议汇编》8卷(光绪二十七年上海书局石印本)、邮传部参议厅编核科辑《邮传部奏议类编》6册(排印本)和《江楚会奏变法折》3册(光绪二十七年两湖书院刻本)等,都属于专题奏议汇编。

(3)按时间选编的奏稿汇编,如:

《皇朝道咸同光奏议》,王延熙、王树敏辑。64卷。编者仿《经世文编》体例,辑录道光、咸丰、同治、光绪4朝名臣有关时政的奏议而成。分治法、变法、时务、洋务、吏政、户政、礼政、兵政、刑政、工政10类,下又分60余子目。采录曾国藩、李鸿章、左宗棠、张之洞、丁宝桢、薛福成等人的奏疏较多,而康有为、梁启超等人变法奏议则未予辑入。其奏疏多从各家刻本、文集中辑出,亦有借私藏抄本、官藏原本抄录者。有光绪二十八年(1902)上海久敬斋石印本。

按时间选编的奏稿还有《同治京外奏议汇钞》全二册,全国图书馆文献缩微中心2006年出版影印版。王茂荫等撰《咸同奏稿》等。

(二) 政书

政书的内容比奏稿要广泛,表现在(1)不仅有奏疏,还有其他公文,包括上行、平行和下行的文书,如告示、函牍、禀、谕等。(2)不仅有资格上奏折的官员有政书,没有资格上奏折的官员也可以有政书。清朝典制规定,并不是凡当官都可以上奏,只有内阁各殿、军机处、六部以及院、府、寺、监等衙门的大臣、各地将军、督抚、提镇、学政、顺天府尹、奉天府尹、盛京各部大臣才能直接向皇帝上奏折。戊戌变法时曾一度打破这个规定,破格允许下级臣民上书言事,但只是昙花一现,戊戌政变后又恢复了老样子。不能上奏折的官员没有奏稿,但可以出政书,如马毓桂于光绪二十六年(1900)八月任河北河间县知县,全力镇压义和团运动。越二年,辑所拟告示、函牍、禀、谕等成《守拙轩政书》。是研究义和团运动的参考资料。有光绪二十八年(1902)北京华北书局排印本。(3)民国时没有奏议,但可以有政书,包括电稿、公牍、文告等。

下面介绍几部有特色的"政书"。

《樊山政书》,系樊增祥著。20卷。樊增祥(1846—1931),字嘉父,号云门,又号樊山、天琴,湖北恩施人。光绪三年(1877)中进士。散馆后,于光绪九年(1883)起,历任陕西宜川、咸宁、富平、长安、渭南等县县令近11年,"劳形案牍,掌笺幕府,身先群吏,并用五官"。后升任臬、藩,"颇负一时清望",文章政事俨然大家,批答文字很有特色,每一批词发表,吏民传写殆遍。樊增祥是张之洞早年在湖北任学政时的得意门生,他的文章张之洞也爱读。每期山西官报至鄂,张之洞都高兴地披览,并对僚属诵读,称赞说:"云门下笔有神,每言出若口必与人异。"张之洞也批评他说"藩司官不为小,而好作谐语是其一病",樊增祥很感激老师的批评,在编政书时,淘汰了那些游戏文字,但仍保留了一些谐语,他认为这样可以"聊志吾过,且实师言也"。诗歌判牍皆有盛名,他的判牍被誉为书中佳作,后世文官奉为圭臬,常置诸座右,以备参考。该书收录他光绪二十七年至宣统二年(1901—1910)间的公牍,内容丰富,真实地反映了近代政治、经济、法律、社会等多方面的状况,史料价值极高,历来受到重视。此书经点校后于使用更加方便,可为相关研究人员案头常备之书。中华书局2007年出版了点校本。点校者为北京大学孙家红,他指出:"本书收载樊增祥在秦中臬藩两司及江宁藩司任内公牍,由于按察使、布政使所处的独特位阶,公务繁冗,或批复州县文禀,或判决百姓讼案,或者申详部院,或者访查民隐,是以,此书作为研究清末基层政治法律历史之难得史料,有助于开阔研究的视野。"[①]

《林文忠公政书》,3集,37卷。林则徐死后其子林汝舟、婿沈葆桢辑录刻印,属于"家刻本"。以前古籍根据刊刻者的不同,有官刻、坊刻、家刻之分。家刻本是自家出资刊印自己或先辈的著作,其动机不为出售牟利,而是馈赠亲友,传于子孙,以便藏之深山流传久远。该书收

---

① 孙家红:《樊增祥和他的〈樊山政书〉——转型中的法律与社会》,《樊山政书》前言,中华书局,2007年。

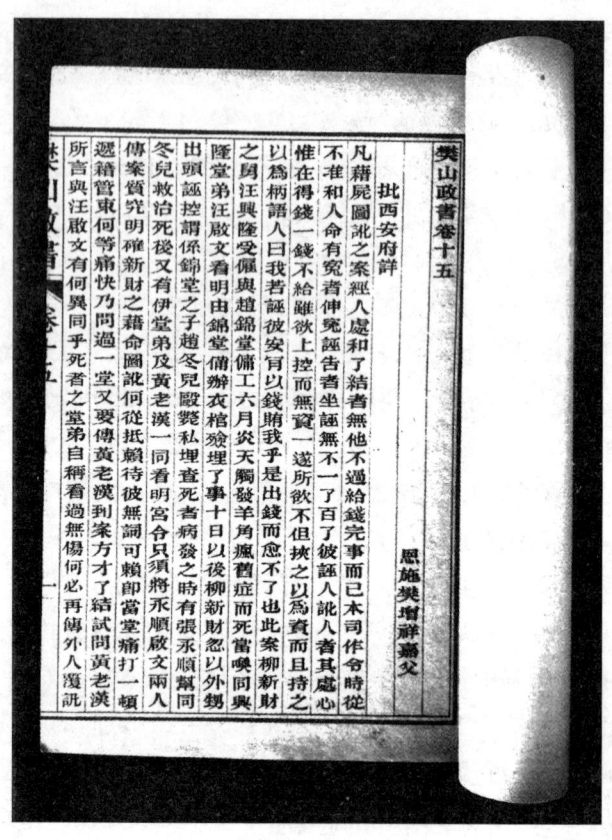

图 5-2 《樊山政书》书影

录了林则徐在各地任职期间的奏议,包括河道总督、江苏巡抚、湖广总督、禁烟钦差大臣、两广总督、陕西巡抚、云贵总督等任上的奏稿 10 卷。因为是出自家刻,来源真实可靠,对于研究林则徐的生平、政绩及思想理念具有重要史料价值,特别是其中的使粤奏稿、两广奏稿,包括禁烟、抗英的折片 151 篇,以事件一方主要当事人的角度,完整、真实地记录了从清查收缴鸦片,对英交涉,到虎门销烟,定海抗英的过程,是研究鸦片战争历史的宝贵资料。但所收奏稿不著年月,且有遗漏。有光绪二年(1876)印本。中华书局 1965 年出版《林则徐奏稿》,收奏章 587 篇,对前书是重大补充。

林则徐女婿沈葆桢的《沈文肃公政书》由吴元炳辑。7 卷。全部是奏稿,十分之七八出自沈葆桢手稿。起自同治元年(1862)终于光绪五年(1879)。前三卷为在江西巡抚任内所上奏章,多关于太平军事;卷四为总理船政时所上奏章;卷五为经理台湾时所上奏章;卷六、卷七为在两江总督任内所上奏章,多系两江防务、吏治、民生的内容。吴元炳在序言中称沈葆桢"总理船政,诡制殊状,船俚睚目;渡台抚番,披荆斩棘,贲育却步",许多建白不是寻常循分尽职者所能提出的。虽然密陈至计未能悉以刊行,但从这部政书中还是可以了解沈葆桢一生的作为。有光绪六年(1880)刻本。

《丁中丞(日昌)政书》,又名《丁禹生政书》,丁日昌著,温廷敬编。36卷。丁日昌,字雨生(又作禹生),是同治、光绪年间名臣和洋务运动的中坚人物,曾广泛涉足晚清洋务、吏治、外交、海防等领域,建树颇多。该书收录丁氏从政时的职务作品,包括《藩吴公牍》《巡沪公牍》《淮艖摘要》《淮艖公牍》《抚吴奏稿》《抚闽奏稿》6种。有台湾文海出版社有限公司1980年印本,香港志濠印刷公司于1987年以《丁禹生政书》书名出版。该书受到学术界的重视,被认为"对于研究和了解丁日昌的历史,研究清末咸丰、同治、光绪三朝的地方吏治,研究洋务运动,研究近代中国经济史、盐政史、中外关系史以及台湾史,都具有重要的价值"[①]。丁日昌还有一部《百兰山馆政书》,以前少为人关注。为广东中山图书馆藏本,共14卷,署名门人李凤苞编,王韬校字,桂坫、杨玉衔复校,未署刊印地和刊印年代。卷前收有丁日昌的《入觐承恩记》和《清史稿列传·丁日昌》《广东通志列传稿·丁日昌》、李文田撰写的《丁公行状》,卷末收有周易、姚梓芳、桂坫所写跋文和黄际遇所写后记。此书收录丁日昌所撰有关政事方面的文字共计292篇。从文体形式看,包括有政务条陈、公私信函、办事章程、外交照会、奏疏、批示、书序等;从时间跨度看,最早者是咸丰甲寅(1854)丁日昌在潮州参与镇压吴忠恕起义时所写的《致总局设陷隍米运书》,最晚者是丁日昌去世前一日口授之《遗折》,可以说跨越了他整个的从政生涯;从内容上看,该书与

[①] 范海泉、刘治安:《丁日昌及其政书(代序)》,《丁禹生政书》卷前,香港志濠印刷公司,1987年。

前述台湾、香港出版的《丁禹生政书》基本上不重复：前书所收多是丁在上海、江苏、福建为官期间的批札公牍和奏稿，而后者则以丁向朝廷以及上级官员呈递的各种条陈、致总理衙门和朋僚的信函为主，且已不限于为官期间文字，还包括了丁栖身幕府和几次家居养病期间的作品。因此，《百兰山馆政书》和《丁禹生政书》两书实可相互补充，皆为丁日昌一生从政的主要遗著。①

《退耕堂政书》系徐世昌撰。55 卷。录有奏议 32 卷，说帖、条议 2 卷、函牍 8 卷、电文 13 卷。徐世昌，清季翰林，官至东三省总督，体仁阁大学士。曾是袁世凯的支持者，与北洋军阀关系密切，曾任北洋政府大总统。奏议从甲午岁疏请召用张之洞始，到辛亥年奏恳收回授为内阁协理大臣成命止。不著年月。函牍将致某人、某部的信函辑在一起，但亦不著年月。仅电文署年月日，且将每一事件的电文编在一起，如，哈尔滨自治会案、哈尔滨交涉局案、设关征税案、拉哈苏苏临江关务案、夹皮沟金矿案、延吉交涉案、中俄边境交涉案、会议币制案等。延吉交涉案往来电文最多。按事件将文件编在一起，有利于了解事情的全貌。有北京中国书店 1984 年重印本。

《黎副总统政书》是黎元洪在武昌起义后所撰的文件的汇编，易国干等人辑。共 34 卷，主要内容为号召全国响应武昌起义和维持统一。以开府武昌至正式政府成立为断，临时期内稿件均属之。以年月日为经，文件为纬，让读者对事情的来龙去脉易于明了。外来文件与本书相印证者附载于后，以备参考。起自辛亥八月二十四日致全国父老电，迄于 1913 年 12 月 9 日上袁世凯报告业经起行呈请派员代理电，全部是电稿。为辛亥革命重要史料。有湖北官书印刷局 1914 年版、上海古今图书局 1915 年版。后来黎元洪当了大总统，又有《黎大总统政书》，辑者同上书，有上海晋益书局 1916 年版。又有《黄陂政书》，以黎元洪系湖北黄陂人得名。由张謇编辑并题写书名。1916 年晋益书局石印。汇集了黎元洪继任时（1916 年 6 月 9 日至 13 日）来往电报 105 件，内

---

① 赵春晨：《丁日昌〈百兰山馆政书〉的史料价值》，吴奎信、徐光华主编：《第五届潮学国际研讨会论文集》，香港公元出版有限公司，2005 年。

容主要是黎元洪为了稳定政局主动发给当时一些政界要人的,意为要求承认与支持他的继任。还有黎元洪收到的各方面来电,表示祝贺并充分表达了要求遵守《临时约法》重建共和、希望全国团结努力建设国家的良好愿望。是研究黎元洪生平和当时政局的主要史料。

以政书作书名的官员作品还有《合肥李勤恪公(瀚章)政书》,李瀚章撰,李经畲等编。《卞制军(颂臣)政书》,卞宝第著,没有目录,由其子綍昌、绪昌、绶昌校,应该是家刻本。《开县李尚书政书》,李宗羲①撰,有台湾成文出版社 1968 年版。《浙江朱都督政书初稿》,朱瑞撰,枕戈待旦生编,上海商务印书馆 1913 年版。《吴佩孚政书》,中央新闻社编,上海世界书局 1922 年版。

(三) 电稿

电稿就是电报底稿。各衙署以电报为私人文书,去官时携行,不入交代档册,所以可以单独出版。在电报中有时会遇到一则电报前面有"X 密",如"健密""申""洪"等字样,这是某种事先规定的密电码,收到电报的人就按该电码译出电文。张荫桓《三洲日记》就记有"十九日,谒辞醇邸,属筹议香帅疏陈之件,期必有成,并约密电码'兵气销为日月光'七字冠首"。②"兵气销为日月光"是唐朝诗人常建《塞下曲》诗句,他们设定为越洋外交电报的密电码。电报后面落款时日期常常用韵目代日,前面已讲过。另外人名、地名也常常使用简称,需要注意。

《徐树铮电稿》是《近代史资料》的一部专刊,中国社会科学院近代史研究所近代史资料编辑组编,中华书局 1962 年出版。徐氏早年为段祺瑞幕宾,后为皖系军阀干将,1916 年任国务院秘书长时,被目为段的"智囊"。此书收录他 1917 年 12 月至 1918 年 10 月的电报底稿。这时他任段内阁陆军部次长,曾怂恿段对南方护法各省用兵,并借参加欧战之名,大举对日借款,编练"参战军",扩充段的兵力。又赴奉策动张作

---

① 李宗羲(1818—1884),四川开县人。曾在安徽任知县,协助曾国藩管理军务,以镇压太平军有功而升任山西巡抚。官至两江总督,并办理南洋大臣事务。后因病上疏辞职。

② 任青、马文忠整理:《张荫桓日记》,上海书店出版社,2004 年,第 3 页。

霖派兵入关,参加对南方作战,自任奉军副司令。本书即是徐氏任奉军副司令时期致各方面的密电存稿。主要内容为:北洋军对南方护法军作战的计划、布置及战况;皖系军阀与直系军阀的明争暗斗;奉军入关后的具体事务。反映了北洋军阀政府的许多事实。从电稿中可以看出皖系军阀祸国罪行,完全得到日本帝国主义的支持。也可以看出当时各系军阀特别是皖系军阀势力的构成情况、皖系制造内战的具体情况、直皖两系军阀冲突的情况等。对研究当时的历史提供了一些重要资料。私人应酬、军中琐事、普通人事往来,与政治斗争或作战情况关系不大的,编辑时均予删去。

《养寿园电稿》是袁世凯的电稿,沈祖宪辑。袁氏电稿久经散佚,存者无多。经台北文海出版社搜集,才得以在1967年结集出版。内容有(一)电禀稿,系自光绪十二年(1886)元旦日起至本年七月十六日止,原为第二册;(二)津院去电,系自光绪十八年(1892)十月二十八日起至十九年四月初九日止,原为第十四册。此两种均为袁驻朝鲜时期致天津北洋大臣李鸿章之电稿,于发出后照原式登录,用〇代"凯"字。(三)电稿,自光绪十六年(1890)五月二十七日起至二十四年(1898)九月十七日止,原分3册,其第一册注明为第三卷。亦系袁于中日战争前后致电李鸿章及其他有关方面之原稿。此书是研究袁世凯早年生平的史料。

《张文襄公(未刊)电稿》系张之洞的电稿。全国图书馆文献缩微中心2005年影印出版。国家图书馆珍藏的这部《张文襄公电稿》,收录了清光绪九年至十四年(1883—1888)张之洞在任两广总督任上,上书皇太后、皇帝的电奏,致军机大臣、同僚等的电报。颇多关于中法战争、改革税收制度、兴办实业的建言。《张文襄公全集》中所收电稿只是摘录了他的部分电稿,而非督粤之电稿的全部。此书为原始的译电底稿,故对研究晚清的政治、军事、经济以及近代工业的创立和发展,对研究张之洞生平事业,仍有一定价值。民国年间还有许同莘编辑的《张文襄公电稿》66卷刊行,南皮张氏后人亦有45册张之洞电稿抄本。

《黄兴未刊电稿》由薛君度、毛注青编,湖南人民出版社1983年出版。本书收集黄兴等未刊电稿124件,其中黄兴个人发出的88件,黄兴与孙中山、谭延闿、柏文蔚等联名发出的14件,张孝准、李书城、黄一欧、徐少秋等发出的22件。原稿共30页,发电时间自1916年5月22日起,至10月22日(即黄兴在上海逝世前9天)止。又有孙中山及殷汝骊等致黄兴电各一件。这批电稿为国内少见。涉及当时重大政治事件的,有以下5个方面:一、黄兴由美抵日,在日借款购买军火,加强反袁武装斗争,为此与孙中山频繁电商;二、在扩大护国战争及袁世凯毙命后停战善后问题上,与各地护国军领导人的多方研讨;三、黎元洪继任大总统后,在恢复旧约法、召集旧国会、组织内阁问题上的秉公促进;四、为阻止北洋军阀及进步党势力抢夺湖南地盘而推荐蔡锷、谭延闿督湘的精心策划;五、为反对北京政府以中日"合办"湖南水口山矿为条件向日方订约借款而奋起力争的周密部署。此外,近年来搜集到的一部分没有汇编入集的黄兴著作也附入本书。是研究黄兴后期革命斗争活动的重要史料。

《民元藏事电稿》,原为4册《西藏事件电稿》抄本,系1912年国务院所存的有关西藏、西康的来往电稿,主要内容有辛亥革命后藏内纷乱时,清朝最后一任驻藏大臣联豫、民国首任驻藏办事长官钟颖的告急求援求饷的电报,时在印度的史悠明(甘孜的中国外省贸易代理人,并兼任甘孜贸易市场的监理)、马师周(西藏靖西同知)、陆兴祺(曾护理驻藏办事长官)等人向袁世凯政府发出的电报和袁政府的复电,以及恢复达赖喇嘛封号的文件并达赖的回电等;川军西征时关于战争经过的往来电稿;袁政府为免英人干涉,阻止川军进军的电报;部分关心藏务之士的条陈。具有重要史料价值,经吴丰培辑录、整理,与《藏乱始末见闻记四种》合刊于《西藏研究》编辑部编的《西藏研究丛刊》上,西藏人民出版社1983年出版。

此外还有张佩纶撰《涧于电稿》(丰润张氏涧于草堂民国年间刻本)、李鸿章撰,吴汝纶编录《李文忠公电稿》(40卷,1921年影印本)、吕海寰撰《吕海寰往来电函录稿》、杨儒辑《中俄会商交收东三省电报汇钞》、王尔敏、陈善伟编《盛宣怀往来函电稿》(香港中文大学出版社1993年出版)、吴伦霓霞、王尔敏编《盛宣怀实业函电稿》(香港中文大学中国文化研究所史料丛刊第6辑,1993年印)、邓承修撰《中越勘界往来电稿》(4卷,1918年印本)、曾纪泽撰《曾纪泽电稿》(一册,清抄本)、王汝卫录《中法之役电稿》(一册,清抄本)等。

(四) 公牍

公牍是官员为公事而写的公函、文件之类的总称,又称为"案牍"。薛福成在《出使公牍》中介绍说:"公牍之体,曰奏疏,下告上之辞也;曰咨文,平等相告者也;其虽平等而稍示不敢与抗者,则曰咨呈;曰札文、曰批答,上行下之辞也。其施之官稍下而非所属者,则曰照会;曰书函,上下平等皆可通行者也;曰详文、曰禀牍,皆以下官告其上官者也。在两司上者可勿用。大臣出使有洋文照会者,盖以此国使臣告彼国外部大臣之辞,亦即两国相告之辞也。"①对于如此复杂的文件,要注意掌握各自的用途,才好把握其内容。

各级官员日常处理政务的各种公牍,其内容一般说来不如奏议重要,但就其记述下层事务的具体详尽来说,又往往超过奏议,可补奏议之不足。

这里先简单介绍许同莘《公牍学史》和徐望之的《公牍通论》两书(已收入《民国丛书》第三编为一册),供利用公牍类史料时参考。

《公牍学史》是关于中国文书学历史与理论的专著。许同莘在晚清张之洞幕府掌笺文案,民国后又在一些政府机关从事文秘工作,长期文案工作使他熟悉历代章奏文移事宜。该书分两部分,前部分述上古至清代公牍学的历史,并胪列各代的公牍范文,加以评析;后部分有内外两篇,名为"牍髓",论述治公牍者的修养、情操及文书撰拟技巧等。附录有治牍须知,讲述拟写公文应注意的事项,总结和概括了作者长期从事文书工作的实践经验。该书对研究中国公牍学和档案学具有重要参考价值。1947年商务印书馆出版。1989年档案出版社作为档案学研究资料丛书之一,经王毓、孔德兴校点再版。

《公牍通论》,徐望之著。上海商务印书馆1931年初版,后成为畅销书,多次再版。徐氏1929年曾在河北训政学院主讲公牍课程,此书

---

① 薛福成:《出使公牍·序》,光绪戊戌年(1898)传经楼刻本。

即他编的公牍讲义。他在书中强调写好公文的意义:"盖公牍之中,有品,有学,有识,有文……在上者固当以此取才,在下者亦即以此自立。如此,则党治人才,必能辈出。他日布之县市,敷政优优,则所谓积弊,何患不除?所谓纲纪,何患不肃?公牍效用,有如此者!至若斤斤然徒为形式之求,纵令悉中绳墨,躯壳仅存,又何足贵哉?……即以公牍而论,苟能在卷牍中留一分精神,便可为人民减了一分苦痛,余尝谓拟出有益于民之公文一道,胜贴不着边际之标语千张。"并给公文下定义曰:"公文者,国家或地方机关相互间及与人民或团体相互间,为意思表示于一定程式之文书也。"根据他本人提出的"公文之种类,在质不在形。定种类之数量,宜少不宜多"的原则,认为公文种类应删定为令、批、呈、函、布告五种。他还从结构、公文之叙法、用语和程式等方面论述了公文写作的理论,并详细讨论了公文的写法。不仅从行文的方向角度阐述了上行、下行和平行的体例问题,更注意到当时所惯用或沿用的与公文程式条例规定相异的文书,指出:"治牍者,仍应辨其异同,谙其体例,初不容率尔操觚,遗人笑柄也。"曾任山东菏泽知县的汪鸿孙在为该书所作序言中这样评价道:"吾国以公牍列作教程,可谓前无古人;而是编之闳博精确,谓为后无来者,洵非溢誉。今以饷世之学者,其关系党治前途者,裨益实匪浅鲜!苟入政之士,果心领而神会之,自可得左右逢源之效。尚得为幕胥故技所束缚乎?鸿孙作宰二十年。公余之暇,数数操觚,略知甘苦。自承先生出示此作,读未终篇,而瞠目咋舌矣!行见先生之化,风行全国,又岂仅河北一隅,受其熏陶涵育也哉!"

近代较有价值的公牍出版物有:

沈葆桢的《沈文肃公牍》,16卷。江苏广陵古籍刻印社1997年出版。收录沈氏在巡台和督江时与李鸿章、左宗棠以及闽浙、两江、湖广的督抚司道和师友的往来函件。第一至六卷主要反映沈葆桢巡台和整治台湾的各项措施。第七至十六卷则是沈葆桢任两江总督时的政事活动,集中反映了他从同治十三年至光绪五年(1874—1879)治理江南民政、军政、财政、经贸、文化以及涉外等领域的主张和措施。是研究中国近代史颇具有价值的资料。又有作为"八闽文献丛刊"的《沈文肃公牍》，由福建人民出版社 2008 年出版。

薛福成所著《出使公牍》，10 卷，按年月分类汇辑其出使英、法、意、比时所作咨文、书函、札文、批答、照会、电报等而成此编。多为研究当时中外关系、洋务运动者所引作参考。有光绪年间刊本。

《黄留守书牍》收录了南京留守时期黄兴的一些公牍和函电，1912 年上海新中国图书局印行。由吴砚云编，现已收入《黄兴集》。

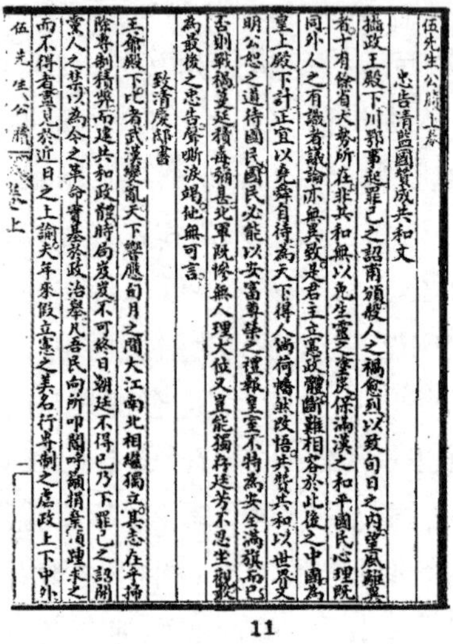
伍先生公牘上卷
忠告清監國贊成共和文
攝政王殿下川鄂事起罪己之詔甫頒被人之禍愈烈以致旬日之內望風離異者十有餘省大勢所在非共和無以免生靈之塗炭保滿漢之和平國民心理既同外人之有識者議論亦無異致是君主立憲政體斷難相容於此後之中國為皇上殿下計正宜以堯舜自待為天下得人倘荷俯鑒政悟共贊共和以世界文明公恕之道待國民國民必能以安富尊榮之禮報皇室不特為安全滿旗而已否則戰禍蔓延積毒彌甚北軍既慘無人理大位又豈能獨存廷芳不忍坐視敢為最後之忠告聲嘶淚竭他無可言
致清慶邸書
王爺殿下比者武漢變亂天下響應旬月之間大江南北相繼獨立其志在乎掃除專制積弊而建共和政體時局岌岌不可終日朝廷不得已乃下罪己之詔開黨人之禁以為今之革命實基於政治舉凡吾民向所叩閽呼籲捐棄頭顱求之而不得者盡見於近日之上諭夫年來假立憲之美名行專制之虐政上下中外
伍先生公牘 卷上 二
11

图 5-3 《伍先生公牍》书影

周承煦编的《伍先生公牍》，收有伍廷芳在武昌起义后赞助共和，忠告清监国逊位原文、致庆亲王等书、作为南方议和代表时的议和往来始末文牍，关于姚荣泽、宋汉章二案与沪军都督陈其美的往返辩难函牍。还有与孙中山、黎元洪、袁世凯等人的往来函牍。是辛亥革命时期的重要史料。有上海图书局 1913 年版。

方濬师所著《岭西公牍汇存》，由广东富文斋于光绪四年（1878）刻印。方濬师，字子严，安徽定远人。咸丰乙卯举人，曾任总理各国事务衙门章京，后由内阁中书历官广东肇罗道等职。此书为其任肇罗道时处理公务的函牍。肇罗地区古代属岭南西道，省称“岭西”，故作书名。他在序言中开始大谈镜相之说，指出看相之人不肯直言人短，誉多而毁少，不如照镜子来得真实。而“官犹面也，公牍文字犹镜也。面之美恶镜不得而掩，官之美恶公牍亦不得而掩。不掩则著，著则表里通彻，一言一事，毕现纸上，不待摭拾而自无浮光掠影之讥”。他编此书的目的就是“聊用自镜”，他自信这些文字“不假手吏胥，不欺瞒士庶，行乎心之所安，不将不迎，应而不藏”。这种为官廉明，为文严谨的态度至今仍有借鉴意义。

《陶甓①公牍》是刘汝骥所撰公文。宣统辛亥(1911)夏安徽印刷局校印,后有黄山书社1997年影印版。清末,清政府为了进一步推行新政,在全国范围内进行了广泛的社会调查。其中时任徽州知府的刘汝骥主持的徽州地区调查具有一定代表性。在该书第十二卷法制篇中,有《申送六县民情风俗绅士办事习惯报告册文》,称其"奉宪台札饬调查法制统计事项,按期报告等因,奉经知府就署设立统计处,派委各县学识兼优热心公益之士绅组织统计学会,分任调查,并令将法制事项一并分条撰说,随时报告,以凭汇核编订,业将委绅职名及办理情形呈报在案"。徽州府上报的调查材料有:歙县、休宁、婺源、祁门、黟县、绩溪6县民情之习惯、风俗之习惯、绅士办事之习惯等。调查材料上报后,得到巡抚的好评,"抚宪朱批:据送该府六县民情风俗绅士办事习惯报告册均悉,察阅纂辑各条尚属详赡,良深嘉慰,仍督饬各该绅等将其余各项报告详细调查,依限造送,务期益加精密为要。仰调查局汇入编纂并转饬知照缴册存档。"②除了这些调查材料外,在该书其他公文中多有言及徽州一府六县民众生活、徽州社会的一些陋习和徽州民众的权利、义务观念等,是研究晚清时期徽州民众生活及社会变迁的重要史料。

黄云鹄所著《兵部公牍》,主要收录作者任职兵部时的公牍,有:《筹饷练兵奏底》《代桂德山学士言事疏》《代陈江苏事宜疏》等。有同治十一年(1872)刻本,文海出版社有限公司1970年影印出版。

朱启钤编的《东三省蒙务公牍汇编》,宣统元年排印本。台北文海出版社有限公司1969年影印出版。光绪三十四年(1908)春,东三省筹设蒙务局,规划三省蒙疆兴革事,奏派朱启钤督办局务。宣统元年(1909)他率局中曹吏,将设局以来往还之文牍及比年蒙事之奏议、条陈,编辑成书,还将关于其他蒙旗之事者作为附编,其目的是"裨谋国

---

① 据王振忠《晚清徽州民众生活及社会变迁〈陶甓公牍〉之民俗文化解读》(载2000年《徽学》)一文推测,该书名典出陶侃搬砖(甓)的故事。《晋书·陶侃传》曰:"侃在州无事,辄朝运百甓于斋外,暮运于斋内。人问其故,答曰:'吾方致力中原,过尔优逸,恐不堪事。'"

② 刘汝骥:《陶甓公牍》卷十二,黄山书社,1997年。

之士手是书而知东蒙之危迫,或者议论事实于国家领土之关系庶有以相助也"。①

其他公牍类史料还有丁日昌著《抚吴公牍》(广州古籍书店1988年内部影印宣统元年南洋官书局本)、樊增祥著《樊山公牍》(大达图书供应社1934年版)、王元稺辑《甲戌公牍钞存》(台湾文海出版社有限公司根据台北图书馆抄本排印出版)、何煜著《龙江公牍存略》(民国六年自序,排印本)。

此外,还有《北洋公牍类纂正续编》(4卷),清人甘厚慈编,天津古籍出版社2013年出版。

奏议、公牍、电牍等在后来编文集时大多编入,如原始版本难找,查文集亦可。

---

① 朱启钤:《东三省蒙务公牍汇编·叙言》,文海出版社有限公司,1969年。

第六讲　人物传记类史料

人物传记类史料包括传记、行状、碑铭、年谱、族谱、回忆录等，这些史料被学者视为"小历史书写"，是一种以社会民众为对象的历史书写。① 写的虽然是个人、家庭、家族的"小历史"，但"知人论世"，可以从某些侧面反映时代的发展和社会的变迁，至少可以提供研究重大历史事件的线索和材料，一向是人们比较重视的一类史料。作为清史纂修工程传记类项目成果汇编的《六十八种清代人物资料书目》和《地方志人物传记资料丛刊》可资利用。

下面分传记、年谱、回忆录、族谱四部分分别介绍其史料价值，应用或编写这类史料时应注意的问题，并列举一些重要的史籍加以评述。

一　传记

传和记本来是有区别的，古代文无定体，记、传不分，"其后支分派别，至于近代，始以录人物者，区为之传；叙事迹者，区为之记"。② 这即是说记述人物生平事迹的文体是"传"，记叙事物原委的文体是"记"。现在所谓传记，其实只是指记述人物生平事迹的"传"。

古人有一种观念，认为"身非史官，不可为人作传"，清代史学家章学诚不同意这种说法，在《文史通义·传记》中予以批驳，指出："通行

---

① 钱茂伟：《小历史书写理论与方法的研究》，《学术研究》2013 年第 11 期。
② 章学诚著，叶瑛校注：《文史通义校注》，中华书局，1985 年，第 248 页。

传记,尽人可为,自无论经师与史官矣。"在《文史通义·黠陋》中又强调:"负史才者不得身当史任,以尽其能事,亦当搜罗闻见,核其是非,自著一书,以附传记之专家。"①传记作者面扩大之后,撰著传记的人多了起来,传记作品也随之增多。有学者指出:"清代传记文学创作呈现出繁荣景象,其数量之多、质量之优,在我国古代传记发展史上都可谓首屈一指。"②

关于传记的意义及形成、种类、写作、作法、传记学与其他学科的关系等,可参见1938年中山大学出版组出版的王名元的《传记学》一书。王名元可谓最早提出"传记学"概念的人。此书分5章,建构了传记学理论体系,对当今撰写历史人物传记仍有参考价值。1948年天成印务局重印。今天内地学界甚少提及此人此书。1977年,台北的牧童出版社曾翻印此书,改名"王元"。台北教育大学的廖卓成撰有《论王元〈传记学〉》一文,载《国民教育月刊》三十五卷三、四期(1994年)。

传记出版有三种情况:总传、合传、单传。总传就是传记汇编,合传即两三相关人物合为一传,单传就是一个人的传记。

(一)《清史稿》与《清史列传》

《清史稿》与《清史列传》属于总传一类史籍。

《清史稿》是传记史料中比较重要的一种纪传体史书。纪传体史书以"本纪""列传"为主体。"本纪"或简称"纪",是按年、月、日的时间顺序,记载帝王的生平活动和国家大事的编年体传记。放在全书最前面,是全书纲领性部分。"列传"记载臣民中有影响的人物的生平活动,以所记朝代的政治人物为主,也包括其他社会阶层的代表人物,如文人、逸士、儒生、方士、列女等,有的还有贰臣传、逆臣传。人物列传又可分为专传(一人一传)、合传(二人以上合写一传)、附传(一人传后附写一族,如父传附子、兄传附弟,或事迹相类的人)、类传(一类人物同

---

① 章学诚著,叶瑛校注:《文史通义校注》,中华书局,1985年,第429页、第429页。
② 俞樟华,房银臻:《集成与转型:清代传记理论的发展》,2012年1月6日《中国社会科学报》。

入一篇传。如《史记》中的《刺客列传》《游侠列传》等)。

　　一个朝代的历史不可能只是帝王将相与名人的活动,于是又有"表"和"志"作为补充。一般人物不作传而编入"年表"内。典章制度之沿革则编为"志"(或称"书")。"表""志"是对本纪、列传的补充,不可或缺。这种体裁创始于司马迁的《史记》。其优点是便于记载政治、经济、文化等多方面的情况,能广泛地反映社会各阶级、阶层人物的事迹,内容比较丰富。缺点是记事分散于本纪、列传、表、志(书)等篇之中,不能完整地叙述每一历史事件的过程,不能表明历史事件之间的联系,比方说,关于一个战役,率兵打仗的将领的传记里要写,提供物资支援的地方官的传记里也要涉及,皇帝的本纪也要提,关于这个战役的整个过程,要合一代人物传记而成,各自为篇,个人在历史上所起的作用就不易明显表达出来。这种写法成为各代正史的一种主要体裁,《二十四史》加《新元史》为"二十五史",再加《清史稿》这部最后官修的正史,共有二十六种纪传体正史。

　　与近代史关系最密切的纪传体正史只有《清史稿》(未定稿,故名)。下面重点评介《清史稿》。

　　民国初年仿照古代官修前代历史之定例,由北洋军阀政府于1914年下令设立清史馆,开始修撰清史。所用多系清朝遗臣,先后参与者有百余人,而以柯劭忞、王树枏、吴廷燮、夏孙桐、金兆蕃等出力最多,以赵尔巽为馆长,所以《清史稿》封面题赵尔巽撰。1927年大致完稿。金梁利用负责最后办理发刊事务之便,私下给自己加了"总阅"的名义,附刻了他自己的《清史稿校刻记》,擅自增改部分文稿。《清史稿》共529卷,其中有本纪(25卷)、志(135卷)、表(53卷)、列传(360卷)。原本为536卷,因《时宪志》所附《八线对数表》7卷属普通数学工具书,已不再收录。1928年刊印1100部,400部运往东北发行,其中经金梁作了一些文字修改,增补了部分辛亥后人物传,称"关外一次本";留存北京的700部作了一些抽换,通称"关内本",主要是删去了《张勋传》《张彪附传》《康有为传》以及金梁的《校刻记》《艺文志》的序和志中易类书目64种,又从陆润庠等人传中分出劳乃宣、沈曾植二传移入下卷,并对传论作了修改,还改订了"清史馆职名"。后来日本人统治东北,金梁再作增删,交日本人又出版一次,内容上也略有改动,如删去关外一次本的《张彪附传》,抽掉《公主表·序》和《八线对数表》,增加了三个人的传,压缩了《赵尔丰传》。称为"关外二次本"。1976年中华书局出版的点校本虽以"关外二次本"为底本,但三本互异处均有附注,并录出异文。

《清史稿》将《清实录》《清会典》《国史列传》、地方志和档案中的大量资料汇集整理为比较详细系统的有关清朝史事的素材,是一大成果;而有些志、表和清末人物的传,并非取材于常见的史料,更有参考价值。但《清史稿》存在的问题亦很多。

一是观点保守。因为纂修者皆清朝遗老或旧文人,在辛亥革命之后仍站在清朝统治者的立场来叙述清朝的历史,诬称辛亥革命是"倡乱""国变",辛亥革命人物为"党人""叛变";虽然给洪秀全立传,而在志、书中却称之为"粤匪";又称郑成功为"海寇";公然赞成张勋复辟,称清逊帝为"今上"。南京国民政府成立后,故宫博物院接收清国史馆,1929年12月延请朱希祖、谭延闿等人组织审查委员会审查《清史稿》,查出错误、罪状19条:反对革命,蔑视先烈,不奉民国正朔,例书伪谥,称颂遗老,鼓励复辟,反对汉族,为满清讳……他们认为此书作者以忠于前朝,诽谤民国为能事,以至乖谬百出,若任其发行,对于民国实在是一种奇耻大辱,请列为禁书。

二是编纂草率。参与清史馆工作的人多是缺乏史学素养的文人,在编史方面没有经验,而且付印仓促,尚未定稿,因此体例不一致,人名先后不一致,一人两传,目录与书不合,纪传表志互不相合,有日无月,事迹之年月不详载,人名、地名的错漏颠倒以及文理不通的现象不少。史事论断亦多错误。如《赵尔丰传》,因为是其兄赵尔巽主持编纂工作,所以此传写得较长,以致日本人印"关外二次本"时不得不压缩。另外还有不少史事错误。

三是体裁陈旧。如十《表》、十六《志》都是依据前人蓝本,未能作因时制宜的调整。清末新成立的"总理衙门"王大臣没有年表,《职官志》也未提及总理衙门及其组织;《艺文志》不收小说、戏曲。认为"新政繁兴,孳孳谋利","非先王之道",所以《食货志》中对于社会经济方面出现的许多新事物往往语焉不详。说明旧的纪传表志体裁,已经不能容纳新的历史内容。

四是叙事简单。由于编者缺乏历史学的训练,在写法上存在许多问题,缺乏深度。如许多列传,仅是抄录公文,罗列现象,忽视社会背景,即使在《曾国藩传》中,也不过是抄录奏稿和加官进爵的上谕,很少反映主要事迹。几乎是千篇一律、千人一面,开简单枯燥的履历表。

由此可见,清史确有改作的必要。20世纪80年代以来成立的清史编委会做了大量工作,第一批成果就是《清代人物传稿》。后来又有了《清史编年》《清通鉴》等著述出版。现在成立了国家清史编纂委员会,依靠全国清史方面的专家学者共襄盛举,编纂一部新的清史,不仅质量上要大大超过《清史稿》,而且还要象征性地与二十四史相衔接。新的清史不久即可问世。

《清史稿·列传》的史料价值:《清史稿》的《列传》部分据金梁《清史稿校刻记》所说,"兼采国史旧志本传"。清朝设立国史馆,根据实录等材料撰修国史,其体例采《明史》旧例,略加变通:"一曰本纪;二曰传,传之目有大臣、忠义、儒林、文苑、循吏、孝女、列女、土司、四裔、贰臣、叛臣;三曰志……四曰表……"国史馆为大臣或名人作传,史官根据大臣的奏折与朝廷谕旨,叙述其政治活动及官职升迁,即所谓"国史列传",当有参考价值,因为它保存了一部分重要史料。但《清史稿》编者既继承了国史的体例,没有根据新的形势加以调整,而同时却又对国史列传的内容妄加删节,使一部分列传成为无足轻重的记载。如原来国史列传的《周天爵传》,把金田起义时的广西社会环境比较具体地加以介绍,可以使读者了解起义在广西爆发的一些原因。可是《清史稿》却把它删去了。尽管如此,在新纂清史问世之前,《清史稿》仍不失为重要的清史史料集成。

《清史列传》,80卷,不著编纂人姓名,中华书局1928年印行。后经校点,分8册由中华书局再版。1987年,中华书局又分20册出版王钟翰点校本。《中国近代史词典》记为"清代国史馆撰",其根据是此书为清代国史馆所修国史底本。陈恭禄《中国近代史资料概述》亦说:"其材料本于国史馆所撰的稿本",但参看了政府所藏一部分有关的档

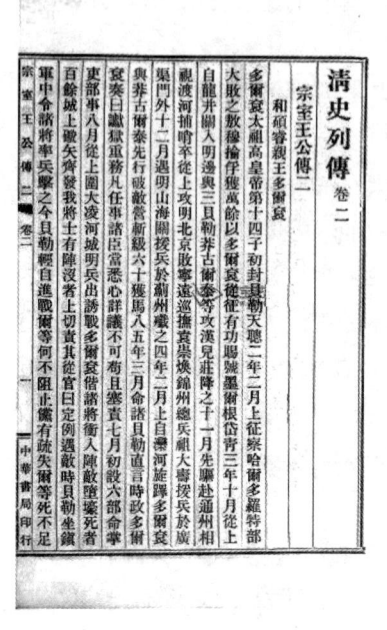

图6-1 《清史列传》书影

案史料。王钟翰据中国第一历史档案馆所藏《原国史馆纂修的大臣列传稿本》与《清史列传》相同的六百多个传,进行互相校勘,认为《清史列传》实际上直接抄自《大臣列传稿本》的并不太多,而间接从《满汉名臣传》和《国朝耆献类征初编》两书过录的却不在少数,这就订正了过去中外学者关于《清史列传》全部直接抄自清国史馆《大臣列传》的不准确看法。对于近1200个来源尚不清的传,作者认为有可能全部或一部分保存在台湾"故宫博物院"所藏的档案中。① 这些人按宗室王公、大臣、忠义、儒林、文苑、循吏、贰臣、逆臣分类。此书与以上各书及《清史稿·列传》相比较,叙事详明,年月俱备,查考甚便,而且传中所载奏章,常可补《清实录》政书之缺失。为史料价值较高的清史参考书之一。

（二）传记汇编

传记汇编就是总传。纪传体正史,除了表、志以外,可以说是一种人物传记的汇编。后来人们模仿这种传记体裁,编写了一些不同类型的传记汇编。如:(1)有按同类职业汇编的。它起源于纪传体正史的"类传",而在纪传体史书中,还往往有"儒林""文苑""忠义""循吏"等卷次,把同一类型的人物传记编在一起。清阮元编的《畴人传》,是中国第一部自然科学家传记集,辑录古籍中有关天文家、数学家的记载（畴人指历算家),按朝代编排而成,自上古传说时代到清朝中叶,凡

---

① 王钟翰:《清国史馆与〈清史列传〉》,《社会科学辑刊》1982年第3期。

243人,附西洋37人。后来又有人续补:罗士琳撰有《畴人传续》6卷,诸可宝撰有《畴人传三编》7卷。黄钟骏亦有《畴人传四编》11卷,附闺秀。(2)有按地区汇编的。如《大清畿辅先哲传》,徐世昌主编,王树枏等编撰。从国史、志乘、私家著述中辑录直隶人物传记,分名臣、名将、师儒、文学、高士、贤能、忠义、孝友八门,表彰清朝先哲,鼓吹纲常名教。1917年成书。(3)有按同一事件汇编的。如:邹鲁编的《黄花岗七十二烈士事略》,将1911年黄花岗起义牺牲的有姓名可考的72位烈士的事迹加以介绍,孙中山为之作序。1913年上海新中国图书局印。(4)也有按朝代汇编的。如《清代七百名人传》(蔡冠洛)、《国朝先正事略》(李元度)等。

这样一些传记汇编在明清,特别是在近代发展很快。现有清人传记汇编70多种,有传可寻的清代人物有4万多人(还未包括方志和文集中所载人物传记)。

清人传记(包括后面要讲到的私传),有一些重大的缺陷。首先传记选录和评价人物的标准是按照统治阶级的需要拟定的,一些孝子、贞女、节妇等人都有传,但其中很多人物并不重要。许多传记,歌功颂德,隐恶扬善,不够全面,不够真实。传记写作形成一种模式,主要记录传主的仕途经历,官职升迁,开履历表,较少像司马迁《史记》那样对人物事业、言行作生动、具体的记述,弄得千篇一律,千人一面,缺乏特色。有一人而数传、十数传的,但很多却是辗转相袭,大同小异;改头换面,即成新传;内容重复,文字雷同。正如章学诚在《和州志前志列传序例》中所批评的:"千书一律,观者索然,移之甲乙可也,畀之丙丁可也。"①真正在历史上起作用的许多重要人物,如农民起义的领袖、少数民族人物、科学家、发明家、实业家和为社会作出贡献的华侨、工匠、艺人、医生、教师等等,就没有人为他们写传,今天要了解这些人物就很困难。

鉴于已有的清人传记有上述缺陷,清史编委会组织了《清代人物传稿》的编写。估计收2000人左右,原来暂定20卷,全书分为上、下编,上编为鸦片战争前人物,下编为鸦片战争后人物,齐头并进,分别出

---

① 章学诚著,叶瑛校注:《文史通义校注》,中华书局,1985年,第690页。

版。现已有若干卷出版,下编由戴逸、林言椒、林增平、苑书义等人主编,由辽宁人民出版社出版,可供参考。

下面介绍几种重要的传记汇编。

《清代七百名人传》,分上、中、下三册。蔡冠洛编纂,上海世界书局1937年出版。还有1984年中国书店影印本。蔡氏有感于已出的清代人物传书往往仅作一姓私言,或囿于位望之尊卑,遂披览实录,稽之野乘,写成此书。取舍人物以"学问事业光耀于当时,影响于后世"为标准。各传均叙生平,不置臧否,"凡事涉两歧概付阙如",态度尚属严谨。内容起自清初,迄于清末,共收人物713人,分政治(政事、财务、教育、外交)、军事(陆军、水师、边务)、实业(水利、交通)、学术(理学、朴学、艺事)、艺术(文学、金石书画)、革命及附外人6类,类下分目。书后附有大事年表、索引等5种附录。可检索人物朝代、籍贯、异名、谥法,较为方便。革命一类,未列孙文、黄兴、章炳麟,但把康有为、唐才常、杨深秀、杨锐列入,显系失当。把张之洞放在教育类,端方放在交通类,并不准确。

美国恒慕义(Arthur William Hummel,1884—1975)在1937年组织中美两国汉学家共同编写《清代名人传略》,费正清等50位东西方学者参加工作。恒慕义曾邀请邓嗣禹负责编写33位太平天国时期人物传记,其中有3位人物(徐广缙、怡良、穆彰阿)就是他与费正清两人共同完成的,可谓大家写小传。该书共两卷,收录中国清代800位人物的传记,每位传主都有姓名、字号、出生年月、籍贯、主要经历和事迹,篇末有注释。言而有征,行文严谨,胡适为本书撰写的序言称:"《清代名人传略》,作为一部近三百年的传记辞典,在目前还没有其他同类的著作(包括中文的传记在内)能象它那样内容丰富、叙述客观并且用途广泛。"该书编撰者查阅了1100多卷正史,做了数百卷"笔记",其资料来源主要是《清代传记三十三种》,包括《耆献类征》与《碑传集》,还有成百种的《年谱》或编年体的传记与自传等。胡适对这一点也予以充分肯定:他们本着严格的批判精神进行选题与引用原始资料,批判地运用非官方与非正统的资料以补正官方正式的传记,而且在各方面广泛引用中国记载所缺少的外文资料。"《清代名人传略》绝不仅仅是一部传记辞典,它是今天可以看到的一部最翔实最好的近三百年中国史。它以传记体裁叙述了创造这段历史的八百多名男人和女人。顺便提一下,这种体裁是合乎中国传统历史编写法的。"胡适还指出该书另一些优点:"比过去中国历史学家更正确地音译拼写满文、蒙文以及藏文的名字,把中国纪元年月换算成西历;而且在每一条目之下附以很有用的参考书目包括中文与外文的。所有这些对专攻历史的学者将是非常有帮助的。"同时也指出了该书的不足,即未收中国著名的艺术家、诗人或收藏家。① 戴逸在汉译本序言中肯定了该书学术价值3点:形式上虽是一部大型的清代历史人物辞典,但实际内容却是一部传记体裁的清朝断代史,对我国清史研究工作具有重要的参考价值与借鉴作用;可以补充如《清史稿》一类史籍之不足;广泛运用西方史料,补正了我国原有史料的不足与缺陷。也指出了3点不足:所选人物不够全面,有些在清代颇有作用的人物并未立传;受到时代条件的局限,未能利用我国收藏的大量清政府档案;在朝代断限上不够清晰,把在清朝建立前几年逝世的一些明代人物也收了。② 该书1945年由美国官方机构政府印刷局出版并首先在华盛顿发行。台北成文出版社1970年出版了《清代名人传略》(英文版)。后经中国人民大学清史研究所组织翻译,由青海人民出版社于1990年出版了中译本。

图6-2 《清代名人传略》书影(左汉译本,右英文本)

---

① 胡适:《清代名人传略·序》,青海人民出版社,1999年。
② 戴逸:《清代名人传略·汉译本序言》,青海人民出版社,1999年。

江庆柏主编,扬州广陵书社于2007年12月出版的《清代地方人物传记丛刊》,辑录清代及民国年间所编有关清人的地方性传记资料。所收传记资料汇编凡90多种,所收人物超过25000多人,几乎涵盖全国各省。并附录人名索引和字号索引。"清代地方人物传记"是指以地区为单位,专门收录有关清代本地区人物传记资料的著作。由于清代地方人物传记资料大多由本地人士撰写,他们熟悉地方文献资源,热爱本地文化,所以一些地方人物传记写得尤其生动具体,充实详赡。它们能提供其他人物传记所不能提供的资料,能提供大量其他文献缺载的人物史实,而且这些传记资料相对准确。其中东北的《黑水先民传》、河南的《中州先哲传》、江苏的《江宁碑传初辑》、《湖南历代乡贤事略》《广东文征作者考》《陕西乡贤事略》等,均是少见的资料。

《近世人物志》,收近代500余位名人佚事,是金梁分别辑录自李慈铭《越缦堂日记》、翁同龢《翁文恭公日记》、王闿运《湘绮楼日记》、叶昌炽《缘督庐日记》编辑而成,内容信实丰富,对于清代人物及相关史实的研究均为十分重要的第一手资料。金梁在《近世人物志叙》中称:这些日记对所记人物的评骘,"不必即为定论,而与通行史传颇有异同,实足备参考",而"是志所辑,以翁文恭、李越缦、王湘绮、叶缘督四记为限,先后次序,皆照原本,编者不参一字"。有1955年台北国民出版社版和1985年台北明文书局《清代传记丛刊》本。2007年作为《国家清史编纂委员会·文献丛刊》之一,由北京图书馆出版社出版,并有孔祥吉撰写的前言:《金梁其人与〈近世人物志〉——兼论其以日记勾画人物的治学特色》,对本书的作者、内容及价值均有详尽的介绍。

《革命党小传》是辛亥革命发生后不久的1912年就出版的一本传记作品,共6册,一四五六册由上海自由社编,二三册由时事新报馆编。书内收孙中山、黄兴、赵声、林觉民、喻培伦、徐锡麟、秋瑾、陶成章、彭家珍、熊成基、陆皓东、史坚如等传169篇。主要介绍革命党人1911年以前事迹,部分人物传还附有照片、生平轶事及其所作诗词和起义失败被清廷逮捕时的"供词",保存了一些有关辛亥革命的资料,然记事亦有失实舛误之处。

后来国民党中央委员会党史史料编纂委员会编了多卷本《革命人物志》，从1969年起陆续在台北印行。主编开始为黄季陆，后几度易人。所谓"革命人物"是站在国民党立场说的，辛亥革命前后革命党人物收了不少，但1949年后留在大陆的，就没有收入。国民党统治时期的军政要员和有影响的人物亦收入不少。说它可以作为史料，乃是因为该书均采用已成的传记、行状、行述、墓碑、墓表等，据编者称，所录资料未加删节或修改，从而保存了一些原始资料。原则上一人一传，以记述其生平事略完整者为限。一人有两种以上不同传记，或对其人某一阶段有特殊事迹的记述，都并列为附录。人物排列以姓氏笔画多寡为序，但由于是陆续出书，同一姓氏笔画之人物难一次性搜集齐备，后有发现，收入后面各集，结果打乱了姓氏笔画顺序，不便检索。后编印一本总目，作为索引，应充分利用。

国民党中央委员会党史史料编纂委员会还印行了一种更为详细的《革命先烈先进传》（上下）。上集是革命先烈传，所谓"革命先烈"系指在孙中山同一时代，为革命奋斗而牺牲者，包括前期革命烈士传、黄花岗革命烈士传、辛亥起义前后烈士传、民国成立后烈士传。共有陆皓东等烈士213人。下集是革命先进传，所谓"革命先进"是指在孙中山生前，曾与之共同奋斗，或追随孙中山革命者（以已逝者为限）。有陈少白等113人。本书所载均系搜集旧著，有称"传"的，有称"事略"的，有称"行状""事迹""传略"的，体例不一，均仍其旧。因是旧作，不能称为完全正确，有出入者在传记后附录有关史料，供读者参考。

王森然编写了中国近代百家评传，陆续在报刊上发表。由钱玄同提议将前20家编为《近代二十家评传》，由北京杏严书屋于1934年出版。这20人是王闿运、吴昌硕、沈曾植、柯劭忞、廖平、林纾、严复、康有为、罗振玉、章炳麟、梁启超、王国维、陈独秀、周树人、张士钊、刘师培、李大钊、胡适、郭沫若、李泰棻，多系对近代文化史和社会进步有过重大影响的学者。

朱书绅编《同光朝名伶十三绝传略》（北京三六九画报社，1943年），汇编了同治光绪年间在北京的著名京剧伶人13人，即郝兰田、张胜奎、梅巧玲、刘赶三、余紫云、程长庚、徐小香、时小福、杨鸣玉、卢胜奎、朱莲芬、谭鑫培、杨月楼的小传。

温生才、陈敬岳、林冠慈、钟明光4位烈士同葬在广州红花岗,邹鲁按照他编纂《黄花岗七十二烈士事略》的办法编了《红花岗四烈士传》(上海民智书局,1927年)。

此外,还有邹鲁著《中国国民党史稿》第四篇为"列传",冯自由著《革命逸史》各集中亦有一些革命党人的事略、传记。沃丘仲子(费行简)编《近代名人小传》和《当代名人小传》(崇文书局,1918、1919年)都属于传记汇编。

(三) 合传与单传

合传就是将二三位或以上的相关人物合在一起立传。

如,黄兴和蔡锷都是湖南籍辛亥革命领袖,而且在1916年相隔几天时间内去世,所以天忏生、冬山编了《黄克强、蔡松坡轶事》(上海文艺编译社,1916年)纪念他们。

徐哲身将曾国藩、左宗棠、彭玉麟合编为《清代三杰曾左彭》(上海大众书局,1932年),乃是因为此三人皆湖南籍人士,均为湘军将领,参与镇压太平天国农民运动,为清廷"同治中兴"立有大功。

单传就是一个人的传记,有他人编写的,也有自撰的,史料价值各不相同。但有一点相同,那就是都有需要征实之处。历史人物往往功过参半,瑕瑜互见。传记如何取舍,则是很复杂的问题。由他人撰写的传记,作者只能根据传主本人或后人提供的各种书面的、口述的回忆、调查等相关材料,加以整理。如何整理,则依作者主观意愿进行取舍和编排。

著名人物的传记有《慈禧太后传》(王栻著,重庆正风出版社,1948年)、《孙逸仙传记》(〔美〕林百克著,徐植仁译,上海三民公司,1926年)、《袁前大总统略传》(高明镜著,上海文艺编印社,1916)、《袁世凯全传》(野史氏著,上海文艺编译社,1917年)、《黄兴传记》(刘揆一著,南宁,1929年)、《郑孝胥传》(叶参等编,长春满日文化协会,1938年)等等,不胜枚举。

由传主自撰的自传、自述,叙述自己的经历,应当是第一手材料。

但由于记忆力的关系,或者由于作者自身的利害关系,不一定完全符合实际,间有记忆错误的地方,也有文过饰非的地方。朱执信曾对准备写自传的胡汉民说:"写自传,是表示这人将过去了。将他的经历、立身行事……等等写出来,留给后人看看,有好的经历,自然写得,为后人楷模;但为了自己写自己,往往会不尽不实,这种记述,究竟是一件难事。"①

太平天国人物留了若干自述,主要是诸王自述,都是在清朝监狱里写的,所以这类原件或题"供状",或题"供词",系清朝官员所加,后来研究太平天国的学者将其悉题为"自述"。最著名者为《李秀成自述》,详述自己的身世经历,也记述了洪、杨等人的事迹,以及太平军起义始末、各地战事、经验教训等。但也有自诬之辞和讹误之处,所以罗尔纲有《忠王李秀成自传原稿笺证》《李秀成自述原稿注》为之订正。此外还有《干王洪仁玕自述》,清刻本题"干王洪仁玕亲笔供状"。后刊于《逸经》20期。《幼天王、恤王、昭王自述》,幼天王洪天贵福,洪秀全之子;恤王洪仁政,洪秀全堂兄;昭王名黄文英。清刻本附于《干王自述》后,题为"幼天王恤王昭王原供"。后刊于《逸经》半月刊22期。《英王陈玉成自述》,仅600字,系清朝官员根据陈玉成口述笔录,全文载《历史教学》1953年4月号罗尔纲撰《太平天国英王陈玉成自传》一文中。《翼王石达开自述》,载骆秉章《骆文忠公奏议·四川奏稿》卷六,原题《石达开原供》。《赖文光自述》,载扪虱谈虎客著《舟车醒睡录》等书,均题《赖文光供词》。《李尚扬自述》,原名《李逆亲供》,载杭州胡宗藩《存斋偶编》,同治十年(1871)刊刻。这些自述可以作为太平天国历史研究的重要参考资料。

其他人物自述有郭嵩焘的《玉池老人自述》、李平书的《且顽老人七十岁自叙》等。当代梁漱溟的《我生有涯愿无尽》第一辑即是《我的自传》。

《石叟牌词》是谭人凤撰写的一种特殊体裁的自述。全书分49组,每组有"词""图""叙""评"4部分,记述自己一段经历,咏怀当时心境和感受,评论涉及的史事和人物。叙事起于光绪二十一年(1895)谭

---

① 《胡汉民自传续篇》,《近代史资料》1983年第2期,第31页。

开始接触新思潮,慨然兴救国匡时之志,止于1913年"二次革命"失败。若干史事,谭氏因系亲闻目睹,知其底蕴,记载可信。因此,本书又可说是关于辛亥革命的一卷信史。但也有事后诸葛亮的表现,如书中记载"宋教仁案"发生后,孙中山表示"若有两师兵,当亲率问罪",黄兴表示"此事证据已获,当可由法律解决",谭人凤则"驳之曰:'孙先生之说空论也,两师兵从何而来?黄先生之谈,迂谈也,法律安有此效力?愚见以为宜遣一使促湘粤滇三省独立,再檄各省同兴问罪之师。以至仁伐至不仁,必有起而应之者。'"好像他比孙黄都高明,其实,这是后来认识提高后的想法。本书运用了一种特殊的表现手法,即以牙牌之开合正变,填词以叙事抒怀(见下面附图)。

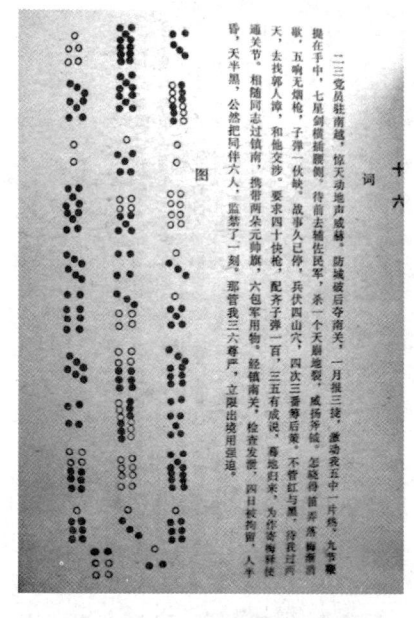

图6-3 《石叟牌词》书影

该书由饶怀民校点,甘肃人民出版社1983年出版,前有林增平的介绍,后附录章太炎撰"墓志铭"、谭沐春撰"传略",周秋光写的论文《激进的民主主义革命家谭人凤》。

大陆研究辛亥革命史和民国初年历史的学者经常引用的《胡汉民自传》,最先是1963年刊于台北版《革命文献》第3期;台北传记文学杂志社1969年出版单行本;台北中国国民党党史会1978年出版了《胡汉民先生自传》。后来北京《近代史资料》1981年第2期转载了《胡汉民自传》,1999年第2期又选录《东方杂志》中《革命过程中之几件史实》作为《胡汉民自传续篇》重新发表。如今有几个新的版本出版,人民日报出版社于2013年还以《胡汉民自述》书名收入《近代中国人物自述系列》出版。该传叙述胡氏本人从同盟会成立之前到1912年6月任广东都督期间之经历,举凡游学日本,任梧州中学教习宣传革命,参加同盟会,编辑《民报》,与保皇党论战,参加南方历次武装起义,广东光复与出任都督,襄助组织临时政府等史实均有较详细叙述。是研究辛亥革命史的重要史料。

王学哲编的《岫庐八十自述》是一部很有价值的传记,因为王云五(1888—1979)没有正式学历,全靠自学成才,成为20世纪中国的大出版家、著名学者,做过国民政府行政院副院长、财政部长和台北文化基金会董事长、"国策"顾问、"考试院"副院长、"行政院"副院长。所以有学者称"他是一个符号象征,象征了一个贫苦无依的人的奋斗成功的故事"。[①] 王云五到底是怎样一个人,最准确的莫如阅读这部《岫庐八十自述》一书,它著述了王云五一生最重要的阶段。台湾商务印书馆1967年出版的全本有一百多万字,上海人民出版社2007年出版了节录本。

《实庵自传》是陈独秀留下的一篇不完整的自传,只有开头两章,约13000字。第一章"没有父亲的孩子",第二章"从选学妖孽到康梁派"。由于陈独秀的显赫而又特殊的身份和精湛的文笔,《宇宙风》杂志得到两章自传的首发权,大为宣传,在广告词中称之谓"传记文学之瑰宝"。丁晓平编注的《陈独秀自述》,在陈独秀发表的大量文章中,选取其在不同历史阶段最具典型性、代表性和自述性的文字,展示他起伏跌宕的人生,从而弥补了陈独秀生前没有完成自传写作的缺憾。中共党史出版社2016年出版。

《四十自述》是胡适在20世纪30年代初陆续写成的。从1930年6月动笔,胡适在上海完成前两篇;迁居北平后至1932年9月,又陆续写完留学前的一段生活,分为4篇,合计共6篇文章,《新月》杂志从第3卷第1号(1931年3月10日)至第4卷第4号(1932年11月10日)陆续刊完。然后交由上海亚东图书馆合辑出版单行本,即《四十自述》最通行的"定本",被称为"亚东版"。但早在《新月》连载版、亚东版之前,胡适已经用英文撰写过自传"What I believe"(我的信仰),在美国纽约发表。这篇文章虽然从题目上看,是谈个人信仰问题,但胡适却将其家庭背景、生活历程、人生理想予以了充分剖析与阐论,文章很多内

[①] 此为唐振常语,见《岫庐八十自述(节录本)》扉页,上海人民出版社,2007年。

容都与《四十自述》或吻合或一脉相承,无异于《四十自述》的"前传"。在中国国内,最早接触到胡适这篇英文版自传的赵家璧(1908—1997),以几乎与美国杂志同步的速度,在其主编的《中国学生》杂志上发表了由向真翻译的中文版《我的信仰》。撰写《我的信仰》《四十自述》之后10年,在经历了"九一八事变""七七事变"等一系列国内重大变局之后,正在经历全民抗战、时任国民政府驻美全权大使的胡适,又写了《生活哲学之修订》的文章,对《我的信仰》有所"修订",堪称《四十自述》"后传"。①

以前出版的自传还有李大钊的《狱中自述》《蔡元培自述》《蔡廷锴自传》《李烈钧将军自传》等。孙中山也有《自传》,是1896年11月在伦敦为英国学者翟理思编纂《中国名人辞典》而作,比较简略,且将自己的生日误记为1866年"华历十月十六日",其实他出生于十月初六日(公历11月12日)。《孙中山选集》中的《有志竟成》也是一种自传。柏文蔚《五十年经历》亦是其自传(载《近代史资料》总40期)。冯玉祥的《我的生活》(黑龙江人民出版社1981年版)实际就是冯的自传。冯友兰、顾颉刚、蒋梦麟、梁启超、瞿秋白等人都有自传发表。

溥仪的《我的前半生》也是一种自传,只不过由于他"末代皇帝"的特殊情况,该书参与的人很多,先是溥仪口述,溥杰记录整理,后由公安部下属的群众出版社编辑李文达"另起炉灶",在周恩来的关心下,全国政协文史资料委员会、公安部、中宣部都有人参与了书稿的审阅、讨论、修改、勘定等工作。所以说这是一部集体参与创作的书,溥仪无非贡献了个人的经历,包括客观经历和心路历程。

历史人物早期自传也值得重视。

1992年8月,时任中央档案馆常务副馆长的王刚率中央档案馆代表团专程赴俄罗斯查找有关中国革命的档案资料。他们在俄罗斯"现代历史文献保管与研究中心"和"当代文献保管中心"管理的中国劳动者共产主义大学的档案中,发现了一份署名"邓希贤"的邓小平早年写

---

① 参阅肖伊绯:《胡适自传英文版发现记——也谈〈四十自述〉的"前传"与"后传"》,《寻根》2014年第1期。

的《自传》。《自传》分为4个部分:家庭经济地位;个人的经历及思想变迁;加入团体及服务的经过;来俄的志愿。这份《自传》是邓小平1926年1月刚到莫斯科中山大学不久,按照组织要求撰写的。这份自传在《档案细说邓小平》(刘金田著,江苏人民出版社,2015年)书中可以看到,对于研究邓小平早期经历和思想是很宝贵的史料。

《碎金文丛》中有一部《赵元任早年自传》,是著名语言学家赵元任前三十年的自传,记述了他从童年到青年的成长经历,不作总结,不讲感悟,纯是生活的实录,又常常夹以有趣的故事和俏皮话,读来妙趣横生。虽只记叙了其部分的人生,却生动反映出这位语言学家多方面的天分:对语言的兴趣,对声音的敏感,对音律的兴味,以及由此生发的研究精神——这些都隐约导出了未来学问家的路径。

冯进翻译的《陈衡哲早年自传》,由安徽教育出版社于2006年出版。这篇自传从陈衡哲出生开始写起,写到她考中官费留美学生,1914年8月15日离开上海为止。主要叙述她怎样从一个官宦之家的大小姐,走出家门,独自求学独自谋生,并考中第一批留美女生的"造命"过程。陈衡哲是中国最早的官派留美女生之一,中国现代第一位大学女教授,中国现代第一篇白话小说的作者。曾著《文艺复兴史》《西洋史》等,这篇早年自传,对于研究她的成长史是很有用的材料。

近代知识女性的自传展现了中国妇女个人奋斗的艰难历程,也从女性的视角反映了时代的变迁,她们的自传细腻、生动,有时令人震撼。研究近代女性史,不能不读江苏文艺出版社20世纪90年代中期出版的《冰心自传》《苏雪林自传》《丁玲自传》《萧红自传》《人在旅途》(於梨华自传)、《王映霞自传》以及其他出版社出版的《陈香梅自传》(山东人民出版社2003年版)、《一个女教师的自述》(任桐君自传,三联书店1989年版)、《蓟运河畔/苍茫云海/风雨归舟》(罗兰自传,海天出版社、陕西人民出版社1998年版)等。

(四)碑传和纪念集等

碑传是一种私传性质。历史人物去世后,其子孙请父执或文人作墓志铭、神道碑,刻于墓前石碑上。有的把传收入家谱,或者由家人撰写,称为家传,如黄郛的夫人黄沈亦云所著《黄膺白先生家传》。

纪念集是治丧机构或同人编辑,收有传记、著作、挽联、悼词等等。如孙中山逝世时孙中山先生国葬纪念委员会编辑的《哀思录》,中华革新学社编辑的《孙中山先生荣哀录》(中华革新学社,1925 年),还有章氏国学讲习会编的《太炎先生纪念专号》(苏州章氏国学讲习会,1936 年)、何仲箫编的《陈英士先生纪念全集》(上海中华书局,1933 年)、云南《国是报》辑录的《蔡(锷)黄(兴)追悼录》(初版情况不详,后收入台北文海出版社《近代中国史料丛刊》第一辑)、胡(汉民)主席治丧委员会编印的《胡先生(汉民)纪念专刊》(广州培英印务局,1936 年)等。

此外还有各种名目的传记,如传、行述、行状、别传、事略等等,叙事方法或侧重点不同。

首先介绍几种碑传集。

钱仪吉辑《碑传集》,初名《百家征献录》《五百家银管集》。164 卷。汇辑清天命迄嘉庆年间人物的碑传而成。过去把毛笔分为金管、银管、竹管三品,前两者以金银雕饰,后者以斑竹为管。"忠孝全者,用金管书之;德行清粹者,以银管书之;文章赡丽者,以斑竹管书之。"①这里用银管集作书名,是说这些被立传的人物都是德行高尚之人。百家、五百家指碑传的作者。有光绪江苏书局刊本。

后来缪荃孙编纂了《续碑传集》,86 卷。缪氏自光绪七年(1881)开始编《碑传集》的续编,于宣统二年(1910)成书。除自撰十余人传外,征引姚莹、冯桂芬、曾国藩、李鸿章等 359 家著作及 16 种志书,收道、咸、同、光四朝人物 1111 人。分宰辅、部院大臣、内阁九卿、翰詹、科道、曹属、督抚、河臣、监司、守令、校官、佐贰、杂职、武臣、忠节、藩臣、客将(收华尔、戈登等 4 人)、儒学、文学、孝友、义行、艺术、列女等类。四朝人物辈出,所收亦有疏漏,近代史上重要人物,如薛福成、翁同龢、许景澄、黄遵宪、张之洞等均未收入。缪荃孙在序言中介绍了他编辑该书的方法:"前编悉收他人之作,是编荃孙所撰间亦阑入。重其人不敢避嫌而不登载,此其异也。要皆借名人之文字,即以存名人之事迹,亦或

---

① 《太平广记》卷二百引孙光宪《北梦琐言》。

删节,而无改易。事有误者,间作夹注而已。"

闵尔昌在上两书之后又编辑了《碑传集补》,60卷,卷末1卷。分类大致同上两书,共26类,为适应近代新形势,增加了使臣、党人等类目。收录清末人物碑铭、传记为主,也兼及道光、咸丰以前人物(补前两书之遗漏),共800余人。党人一类收秋瑾、林觉民、陶成章等人。1923年成书,有1932年燕京大学国学研究所印本。

为补前面《碑传集》之遗漏,汪兆镛又编了《碑传集三编》。汪氏殁后其手稿由家人交香港大东图书公司影印,1978年出版。50卷,收录500余人碑传。汪兆镛自称:"本正续两家宗旨,编为三编,网罗放失,期于光宣以来数十年政治之迁流,人才学术之隆替,可以考镜。往昔名流为钱、缪所遗者,以补辑一二。"

以上四书都有新版本,而且上海书店1988年4月影印出版了包括以上四书的《清碑传合集》,颇便查阅。这些书为检索清代人物生平的重要资料。但碑传作于文人,一般是应传主子孙的请求,隐恶扬善,不够全面,被人视为谀墓文。而且叙事过于简单,且不著年月(有的甚至生卒年不详)。对于碑传资料史料价值的看法,似不能像梁启超《中国历史研究法》所指摘的那样:"一个人所谓丰功伟烈,嘉言懿行,在吾侪理想的新史中,本已不足轻重,况此等虚荣溢美之文,又半非史实耶。"其实较好的碑传起码所记生卒年月较为可靠,碑主之籍贯、家世、简历等记载,一般也是比较可靠的。许多在其他书中找不到传记的人物,可能在碑传类文字中寻觅到他的材料,因为碑传所收人物比较广泛。在碑传中往往还可以找到一般史书未曾记载的史事。所以,碑传集仍不失为治史者用的一种参考资料或工具书。当然,还应根据碑传所提供的线索阅读原始史料,对碑传加以补充和修正。如章太炎所撰《大总统黎公碑》不仅多谀词,而且史实有误,其中有一处是这样写的:"兵起,有数卒突入公门,公错愕,手刃之。无几,又数人至,促公赴军械局,请受都督印。公见化龙在,知士大夫有谋,宣言无略财,无妄杀,如是则

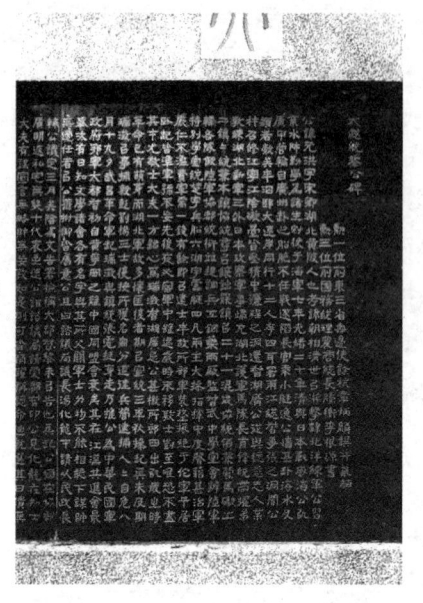

图6-4　章太炎撰《大总统黎公碑》局部

可。皆踊跃称听命,即诣咨议局就选。"①他说的军械局就是武昌楚望台军械库,在那里是没有都督印的。碑文中"促公赴军械局,请受都督印"的话很不准确。碑文中关于黎元洪到咨议局前见到汤化龙的记述也不对,咨议局派去找黎元洪的是议员刘赓藻和革命党人蔡济民等人,汤化龙并未去。而且这时的黎元洪尚未下决心附从革命,并不会因为看见汤化龙等"士大夫有谋"才答应合作,更不会与革命军达成不略财、不妄杀就出任都督的协议。所以曾参加武昌起义的李西屏见此碑文后写信给章太炎提出异议,最后使章太炎作出了相应的修改,将这些文字删去。②

南京大学卞孝萱利用其交游广的条件搜集到大量碑传文的手稿、拓片和单行石印、铅印原件,在捐赠给华中师范大学历史研究所的同时,与该所唐文权合作编辑了两种碑传集。一种是《辛亥人物碑传集》,由团结出版社1991年出版。该书"辛亥人物"指与辛亥革命有多种关系之人物,包括革命人物(革命领袖及缔造民国、献身共和之先烈先进等)、民初政治军事人物(政府元首、内阁部院官员、地方行政官员、议员、军人等)、清廷人物("殉节"或复辟之臣、不仕于民国之宗室、部院大臣、督抚、司道、翰詹等文武臣吏)、其他人物(游移于共和与君主政制间之人物等)。所收文字以碑、铭、表、诔、行状、行述等为主,间收部分杂传,辑自70余种书刊,资料弥足珍贵,做到"借名人之文,传名

---

① 章太炎:《大总统黎公碑》,《章太炎全集》(五),上海人民出版社,1985年,第203页。
② 参见严昌洪:《章太炎修改〈大总统黎公碑〉考议》,《历史研究》2010年第4期。

人之事"。一人多传者,择善而录,如王国维传甚多,独取陈寅恪所撰,因为陈寅恪从中西文化冲突角度论王国维自尽的原因,别有见地,为他人之作所不及。此外他们编的《民国人物碑传集》是继上书之后出版的又一本碑传集,仍然由团结出版社 1995 年出版。此书共计选录 260 余件碑传,包括传略、自述、墓志铭、行状、述略、别传等,这些碑传,大部分是未曾发表过的原始资料;而如行状、行述、哀挽录之类的印件,也多为家属印以赠亲友者,极少流行,很有价值。可用作有关人物研究的参考。另有中国社会科学院近代史编辑部钟碧荣、孙彩霞编的《民国人物碑传集》,由四川人民出版社 1997 年出版,所收人物比前书多,共收 473 人,均为 1912—1949 年间去世的民国期间政界、军界、学术界、文艺界、工商界的知名人士。

此外还有《广清碑传集》(钱仲联主编,苏州大学出版社,1999年)、《滇南碑传集》(方树梅纂辑,李春龙、刘景毛、江燕点校,云南民族出版社,2003 年)等。

再介绍几部私传。

周学熙孙女周叔媜为其祖父撰写的《周止庵先生别传》,原出版单位不详,现收入台北文海出版社《近代中国史料丛刊》第一辑和上海书店《民国丛书》第三编。周学熙为北洋官僚,民初两长财政。当时谈实业建设者往往说"南张北周"。曹禺话剧《雷雨》即以周家为背景和原型。"南张"指张謇,《民国丛书》将《南通张季直先生传记》与《周止庵先生别传》合为一册书出版,盖表示张周齐名。此书称为"别传",即不叙一生全面的经历,仅侧重于创造北洋事业与建设民国财政两端。对于其他事迹比较简略,轶事附于后记。利用了一些官方档案和私家材料,有些公文、文件全文附录。最后附载有周学熙的事略和周学熙的自撰墓志铭。此书保存了一些史料,除了对研究周学熙生平有用外,对研究北洋实业的开创和发展、官办民营的各种企业、民国初年的财政等问题,有一定的参考价值。

《蕲水汤先生遗念录》录有汤化龙的行状、书札、游美日记、游美演说等内容,其中行状是 1918 年汤在加拿大被刺身亡后,治丧同人所撰述,记录汤在辛亥革命前后的表现。该书是研究清末立宪派和民初湖北政局的重要史料。

梁启超于光绪二十七年(1901)根据亲身见闻为其师康有为作传,所著《南海康先生传》分《时势与人物》《家世及幼年时代》《修养时代及讲学时代》《委身国事时代》等9章叙述。对于康有为戊戌变法前后的政治主张、大同学说以及经学、哲学、史学、西学等思想记叙甚详。肯定其在维新运动中作出的贡献,而对其政治思想上的保守,学术上的武断,有所批评。是研究康有为生平和维新运动的重要史料。有光绪三十四年(1908)上海广智书局铅印本。

这样的传记还有许多,如:《关忠节公传》(关天培)、宋教仁写的《程家柽革命大事略》、陶菊隐写的《蒋百里先生传》、陈无锡写的《戴季陶先生编年传记》等等。

二 年谱

"叙一人之道德、学问、事业,纤悉无遗而系以年月者,谓之年谱。"①我国专为个人编纂的年谱,最早开始于宋朝。人们讲到这一点时,都要举吴怀清《二曲先生②年谱·序》中的"年谱之作,肇始宋代"和归曾祁《归玄恭③先生年谱·跋》中的"年谱之作,权舆于宋,唐人集有年谱,皆宋人为之"等说法。宋人赵子栎著有《杜工部年谱》、洪兴祖著有《韩愈年谱》。元明作者渐多,到清朝臻于极盛。最有名的是嘉庆年间蔡上翔撰写的《王荆公年谱考略》。作者鉴于王安石因新法受到攻击,乃花数十年功夫,查阅了正史及百家杂说不下千卷,逐事考证,意欲扫除浮说,还历史之真相。但由于偏爱,难免有为王安石辩护不当之处。据统计,清人年谱有800多种,1000余卷。台北出版了一套王云五主编的《新编中国名人年谱集成》,其中大量的是清代、近代的年谱。来新夏编的《近三百年人物年谱知见录》收录800余种年谱。概括起

---

① 朱士嘉:《中国历代名人年谱目录·序》,商务印书馆,1941年。
② 二曲先生即李颙,明末清初著名理学家。
③ 归玄恭即归庄,明末清初领导过江苏抗清斗争的遗民。

来说,就是宋元初创,明代有所发展,清代形成风气,并延续到民国时期。

年谱盛行的原因,顾廷龙在《中国历代名人年谱目录·序》中说:"乾嘉之际,竞尚考据,而编纂年谱之业遂蒸蒸日上,至今有甚而不衰。"①就是说因为年谱主要是编纂个人事迹,按年叙事、记录史料,不加评论,一般不至于干冒风险。它是清代文字狱逼出来的。而陆懋德在《史学方法大纲》(南京独立出版社,1935年)中却认为:"年谱无组织,无批评,无意见,其成书较易,故后世此类书甚为发达。"这等于说年谱容易编写,所以编写者多。编年谱成为一种风气后,不仅达官显贵及其子孙后裔,为了炫耀本人或祖先的"政绩""勋业",自高门楣,往往自订或请他人为之撰述年谱,就是普通官吏、文人学士、商贾、艺人乃至方外人,也纷纷采取自叙或请人编纂年谱的方式,企图以此树碑立传,扬名后世。所以清代年谱特别发达。

年谱是较为特殊的一种人物传记体裁,即是一种编年体的人物传记,它以谱主一个人为对象,按照从生到死的时间顺序逐年排比其言行、见闻、经历以及家庭琐事等等,以年月系事,补缀成书,比较全面地记叙其一生事迹。它提供历史人物整个一生的情况,由于系年系月,甚至有系日的,所以对于人物活动的情况一目了然,时间比较可靠。由于年谱以年月为经,事实为纬,与传记相比较,收录资料较少限制,故年谱的背景虽不及一般编年史广阔,但反映历史进程的精细程度,却超过了一般编年史,所以说它"既便知人,且可论世"。因为,一部记事详明可信,内容充实而又具有一定社会影响的历史人物的年谱,不只是了解评论其人其事的主要依据,尤为重要的,它是研究谱主所处时代的社会历史的可贵材料,这类材料在"正史"一类的典籍中只是零星散见或完全阙如。在史料学中,衡量一部年谱的价值,主要看它保存史料的原始性、丰富性、可靠性和全面性。如果记载详实,考订精审,则不失为一种经过研究的重要历史资料。

年谱的编者不是谱主的亲友即是谱主的门生故吏,往往对谱主有

---

① 李士涛:《中国历代名人年谱目录》,商务印书馆,1941年。

所偏爱,叙述多溢美之辞,给人的感觉像是在树碑立传。蔡尚思把年谱按编纂目的分为4种类型:(1)研究型。编者多为后世专家;(2)卫道型。编者不外是自命为古圣先贤正宗嫡传的人物;(3)回忆型。即由谱主本人生前所作的自订年谱;(4)扬名型。多为谱主的子孙门人所编,也有为了攀附名人以扬己之名的不学无术之徒所编。① 学者现在编年谱,主要是研究型,既是便于知人论世,更好地理解历史人物所处的那个时代,也是为了便于对历史人物作进一步研究。一般研究历史人物的步骤是,先搜集整理其文集,包括日记等,作为最基础的工作;再将材料集中并初步梳理,编写年谱或年谱长编;最后才是撰写传记或评传。所以说,年谱也是历史人物研究的基础,是历史人物一生活动的简明线索。年谱的编写体例没有严格的规定,可以是纲目体,即用少量文字简明扼要地写出史事要点,然后引用其他文献资料去作说明或注释;也可以是直叙法,即对所叙述的内容不分主次,平铺直叙地写来。可以将国内外大事置于每年叙事之前,作为背景;也可以将与谱主较有关的国内外大事夹叙于正文之中,更为明晰。不论采用何种体例,重要的是实事求是,既不必因贤者而溢美粉饰,也不可因不肖而溢恶丑化。

(一) 自订年谱

有的人看到世事的变化,害怕身后人们对他们的误解,便自订年谱,记述生平行迹,以存其真。自晚清以降自撰年谱者渐多,其中有一个原因就是写日记成为习惯的人多了,根据日记所记的年月日和简略记载,追忆以往的事迹,写成年谱,较容易,比较可靠。一般说来,这样的年谱真实性较高。自编年谱成风的另一个原因是为了流传后世,光宗耀祖,以发达子孙,绵延家世,兼有扬名的因素,甚至为树碑立传保存史料。如同自传一样,年谱与日记相辅相成,用来回顾人生,可以自愓自励。但自编年谱不能写完一生,后面的还得旁人续写。自订年谱与写自传一样,也有夸大个人作用,缩小个人缺点,甚至歪曲事实真相的现象。

---

① 蔡尚思:《左宗棠年谱·序》,岳麓书社,1982年。

以下介绍几种自订年谱。

杨守敬自订年谱称《邻苏老人年谱》。杨守敬为湖北宜都人,早年任驻日公使何如璋、黎庶昌随员,在日本致力搜集国内散佚书籍,得唐、宋善本,撰《日本访书志》《古逸丛书》等。归国后任黄冈县教谕,后任两湖书院地理教习和勤成学堂总教长等职。生平喜治目录金石之学,尤长于历史地理之考证,著有《历代舆地图》《水经注疏》等。是晚清著名地理学家。辛亥革命后,避走上海,有日本人水野疏梅拜于门下,并乞小传,因作此年谱。本书起道光十九年(1839),迄宣统三年(1911)。杨氏卒于1915年,其后4年事迹,系门人熊会贞所续补。叙事详于治学始末。

章太炎自撰的《太炎先生自定年谱》,成书于1928年,叙述他自清同治七年底(1869年初)出生至1922年间的事迹,包括"七被追捕,三入牢狱,而革命之志,终不屈挠"的革命经过,也反映了他对自己各种政治活动的看法,涉及国内政治、文化诸方面。颇具史料价值,所记有些事实与其他记载有出入,可供研究时参考。刊于《近代史资料》1957年第1期。又有马叙伦撰《〈太炎先生自定年谱〉补遗》,刊《近代史资料》1958年第1期。后来汤志钧编《章太炎年谱长编》将《自定年谱》分年置诸每年事迹之前。这部年谱长编属于研究型,录有许多有价值的史料,对章太炎生平事迹进行详细考订。如刘成禺《世载堂杂忆》将章太炎光绪二十四年(1898)在鄂所办报纸记为《楚学报》,汤志钧在年谱长编中经考订后确定为《正学报》。该书每年先叙当年国内大事,提供背景材料,帮助理解章氏活动。一、五两卷则结合各年事迹,穿插说明。后面附录有当年著作目录,称为"著作系年"。本书选用资料,凡文稿、函电、演说辞等未发表而较重要的全录或多录;刊入早期报刊、目前鲜见的多录或酌录;辑入《章氏丛书》的酌录或仅存目录。本书对于研究章太炎的生平和著作思想,了解中国近代史,都是重要的参考资料。有中华书局1979年版。

居正撰《梅川谱偈》是一种特殊形式的自编年谱。自光绪二年(1876)起,至民国三十七年(1948),共73年,为偈192首,另有《齐天乐》6阕、《行役吟》3章。居正说:"将由少而壮而老所行事,以偈语出

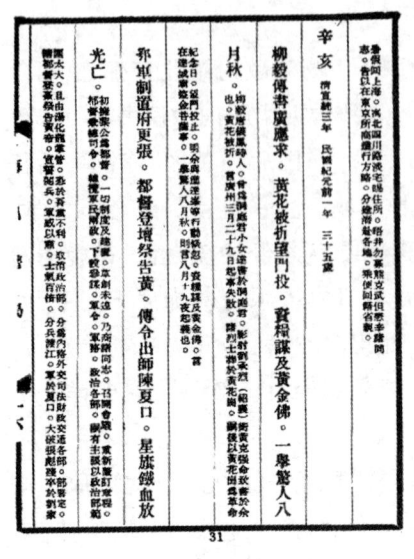

图 6-5 《梅川谱偈》书影

之,其中十之八九记党、国事,于身家事未多述,应作党史实录读,非第个人之年谱也。"体裁与其他年谱不同,而相似于二十一弹词与佛家赞经,用短句,不取长行,便于诵读。于其中可了解居正思想和当时的一些情况。如戊戌年(1898)22 岁有一首偈:"清廷内变祸几延,疆吏相维戒勿宣,百姓无干仍攘攘,余初受室以斯年。"注曰:"清室受康有为变法之反应,西太后复辟,光绪帝被幽,六君子被杀,号戊戌政变,百姓未之知也。冬,夏氏归于我。"既说明戊戌变法的脱离群众,也反映了居正对变法失败的同情,同时将是年结婚的家事亦带了出来。

王锡彤的《抑斋自述》7 种,原为民国间铅印本,后经郑永福、吕美颐点注,河南大学出版社 2001 年出版。按点注者所说,是一部类似自叙年谱性质的著述。系根据王锡彤本人日记排比整理而成。王锡彤(1866—1938),字筱汀,号悔斋,晚号抑斋,河南汲县(今卫辉市)人。此人由一名乡村小绅士,进入袁世凯幕,协助袁世凯办实业,最后成为中国水泥大王。一生经历,几许转折,实是近代社会变迁大潮中社会流动的一个典型。另有童坤厚编的《王筱汀先生年谱》一卷,1939 年铅印。

此外,还有《骆秉章先生自叙年谱》《汪微尚老人兆镛自订年谱》《劳韧叟先生乃宣自订年谱》《徐雨之先生润自叙年谱》《王葵园先生先谦自定年谱》《周玉山先生馥自订年谱》《李雪生先生根源自撰年谱》和梁章钜的《退庵自订年谱》、童以谦的《撝庐氏自编年谱》、孙振烈的《次晳次斋主人年谱》、王懋官的《养云主人自编年谱》、缪荃孙的《艺风老人年谱》、康有为的《康南海自订年谱》、李根源的《雪生年录》、张謇的《啬翁自订年谱》、徐润的《徐愚斋自叙年谱》等,均各有特色。

(二) 他人所编年谱

编撰者或是谱主后人,如:杨曾勗编的《柳州府君年谱》就是为其父杨道霖所编的年谱,属于扬名型;或是谱主故旧、门生,如:胡钧重编的《张文襄公年谱》,属于卫道型;或是研究工作者,如:毛注青编的《黄兴年谱》,属于研究型。编写这类年谱要广泛搜罗有关谱主活动的文字,反映谱主的生平事迹。为了便利读者了解谱主所处的政治、社会环境起见,常常还记载政治大事、同时代名人的生平简况。如,某年,国内发生了些什么大事,什么人生、卒、或多少岁。年谱的优点是系年系月叙述,头绪清楚,条理明白,所记时间比传记准确。这种编年有利于明白时势。一部好的年谱,可以透过个人一生的变化过程,帮助人们了解那个时代的历史全局。这就是"知人论世"。编者搜集到不同记载,往往要经过一番考证,辨明是非。

章玉政在编写《刘文典年谱》(安徽大学出版社,2011年)时,始终要求自己坚持问题意识和怀疑精神,用第一手材料说法,用比较材料说法,不轻易下结论,不随意定是非,注重在求真、求实的前提下尽量还原历史现场、廓清历史真相。① 该年谱共征引胡适、陈独秀、钱玄同、蔡元培、朱自清、鲁迅、周作人、吴宓、顾颉刚等数十位民国学人日记、书信、年谱中的相关记录,使年谱没有局限于个人,而是将眼光投向他所在的那个时代,以谱主为线索,通过大量当事人的记录、回忆,以精细的考证、生动的笔触再现出一幅特立独行、别开生面的民国学人群像。

胡适在编撰《齐白石年谱》过程中,发现几个材料记载齐白石的年龄不一样,一说生于1861年,一说生于1863年,使年谱无法顺利地编下去。胡适通过黎锦熙查询,最终弄清楚了齐白石生年应当是1863年。齐白石之所以要将自己的年龄说大两岁,是因为他75岁时一位算命的人说这一年"脱丙运交辰运,美中不足",遂用"瞒天过海法",将七十五,口称七十七,作为逃过七十五一关矣。胡适说:"这一点弄明白了,年谱的纪年才可以全部改正。老人变的戏法能够'瞒天',终究瞒

---

① 章玉政:《〈刘文典年谱〉的怀疑与发现》,2011年11月23日《中华读书报》。

不过历史考证方法。"①

年谱的缺点：一是史料分散在各年，缺乏组织，比较零散，没有综合性的叙述。二是热爱名人而为之作年谱者，常于不知不觉中，为谱主隐恶扬善，不能直书足以暴露谱主不可告人秘密的事实，即使是为人所共知的谱主的罪行丑闻，也必然要为之曲笔讳饰。这不仅是年谱的通病，也是历史人物研究中的通病。但严肃的学者即使是编撰自家长辈的年谱，也有不为尊者讳，而坚持实事求是者。比如历史学者闻黎明等编《闻一多年谱长编》时，虽然确有感情方面的因素，但一旦做起来，就意识到自己是一个史学工作者，应当超脱感情，站在历史唯物主义的立场，坚持服从客观记载，真实反映历史，不为前人避讳。如，闻一多在青岛大学担任文学院长期间，与学生发生严重冲突，最后学生自治会发表《驱闻宣言》等等，作者也如实记录，尽力客观对待。他坦言之所以这样做，既是为了真实记载闻一多的前期历史，同时也认为他前期历史的真实反映，有利于与他后期的转变进行对比，从中可以反映出一个人物怎样随着历史潮流不断前进的多样性和复杂性。②

后学编撰的年谱不计其数，一般名人都有，国家图书馆出版社2012年出版的《近代人物年谱辑刊》（全20册）收录近代人物年谱105种，谱主97人，有王闿运、周馥、吕海寰、孙振烈、张德彝、陈璧、张勋、徐世昌、韩国钧、陈夔龙、袁世凯、严修、黎元洪、段祺瑞、王锡彤、庄蕴宽、朱启钤、张培爵、陈其美、王揖唐、蔡锷、陆费逵等。一人多谱的情况不少。有的是先后多人都编撰过某一名人的年谱，孙中山就有各种年谱；有的是一位学者前后多次编写一位历史人物的年谱，如，来新夏就撰著过《林则徐年谱》（上海人民出版社，1981年）、《林则徐年谱（增订本）》（上海人民出版社，1985年）、《林则徐年谱新编》（南开大学出版社，1997年）和《林则徐年谱长编》（上海交通大学出版社，2011年）。

罗家伦等编的《国父年谱》，以孙中山先生及其领导国民革命之重要事迹为主体。因孙生平为一代历史之关键，故以此年谱挈其纲领。

---

① 苏育生：《胡适与齐白石》，《书屋》2007年第9期。
② 闻黎明：《知人论世：看〈闻一多年谱长编〉》，2010年1月18日《北京日报》。

凡孙对于国家民族重要之主张与措施,及其影响所及之革命行动,与"反革命"之重大事件足以表现孙之对策者,亦并扼要记述,以便反映史迹之因果。本谱取纲目体裁,以纲述该年、该月、该日主要史事,以目加以说明、证实,多注明出处。所用史料,以国民党党史史料编委会库藏之原始文件为主,包括手书文稿、命令、函电、批牍、《临时政府公报》、中华革命党至中国国民党时期之档案和会议记录,以及《党务公报》《陆海军大元帅大本营公报》等。凡革命先烈与当事人墨迹、函电及书刊等,同在采用之列。1958 年台北"国史馆"印。1962 年发表了罗刚写的《罗编国父年谱纠谬》,纠正其错讹之处。1969 年又有黄季陆增订本出版,对罗编亦订正了不少错误。民国年间有各种孙中山的年谱印行,但多为纪念性质,史料价值不高。20 世纪 70 年代以来大陆也编了几种《孙中山年谱》。

《左宗棠年谱》为清末罗正钧纂,原名《左文襄公年谱》,为《左文襄公全集》的附录。罗氏得到左氏亲属的支持,编成的时间距左去世不过 12 年。不但可以充分利用左氏家藏的谱主本人留下的全部材料,包括奏议、文稿、书信、诗钞、论著,以及官私文书、家谱行状等等,而且可以设法得到谱主的亲戚朋僚、门生故吏的帮助,了解其他有关的文字或口头的材料,这在年谱中都有反映。同时,对于载入年谱的各种事情,编者也明显地用过一番考订功夫,证成一说常举例两种或两种以上材料,有时还表示存疑。就史料价值来说,这部年谱至少有几点可以肯定:第一,保存材料较多,基本上都是第一手的,传闻成分较少,而且有若干材料不见于其他文献;第二,采择方面较广,大凡左宗棠的生平经历和主要事业,政治态度和思想抱负,以及为人处世等等,都有反映;第三,叙述事实大致确切,因为材料经过筛选和考订,尤其在判断材料的时间性上花过力气,所以前后颠倒、自相矛盾的毛病犯得较少,从而提高了记录的可靠性。有朱悦、朱子南校点的岳麓书社 1982 年版。

20 世纪 90 年代,中国共产党领导人和人民共和国创始人的年谱陆续编辑出版,有《毛泽东年谱 1893—1949》《毛泽东年谱 1949—1976》和《朱德年谱》《刘少奇年谱》《周恩来年谱》《任弼时年谱》《董必武年谱》《贺龙年谱》等,邓小平、陈云、彭真、彭德怀、罗荣桓、张闻天、聂荣臻、陈毅、粟裕、博古、王稼祥、吴玉章、张云逸等也已有了年谱,这些年谱对党史和革命史研究具有重要参考价值。中国共产党早期领导人和有所争议的党史人物,如《陈独秀年谱》(上海人民出版社1988年版)、《张国焘传记和年谱》(中共党史出版社2005年版)、《王明年谱》《瞿秋白年谱新编》等也是党史研究领域不可多得的重要资料。其中社会科学文献出版社2014年出版的郭德宏新编《王明年谱》,是在作者与周国全一起编写、安徽人民出版社1991年出版的《王明年谱》的基础上,增补、改写而成的。原来出版的那本《王明年谱》只有16万字,写得非常简单,很多重要的内容没有能够编写进去。后来郭德宏进一步搜集了大量的材料,包括中共中央组织部和中央档案馆保存的有关王明的档案,俄罗斯当代文献保管与研究中心保存的有关王明的档案,俄罗斯远东研究所汉学图书馆保存的有关王明的书刊,王明夫人孟庆树根据王明谈话整理的《陈绍禹——王明传记与回忆》书稿,以及一些单篇的回忆录,俄罗斯远东研究所的俄文版《王明全集》等。

其他名人年谱出版也不少,如,《宋庆龄年谱》《鲁迅年谱》《郭沫若年谱》《钱玄同年谱》《沈钧儒年谱》《黄炎培年谱》《陶行知年谱》《郑振铎年谱》《蔡元培年谱》《廖仲恺年谱》(〔美〕陈福霖、余炎光著)、《唐群英年谱》等等。宋广波编著的《丁文江年谱》(黑龙江教育出版社,2009)材料详尽,作者力求做到"既为丁文江画像,又为丁文江所处的时代画像",被誉为一部好年谱。这本年谱的编辑体例有特别之处,即全书包括"谱前""年谱"和"谱后"三个部分。在"谱前"部分,颇详细地交代了丁文江家世和1840—1886年西方地学知识在中国的传播以及外国人在中国考察地质的情形。"谱后",是几个附录,包括大事年表、丁文江先生哀挽录和人名、书名、报刊、档案的索引。使读者能进一步了解丁文江的历史贡献和他应当占有的历史地位,并方便检索有关内容。

台湾商务印书馆出版的王云五主编《新编中国名人年谱集成》,与近代史有关的晚晴民国人物有包世臣、曾国藩、周馥、岑毓英、李鸿章、曾国荃、梁士诒、张之洞、胡林翼、骆秉章、王先谦、王闿运、罗泽南、林则徐、徐润、左宗棠、李鸿藻、劳乃宣、汪兆镛、严复、丘逢甲、皮锡瑞、沈曾植和连横、王国维、陈其美、胡宗南、章炳麟、张知本、胡汉民、刘湘、于右任、黄兴、钮永建、吴敬恒、徐树铮、张人杰、蔡元培、李根源、朱绍良、孔祥熙、陈少白、林森、秋瑾等。其中有《民国梁燕孙先生士诒年谱》《民国陈英士先生其美年谱》《民国胡展堂先生汉民年谱》《民国刘甫澄先生湘年谱》《民国青芝老人林子超先生年谱》以及《清李文正公鸿藻年谱(上下)》《清曾文正公国藩年谱》《康梁合谱》等。台湾还出版有《吴佩孚年谱》《于右任先生年谱》《胡汉民先生年谱》《谭祖安先生年谱》《吴稚晖先生年谱》《胡上将宗南年谱》《陈副总统诚年谱》《刘湘先生年谱》《傅孟真先生年谱》《朱绍良年谱》《朱家骅年谱》等。

(三)年谱长编

史料价值高的唯有年谱长编,因为它保存了大量史料。说明一条记事的多种史料并录,有出入的,编者还加以考订。年谱长编是史料长编的一种。"长编"就是详细汇集编排历史资料,以备删定成书之用的底稿。所以说年谱长编是年谱的初坯,过去是不印行的。后来因为长编辑录了许多原始史料,还未经删定,可以作为史料汇编或史料专辑使用,因此也就印行,供史学研究之用。年谱不属于第一手材料,但年谱长篇中保留了许多第一手材料。它的史料价值就在于此。

2015年,13册抗战时期(1937—1945年)《事略稿本》排印本在台湾出版,这是蒋介石的自定年谱长编,以备日后修谱使用,内容包括蒋介石的日记、函札、演讲、谈话、书告、手谕等,十分完备。蒋介石自1940年起便授意幕僚人员编纂《事略稿本》。侍从室秘书模仿《春秋》体例,以事系日、以日系月、以月系年,以蒋介石日记为经纬,参阅他历年函电、公牍、讲演等编成大事长编,年限为1927年到1949年,共计287册。大陆学者肖如平指出《事略稿本》摘录的《蒋介石日记》有删改、压缩和加工,但由于《事略稿本》数量非常庞大,除日记外还有电文、信函、讲话及活动等,比日记更加详细,是研究蒋介石和民国史不可或缺的资料。台湾学者刘维开认为,与蒋日记原稿相比,《事略稿本》使用起来更便利,但由于后者在编撰过程中对日记内容有适度修正,对于要求史料存真的研究者而言有一定缺陷,"不过先看《事略稿本》再读日记,比直接看日记要好"。① 中国第二历史档案馆编了《蒋介石年谱初稿》(档案出版社,1992年)。

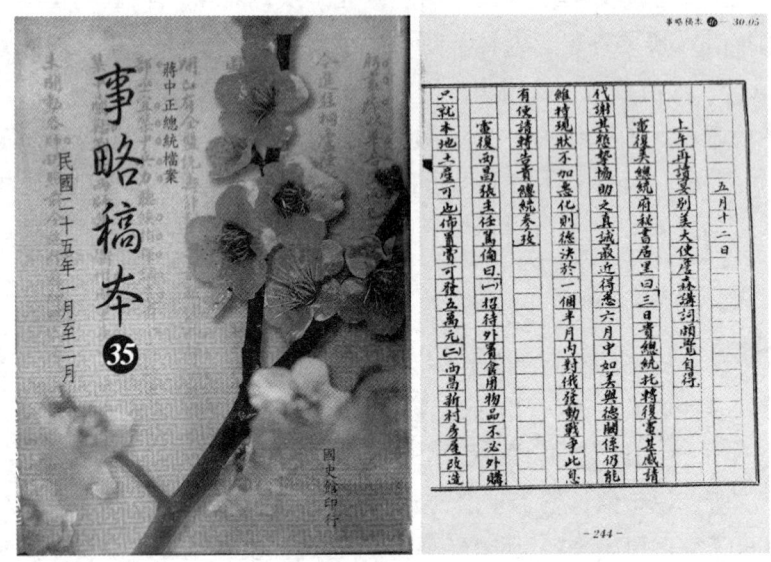

图6-6 《事略稿本》书影

《梁启超年谱长编》是公认的优秀年谱,迄今仍享有盛誉。几十年来前后出过好几个版本,最早的是丁文江主编的《梁任公先生年谱长编初稿》(1936年油印本,12册),1958年台湾世界书局根据油印本正式出版了《梁任公先生年谱长编初稿》,1983年上海人民出版社出版了《梁启超年谱长编》,2004年日本岩波书店出版了《梁启超年谱长编》日译本。由欧阳哲生整理的《梁任公先生年谱长编》已由中华书局于2010年出版。梁启超年谱长编是在丁文江主持下赵丰田参与编纂的一部大型年谱。底本《梁任公先生年谱长编初稿》采用英人《赫胥黎传记》体例,内容方面多采原料,其中特别以信件材料为主,其他一般资料少用,体现了此书的特点。本书所根据的信札6000余件,所采录之重要信札亦逾数百件。有梁与人者,有人与梁者,有他人与他人者,采

---

① 彭珊珊:《〈蒋介石事略稿本〉编校本在台出版》,2016年7月10日澎湃新闻(www.thepaper.cn)。

录标准,视其与梁及其事业有无直接或间接之重要关系而定。所录著述方面的材料,皆注明出处。叙述上竭力免除批评及主观或左右袒之文字,尽量客观地表现梁氏之言行思想及其事业。全面地、真实地反映梁的面貌,"画我象我"。学术方面则比较简略,因为梁氏本人有大量学术论文发表。上海人民出版社的修订本在不变动原书内容和结构的基础上,作了适当的增删,增补侧重于信札和有关谱主活动的重大史事,删改仅限于与谱主无甚关系的少量资料及部分编述文字。欧阳哲生整理时也做了修订,他所做的工作是:保持原稿内容不变,主要是对文字刊误,对原稿某些引文误植据原作加以校订,对台北"初稿本"和上海"长编本"所出现的文字处理歧异酌加"编者注(按)"说明,对"油印本"的某些错误加"编者注(按)"订正;"油印本"原有的"江注"(丁文江注)和其他注释则一仍其旧,"初稿本""长编本"所新加的某些"注(按)"酌情保留;书名改题《梁任公先生年谱长编》;书后新增《人名索引》,以便检索使用。

中山大学由陈锡祺主编的《孙中山年谱长编》,全书分3卷,上下两册。所记以谱主生平思想活动为主,兼收与谱主活动有关的资料。属谱主领导的革命运动史事范围者,收入正文,详略视其与谱主关系而定。第一卷(1866—1911)记谱主家世,早年生活,成立兴中会、中国同盟会,为推倒帝制,建立共和而奋斗的经历。第二卷(1912—1918)包括谱主任南京临时政府大总统,二次革命,组建中华革命党,反袁及第一次护法运动等内容,即为建立民国、保卫民主共和革命成果殚智竭力的行谊。第三卷(1919—1925)着重记述谱主在新民主主义革命初期,经过五四运动、陈炯明叛变,在晚年改组中国国民党,实行三大政策,进行反帝反封建斗争,以及北上、辞世等史事。采用纲目体裁,纲与目的文字力求不重复。该书是一部史料翔实,考订精详的力作。史料翔实表现在根据国内外大量已经刊布和未曾发表的孙中山著述和有关档案材料,全面、系统、详细地记述孙中山的生平思想、言论和革命实践活动。考订精详表现在凡有异说者,经考订后取其一说,其余在注文中酌加介绍。

上海交通大学出版社策划并推出了"晚清人物年谱长编系列",已出版的有《郑观应年谱长编》(夏东元)、《张元济年谱长编》(张人凤、柳和城)、《林则徐年谱长编》(来新夏)、《闻一多年谱长编》(闻黎明、侯菊坤)、《张之洞年谱长编》(吴剑杰)、《蓝天蔚年谱长编》(蓝薇薇)、《穆藕初年谱长编》(穆家修、柳和城、穆伟杰)、《邹韬奋年谱长编》(邹嘉骊)等。还有曾国藩、左宗棠、翁同龢、崇厚、盛宣怀、袁世凯、张謇、刘鹗、陆费逵、叶景葵、胡风等人的年谱长编正在出版中。该社还打算推出"民国人物年谱长编系列",已经组稿正在编撰中的就有竺可桢、任鸿隽、秉志等人的年谱,还有很多则在联系之中。

夏东元编撰的《盛宣怀年谱长编》,共 118 万字,上海交通大学出版社 2004 年出版。该书记载了盛宣怀一生的重要经历,所采资料主要是盛宣怀的档案资料,其中大多是盛氏的亲笔稿件如奏稿、条陈、往来函电、企业章程等,其内容几乎涵盖了盛宣怀一生;还有政府机关团体有关材料以及涉及盛宣怀的相关人物的资料,不下数千万字,选择了有代表性的重要资料全文或节录于谱中。这些资料大多数为有关盛氏言行和事业的原始资料,对研究盛宣怀生平事业和研究中国近代史具有很高的价值。

年谱长编还有袁英光编的《王国维年谱长编》(天津人民出版社,1996 年)、毛注青编的《黄兴年谱长编》(中华书局,1991 年)、张耕华、李永圻编的《吕思勉先生年谱长编》(上海古籍出版社,2012 年)等。台湾还有沈云龙编著的《黄膺白先生年谱长编》(台北联经出版公司,1976 年)等书。

《北京图书馆藏珍本年谱丛刊》著录了一大批年谱,其中与近代史有关者几百种,有详细目录可查。

三　族谱

年谱以外,还有历史人物的家谱、族谱、世系等,记载一个家族户口的繁衍、家庭的变迁,并为族中重要人物作传,除了作为研究宗族史的资料外,也是了解人物出身、家庭影响的重要史料,可惜以前不受重视,故顾颉刚称家谱和方志是史书之中"未辟之山林,未发之金锡"[①]。翠亨《孙氏家谱》是邱捷、李伯新考证孙中山祖籍问题的重要依据;《经铿黄氏家谱》是陈梓琏、王兴科订补黄兴家世的重要参考材料;美国学者普莱斯利用《宋氏族谱》等资料对宋教仁幼年时所受的影响进行了研究。

关于中国家谱的起源问题,有几种说法,根据历代文献记载和20世纪殷墟出土的甲骨文字考证,中国家谱起源于商、周时期比较可信。

族谱或称宗谱、家谱,是族人编纂的本族的迁徙史、繁衍史,记载本族世系和重要人物的事迹,以及相关文献资料。"族重宗谱"是较普遍的现象,每个宗族都编有本族的族谱(宗谱),通过族谱严格嫡庶、分清辈分、确定承继关系。从前族谱最忌"异姓乱宗",有些地方规定,"干犯名义者不书,逃入二氏者不书,螟蛉抱养者不书,不详所出者不书,防乱宗也"。[②] 因添丁进口,族谱要不断地补续。每到祭祀之日,"启族谱随时详登新娶妇及新子女"的名字。族谱的修编可以巩固宗族成员间的联系,所立宗规详载谱牒,后人均须遵守,尤以伦常为重,违者以逐黜族籍作为一种惩罚。从这些情况来看,家谱、族谱不仅可供研究人物利用,还可为研究社会史、风俗史、家族制度史提供史料。族谱在史学研究中的作用之大,可以为研究宗法思想、家庭道德、家族制度、经济史、人口问题、历史人物传记、民族史、地方史志、教育史、民俗学、宗教史、华侨史、重大历史事件以及有关古代妇女、古代伦理道德、遗传学、人才学等提供正史所不载的精细的史料。

据说,当前全世界各大图书馆收藏的中国家谱,总数有三万四千多种。这一统计数字,还没有把散布于民间的各种家谱包括在内。家谱究竟有多大数量,至今还没有人作出确切统计。已知《中国家谱总目》收录家谱52401种,包括608个姓氏,是目前为止收录家谱最多的专题目录,2009年由上海古籍出版社出版。由于有秘不示人的家规,每当家谱30年一小修,60年一大修后,旧的家谱除留下极少几套保存在宗

---

① 顾颉刚:《中国地方志综录·序》,商务印书馆,1935年。
② 法坤宏:《叙次宗谱例言》,《皇朝经世文编》卷五十八,礼政五,宗法上。

祠或族长手中外,其余都要全部销毁,而代之以新的家谱。这种特殊的风俗习惯,当然为古老家谱的保存制造了人为障碍。不过,尽管如此,家谱作为生活轨迹的记录,仍有不少被保存了下来。族谱作为地方文献中数量最多的文献,越来越受到重视。现在,一些地方成立谱牒研究社团,建立谱牒收藏机构,许多宗族搜集旧谱以便修纂新谱,这都为利用族谱作为史料来研究历史提供了方便。"中国家谱数据库",是国内最早建设的并面向公众的家谱查询网站。目前,家谱数据库已经录入了300多个姓氏、五万册家谱信息,而且还将以每年数千册家谱的速度进行持续更新。

家谱目录主要有美国学者特尔伏特(Ted A. Telford)编《犹他家谱协会藏中国家谱目录提要》、中山图书馆编《馆藏广东族谱目录》(1986)、赵振绩等编《台湾区族谱目录》(1987)、国家档案局二处等编《中国家谱综合目录》(1998)、上海图书馆编《上海图书馆藏家谱提要》(2000)、梁洪生编《江西公藏谱牒目录提要》等。

家谱资料汇编有罗香林编《客家史料汇编》(1965)、庄为玑等编《闽台关系族谱资料选编》(1984)、《泉州谱牒华侨史料与研究》(1998)。《北京图书馆藏家谱丛刊》已出版的有闽粤侨乡卷五十册和民族卷一百册。

国家图书馆编辑出版了《中国国家图书馆藏早期稀见家谱丛刊》,全365册,谢东荣、鲍国强主编,线装书局出版。

《中国珍稀家谱丛刊》属于南开大学中国社会史研究中心资料丛刊之一种,常见华、王强主编,凤凰出版社出版。其中有《明代家谱》《稀见姓氏家谱》《彩绘宗谱》等。彩绘宗谱中大量是晚清和民国的,属于近代史研究范畴。而《稀见姓氏家谱》收录习、生、缪、公冶、阴、宛、熬、区、光、穆、展、逄、邝、扶、羊、利、明、尚、简、蓝、古、蔺、封、桑、晏25姓的家谱,大部分是民国年间编纂的。

上海图书馆2000年曾编辑出版《上海图馆藏家谱提要》。现该馆收藏家谱达3万余种,最近开始编辑《上海图书馆藏珍稀家谱丛刊》,由上海科学技术文献出版社出版。以存世收藏较为稀少的名门望族为主,已出版的第一辑有6种家谱:松江《董氏族谱》、松江《徐氏族谱》、萧山《萧山毛氏宗谱》、诸暨《宅埠陈氏宗谱》、无锡《华氏宗谱》、无锡《锡山秦氏宗谱》,分别是董其昌、徐阶、毛奇龄、陈洪绶、华蘅芳5位名人和无锡秦氏望族的家谱。其中华蘅芳为清末数学家、科学家、翻译家和教育家。

四　回忆录

回忆录是当事人对往事的回忆。从广义上说,自传、自述、自订年谱都是一种回忆录。但这里说的回忆录,比较自由些,可以回忆人物,也可以回忆事件;可以回忆一生,也可以回忆片段;可以回忆自己,也可以回忆别人(上海文艺出版社1978年编辑出版的《鲁迅回忆录》就是别人回忆鲁迅的文章的汇编);可以是皇皇巨著,也可以是点滴记录。但有一点是很重要的,即回忆的内容应是亲身经历,耳闻目睹的。文史资料编写有一个"三亲"原则:亲闻、亲见、亲历。这样的回忆录就是第一手材料。有的老人怕记忆不准确,查阅书刊,据此回忆,其中有一部分内容就不是第一手材料了。

回忆录是一种重要的史料。尤其是政治家的回忆录,有许多内幕情节的记载,可补文献的不足。西方国家领导人下台后都喜欢出版回忆录,由于有许多他在台上时处理重大政治事件、外交事件的内幕,发行量大,可捞取很可观的版税。

回忆录的特点就是它的真实性。郭沫若在《北伐途次》小引中说:"我这篇文章只能够采取回想录的形式,记忆比较明确的地方写得自然会详,记忆比较淡薄的地方写得自然会简略。这样,文章便会流为是断片的,但也只好听其断片。我本也可以加些想象进去,把全部的事件客观化起来,写成一部小说,但那样反会减少事实的真实性,同时是会发生许多错误的。"①

但是回忆录也不是全部真实,有很大的局限性:1. 由于时间太久,记忆力衰退,回忆者记忆不清带来差误。2. 有个人利害在其中,有意地

---

① 《郭沫若全集》文学编第十三卷,人民文学出版社,1992年,第5页。

夸张或缩小历史的真实情况。3.受到某些政治环境的影响,带着某种政治偏见或偏激情绪写的回忆录,内容不可能真实。4.回忆者在历史事件发生时受地位的局限,如职务不高等,只能看到事情的局部,或一个侧面,或一些表面现象,因而他的回忆就不可能全面,结论就不一定准确。5.有些回忆录,在写作时,由于记忆不清,凭回忆者的印象和想象写出来的,有的条理化了,有的拔高或贬低了。有些回忆录,经过记录者的文字加工,有时也会违背历史真实。6.有些回忆录从根本上说是伪造的。所以说,利用回忆录之类的资料,还必须用其他文献资料加以印证,用几个人的回忆加以比较。一般来说,孤证只能作参考。

考察回忆录的可靠性,需要注意记述者是否具备了解事实真相的客观条件,当时是否在现场,是否能了解全面的情况,因为一定的事物只有一定地位的人具备观察、体验的机缘,事件的核心机密只有机密的参预者及其亲信才可能知道。如果记述者并不具备了解事实真相所必备的客观条件,记述自然不可轻信。还要注意记述者是否具有正确记述事实的必要素养,包括当年的精神状态、观察判断能力以及后来的记忆表述能力等。记述者是否存在捏造事实、歪曲真相的主观意图,也是要注意的。郭沫若曾经在《十批判书》中指出:"无论作任何研究,材料的鉴别是最必要的基础阶段。材料不够固然大成问题,而材料的真伪和时代性如未规定清楚,那比缺乏材料更加危险。因为材料缺乏,顶多得不出结论而已,而材料的不正确便会得出错误的结论,这样的结论比没有更为有害。"①

1949年以后,各级政协机构号召高龄的委员撰写回忆录,征集到大量的文史资料。当时的政协委员多系有一定社会地位的人,许多历史事件他们是过来人,他们作为当事人、亲历者,写的回忆录应该是比较可靠的,可以从某种侧面、某种角度补史之阙,纠史之错。各地各级政协都编辑文史资料,覆盖面很广,挖掘得很深很细,提供了许多大部头史书所未载的资料,为史学工作者所重视。这些资料除了编印出版《辛亥革命回忆录》《辛亥首义回忆录》以外,还刊印了不少《文史资料

---

① 《郭沫若全集》历史编第二卷,人民出版社,1982年,第3页。

选辑》,提供了许多宝贵的材料。最初所征集的文史资料所述史实的时段为清末至1949年前,随着时间的推移,现在已征集1949年以后的回忆资料了。文史资料工作进行到一定阶段,各级文史资料委员会着手对已发表的文史资料进行选择、分类汇编,对库存的文史资料也爬梳、整理出版,实在是一件方便读者的大好事。全国文史资料委员会编的《中华文史资料文库》共7编20卷3000万字,工程浩大,内容丰富。所收资料内容上起1898年戊戌变法,下迄1949年中华人民共和国成立,分《政治军事编》《军政人物编》《经济工商编》《文化教育编》《民族宗教编》《华人华侨编》《社会民情编》。

  文史资料中,中国人民政治协商会议全国委员会文史资料委员会编的《辛亥革命回忆录》是为纪念辛亥革命五十周年而编的,影响比较大。它一共6册。辑录辛亥革命老人撰写的回忆文章349篇,共230余万字。其中朱德除了为这部回忆录题词外,还写了一篇以《辛亥革命回忆》为题的文章,以他自己亲身经历的事实,就辛亥革命的全部历史过程作了系统的回顾,并对这次革命的重大历史意义及其教训作了深刻的阐述。何香凝的《我的回忆》、程潜的《辛亥革命前后回忆片断》、李根源的《辛亥前后十年杂忆》、刘仙洲的《辛亥革命前后保定革命运动回忆》、仇鳌的《辛亥革命前后杂忆》、何遂的《辛亥革命亲历纪实》以及林虎遗作《我参加辛亥革命的经过》,也都是以作者本人在这十多年中间参与的革命活动为经,对同盟会及其领导者孙中山先生所领导的革命运动中的一系列重要事实,提供了各个方面的亲身经历和见闻。还有若干文章记述同盟会领导人物及其他革命团体的革命活动和1911年武昌起义、各省光复及其以后的重要政治军事活动。这些回忆录取材多根据亲身经历和见闻,有不少为他书所未载。中华书局1961年至1963年印行。是研究辛亥革命的重要资料。

  中国人民政治协商会议湖北省委员会编的《辛亥首义回忆录》共4辑。辑录辛亥武昌首义的参加者所撰写的回忆录49篇,60余万字。内容包括武昌起义前武汉革命党人的活动、武昌起义的经过、湖北军政府的成立、阳夏之战、湖北各省的响应等,兼及1914年的反袁斗争。有些人的回忆文章较长,时间延续较后,则以辛亥首义部分为正文,后面的若史料重要,则在注释中用小字排印,使资料完整。每篇正文之前,编者还酌加按语,对作者简单加以介绍。各文中一些彼此有矛盾的地方或行文过简之处,均加以注释。注释也提供了一些有价值的资料。董必武评价说:"虽事隔几五十年,人之记忆有限,回忆中不周不尽者或有之,然各自叙亲身经历,要不失为第一手资料。阅者合原有资料比而观之,参稽互证,不难于其中窥见全豹也。"①1957年至1961年由湖北人民出版社出版。1979年重版。

  其他个人回忆的单行本尚有李廉方的《辛亥武昌首义记》、胡鄂公的《辛亥革命北方实录》、陈布雷的《回忆录》、德龄关于慈禧太后的一些回忆如《御香飘渺录》等。张元济有《戊戌政变的回忆》、邹鲁的《回顾录》、容闳的《西学东渐记》、《顾维钧回忆录》、《陈铭枢回忆录》(朱宗震、汪朝光编)等。下面以包天笑的《钏影楼回忆录》为例说明这类回忆录的史料价值。包天笑(1876—1973),吴县(今苏州)人。这本回忆录撰于74岁时。先后分期刊于香港《大华半月刊》《晶报》。他办过《木刻月刊》(中国最早的杂志之一),并在中国现代教育萌芽之初,就从事教学与教育行政。严复所译的西洋名著,是他在金粟斋译书处任职时经手校印的。与严复、张謇、苏曼殊、李叔同、章太炎、汪精卫、史量才等都有交往。因此,回忆录中叙述了当年知识分子、学校、学生、报馆的种种情况,对于研究那个时期的社会以及知识分子的生活思想,有一定参考价值。包天笑撰写回忆录时虽年逾古稀,记忆力仍较好,记录了光绪初叶至民国十年前后的物价、工资等资料,还提供了民国以前的工商业情况,都是经济史的史料。对苏州风物与民初人物的描绘,令人有历历在目之感。为社会文化史与地方风俗史研究的珍贵资料。写得有感情,很坦率。此书是清末民初的社会史、经济史和文化史的珍贵资料。香港大华出版社1971年出版,2009年中国大百科全书出版社作为"百科史学回忆录丛书"再版。

  改革开放以后,在拨乱反正的背景下,昔日的军政要人、文化名流本着反思历史、总结经验教训和存史的责任感,撰写回忆录出版,掀起

---

① 董必武:《辛亥首义回忆录·题词》,湖北人民出版社,1957年。

了20世纪80年代回忆录出版的第一个高潮,90年代有更多的回忆录陆续出版。这些回忆录是:《聂荣臻回忆录》、薄一波的回忆录《领袖·元帅·战友》、《陈再道回忆录》《彭德怀自述》《吴法宪回忆录》《陈丕显回忆录——在"一月风暴"的中心》、李立三夫人李莎的回忆录《我的中国缘分》、《张治中回忆录》和巴金的《随想录》、贾植芳的《我的人生档案》、谢芳的《我这七十年》、杨步伟的《杂技赵家》、毛彦文的《往事》、董竹君《我的一个世纪》、陈学昭的《天涯归客》、吴似鸿的《浪迹文坛艺海间》、谢怀丹的《岁月屐痕——一个莫斯科中山大学女生的回忆》、林海音的《城南旧影》等等。

《亢斋文存——罗章龙回忆录》是中国共产党的早期重要领导人罗章龙的回忆录,全书共计80万字,在隐匿于世40年后,已由美国溪流出版社独家出版。

第七讲 书信与日记类史料

这类史料,包括个人收藏的或档案机构收藏的真迹手札、日记稿本,更多的是整理出版的书信集、日记等。之所以把书札和日记归为一讲,是因为二者有几个共同之处:1. 书信、日记都是当时发生事情和作者思想的即时记忆,属于第一手材料。2. 一般说来,作者当时写信、写日记,并不为了将来发表供人们阅读。有些公众人物为了某种目的公开自己的书信或准备公开自己的日记,那又另当别论。3. 书信、日记都是个人的生活史料,提供了个人的日常生活:每日的例行公事、娱乐活动、穿衣戴帽、生活习惯,以及与家人和朋友的往来,以及对于重大事件的看法。它们是人物传记的主要依据。有些史料学著作分类就把书信和日记放在传记类史料中。书信和日记,虽然都是第一手材料,但史料价值却需要具体分析。

一 书信及其史料价值

书信,也称书札、函牍、尺牍、书柬等。它的产生原因是社会交往频繁的需求,刘勰《文心雕龙·书记》所谓"三代政暇,文翰颇疏,春秋聘繁,书介弥盛"①,说的就是三代时,政务不多,书信颇少,春秋时期交往频繁,所以传递书信的信使(书介)多了起来。许慎《说文解字序》曰:"著于竹帛谓之书",古时尺牍写于竹简或木片上,不便寄送,往往是派

---

① 刘勰著,范文澜注:《文心雕龙注》上册,人民文学出版社,1958年,第445页。

专人送达,所以有"书介"。自从纸张被发明出来后,书信得以普及。驿传发明后,书信不用派专人递送。

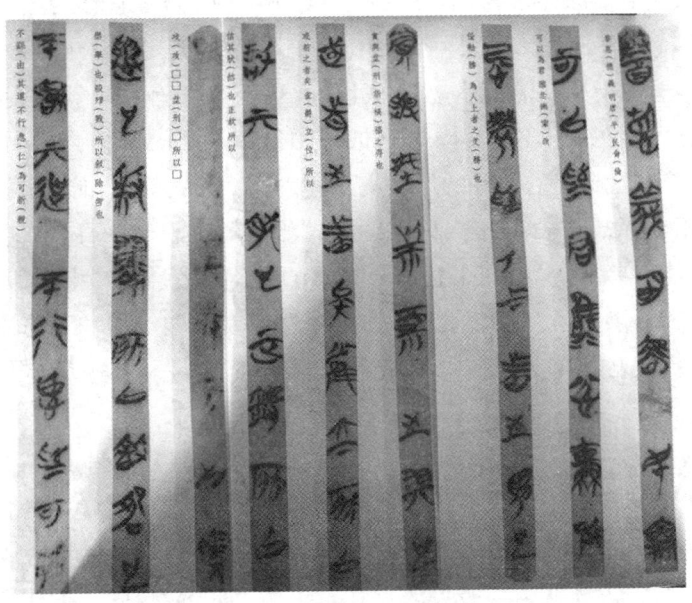

图 7-1　古代竹简及释文

书信为什么又叫尺牍呢?汉朝制度规定,用来书写经书和法律的木(竹)片长二尺四寸,书写一般文字的长一尺二寸,诏书写于一尺一寸长的木(竹)片上,称"尺一牍",省称"尺牍",后来,渐渐地演变为书信的通称。一般是以私人身份写给同事、亲朋好友及家人的;专门为公事写的公函则属于公牍类,这在前面已作过介绍。家书是书札中常见的一种,东汉马援的《诫兄子严敦书》、诸葛亮的《诫子书》都是流传千年的名篇。

书信在过去有退还的习惯,如果写信人是地位显赫者,收信人阅完信后要退还,否则就被认为不礼貌,要遭责难。翁同龢地位高,收信人得其手札,将其退还,故藏于翁家,编入《翁松禅手札》。后来这一习惯渐渐改变,信札为收信人所有。这就导致了书信的著作权属于写信人,而所有权属于收信人。

(一)书信的史料价值

古代书信保存很少,有些人收藏名人书札,是把它作为书法艺术(墨宝)、古董加以玩赏,因为从前书信有彩笺之美、文字之美和书法之美。有学者指出:"人们喜欢收藏尺牍,还与审美有关。黄裳、张中行都藏有大量文人信件,自以为有把玩的价值。好的尺牍,不仅思想上好,审美也是超俗的。好的尺牍集,是一种美术品,鲁迅、胡适的通信集都有此类特点。"[①]2009年,国家图书馆将所藏近现代一百名人手札编辑为《笺素珍赏:国家图书馆藏近现代百位名人手札》一书出版,其目的除了"聊供凭吊""聊供品味"外,还"聊供赏阅",就是将甄选在书中的晚清、民国各色花笺、素笺纸上极具个性的名人手迹墨宝供读者鉴赏。

收藏书札的人如果不是历史研究者,并不重视其史料价值。不过,已经出版或尚未出版的近代史上的政治家和名人书札,往往涉及某些重要的历史事件或重大的政治军事活动,引起研究者的注意,常常把它用作史料。以前认为一般人的书札不出版,因为它反映重要史实的不多,缺乏史料价值。现在,人们眼光向下,在普通民众的家书中发掘到一定的史料价值,认为"民间家书就是民间书写的历史",这种书信也有出版的。中国人民抗日战争纪念馆、中国人民大学博物馆收藏整理,中国人民大学出版社2015年出版的《抗战家书——我们先辈的抗战记忆》里,就有普通民众的家书,内容上既有热血男儿从沙场写给亲人的绝笔,也有严父慈母对子女的叮咛;既有同胞兄弟之间的默默心语,亦有恋人之间的款款深情……[②]

书信属于第一手材料,因为信中所写内容多为作者亲身经历、亲眼所见、亲耳所闻以及自己当时的思想,常有旁人不知的内幕情形、机密消息,而且一般说来没有什么忌讳,比较可靠。甚至比同样是个人记录

---

① 孙郁:《尺牍之音——读〈周作人俞平伯往来通信集〉》,2013年3月24日《光明日报》。

② 步平:《"烽火家书抵万金"》(《抗战家书——我们先辈的抗战记忆》代序),中国人民大学出版社,2015年。

的日记、回忆录还要真实些,因为日记虽然是当时所写,但由于某种需要,日后可能改写,如翁同龢在戊戌变法失败后,为避祸就改写过自己的日记;事后撰写的回忆录,作者也可能根据需要,有意隐瞒某些实情,甚至文过饰非。而书信寄出之后,所有权就属于收信人并保存在收信人手中,写信者再没有修改的机会,真实性得到保证。书信一般说来,是向亲友或家人报告情况,交流思想,询问事宜,提出请求。写信者在当时并没有想到日后会公布这些信件,所以信中的记载或流露的看法、感情,基本是真实的。由于没有必要说假话,其可信程度更高于官样文章的奏折、报告之类的文字。人们常举广西巡抚周天爵致其同乡、朋友周乐(号二南)的信为例子,他在信中大发牢骚,有声有色的描绘了吏治腐败、将帅无能的情况。金田起义后,前来镇压的向荣被起义军围困,周天爵带了东勇二百,自己的兵勇二百急援。东勇怒气而进,向荣破阵而出。"惜我兵一百名如见鹳之雀,一百勇如裹足之羊,无一动者。我手刃二人,光淮而(用)箭射杀二人,亦无应者。撼山易,撼岳家军难,不意如此。当是时,贼皆聚击于我,炮子如雨,我仍吃烟。点火者按不住烟窝,而抬轿者后二人起不来矣。惜乎太平之民皆如此,何怪其然。"① 这些情形在官方文件里是看不到的。又如宣统二年七月十三日(1910年8月17日)载洵写信给盛宣怀商借巨款,午间才见面,但当面不好意思启齿,才写信来求援。信中说:"平夙引为知己者惟宫保阁下耳,拟请暂为假贷,俾于接待德储时不致误事。唯平生从未向人启齿,窃恐一经揭露,亦甚难堪,如蒙慨诺,即祈密函缄致。"信末嘱咐"请速付丙"。② 这就真实反映了皇族腐败的内幕。

书信对于编写人物年谱、传记是很有用的材料。《梁启超年谱长编》的最大特色就是利用了梁启超的几百通书信。台湾著名人文学者、书法家台静农生前珍藏书札,以陈独秀的书信最多,共一百余封,有关方面将陈独秀的这些书信加以整理,于1996年出版了《台静农先生

---

① 周天爵:《致周二南书》,太平天国历史博物馆编《太平天国史料丛编简辑》(第6册),中华书局,1963年,第4页。

② 陈旭麓等主编:《辛亥革命前后(盛宣怀档案资料选辑之一)》,上海人民出版社,1979年,第75—76页。

珍藏书札(一)》。陈独秀这些信件是台静农1946年赴台湾大学任教时带去台北的,一直珍藏着,很少示人,所以不大为世人所知,大陆出版的《陈独秀书信集》以及其他陈独秀著作选本均未收入。这些书信清晰地反映了晚年陈独秀的心态与生存状态,是研究陈独秀晚年及其思想的珍稀史料。

有的学者在书信中讨论学问,更有参考价值,如陈介祺(清代古物收藏家)论古物的书信以《陈簠斋尺牍》行世。近来国家图书馆出版社出版了北京大学信息管理系和台北胡适纪念馆共同编纂的《胡适王重民先生往来书信集》,他们通过书信往来,探讨国学,切磋学术,互相尊重,更尊重真理。他们治学的经验对后学颇具启迪意义,他们互相帮助的友谊亦足为后学楷模。

重要人物的书信涉及人和事也都比较重要,史料价值更高。如鲁迅的书信卷帙浩繁,内容丰富,包罗文化、政治、现实、历史等各方面,涉及人物很多,是研究鲁迅和现代文学乃至现代中国政治、文化和历史人物的宝贵资料。除了在其《全集》中有书信集外,还有刘天华编选,民主与建设出版社1996年出版的《鲁迅书信选集》。许寿裳是鲁迅的老朋友,裘士雄、徐东波、谢永兴编注,浙江文艺出版社1999年出版的《许寿裳书信选集》收集了1917—1948年间,许寿裳致鲁迅、蔡元培、王冶秋、许广平、林辰、罗根泽、周作人等现代文化名人以及致亲属的书信共244封,对鲁迅研究,现代教育史和地方志研究以及在哲学、政治经济学、文学、历史、现代中外文化名人研究等方面,均有重要参考价值。

有的书信还是一般文献当中不太可能提供的独家资料,在有关问题的研究中具有某些决定性的意义。例如,周恩来于1935年9月1日给陈果夫、陈立夫兄弟的信就极为重要,能够比较充分地说明在西安事变爆发前中国共产党的某些政策与策略;又如,从《王国维罗振玉往来书信》中所收的几封书信里,可以清楚地看出,王国维在1927年6月2日的自杀,与罗振玉所谓的"逼债"毫无关系。①

书信具有实用价值,它是写信人表达情感,交流思想的一种工具,

---

① 蔡振翔:《名人书信史料价值及法律问题》,2015年8月10日《中国社会科学报》。

家书更有与家人报告家事,互诉衷肠的功能,正所谓"烽火连三月,家书抵万金"。所以在社会史研究中书信还是观察前人的生活方式、行为习惯、审美情趣、道德修养以及人际交往的重要史料。

(二) 利用书信史料应注意的问题

书信这种史料,情形十分复杂,利用时应该注意几个问题:

首先,要注意辨别真伪。诚如前面所介绍的,书信有伪造的。襟霞阁(主)编的《清朝十大名人家书》,仅在20世纪30年代,至少印行了7次,20世纪90年代后还有一些类似版本在出版。十大名人都是清朝政治史和文化史上的重量级人物:郑板桥、纪晓岚、林则徐、左宗棠、张之洞、胡林翼、彭玉麟、曾国藩、李鸿章和袁世凯。经专家多方考证,其中大多数家书有伪造之嫌。有学者以业经专家考证确认作伪的四种——《林则徐家书》《李鸿章家书》《张之洞家书》《袁世凯家书》为例,揭穿了这些家书中的很多富有想象力的错误,诸如生死对话、张冠李戴、穿越时空、违背常识乃至虚构人物等。如,"穿越"版新名词随处可见,《袁世凯家书》"穿越"到未来20年。其"第2函写于1873年,里面有'近世天演竞争,战事竟尚铁血主义',而'吾国陆军犹守旧制,海军虽尚新法,稍胜于旧有之水师炮艇,而与英美等海军相较,瞠乎其后矣。……侄由是主张不观吾国兵书,专阅日本暨德意志之战略……久拟赴德,入陆军学校肄业',所说全非19世纪70年代初的语气。所谓'天演竞争学说',即所谓'物竞天择,适者生存'的进化论学说,19世纪90年代严复才翻译介绍到中国。德意志1871年才统一,当时中国人只知道有普鲁士,俾斯麦的铁血主义尚不为国人知晓。日本明治维新才数年,在中国人心目中尚无任何地位。当时,中国第一批官费留学生历经波折才刚派出去,还谈不上有个人的自费留学。近代海军要到1885年才开始兴办。袁何来那么多超前认识?"①

有学者喜欢到古董摊上淘宝,偶尔搜集到名人书信,如获至宝,以为得到独家史料。文物市场上书信赝品大量存在,上述拍卖市场上的

---

① 苏生文、赵爽:《〈清朝十大名人家书〉之谜》,《看历史》2014年5月刊。

鲁迅致楼炜春函、胡适辞宴帖就是赝品,搜罗到这种书信,一定要先辨伪,通过考察来源,鉴别笔迹,分析内容,来确定是否真品。

其次注意衡量价值。书信价值各有高低,不能捡到筐里就是菜。如果书信是官僚好友间往来应酬的文字,则有许多是言不由衷,客套恭维之词。这种书信又往往是幕僚代笔,注意讲求文字,而内容则常常有所忌讳。如湖广总督张之洞致两湖书院山长梁鼎芬书就充满过誉之词:"今年讲习勤劳尤甚,诸生蒸蒸,规模大备,文通武达,一堂兼之,创始书院千百年未开之风气,歆起中华十八省有用之材,公之教也。守土之吏,与有荣施(焉),感佩曷极。"①梁鼎芬对张之洞的吹捧则更为肉麻,他给张之洞的一首诗函称颂:"南皮尚书今大儒,目营八表勇万夫,谋国则肥身甚癯。"②这样一些互相恭维赞美的文字是不足信的。

另外,由于一个人的见闻有限,思想意识亦有局限,诸如阶级偏见、个人成见、突出个人、推卸责任等等,会发生有意无意的错误及记叙失实的地方。如陈其美1915年春致黄兴书,把"二次革命"失败的责任都推给黄兴,而很少谈自己的责任,实际是怀了私心杂念。

还要注意有无删改。如,据《花随人圣盫摭忆》披露,有人购得曾国藩与其弟曾国荃书3通,当系真迹手札,为同治年夏间所作。以行世本书校之,有一通未辑入,余二通皆经删改,且为曾本人所删,其中一信删了109字,将"余亦必赶到金陵会剿,看热闹也"中的"看热闹"三字删去;另一信删去23字。袁树勋曾言:"昔岁从文正金陵督署,常见其将家书底稿,躬自删改发抄,已有必传之意。"③可参阅其家书卷九。这说明曾国藩知道这些家书将来必定传世,一些对兄弟说的体己话不能让外人知道,事先就作了删改。

再次注意考证年份。人们写信,大多只落月日,甚至月日也不写,这在收信人当时阅看是没有问题的,而时隔多年后拿来做史料,不知其

---

① 赵德馨主编:《张之洞全集》第12册,武汉出版社,2008年,第79页。该书此处将"与有荣焉"误为"与有荣施"。
② 梁鼎芬:《张尚书移节湖广送至焦山唱歌为别》,《节庵先生遗诗》卷二,沔阳卢氏慎始基斋,1923年,第18页。
③ 黄濬:《花随人圣盫摭忆》,上海古籍出版社,1983年,第316页。

年份,就无法了解时代背景,领会其内容会很不准确,这就需要考证。著名的例子除了第二讲关于孙中山复黄云苏函、顾颉刚致胡适长信的时间考订外,另有考订时间之一例。2002年11月,商务印书馆出版广东省立中山图书馆编《广东省立中山图书馆馆藏名人手札选萃》,内有一封落款日期仅署"除夕"的《闻一多致容庚书》,除了作者简介外,无释文和其他说明文字。这个"除夕"具体是何年何月何日,有学者作了考证,根据信中提到"罗著三代吉金文",即罗振玉《三代吉金文存》的出版时间和闻一多在卢沟桥事变前后的行踪,推断出闻一多"致容庚信中的'除夕'当指农历1936年的'除夕'。农历1936年的'除夕'是在1937年2月10日,此即为闻一多致容庚信的具体写作时间"。①

最后要注意弄清人物姓名,写给亲友的书信,对于双方都熟悉的人物,常常会用代号、省称、隐语来指代,如不弄清,则不知所云,不能用作史料。姓名搞清楚了,人物的身份及关系也就清晰了。如反袁时,革命党人来往信函中往往把袁世凯称为"夫己氏"。此处也有关于人物姓名的一例。有一封胡适在1937年9月9日写给郑天挺的信,全文如下:

毅生先生:

久不通问,时切遐思,此虽套语,今日用之,最切当也。

弟前夜与孟、枚诸公分别,携大儿子西行,明日可到汉口。想把儿子留在武汉,待第二次入学招考,否则在武汉做旁听生。

弟与端、缨两弟拟自汉南行,到港搭船,往国外经营商业,明知时势不利,姑尽人事而已。此行大概须在海外勾留三、四个月。

台君见访,知兄与知老、莘、建诸公,皆决心居留,此是最可佩服之事。鄙意以为诸兄定能在此时期埋头著述,完成年来未能成的著作。人生最不易得的是闲暇,更不易得的是患难,——今诸兄兼有此两难,此真千载一时,不可不充分利用,用作学术上的埋头闭户著作。

弟常与诸兄说及,羡慕陈仲子匍匐食残李时多眼可以著述;及

---

① 陈建军:《从一通闻一多致容庚手札想到的》,2016年8月31日《中华读书报》。

其脱离苦厄,反不能安心著作,深以为不如前者苦中之乐也。

弟自愧不能有诸兄的清福;故半途出家,暂作买卖人,谋蝇头之利,定为诸兄所笑。然寒门人口众多,皆沦于困苦,亦实不忍坐视其冻馁,故不能不变节为一家餬口之计也。

弟唯一希望是诸兄能忍痛维持松公府内的故纸堆,维持一点研究工作,将来居者之成绩,必远过于行者,可断言也。

弟与孟兄已托兴业兄为诸兄留一方之地,以后当可继续如此办理。

船中无事,早起草此,问讯诸兄安好,并告行,不尽所欲言,伏惟鉴察。

弟藏晖敬上
廿六,九,九长江舟中

信中涉及诸多人物的代号、省称以及隐语。"毅生"是收信人郑天挺的字,"孟"是北大校长蒋梦麟的字"孟邻"的省称,还有几位北大教授:"枚"是周炳琳的字"枚荪"的省称,"端"是钱端升名字的省称,"缨"是张忠绂的字"子缨"的省称,"知老"是周作人,周号"知堂","莘"是罗常培的字"莘田"的省称,"建"是魏建功名字的省称,"陈仲子"是陈独秀,陈字"仲甫"。"台君"是山东大学教授台静农。"兴业兄"是指浙江兴业银行,"一方之地"是一万元的隐语。弄清了这些人名,他们的身份和关系就清楚了,这批北大教授在卢沟桥事变后的行止也基本了然。①

此外,有些书信有连续性,单独一封,无头无尾,不知来龙去脉,需要完整的看。是去信要参阅回信,是复信要参阅来信。关于一件事情的来往信函要尽量看到。如,1936年12月16日出版的《制言》第31期上刊有章太炎《答李西屏书》两封,其内容是对李西屏所指章撰《大总统黎公碑》史实错误的回应,然李西屏原函以前未公开发表,章太炎和李西屏围绕《大总统黎公碑》有哪些论争,不够了解。最近李西屏后人公布了李西屏1936年所编《友诤录》手稿,内有李西屏致章太炎三

---

① 参见孙卫国:《胡适致郑天挺的三封信》,2016年6月8日《中华读书报》。

封信的重抄件和章太炎的两封回信(即前述《答李西屏书》)的原件。将章、李二人来往信函对照来看，就可以知道章太炎为什么要对自己撰写的碑文做修改了。有的书信则还要参阅文献资料考察其背景，才能做出正确的解读。

二 重要书信举例

近代名人书信付梓的很多，如，林则徐的《信及录》和《书函墨迹》《林文忠公尺牍》、李星沅的《李文恭公书札》、曾国藩的《曾文正公书札》和《曾国藩未刊信稿》(江世荣编)、江忠源的《江忠烈书牍》、罗泽南的《罗山书札》、左宗棠的《左文襄公书牍》和《左文襄公手札》、李续宾的《李忠武公书牍》、郭嵩焘的《养知书屋书札》、李鸿章的《李文忠公朋僚函稿》和《李鸿章致潘鼎新书札》(朱子敏编)、曾国荃的《曾忠襄公书札》、胡林翼的《胡文忠公手札》和《胡文忠公手翰》《胡文忠公抚鄂书牍》、王韬的《弢园尺牍》和《弢园尺牍续钞》、刘坤一的《刘忠诚公书牍》、冯子材的《军牍集要》、张之洞的《张文襄公函稿》和《张文襄公书翰墨宝》、康有为的《康南海书牍》和《康南海先生墨迹》、谭嗣同的《谭嗣同书简》和《谭嗣同真迹》、缪荃孙的《艺风堂友朋书札》(顾廷龙校阅)、程德全的《程雪楼先生书牍》、蔡锷的《松坡军中遗墨》、杨树达的《积微居友朋书札》(杨逢彬编)、《闻一多书信手迹全编》(闻立鹏、张同霞、闻丹青编)等。还有多人书札合编本，如，《道咸同名人手札》《缔造共和之英雄尺牍》(荣朝甲编)、《可居室藏清代民国名人信札》(王贵忱、王大文编)等等。现举例说明重要书札的史料价值和利用时应注意的问题。

夏晓虹、包立民编注的《林纾家书》，由商务印书馆于 2016 年出版。林纾既为当世所重的翻译大家，又是后人称道的古文殿军，身处中西文化之间，对于二者的态度又颇可玩味。本书以家书这一特殊的视角，进入这位文学家的内心世界。主要内容有二，其一为训子家书，内有给在青岛读书的三子林璐的 65 通家书，信中处处透露着父亲对儿子学习、生活和身体健康的关切。然而此子"又不解事，懒而乖忤，似朽木难雕"。失望之余,把教子的精力转到四子林琮身上。其二则是林纾批阅的林琮的13篇习作,展示了林纾教读古文的方法及评判标准,可感其拳拳爱子之心。书中所收书信、作文多为首次整理,从中可见传统教育的理念和方法,也透露出社会新变于传统家庭的冲击。编者还进行校注和导读,深入诠释了林纾家书的珍贵价值。

《汪康年师友书札》,4册。上海图书馆整理、点校,上海古籍出版社出版。《书札》是汪康年师友写给他的函件的汇集,大都写在中日甲午战争以后,尤以戊戌变法前后收藏最多。共收七百余家致汪函,三千余件,约三百万字。汪康年戊戌前后的信件都收藏在上海寓所,辛亥年汪康年心脏病发逝世,其弟诒年赴京料理后事,把光绪三十一年(1905)后在京的信件,悉数携回上海,因而其完整是仅见的。编校说明指出,汪康年是戊戌前后较有影响的人物。长期经理报务,中经甲午战争、戊戌变法、义和团运动以至辛亥革命,当时各派重要人物和他书札频繁,声息相通,《书札》保存了大量原始资料,对研究中国近代政治史、文化史、经济史都有重要参考价值。由于《书札》都是当事人的函札,不少是属于"阅后付丙"的密信,因而史料价值较高。汪康年的师友,大多是近代史上著名人物,如康有为、梁启超、严复、谭嗣同、黄遵宪、章炳麟、江标、熊希龄、张元济等,他们在不同时期的函札也是编辑这些人物全集的重要素材。《书札》中有宫闱琐务,来自传闻,需要综合考核。

国家图书馆出版社2010年出版的《赵凤昌藏札》,是国家清史工程文献丛刊之一种。《赵凤昌藏札》是原赵凤昌、赵尊岳父子收藏、整理、装帧的书札集册,经折装、上下木夹板而成,内中主要收藏各家致赵氏父子的书札,以及赵凤昌做张之洞文案时收藏的各家致张之洞书信,还有部分晚清至民国初年的电报稿、奏折稿等,约2739通(件)。赵凤昌早年以佐幕湖广总督张之洞而闻名,辛亥革命时期,在戊戌变法、东南互保、《苏报》案中,皆起到了决定性的作用,是中国近代史上一位影响巨大的传奇式人物。人称"山中宰相""民国产婆""民国诸葛"。其子赵尊岳是著名词学家,曾出任伪职。全部《赵凤昌藏札》的内容主要有如下几个方面:1.各项历史资料,包括关于中法战争、中日战争、义和团运动、辛亥革命、讨袁护法、外蒙独立、外交活动(中俄、中英、中法、中日)、边防、建设(修路、造船、炼铁)、财政、农民运动、兵匪扰乱、张勋兵扰民、直奉战争等重大历史事件的来往书信。2. 刻书印书的资料。3. 编著书的资料。4. 文化教育机关的资料。5. 近代人物和人物关系资料。6. 文化教育方面的史料。7. 诗词、戏曲、梨园资料。8. 家族史资料。这批藏札几乎涉及晚清至民国时期政治、经济、军事、文化、教育等方方面面的事件,是不可多得的第一手资料。故收藏这批函札的国家图书馆名家手稿库将其称为"近代史料信札"。

《赵凤昌藏札》最有价值的是有关辛亥革命前后政局的史料,这也是赵凤昌藏札中最早被关注、整理和利用的部分。1960年上海历史研究所编辑《辛亥革命在上海史料选辑》时,首次整理公布了赵凤昌藏札中的涉及辛亥革命的部分。2006年湖北人民出版社出版的由章开沅、罗福惠、严昌洪主编的《辛亥革命史资料新编》也收录了其中部分辛亥函札。

第一位对赵凤昌藏札原件进行较为全面翻阅、抄录的是章开沅,他系统全面地看了赵氏藏札原件,评价这批资料的珍贵价值称:

> 赵凤昌因为是幕僚出身,对来往函电非常注意保存。由于他的特殊身分,这109册函电原件,便成为研究晚清和民国初年政治史极为重要的史料结集。现今人们大多只注意其中之107、108、109三册,即所谓《辛亥要件》。……但赵凤昌全部藏札所涉及的史事尚涉及辛亥以前,如中法战争、洋务运动、庚子事变、立宪运动等,且相关函电数量极多,至今尚未见人利用。我认为最好的办法是将这109册藏札全部影印出版,以杜绝抄写排印难以避免的误漏,这将给历史学者以更大的方便。①

现在,章开沅的愿望实现了,《赵凤昌藏札》的整理影印出版,使封存多年的私人藏札变成方便广大学者和读者研究学习的史料文献丛书,这对于促进学界对中国近代史和民国史的研究,订正以往文献的谬

---

① 章开沅:《实斋笔记》,东方出版中心,1998年,第269页。

误,梳理一些历史谜团,更全面、细微地了解历史事件和人物关系,以及更加客观地评价历史人物,无疑都具有不可低估的重要意义。①

《盛宣怀未刊信稿》是指《愚斋存稿》未收的盛氏书信,由北大历史系近代史教研室整理,中华书局 1960 年出版。所收信函时间断限为光绪二十三年(1897)3 月至 1916 年 1 月,不是每年都有,只有 1897、1898、1909、1911、1915、1916 年的,后附致妻庄氏家书 14 件。该书对于了解洋务活动、官督商办企业、盛家的投机倒把活动,有一定的帮助。

关于孙中山的书信手迹 1949 年前出版过多种,其中《孙中山先生廿年来手札》,是 1927 年广州述志公司根据邓泽如所藏影印。自民国前六年迄 1918 年。孙中山亲笔信占小半,大半由胡汉民、朱执信、汪精卫、廖夷白、古湘芹诸人代笔,但都经孙中山认可签署了姓名"孙文"二字。内容都是关于历次经营革命的经过。以时之先后、事之本末为编次。如关于河口之役、三月二十九日之役等重要史实,"允宜珍惜,故广以附载,以省别行"。

除了以上一种外,还有张人杰题《孙中山先生手札墨迹》(上海三民公司,1927 年),谭延闿辑《总理手札(二十三通)》(1930 年出版)。这些出版物多数存在一些不足之处。如有的名为"手札",却辑入只有本人签名的代笔,名实不符;有的仅就已刊版本改头换面,作为新书印出,《手札二十三通》就刊印过三四种本子。

文物出版社 1986 年出版的《孙中山书信手迹选》系刘大年主编。入选的前提是书信,而且必须是亲笔。选录的原则:(1)文字及手迹从未刊行;(2)文字发表过,手迹没有刊行的;(3)手迹刊行过,散见于国内外出版物上,流传未广的;(4)1949 年以前印行过,但有重要研究价值或受信人有代表性的。共收信札 74 件,时间从 1896—1924 年,以辛亥革命和国共合作为中心的两个重要时代都有所反映。受信人多达 37 名,有始终与孙中山密切合作、勇敢献身的革命家,也有一时"革命",阴谋夺取权力的野心分子。他们中间有官僚,也有军阀,有日本

---

① 参见李小文:《〈赵凤昌藏札〉的来龙去脉暨整理说明》,《赵凤昌藏札》(第 1 册),国家图书馆出版社,2010 年,第 31 页。

友人,也有与日本侵略势力直接联系的政客。信中涉及许多历史事件,许多对内对外的斗争。其中给黄宗仰、王鸿猷、宗方小太郎、黄兴、黄芸苏、徐谦、蒋介石、廖仲恺等人的信,讲的事情更多些。

1913年8月章太炎入京面数袁氏祸国之心,结果遭幽禁。1913年8月至1916年6月,章太炎被羁禁期间,给夫人汤国梨写了84封家信。1962年中华书局上海编辑所照原式影印出版了《章太炎先生家书》,署汤国梨编。书中所收家书按年月编次。所述反对袁世凯称帝及袁氏的阴谋活动等史实甚详,有一定的史料价值。现在有马勇编,河北人民出版社2003年出版的《章太炎书信集》可供阅读利用。

湖南省社会科学院编注的《陶成章信札》(修订本),共收陶成章信札38件。主要是宣统年间(1909—1911)写给李燮和等人的。岳麓书社1986年出版。这些信件反映了光复会和同盟会合而后分的背景和内幕,包括"孙文罪状"事件(指陶成章、章太炎等七八人在南洋、日本散发《七省同盟会员意见书》)、《民报》纠纷的梗概,陶成章对孙中山、黄兴、章太炎、汪精卫等人的基本态度,以及陶成章的某些革命主张,是研究辛亥革命史的有价值的史料。有学者认为"黄兴本人是不主张以暗杀作为革命手段的"①,然而陶成章1909年9月2日致李燮和的信中说:"克强兄欲与弟同谋暗杀之事,但弟若不声明与孙无关系,决不愿也。"

梁启超书信各种版本甚多,主要有收入沈云龙主编《近代中国史料丛刊续编》第10辑的《梁任公先生知交手札》,新会梁氏收辑亲友函札原迹所编,不分卷,共8册,起自光绪三十四年戊申(1908)迄民国元年壬子(1912),分年装订。在这几年里,梁启超在日本创办政闻社,后由东京迁上海。其后出版《宪政新志》及《国风报》,鼓吹改革,并联络各省咨议局代表,广通声气。这段时间是他政治活动最积极时期。与他通信者很多,有沈兆庆、黄可权、徐佛苏、汤觉顿、麦孺博、范静生、周孝怀、章太炎、袁世凯、杨度、蔡锷、林献堂、张君劢等人。间亦附入家书。以上函札,重要者多已摘载丁文江所编《梁任公先生年谱长编》

---

① 薛君度:《黄兴与中国革命》,三联书店香港分店,1980年,第64页。

内,唯未录入者尚多,仍极富研考价值。有台北文海出版社有限公司1976年印本。

中华书局1994年影印出版了《梁启超未刊书信手迹》。中国文联出版社2000年出版了《梁启超家书》。2016年,汤志钧、汤仁泽编著的《梁启超家书南长街54号函札》,由中国人民大学出版社出版。该书包括"梁启超家书"及近年公布的"南长街54号梁氏档案"中的函札部分,是梁启超写给夫人李蕙仙、弟弟梁启勋以及子女的书信合集。这些函札,讲述了真实的历史,展现了"家事、党事、国事无不令人气尽"的风云变幻的时局,也体现了梁氏独特的教育理念,再现了一个鲜活丰满的梁启超。其中许多函札是首次整理出版,为研究梁启超等历史人物提供了重要的新材料,对中国近代史研究也有很好的史料价值。

胡适书信也有各种版本。胡适于1949年飞离北京时,曾在其寓所留下了一批书信,中国社科院近代史研究所中华民国史组选辑了这批书信的一部分编为《胡适来往书信选》,起自1915年到1948年,其中包括一部分电报和信稿、电稿;另外还收入胡适所存的一些其他书信、胡适一部分手稿和一些与书信内容有关、有参考价值的文件、手稿译文等等,分别编入附录一、附录二和附录三。作为1979年以来最早出版的胡适著述,具有很高的史料价值,这一部分书信不同程度的反映了自五四前后直到1949年前中国的政治、思想动态和一些历史事件的某些侧面,可以作为研究胡适生平和近现代思想史的参考资料。1979—1980年由中华书局出版。

其他版本还有1982年台北远景出版社出版了梁锡华编选的《胡适密藏书信选》正续篇,是从前书中挑选部分重新编排而成,但有删削。后来耿云志主编的《胡适遗稿及密藏书信》收入了未发表过的胡适来往书信千余通,均是中国社科院近代史研究所所藏胡适手稿,1994年由黄山书社影印出版,史料价值很高。1996年又有杜春和编的《胡适家书》260封在河北人民出版社出版。收录胡适书信最为完备的是耿云志、欧阳哲生编的《胡适书信集》,收录胡适1907—1962年的书信1644封,包括广泛征集的未刊信件。

世传胡适留美期间曾与美国女画家韦莲司有过一段情,开启了一段近半个世纪的深厚情谊。两人书信往返,经过50年动荡的岁月之后,由于两人坚定的友谊,那些信被珍视、被保存下来,从电报、信函到明信片,都证实着两人之间相知互重的深情。1999年台北联经出版公司出版了周质平编译的《不思量自难忘——胡适给韦莲司的信》,他用了苏轼《江城子》词中的两句做书名,颇耐人寻味。安徽人民出版社于2001年再次出版了该书。

继孙玉容编,河南教育出版社1991年出版的《俞平伯书信集》之后,又有两部关于俞平伯的书信集问世。1999年北京图书馆出版社出版了《周作人俞平伯往来书札影真》,收集了周俞二人自20世纪20年代初至60年代中期的往来书信共353封,其中近百封信件是征得周俞两家后人同意后首次披露的。上海译文出版社2013年又出版了孙玉蓉编注的《周作人俞平伯往来通信集》。此两书是20世纪两位文化大家交往的精彩实录。各书收入书信均在300封以上,时间从20世纪20年代延至60年代,两位文化大家往来书信谈论创作、学问,也涉及其他教育界、学术界、文坛重要人物及相关事件,反映了那个时代学者之间的交往以及他们的学术观点和文化追求,也展现了他们及其周围人们的生活图景。

1990年上海古籍出版社出版了陈智超编注的《陈垣来往书信集》,深受研究陈垣以及关注相关史料的人士的重视,2010年三联书店又出版了原编著者编定的增订本。原书收入陈垣致他人书信375封和他人来信892封,增订本新增陈垣书信467封,他人来信180封,另有陈垣批复家书125封,总计收入来往书信2164封。如此规模的书信集,在同类图书中是少见的,为研究陈垣及其友人和相关历史,提供了非常珍贵的资料。

得到日本志士宫崎滔天后人支持,中国宋庆龄基金会研究中心编辑的《宫崎滔天家藏民国人物书札手迹》,拟出8卷本,2016年为纪念孙中山诞辰150周年,华文出版社先期出版了一、二两卷。该书收录辛亥革命至民国期间,包括孙中山、宋庆龄、黄兴、宋教仁、陈独秀、李大钊、毛泽东等近百位与宫崎家有书信往来的中国历史人物的相关资料,涵盖笔谈、信函、题词、手札、照片等,具有极高的历史价值和艺术价值。

图 7-2 《宫崎滔天家藏民国人物书札手迹》书影

《上海银行家书信集(1918—1949)》由上海市档案馆编,上海辞书出版社 2009 年出版。所有材料均选自上海市档案馆所藏的金融业档案中的银行家的书信、电报。其中有许多史料是鲜为人知的,很有参考价值。比如围绕银行家与蒋介石政府的关系、卢沟桥事变前后之华北局势、张伯驹被绑架案、吴蕴斋入狱后的营救等的函电,集中反映了上海银行家在动荡岁月里,艰难图生存,求发展,不屈不挠,努力进取的精神,以及为上海金融中心地位的形成和上海市的发展所作的贡献。这种从档案中搜集多人的函电编为一部书信集的做法并不多见。

清末民初著名学者、曾任京师大学校文科学长(并代理过校长)职务的江瀚(叔海)编的《片玉碎金——近代名人手书诗札》是一些名人写给他的诗札集,收入王先谦、柯劭忞、王之春、吴庆坻、俞樾、瞿鸿禨、刘心源、吴汝纶、严复、陈三立、叶德辉、汪荣宝、张謇、陈夔龙、袁克文、夏曾佑、徐世昌、黄侃、郑孝胥、黄节、梁启超等近代 57 位名人的诗札 78 通。均以原件影印。本书具有书法鉴赏、版本校勘、拾遗补阙的价值,可了解近代名人之间以诗札往还的风雅。2009 年中华书局出版了高福生的释笺本。

《民国名人书札墨迹》为线装礼品书,一函二册。中国社会科学院近代史研究所编,社会科学文献出版社 2012 年出版。书中收录了中国社会科学院近代史研究所收藏的、民国时期百余位名家的亲笔书信,这些内容一些是从海外征集回来,另外一些是复制的大批珍稀文献,其中不乏各界大家康有为、梁启超、陈垣、王国维、罗振玉、陈三立、陈寅恪、梁漱溟、梅兰芳、徐悲鸿、刘海粟、蔡元培、傅斯年、胡适、郭沫若、鲁迅等人的墨宝。所以这本书札不仅史料价值高,而且极具艺术欣赏性,堪称文献精品,可以满足不同读者的需求。本书以图文并茂的形式呈现,内容丰富又清晰明了,使读者不仅一次性欣赏到百位名家的珍贵手稿,还可以了解名家的生平。

类似《片玉碎金——近代名人手书诗札》和《民国名人书札墨迹》这样的名人墨宝的精美书札各出版物近年出版了不少,比方说还有《笺素珍赏——国家图书馆藏近现代百位名人手札》等,大多是作为礼品书,欣赏价值高于史料价值,此处不一一介绍。

关于文化名人的书信集还有很多,如,《巴金书简:初编》(四川文艺出版社,1987年)、《巴金书信集》(人民文学出版社,1991年)、《曹靖华书信集》(张羽,铁凤编,河南教育出版社,1991年)、《徐志摩书信集》(韩石山编,天津人民出版社,2006年)、《殷海光书信集》(三联书店上海分店,2005年)、《胡风书信集》(中国现代文学馆编,百花文艺出版社,1988年)、《闻一多书信选集》(人民文学出版社,1986年)、《詹天佑书信选集》(北京、广州、武汉三地的詹天佑纪念馆、陈列馆合编,华南理工大学出版社,2006年)、《郭沫若书信集》(黄淳浩编,两卷,中国社会科学出版社1992年)等。

关于政治家的书信集,特别是现当代革命家、政治家的书信,由于涉及重大政治问题和重要历史人物,现在也陆续出版了一些,如,《陈独秀书信集》(水如编,新华出版社,1987年)、《毛泽东书信选集》(中共中央文献研究室编,中央文献出版社,2003年)、《邓颖超书信选集》(中共中央文献研究室第二编研部编,中央文献出版社,2000年)、《胡乔木书信集》(《胡乔木传》编写组编,人民出版社,2002年)等等。

相对而言,企业家的书信出版要少些,所见除了上海银行家书信集外,还有《卢作孚书信集》,黄立人主编,四川人民出版社2003年出版。

三　日记及其史料价值

汉刘向《新序·杂事》上有这样的话:"司君之过而书之,日有记也。"① 后因称每日记载个人所作所为、所见所闻、所思所感的文字为日记,如,林华在《日记文作法讲话》中解释什么是日记时称:"记载个人日常的生活,语言,思想,行动的文字,就是日记。"该书系统地讲述了日记作法,教读者做日记,不仅讲了日记的功效,还讲了记日记的态度、写日记的技巧、日记的形式和内容,日记的取材和结构等。② 现在中学教师作文课常常参考该书教授学生写日记。

日记还有一些别的名称,如,有称为"日录"之类,如顾炎武的《日知录》;有称为"偶记"之类,如孙殿起的《贩书偶记》;有称为"纪程"之类,如郭嵩焘的《使西纪程》。

关于日记的起源,或认为始于西汉,张荫桓在其《日记》中就认为西汉已有出使日记,只是已佚:"陆生使越,苏武使匈奴,张骞寻河源,陈汤、甘延寿定郅支,博征约记,史佚之耳。"因此他还是认为唐"太宗时韦宏(弘)机使西突厥,会石国叛,道梗三年不得归,裂裾录所遇诸国风俗、物产,为《西征记》,比还,上之。此即奉使日记之滥觞"。③ 或认为起于东汉,俞樾在为日本竹添进一郎《栈云峡雨日记》所作序中云:"文章家排日纪行,始于东汉马第伯《封禅仪记》。"④ 但一般认为,日记最早出现在唐宋年间。薛福成在《出使英法义比四国日记·凡例》中说:"日记及纪程诸书,权舆于李习之《来南录》、欧阳永叔《于役志》,厥体本极简要。后世纂为日记者,或繁或简,尚无一定体例。窃谓排日纂事,可详书所见所闻;如别有心得,不妨随手札记,则亭林顾氏《日知录》之例,亦可参用。"⑤《来南录》为唐宪宗元和四年(808)李翱所作,

---

① 刘向:《新序》卷一《杂事》,湖北崇文书局,光绪元年(1875)。
② 参见林华:《日记文做法讲话》,上海乐华图书公司,1934年。
③ 任青、马文忠整理:《张荫桓日记》,上海书店出版社,2004年,第50页。
④ 俞樾:《栈云峡雨日记·序》,中华书局,2007年。
⑤ 薛福成:《出使英法义比四国日记·凡例》,岳麓书社,1985年。

排日记载其接受岭南节度使杨子陵的邀请,携妻眷从东都(今河南洛阳)往广州的行程,以及沿途的所见所闻,累记半年,才840余字。此日记被公认为传世之最早日记,其体制为宋以后所沿袭。《于役志》为欧阳修于宋仁宗景祐三年(1036)按日记载自己贬谪夷陵的110天行程,也才1700多字,所以薛福成才说两书"极简要"。宋代陆游的《入蜀记》,记其由山阴(今浙江绍兴)赴任夔州(今重庆奉节一带)通判的旅程;范成大《吴船录》,记其离任后从成都乘船返回苏州的行程,亦是一种旅行日记。此两书影响明清二代日记作者至深且广。清代学者文人大多爱写日记,有些人甚至坚持一生,至离世前几天才搁笔,往往长达数十年撰成巨帙,日记字数多达数百万。有清一代,据不完全统计,日记多达七八百种。

薛福成说后世纂为日记者,或繁或简,尚无一定体例。故日记有流水账式和详细记事式两种区别。比方说鲁迅的日记一般说来比较简单,如他自己所举例:"二月二日晴,得A信;B来。三月三日雨,收C校薪水X元,复D信。"但有人将他1927年12月31日的日记①与郁达夫1928年元旦同一件事的日记②进行比较后认为:"同为作家日记,鲁迅所记要比郁达夫详细得多。"然而到第二天却又极简单了,就是"无事"二字。③ 而胡适的日记则属于详细记事一类。晚清李慈铭的《越缦堂日记》连续数十年,编为64册,写得也很详细,因为他是"以日记为著述的,上自朝章,中至学问,下迄相骂,都记录在那里面"④。该日记与《翁同龢日记》、王闿运的《湘绮楼日记》、叶昌炽的《缘督庐日记》,被人称为"晚清四大日记",篇幅均很大。而近代日记中最长的可

---

① 鲁迅该日日记为:"晚李小峰及其夫人招饮于中有天,同席郁达夫、王映霞、林和清、林语堂及其夫人、章衣萍、吴曙天、董秋芳、三弟及广平,饮后大醉,回寓呕吐。"《鲁迅全集》第十六卷,人民文学出版社,2005年,第53—54页。
② 郁达夫该日日记为:"昨晚上北新请客,和鲁迅等赌酒,喝了微醉回来,今晨还觉得有点头痛。"《郁达夫全集》第12卷,浙江文艺出版社,1992年,第249页。
③ 罗以民:《日记与史学(代序)》,《书屋》2002年第12期。这是作者为《宋云彬日记》所写的序言。
④ 鲁迅:《马上日记之一·豫序》,《华盖集续编》,《鲁迅全集》第三卷,人民文学出版社,2005年,第326页。

能要数《郑孝胥日记》,在他56年未曾间断的日记中留下了他的亲历、亲见和亲闻,均很详细。不论是简单的流水账式日记还是详细日记,用为史料都是很有价值的。

(一) 日记的史料价值

日记通常是作者写给自己看的,即在"非公共写作"心态下完成,可能比较真实地反映作者的个人生活和个性。一般说来,日记记录的是当天发生的事情,而不是事后的追记,用作史料,比较准确,也就是说,日记比回忆录要可靠一些。周振鹤认为,对章太炎的研究还有可推进的余地,"比如对于章太炎在日本的授课,以前人们多利用许寿裳、周作人的回忆录来进行研究,但回忆是非常不可靠的,这就造成了很多错误说法的流传。事实上,朱希祖、钱玄同都留有日记,特别是钱玄同日记对章太炎授课情况的记录是比较丰富的,可惜我们利用得还不充分"。① 言外之意,如果充分利用他们的日记,对章太炎日本授课的研究就可以避免那些错误的说法。但日记的史料价值,还要视不同的写作目的而有所不同。

一种日记是只写给自己看的,即鲁迅所讲的:"我本来每天写日记,是写给自己看的;大约天地间写着这样日记的人们很不少。假使写的人成了名人,死了之后便也会印出;看的人也格外有趣味,因为他写的时候不像做《内感篇》外冒篇似的须摆空架子,所以反而可以看出真的面目来。我想,这是日记的正宗嫡派。"② 日记主要是个人的私下记述,每日随手记录所见所闻所感,既作为自我交流的形式,又便于日后的记忆。这样的日记,能直接反映日记主人的真实经历,忠实记录日记主人的见闻和感想,而且写作之初没有发表和公诸于众的意图,因此也是比较真实可信的,史料价值自然比较高。

而像李慈铭那样"以日记为著述的",撰写时就准备日后发表的日

---

① 王洪波:《〈章太炎全集〉(第一辑)出版引热议》,2014年6月18日《中华读书报》。
② 鲁迅:《马上日记之一·豫序》,载《华盖集续编》,《鲁迅全集》第三卷,人民文学出版社,2005年,第325页。

记,不是在"非公共写作"心态下写日记,就会有意识地进行选择,略去某些方面的内容,对有些问题进行掩饰,不利于自己的事情不愿记,不利于别人的事情不敢记,"欲人知而又畏人知",所以一些事情的真相被隐藏着。这样的日记其史料价值需要打折扣。也如鲁迅所言:"因为这是开首就准备给第三者看的,所以恐怕也未必很有真面目,至少,不利于己的事,现在总还要藏起来。"①

还有一种为公事写作的日记,一个单位每天记录工作情况,亦称工作日志。出使人员向政府报告日程,也要写日记。薛福成在《出使英法义比四国日记·咨呈》中抄录了《具奏出使各国大臣随时咨送日记等件》的奏章:"凡有关系交涉事件,及各国风土人情,该使臣皆当详细记载,随时咨报。数年以后,各国事机,中国人员可以洞悉,不至漫无把握。况日记并无一定体裁,办理此等事件,自当尽心竭力,以期有益于国,等因。光绪三年十一月初一日,奉旨:依议,钦此。钦遵在案。"这个经过皇帝批准了的提议,说明了要出使大臣撰写日记的作用:使中国人以后对于各国事机可以洞悉。这样的日记,如果将不利于朝廷的言行写进去,会受到处分,甚至要被毁版。如,郭嵩焘出使英国,寄回日记,对英国有赞美之辞,遭到御史何金寿弹劾,日记被总理衙门毁版。以后其他人写这类日记有所顾虑,致使有些真话不敢写。

后面两类日记并非全然没有史料价值,虽然其中有部分内容因这样那样的原因有所隐讳,但很多内容还是反映了一定的史实,外交官的纪程日记,大致如实写出了国外见闻和各种交涉经过,对于了解外交史就是很重要的参考资料。如,张荫桓的《三洲日记》,对当时多起美国排华事件有基本如实的记述,对其他外交活动、参观游历、往来公私案牍均有记录,都是研究外交史的有价值的史料,他对西方社会风俗民情的描述,对西方各国政治制度与社会制度的分析,以及对中西文化进行比较后的心得体会,也在一定程度上反映了张荫桓认识和学习西方的心路历程。其他外交使臣的此类纪程书,均可作如是观。

---

① 鲁迅:《马上日记之一·豫序》,载《华盖集续编》,《鲁迅全集》第三卷,人民文学出版社,2005年,第326页。

虽然有人认为"作家为出版而写的日记,严格说来,那就不是日记",但作为文学创作而取名"日记"的,如丁玲的《莎菲女士的日记》、秦瘦鸥的《劫收日记》等,也可以作为文学史的资料。

余英时将日记大致分成两大类:"一类是基本上可以信任的,另一类是未可尽信的;前者可以《吴宓日记》(正、续两部共二十册)、金毓黻《静晤室日记》(十册)为代表,后者则以《郑孝胥日记》(五册)、《周佛海日记》(两册)最有典型性。"①

所以原则上说,每种日记都有史料价值,虽然日记内容涵盖面广,包罗万象,但每部日记,仍有其侧重点,可提供各类研究的第一手资料。研究者根据自己的需要,也可以在日记中搜集到有用的史料。政治家的日记是研究历史的重要材料,研究晚清史固然要看《翁同龢日记》《郑孝胥日记》,研究民国史也最好要看《蒋介石日记》,不看这些日记,研究就是不深入的,甚至是片面的。哪怕日记中每天记的阴晴雨雪,都是今人十分需要的历史气象记录。几位藏书家的日记,像《艺风日记》《缘督庐日记》《徐乃昌日记》《刘承干日记》《吴梅日记》《郑振铎日记全编》等,为考证藏书家的事迹提供了宝贵的史料。

以上系就日记的写作动机所作的粗略分类,目的是为了说明日记的不同史料价值。给日记分类有多种标准,前人也有各种分类,但大抵不能确当,曾将日记分为 14 类的邹振环最后不得不说:"文献的分类总难完全合理,日记文献亦是如此。日记中最多的还是复合型的。如《胡适日记》《吴宓日记》既是记事备忘式的,又是学术考据式的,也不乏志感抒情的内容。游历探险日记自然也会有科学的内容,有时又与文艺日记有关。使行日记(星轺日记)也会有游历探险的内容。陈左高的《中国日记史略》和《历代日记谈丛》两书,虽前后相隔十余年,但都是将中国的日记文献按时代的先后分类编排,基本上没有进行性质上的区分,实在也有其不得已的苦衷。"②故此处不再对日记进行分类。

---

① 余英时:《陈克文日记·序》,社会科学文献出版社,2014 年。
② 邹振环:《日记文献的分类与史料价值》,《复旦史学集刊》第一辑《古代中国:传统与变革》,复旦大学出版社,2005 年,第 329 页。

日记在史学研究中的具体作用有如下一些:

日记是编纂人物年谱,撰写人物传记的重要素材。许多文人、政治家长期撰写日记,记载他们每天的起居言行、待人接物,其中关于日常生活的记载,可作编写传记、年谱的参考资料。吴相湘曾经指出:"日记,是某一个人日常生活的纪录,是某一个人传记的主要根据。"①一些重要人物的年谱、传记,都要利用谱主、传主的日记做基本资料来源。胡适之父胡传(铁花)自编年谱到41岁为止,胡适替其父续编年谱时,主要步骤是先把他父亲的诗文禀启编入日记,然后尽可能选择材料为年谱之用。② 日记中常常涉及作者以外的众多人物,反映他人的言行,记录作者与他人的交往和对他人的评论,金梁编的《近世人物志》就广泛地辑录晚清四大日记中关于人物的内容,他在《近世人物志叙》中认为这些日记对所记人物的评骘,"不必即为定论,而与通行史传,颇有异同,实足备参考"。③

日记不仅记述了作者的言行,在多数情况下,还能够暴露作者的内心活动和种种隐私。日记不仅是研究历史人物生平的主要依据,更是研究人物思想的重要史料。时下人们青睐心态史研究,日记就是很好的史料。林华《日记文作法讲话》认为:"人类的心理好似海洋的波浪一样,时常千变万化的,日记的作者,不特要写出自己内心生活态度,并且要分析揭破自己心理的变化——变化的姿态和变化的历程。"④有人认为胡适把日记当著作来写,其留学日记,不但重视日记的内容,而且很注重形式,到了一定的时候装订成册,题写封面。⑤ 言外之意,这样的日记不会有什么对作者是负面的内容。但胡适在他的留学日记(1910—1917)序言中却说:"这十七卷写的是一个中国青年学生五、七年的私人生活,内心生活,思想演变的赤裸裸的历史。……记他主张文

---

① 吴相湘《赵烈文〈能静居日记〉的史料价值》,《赵烈文日记》卷首,台湾学生书局,1964年,第1页。
② 胡传:《台湾日记与禀启》,台湾银行经济研究室,1960年,第280页。
③ 金梁辑录:《近世人物志》,台北明文书局,1985年。
④ 林华:《日记文做法讲话》,上海乐华图书公司,1934年,第59—60页。
⑤ 参见《胡适全集·日记》第27卷,曹伯言"整理说明",安徽教育出版社,2003年,第8—9页。

学革命的详细经过,记他的信仰思想的途径和演变的痕迹……这里面有许多少年人的自喜,夸大,野心,梦想,我也完全不曾删去。这样赤裸裸的记载,至少可以写出一个不受成见拘缚而肯随时长进的青年人的内心生活的历史。"他的随时长进表现在对从前不长进的反思和悔悟。在他出国前的日记里,更记载了他多次随朋友"从喝酒又到叫局,从叫局到吃花酒"的放荡行为。在留学日记里他屡有忏悔。1914年的一篇日记写道:"吾在上海时,亦尝叫局吃酒,彼时亦不知耻也。今誓不复为,并誓提倡禁嫖之论,以自忏悔,以自赎罪,记此以记吾悔。"1916年在日记中记下了他戏赠朱经农的诗:"那时我更不长进,往往喝酒不要命;有时镇日醉不醒,明朝醒来害酒病。一日大醉几乎死,醒来忽然怪自己:父母生我该有用,似此真不成事体。"①

《宋教仁日记》中有关于他与日本女子西村千代子的暧昧关系,遭友人反对后的思想活动,都很坦率,没有隐讳。通过《郑振铎日记》,可以知道这位文学家和著名版本学家,亦好打麻将,他在日记中常常发誓戒赌,但不久又坐上牌桌下不来。青年郁达夫的日记也记他逛杭州钱塘江畔花牌楼拱宸桥的妓院,对男女之事格外留意。《施蛰存七十年文选》上说:"我喜欢的是王闿运的《湘绮楼日记》,因为作者居然把他在旅途中闯进尼庵里去看尼姑的事也记了进去,这部日记就不同凡响了。"②写人物传记,如果利用这样一些材料,走进人物的内心世界,既真实又生动,会使人物在传记里鲜活起来。所以胡适说:"日记属于传记文学,最重在能描写作者的性情人格,故日记愈详细琐屑,愈有史料的价值。董先生此记(按,指董康《书舶庸谭》),不但把他少年的逸事坦白示人,并且把他老年的梦境也详细写出。……此等材料,若遇弗洛得派的心理学者,便成了可宝贵的材料。记梦之作,必须记者诚实可信,方有价值。"③

日记更是研究近代史的史料"富矿"。现在出版的日记大部分是

---

① 参见陈占彪:《胡适的叫局与吃花酒》,2009年2月4日《中华读书报》。
② 施蛰存:《十年治学方法实录》,见《施蛰存七十年文选》(二)杂文,上海文艺出版社,1996年。
③ 胡适:《〈书舶庸谭〉序》,《胡适文存》(四),黄山书社,1996年,第446页。

名人日记,由于作者担任重要的职务,地位显要,或者是某方面的知名人士,具有广泛的社会影响,他们的日记是重要的史料。吴相湘还指出:"某一个重要人物的手书日记,如果保存有当时一些事件的原委曲折或他本人与同时人的心理动机和反应,更是包罗那一时代政治社会经济文化景象的直接史料,其价值益见高贵。在中国近百年中,几部名人日记如曾文正(国藩)、翁文恭(同龢)、李慈铭(越缦堂日记)、王闿运(湘绮楼日记)、叶昌炽(缘督庐日记)等日记之被世人看重,即其显例。"①好的日记具有补史之阙,详史之略,正史之误的功能。

  日记可补史之阙。在众多历史文献中,日记所透露的外界难以知晓的历史真相、机密材料,应该是最为接近历史原初记录的。读日记可以回到历史的场景,从而还原历史、解读历史。日记所记重大事件,大都是个人所见所闻的细节,反映的是这些事件发展的精细进程,在大而化之之史书中难以见到。如翁同龢在光绪年间的日记,记有他把讲求新政的著述进呈光绪皇帝,赞引维新人士及为康有为递折之事,从中可以窥见翁同龢对光绪的影响。又如曾国藩同治三年六月二十八日日记记载清军攻下南京,"熊登武挖出洪秀全之尸,扛来一验,胡须微白可数,头秃无发"。② 可见洪秀全五十岁死时,已非常衰老,或者洪原本就是秃顶。此种事情惟曾氏可记,因为洪秀全久居深宫,头又戴帕,即使天国将士亦很难知道他们的天王是否有头发。③ 日记中抄录的文件、新闻、诗文,如果是他书所未载者,更是可补史之阙。

  1929年至1930年间,上海一批文化人以聚餐的形式形成了一个以胡适为核心的团体平社。平社没有正式的成立宣言和结社宗旨之类,活动形式多为"聚餐",甚至并未公开打出平社的招牌,当时外界大都不知道有这一个平社的存在。现在知道的人更是屈指可数了,甚至胡适研究者都不一定清楚。陈子善依据胡适当年日记和尚未公开的林语堂日记,还原了这个鲜为人知的20世纪30年代中国自由主义知

---

① 吴相湘《赵烈文〈能静居日记〉的史料价值》,《赵烈文日记》卷首,台湾学生书局,1964年,第1页。
② 《曾国藩全集·日记三》,岳麓书社,1989年,第1034页。
③ 罗以民:《日记与史学(代序)》,《书屋》2002年第12期。

识分子社团的活动,作者认为:"平社是一个松散的具有学术研讨性质的跨学科的自由主义知识分子社团,某种意义上具有学术沙龙的性质,以胡适为核心,以'新月派'同人为骨干,扩大至人文社会科学各个专业的学者……平社社员关注当时的'中国问题',都愿意从各自的专业背景出发直面'中国问题',思考'中国问题',探讨'中国问题',寻求'中国问题'的解决之道。"①这项利用日记所做的研究,填补了学术史上的一个空白。

　　日记可详史之略。一些重大历史事件,在史书中往往是粗线条的记述,很难知其细节。而置身其中的当事人会在日记中做详细记录,从而使我们了解到历史的细节。宣统二年(1910),清政府在南京举办南洋劝业会,实际是国际性的博览会,规模很大,全国22个行省和14个国家及地区均参加展览,都纷纷设馆,展示本地、本国产品。清末就读武昌两湖书院的朱峙三,于当年六月随湖北学界及官吏参观团到南京参观博览会。他的日记详细地记述了每天所参观的展馆,计有湖北、广东、东三省、江苏、浙江、安徽、江西、湖南、四川、福建、广西、云南、贵州、直隶、河南、山东、山西、陕西、甘肃、新疆等馆,对各省参展产品记录尤详。即使是当时报纸上的新闻报道,因篇幅限制,也无法这么详细的介绍。除详史之略外,该日记还可纠史之错。有文章介绍南洋劝业会时,称"因当时受条件所限,边远省区之甘肃、青海、新疆、西藏、广西等省未能参加",②然而,朱峙三当年就参观了甘肃、广西、新疆馆,并有较详细的记述:

> 十九日礼拜一今日早饭毕,仍与张君同时入场,至广西馆参观。此馆简陋,不如广东馆之半。农产物以甘蔗出名,有茶、蓝靛、丝等等,陈列之桐油、茴香、肉桂为其著名物产。矿物有锡、锑、钨、锰、铋、汞、银等标本,余无可记之物。

> 二十二日礼拜四早饭毕,入场参观甘肃馆,规模狭小,陈列品不多。亦有盐、铁、铜、金、银矿之标本,手工业多非精者,无足观

---

① 陈子善:《林语堂与胡适日记中的平社》,2012年5月23日《中华读书报》。
② 金建陵、张未梅:《百年前的南洋劝业会》,《档案与建设》2010年第3期。

也。该省距内地太远,交通亦不便,又无特别出产,虽有皮货、药材陈列,粗制者也。宁夏所出稻米、玉米、高粱亦有陈列,又毡羊皮、盐、煤亦有稍佳之标本。另置一处之甘草、枸杞、大黄三项,为甘省著名药材。

二十四日礼拜六今日早饭后入场,看新疆馆。亦有小麦、烟叶、棉花陈列,较之内地稍逊。惟其特产哈密瓜(哈密厅所出之)、吐鲁番之葡萄闻名于中国内部。又金矿采自阿尔泰山,和阗之玉器,库车之铜矿,均有陈列。迪化亦略有文艺之陈列,殊无可取。①

日记还可正史之误。史书上常有一些似是而非的记载,甚至以讹传讹,贻误多年。如果读了有关人员的日记,真相可能大白于天下。如,世传英军火烧圆明园是龚自珍之子龚橙(字孝拱)带的路,因此龚孝拱背上汉奸的骂名。而吴相湘根据赵烈文《能静居日记》的记载,综合《中和》月刊所发表的龚孝拱《遗札》,认为"世所传言孝拱乃焚圆明园谋主一节要为子虚乌有"。②

还有典型一例。胡适的学生罗尔纲在20世纪90年代写作《胡适琐记》,内有一节写胡适"由沪迁平",其中有两段文字是这样的:

> 我跟胡适步入车站,走上月台。满以为胡适广交游,今天一定有不少亲朋到车站来送行。别的且不说,胡适夫妇与上海金融界巨子徐新六夫妇最相好,连两家孩子也彼此相好。胡适还有一个很好的朋友著名诗人徐志摩也在上海。亚东图书馆与胡适的关系更好得不用说了。半个多月来,汪原放同亚东图书馆的人到胡家帮助装书箱捆行李,忙碌不停。可是这些人,今天连影子都不见。为什么亲朋满上海的胡适今天却一个人都不来送行呢?

> 胡适看着他两个儿子和胡适母上了车,正踏上车梯,我忽然听到对面月台上有人大叫胡校长。我和胡适都掉转头来,只见一个

---

① 《朱峙三日记》,华中师范大学出版社,2011年,第267、268、269页。
② 吴相湘:《赵烈文〈能静居日记〉的史料价值》,《赵烈文日记》卷首,台湾学生书局,1964年,第18页。

中国公学同学，边跑来边说："学生会派我来送行，请胡校长等一等，要照个相。"原来那位同学在车厢对面那边月台上远远地站着，等候胡适到来，见胡适要上车时才喊叫。他跑近了，匆匆把照相机对着胡适拍了照，就立刻飞快地跑出了月台。这时我才意识到今天是怎样一个场合！

这是记1930年11月28日胡适一家与罗尔纲离开上海时的情景，罗尔纲说之所以没有人送行，是因为"人们认为特务会在车站狙击胡适"。但《胡适日记全编》中这天的日记却是这样记的：

前夜理行事，五点始睡。昨夜四点始睡。今早七点起床，八点全家出发，九点后开车。到车站送别者，有梦旦、拔可、小芳、梦邹、原放、乃刚、新六夫妇、孟录、洪开……等几十人。在上海住了三年半（1927年5月17回国住此），今始北行。此三年半之中，我的生活自成一个片段，不算是草草过去的。此时离去，最舍不得此地的一些朋友，很有惜别之意。

这个几十人到车站送行的场面与罗尔纲的记述形成强烈反差，而且罗说没有去的一些人也都去了，就是没有一个学生匆忙跑去拍照送行的事。罗尔纲是60多年后追忆的，胡适是当时记下的，当然应该相信胡适的记载。①

日记可印证史实。日记所记年月日真确，是非常可贵的材料，因为它可以印证别的材料。关于同盟会成立前后的情况，包括成立的时间地点等，多根据宋教仁日记的记载。

(二) 利用日记史料应注意的问题

首先，自然还是要鉴别日记的真伪。日记具有重要价值，一些人出于各种目的会伪造日记。古董商为利益驱动，会伪造历史名人的日记。据报道，2006年8月，香港《争鸣》月刊曾发布《林彪日记》档案，事后证

---

① 参见杨建民：《当追忆遇见日记——从罗尔纲关于胡适一节记述谈起》，2009年5月13日《中华读书报》。

明这个日记是伪造的。2007年初,网上流传《邓颖超日记终于启封:周恩来临终忏悔》,3月23日,有关机构和个人发表声明:《邓颖超日记》系伪造。流传甚广的《杨尚昆日记启封:胡耀邦临终忏悔》一文与前者造假手法如出一辙,也系一篇欺世之作。

近代史上,除了前面讲到的《景善日记》是伪造的以外,网上红极一时的《胡适打牌日记》也是网友为了调侃而伪造的。政界人物出于政治目的也会编造日记,如,袁世凯委托人在《申报》上推出了《戊戌日记》,称谭嗣同腰间带着凶器疯狂地威逼他参与政变。罗家伦通过考证,认为这篇日记不可靠,因为"(一)此件并非按天写成的日记,而系一篇纪事本末方式的长文,是有行文结构的。(二)此种长篇精细的文体,断不是今天说后,明天就可交卷的,何况当时袁正在生命呕呕,心绪惶惶的时候。袁当时按天曾写日记与否,无从知道。按照当时一般当权大官明哲保身的惯例,似此秘密大计,断不会见诸记录。何况戊戌时期正是西太后党得意之秋,而袁复为后党荣禄亲信之人,岂敢在日记中作同情而有意维持光绪之语"。①

一般情况下,伪造的日记是不能用作史料的,除非像《景善日记》那样,抄录了一些当时的公私文件,这些文件应可用作史料。

其次,了解作者生平对利用日记很有帮助。日记的史料价值,与作者的职业、经历和写作动机、写作态度有很大关系。高级官员的日记,有些因忌讳太多,一些重大事情或者隐讳,或者简略,一笔带过,如《曾文正公手书日记》。王闿运于序中说:"惜其记事简略,非同时人莫能知其厓涘,故闿运观之而了然,不能喻之人也。"②地位太高的官员,高高在上,见闻反而不广,而地位并不高,但长期负责实务,得以从内部和中层来观察政府运作和众多政坛人物言行的,如陈克文那样的高级事务官,上可以随时与中央首长(如行政院长和立法院长)直接沟通,中可以经常与同僚交换意见,下则可以通过低级部属而认识到整个科层

---

① 罗家伦:《一个几乎被失落的历史证件——关于袁世凯〈戊戌日记〉考订》,《历史的先见——罗家伦文化随笔》,学林出版社,1997年,第204页。

② 王闿运:《曾文正公手书日记·序》,上海中国图书公司,1909年。

系统的运作。在中央政府的地位高于陈克文的王世杰,所见偏于最高层的小圈子之中,视野反而受到较大的限制。因此王世杰日记则无陈克文日记那样的"特殊史料价值"。① 如果日记作者是普通人,那么日记中的内容则多下层社会现实。人民出版社2015年出版的《1942—1945:我的上海沦陷生活》,是一个19岁的五金店店员的日记,很真实地再现了抗战时期日伪统治下普通上海市民的日常生活情景。这在大人物的日记中是看不到的。所以《美国人民》一书的作者在谈到日记史料时告诫说:"与对待其他历史资料一样,使用私人文件时必须慎重。注明作者的年龄、性别、阶级和地区身份很重要。尽管这些信息可能无法得到,但一些作者的背景可以从他或她所写的材料中推断出来。考虑这些文件出于什么目的和为谁而写作同样重要。这一信息有助于解释资料的特性或者叙述的语气,以及作者为何提到某些内容而省略了别的。当然,避免从一个乃至几个相似的资料中进行过多的概括也很重要。只有阅读了很多日记、信件和私人日志之后,才有可能对过去的生活做出合理的总结。"②

再次,要通过与其他史料相印证,来考察日记所记内容的虚实。日记作者所记当时的政治、经济、社会、文化各方面情况是否准确,是否属实,可与其他官私文书互相参照,加以比较。可找相关的书来对勘,以求互有发明。《近代史资料》总第20号刊有《程克日记摘抄》。程克1924年任内务部长,同年9月辞职,隐居天津。其日记3册,起于1924年11月6日,止于1926年元旦。该日记记载,1925年1月27日《天津晚报》报道:"孙中山死于协和(医院)。"其实孙中山是1925年3月12日逝世的,对照其他可靠材料就可知程克日记错误地记载了失实的传闻。

利用日记还应先了解当时的历史情况,切忌枉自穿凿,牵强附会。马积高序《湘绮楼日记》说:王闿运并不是坚决反对变法的人,"变法失败后的第三年(光绪二十六年)夏历正月,湘绮(即王闿运)还在杭州与

---

① 余英时:《陈克文日记·序》,社会科学文献出版社,2014年。
② 〔美〕加里·纳什等编著:《美国人民:创建一个国家和一种社会》(第6版)上卷,北京大学出版社,2008年,第432页。

梁启超会晤,讨论时事,也可作为一种佐证"。此处马注:"据《湘绮楼日记》光绪二十六年正月十二日日记。"①有学者指出,世人皆知梁启超戊戌后即遭通缉亡命海外,民国始归。考梁启超《新大陆游记》可确知梁启超此时在美国夏威夷。再考《湘绮楼日记》,王闿运记是日:"梁新学来,言公法,盖欲探我宗旨,答以不忘名利者必非豪杰,尚不屑教以思不出位也。"此梁氏不过杭州一儒生,"新学"不过是其名字,与梁启超并不相干。其实,王闿运在前数日(正月四日)的日记中还在大骂康、梁,他如何又会突然与梁"会晤"呢?②这其实是将"梁新学"误认为是梁启超而出现的一个错误。

日记有无删改,删改了哪些内容,因何删改,都是利用日记时应该留意的。部分日记作者当时或事后会对日记作一定删改。曾纪泽《出使英法俄国日记》曾记载了他删节日记的事:"初十日晴。辰正起,茶食后,取日记缮本,删削寻常琐事。"③其实,删削的岂止是寻常琐事,经过若干时日斟酌后,那些不利于朝廷,不利于自己的文字,也会在重新缮写时删去。1925年商务印书馆涵芬楼将翁同龢日记以《翁文恭公日记》为名影印出版。影印时,张元济和翁的后人翁之熹为师讳、为祖讳,把日记中个别在他们看来"不合时宜"的内容隐去不印,对有关人物如李鸿章、左宗棠、斌椿等的一些评语也不印。当时,前清遗老遗少还在,日记出版后,很快被发现有删改的痕迹,以致有人怀疑日记的真伪。

还要注意,有些日记作者为了日记的完整,事后会根据记忆、笔记或报刊文字补记缺漏的日记。这样的内容不是当时所记,会有不少记忆不确或来自间接材料的内容,甚至会掺杂后来的思想认识,遇到这样的内容,以回忆录视之尚可,但不能作为当时的纪实材料。如,《朱峙三日记》就有不少这样的内容。朱峙三晚年将日记自行汇集整理,并于每年日记的开头记下整理的概要。在第一年的清光绪十九年(1893)癸巳日记前用小引说明补撰日记的情况:

---

① 马积高主编:《湘绮楼日记》第一卷序,岳麓书社,1997年。
② 罗以民:《日记与史学》,《书屋》2002年第12期。
③ 曾纪泽:《出使英法俄国日记》,岳麓书社,1985年,第173页。

此为予初期日记,系检旧藏童年所读《三字经》《论语》《孝经》,父亲所书方块字六百余枚(原有一千四百余字,壬子迁居失去),查看程师于字旁所列月日,推想癸巳年情况,回忆祖父冠群公与同屋洪、朱二叟所谈朝野掌故,触类旁通而成者也。

　　民国丙辰,予年三十一,记忆力尚强,故能于童稚事得十之六七。今夕阅竣,恍若垂髫受业时。以干支推计,则已六十五年矣。

　　戊戌花朝,寿昌老人朱峙三,时年七十有三①

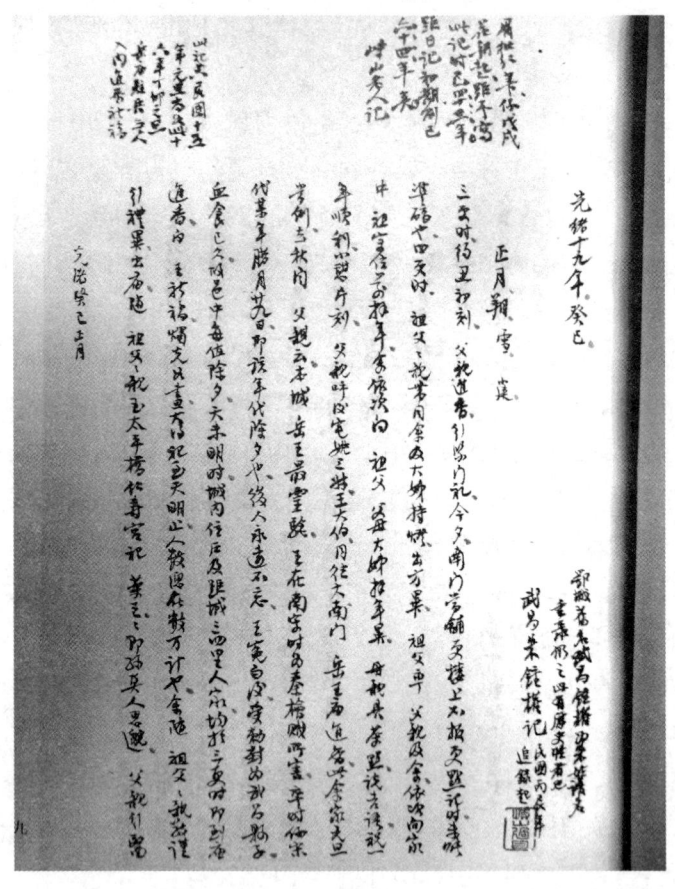

图7-3 《朱峙三日记》书影

---

① 《朱峙三日记》,华中师范大学出版社,2011年,第1页。

从这里可知,朱峙三31岁时补写早年日记,73岁时又回忆当年补写日记情形。他是从光绪二十六年(1900)庚子六月起开始每天记日记的,六月起,日记多翔实之记载,六月以前资料则增补之。而且晚年又加以校阅整理,其目的性很强:"倘蒙当道采集,认为予此记具有历史意义,列为稗官野乘而代为印行,则朝章国故、民间文艺,或赖以知;历史沿革,社会发展真相,于各学校授近代史者与社会文艺作家,无不小补也。"①这样的日记难免掺入一些来自报刊或史书的史实以及后来产生的观念意识,利用来进行历史研究时,需要认真分辨,有些内容恐不能直接作为当时的原始记述加以引用。

最后,利用日记还要克服一些拦路虎。利用未刊稿本、抄本或影印本,虽是可靠的底本,但要认真辨析手书。利用整理标点的日记,还需要用底本校勘,注意发现并纠正日记整理出版时出现的若干错误。日记因为是写给自己看的,提及所熟悉的相关人事,一般并不交代来龙去脉,遇到这种情况还必须考证清楚,否则无法利用。

四 重要日记举例

反映近代重大历史事件的日记很多。如,关于第一、二次鸦片战争的有:张喜的《抚夷日记》《华廷杰日记》(又名《英吉利广东入城始末》)、朱士云记英军攻陷镇江的《草间日记》;关于太平天国史实的有:赵烈文《能静居日记》、汪德门记太平军攻占苏州的《庚申殉难日记》、汪士铎记被困太平天国治下金陵城的《汪悔翁乙丙日记》、李淮记守金坛对抗太平军攻城的《金坛守城日记》、丁守存记押送洪大全回京的《从军日记》、龚文村《自怡日记》、方玉润的《星烈日记》、沈梓的《避寇日记》、李棠楷的《李文清公手书日记》;关于中法战争和中日甲午战争史实的有:张佩纶记中法中日战争经历的《涧于日记》、唐景崧记协助刘永福越南抗法和中日战争的《请缨日记》、王同愈的《栩缘日记》;关于义和团运动和八国联军侵华史实的有:仲芳氏《庚子记事》、华学澜

---

① 《朱峙三日记·自序》,华中师范大学出版社,2011年。

与高枬记1900年北京史事的同名《庚子日记》、吴庆坻记赴西安朝见慈禧和光绪的《庚子赴行在日记》、陆树藩记赴八国联军占领下的天津救济难民的《救济日记》；关于出使各国的纪程日记有：戴鸿慈《出使九国日记》、曾纪泽《使西日记》、崔国因《出使美日秘国日记》、李凤苞《使德日记》、载泽《考察政治日记》、罗振玉《扶桑两月记》、薛福成《出使英法义比四国日记》等，对研究中西政治、经济、文化之比较有一定的参考价值。

此外，还有记述某种经历的短期日记，篇幅不大，而史料价值却比较高。如，罗景山记奉命入台部署防务的《罗景山台湾海防并开山日记》，潘祖荫记奉派主持陕甘乡试的《秦輶日记》，潘祖荫记参与咸丰、同治、庄顺皇贵妃葬事的《东陵日记》和《西陵日记》等。

下面介绍几种重要日记。

作为晚清四大日记之一的《越缦堂日记》，系山西道监察御史李慈铭（1830—1894）撰，分正编、外编，共64册，由商务印书馆先后影印出版。始于咸丰三年（1853），止于光绪十五年（1889），中间只有少数间断。按日记述读书札记、友朋交游文字酬答、书函往来、政治议论等。内容广泛，对了解当时政情、人物，有相当参考价值。李氏每读一书，必求其所蓄之深浅、致力之先后，并作评论。他对经学、史学、小学、文学等均有研究，除进行考订外，常发挥己见。胡适读了该日记评论道："连日病中看《李慈铭日记》，更觉得此书价值之高。他的读书札记大部分是好的。他记时事也有许多地方可补历史，如41页39以下，记光绪九年十一月六日阜康银号的倒闭，因叙主者胡光墉的历史，并记恭亲王奕訢及文煜等大臣的存款被亏倒，皆可补史传。"[1]但日记也有不少问题，据徐一士说，文廷式尝摘抄李慈铭日记，间加批识，并有小序云"李莼客日记数十册，尚未刊。其中论时事，记掌故，考名物，皆有可采"[2]，但又说"观其日记，是非亦多颠倒"[3]。徐一士自己则认为"其

---

[1] 《胡适日记》，民国十一年七月二十六日（1922年7月26日）。
[2] 徐一士：《一士类稿》，辽宁教育出版社，1997年，第30页。
[3] 文廷式：《闻尘偶记》，《近代史资料》1981年第1期，第27页。

《日记》以意气之盛,时伤偏激,然论学书事,可供甄采,毕生致力,勤而有恒,闰运日记,未能与侔也"。① 李慈铭更在日记中常常"钞上谕","希蒙御览",不免流于做作。② 关于政治方面的内容,有台湾吴语亭编注的《越缦堂国事日记》6 册,全用毛笔小楷字重抄。另外,因为《越缦堂日记》篇幅大,使用起来不方便,金梁专门为之编了《越缦堂日记索引》。2004 年出清史编纂委员会协助广陵书社影印了日记的原稿。

近代著名学者叶昌炽(1849—1917)的《缘督庐日记》规模宏大,16 册两函。前有目录,始自同治庚午十月十三日(1870 年 11 月 5 日),终于民国丁巳九月十五日(1917 年 10 月 30 日),前后长达 48 年。资料丰富,展示了叶氏一生治学经验及有关金石、书画、文物和珍本古籍的收藏、考证、鉴定以及半个世纪的朝野珍闻、艺坛遗事等。这是石刻收藏家的专业日记,对于了解其在金石学、版本目录学乃至敦煌学等领域的贡献有重要价值。民国年间王季烈所辑《缘督庐日记钞》仅得原稿十分之四,可谓精华本,上海蟫隐庐石印,流传不广。北京图书馆出版社 2007 年再次出版。广陵书社于 1992 年印行线装本《缘督庐日记》,底本采用苏州图书馆独家收藏之足本。后又重印。

王闿运(1832—1916),系近代学者、诗人,他的《湘绮楼日记》起始于同治八年(1868),结束于 1916 年,为时近半个世纪。有商务印书馆 1927 年印本,1997 年有马积高主编的标点本。2003 年北京线装书局影印 1 册,收入丛书中。马积高误将日记中的"梁新学"当成梁启超的错误,前已述及,可见不了解当时的背景,望文生义,难免会穿凿附会,张冠李戴。

翁同龢(1830—1904)的《翁文恭公日记》,商务印书馆 1925 年影印出版,共 40 册。是翁氏门生张元济商诸翁氏从孙翁克斋,将其先祖手稿影印行世。始于咸丰八年(1858)六月二十一日,迄光绪三十年(1904)五月十八日,离翁去世仅 6 日。间有缺失。翁为同治、光绪两朝重臣,一生身膺重任,虽下笔矜慎,但此 46 年间所经历政治、军事、外

---

① 徐一士:《一士类稿》,辽宁教育出版社,1997 年,第 30 页。
② 斯人编:《三十五种清代日记书录》,江苏文艺出版社,1990 年,第 1 页。

交等大事概然具备,兼有作者思想的真实记录,为清末重要史料。但翁被开缺回籍后,为避免贾祸,曾将有关戊戌变法部分改缮,与历史真实不尽相符。如,光绪二十一年(1895)公车上书过程中康有为曾寻求时任军机大臣翁同龢的支持,曾到翁同龢处拜访,翁也屈尊回访过康有为。翁同龢害怕受牵连,将日记中康有为"狂生"的名字改成李慈铭,哪知道李慈铭一年前已经去世,因此日记的篡改就露了马脚。[①] 还有甲午战后英国传教士李提摩太到北京活动,翁同龢请李赞助维新改革,事见于李提摩太的日记:"在为代表教会上请愿书的有关事宜拜访翁同龢时,这位中国政府的总理大臣提出了一个要求,请我就中国急需改革的方面写一个简要的条陈。于是我准备了一个草案……这个改革方案由翁同龢上交给光绪帝,得到了他的首肯。不久就被发表在广学会的报纸上。"[②]李提摩太的英文传记也记了此事,但在翁同龢日记中却未见记载,说明日记有所隐瞒。至于张元济等为尊者讳隐去部分内容不印的情况前已述及。另有1939年燕京大学图书馆手稿影印本《翁文恭公军机处日记》,纯为翁两次任军机大臣时的值枢办事日记,于批谕、往来折片内容,均有简要记叙。《翁文恭公日记》有陈义杰整理本,6册,中华书局1989年出版,2006年重印。2015年11月,远在美国普列汉沙州莱溪居的翁同龢后人翁万戈先生,将他珍藏数十年的翁同龢日记手稿和翁同龢任职期间保存的一批珍贵档案、文献资料无偿捐赠给上海图书馆。上海远东出版社将翁同龢日记手稿进行了影印。这次印本,比此前所有出版的翁同龢日记(包括商务印书馆涵芬楼的影印本、台湾赵中孚、沈云龙主编出版的影印本,北京中华书局陈义杰的排印本等)都要全面、完整。此外,新版影印本采用彩印,原日记中的圈点、涂改、用笔一如原手稿风貌,如此影印,更便于读者去理解和把握日记所记内容。所以谢俊美

---

① 参见孔祥吉等:《罕为人知的中日结盟及其他》,巴蜀书社2004年,第365—366页。

② 《亲历晚清五十年——李提摩太在华回忆录》,天津人民出版社,2005年,第237页。

称它是到目前为止最具权威性的版本。①

郭嵩焘(1818—1891)的日记在清末已经很著名了,赴英日记以《使西纪程》的书名刊行,在当时有一定的影响。但"得何金寿一参,一切蠲弃,不复编录"。他一生日记自咸丰元年(1851)至光绪十七年(1891),长达40年,"终于卒之岁"。现存的郭嵩焘日记手稿,是从咸丰五年开始,终于光绪十七年郭氏去世之前一日,首尾37年(其间缺三段,为时约39个月)。共200万字。湖南人民出版社1981年校点,以《郭嵩焘日记》书名出版。其起迄年份基本与洋务运动相始终,内容涉及当时内政外交、朝野风气、社会状况、学术艺文。尤以出使英法时期所记西方政情、风俗、宗教、科技、工业与西洋文明等内容最为宏富,可供研究中国近代史参考。

薛福成(1838—1894)的《出使英法义比四国日记》是当时诸位公使出使日记中比较好的一种。作者光绪十六年(1890)正月任出使四国大臣,光绪十七年十月朔日,他在伦敦使馆将光绪十六年十一日到十七年二月三十的日记整理为6卷,共17万余字,饬员楷录,用西洋糖印法印出6份,一面咨送总理衙门,一面在国内刻板印行,名为《出使英法义比四国日记》。除记中外交涉事件、异邦风土人情、物质文明(包括工业、交通、军备、科技)外,间涉教育、文化和学术,并辑录了不少交涉案卷及地理资料。他去世后,其三儿莹中又将其光绪十七年三月至二十年五月返国前的日记遗稿厘为10卷,共35万字,于二十三年冬付梓,名为《出使日记续刻》。从薛福成所拟"凡例"可见日记特色:(1)述事之外,务恢新义,兼网旧闻。凡瀛寰之形势,西学之源流,洋情之变幻,军械之更新,思议所及,往往稍述一二。其自序云:"大较由考核而得于昔者,十有五六;由见闻而得于今者,十有三四也。"说明他的日记比较注重收集历史资料,而不限于记录亲自的见闻,表现了一种"学人"的特色。知识性和思想性都较强。(2)凡事有一定的格式,得其格式,事乃易办。中国遣使本系创举,求之古书,并无成式可循。兹编于国书颂辞,无不详载,以存体制。至与外部往返洋文照会书信,间亦译

---

① 谢俊美:《翁同龢日记最具权威性的版本》,2016年12月21日《中华读书报》。

登一二,用示格式,并可征中西文法之稍有不同。《续刻》因为没有经过本人整理,资料的比重更大一些,有时不免显得芜杂。薛在自序中说"讵知我所谓重要,人固以为非要;我所谓非要,人固以为重要乎?"此语说明史料的价值在于史学家的需要。有《走向世界丛书》合印本。

《张謇日记》由江苏人民出版社 1962 年影印出版后半部(1892—1926),台北文海出版社影印前半部(1873—1892)。张謇 20 岁即写日记,迄于 73 岁病故,共 28 册。他的日记极为简略,且多空白,不作一字,书照原样影印、线装。陈恭禄认为"阅读后所获得的知识不多,不免令人失望"。可是张謇研究专家章开沅却认为日记很有价值,说全靠他有一本日记,可使我们了解他早年的艰难景况。张謇还有一卷《癸卯东游日记》,他于光绪二十九年(1903)四月二十五日至六月初六日,往返日本 70 天,于工、农、商、学、兵、政诸界逐一考察,随得随录。在日记中认为日本近世发达首在教育,则中国舍教育无由图存救亡,非广兴实业不能积累资本。《张謇日记》全文收入张謇研究中心和南通市图书馆编的《张謇全集》第六卷,江苏古籍出版社 1994 年出版。

《溥仪日记全本》系末代皇帝爱新觉罗·溥仪所著,王庆祥编,天津人民出版社 2009 年出版。此书编者称这是真正的"全本",收入了存世的溥仪全部日记,包括溥仪在北京紫禁城内当"关门皇帝"时期的日记、在天津张园和静园当"寓公"时期的日记、在抚顺战犯管理所改造时期的日记,特别是获特赦后作为中华人民共和国公民写于 1959 年至 1967 年的日记。这些日记真实、充分、生动、可靠地反映了溥仪的生平轨迹和人生转变,对研究溥仪的心灵变化很有帮助。①

《蒋介石日记》,原稿现藏美国斯坦福大学胡佛研究院。据多次到胡佛研究院查阅《蒋介石日记》的杨天石介绍:蒋介石的日记约始于 1915 年,28 岁,止于 1972 年 8 月,85 岁,距离去世只有 3 年。其中 1915—1917 年 3 年的日记遗失于 1918 年底的福建永泰战役。现在能见到的 1915 年日记仅存 13 天,为蒋当年在山东任讨袁军参谋长时所记。1924 年的日记则可能遗失于黄埔军校时期。因此,蒋介石日记现

---

① 《〈溥仪日记全本〉价值何在》,2009 年 3 月 25 日《中华读书报》。

存53年,共63册。① 蒋介石日记不但记录政治事件,也涵盖私人生活。对于中国近代史研究和蒋介石生平思想研究无疑是重要的第一手史料。之所以至今尚未全部整理出版,乃是因为关于该日记的所有权有不少争议,既有蒋介石后人之间的争议,也有台湾"国史馆"与蒋家后人的争议,胡佛研究所不堪其扰,亦提起诉讼,要求尽快解决该日记的归属问题。2005年胡佛研究所收藏后,经蒋家后人同意,2006年3月底,公开了1917年到1931年的日记;2007年4月2日,又开放日记中的1931年到1945年的手稿,供读者查阅。已有众多学者和记者查阅并利用日记的内容,撰写出了相当多的文章,对若干过去存有争议的史实,依据新刊布的蒋日记手稿,提出了新的论据。这些均说明了蒋介石日记确具有重要的史料价值。但胡佛研究所工作人员曾表示,现在很多人去胡佛研究所看档案,但"他们断章取义,采取非常不正确的角度来解读",造成混乱,"最简单的方法就是出版,让研究者人手一本"。利用蒋介石日记出版的著作有台湾"国史馆"整理的蒋介石日记摘抄本《蒋中正五记》(2011年)、黄仁宇的《从大历史的角度读蒋介石日记》(九州出版社,2008年)、杨天石的《寻找真实的蒋介石》(山西人民出版社,2008年)、阮大仁的《蒋中正日记揭秘》(华文出版社,2012年)等,在蒋介石日记没有正式出版前,可以参考。

上海人民出版社编辑出版的《清代日记汇抄》作为上海史料丛刊之一,多有关上海史料。其中收清代早、中期日记3种,晚清日记25种。以未刊的稿本和未刊的抄本为主,此外也选了一些流传不广

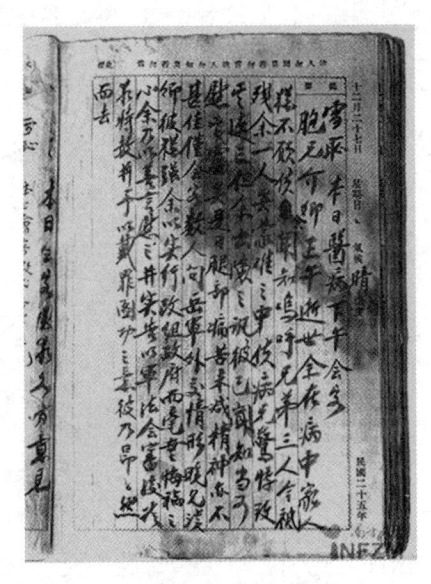

图7-4 《蒋介石日记》手稿

---

① 杨天石:《寻找真实的蒋介石·自序》,山西人民出版社,2008年。

的刻本和印本。所辑史料涉及上海地方吏治、社会经济、文化生活、民俗演变、地方掌故以及历史事件和历史人物等方面，是一本综合性的史料集。晚清日记包括了林则徐、李星沅、王韬、张松彝、王之春、王同愈等人的日记辑录，由于日记作者的历史局限性，所记文中也杂有不少糟粕。此外，市面上还有《清代日记书录》《近代日记书录》《民国日记书录》之类的图书，日记原书不好找时，可以参考。

《周佛海日记》，记事起于1940年，迄于1945年，其实就是周佛海充当汉奸时期的罪行记录。该日记由上海人民出版社1984年出版，后作为中国第二历史档案馆《中华民国史料丛刊》之一由中国社会科学出版社于1986年出版。北京师范大学蔡德金对这部日记作了详实注释，所引资料颇为丰富，他所编注的《周佛海日记全编》（上、下二册），由中国文联出版社2003年出版。收周佛海1937年1月1日至1947年9月14日的日记，缺1939、1946两整年和若干月日。周佛海子周之友（原名幼海）在为本书所作序言中，第一句就是"汉奸周佛海在抗日战争时期的日记公开出版，和史学界见面，应该说是一件好事"；"周佛海作为一个民族败类、汉奸卖国贼，早已盖棺论定"。夏侯叙五又为此日记作了补注，载在其博客中。

公安部档案馆编注，群众出版社1991年出版的《在蒋介石身边八年——侍从室高级幕僚唐纵日记》，是蒋介石侍从室幕僚唐纵的日记摘编，起于1927年，迄于1946年。作者唐纵，又名唐乃建，湖南人，黄埔军校六期毕业。在蒋介石侍从室负责情报事务的第六组任组长兼军统局帮办。戴笠坠机身亡后，曾奉蒋之命主持军统局工作。长期做蒋介石的高级幕僚、心腹忠臣。由于其特殊的地位和特殊的工作，接触、思考的都是当时最为重要的国家大事，评论臧否的都是国内外的政治军事显要人物。日记内容广泛，不仅记述了唐纵在侍从室作为蒋介石的高级幕僚，长期为蒋介石擘画、综揽情报特务工作的情况，而且涉及国民党党、政、军、警、特及外交、内政、经济、文化、民族等各个方面。尤其对第二次世界大战战前、战中、战后英美苏中对日德意态度的微妙之处，英美苏对中国共产党的重重矛盾态度，国共两党斗争的重大事件，蒋介石周围国民党一些高层人物的活动情况和内幕，以及国民党内部政治腐败、派系斗争,国家经济凋敝、民怨沸腾等内外交困的窘境,均有概括、简略的记载。是一部研究抗日战争前后国民党历史、国共斗争的重大事件和第二次世界大战历史不可多得的参考资料。值得注意的是,由于唐纵的身份和地位,日记中也反映了他的反共立场,写了一些美化蒋介石的言辞,对此,需要明辨是非,给予正确的理解。①

吴宓之女吴学昭整理的《吴宓日记》,220万字,按时期分为10册,时间段为1910—1948年。记录了吴宓数十年的学术生涯、文化活动及与学界交往的有关情况,是20世纪中国学术史的珍贵记录。三联书店1998年5月—1999年3月出版。2006年三联书店又出版了《吴宓日记续编》(吴学昭整理注释),时间跨度从1949年到1974年,即吴宓后半生跌宕经历的真实记录。两种日记字数多达七百多万,展示了一位知识分子命运的完整个案。这个年代发生的许多重大历史变故,几乎都在他笔下有忠实可信的呈现。然1974年以后日记缺失。

按照有的学者所说,"近代以来,不少中国读书人开始具备自觉的历史意识,坚持日记的写作和保存正是这种自觉意识所带来的文化现象"。② 当代一些出版部门对这种文化现象已经关注,它们陆续出版了像《吴宓日记》那样的诸多读书人的日记,甚至出版《近世学人日记丛书》《大象名人日记文丛》《中国近代人物日记丛书》这样的大型丛书,嘉惠学林。

由杜泽逊、范旭仑主编,河北教育出版社1999年至2001年出版的《近世学人日记丛书》全套6种8册,具体是:《张元济日记》《桐城吴先生日记》《董康东游日记》《复堂日记》(谭献著)、《许瀚日记》《鸥堂日记竹西日记》(周星誉、周星诒著)。

大象出版社也出版了《大象人物日记文丛》,辑录了不同时期各界人物的日记,借他们对个人经历和心灵行程的记录,来多侧面地呈现历史原状。已出《巴金日记》《聂耳日记》《茹志鹃日记》《春城纪事(1949—1952)》(常任侠)、《最后十年(1949—1958)》(郑振铎)、《早春

---

① 引自读书网(http://www.dushu.com/book/10270693/#)。
② 辜也平:《钱玄同日记:珍贵的历史文献》,2004年7月30日《中华读书报》。

三年日记(1982—1984)》(贾植芳)、《我的复旦四年(1955—1958)》(徐成淼)、《缄口日记(1966—1972,1974—1979)》(陈白尘)、《北大荒日记(1958—1959)》(曾庆延)、《吴祖光日记(1954—1957)》等。

中华书局的《中国近代人物日记丛书》,已出版了《许宝蘅日记》《姚锡光江鄂日记(外二种)》《翁心存日记》《林一厂日记》《汪荣宝日记》《谭献日记》《郑孝胥日记》《管庭芬日记》《曾纪泽日记》《翁文灏日记》《王文韶日记》《李星沅日记》《宋教仁日记》《林传甲日记》《王韬日记(增订本)》《李兴锐日记(增订本)》《张荫桓日记》《孙宝瑄日记》《郭增炘日记(外一种)》。

还有山西古籍出版社的《现代名人日记丛刊》,已出《弘一法师日记三种》《郑振铎日记全编》《卫俊秀日记全编》(上、下册)等。《近现代名人日记丛刊》,上海书店出版社出版。已出版《张文虎日记》《张荫桓日记》(任青、马忠文整理)等。江苏古籍出版社出版了《民国名人日记丛书》。

出版界热衷出版学人日记,是因为这种日记有较高的学术价值,研究中国近现代学术史需要参考,研究其他学人也需要看这些日记作者的评价,这是同时代的人当时的评价,出于感性认识,比较真切。但各社竞相出版这类丛书,使日记出版有重复之虞。

学人日记还有不少,如《天风阁学词日记》(夏承焘著,浙江古籍出版社1984年版)、《顾准日记》(陈敏之、丁东编,经济日报出版社,1997年)、《严修日记》(南开大学出版社,2001年)、《清华园日记》(季羡林著,辽宁美术出版社,2002年)、《顾颉刚日记》(台北联经出版公司,2007年)、《赵南公日记》(上海交通大学出版社,2016年)《静晤室日记》(金毓黻著,辽沈书社,1993年)等等,不胜枚举。

山西太原县清代举人刘大鹏(字友凤,1852——1942)所著的《退想斋日记》(乔志强标注,山西人民出版社1990年版)和辛亥志士朱峙三早年的日记(在《辛亥革命史丛刊》连载)都曾引起学者的关注,通过他们的日记了解清末小知识分子的处境和出路。

国家图书馆出版社出版的"珍稀日记手札文献资料丛刊"中有皮锡瑞的《师伏堂日记》(2009年)、吉城的《鲁学斋日记(外二种)》(2010

年)、《王伯祥日记》(2011年)、《朱峙三日记》(2011年)、《顾森书日记》(2015年)、《江瀚日记》(2016年)等。

《国家图书馆藏抄稿本日记选编》(全60册),其中与近代史有关的有翁心存《知止斋日记》及其孙翁曾翰(翁同龢嗣子)的《海珊日记》,又有文学家方玉润的《星烈日记》,版本目录学家莫友芝的《郘亭日记》等。

国家清史编纂委员会文献丛刊亦组织出版了一些重要日记,如:《恽毓鼎澄斋日记》(史晓风整理,浙江古籍出版社,2004年)、《晚清东游日记汇编》(王宝平主编,上海古籍出版社,2004年)、《薛福成日记》(蔡少卿、江世荣主编,吉林文史出版社,2004年)。

台湾出版的日记也不少。

《台湾日记与禀启》是胡适父亲胡传(铁花)1892年至1895年在台湾任地方官时的日记与公牍的合编本,台大教授毛子水在该书弁言中说:"这虽然是一位地方官的日常生活和公事的纪录,但从这纪录里,非特可以看出清代末年政治和军事一部分的情形,亦可以知道当时少数知识分子对于时局的态度,以及一个实事求是的读书人对于改进政治的措施。这倒是很值得读的一部传记类的书。"原名《台湾纪录两种》,为"台湾丛书"之一,1951年由台湾省文献委员会印行。后经胡适根据方杰人的提议,将日记和禀启按照时日合编,定名为《台湾日记与禀启》,1960年作为台湾银行经济研究室编印的《台湾文献丛刊》之一出版。

《王世杰日记》,王世杰以学人从政,对史料之保存极为重视,故其30多年的日记中保留有大批文件,为研究近代史之珍贵直接史料,更为学术界、特别是研究近代政治及外交史的学者们所重视。1990年"中研院"近代史研究所印行。

《灌园先生日记》,林献堂撰。始于1927年,止于1955年,前后共29年,其中1928、1936年缺,全套共27册。跨越日据、战后两个时代,内容除记载家族历史外,更留下丰富的经济、政治、社会、文化等活动纪录,不仅是林献堂一生最重要的见证,也是台湾历史的缩影,其史料价值非常高。台北"中研院"台湾史研究所组成"林献堂日记解读班",定期对日记作逐日校读注解,更增加此书的可读性与价值。2000年"中研院"台湾史研究所筹备处印行。

还有《徐永昌日记》("中研院"近代史研究所,1991年)、《王子壮日记》("中研院"近代史研究所,2001年)、《金问泗日记1931—1952》(张力编辑校订,"中研院"近代史研究所,2016年)、《余家菊先生日记手稿》(属于《余家菊景陶先生论著》第七辑,名为手稿,其实是排印本,台北慧炬出版社,2009年)等出版。

第八讲 结集与专著类史料

结集包括别集和总集。历史人物个人的别集,现在一般称为"文集"。选录多位作者的作品汇编一书,就是总集,现在一般也称为"选集"或"选本"。总集是相对别集而言的。专著则是作者对某一专门问题发表研究心得的著作。结集和专著都是从事史学研究,特别是人物研究常用的资料。而史料选集则是另一种结集,是从"总集"发展而来的,汇集多种史料于一书或一套丛书,方便研究者利用。

一 文集

先秦无别集之名,至东汉末年后别集渐多,汉魏六朝别集见于《隋书·经籍志》者就有886部。以后历代相袭成风,以致"家家有制,人人有集"。清人文集多达四万余家,政治家与文人学者确乎人人有集。此处主要是讲近代人物的文集。

(一) 近代文集及其史料价值

文集从名称上看,有集、文集、类集、合集、全集、选集、遗集;或稿、文稿、类稿、丛稿、存稿、遗稿。集之中有正集、别集之辨。稿之中有初稿、续稿之分。或不以集或稿为名者,则称之为文钞、文录、文编、文略、遗文,也有不标这类名称而别制新题者。[①] 从内容上看,主要是为了反

---

① 参见张舜徽:《清人文集别录自序》,中华书局,1963年,第2页。

映某个人物的成就或思想,将其文章著作编纂成集,如《张文襄公全集》《盛世危言》《校邠庐抗议》《孙中山全集》等。从形式上看,有的是作者的自编集,如章太炎的《訄书》,自己选录、删定成册。有的是在作者身后由他人编纂成全集或文集,如《谭浏阳全集》《陈天华集》等。

  文集类史料所包括的范围很广,所收资料的体裁也多种多样,所反映的史事也就非常丰富。张之洞认为清朝人文集有实用,胜于古集。方苞、全祖望、杭世骏、袁枚、彭绍升、李兆洛、包世臣、曾国藩集中,多碑传志状,可考当代掌故、前哲事实;朱彝尊、卢文弨、戴震、钱大昕、孙星衍、顾广圻、阮元、钱泰吉集中,多刻书序跋,可考学术流别、群籍义例;朱彝尊、钱大昕、翁方纲、孙星衍、武亿、严可均、张澍、洪颐煊集中,多金石跋文,可考古刻源流、史传差误。① 这类文集甚多。张之洞主要是从学术的角度论文集的用处,而文集中的奏议、公牍、笔记、日记之类对于研究历史则更为有用。

  文集一多,史料价值则相差很大,梁元帝萧绎《金楼子·立言篇》所说:"诸子兴于战国,文集盛于二汉,至家家有制,人人有集。其美者足以叙情志、敦风俗。其弊者只以烦简牍、疲后生。"②他是从社会价值评判优劣,我们则是从史料价值衡量高低。达官贵人、文人墨客,把他们的文字编为各类集子,其目的大都是希望流芳后世。有些集子固然无甚可取,但有些还是留下了不少历史资料。

  1949年后,史学工作者、出版工作者也编辑出版前人文集,目的与以前不同,现在的出发点主要是搜集、保存和提供资料。编纂集子应注意,不但要出革命家的集子,其他方面主要人物的集子也应当考虑,反革命营垒中的某些决策人物,或其他方面的主要人物,对历史的进程曾有过较大影响。出与不出,出全集还是出选集、合集,谁该出"选集",谁该出"文集",谁该出"全集",并无一定之规,除了要看该人物留下的文字数量多寡以外,首先要看他在历史上所起影响的大小;其次看留下文字的史料价值如何;最后,考虑轻重缓急,凡是没有出过集子,或虽然

---

① 张之洞:《增补輶轩语》,陕西学署刻本,光绪二十一年(1895),第40页。
② 萧绎:《金楼子·立言上》,见许逸民《金楼子校笺》,中华书局,2011年,第852页。

曾经出过但很不完备确需重编者,应优先,反之可以缓出。有学者认为由于"全集"的特点是"不嫌庞杂",巨细兼收,更适合于那些思想及文章"牢笼一切",影响及于整个文化界的"大家"。①

现在出版界热衷出版历史名人的"全集"。对研究者来说,"全集"的价值就在于"全"。历史人物的集子质量高下首先要看收入集中的文献是否完备。诚然,"全集"不全在结集中是一种常态,任何"全集"都是不全的。所谓"完备"是相对而言,无非就是指该人物的绝大部分著述是否编入,该编进来的文章都编进来了没有,主要的、重要的文献是否有遗漏。

全集不全有多方面的原因:有的是编者用功不到家、搜集不全,许多报刊上的文章、档案中的文字、私人手上保存的材料,没有爬梳出来收入集中;有的是政治方面的文字违碍,民国政治人物的集子通过"政审"将其从前骂共产党的文字删去是常有的事;还有的是为尊者讳,为自己隐,包括作者本人、后人出版全集时"不愿意全",或作者"悔其少作",鲁迅说:"听说:中国的好作家是大抵'悔其少作'的,他在自定集子的时候,就将少年时代的作品尽力删除,或者简直全部烧掉。"②更还有这样的事情,明知有部分资料在某处,而因单位或个人"垄断"的原因拿不到。正因为"全集"的不全,所以才不断有佚文被发现,有"集外集"出版。

关于全集是否要把搜罗的文字全部收入,学术界有不同的看法,有人不认同"拣到篮里就是菜",以为既然编全集,那就事无巨细、只言片语都收录的编辑思路。但也有人说:"全集就要全,不要轻视只言片语。是他的就要收。"也有人认为,编全集,最重要的还是完整保存文献,为利用提供方便。

编全集时收不收译作,收不收其编选的书籍,学界历来有争议。2005年人民文学出版社在出版《鲁迅全集》时的做法值得参考,他们把鲁迅翻译的外国作品和校辑的中国文史古籍,以及早期编著的《中国

---

① 陈平原:《"大家"与"全集"》,2003年9月17日《中华读书报》。
② 鲁迅:《〈集外集〉序言》,《鲁迅全集》第七卷,人民文学出版社,2005年,第3页。

矿产志》(与顾琅合编)和生理课程讲义《人生象敩》等,分别编为《鲁迅译文集》《鲁迅辑录古籍丛编》和《鲁迅自然科学论著》,另行出版。

编全集,有两种体例,一是"文类编",先将集主的著述按文章体裁分为若干类,如,汉版《张之洞全集》就分奏议、电奏、公牍·咨札、公牍·批牍、公牍·谕示、电牍、书札、家书、论金石札、古文、骈体文、诗集几大类和若干论著,如《劝学篇》《輶轩语》《书目答问》《读经札记》及《弟子记》等,然后在每一类中按时间先后顺序排列文献。另一种是"编年体",如中华书局版《孙中山全集》将集主所有著述均按写作时间先后编次。如无写作时间,按最初发表的日期。具体日期不详者,通过考证以判明其写于某几日内或某旬、某月、某季;如难考定,则列在各该月或年之后。年份不详而能大体确定时期的,编排于各该卷末;年份不详又不能确定时期的,编排于最后一卷末。① 两种编法,各有所长,各有所用,鲁迅曾在《且介亭杂文·序言》中说:"凡有文章,倘若分类,都有类可归,如果编年,那就只按作成的年月,不管文体,各种都夹在一处……分类有益于揣摩文章,编年有利于明白时势,倘要知人论世,是非看编年的文集不可的。"② 编年体可以根据集主著述的年代顺序,反映其思想发展、演变的轨迹,读者也可以从中看到一些与集主有关的历史事件的来龙去脉,如果对该人物作进一步的研究,则可以据以编纂年谱或年谱长编,进而撰写传记。但集主如果有日记,就很难按编年体方法来编排了,比如陈旭麓主编的《宋教仁集》,本来集中"各件均按撰写时间的先后叙次编排",但宋教仁日记《我之历史》不便于拆散穿插于其他各件中间,只得"排印于后"。③ 后来有人突破这种编排难题,编纂了《鲁迅著译编年全集》。这部由王世家、止庵编纂,人民出版社于2009年出版的最新的"鲁迅全集",是我国第一次以编年体而且具体系于年月日的方法编排一位作家现存的全部日记、创作、翻译、书信的全集。该书"凡例"说明,"本书旨在为读者和研究者提供一部'纵向阅

---

① 《孙中山全集·凡例》。
② 鲁迅:《且介亭杂文·序言》,《鲁迅全集》第六卷,人民文学出版社,2005年,第3页。
③ 《宋教仁集·编者说明》,中华书局,1981年。

读'鲁迅的文本",既是按照时间顺序来读,又是将日记、创作、翻译、书信一并来读。据说"这种读法也许更能体会鲁迅的生命历程",可以"具体详细地了解他的文学生涯和思想进程,了解他的创作和翻译如何互相影响和补充,以及他私下给朋友信中的说法与公开发表的文字的异同,等等"。①

文集是人物研究的基本史料,其史料价值是不言而喻的,然而知人论世,有些重要政治家,其一生伴随中国近代史的发展进程,读他们的文集,可以帮助我们认识他所处的时代。仅以《康有为全集》为例来看文集的价值。在出版座谈会上,一些著名学者充分肯定了该集的价值和出版的意义。或说:"康有为一生的著述对研究他本人以及近代中国政治、思想、学术发展演变的历史具有重要的价值。"或说:"《康有为全集》为认识他一生的发展变化及变化原因提供了新资料。"或说:"可以从《康有为全集》看出近代中国五十年间是怎样发展的。"或说:"出版这些文集不仅是清史编纂的需要,而且是全社会文化保存的需要。"②文人学者的文集,会涉及许多学术问题,是研究近代学术史的重要史料。作家的文集,保存了他的文学作品,既是研究这位作家生平和创作的基本史料,又是研究中国文学史的重要文献。由于文集对保存历史文献具有重要作用,它也是编辑总集的主要来源。

(二)利用文集应注意的问题

一是要辨别真伪,看收录的文献是不是集主本人写作的或别人主稿经本人认可的。

编纂历史人物的结集,最忌将不是集主的作品收入,赵德馨主编的《张之洞全集》(下称汉版《张之洞全集》)的编辑组在编纂该书时就做了大量的辨伪工作。该书用为底本的王树枏编《张文襄公全集》,是以许同莘辑张文襄公遗集(或为《张文襄公四稿》,或为《张文襄公全书》)为底本,仅"就当时朝章邸报及京外官署档案中勤加补辑",并未

---

① 《〈鲁迅著译编年全集〉答问》,2009年7月22日《中华读书报》。
② 《学界座谈〈康有为全集〉出版》,2007年11月21日《中华读书报》。

作鉴别和校勘。而许同莘编辑《张文襄公全书》又由于"机枢缜密,不得备闻",只好就满簏的"遗草"辑为50卷,只是遗箧无存稿者,就史馆月折、总署档案及邸钞官报之属检钞增补。该书编纂者发现,以这些"遗草"为主要来源的王编《张文襄公全集》中的奏议与清代档案所藏及《京报》所载的张之洞奏折有很多的不同,于是,他们用厘清文献来源、考订文献真伪、版本互校等手段,做到件件有据,对有疑问而一时不能得出结论的暂不收入,尤其值得称许的是,他们"不仅求一篇之真,而且求一字之真"。他们把《张文襄公全集》中不代表张之洞思想的篇什剔除,使集中每一篇文字都出自张之洞本人或代表他的思想。如,底本《张文襄公全集》原有一件《谢赐福字折》(光绪二十年正月初十日),全文为:

> 光绪二十年正月初九日,折弁回鄂,赍到御赐福字一方,当即恭设香案,望阙叩头谢恩祗领。钦惟我皇上治集蕃厘,德符嘉瑞。万邦受祉,爰歌《鲁颂》之篇;五福开祥,遂衍洛书之秘。欣兹岁首,宠以宸题。况逢文母万寿之年,豫效尧世三多之祝。金天鸾凤,翔紫气于云霄;玉篆龙鱼,灿乾文于绮绣。臣久承恩遇,未答涓埃,荷一字之遥颁,祗庶民之同锡。穰穰有颂,终惭文武之非才。户户皆春,原共江湘而拜赐。①

而汉版《张之洞全集》的编纂者对照了《光绪朝朱批奏折》中的同名同事奏折,全文却是这样的:

> 光绪二十年正月初九日,折弁自京回鄂,恭赍到御赐福字一方,当即恭设香案,望阙叩头谢恩祗领。钦惟我皇上握符行健,抱式含和。诚祈而雪兆丰,候应而云干吕。祥开洛范,翔鸾凤于珊柯。画演羲图,耀龙鱼于玉版。虞廷星日,合为倬汉之天章。蚡冒山林,齐得向阳之春气。觏万福攸同之圣藻,见庶民敷锡之天心。臣藿悃怀诚,栎材愧朽。渥承帱覆,未答涓埃。占晋爻介福之鸿厘,值泰运大来之嘉会。北云南梦,知九天雨露之深恩。东作西

---

① 王树枏编:《张文襄公全集》卷七十一,奏议七十一,北平文华斋,1920年。

成,卜五穀箸车之上瑞。所有微臣感激荣幸下忱,理合恭折具奏,叩谢天恩,伏祈皇上圣鉴。光绪二十年正月十二日朱批:知道了

两个文献除程式语外,二者的正文完全不同。经过分析,汉版《张之洞全集》主编赵德馨认为:"在这两个奏折中,后一个藏于宫中档案,且有朱批,是张之洞的奏折。由此可以断定,前一个不是宫中档案里存的奏折,也不是张之洞私人档案中奏折的底稿,而是此奏折之前拟的、没有被张之洞采用的废稿。它未被张之洞认可,不反映张之洞的认识与态度,不应归入张之洞的奏折。"①所以在汉版《张之洞全集》中正式收录《光绪朝朱批奏折》中的《谢赐福字折》,而将底本中的《谢赐福字折》作为附录,以供参阅。②

有些集子把报刊上记者采访后撰写的演说辞、谈话录等等收入文集,这些文字是否真实反映了演说者、谈话者的本意就很难说,这类文字算不算作者的作品,值得考虑。前面曾举例,美籍学者薛君度说:"美国总统在记者招待会说的话,多少人在电视上也能看到听到,原意所在,第二天有时就有不同的报道和解释。"如果是事后多年由别人回忆记述的文字,那就更难算本人的作品了。如,《宋教仁集》中有一篇题为《国民党鄂支部欢迎会演说辞》(1913年2月1日)是这样的:

> 中华民国,是本党同志在孙中山先生领导之下,不避艰险,不恤任何牺牲,惨淡经营,再接再厉,才能够缔造起来的。不过民国虽然成立,而阻碍我们进步的一切恶势力还是整个存在。我们要建设新的国家,就非继续奋斗不可。以前,我们是革命党;现在,我们是革命的政党。以前,是秘密的组织;现在,是公开的组织。以前,是旧的破坏的时期;现在,是新的建设的时期。以前,对于敌人,是拿出铁血的精神,同他们奋斗;现在,对于敌党,是拿出政治的见解,同他们奋斗。我们此时,虽然没有掌握着军权和治权,但是我们的党是站在民众方面的。中华民国政权属于人民。我们可

---

① 赵德馨:《〈张文襄公全集〉奏折部分的几个问题——兼与〈张之洞全集〉的编者商榷》,《江汉论坛》2003年第2期。
② 赵德馨主编:《张之洞全集》第3册,武汉出版社,2008年,第165页。

以自信,如若遵照总理孙先生所指示的主义和方向切实进行,一定能够取得人民的信赖。民众信赖我们,政治的胜利一定属于我们。

世界上的民主国家,政治权威是集中于国会的。在国会里头,占得大多数议席的党,才是有政治权威的党,所以我们此时要致力于选举运动。我们要停止一切运动,来专注于选举运动。选举的竞争,是公开的,光明正大的,用不着避甚么嫌疑,讲甚么客气的。我们要在国会里头,获得过半数以上的议席,进而在朝,就可以组成一党的责任内阁;退而在野,也可以严密的监督政府,使它有所惮而不敢妄为,应该为的,也使它有所惮而不敢不为。那么,我们的主义和政纲,就可以求其贯彻了。

现在接得各地的报告,我们的选举运动,是极其顺利的。袁世凯看此情形,一定忌克得很,一定要钩心斗角,设法来破坏我们,陷害我们。我们要警惕,但是我们也不必惧怯。他不久的将来,容或有撕毁约法背叛民国的时候。我认为那个时候,正是他自掘坟墓,自取灭亡的时候。到了那个地步,我们再起来革命不迟。①

这篇录自蔡寄鸥《鄂州血史》(1954年7月写成,1958年7月由龙门联合书局出版)一书中的演说辞,首先是来历不清楚,因为作者没有交代它的来源。仔细品读,发现并不是蔡寄鸥当年记录的,因为在此前后,宋教仁在湘、鄂、沪、宁等地发表了不少演说,记者记录的演说辞刊登在当年的报纸上,文字表述具有当年的时代痕迹,这一篇演说辞却并没有那些演说辞所具有的时代痕迹,反而更像是在20世纪50年代初在新时代的语境下的作品。显然这是蔡寄鸥根据回忆写出的,不过他在回忆这段演说辞时,参考了当年报刊的一些记载,如,1913年3月18日的《国民党交通部公宴会演说辞》就有这样一些话:"吾党昔为革命团体,今为政党,均同一为政治的生活","故本党今昔所持之态度与手段,本不相合","昔日在海外呼号,今日能在国内活动,昔日专用激烈手段谋破坏,今日则用平和手段谋建设"……这些意思在上文中有所反映,只能说明大致符合宋教仁当时的思想,但不能证明是当时的记

---

① 《宋教仁集》下册,中华书局,1981年,第456页。

录。其次,上文中有些用语明显是后来所写的,比如说"遵照总理孙先生所指示的主义和方向",其实当年宋教仁称孙中山只是"先生",从没有冠以"总理"头衔,这是后来国民党人的习惯用语。另外,袁世凯当时并未彻底暴露,在公开场合,宋教仁还是要给袁世凯面子的,上文关于袁世凯的那段话,不符合宋教仁的意思,在同一时期的另一篇文字中,宋教仁是这样说到袁世凯的:"袁总统欲为正式总统,然余最佩服,盖今日政府中有为国服务之责任心者惟一袁,吾人惟论其有此本事与否,不当论其不宜有此心。"①上文作为宋教仁的文章收入《宋教仁集》是不够妥当的。

即使是当时的记录,也不一定反映了讲话人的意思。鲁迅曾说:"我曾经能讲书,却不善于讲演,这已经是大可不必保存的了。而记录的人,或者为了方音的不同,听不很懂,于是漏落,错误;或者为了意见的不同,取舍因而不确,我以为要紧的,他并不记录,遇到空话,却详详细细记了一大通;有些则简直好像是恶意的捏造,意思和我所说的正是相反的。凡这些,我只好当作记录者自己的创作,都将它由我这里删掉。"②这就是说,不准确的记录稿,不能收入文集。

二是要看集主的重要文章是否收入没有遗漏。编辑文集要广泛收罗作者的著述,重要的不能遗漏,这要花工夫。前述汉版《张之洞全集》的主编赵德馨从20世纪50年代开始,即留心搜集《张文襄公全集》所遗漏的张之洞文献,及至编辑组成立后,更四处搜求,足迹遍及可能藏有张之洞文献之处,并从《光绪朝朱批奏折》《宫中档光绪朝奏折》《京报》以及《张中丞抚晋奏疏》《督楚公牍》《张文襄公电稿》《张之洞电稿》《张之洞诗稿》《广雅堂四种》《清代名人翰墨续集》《遵义府志》等书籍中辑录了为以前几种张集所未收的大量张之洞佚文,使得该书所收张之洞文献比作为底本的王树柟编《张文襄公全集》多了7802件,比也做了大量辑佚工作的河北版《张之洞全集》多了3473件。

---

① 《宋教仁君之时事谈——驳某当局者》,1913年3月12日《民立报》;又载《宋教仁集》下册,中华书局,1981年,第470页。

② 鲁迅:《〈集外集〉序言》,《鲁迅全集》第七卷,人民文学出版社,2005年,第5页。

仅拿奏议为例,底本《张文襄公全集》收奏议 732 件,该书收 3108 件,是底本的 4.3 倍,而且 81.3% 是新增的,因此,可以说,该书是目前收录张之洞文献最多的张之洞文集。

编辑出版鲁迅的文集是鲁迅亲属、故旧、研究者和出版社下功夫很多的事情,鲁迅文集的版本也是很多的,但是漏收的重要佚文和书信仍有不少。有人就指出人民文学出版社 2005 年版《鲁迅全集》、人民出版社 2009 年版《鲁迅著译编年全集》、湖北长江出版集团和长江文艺出版社 2011 年版《鲁迅大全集》等最新的鲁迅文集,都漏收了应该收入的很多诗文和书信,是一种缺憾与失误。①

研究某位历史人物,仅仅依靠他的"全集"或"文集"是不够的,还必须自己动手查查报刊等其他史料,看有没有佚文。如,研究南京留守时期的黄兴,仅《黄兴集》中所收的文章还不足以反映当时黄兴的思想言行,还必须查阅报纸和有关档案。当时《申报》上就有黄兴佚文 16 篇之多,《申报》上的另一些资料还可对《黄兴集》中不够准确的地方进行补正;②同时,《俄国外交档案》(载莫斯科 1968 年出版的《辛亥革命文件资料集》)中有一篇《汉口领事馆秘书 A. 沃兹涅先斯基关于同黄兴谈话的报告:同南京留守将军黄兴的谈话》,不仅补充了研究材料,而且纠正了《黄兴集》的错误,该集中载有译自贝洛夫《1911—1913 年的中国革命》一书的两段记录摘要,所注日期(1912 年 6 月 21 日)和谈话地点(上海)均误,且把一次谈话误为两次。俄国的这则档案资料订正了这些舛误。③

三是看是否选择了好的底本。一部结集的质量好坏,往往与编集者是否注意发掘更多更好的版本,选择底本是否得当有很大的关系。有些版本所收著作迭经传抄、印刷,不断产生讹脱衍窜;有的甚至经过编集者的有意删改。正因为这样,不少研究者宁可自己动手寻找原始

---

① 李歆:《简说三种鲁迅"全集"的缺憾与失误》,2012 年 12 月 20 日《中华读书报》。
② 严昌洪辑:《黄兴佚文十六则》,《辛亥革命史研究会通讯》第 32 期(1988 年 12 月)。
③ 参见严昌洪译:《黄兴同俄国驻汉口领事馆秘书沃兹涅先斯基的谈话》,《国外中国近代史研究》第 16 辑,中国社会科学出版社,1990 年。

出处,也不愿从那些质量粗糙的原来的结集中援引。这是编集子时一定要避免的,最好是用"祖本"入选。有学者就指出过2003年天津人民出版社出版的《黄遵宪集》(吴振清、徐勇、王家祥编校整理)和2005年中华书局出版的《黄遵宪全集》(陈铮编)在《人境庐诗草》校勘底本的选择上,犯了同样的错误,那就是它们都采用了上海古籍出版社1981年出版的钱仲联所作《人境庐诗草笺注》,而该书当时出于政治原因,对原文有若干删节而未加说明。如,《续怀人诗》咏金弘(黄遵宪写作"宏")集一首,《人境庐诗草》1911年初版本在诗后有长注:

> 朝鲜金宏集。光绪六年曾上书译署,请将朝鲜废为郡县,以绝后患,不从;又请遣专使主持其外交,廷议又以朝鲜政事向系自主尼之。及金宏集使日本,余为作《朝鲜策》,令携之归,劝其亲中国、结日本、联美国。彼国君臣集众密议,而闻者哗噪。或上书诋金为秦桧,并弹射及我,谓习圣教而变夷言,盖受倭奴之指使,而为袄教说法云。

而钱仲联《人境庐诗草笺注》只保留了"朝鲜金宏集"五字,其他一概删去。还有《续怀人诗》为"琉球马兼才"所作一首也有类似的删节情况。两个黄遵宪集采用了钱仲联《人境庐诗草笺注》而毫不知其中有阙失。该学者指出:"1911年在日本印行的《人境庐诗草》初版本并非难见之书,之所以出现这样严重的犯规现象,还是躲懒心理作祟。"①

四是要对文集中的文字仔细考订。要校订讹漏文字,不能以讹传讹。文集由于这样那样的原因,存在文字错误是难免的,但引用史料就要力避错误,有文字错误的史料会影响对问题的理解。还要注意文集中的一些时间、人名、地名等等的错误。有的编者把文章写作时间搞错了,就会引起歧义,应该注意发现这种问题,前面所举孙中山《复黄芸苏函》即是一例。

五是要看编入集子的文字是否忠实于原作(当然,某些文件,如奏稿、书信其前后的套语可以删去,但也须在例言中说明)。原作的文字

---

① 夏晓虹:《底本选择焉能如此马虎?——两种新刊黄遵宪集版本小议》,2006年3月1日《中华读书报》。

是历史的记录,由于作者所处时代和自身阶级立场的限制,不可避免会有这样那样的问题。比如辛亥革命时期革命家的言论,就往往掺杂着大汉族主义的色彩,这是不难理解的。他们的言论并不代表,也不可能代表编集者的观点,后者没有代前人负责的义务,所以对入选文字既不必、也没有权力作任意改动与删节。忠实原文即尊重历史,正是马克思主义应有的实事求是的态度。但是,以往似乎有一种不成文的习惯看法,好像文字一经编入,就应由编者代负其责似的,这实在是一种误解。如有的国民党方面的人物从前大都有过反共的言论,编他们的集子,如果把反共的文字删去,就会适得其反,因为读这种删节后的集子,对此人的印象就变成了他不反共了。

（三）重要文集举例

清代文集、全集数量很大,据说清朝一朝有4万余种文集,民国时期的文集、全集有多少,现在还没有一个统计数字。重要人物差不多都有集子,没有的现在也陆续编辑出版了。现在已编到二三流人物了。晚清民初人物的文集重要的有《曾文正公(国藩)全集》(李瀚章编)、《左文襄公(宗棠)全集》(杨书霖编)、《李文忠公(鸿章)全集》(吴汝纶编)、《张文襄公(之洞)全集》(王树枏编)、《罗忠节公(泽南)遗集》(郭嵩焘编)、《胡文忠公(林翼)遗集》(郑敦谨、曾国荃编)、《丁文诚公(宝桢)遗集》(罗文彬编)、《刘忠诚公(坤一)遗集》(欧阳辅之编)、《文芸阁先生全集》(文廷式著)、《养知书屋文集》(郭嵩焘著)、《曾惠敏公(劼刚)遗集》(曾纪泽著)、《湘绮楼文集》(王闿运著)、《越缦堂文集》(李慈铭著)、《康南海文集》(康有为著)、《谭浏阳先生全集》(谭嗣同著)、《蔡松坡(锷)先生遗集》(刘达武等编)、《蒋百里(方震)先生文集》(国防学会辑)、《马相伯(良)先生文集》(方豪编)等。五四以后,出版了《独秀文存》(上海亚东图书馆1922年版)、《胡适文存》(上海亚东图书馆1924年版)、《乙丑重编饮冰室文集》(梁廷燦编,上海中华书局1926年版)、《蒋中正全集》《汪精卫全集》(三民公司1929年版)、《邓演达先生遗著》(香港永发印务有限公司1932年版)等。

1949年以后,中华书局出版了《中国近代人物文集丛书》,已出版了《魏源集》《林则徐集》《翁同龢集》《黄遵宪全集》《陈炽集》《康有为政论集》《严复集》《谭嗣同全集》《刘光第集》《樊锥集》《唐才常集》《宋恕全集》《孙中山全集》《黄兴集》《宋教仁集》《朱执信集》《陶成章集》《蔡锷集》《蔡元培全集》《廖仲恺集》《王国维全集》《曹廷杰集》《陈黻宸集》《李烈钧集》《胡适学术文集》《伍廷芳集》《邵力子文集》等。

华中师范大学出版社出版了《辛亥人物文集丛书》,已出《雷铁涯集》《经元善集》《吴禄贞集》《居正文集》《戴季陶集》《刘揆一集》《卢作孚集》《马君武集》《宗仰上人集》《周学熙集》《张难先文集》等。

中国社会科学出版社出版的"近现代著名学者佛学文集"有《太虚集》《吕澂集》《汤用彤集》《章太炎集/杨度集》《圆瑛集》《巨赞集》《梁启超集》《杨仁山集》《印顺集》等。

中国人民大学出版社出版了"中国近代思想家文库",主要收录活跃在 1840 年至 1949 年之间 120 余位思想人物的选集,但中共领袖人物,因有较为丰富的研究著述,该文库并未收入。大多一人一卷,少量是几人合集。其中《杨毓麟、陈天华、邹容卷》的编者对于把杨毓麟、陈天华、邹容三人的文章合编成一个集子的原因作了说明:杨毓麟与陈天华是湖南同乡、留日同学、革命同志,并同以蹈海方式结束自己年轻的生命,诚如姜泣群《民国野史》所言:"陈天华、杨笃生两先生,皆于满清专制时代,以文字鼓吹革命之先觉。检阅两君之历史,其才识、志行、境遇,无不相同,亦可谓革命悲惨史上之奇谭也。呜呼!天既前后而生奇才于湘地,卒竟使其前后而从屈大夫游,何其忍哉!"① 而且,他们三人都是在光绪二十九年(1903)前后进入政治生涯的年轻人,都以自己的慷慨激昂的文字呼唤人民迎接革命的到来,都以宣传革命的小册子广泛传播,造成巨大的社会影响而成为辛亥革命的思想先驱。同时,他们的著作《新湖南》《革命军》《猛回头》与《警世钟》先后问世,互相借资,共同有着爱国与革命的主题和建立民主共和国的理想,也共同有着庸俗进化论、大汉族主义等思想缺陷,反映了历史转折点上人们思想的过

---

① 姜泣群:《民国野史》,江苏广陵古籍刻印社,1995 年,第 325 页。

渡性。把这些文字编为一册，各篇文章参阅着读，才能更好地把握辛亥革命思想准备阶段青年革命家们的思想脉搏，更好地理解民主革命思潮广泛传播，革命高潮迅速到来，不出十年就取得武昌首义、全国响应、推翻帝制、建立共和伟大胜利的历程。①

近年编辑出版的现代史人物文集简直多如牛毛，有革命家、政治家、军事家的，有文学家、学者的。中国共产党领导人、革命烈士和中华人民共和国开国元勋的文集出版更多，有《毛泽东选集》《刘少奇选集》《周恩来选集》《朱德选集》《邓小平文选》《陈云文选》《陈独秀选集》《李大钊选集》《蔡和森文集》《张太雷文集》《邓中夏文集》《瞿秋白文集》《赵世炎选集》《恽代英文集》《张闻天选集》《任弼时选集》《王稼祥选集》《董必武选集》《林伯渠文集》《彭真文选》《陆定一文选》《李富春选集》《李维汉选集》《吴玉章文集》《谢觉哉文集》《徐特立文集》《方志敏文集》《何孟雄文集》《叶剑英选集》《李先念文选》《邓颖超文集》《薄一波文选》《胡乔木文集》等。

2014年人民出版社组织编辑出版的《中国共产党先驱领袖文库》涉及的先驱领袖包括：陈独秀、李大钊、瞿秋白、王尽美、邓恩铭、陈潭秋、高君宇、张太雷、赵世炎、罗亦农、向警予、苏兆征、彭湃、恽代英、蔡和森、林育南、邓中夏、方志敏、刘志丹、王若飞等，共20种图书，46卷，约1700万字，分为文集和全集两种。其中大约一半内容为首次公开出版，已经出版过的著作也新发现和考证了一些珍贵的史料，进行了增补和修订。这是中华人民共和国成立前辞世的无产阶级革命家著作的首次全面集成，它填补了诸多中共文献领域中的空白。

此外还有一些政治文化名人的文集也陆续出版，如《双清文集》（廖仲恺、何香凝文集）、《冯玉祥选集》《张学良文集》《沈钧儒文集》《张澜文集》《柳亚子文集》《谭平山文集》《晏阳初全集》《鲁迅全集》《郭沫若全集》《闻一多全集》《韬奋文集》《郑振铎文集》《梁漱溟全集》《三松堂全集》（冯友兰）等。

---

① 严昌洪、何广编：《中国近代思想家文库·杨毓麟陈天华邹容卷·导言》，中国人民大学出版社，2014年，第2页。

台湾也出版了一些国民党领导人和各方面要员的文集,如《先总统蒋公思想言论总集》《胡汉民先生文集》《林公子超遗集》《吴稚晖先生全集》《戴季陶先生文存》《于右任先生文集》《李烈钧先生文集》《王宠惠先生文集》《孙科文集》《李石曾先生文集》《胡适选集》《蒋廷黻选集》《罗家伦先生文存》《傅斯年选集》等。

这些人物文集的整理出版,有的是旧集点校或影印出版,如《刘坤一遗集》《锡良遗稿》《左文襄公全集》《张文襄公全集》等;有的是在旧集的基础上,增加新收内容重新编纂,如《曾国藩全集》《李鸿章全集》《孙中山全集》等;有的是编者自行搜集、整理的,以上很多集子都是这样编成的。

下面介绍部分具有代表性或有特色的文集。

魏源所著《古微堂集》,共 10 卷。分内外两集。内集为《默觚》3 卷,是读书札记及言学、言治的主张,是研究魏源思想的重要资料。其中《学篇》,阐述其哲学思想,《治篇》阐述其社会历史观和政治主张。其主要特点是发挥公羊学的家法,依托《诗》《书》等经义阐发其变易思想和进化史观,以及易简变通、除弊兴利的政治见解。有利于了解鸦片战争时期的历史背景。外集收各种史论、时议著作及文章、序传、碑铭等,共 7 卷。另有《古微堂诗集》。《古微堂集》有光绪四年(1878)淮南书局木刻本。宣统元年(1909)董象离增补重编,易名《魏默深文集》,由国学扶轮社刊行。

梁启超著,林志钧 1932 年编的《饮冰室合集》,共 40 册。"饮冰室"是梁启超的室名,梁氏介绍其以"饮冰"为室名的缘由是:"庄生曰:'朝受命而夕饮冰,我其内热欤?'以铭吾室。"①有中华书局 1936 年刊印本,1941 年再版。中华书局 1989 年重印。搜集梁氏已印未印作品,按年编排。分《文集》《专集》两部分。《文集》16 册,收有《变法通议》《中国国会制度私议》等政论,以及序跋、祭文、墓志铭等 700 余篇和诗话一种,诗词 300 余首。《专集》24 册,收有《戊戌政变记》《新民说》《清代学术概论》《中国历史研究法》及补编、《中国近三百年学术史》

---

① 梁启超:《自由书·叙言》,《饮冰室合集·专集之二》,中华书局,1989 年。

等学术著作104种。梁氏生平著述,除书信外,大致已收入集中。梁启超的文集从《饮冰室文集》(1902年何擎一编,上海广智出版社出版)到《饮冰室文集全编》(1937年陈筱梅编,上海仿古书店出版),大约有40种不同版本问世,此外,还有各种专集,包括政论集、讲演集、尺牍等约20种,单行本100多种。该合集对于以上版本年次有错漏的,都作了详细的订正。这个集子收录最富,篇幅最大,体例较妥,校订也较仔细,所以是现存梁集中比较好的本子。通过这个合集,可以窥见作者思想的发展及中国政局和学术界变化的轨迹。附有《残稿存目》若干篇,皆确认为未定稿或已废弃之作,梁氏自己说:他"好攘臂扼腕以谈政治,政治谈以外,并非无言论,然匣剑帏灯,意有所在,凡归政治而已"。① 他的著述数量,清季与民国大约各占一半;论其影响,清季以政治言论扬名国中,被称为"舆论界的骄子",民国时期则以学术论著较引人注目。1983年李华兴、吴嘉勋编有《梁启超选集》。选了各个时期具有代表性的政论,兼及学术论著,共120篇,包括论文、专著、评述、讲演、函电、自述、游记、书序等,其中未编入《饮冰室合集》者25篇,未刊稿或信件13篇。着重反映了作者的政治思想,以及关联密切的哲学思想、学术文化思想、新闻思想、教育思想、经济思想等。

  后来又有各种版本的梁启超集子问世,北京出版社还出版了《梁启超全集》。但有大量论著、信札及译文未能收入这些集子,因此梁氏后人向有关方面建议出版《梁启超全集》。由于梁启超著述丰富,编纂工作颇费周折和时日,直到2003年梁启超诞辰130周年的时候,天津人民出版社宣布重新启动全集的出版工作。即将由天津古籍出版社推出的《全集》将包括梁启超的政论、学术著作、演讲谈话、函电、小说、诗词、译文、序跋及未刊稿等30卷。将分为论著集、演讲集、诗文集、译文集、函札集等大类,分别按撰作或发表时间先后排列,各篇注明资料来源。每集约60万字,分作20余集,另有索引和附录,包括《梁启超年谱》《人名索引》《篇名分类目录》和《篇名笔画目录》等,字数为1500万左右。梁启超在各个历史时期的撰著,虽大都汇集并刊刻,但各类合

---

① 梁启超:《吾今后所以报国者》,《饮冰室合集·文集之二》,中华书局,1989年。

集没有仔细校勘各种版本的异同,资料搜集尚不齐全,年代考证难免疏漏。因此,整理编辑新的《梁启超全集》,不仅要考证文章著述的确切写作年代,还要与手稿对校,尽可能地选录最初刊载时的文稿;同时,将初刊稿与《饮冰室合集》等文本相互校勘,校正后加注说明。由于梁氏文章多见于报刊、杂志,这些文章在收录进各类文集时会出现一些错误,《梁启超全集》将汲取最新的研究成果,在综合考订的基础上纠错。尤为值得关注的是,《梁启超全集》涵盖了近年来发

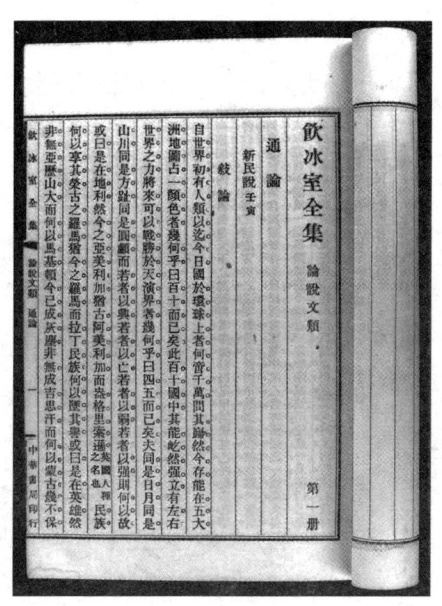

图 8-1 《饮冰室合集》书影

现的梁启超佚诗、佚文及他写给亲朋的大量书信。梁启超的书信数量很大,都是以原件影印形式出版,且大部分书信未写明日期,考证年代难度较大,是全集编辑中难度较大的部分。据了解,"函札集"预计由 3—4 辑组成,有收录的信札 535 通,另有《南长街 54 号梁氏档案》的 241 通,总字数约 200 万字。这些史料皆为首次公开发表,具有重要研究参考价值。①

《张季子九录》是张謇的结集。1931 年 10 月中华书局刊行。共 80 卷。内分政闻录、实业录、教育录、自治录、慈善录、文录、诗录、专录、外录 9 种,故名"九录"。另附有《张南通先生荣哀录》10 卷,内有张謇年谱,依年编次。该书是张謇参加政治活动,创办各种企业和举办教育文化事业(包括创办师范学校、图书馆、气象台、剧场、公园、医院)的文稿选编,对于当时重大政治事件和社会经济均有涉及,所记农工商行政和水利计划、盐场改革等事,尤为他书所少见,史料价值颇高。

---

① 《〈梁启超全集〉将陆续整理出版》,2015 年 7 月 20 日《中国社会科学报》。

章炳麟是国学大师,又是著名革命家,他的著述丰富,且有很高的价值。他的结集《章氏丛书》共 48 卷。1914 年章氏被袁世凯幽禁于北京,手定是书,包括《太炎文录初编、别录、补编》等 13 种。所收大都是学术著作,《太炎文录》也收录了部分诗文。有 1915 年上海右文社铅印本、1919 年浙江图书馆刊本、上海古书流通处印本和上海世界书局印本。以浙江图书馆本刊印最精,收录较多。1933 年在北京又有《章氏丛书续编》7 种 17 卷刊行,由其弟子吴承仕、钱玄同校刊。章氏逝世后,章氏国学讲习会编印了《章氏丛书》三编,收《太炎文录续编》一种,7 卷。辑有《汉书论》《尚书续说》等学术专著和辛亥革命志士的传记和诗等。1938 年在武汉刊行。

后有汤志钧编《章太炎政论选集》上、下册,中华书局 1977 年出版。编选资料以章太炎在中日甲午战争以后至 1936 年逝世前的政治论文为主,带有政治主张的演说辞、宣言、通电、启事、书札、诗文以及与中国近代史事有关的人物传记等也酌予选录。一般据最初刊载时的版本录入,并将以后结集复勘,校注说明。根据章氏思想活动的不同历史阶段分为 3 卷,比较全面地反映了他一生的政治活动和思想面貌。

《章太炎全集》则由上海人民出版社于 1982 年起陆续出版,共 6 册,第一册包括《膏兰室札记》《诂经札记》《七略别录佚文徵》3 种;第二册包括《春秋左传读》《春秋左传读叙录》《驳箴膏肓评》3 种;第三册包括《訄书初刻本》《訄书重订本》《检论》3 种;第四册包括《太炎文录初编》(五卷)、《文录》(二卷)、《别录》(三卷)3 种;第五册包括《太炎文录续编》(七卷);第六册包括《齐物论释》《齐物论释定本》《庄子解故》《管子余义》《论语骈枝》《体撰录》《春秋左氏疑义答问》7 种与校点者写的后记等;后来出版的第七册是小学类:《新方言》《小学答问》《岭外三州语》《说文部首均语》《文始》《新出三体石经考》;第八册是医论集,共收录一百三十四篇关于医学的文章。以上各书是研究章太炎思想、学术的主要资料。

最新的《章太炎全集》由上海人民出版社与杭州市余杭区联合推出。该书广泛汇录包括学术专著、文集、信函、演讲、眉批、译文等在内的章太炎现存的全部著述,涵盖经学、史学、音韵学、训诂学、医学、佛学、西学等诸多领域,共计19卷20册,预计将在2016年全部出齐。2014年首发的第一辑8卷,内容包括章太炎的大部分专著,如《膏兰室札记》《春秋左传读》《訄书》《检论》《齐物论释》《文始》及章氏与弟子所编《太炎文录初编》《太炎文录续编》等。2015年发行第二辑4种5册,包括《演讲集》(上下)、《译文集》《说文解字笔记》和《菿汉微言》《太史公古文尚书说》等多种著作组成。

国家清史工程启动以后,一些重要人物的全集、文集被纳入清史文献丛刊,得到国家清史编纂委员会的资助,打破了原来编好集子没地方出的尴尬,陆续出版,嘉惠学术界。如《康有为全集》《李鸿章全集》《张之洞全集》《黄遵宪全集》《陈宝箴集》《刘鹗集》《袁世凯全集》等等。

最受好评的是姜义华、张荣华编校的《康有为全集》。该书原作为全国古籍整理出版规划项目——近代人物文集丛书之一,由上海古籍出版社于1987、1990、1992年陆续出版了前3集。2003年,全集书稿整理、编校完成后,后面几集却由于各种原因,未能出版。后来被列入清史纂修文献整理项目,纳入"文献丛刊",转由中国人民大学出版社出版。这部800余万字的《康有为全集》以作品写作时间为序,收录了现在所能发现的康氏已刊和未刊的书信、奏折、专著、游记、诗作等不同类型的作品。该书除了以收录完备著称外,还有以下3个特点:第一是一批珍贵的康氏未刊稿首次刊布,原先分别收藏于北京、上海、台湾、日本、新加坡等地的手稿,从未整理出版,此次收入全集中,得以与读者见面;第二是通过系统全面地梳理康氏论著的版本异同及分布情况,澄清了既往整理出版中的一些错讹、混淆之处;第三是在辑录康氏著述时进行了精心的版本选择和细致的校勘,选用

图8-2 《康有为全集》

底本以稿本或早期刊本为先，多种版本的则选择其中较好的为底本，并与其他版本对勘，从而保证了全集中所录文稿更为完善，更能反映康有为思想的全貌。该书收入了很多同题的"异文"版本，看似重复，实际上将康有为修改自己作品的过程展现出来，使研究者更好地了解康有为不同时期思想的变化。该书不仅是研究康有为本人生平、思想的最基本最权威的史料集，而且对研究近代中国政治、思想、学术发展演变的历史具有重要的史料价值。

李鸿章的集子过去有吴汝纶编的《李文忠公全集》（又称《李文忠公全书》），虽然卷帙浩繁，共165卷，700多万字，但并不完善。蒋廷黻就评论说："一看李之《全集》，只见李做事，不见李做人。"如，私人信函多有内心真情流露，可以帮助了解李鸿章做人的一面。而该集中所收录的信函为数不太多，故蒋廷黻作出如此评论。该书的不完备还表现在公开的"全集"只是吴汝纶稿本的一小部分。1949年后入藏上海图书馆的吴汝纶的稿本很详细，字数多达1700多万字，被称为"详本"。上海图书馆馆长顾廷龙多次呼吁新编并出版《李鸿章全集》，供研究者使用。后来顾廷龙邀戴逸参与其事。新编《李鸿章全集》列入国家清史工程，于2007年由安徽教育出版社出版。共39卷，2600余万字，是《李文忠公全书》的近4倍，也超过吴汝纶原编详本近1000万字。全面收录了李鸿章的大量文献资料，包括奏折、附片、咨札、批牍、问答节略、题本、电报、信函、家书、诗文等，其中尤其可贵的是，近三分之二的篇幅是首次公开面世的原始史料。篇幅之巨，在个人全集中堪称第一。内容涉及晚清政治、军事、经济、外交、思想、文化、教育各个领域。该书除全部包含吴汝纶详本之外，又增添了许多新的内容，将《李文忠公遗集》（李国杰编，光绪三十一年印）、《李文忠公尺牍》（民国五年印）、《合肥李文忠公墨宝》（民国七年印）、《捻军史料丛刊》（1957—1958年印）所收录的《李鸿章信稿》与《李鸿章信稿补遗》《李鸿章致潘鼎新书札》（1960年印）、《李鸿章致丁日昌函稿》（1989年《丰顺文史》第二辑刊）、《李鸿章致吴赞诚信稿》《李鸿章光绪十六年信稿》（1987年《安徽史学》刊）等，以及许多零星发表的李鸿章佚稿，总字数700多万字，一并收入新编《李鸿章全集》中。该书史料价值体现在以下几个方面：

(一)不仅可以为深化李鸿章生平事业研究提供丰富资料,而且还可以推进晚清历史各个相关领域的研究,如淮军与淮系集团、洋务运动与国防、海防、清廷对外政策等等;(二)有些资料还披露了一些历史细节。如,80余万字的李氏未刊信函,时间从同治九年到光绪四年(1870—1878),其中包括大量剿回、剿捻、海关、商务、外交、军事、练兵制器、河工、漕运、赈灾救荒、教案等重要信函,涉及面广,许多细节可以补其文稿之不足;(三)李氏致李瀚章、李经方和女婿张佩纶的家书,均为未刊。因受信者均系亲人,较少顾虑,可使人看到作者的真实态度。如光绪二十四年九月初二日(1898年10月16日)《致李经方》信中说,戊戌事变后"太后临朝,诛遣十数人,大变新政,又成守旧世界"。又光绪二十六年(1900)《致李经方》信中说八国联军入侵中国后,"和议大纲虽画押,现议惩办祸首,要杀多人,慈圣护过,不下辣手,势将激成变故",这类想法和说法是很难见诸其他信函的。

张之洞的集子已先后出版了几种,有许同莘辑的《张文襄公四稿》(含《张文襄公电稿》《张文襄公奏稿》《张文襄公公牍稿》《张文襄公函稿》,1918—1920年间出版,后统编为《张文襄公全书》,1920年出版),有王树柟编的《张文襄公全集》(1928年北平文华斋刻印),有苑书义等主编的《张之洞全集》(1998年河北人民出版社出版)等等。已经有了这些集子,之所以还要再编辑出版新的《张之洞全集》,乃是因为前面几种张之洞集子均有不够完善之处,或遗漏甚多,"全集"不全,或选录不精,真伪杂糅,或编校草率,舛误不少。这些张集在从前的条件下固然为张之洞研究提供了基本史料,所起作用不容否定,但其中重要缺陷亦制约了张之洞研究的进一步深化。因此亟需一部内容更全面,选辑更精当,编纂更完善的《张之洞全集》,以便推进张之洞研究乃至中国近代史研究的纵深发展。赵德馨主编的《张之洞全集》2008年由武汉出版社出版。共12册,1275万字。该书本着"文献求完备,编次求有序,版本求真实,校勘求精审,断句求准确,校注求简约,便于使用,有裨研究工作"的宗旨,在辑佚、求真、断句方面做了大量工作,并且使用繁体字竖排本形式,不仅使其成为一部比较全面、精审、准确的张之洞集子,而且使其更具古籍的风貌。该书为研究张之洞生平和思想提供了最权威最详实的资料。同时,"知人论世",张之洞一生的著述关联着中国近代史上一些重大问题,如,清流派与洋务派、洋务运动与戊戌维新、八国联军侵华与东南互保、清末新政与教育改革、湖北新政与辛亥武昌首义的关系等等,《全集》可以帮助人们进一步深化对这些问题的认识。但有的单位收藏的张之洞未刊稿本未能纳入其中,致使"全集不全",是一大遗憾。

在近代政治领袖中,孙中山的文集出版的次数可能是最多的。其中最早的是甘乃光编的《孙中山先生文集》,1925年由广州孙文主义研究社出版。该书是试图反映孙中山重要著述的第一部选集。同名的《中山全书》不少,上海中山书局、大中华书店、求古斋书局、新文化书社、党华书店、全记书店、南京大华书店等都出版过。上海三民图书公司1927年和1929年出版的吴拯寰编《孙中山全集》和续集是最早用《孙中山全集》做书名的孙中山文集。早期影响比较大的是1930年上海民智书局出版的胡汉民所编的《总理全集》。1949年以后,中国台湾多次出版《国父全集》,中国大陆则于1956年由人民出版社出版了《孙中山选集》,1981年再版。中华书局1981年8月至1986年7月出版了由广东省社会科学院历史研究室、中国社会科学院近代史研究所中华民国史研究室、中山大学历史系孙中山研究室合编的《孙中山全集》(11集)。2015年人民出版社出版了尚明轩主编的新的《孙中山全集》(16卷)。2016年,由广东省社会科学院黄彦主编、广东人民出版社出版的《孙文全集》在孙中山诞辰150周年之际首发。该书从资料收集到整理出版历时约20年,共20册,近1200万字,出版后引起了国内外孙中山研究者的关注。许多研究者称它是全面了解和研究孙中山思想与生平事业的基础文献,也是国内目前资料收集最齐全、考订最严密的一套孙中山全集,认为该书编著在文献底本的选择和内容的校勘、标题的拟定、著述时间的订正等方面着力尤多,它的出版将为学术界研究孙中山提供最权威、最准确、最全面的文献资料,必将进一步推动孙中山研究。

二　近代文选及其史料价值

总集是多位作者诗文的汇编,有单一文体者,如清代董诰等编《全唐文》;有兼收多种文体者,如梁代萧统编《昭明文选》;有只收一朝一代(断代)作品者,如清代蘅塘退士编《唐诗三百首》;有兼收历代(通代)作品者,如明代张溥编《汉魏六朝百三名家集》。

有的是为了某种目的,将多位作者同类性质的文章选编成集,称做"选本"或"文选"。总集类图书始于晋代挚虞,他所纂《文章流别集》被称为"总集之祖"。《隋书·经籍志》云:"总集者,以建安之后,辞赋转繁,众家之集,日以滋广,晋代挚虞,苦览者之劳倦,于是采摘孔翠,芟剪繁芜,自诗赋下,各为条贯,合而编之,谓为《流别》。是后文集总钞,作者继轨。属辞之士,以为覃奥,而取则焉。"①质言之,就是文集太多,读者全部看完很劳累,而且也看不完,而选取多人的精华诗文编为总集,一册书在手,各家好文章可以尽收眼底。总集是相对别集而言的,有的要精,有的要全。总集在保存与传播中华文化精华方面贡献尤多。《昭明文选》而外,《唐诗三百首》之类的书,在文化传播中的作用是很大的。诚如鲁迅在《文选》中所指出的:"凡选本,往往能比所选各家的全集或选家自己的文集更流行,更有作用。册数不多,而包罗诸作,固然也是一种原因,但还在近则由选者的名位,远则凭古人之威灵,读者想从一个有名的选家,窥见许多有名作家的作品。所以自汉至梁的作家的文集,并残本也仅存十余家,《昭明太子集》只剩一点辑本了,而《文选》却在的。读《古文辞类纂》者多,读《惜抱轩全集》的却少。凡是对于文术,自有主张的作家,他所赖以发表和流布自己的主张的手段,倒并不在作文心,文则,诗品,诗话,而在出选本。"②

尽管选本的作用很大,"评选的本子,影响于后来的文章的力量是不小的,恐怕还远在名家的专集之上",但它又有使读者受到选本编者

---

① 长孙无忌等:《隋书经籍志》,商务印书馆,1955年,第137页。
② 鲁迅:《文选》,《鲁迅全集》第七卷,人民文学出版社,2005年,第138页。

的影响而缩小了自己眼界的负面作用。鲁迅对这点分析得很透辟：

> 选本可以借古人的文章，寓自己的意见。博览群籍，采其合于自己意见的为一集，一法也，如《文选》是。择取一书，删其不合于自己意见的为一新书，又一法也，如《唐人万首绝句选》是。如此，则读者虽读古人书，却得了选者之意，意见也就逐渐和选者接近，终于"就范"了。
>
> 读者的读选本，自以为是由此得了古人文笔的精华的，殊不知却被选者缩小了眼界，即以《文选》为例罢，没有嵇康《家诫》，使读者只觉得他是一个愤世嫉俗，好像无端活得不快活的怪人；不收陶潜《闲情赋》，掩去了他也是一个既取民间《子夜歌》意，而又拒以圣道的迂士。选本既经选者所滤过，就总只能吃他所给与的糟或醨。况且有时还加以批评，提醒了他之以为然，而默杀了他之以为不然处。纵使选者非常胡涂，如《儒林外史》所写的马二先生，游西湖漫无准备，须问路人，吃点心又不知选择，要每样都买一点，由此可见其衡文之毫无把握罢，然而他是处州人，一定要吃"处片"，又可见虽是马二先生，也自有其"处片"式的标准了。①

罗竹风亦说："凡选家，必有自己的眼光，选什么，不选什么，似乎也有不同的尺度，这也就是所谓倾向性。"②由此看来，利用选本的时候，一定注意不要让选家的倾向性左右了自己的看法。

近代史上，这样的总集或选本也不少，既给予了佳酿，也可能给予了糟或醨，要学会辨别。

下面介绍几种重要选本。

郑振铎编的《晚清文选》，1937年由上海生活书店初版。分上中下三卷。从林则徐起，共选127家，480篇，是从鸦片战争到辛亥革命的历史记录。除政论文章外，也有论学、书评以至游记之类的散文，内容涉及晚清政治、经济、文化、思想等方面。将针锋相对的文章同时入选，起相互印证作用，是其一大特点，不失之于偏颇，可使读者更全面地了

---

① 鲁迅：《文选》，《鲁迅全集》第七卷，人民文学出版社，2005年，第139页。
② 罗竹风：《重印〈晚清文选〉前言》，《晚清文选》，上海书店，1987年。

解时代概貌。任继愈认为该书在民国文选中别树一帜,因为"有关这一时期的文选或重守旧,或主开新,独是书兼收并蓄,不偏不倚,不仅反映了文潮流变,也折射出政坛波澜,体现了时代特色。"①郑振铎在抗日战争爆发之初,出版这样一部文选,是有其用意的。他在序言中说:"老维新党所做的工作,至今还有待于我们的继续,他们所说的话,至今还有一部分是有用的;这可见我们这古老的国家,进步实在慢;而顽固的守旧势力,却是如何的大;而老革命党虽然推翻了满清政府,而民族解放的工作,却也还不曾告了结束;反之,外来的帝国主义的压迫,更日益加甚,民族的危机也一天天的加重,加深;读了他们在二三十年前所发表的愤激的鼓动民族精神的文章,真不禁还觉得并非过时之作。所以,这一册里有许多文章,对于我们这一个时代,还是对症之药,并非泛泛的搜集名篇佳文的一部'文选'而已。"②但是,郑振铎选文是着重从文章角度,还是着重从思想角度,或者两者兼而有之,不太明显,以致入选文章似乎有些"失重"现象,其中龚自珍20篇,王先谦28篇,严复23篇,林纾32篇,都是相当多的;而在晚清影响很大的洪秀全只有4篇,其他如袁世凯、孙文、黄遵宪、张謇等人才各1篇。所收钱江《上天王策》是一篇伪文,黄畹《上逢天义刘大人禀》的作者是王韬的化名,未能置于王韬文章里,都是未加考证的失误。1987年由上海书店影印再版。1998年收入吉林人民出版社出版的《中华传世文选》。

湖南平江人苏舆辑录的《翼教丛编》,共6卷,光绪二十四年(1898)湖南初版,同年上海黄协埙再版。苏舆和叶德辉及其师王先谦同为湖南顽固派的魁首,极力反对维新运动。戊戌变法时编辑此书,辑张之洞、王先谦、叶德辉、安维峻等人反对变法的论说、奏折、书牍而成。"专以明教正学为义",以护翼封建纲常名教,因名《翼教丛编》。卷一为朱一新《答康有为五书》;卷二为安维峻《请毁禁新学伪经考片》、文悌《严劾康有为折》;卷三为张之洞《劝学篇》等;卷四为叶德辉《輶轩今语评》等;卷五为《湘绅公呈》《湘省学约》等;卷六为梁鼎芬、王先谦、叶

---

① 任继愈:《中华传世文选·总序》,吉林人民出版社,1998年。
② 郑振铎:《晚清文选·序》,中国书店,1987年。

德辉等人书牍。为研究戊戌变法时顽固派思想提供了重要资料。

"经世文编"是明末陈子龙等人最先编辑的一种文集,称《皇明经世文编》。也有人认为南宋学者吕祖谦的《宋文鉴》可以称之为经世文编体的最初源头。清代由于"经世致用"之学的兴起,从文集中选编论说成风,其中也有"维持正学"和"投机牟利"者。清代最早编辑的"经世文编"是道光六年(1826)成书的《皇朝经世文编》,编辑者署名贺长龄,实为魏源。共120卷,收文2236篇。仿《皇明经世文编》体例,将所收文章分为学术、治体、吏政、户政、礼政、兵政、刑政、工政等八纲,纲下分若干子目。文章辑自官方文书、个人论著、奏疏、书札等,内容之丰富,可谓集道光以前经世致用文章之大成。书出后风行海内,影响很大。后有多人继起续编,因为均围绕经世这一主题,所以存在多书一名或一书多名的问题,不读原书,很难弄清楚。而且,选文多偏于一方面,未能见其全貌,又往往不注出处,有时无从知道其来源。

清代"经世文编"书目有:

经世文编书名	编辑者	卷数	篇数	出版年代	出版单位
《皇朝经世文编》	贺长龄、魏源	120	2236	道光七年	
《皇朝经世文编补》	张鹏飞	120	2601	道光二十九年	
《皇朝经世文续编》	饶玉成	120	2755	光绪八年	
《皇朝经世文续编》	葛士濬	120	1368	光绪十四年	上海图书集成局
《皇朝经世文续编》	盛康	120	2085	光绪二十三年	武进盛氏思补楼
《时务经世分类文编》又名《时务经世文编初集》	求是斋主人	32	382	光绪二十三年	
《皇朝经世文新增时务洋务续编》又名《皇朝经世文三编增附时事洋务》《皇朝时务经世文编附时事洋务》	甘韩	48	82	光绪二十三年	扫叶山房

（续表）

经世文编书名	编辑者	卷数	篇数	出版年代	出版单位
《皇朝经世文新编》	麦仲华	21	615	光绪二十四年	上海大同译书局
《皇朝经世文三编》	陈忠倚	80	592	光绪二十七年	上海书局
《皇朝经世文统编》	邵之棠	107	2664	光绪二十七年	上海宝善斋
《增辑经世文统编》	阙名	120	1833	光绪二十七年	上海慎记书庄
《皇朝经济文编》	求自强斋主人	128	2325	光绪二十七年	上海慎记书庄
《皇朝经济文新编》	宜今室主人	62	933	光绪二十七年	
《皇朝经世文新编续集》	甘韩、杨凤藻	21	560	光绪二十八年	
《皇朝经世文四编》	何良栋	52	670	光绪二十八年	
《皇朝经世文五编》	求是斋主人	32		光绪二十八年	
《最新经世文编》	宝善斋主人	130		光绪二十八年	上海宝善斋
《皇朝新政文编》	阙铸	26		光绪二十八年	
《皇朝经世文续新编》	储桂山	30		光绪二十八年	义记书局
《皇朝蓄艾文编》	于宝轩	80	1075	光绪二十九年	上海官书局

以上各书根据当时政治形势和社会变化，根据各个编者的思想倾向，体例有所变化，纲目有所损益，内容有所侧重。是了解道光、咸丰、同治、光绪各朝政治、经济及社会情况的史料，对于研究洋务运动、维新思潮和新政的倡导，尤有帮助。由于分类编排文章，便于集中阅读、利用。现已有人研究"经世文编"这一现象。

民国初年还有"经世文编"之风的余绪，上海经世文社编辑部编辑了40册《民国经世文编》，1914年石印出版。辑录辛亥革命及其后两年1912—1913年间政府要员之政见书、演说词及调查报告、宪法草案、法令、通告、训词、论说、记事、函牍、规划等，共678篇,210万字。分政治、法律、内政、外交、财政、军政、教育、实业、交通、宗教、道德11门26目。采录袁世凯、黎元洪以及熊希龄、梁启超、张謇、严复、康有为等人文字颇多。亦有外人古德诺、有贺长雄论著。大体以拥护袁世凯、主张尊崇孔教为主旨。本书编成于"二次革命"失败后的1913年10月袁氏气焰正盛的时候,在当代名人中竟未选孙中山等人文章,甚至把有关袁世凯镇压"二次革命"的文字编在内政门的"定乱"类中,编者的观点由此可见。书中选录梁启超一派的文章颇多,书前并有汤寿潜写的序,可知此书是进步党人或接近进步党的人编印。书里集中保留的辛亥革命后两年间各方面的资料,较有参考价值。

20 世纪 60 年代出版的《辛亥革命前十年间时论选集》也是一种总集性质的书。该书由张枬、王忍之编,三联书店出版,3 卷 5 册。选录的主要是光绪二十七年至宣统三年(1901—1911)间出版的期刊,兼收当时出版的影响较大的书籍,主要是这个时期里直接而集中地表现资产阶级、小资产阶级各个派别的政治、道德、文化、哲学观点的论著。编者在编辑说明中介绍说,虽然从当时的翻译著作、历史著作、学术著作,以及小说、戏剧、诗歌等作品中,也能窥见当时思想潮流的趋向,但为了不使选集的篇幅过于浩繁,内容过于庞杂,所以除了个别的例外,一般未予收录。该书没有直接收集报纸的材料,仅从书刊中收录了一些转载的报纸论文。谈时论没有报纸文章,不能不是一个缺陷。此书每一卷后面介绍了所录书刊的基本情况,但有些不太准确。该书是研究辛亥革命和研究清末十年间中国社会思想发展史的重要参考资料。

三 史料选集

史料选集是另一类型的结集,人们将各种历史资料汇编成集,为研究工作提供基本史料,省去研究者四处翻检之劳。只是选集之所以称为"选集",乃是因为它是从大量史料中选取编者认为最有价值的史料汇编成集,然而一种史料是否有价值、价值高低如何,因研究者的需要而定。所以不能囿于史料选集范围,还要注意从其他方面寻找更多的史料为己所用。今天新史料层出不穷,早已突破从前的史料选集编者的视野范围,续编新集,势在必行。

(一) 史料丛书

丛书,又称丛刊,从前有称丛刻、汇刻、套书的,唐代有陆龟蒙《笠泽丛书》,据说是丛书之名的起源;清嘉庆年间有顾修的《汇刻书目》,是一部丛书书目著作。丛书是在一个总书名下汇集多种单独著作为一套图书出版。丛书是我国图书编纂和出版的主要形式之一,它可以保存作为单印本不易保存的书籍。据不完全统计,流传至今的中国古代典籍中,大约有三分之二是以丛书方式存在或因被选入某种丛书而流传保存下来的。因此,丛书在保存典籍、传播古代文化知识方面有着特别重要的价值。张之洞在《书目答问》中曾说:"丛书最便学者,为其一部之中可该群籍,搜残存佚,为功尤巨。欲多读古书,非买丛书不可。其中经、史、子、集皆有。"①史料丛刊类即为史部丛书。

20世纪50年代中国史学会主编了一套《中国近代史资料丛刊》,计划12种,《鸦片战争》(6册)、《太平天国》(8册)、《捻军》(6册)、《回民起义》(4册)、《洋务运动》(8册)、《中法战争》(7册)、《中日战争》(7册)、《戊戌变法》(4册)、《义和团》(4册)、《辛亥革命》(8册)等10种,由上海神州国光社在50年代初出版(后由上海人民出版社和上海书店出版社再

图8-3 《中国近代史资料丛刊·太平天国》书影

版)。后来齐思和等与故宫博物院明清档案部联合编了《第二次鸦片战争》(6册),由上海人民出版社1978年出版,来新夏主编《北洋军阀》(5册),亦由上海人民出版社1988—1993年出版。这些资料集分别围绕近代史上各个重大历史事件汇编了清朝官方档案和个人文集、传记、年谱、日记、信札、回忆录以及地方志、报刊文章,还有外文资料选译,多系原始史料或罕见史料。该丛刊为初步建立的中国近代史学科奠定了史料基础,功不可没。中国人民大学图书馆在1983年编印了《中国近代史资料丛刊索引》。随着时间的推移和近代史研究的深入,

---

① 张之洞:《书目答问》,《张之洞全集》第12卷,武汉出版社,2008年,第292页。

《中国近代史资料丛刊》已难以满足研究者的需要,国务院古籍整理出版规划小组建议,根据现有资料,出版丛刊续编。于是20世纪80年代又启动了《中国近代史资料丛刊续编》的工作,现已出版了戚其章主编的《中日战争》(12册)、张振鹍主编的《中法战争》(5册)、中国第一历史档案馆和福建师范大学历史系合编的《清末教案》(6册)、罗尔纲、王庆成主编的《太平天国》(10册)等,分别由中华书局和广西师范大学出版社出版。《辛亥革命》的续编工作由章开沅主持,由于出版方面的原因,延宕近20年后,以《辛亥革命资料新编》的书名在湖北人民出版社出版,并被纳入国家清史工程,作为清史文献丛刊之一。由此可见,史料选集的选编工作,必须与时俱进,不断"保陈出新"。

20世纪50年代,中国科学院经济研究所严中平主持的《中国近代经济史参考资料丛刊》是研究中国近代史重要的参考资料。《丛刊》包括《中国近代经济史统计资料选辑》(严中平等编,科学技术出版社,1955年)、《中国近代工业史资料(第一辑 1840—1895)》(孙毓棠编,科学出版社,1957年)、《中国近代工业史资料(第二辑 1895—1914)》(汪敬虞编,科学出版社,1957年)、《中国近代农业史资料(第一辑 1840—1911)》(李文治编,三联书店,1957年)、《中国近代农业史资料(第二辑 1912—1927)》(章有义编,三联书店,1957年)、《中国近代农业史资料(第三辑 1927—1937)》(章有义编,三联书店,1957年)、《中国近代手工业史资料 1840—1949》(共4卷,彭泽益编,中华书局,1957、1958年)、《中国近代对外贸易史资料 1840—1895》(姚贤镐编,中华书局,1962年)、《中国近代外债史统计资料 1853—1927》(徐义生编,中华书局,1962年)、《中国近代铁路史资料 1863—1911》(宓汝成编,中华书局,1963年)、《中国近代航运史资料(第一辑 1840—1895)》(聂宝璋编,上海人民出版社,1983年)、《中国近代航运史资料(第二辑 1895—1927)》(聂宝璋、朱荫贵编,中国社会科学出版社,2002年)。为方便资料的查找,科学出版社将《中国近代经济史参考资料丛刊》(8种,26册)于2016年3月进行再版。

1972年中国社会科学院近代史研究所中华民国史研究室接受了编纂《中华民国史》的任务后,首先着手选编了一套《中华民国史资料丛稿》，陆续出版，为民国史研究提供资料。已出版的有《大事记》(若干辑)、《民国人物传》(若干卷)、《民国名人传记辞典》(〔美〕包德华主编，沈自敏译)、《1895—1912 年中国军事力量的兴起》(〔美〕拉尔夫·尔·鲍威尔著，陈泽宪、陈霞飞译)、《拒俄运动（1901—1905）》(杨天石、王学庄编)、《民初政争与二次革命》(朱宗震、杨光辉编)、《满洲事变作战经过概要》(日本政府参谋本部著)、《土肥原秘录》(〔日〕土肥原贤二刊行会著)、《中国事变（陆军作战史）》(日本防卫厅防卫研究所战史室著，天津市政协编译委员会译)、《一号作战》(含"河南会战""湖南会战"等分册，日本防卫厅防卫研究所战史室著，天津市政协编译委员会译)、《缅甸作战》(日本防卫厅防卫研究所战史室著，天津市政协编译委员会译)、《中国青年党》(李义彬编)、《中国之行五十年回忆录》(〔美〕费正清著，赵复三译)、《马歇尔使华》(中国社会科学院近代史研究所翻译室译)、《救国会》(周天度编)、《中国致公党》(陈民编)、《民国会门武装》(申仲铭著)、《蒙古自治运动始末》(卢明辉编)、《汇丰—香港上海银行》(即《汇丰银行百年史》，〔英〕毛里斯、柯立斯著，中国人民银行总行金融研究所译)等等，可作民国史研究参考。

20 世纪 50 年代还由人民出版社出版了《中国现代史资料丛刊》，是一种包括有关中国现代各个时期的重大事件的有系统的资料集。已知出版了《中国职工运动简史（1919—1926 年）》《第一次国内革命战争时期的农民运动》《第一次国内革命战争时期的工人运动》《中国工农红军第一方面军长征记》《一二九运动·一二九回忆录》(合刊本)、《一二九运动史》《一二九运动》《抗日战争时期解放区概况》《抗日战争时期的八路军与新四军》《抗日战争时期的中国人民解放军》《抗日战争时期解放区概况》《第三次国内革命战争概况》等，对中国现代史的研究提供了基本资料。

中国现代史资料编辑委员会在 20 世纪 50 年代还编辑出版了《抗战的中国丛刊》，其中有《"九一八"以来国内政治形势的演变》《抗战中的中国经济》《抗战中的中国政治》《抗战中的中国军事》《抗战中的中国文化教育》《从"九一八"到"七七"国民党的投降政策与人民的抗战运动》等。

由北京图书馆出版社于2009年12月出版的《抗战文献类编》(孙照海、初小荣选编)，分经济卷、社会卷、文艺卷和军事卷，汇编抗战时期各领域有关文献著作。原作者大多是当时各领域的知名人士，如，经济卷的作者有经济学家魏友棐、马寅初等；社会卷的作者有教育家罗家伦、社会学家潘光旦、历史学家陈高佣、古生物学家杨钟健、心理学家许逢熙、马克思主义哲学理论家陈唯实等；文艺卷的作者有著名作家郭沫若、田汉、刘念渠、蒲风等。

1979年开始，中国社会科学院现代史研究室编辑、人民出版社出版了《中国现代革命史资料丛刊》，其中有《新民学会资料》《"一大"前后——中国共产党第一次代表大会前后资料选编》《马林在中国的有关资料》《鲍罗廷在中国》《维经斯基在中国》《南昌起义资料》《广州起义资料》《西安事变资料》等。

20世纪80年代，中共中央党史资料征集委员会主持编辑了一套《中国共产党历史资料丛书》，分地区征集各地有特色的党史资料。该委员会《关于〈中国共产党历史资料〉丛书编纂和出版工作的几项规定》要求编纂体例按专题的形式进行编纂，不编统一的卷号。每个题目一般编成一册，有的也可编成多册，每册一般约三十万至五十万字。内容包括综述、文献资料、回忆资料、参考资料、图表、照片、大事记和考证材料等。已出版了《共产主义小组》《一二九运动》《一二一运动》《八七会议》《南昌起义》《广州起义》《中共中央北方局》《中共中央华中局》《抗战初期中共中央长江局》《闽浙皖赣革命根据地》《绥远和平解放》《中国共产党与少数民族人民的解放斗争》《中国资本主义工商业的社会主义改造》和《城市的接管与社会改造》等。有的书按地区分卷，有的书按地区分章节。如《共产主义小组》共分上海共产主义小组、北京共产主义小组、武汉共产主义小组、长沙共产主义小组、济南共产主义小组、广州共产主义小组、旅日共产主义小组、旅法共产主义小组八个部分。每个部分包括综述、文献和报刊资料、回忆录。综述的内容是介绍本地区近代产业工人和工人运动的发展情况，十月社会主义革命和五四运动以后马克思主义的传播情况，共产主义小组的成立和主要活动。开篇的共产主义小组概述简要介绍中国共产党成立的阶级基础和思想基础,中国共产主义者的建党活动,帮助读者了解共产主义小组成立的历史背景。

中华书局2015年出版了王建朗主编的《中华民国时期外交文献汇编》(24册),收录1912—1949年中华民国时期的各类外交文献汇编而成。全稿共10卷,1000万字。包括"民国时期外交与政局""第一次世界大战时期北京政府外交""第一次世界大战后北京政府外交""北京政府后期的外交""南方政府的外交""南京国民政府初期的外交""从九一八事变到七七事变""抗日战争时期""抗日战争后期""战后南京政府的外交"。其中有200多万字的内容系中国第二历史档案馆在内的多家档案馆所藏未刊文献,以及首次译自英、美等国外交文献集的材料,均系首次刊布或翻译,具有极高的史料价值。

王建朗主编的另一套外交史料《民国时期外交史料汇编》(140册),属于国家图书馆"民国文献资料丛编",由国家图书馆出版社2014年出版。本书收录民国时期外交史料,分为档案和期刊两部分。档案部分主要收录民国间北京政府外交部档案,包括驻外各使馆星期报告、外交文牍、外交部收发电稿、外交部参事厅收电簿、外交部条约司译件以及外交部存底之重要外交文献等。期刊部分主要收录《外交公报》《国民外交杂志》《外交评论》《外交研究》《外交部参考资料》《国民外交月报》《外交部通讯》《国民外交》等20种期刊。以上各种材料,是研究民国时期外交的基本史料,对于研究民国时期外交史、中日关系史、国际关系史等具有很高的价值。

台北"中研院"近代史研究所编的《中国近代史资料汇编》,亦是一种外交史料汇编,包括了《近代中国对西方及列强认识资料汇编》《中美关系史料》《道光咸丰两朝筹办夷务始末补遗》《中日关系史料:山东问题(民国九年至十五年)》等。

张宪文主编的《南京大屠杀史料集》,由江苏人民出版社2005年起分批出版。全书72卷,加上特辑6卷,总共78卷,共计4000万字。材料来源广泛,包括国内南京大学、南京师范大学、中国第二历史档案馆、南京市档案馆、江苏省社会科学院等机构收藏的史料外,还从美国国家档案馆、美国国会图书馆、斯坦福大学胡佛研究所、英国外交档案馆、德国外交档案馆、德国西门子公司档案馆、日本外交史料馆、日本防卫省战史研究室资料室、俄罗斯档案馆、意大利档案馆、台湾"国史馆"、台北"中研院"近代史研究所等机构搜集了大量资料,有加害方、受害方、第三方的亲身经历、亲见亲闻材料,也有回忆材料、各种档案文献材料、报刊材料等,涉及中、英、日、德、意、俄等多种文字,三分之二的材料为此前少见的重要文献,其中有新发现的外国传教士、大学教师、医生、商人撰写的日记和回忆录。这些材料对南京大屠杀的记述有不一致的地方,甚至受记述者立场、观察角度或认识上的局限,记述有矛盾之处,也有一些错误的或不正确的观点。编者对史料均照原样收录,不加任何更动,提供给历史研究者,由他们在使用时加以考辨、解析,得出符合历史事实的科学结论。由于该书篇幅巨大,普通读者难以窥其全豹,张宪文、吕晶又主编了《见证与记录——南京大屠杀史料精选》,分中方史料、日方史料、西方史料三卷。江苏人民出版社2014年出版。

《近代中国史料丛刊》,由台北文海出版社策划,沈云龙、吴相湘先后主编。文海出版社在该书前言中说明了编纂这套书的目的:"本社向以搜集史料影印流传为职志。其卷帙较多之大清实录、东华录、十朝圣训、清季外交史料、政治官报等巨制,均已先后出版,甚获好评。兹再商得近代史学家沈云龙教授之同意,就上述范围,代为搜罗选辑卷帙较少而有价值之史料,陆续影印,并承惠允将其所藏罕见之孤本若干种先行借出摄印,以供海内外学人治近代中国史者之参考。"[1]全套丛刊分正编、续编、三编,各100辑,共约3000种史籍。该丛刊汇纂了大量史籍,有许多是沈云龙自藏或从国内港台和日本、美国多方搜集,或复印、或购买的,其中颇有些难得一见的孤本。这对于从事近现代史研究的学人,帮助很大,因为有了这套书,尤其是拥有了它的电子版,对于研究者来说,可以省去寻找史料的大量时间和精力。这套书全部以影印方式出版,保存了史籍的原貌,避免了点校本中点校错误和录入错误。但该丛刊亦有不尽如人意的地方。由于丛刊规模庞大,费时很长,不可能事先有一个入选书籍的详细规划,编者收到认为合适的史籍随时付梓,

---

[1] 见《近代中国史料丛刊》每册卷首。

于是收书多而杂,如有的入选史籍超出近代史范围;缺乏系统,各种类型的史料置于同一辑之中,如正编第十三辑中既有名贤手札、文集、日记、年谱、奏议,又有军事史、会典和爵秩全览等。在这么大规模的丛书中搜检比较麻烦。这就需要充分利用该丛刊的目录。

虞和平主编的《近代史所藏清代名人稿本抄本》共460余册,由大象出版社分3辑陆续出版。第一辑145册,包括邓廷桢、沈兆澐、乔松年、阎敬铭、秋墅、张树声、岑毓英、翁同龢、陈宝箴、孙毓汶、吴大澂、荣禄、奕劻、长顺、奕譞、张曾扬、唐景崇、陆钟琦、奕谟、绰哈布、陈璧、梁敦彦、易顺鼎、梁鼎芬、李盛铎、端方等人的档案,内有林则徐、曾国藩、李鸿章、左宗棠、琦善、张之洞、徐世昌、张謇等100余清代名人的书札、日记及各种公私文档,多属手稿真迹;第二辑172册,为张之洞专辑,收录中国社科院近代史研究所图书馆所保存的张之洞与他人之间的往来电稿和奏折,包括底稿、定稿、原件、抄件。第三辑主要收辑龚景瀚、铁保、立山、缪梓、端华、库克吉泰、曾国藩、俞廉三、曾国荃、杨秉璋、程文炳、劳乃宣、樊增祥、盛昱、顾肇新、瑞洵、袁昶、袁世凯、缪荃孙、桂清、韩仲荆、锡良24位档主,其中包含各档主与他人之间的往来电稿、奏折、诗文集、笔记等,包括底稿、定稿、原件、抄件。

《民国丛书》由上海书店出版社1989年开始出版发行,丛书包括第一编至第五编,共收书1126种,主要收录了中华民国时期在我国境内出版的中文图书。还酌情选收了同时期国外出版的中文图书。丛书共分11大类:一,哲学、宗教类;二,社会科学纵论类;三,政治、法律、军事类;四,经济类;五,文化、教育、体育类;六,语言、文字类;七,文学类;八,美术、艺术类;九,历史、地理类;十,科学技术类;十一,综合类。为了保存资料,抢救文献,容纳各家各派之著作,既突出了重点,又力求了系统完整,既重点选收了具有代表性、权威性的著作,又适当纳入了某些具有开创性的读物,学术观点上做到了兼收并蓄,多学并存,它以详实的资料为读者纵向梳理了民国时代在历史发展中的地位。

大象出版社出版的《民国史料丛刊》,张研、孙燕京主编,为影印民国版书籍类稀见基础史料的大型丛书。包括政治、经济、社会、史地、文教5类30目,共1128册,是研究中国近现代历史的必备的文献史料。

《民国史料丛刊续编》是在已正式出版之《民国史料丛刊》基础上增补编辑的另一套大型文献丛书，两书前后互补，堪称姊妹篇，尽可能"囊括"民国历史概貌。续编精选民国时期史事文献类纸质出版物2000余种，以政治、经济、社会、史地、文教分类编排影印，另附1册总目提要，成书1140册，是研究中国近现代历史的必备的文献史料。

国家图书馆出版社2015年还出版了《民国文献类编》，共分社会卷、政治卷、法律卷、军事卷、经济卷、教育卷、文化艺术卷、历史地理卷、医药卫生卷、科学技术卷等10卷。合计收录文献4000余种，成书1000册，总目单成1册。

此外还有齐鲁书社的《义和团资料丛编》、凤凰出版社的《近代教会大学历史文献丛刊》、中华书局的《清代江河洪涝档案史料丛书》（水利电力部水管司、科技司及水利电力科学研究院编）、天津古籍出版社的《中国荒政书集成》（李文海、夏明方、朱浒主编）、吉林人民出版社的《伪满史料丛书》（孙邦主编）、国家图书馆出版社的《民国文献资料丛编》、中国书店出版社的《民国佛教期刊文献集成》和《民国佛教期刊文献集成·补编》（黄夏年编）、上海科学技术文献出版社的《江南制造局译书丛编》、四川大学出版社的《近代日常生活文献丛编》（郭晓勇主编）和《民国乡村教育文献丛编》（本书编委会编）、凤凰出版社的《民国旅游指南汇刊》（王强、张元明主编）、全国图书馆文献缩微复制中心的《民国珍稀史料丛编》《民国时期西南边疆档案资料汇编》、蝠池书院出版有限公司的《中国边疆行纪调查记等边务资料丛编》（初编、二编）、全国图书馆文献缩微复制中心的《民国西南边陲史料丛书》、广西师范大学出版社的《中国边疆社会调查报告集成》（王晓莉、贾仲益编）、解放军出版社的《中国人民解放军历史资料丛刊》等等，不胜枚举。

（二）《近代史资料》

《近代史资料》是中国社会科学院近代史研究所近代史资料编辑组编的，一种刊布近代史资料的刊物。各种专刊由各出版社出，期刊现由中华书局出版。1954年创刊，到1983年三十周年时，有个统计，已出版专刊 21 种,即《民报》《辛亥革命先著记》《云南杂志选辑》《陕甘宁边区参议会文献汇集》《鄂州血史》《庚子纪事》《太平天国资料》《云南贵州辛亥革命资料》《一九一九年南北议和资料》《徐树铮电稿》《鸦片战争时期思想史资料选辑》《五四爱国运动》《山东义和团案卷》《杨儒庚辛存稿》《陆海空大元帅大本营公报选编》《辛亥革命资料类编》《华侨与辛亥革命》《义和团史料》《太平天国文献史料集》《筹笔偶存》《吴虞日记》《秘笈录存》。出版期刊 54 期,现在又有增加。发表的都是一些经过整理的,史料价值高的史料,要充分利用它们。

曾任《近代史资料》主编的庄建平主持了《近代史资料文库》的编辑工作。该文库按专题和重大事件分为 10 卷:政治一、政治二、外交、军事、太平天国、庚子事变、辛亥革命、经济、文化、社会。全书所收大部分资料选自《近代史资料》总第 1 号至 100 号,另有少量资料选自《近代史资料专刊》和《近代稗海》各辑的资料。本书体例与中国史学会所编的《中国近代史资料丛刊》基本相同,然而所选录的史料内容皆为丛刊本所未载,具有很强的互补性。上海书店出版社 2009 年出版。

（三）专史资料选辑

专史资料选辑是按专题选辑有关史料,由于学术界视野的扩大,所涉及的专题越来越广泛,所出专史资料选辑越来越多,可根据自己所从事研究的专题采择利用。重要的专史资料选辑举例如下。

经济史方面有：

《中国近代工业史资料》,陈真、姚洛编,三联书店,1957—1961 年。

《北京经济史资料》,孙健主编,北京燕山出版社,1990 年。

《中华民国货币史资料》,中国人民银行参事室编,上海人民出版社,1986 年。

《抗战前十年货币史资料》,卓遵宏等编,台北"国史馆",1983 年。

《民国地契史料》,熊敬笃编,四川新都县档案馆,1985 年。

《中华民国交通史料》,全 4 册,包括航空史料、航政史料、电信史料、铁路史料,台北"国史馆",1981 年。

《民国二十年代大陆土地问题资料》(200 册),属于"中国地政研究所丛刊"之一,萧铮主编,(美国)中文资料中心、成文出版社有限公司,1977年。

教育史方面有:

《中国近代教育史资料》,舒新城编,人民教育出版社,1981年第2版。

《中国近代学制史料》,朱有瓛主编,华东师范大学出版社,1983年起出版。

《国立西南联合大学史料》,北京大学、清华大学、南开大学、云南师范大学编,6卷8册,即总览卷、会议记录卷、教学科研卷、教职员卷、学生卷、经费校舍设备卷。云南教育出版社,1998年。

思想史方面有:

《中国现代哲学史资料选编》,该书编委会编,华东师范大学出版社,1981年。

《中国现代思想史资料选编》,蔡尚思主编,浙江人民出版社,1983年。

《中国近代政治思想论著选辑》,中共中央党校文史教研室中国近代史组编,中华书局,1986年。

新闻出版史方面有:

《中国近现代出版史料》,张静庐辑注,共7编,包括图书、报刊、教科书、印订技术、出版法令等。上海书店出版社,2004年、2011年。

《近代纸业印刷史料》,任保全编,凤凰出版社,2014年。

《中国现代报史资料汇辑》,王文彬编著,重庆出版社,1996年。

法制史方面有:

《清末法制变革史料》,怀效锋主编,中国政法大学出版社,2010年。

《大理院判决例全书》,郭卫校注,大部取材于《大理院判例要旨汇览》正集。中国政法大学出版社,2013年。

《清末民初宪政史料辑刊》,北京图书馆出版社,2010年。

外交史方面有:

《六十年来中国与日本》,8卷,王芸生辑,1932年始由《大公报》陆续结集出版,日本龙溪书舍1933年出版日文版。北京三联书店从1979年开始重新出版修订本。

《近代中国外交史资料辑要》,蒋廷黻编。收辑了鸦片战争至中日甲午战争之前的外交资料。上、中卷出版于20世纪30年代,下卷未刊。有上海书店《民国丛书》本、湖南教育出版社2008年版。

《中国近代对外关系史资料选辑1840—1949》,复旦大学历史系中国近代史教研组编,上海人民出版社,1977年。

重大历史事件方面:

《上海小刀会起义史料汇编》,中国科学院上海历史研究所筹备委员会编,上海人民出版社,1958年。

《义和团文献辑注与研究》,陈振江、程歗编著,天津人民出版社,1985年。

《湖北咨议局文献资料汇编》,吴剑杰主编,武汉大学出版社,1991年。

《湖北军政府文献资料汇编》,辛亥革命武昌起义纪念馆和湖北省政协文史资料研究会合编,武汉大学出版社,1986年。

《辛亥革命在湖北史料选辑》,武汉大学历史系中国近代史教研室编,湖北人民出版社1981年出版。选录了史料价值较大而又不易得见的有关辛亥革命著述三种,即胡石庵的《湖北革命实见记》、胡祖舜的《六十谈往》、居正的《辛亥札记》。此外,以辑录辛亥革命时期报章杂志所载有关这方面的重要史料为主,同时也辑录了方志、档册、函电、奏疏、杂著、回忆录等可供印证的史料。分"辛亥革命前的湖北社会""武昌起义的准备与胜利""辛亥革命后的湖北社会"三卷。各卷按内容分为若干组。此书在内容上畸轻畸重,此厚彼薄,缺乏系统性和完整性。最大的毛病是一些报刊上的连续报道没有录完整,有头无尾,或有尾无头,使人使用时不放心。

《北洋军阀史料选辑》,杜春和等编,中国社会科学出版社,1981年。

《黄埔军校史料汇编》,刘洪辉主编,广东教育出版社,2012年。

《武汉国民政府资料选编》,该书编辑组编,1986年内部印行。

《武汉临时联席会议资料选编》,郑自来等主编,武汉出版社,2004年。

《中央革命根据地史料选编》,3册,本书编辑组编,属于《革命历史资料丛书》之一种,江西人民出版社,1984年。

《陕甘宁革命根据地史料选辑》,甘肃省社会科学院历史研究室编,甘肃人民出版社,1981年起出版。

《重庆图书馆藏抗战大后方调查统计资料》,任竞主编,南京大学出版社,2015年。

《抗日战争时期中国国情史料汇编》,全国图书馆缩微中心,2009年。

魏宏运主编的《中国现代史资料选编》共5编。黑龙江人民出版社1981年版。这部资料选集分为五四运动和中国共产党创建时期、第一次国内革命战争时期、第二次国内革命战争时期、抗日战争时期和第三次国内革命战争时期5编,每编的资料略加分类,第一类是历史资料,包括一些有错误的和不同观点的文章,第二类是回忆录,第三类主要是反面资料。

彭明主编的《中国现代史资料选辑》共10册。中国人民大学出版社1987—1993年出版。记事起于五四运动,迄于中华人民共和国成立。每册列若干专题,资料按时间排列,包括经济、政治、军事、文化、思想等方面的内容,构成一个有机整体,反映了该时期的历史概貌。

王庆成的《稀见清世史料并考释》收录的是其10余年来在国外及台北等地图书馆、档案馆搜访所得的有关清代中国的稀见史料,他对这些史料进行了整理、分类,分篇或分题进行考释研究,具有重要的文献研究价值和很高的学术价值。共收史料190余篇(件),涉及上至顺康,下迄同光关于经济、宗教、行政、中外关系、军事、造反者文书、社会等7个方面的史料。其中尤其珍贵者附有原件(或局部)影印图片。由于这批史料为世所仅见,因此,它对扩展清史及近代史的研究领域,重新审视清代及近代中国社会和历史中诸多重大课题,均极有意义。武汉出版社1998年出版。

《中华民国史史料长编》,系国民政府国史馆筹备委员会编纂的未刊书稿，辑录的是从1911年到1948年间的每日大事史料，涉及全国的政治、军事、经济、财政、外交、民族、文化、教育以及政策法令等。史料来源多取材于当时的报刊、公报、档案及私家有关记载原文摘录，并注有出处，具有较高的史料价值。由中国第二历史档案馆整编，南京大学出版社，1993年出版。

《民国时期上海史料文献丛编》，全国图书馆文献缩微复制中心，2009年。

其他方面还有：

《清末海军史料》，张侠等编，海洋出版社，1982年。

《中华民国海军史料》，杨志本主编，海洋出版社，1982年。

《近代秘密社会史料》，萧一山著，抄自英国伦敦不列颠博物院，1935年由国立北平研究院史学研究会排印，岳麓书社1986年重印。

《清代巡台御史巡台文献》，尹全海编，九州出版社，2009年。

《民国展览史料汇编》(31册)，"南开大学中国社会史研究中心资料丛刊"之一，凤凰出版社，2014年。

《近代旅游指南汇刊》(41册)，"南开大学中国社会史研究中心资料丛刊"之一，凤凰出版社，2015年。

《京剧历史文献汇编》，傅谨主编，凤凰出版社，2011年。

《民国人口户籍史料汇编》，殷梦霞、田奇编，"民国文献资料丛编"之一，国家图书馆出版社，2009年。

《陈独秀南京狱中资料汇编》，奚金芳、伍玲玲主编，上海人民出版社2016年出版。

还有为教学而编的一些近代史资料选集，如《中国通史参考资料（近代部分）》（翦伯赞、郑天挺主编，中华书局1980年出版修订本）、《中共党史参考资料》（中共中央党校党史教研室选编，人民出版社1979年版）、《中国现代史资料选辑》（彭明主编，中国人民大学出版社1987年版）、《中国现代史资料选辑》（上海师范大学历史系中国现代史教研室1977年内部印行）、《中国现代史资料选编》（魏宏运主编，黑龙江人民出版社1979年版）、《中国革命史参考资料精选》（梁余主编，重庆大学出版社1988年）等。

如今,国家富强,社会安定,可谓"盛世",各地有经济实力来办文化事业,于是各省市编纂多册成套的"文库""全书"成风,如,《湖湘文库》《荆楚文库》《燕赵文库》《岭南文库》《巴蜀全书》《浙江文丛》《山西文华》《新疆文库》《无锡文库》等等。这些文库的编选出版,起到了文化积累、文化研究、文化传承的作用,对于保存历代典籍功莫大焉。有些单篇文章难以流传,或者不易为读者发现,但收入文库,则可以流传开来,为人利用。

四 专著

专著是作者记录所见所闻时事或自己思想言论的著作,前者即记事著作,后者即记言著作,又可分为政论专著和学术专著。专著一般来说是第一手资料,记载了个人的活动、见闻、感受、议论等,许多内容是在官方文件中看不到的。记事著作可供研究历史事件参考,记言著作则是研究人物生平、思想的重要史料,还可供研究当时社会思潮参考。近代史上这类著作很多,许多专著已收入各人文集中,如《劝学篇》收入《张之洞全集》,《戊戌政变记》收入《饮冰室合集》,等等,若要阅读专著,或可到文集中寻找。

(一) 记事著作

记事著作就是当时人或者根据自己的见闻,或者根据流行的传闻,比较系统地记叙某个事件的始末,或某一方面的情况。又称之为"时人记录""私家著作"。时人记录的特点是:(1)作者是当事人或者当时人;(2)事后不久就写作出来,虽然是当事人,但几十年后再写,就是回忆录了;(3)记事比较系统。因此,它的史料价值比较高。

但时人记录也有很多局限性,主要表现在作者是从他自己的角度来记载史实,视角比较单一,不能全方位反映事件的面貌。比如说许瑶光的《谈浙》,主要是从清方立场来记录太平军在浙江的斗争,对太平军了解就比较少,关于太平军的内容多来自"交游朋好,摘辑笔记"等间接资料。李廉方的《辛亥武昌首义记》主要反映的是革命党人的立场,对清方的应对就不够了解。

也有故意捏造时人记录的事。如,《道光洋艘征抚记》,到底是谁所作就存在很大争议。该书较全面系统地记述鸦片战争经过,赞扬林则徐、邓廷桢的坚决抵抗和广东三元里及沿海沿江人民的抗英斗争,对于清政府的昏聩、官兵的腐败,琦善等的屈膝投降皆据史直书。并总结失败教训,提出购洋艘洋炮,练水战火战,尽转外国之长技为中国之长技以富国强兵的主张。但限于见闻和认识,对敌方的情形,事件的原委及某些史实多有讹误。一般认为该书是魏源所撰。① 初见于光绪四年(1878)上海申报馆排印的《圣武记》第三次重订本卷十。师道刚认为《道光洋艘征抚记》不是魏源所作,乃就李德庵《洋务权舆》增删而成,被人误认为魏源所作。他先从外部考订,因为魏源古微堂初刊本《圣武记》,再刊本和三次重订本内都没有这一篇,早期的各种翻刻本亦不见著录此篇,直到光绪四年才刊于申报馆排印的《圣武记》第三次重订本卷十。这比同治四年(1865)《洋务权舆》刻本晚14年。他又从内部考证:(1)《洋务权舆》有"两个转机"到《夷艘入寇记》有"六个转机",再到《道光洋艘征抚记》有"八个转机三个外助",是一个衍化发展过程,而《洋务权舆》为其祖本,而且八转机并非魏源思想;(2)《征抚记》中年代上前后有矛盾;(3)《征抚记》中将协助造水雷的美利坚人壬雷斯误为佛兰西人雷壬士,而在魏源的《海国图志》中是正确的。② 姚薇元就这4条理由加以反驳,认为《洋务权舆》是剽窃原著欺世盗名的伪书。③ 师道刚又写了《再商榷》。④ 后来冼玉清又发表文章与两人商榷,结论是《洋务权舆》不是祖本,《道光洋艘征抚记》的作者也不是魏源,而是无名氏,这个无名氏即李德庵的儿子李凤翎。⑤ 姚薇元之后又写文章,从史料学的角度进一步论《征抚记》的祖本和作者问题。他从

---

① 参见姚薇元:《鸦片战争史实考》,新知识出版社,1955年。
② 师道刚:《关于〈洋务权舆〉一书》,1959年9月8日。
③ 姚薇元:《关于"道光洋艘征抚记"的作者问题》,《历史研究》1959年第12期。
④ 师道刚:《"道光洋艘征抚记"作者问题的再商榷——兼答姚薇元先生》,《历史研究》1960年第4期。
⑤ 冼玉清:《关于〈夷艘入寇记〉问题——与姚薇元、师道刚二先生商榷》,《学术月刊》1962年第2期。

《洋务权舆》内容上的种种错误和歪曲来证明它不是什么"祖本",而是篡改原著的伪书。后王之春改其名为《防海纪略》,以芍塘居士署名刻印。① 姚薇元认为是伪书,而陈恭禄、《中国历史大辞典·史学史》都认为是王之春所编。《安徽史学》1989 年第 2 期上发表黄良元《〈道光洋艘征抚记〉并非魏源手定》一文,认为该书是以魏源的《夷艘入寇记》为基础,兼采《防海纪略》(王之春编)、《夷氛闻纪》(梁廷枏著)而成书,可能于光绪元年(1875)后成书,非魏源手定,从而批评姚薇元只关注"内证"忽视"外证",以致囿于成说,误为是魏源所撰。他们几位考证《道光洋艘征抚记》的"笔墨官司"可视为鸦片战争史研究中的一段佳话,可以从中悟出史料考证的一些方法。

　　著名的记事著作,有魏源的《海国图志》和《圣武记》、徐继畬的《瀛环志略》。记述鸦片战争的有梁廷枏的《夷氛闻纪》、夏燮的《中西纪事》;记录太平天国情况的有许瑶光的《谈浙》、张汝南的《金陵省难纪略》、杜文澜的《平定粤匪纪略》、李滨的《中兴别记》、张德坚的《贼情汇纂》;记湘淮军"战功"的有王闿运的《湘军志》、王定安的《湘军记》、钱勖的《吴中平寇记》、周世澄的《淮军平捻记》等;记左宗棠进军陕甘、收复新疆的,有易孔照等编的《平定关陇纪略》、黄丙煜等编的《戡定新疆记》等。记洋务运动的有魏允恭的《江南制造局记》;记录中法战争的有罗惇曧的《中法兵事本末》;记中日战争的有姚锡光《东方兵事纪略》;记录戊戌变法的有梁启超的《戊戌政变记》;记录义和团运动的有李希圣的《庚子国变记》;记录辛亥革命的有陈少白的《兴中会革命史要》、陶成章的《浙案纪略》、李廉方的《辛亥武昌首义记》、胡石庵《湖北革命实见记》、曹亚伯的《武昌革命真史》和冯自由的《中华民国开国前革命史》等;记北洋军阀统治时期大事的有黄毅的《袁氏盗国记》、曾毅的《护国军纪事》、马震东的《袁氏当国史》、白蕉的《袁世凯与中华民国》;记张勋复辟的有许指严的《复辟半月记》、天悔生的《复辟之黑幕》等。记录第一次大革命的有华岗的《1925—1927 中国大革命史》;记录抗日战争的有周立波的《晋察冀边区印象记》、黄炎培的《延安归来》、

---

① 姚薇元:《再论〈道光洋艘征抚记〉的祖本和作者》,《历史研究》1981 年第 4 期。

赵超构的《延安一月》等。记录解放战争的有刘人杰的《一个月的战斗》等。

梁廷枏所著《夷氛闻纪》又名《夷氛记闻》，5卷。约成书于道咸之交。内容起自道光初年的禁烟，迄于道光二十九年(1849)两广总督徐广缙奏报英人"放弃"入广州城为止。以亲身见闻记中英通商历史、禁烟运动始末及鸦片战争经过。赞扬林则徐、邓廷桢及三元里群众等爱国军民抗英斗争，揭露投降派误国事实，翔实可信。并论及战争起因，提出了解世界，改革武备以抵御外侮的主张。因客观条件的限制，记他省战事和外国情形间有传闻失实之处。原刻本未署作者名。1937年孟森交北平研究院史学研究会印行时，考其作者为梁廷枏。后邵循正重新整理校注，由中华书局1959年出版。

许瑶光所著《谈浙》，4卷。许氏字雪门，号复叟，湖南善化人。在浙江为官20余年，政声卓著。曾亲见太平天国在浙江的战事，据见闻撰成此书。自咸丰三年(1853)宁国清军设防始，凡《谈杭州失守克复情形》《谈绍兴失守事略》《谈宁波失守事略》《谈咸丰十一年三月十九日金华失守事略》及《谈洋兵》等共20篇。记浙江各府县间及江南一带战事始末，内容丰富，事备文赅。许瑶光重视史料收集，并持慎重态度。他在《谈浙》中议论纵横，记叙翔实，"以静念观其动态"，对待"经讳国恶"敢于直书，因而不尽符"王庭扬言"，不完全"与奏牍合"，与清代正史史料有"同异之闲"，其中于双方军事部署和有关部属编制，清军之掳掠及常胜军华尔被歼情况等，记叙具体，为他书所不及。因此该书成为研究太平军战事和太平天国历史的重要资料。同治十年(1871)成书，光绪十四年(1888)刊行。

华廷杰(署琴阁主人)所著《触番始末》，3卷。第二次鸦片战争时，作者任广东南海知县，曾参与对外交涉。以亲身经历按日记英法联军侵犯广州情形。对于昏聩无能的清朝官僚及卖国投敌者多有揭露。有光绪十一年(1885)华氏家刻本。后载《近代史资料》1956年第2期。

杜文澜《平定粤匪纪略》，是湖广总督官文授意杜文澜撰写，属于官书性质。清同治四年(1865)成书，稿本藏南京图书馆。有同治九年(1870)刻本10册、同治十年(1871)京都聚珍斋印本8册、光绪七年

(1881)刻本6册、光绪年上海申报馆仿聚珍版印本6册。曾改名《平定粤寇纪略》，光绪元年诒谷堂刻本10册。记事起道光三十年六月(1850年7月)洪秀全起义广西金田村，至同治三年六月(1864年7月)幼主在江西被擒止。附《贼名记》《邪说记》《逆迹记》《琐闻记》4篇。南京太平天国历史博物馆研究部鉴定，此书国内少见，具有一定的史料价值与收藏价值，遂将该馆所存的光绪刻本，收入馆编《太平天国资料汇编》丛书之中，于1980年由中华书局出版。日人曾根俊虎所撰《清国近世乱志》出版于明治十二年(1879)，大多抄录自《平定粤匪纪略》；光绪三十年(1904)上海广智书局出版了《清国近世乱志》中译本，取名《粤军志》。刘成禺接受孙中山建议编写《太平天国战史》宣传排满，又是抄录《粤军志》或《清国近世乱志》，最初的史料来源还是《平定粤匪纪略》，刘成禺根据需要有所增删，对太平军不利的文字或对官方有利的文字，大多不录或窜改。

汪士铎辑《胡文忠公抚鄂记》，3卷，起自咸丰五年(1855)，下迄咸丰九年(1859)。对于此期间清军与太平军在湖北地区的历次战斗，胡林翼在吏治、团练、厘金等方面的政治措施等全面具体地进行了叙述。由于作者系胡林翼幕僚，掌握第一手资料较多，修撰时又得以浏览公私文书档案，征引宏富，纪事翔实，其中有些资料乃为《胡文忠公全集》所未收者。对研究近代史颇具参考价值，亦为研究胡林翼其人不可或缺的史料。有1988年岳麓书社版。

《湘军志》，又名《湘军水陆战纪》，王闿运撰，16卷。太平天国起义爆发后，曾国藩以侍郎居乡，组织湘军镇压。该书应曾国藩之子曾纪泽请求而作，叙述曾氏治军任将及湘军的始末。王闿运除亲身经历及走访调查外，还披览了军机处的大量档案，并请人制作了地图，写作十分认真。全书分为湖南防守篇、曾军篇、湖北篇、江西篇、水师篇、援贵州篇、平捻篇、营制篇、筹饷篇等16篇。对于曾国藩、胡林翼、左宗棠、李鸿章等镇压太平天国的全过程，以及湘军在靖港、湖口、祁门3次大败，湘军攻占南京后的掳掠罪行，左宗棠、沈葆桢对湘军的讥刺贬鄙，都有记载。世人对该书褒贬不一，有人称为"天地之大文，古今之至文,万世之传文也"。① 后代学者也有称《湘军志》"文笔高朗,为我国近千年来杂史中第一声色文学"者。② 而梁启超则在《中国近三百年学术史》中评论说:王壬秋闿运之所作《湘军志》,"壬秋文人,缺乏史德,往往以爱憎颠倒事实","要之壬秋此书文采可观,其内容则反不如王定安《湘军记》之翔实也"。③《湘军记》又是怎样的一本书呢？曾国荃读了《湘军志》后觉得该书轻诋湘军及曾国藩,十分不满,认为有损湘军及曾氏兄弟的声望,一些湘军将领也认为它是"谤书",迫使毁版才罢休。曾国荃嘱王安定另撰《湘军记》,隐为抗辩。《湘军记》记事详尽,某些方面可补《湘军志》的不足和偏颇,然而由于其写作目的就是要抵消《湘军志》的影响,书中对曾氏兄弟曲意逢迎,真实性要差多了。《湘军志》成书较早,所载不甚完备。有光绪十一年(1885)斠微斋刊本。对研究湘军镇压太平天国、捻军与少数民族起义等的历史有一定的价值。

中日甲午战争时姚锡光在山东巡抚李秉衡幕中,常往来辽阳、碣石、登州、莱州等地观察军情,因就闻见及档案,考阅中外记载,著为《东方兵事纪略》,原有6卷,图表1卷未刊,今传本仅5卷。分《衅始篇》《援朝篇》《奉东篇》《金旅篇》《辽东篇》《山东篇》《海军篇》《议款篇》《台湾篇》,记同治九年(1870)以来中日交涉、甲午战争始末及台湾人民抗日斗争颇详。对日本及列强侵略、李鸿章等妥协投降方针及叶志超、方伯谦等贪生怕死劣迹,均有揭露。亦颂扬邓世昌等爱国官兵事迹,旨在"明耻教战,以雪国耻"。虽间有讹误,仍不失为研究中日战争较重要的参考资料。有光绪二十三年(1897)刻本。上海古籍出版社1996年重印。

《戊戌政变记》是梁启超所撰的一部系统记述戊戌变法的著作。5篇,约11万余言。初刊于光绪二十四五年(1898—1899)《清议报》上,后出单行本。本书采用章节体,第一篇《改革实情》,记录康有为被起

---

① 宋楠:《湘军水陆战纪·序》。
② 王森然:《近代二十家评传》,台北文海出版社有限公司,1973年影印本,第4页。
③ 梁启超:《中国近三百年学术史》,《饮冰室合集·专集之七十五》,中华书局,1989年,第276页。

用及百日维新时期的新政上谕;第二篇《废立始末记》,记慈禧太后发动戊戌政变囚禁光绪帝事;第三篇《政变前纪》,分析政变的原因;第四篇《政变正纪》,记慈禧太后推翻新政,株连维新人士情状;第五篇《殉难六烈士》,是戊戌六君子传。另附录3篇:《改革起源》《湖南广东情形》《光绪圣德记》。书中所记史实多为作者亲身经历,注重分析形势,探讨原因,主要观点为抨击慈禧太后等顽固派、拥护光绪帝变法。出于自美和激愤,叙事略有偏颇失实。如说袁世凯告密,今被考证不是事实。大肆攻击后党,不惜夸大其词。1936年收入中华书局出版的《饮冰室合集·专集》第一册,内容、文字与单行本颇有异同。

义和团运动时,李希圣在京,以见闻及有关材料撰成《庚子国变记》。起光绪二十四年八月(1898年9月)戊戌政变,讫二十七年十二月初二日(1902年1月11日)清廷自西安返京至开封,后文阙失。按时间顺序逐日记义和团在京活动、清政府内外政策之演变、八国联军进据北京及议和经过。对义和团多所污蔑,对清廷亦有讥讽,并记录了八国联军侵略暴行。有1923年抱冰堂刻本。上海古籍出版社1996年重印。

张继煦(春霆)所撰《张文襄公治鄂记》,专记张之洞在湖北的"政绩",举凡张氏在湖北开办教育和文化事业,提倡实业,整理财政,改进武备,扩展交通等活动都有记载。并制了张之洞"治鄂大事表",提纲挈领,一目了然。作者系张氏幕府中人,所记史实系统翔实。可供研究张之洞在湖北办洋务和新政以及辛亥武昌首义的背景等参考。有湖北通志馆1947年8月版。

上海革命史编辑社1928年出版了冯自由所著《中华民国开国前革命史》的第一集,第二、三集直到1944年才由中国文化服务社在重庆出版。内容从光绪二十一年(1895)广州起义至宣统二年(1910)黄复生、汪精卫谋炸清摄政王止。后又获新史料,编撰"续编",以补原书所未及,1946年在上海出版。关于这部书的命名,冯自由自序谓:"所以定名开国前者,即明示辛亥前后革命事迹之轻重大小为不容混淆也。"章太炎在序言中亦写道:"其以'开国前'名者,以为情有诚伪,事有轻重,事后之所为者,不得与事前比;且将前之艰难,晓示后进,使无敢侮耆旧擅兴作也。"冯自由利用他曾是民国稽勋局局长的有利条件,收集了有关革命活动的大量材料,包括报道、通讯、私人文件,以及当时党内人士的回忆记录。他充分利用这些资料并根据其对民国成立前重要人物和事件的广泛知识,撰写了辛亥革命前的革命党史及其活动。章太炎称:冯自由"与同盟会最久,又尝为稽勋局长,以其所见,又遍访故旧,而作民国开国前革命史,虽未周悉,然阿私之见少矣。"冯自由亦自谓道:"余不敢谓此取材之丰富出于一切载籍之上,然自信此书实较出版以前之任何记载为详细确实,此余可以负责公言者。"①由于所述事件皆有所本,从而使得该书具有很高的史料价值。但有学者指出,这样的评价过高,他们指出:"冯自由长期追随孙中山先生从事革命活动,关系密切。因此,对于他笔下所记述的中山先生的活动,无不视作信史。然而,我们在日本外务省档案中,发现冯自由有关孙中山先生于戊戌变法后到庚子义和团期间活动的记述,很不完整,或者说不真实。尤其在叙述孙中山与刘学询之关系上。""冯自由在《中华民国开国前革命史》与《革命逸史》中的文字大同小异,但是,都有一个毛病,即缺少了光绪二十五年刘学询与庆宽前往日本,实行联倭杀康之策,其间与孙中山有不少接触,谈了不少问题,而这些问题又与次年庚子义和团运动中,孙中山策动两广独立有直接关系。这些重要内容,则统统被冯自由省略了。对于冯氏上述记载,如果仔细斟酌,会发现有很多漏洞,难以自圆其说,而且使人疑窦丛生。"②1990年上海书店出版社影印《中华民国开国前革命史》及续编,收入《民国丛书》第二编。

《延安归来》系民主人士黄炎培所撰。1945年7月1日,黄炎培与褚辅成、冷遹、左舜生、傅斯年、章伯钧5人离开重庆到延安访问,往返共5天。回到重庆后,为向各方友人介绍延安的情况,由他口述,夫人姚维钧记录,书稿成后,又收录他在延安写的日记。所以《延安归来》一书包括延安归来答客问、延安五日记和两首诗三部分。第一部分回答了10个问题,即延安之行的动机、去延安的名义、对大局的看法、对

---

① 此处所引冯自由、章太炎文字俱见冯自由:《中华民国开国前革命史》,上海书店出版社,1990年。
② 孔祥吉、村田雄二郎:《辛亥革命史料抉择之困惑——冯自由〈中华民国开国前革命史〉与〈革命逸史〉异议》,《广东社会科学》2012年第1期。

延安的观感、延安的政治作风、与中共领导人谈话的经过、国共合作的前途等。第二部分如实记叙了他5天在延安所见所闻,也记录了他与毛泽东的著名的"窑洞对"。初由黄炎培主持的中华职业教育社重庆国讯书店出版,后遭国民党查禁。后委托上海徐伯昕翻印,再度发行。1982年文史资料出版社出版黄炎培的回忆录《八十年来》时,作为附录一并刊出。

图8-4 赵超构《延安一月》初版封面

《延安一月》,是著名记者赵超构所写的一组新闻通讯,于1944年7月30日和8月30日起分别在重庆和成都《新民报》连载,曾引起轰动。赵超构作为《新民报》的代表随中外记者访问团于1944年6月9日至7月2日在延安采访。同年10月18日,两地《新民报》刊完后,由该报结集成《延安一月》于1945年1月出版,5个月内重印3次,销量数万册。重庆《新华日报》社购2000册派人送往延安,毛泽东看后说:"能在重庆这个地方发表这样的文章,作者的胆识是可贵的。"周恩来将其比作"中国记者写的《西行漫记》"。① 日本也随即翻译出版。这本书,对当时国民党统治区的读者无疑是冲破新闻封锁,了解延安、了解中共的一本罕见而难得的书籍。因此,不久《延安一月》即被国民党新闻宣传当局列为禁书。有上海书店出版社1992年版。是研究抗战时期延安情况的重要参考资料。

反映正面战场的著作有陈诚、陆诒等著《台儿庄血战记》,现代出版社1938年版。记叙了台儿庄血战的经过和中国军队英勇作战的事迹,分析了台儿庄大捷的原因,阐述了台儿庄胜利的意义。还有胡风主

---

① 新民晚报社:《〈延安一月〉重版说明》,《延安一月》,上海书店出版社,1992年。

编的《闸北七十三天》,收入《闸北打了起来》和《从进攻到防御》两部中篇报告文学,被称为"抗日民族战争底可宝贵的记录"。范长江主编的《淞沪火线上》报道"八一三"上海抗战情况,收入了《英勇的铁鸟》(次霄)、《军中三日记》(胡兰畦)、《钢勇士》(许华)、《前线两昼夜》(吴大琨)、《走向东战场》(冯英子)、《在北新泾火线上》(征雁)等10篇。《上海抗战记》收录了郭沫若、谢冰莹等的抗战文学。

(二)记言著作

近代史上记言著作很多,宣传各自思想主张的政论性著作,如,康有为的《新学伪经考》与《孔子改制考》、梁启超的《变法通义》《新民说》、谭嗣同的《仁学》、张之洞的《劝学篇》、太平洋客(欧榘甲)的《新广东》、邹容的《革命军》、陈天华的《猛回头》与《警世钟》、杨毓麟的《新湖南》、孙中山的《建国方略》等均是。

太平洋客(欧榘甲)撰写的《新广东》,于光绪二十八年(1902)由日本横滨新民丛报社印行。欧榘甲是康有为弟子,太平洋客是其笔名。先在美国旧金山的《文兴报》上连载。欧榘甲受梁启超启发和革命派影响,接受了反清革命、自由独立、联邦共和等观念,在书中大力宣扬分省自立,主张联合秘密社会以成就广东自立。发表后在改良派和革命派中都引起很大反响,其核心思想乃是鼓吹广东独立脱离清廷,遭康有为谴责。该书对于研究改良派的分化演变有所裨益。

杨毓麟受欧榘甲所著《新广东》的影响,以"湖南之湖南人"署名撰写了《新湖南》,光绪二十九年(1903)在日本出版。康有为曾发表《辨革命书》,宣传"合则强,分则弱"以及"惧外人之干涉"的观点,攻击革命派欲分现成大国为数十小国,以力追印度,是自取弱亡;赞扬满洲合于汉,大有益于中国。《新湖南》针对这些观点予以回应,认为非大国不能立足世界,西方列强侵略远东,必须靠中国集同洲同种来抵抗。但在满政府统治下,难以完成此使命。《新广东》论述广东自立之基础和应当自立之原因,分析广东不知自立之害,认为自立当先做预备并去俗见,陈述广东自立三策(开自立报馆、开自立学堂、联秘密社会)。主张各省先自立,然后建立联邦政府,以达全中国自立之目的。《新湖南》

根据这个思路,"论湖南之形势与湖南人之特质,发挥民族主义,寓地方独立之意"①。当然,《新湖南》介绍西方社会政治学说,理论上加强了对民族主义和帝国主义的论述,实践上主张以革命的手段实现这一目标,对推动当时的革命思潮的传播起了较大作用。这些都大大超越了《新广东》。

学术专著数量远远超过政论专著,尤其是民国年间,学人辈出,学术成果丰硕,举不胜举。马建忠的《马氏文通》、张之洞的《书目答问》、皮锡瑞的《经学历史》、梁启超的《中国历史研究法》《中国近三百年学术史》《清代学术概论》、钱穆的《中国文化史导论》、刘师培的《中国民约精义》、陈独秀的《科学与人生观》、梁漱溟的《东西文化及其哲学》、费孝通的《江村经济》《乡土重建》、熊十力的《新唯识论》、蔡元培的《五十年来中国之哲学》、胡适的《五十年来之世界哲学》、方豪的《中西交通史》等,都是有名的学术著作。下面简介几部哲学著作:

冯友兰的《贞元六书》,又名"贞元之际所著书",包括1939年上海商务印书馆出版的《新理学》、1940年重庆商务印书馆出版的《新事论》、同年开明书店出版的《新世训》、1943年重庆商务印书馆出版的《新原人》、1944年重庆商务印书馆出版的《新原道》、1946年上海商务印书馆出版的《新知言》。自称取"贞下起元"之意,并在《新原人》自序中说明了写作动机:"'为天地立心,为生民立命,为往圣继绝学,为万世开太平。'此哲学家所应自期许者也。况我国家民族,值贞元之会,当绝续之交,通天人之际,达古今之变,明内圣外王之道者,岂可不尽所欲言,以为我国家致太平、我亿兆安心立命之用乎?虽不能至,心向往之。非曰能之,愿学焉。此《新理学》《新事论》《新世训》及此书所由作也。"②现收入《三松堂全集》。

《大众哲学》,艾思奇著。原在上海出版的《读书生活》杂志第一、二卷(1934年11月至1935年10月)连载,题为《哲学讲话》。后出版单行本。从1936年印行第四版起改名《大众哲学》。到1948年12月,

---

① 《游学译编》1904年第11期刊载的《新湖南再版广告》。
② 冯友兰:《三松堂全集》第四卷,河南人民出版社,2001年,第463页。

共印行了32版。该书用生动通俗的语言阐述马克思主义哲学原理,为宣传马克思主义哲学的通俗读物,在当时影响很大。很多读者,由于本书的影响,接受了马克思主义思想,走上了中国共产党所领导的革命的道路。抗日战争和解放战争时期,作者多次进行修订,希望本书能更好地发挥启蒙作用。后收入《艾思奇文集》。

其他关于人文社会科学和自然科学方面的学术著作还有很多。除了《民国丛书》中收录了不少民国时期的学术著作外,还有商务印书馆陆续出版的《中华现代学术名著丛书》,收录了晚清至20世纪80年代末中国大陆及港澳台地区、海外华人学者的原创学术名著(包括外文著作),以人文社会科学为主体兼及其他,涵盖文学、历史、哲学、政治、经济、法律和社会学等众多学科。其中不少名家名作,为中华人民共和国成立后第一次出版。如《论社会学中国化》(吴文藻)、《中国经济思想史》(唐庆增)、《中国厘金史》(罗玉东)等。孙晓梅主编的《中国近现代女性学术丛刊》则影印了1840年至1949年100年间在中国出版的女性学术著作,包括学术专著、有代表性的宣传读物、学术翻译著作、重要的法律法规、重要会议的文件及有代表性的女性传记等。其中有中国最早创刊的《中国女报》(1907)、《初等女子修身教科书》(1906)、《女子心理学》(1919)、《妇女年鉴》(1924)、《妇女论集》(1927)等。主要是中国早期妇女解放的论著。该丛刊由线装书局陆续出版。

学术专著不仅是研究近代学者学术思想不可或缺的重要史料,亦是研究近代学术史的重要史料。可根据自己研究领域或研究课题的需要查阅有关学术著作,既可用作史料,又可在梳理学术前史时作为文献介绍。

第九讲　志书与年鉴类史料

志书本来指记事的书。这里指地方志和专门志一类的史料。地方志包括省、府、州、县、厅、卫、所的志书，省称"方志"；专门志是专记某项内容的志书，也可以叫作"专志"，有山水志、会馆志、风俗志等名目。"年鉴"则是某一地方或某一领域每年度基本情况的记录，除了供时人参考外，还为日后修纂地方志或撰写史书积累素材，编写地方综合年鉴现在也是属于各地"方志办"的工作之一。年鉴是一种即时性的史料，也具有较高的史料价值。

一　地方志

记述地方疆域沿革、古迹险要、人物、物产、风俗的志书，称"地方志"或"方志"。对于方志的性质历来有不同的认识，有的视地方志为地理沿革考证，有的认为方志是"地方之史"："方志者，地方之史而已。"①梁启超则说："最古之史，实为方志。"②清代史家章学诚早已说得很清楚："有天下之史，有一国之史，有一家之史，有一人之史。传状志述，一人之史也；家乘谱牒，一家之史也；郡府县志，一国之史也；综纪一朝，天下之史也。"③有的则认为"方志为兼具地理、历史两性之书"：

---

① 瞿宣颖：《志例丛话·通铨》，《东方杂志》第31卷第1号。
② 梁启超：《中国近三百年学术史》，《饮冰室合集·专集之七十五》，中华书局，1989年，第298页。
③ 章学诚：《州县请立志科议》，《文史通义》卷六，外篇一，中华书局，1985年。

"方志为物,史地两性,兼而有之;惟是兼而未合,混而未融。"①地方志既要记载本地某一时段的疆域范围以及此范围内的建置、区划、城池、山川、物产和政治、经济、文化、社会、风俗民情等方面的基本情况,从而具有地理著作(自然地理、人文地理、经济地理)的属性,但它又要记载该地疆域沿革、社会变迁、人文演进的历程,从而又具有史学著作(地方史)的属性。所以说,国务院颁布的《地方志工作条例》称"地方志书,是指全面系统地记述本行政区域自然、政治、经济、文化和社会的历史与现状的资料性文献"是科学的。

(一) 地方志的编纂

编修方志是我国的优秀历史传统。方志是我国古代文化的特产之一。

方志起源可追溯到《周礼》。该书上春官之属有"小史",掌"邦国之志",即掌管王邦和侯国的历史记载。有"外史",掌"四方之志",即掌管畿外四方诸侯国的史书,如晋之《乘》,楚之《梼杌》,鲁之《春秋》。有人认为"封建罢为郡县,今之方志,不得拟与古国史",章学诚不同意这一说法,认为"不知《周官》之法,乃是同文共轨之盛治,侯封之禀王章,不异后世之郡县也"。②故古代诸侯国的"国史"相当于后世郡县的方志。

《尚书·禹贡》说大禹治水后,把天下分为冀、豫、雍、扬、兖、徐、梁、青、荆九州,该篇记各州山川、交通、物产及贡赋等情况,是一部最早的全国性区域志,被称为"方志之祖"。也有说至秦汉已专修地志、地记,《汉书·地理志》才是第一部分区地理总志。③ 后来意义上的方志,大约起源于魏晋之际。现存最早的地方志,大约是东晋常璩所著《华阳国志》。《禹贡》有"华阳黑水惟梁州"。"华阳"指晋代梁、益、宁三州(今四川及陕西汉中、云南一部分),该书记三州的历史,其中有《巴

---

① 黎锦熙:《方志今议》,商务印书馆,1940年,第3页。
② 章学诚:《方志立三书议》,《文史通义》卷六,外篇一,中华书局,1985年。
③ 冯天瑜:《〈中国省别全志〉印行面世》,2015年9月15日《古籍新书报》。

志》《汉中志》《蜀志》《南中志》等内容。到了唐宋，地方志书体例始具。元明渐臻完备。清代康熙、雍正、乾隆时期，朝廷曾下令修辑志书，并决定省、府、州、县志书60年一修，使地方志的编修达到了极盛的时期。县志是提供给修纂省志乃至编纂国史采辑参考的，所以各县历代都有县志，以清代为最多。现存县志以元代王仁辅撰写的《无锡县志》和明代康海撰写的《武功县志》为较早。

明清时代地方官员认识到编纂方志、熟悉方志、利用方志是"守土之责"，对地方志十分重视，常常是新官上任，下车伊始，不是喊抱牍吏找来本地方志阅看，就是接见绅耆士民询问志乘情况。如果由于某种原因（如新设县）并无方志，或年久失修，或修而不精，他们会为之心忧。一些知府、知县，见原来官斯土者，忙于补苴救过，无暇顾及方志这种"小事"，因循相仍，使志乘失修，他们就感觉若再不续修，待到物换星移，遗老无征，很多史实就会泯没，乃"心焉伤之"，或"愀然久之"，有一种抢救史料的紧迫感。他们亟亟乎以编修方志为急务，修坠举废，以"异乎俗吏之所为"。认识到修志是"守土之责"的地方官员们，并不满足于挂名当总纂，也不满足于请吏书代写一篇序言置于卷首，而是亲力亲为。他们有的亲董厥役，拨官帑，捐廉俸，设馆修志，带着酬金与诚意前去礼聘熟悉乡邦文献而又博赡工文之士担任修志任务。他们自己则参与其中，日与修志的士绅商议，或裁订凡例，或审阅志稿，努力使自己主持编纂的地方志成为实而有据，信而可征的佳志、精品，以便经得起时间的检验而流传后世。四川昭化旧时无志，康熙年间本地一位贡生以个人力量纂辑了一本县志，但由于能力有限，失实者居其大半。乾隆年间的知县李元署任才三月，就乘"民醇事简，讼庭阒寂"之机，命各房吏书拣数十年案牍分类编次，弄清史实之本末，而对于境内山川景物、风土人情，则日召父老恭询之，或公余踏勘，以耳闻目睹为实，对于旧志与史实不相符者，一一考订，"以成一家之法"。① 康熙时广东顺德知府杨于廷锐意重修府志，亲自"猎其幽微，搜其典故，正其舛讹，核其名实，校鲁鱼亥豕之讹，考损益斟酌之当"，做了大量工作，直至因病卧床

---

① 李元：清乾隆《昭化县志·序》。

乃止。① 湖广布政使王定国还对修纂《湖广通志》提出高标准的要求："谨严以立法,简核以述事,雅驯以铸词,其勿苛、勿滥、勿胶、勿袭",以免留下错误与缺憾。② 正因为有这些地方官员认识到地方志的重要作用,并认真其事,明清时代才留下一大批体例严谨、资料翔实的通志、府志、县志供今天参考。

1929年12月,国民政府《修志事例概要》颁布实施,规定各省应于各省会所在地,设立省通志馆,编拟志书凡例及分类纲目,预为拟定本省通志成书年限。各县市兴修志书应行规定事项,由各省通志馆参照《概要》定之。③《概要》促成全国大规模创建修志机构,掀起各省纂修通志,各县市编纂志书的局面。据统计,民国时期所修省志45种、市志12种、县志1074种;各类志书合计1571种,平均每年编纂41.34种,远远超过清代(18.31种)的年平均数。

各省各县都有方志,以今河北、山东、江苏、浙江等省为最多。各地方志都不止一部,所以查阅方志一定要弄清楚查什么时代的方志。据朱士嘉《中国地方志综录》统计,现存志书(指1949年前所修)共7413种,109143卷,其中宋志860、清以下6514种。而《中国地方志联合目录》,收历代地方志8200余种。估计总数还要多,当在8500种以上(不算1949年后编修的新方志)。盛世修志,现在各地正在编纂具有时代特点和丰富内容的社会主义新方志。2006年国务院颁布的《地方志工作条例》规定,地方志书每20年左右编修一次,这比清代规定缩短了三分之二的年限。由于"文化大革命"的影响,20世纪五六十年代启动的编修方志的工作,到21世纪初才陆续完成。目前各地逐步启动第二轮修志工作。

清代学者们参与编修方志,还形成了不同流派的"方志学"。钱大昕、戴震、毕沅、孙星衍、洪亮吉等人视地方志为地理沿革考证,他们"信载籍而不信传闻,博考旁稽",被认为是考据学派,或地理学派、纂

---

① 殷作霖:清康熙《续修顺德府志·序》。
② 王定国:清康熙《湖广通志·序》。
③ 国民政府内政部颁布《修志事例概要》,见黎锦熙《方志今议》,商务印书馆,1940年,第105页。

辑学派。以章学诚为代表的一批学者将方志纳入史书范围,强调对各类资料分析概括,以成一家之言,而不是比类纂辑文献,被称为史志学派,又称为撰著派。章学诚积极提倡编修方志,并参与或指导一些地方的修志工作,形成了一套编修方志的理论。他关于编修方志的理论备受关注,影响很深远,今天修志者还常常拿他的论著做参考。其中他提出修志的主张:"乘二便,尽三长,去五难,除八忌,而立四体,以归四要",①甚至对撰写史学论文也有参考价值。

所谓乘二便者:地近易核;时近迹真也。这是说要利用两个便利条件,既然是在本行政区域内的事情,就应当就近核实,以免以讹传讹。既然60年一修,60年来的很多事情的遗迹、印记仍在,就应当去调查记录,以免史迹消逝。

所谓尽三长者:识足以断凡例;明足以决去取;公足以绝请托也。这是说编修方志的人员应该具备并充分发挥三方面的长处,"识"即是卓识,对体例有正确见解,能设计一个合理可行的凡例。"明"即是对所掌握的材料具有清晰的认识,知道取舍,由博返约。"公"即是具有公正的"志德",谢绝一切不合原则的请托。比方说,新修方志时,"往往贿赂公行,请托作传,全无真实",这就需要修纂者出于公心,敢于拒绝贿赂和请托。最终做到义例精严,选材得当,私情祛除。

所谓去五难者:清晰天度难;考衷古界难;调剂众议难;广征藏书难;预杜是非难也。"清晰天度",从前旧例,凡修志皆列星野,画出天文星野图,以地理位置比附宇宙位置。一州一县其地甚小,难以清晰地画出这种方位图。"考衷古界",一个行政区域的疆界是经常演变的,必须将其沿革考证清楚,否则记叙没有空间依据。"调剂众议",地方事务很复杂,人们对许多事情看法不同,就是修志人员对如何编纂也有不同意见,调剂各种意见是很费脑筋的事。如,有些州县,有土著有客籍,平时关系紧张,矛盾很多,修志就要调和双方矛盾,理顺各种关系,兼顾双方利益,这是很不容易的,所以有些县就吸收客籍士绅参与编纂工作,增加有利于客籍的记录。广搜资料也不易。"广征藏书",修志

---

① 章学诚:《修志十议(呈天门胡明府)》,《文史通义》卷八,外篇三,中华书局,1985年。

必须要有史料作依据,这就要花气力来广泛搜集公私著述和档案资料,并加以整理利用。余绍宋纂修《龙游县志》时,撰写《氏族考》,就调集数百家谱牒,经极详慎之去取别择,而得其经纬脉络;编《清代职官表》,康熙后既无所凭借,乃搜断片于文集、笔记、诗歌、质剂或祠壁井阑中,天吴紫凤缕错织文,常人所不注意者,字字皆呕心血铸成,其余他篇类此者尚夥,征引之书,不下四五百种,可见广泛搜集资料之难。故梁启超誉其为"搜集史料辨证史料之最好模范"。① "预杜是非",修志时如果记载不实、不公,将来付印后会引起异议,甚至纠纷、诉讼,所以编纂时一定小心谨慎,避免差错。如有土客矛盾,就要在志书中清晰地标示各方的事物,杜绝将来有人拿书上记载为依据获取利益。

所谓除八忌者:条理混杂;详略失体;偏尚文辞;妆点名胜;擅翻旧案;浮记功绩;泥古不变;贪载传奇也。忌"条理混杂",就是要条理清楚;忌"详略失体",就是要详略得当;忌"偏尚文辞",就是要重在内容;忌"妆点名胜",就是不要夸饰景物;忌"擅翻旧案",就是要因革有据;忌"浮记功绩",就是要实事求是;忌"泥古不变",就是要因时制宜;忌"贪载传奇",就是不要耸人听闻。

所谓立四体者:皇恩庆典宜作记;官师科甲宜作谱;典籍法制宜作考;名宦人物宜作传也。这是章学诚根据当时情况拟定的修志的四种体裁,有关国家的庆典活动用"记"来记述,历任官员和获得科举功名者的名单用"谱"或"表"反映,典章制度用"通考"的方式来述其变迁条流,著名官员和各方面的典型人物要作"传"。

所谓归四要者:要简;要严;要核;要雅也。就是要言简意赅,严谨朴实,准确无误,还要有文采。这四点是对方志的总体要求,时至今日仍然是编纂方志的努力方向。

近代以来,中国社会开始转型,带动地方志的编纂工作也发生了很大变化,编纂方志的指导思想、修志体例和方志内容都表现出鲜明的时代性。尤其是民国时期,不少具有新思想的社会名流、专家学者直接参与修志工作,具体参预其事,并对志书体例、内容提出建议,展开讨论。

---

① 梁启超:《龙游县志·序》,《饮冰室合集·文集之四十三》,中华书局,1989年,第2页。

如,浙江大学校长蒋梦麟认为:"省志问题,在现代之立场,以切用为目的,其材料应(一)侧重现状;(二)切于实用;(三)注重物质方面。非此,下者则同仿造之古物;上者,亦类改制之旧制。"①他对从前的方志遵循旧例不满,主张解散方志之体,分编年鉴、专门调查、省史三书。1932年,中山大学教授朱希祖兼任广东通志馆纂修,在《广东通志略例》中称,"民国肇建,政体丕变",修志思想"当别立新裁",近代新事物层出不穷,虽盛极于当代,然"亦胚胎于清季,斯皆断代之所不便述"。他指出修志体例既应"储积广博,鉴别精确",又需"观察通贯,始终条理",而且必须考虑时代变化,志书内容篇目"势须增减"。东南联合大学教授黎锦熙也认为要改造旧志体例。1938年,他参与陕西城固县《续修城固县志》委员会的工作,草拟了《城固县志续修工作方案》,后改名为《方志今议》,并于1940年由商务印书馆出版。在《方志今议》中,黎锦熙继承了章学诚修志的理论和方法,但又根据新的形势进行了扬弃与创新。他指出:"章氏谓修志者,无论何人何志,均须'乘二便,尽三长,去五难,除八忌,而立四体,以归四要'。今者时势不同,学术大进,其说虽可节取,宜先知所兴革,故敢增拟四端,树为原则:'明三术,立两标,广四用,破四障。'"②

所谓明三术:续、补、创。续,就是旧志的有些门类,或其制迄清末而革除,但存掌故;或其事入民国虽赓续,只须列表。原有志局的采访资料,整理排比,可以利用。补,就是订改补充,旧志的有些门类,新获者固当"续"入;旧有者类多阙遗,须为拾补;或涉舛误,应与纠绳。创,就是事类新增者,固可云创;即旧方志曾有者,或宜更易故称,用符实际;或则悉换新质,仍循旧名。

所谓立两标:地志之历史化、历史之地志化。地志之历史化,就是方志固为"方域之地志",然须将境内事事物物,穷原竟委,非但考其迹象之沿革而已,必使读者能就演变之实况,推知驱引之总因。荣瘁隆汙,所关实赅全史;施政设教,鉴此可定方针。这即是说,要从发展的眼

---

① 蒋梦麟:《续修浙江省志提案》,《语言历史学研究所周刊》1929年第7期第81号。
② 黎锦熙:《方志今议》,商务印书馆,1940年,第11页。

光,动态地反映本地事物的变迁史。历史之地志化,就是方志固为"地方之历史",然全国民族之荣瘁隆汙,史家笼统抽象之谈,须待此而征实,而灼知;本乎史而定施政设教之方针,亦待此而后能备纤悉周到之方案,而后能谋部分具体之实践。这即是说,要通过本地具体事实,来反映具有地方特色的历史。

所谓广四用:科学资源、地方年鉴、教学材料、旅行指导。科学资源,就是指方志可以提供提倡科学与职业教育的资源。地方年鉴,就是指方志是可提供一切学术研究、施政设教、乃至经商企业参考的年鉴。教学材料,是指方志可作为学校文理各科的乡土教材。旅行指导,是指方志可作旅游的指南。这四方面的用途符合时代的需要,不仅可以提高方志的科学价值,而且体现了方志的实际作用。

所谓终破四障:类不关文、文不拘体、叙事不立断限、出版不必全书。类不关文,指方志之事类与文章体裁,两不相干,不以文章体裁分类。文不拘体,是指某类中之文体,一随其事之宜,可以用图或表,也可以用谱或考,以及其他皆可以。不拘于章学诚的"四体"。叙事不立断限,是指记事根据需要不设上限,下则宜限至"搁笔"时为止。出版不必全书,是指不必等全书编齐才出版,无论何类,一俟定稿,即为印行;不列卷次,但标其名为"某县某志"。这里所破"四障",就是突破章学诚的一些陈法,体现了新时代方志的新面貌。黎锦熙的这些新观点的提出对于编修方志无疑具有重要的借鉴意义。

(二)地方志的史料价值

好的地方志具有这样几个特点:

一是历史延续性。方志几十年一修,新修方志一般"贵因不贵创",继承前面的方志,旧志有定论而没有错误的内容酌情保留,旧志错误的内容必定予以更正,体例容有创新,但基本框架不变。所以新修方志均有近百年大事记在卷首,每一部分必先追溯以往历史,再记当代新内容。这叫"纵不断线"。这种历史的延续性可以提供历时性的或动态的信息。

二是内容的广博性。明嘉靖《汉阳府志》的修纂者朱衣在该志自叙中说:"志者志其域中上下古今之事。"上下古今之事是些什么事呢? 从方志的目录可以知道大概。以 1936 年《湖南安乡县志》手抄本为例,该书目录中有地理、山川、水利、古迹、建设、礼典、交通、县纪(从汉到清)、食货、田赋、户籍、物产、教育、武备、风俗、人物、列传、文籍等卷,可见内容确实包涵了上下古今各方面之事。这叫"横不缺项"。这么广博的内容为研究工作提供了方便,无论研究哪方面的问题,都可以从方志中找到史料。

三是材料的真实性。编修方志利用"地近易核,时近迹真"的有利条件,要调查,要核实,尽量做到准确无误。考据派更重视"修志者当无语不出于人,详注出处,以资取信";"信载籍而不信传闻"。所以方志的材料比较可信。

地方志有多重功能:存史,资治,教化。存史是后面两种功能的基础,没有真实准确的史实,何谈资治和教化。

地方志的史料价值首先体现在可以用作今天编修新方志的重要参考资料。不论一国之史抑或一地之史,从古到今是有延续性的,旧方志保存的史料,可以为编纂新方志提供素材。这就是李泰棻所言:"夫史多矣,有通史以会其通,有断代以析其代,有方志以别其方,然后上下纵横,始能靡考无遗。"①所以各地方志办在编纂新方志时,都尽可能搜罗本地的旧方志做参考,有些地方还整理旧志重新出版。旧志的整理也为历史学者提供了查阅方志史料的方便。

地方志是一种地方性的多科性书籍,它是全面系统地记述本行政区域自然、政治、经济、文化和社会的历史与现状的资料性文献,故很多学科如历史、文学、民族学、社会学、经济、自然科学等都可以从中找到有关参考资料。由于编纂地方志拥有"地近易核,时近迹真"的优长,反映史实能够更精细、更具体、更确切,可以续史之无,详史之略,参史之错。正所谓"古今因革之宜,人材升降之故,经史所未详,而志备之,一一可考而知也"。②

---

① 李泰棻:《方志学》,上海商务印书馆,1935 年,第 15 页。
② 王定国:康熙《湖广通志·序》。

地方志提供大量社会历史史料,如农民战争史料、少数民族史料、地方经济史料、科学技术史料、文化交流史料、人物传记史料……是从事历史研究不可缺少的参考书。顾颉刚曾指出:"以方志保存史料之繁复,纪地理则有沿革,疆域,面积,分野;纪政治则有建置,职官,兵备,大事记;纪经济则有户口,田赋,物产,关税;纪社会则有风俗,方言,寺观,祥异;纪文献则有人物,艺文,金石,古迹;而其材料又直接取于档册,函札,碑碣之伦。"他认为方志是一种缜密系统的记载,较之正史则正史显其粗疏,较之报纸则报纸表其散乱,希望学术界能充分利用。①

李泰棻《方志学》根据瞿宣颖《方志稿考·序》所列现存方志裨益治史者之途的六点②加以补充,高度评价方志的学术价值:"各地社会制度之隐微递嬗,不见于正史及各书者,往往于方志中见之,其一也;历朝人物,应登正史而未列,或在当日无入正史之资格,而以今日眼光视之,其人廑重者,亦往往见于方志,其二也;遗文佚事,赖方志以存甚多,其三也;地方经济状况,如工商各业、物价、物产等,其变迁多见于方志中,其四也;建置兴废,可以窥见文化升降之迹,其五也;古迹金石,可以补正史及文字之遗缺者,其六也;氏族之分合,门第之隆衰,可与他史互证,其七也。"③

尽管地方志史料价值很高,但还是有许多掩盖事实的地方。由于方志和史书的功能不同,"史重褒贬,志详纪载",所以张文珍等修同治《新繁县志》时在例言中说:"史家者体,褒贬互用,为万世之劝戒;志则有褒无贬,善善从长,微善必录。"方志属于乡邦文献,本地人修本地志,桑梓感情在兹,"凡事属琐屑而不可或遗者,如一产三男,人寿百

---

① 顾颉刚:《中国地方志综录·序》,商务印书馆,1935年。
② 瞿宣颖:《方志稿考·序》,京津印书局,1930年。其原文为:"就现存之方志历数其裨益治史者之途,犹有六焉。社会制度之委曲隐微不见于正史者,往往于方志中得其梗概,一也;前代人物不能登名于正史者,往往于方志中存其姓氏,二也;遗文佚事散在集部者,赖方志然后能以地为纲有所统摄,三也;方志多详物产税额物价等类事实,可以窥见经济状态之变迁,四也;方志多详建置兴废,可以窥见文化升降之迹,五也;方志多详族姓之分合,门地(第)之隆衰,往往可与他史事互证,六也。凡此六端,皆为治近代史者所亟欲寻究,而方志皆往往足供焉。广哉其所苞举,富哉其所沾溉也。"
③ 李泰棻:《方志学》,上海商务印书馆,1935年,第16页。

岁,神仙踪迹,科第盛事,一切新奇可喜之传,虽非史体所重,亦难遽议刊落,当于正传之后,用杂著体,零星记录,或名外编,或名杂记,另成一体……"①这就是"微善必录"。方志又属于"一代之史",相当于"当代史",当代人记当代事,许多当事人健在,有些人还是领导修志的官员,方志上所记内容涉及他们的"政绩",虽然章学诚把"浮记功绩"作为要除去的"八忌"之一,但修纂者为使父母官高兴,不得不"善善从长",所以就"有褒无贬"了。这是利用方志史料要注意的。

利用现在整理校注的旧志时,还必须注意整理校注中出现的新问题,那就是有不少错漏之处。旧志整理如果粗制滥造,不是忠实于原本,校注不能符合原意,用作史料就会出错。方志界有些人认为旧志整理比较容易,其实"最难不过点古书","因为真正体现水平的就是古籍整理。用句号还是逗号,能不能把人名点对,正是高下之所在"。② 同样,旧方志的校注工作做起来并不容易,需要校注者具有深厚的学养和古文功底,由于以陈旧的,甚至文字漶漫不清的版本做底本,将竖排繁体字本转化为横排简体字本,难免出现许多问题,这对校注者提出了更高的要求,一定不能掉以轻心。

有断句与标点错误之一例:"迩年《对山志》、武功《后渠志》、彰德《可泉志》、安庆《龙湖志》、长沙茶陵《内方志》、沔阳《洞野志》、蒲圻《汉东志》《随〔州志〕》,皆予所得见者,其考博、其载详、其格古,其可尚乎!其可尚乎!"③校注者将方志作者和方志名称搞混乱了,已有方志专家指出,应该这样断句:"迩年对山志《武功》,后渠志《彰德》,可泉志《安庆》,龙湖志《长沙》《茶陵》,内方志《沔阳》,洞野志《蒲圻》,汉东志《随》,皆予所得见者。其考博、其载详、其格古,其可尚乎!其可尚乎!"这些方志都是明代著名学者主持编纂的比较好的几部方志,其中,康海(号对山)编纂的《武功县志》体例严谨,源出《汉书》,时人称誉"乡国之史,莫良于此",后世编纂地方志,多以康氏此志作为楷模。

---

① 章学诚:《修志十议(呈天门胡明府)》,《文史通义》卷八外篇三。
② 孙妙凝:《新修本"二十四史"能否超越点校本?》,2013年8月5日《中国社会科学报》。
③ 武汉地方志办公室编:《武汉旧志序跋校注》,武汉出版社,2009年,第116页。

崔铣(号后渠)编修《彰德府志》,态度严谨,实事求是,"仿龙门诸书体裁,简言寄意深远,识者称之"。胡缵宗(号可泉)编纂《安庆府志》,不分细目,其门人王汉之序评论说:"今《郡县志》分门立类,撮要标目,为类书之体,而非史之例。是志一循古文,无复分门立类之规也。"童承叙(号内方)编纂的《沔阳志》,近人卢弼重刊此志时撰写的跋文有云:"童承叙所撰《沔志》,当时与康海《武功志》,王九思《鄠云县志》,称海内三名志。"张治(号龙湖)编纂的《长沙府志》和《茶陵州志》,廖道南(号洞野)修纂的《蒲圻县志》和颜木(号汉东子)修纂的《随州志》,都是当时地方志中的精品力作。如果了解当时著名学者的字号,熟悉明代著名方志的名目,就不会出现这样的错误。所以,利用整理校注的旧方志,一定要注意是否有问题。

(三)地方志分类与重要方志举例

地方志以记事内容和范围的不同,可以分如下几类。

"一统志":是一种记载全国各地舆地的总志,元朝始有名称,明朝有《大明一统志》。

清代的一统志,即《大清一统志》,在康熙、乾隆、嘉庆三朝3次编修,它是清代地方地理、历史的总志。离近代最近的是《嘉庆重修一统志》,穆彰阿等修,李左贤等总纂。该书记载嘉庆以前清王朝疆域政区状况,共500卷。首为京师,下分22个统部(行省和乌里雅苏台、蒙古等)和青海、西藏等地区。各统部先冠地图、建制沿革表;次以总叙,概述该部大要;再以府、直隶厅、州分卷。下列疆域、分野、建制沿革、形势、风俗、城池、学校、户口、田赋、税课、职官、山川、古迹、关隘、津梁、堤堰、陵墓、祠庙、寺观、名宦、人物、流寓、列女、仙释、土产25目。其事博文约,门

图9-1 《大清一统志》书影

类细致,考证精详,叙古迹则考其沿革。为一部较完善的全国性地方总志,是研究我国历史地理的重要资料。书成未刊,至 1943 年才有涵芬楼影印本问世。

民国时期没有一统志,但有《中华民国省区全志》,白眉初著,中央地学社编辑,北京求知学社印刷,1924—1927 年陆续出版。该书以行政区域为框架,融中国古代地理与方志为一体,是一部各省区方志合集或地理总志。计划出 8 册,但实际只出了《京直绥察热五省区志》《满洲三省志》《鲁豫晋三省志》《秦陇羌蜀四省志》《鄂湘赣三省志》5 册。每省取主要物产揭于篇首,称之为"物产之华表",表示注重经济,吸引读者视线集于经济方面。随后是城市全图和市街图。正文先为总说,下分道县纲目、沿革、疆界人口、气候、地势、与外国关系、形势(包括大事记);继之以商埠、省会概况、县邑志略、山水志略、政教民俗、实业(分述交通、矿业、农工商业)等。并根据各省区实际情况在内容安排上有所损益。该书对旧志体例有较大突破,为适应新形势而做了许多创新工作,但未能按计划完成 8 册,部分省区缺如,不算完善。可供研究民国初期经济社会概况参考。

"总志",记事范围在总督所辖区域,一省、两省或两省以上者。如历代《四川总志》、徐学谟等修《湖广总志》98 卷,明万历 19 年刊本。也有叫通志的,如雍正《湖广通志》。

"通志",记载省级地方的历史、地理、风俗、人物、文教、物产等。如《畿辅通志》《湖北通志》《江苏通志稿》。近代重要的通志有:

《重修安徽通志》,350 卷,沈葆桢等修,何绍基等纂,光绪四年;

《江西通志》,180 卷,曾国藩等修,刘绎等纂,光绪七年;

《湖南通志》,288 卷,李瀚章等修,曾国荃等纂,光绪十一年;

《畿辅通志》,300 卷,李鸿章等修,黄彭年等纂,光绪十年;

清代官修三部《畿辅通志》中,光绪版体例完备,资料充实,最为有名,也最为实用。

《吉林通志》,122 卷,长顺等修,李桂林等纂,光绪十七年;

《湖北通志》,172 卷,张仲炘等纂,1921 年。

还有道光《广东通志》、光绪《山西通志》、光绪《甘肃新通志》、宣统《山东通志》、宣统《江苏通志稿》等,民国时期的《奉天通志》《黑龙江志稿》《续修陕西通志稿》《朔方通志》《安徽通志稿》《福建通志》《河北通志稿》《河南通志》《贵州通志》《新纂云南通志》和杨虎城等修《续修陕西通志稿》等。这些通志均是公认编纂得比较好的省志,是研究各省历史地理的必备史料。

"郡县志",包括"府志""州志""厅志""县志"。如《杭州府志》《广安州志》《淡水厅志》《钱塘县志》等,编纂比较好的府县志有郑珍、莫友芝纂道光《遵义府志》、冯桂芬纂同治《苏州府志》、缪荃孙纂光绪《顺天府志》和段玉裁、李芝纂光绪《富顺县志》、王闿运纂光绪《湘潭县志》等。

"合志",相邻两县或两县以上者合修的县志,如安徽的《泗虹合志》,四川的《续叙永厅永宁县合志》、江苏的《昆新两县续修合志》、汪士铎纂同治《上元江宁两县志》。合修的原因是从前的一个县,不久前划分为两县或三县,许多事物、人物原本属于从前那个县的,分开各个县志叙述,必定重复,联合修志,可以解决这个问题。

"乡镇志",又称小志。记事范围限于村镇者,如,清代《乌青镇志》《甘棠小志》《枫泾小志》,民国的《汉口小志》等。如查找乡镇志的有关线索,可看《中国地方志集成》的乡镇志专辑。

"乡土志",记事范围一般为州县,如《双山县乡土志》《宜川乡土志》《辽中县乡土志》《康平县乡土志》《蒲圻乡土志》《婺源乡土志》等。

乡土志是近代才出现的一种乡土教材,是清末以来特殊历史背景下,受日本文化的影响而产生的。乡土志的基本内容包括历史、地理、人类、物产及实业等几大类,多是记载本乡本土的地理概况、历史事实,可补方志所不及,因此具有较为珍贵的史料价值。乡土志不用传统的纪传体,使用篇、卷、章节的近代体裁。作为一种启蒙性教材,条理清楚,源流分明;简明扼要、典型性强,能以较少文字和篇幅来表述历史的脉络,便于儿童领悟。

在《中国地方志联合目录》中收录有100余种乡土志。国家图书馆现藏各地乡土志(风土志)250余种,以抄本及稿本居多,兼有石印及铅印等各种版本。国家图书馆地方志和家谱文献中心辑录的《乡土志抄稿本选编》,由北京线装书局于 2002 年影印,有 90 种之多。

"都邑志",限于城市者,如叶楚伧等修《首都志》。

"杂志",无法归入以上各种方志者,如,关志、卫志、所志、场志、兵备志(清朝在地方设兵备道)等等。

台湾成文出版社有限公司影印出版了《中国方志丛书》,将各地方志集中印出,颇便查阅。

由于章学诚曾参与修纂,《湖北通志》颇受关注。但章氏在嘉庆年间纂修的只有检存稿 4 卷、未成稿 1 卷,收入 1922 年吴兴刘氏嘉业堂刻印的《章氏遗书》中。光绪初年杨守敬又编纂过《湖北通志》。后来于光绪六年(1880)在武昌设立湖北修志局开始编纂新的《湖北通志》,吕调元、刘承恩修,张仲炘、杨承禧等纂。然几经搁置,赓续进行,延至 1921 年始刊成,由湖北省长公署刻印,称"民国《湖北通志》",但也有以其记事止于宣统三年(1911),而称"宣统《湖北通志》"者。1934 年商务印书馆影印出版,附四角号码索引,便于检索。现湖北省志办公室将其全部影印出版。

《新疆图志》是清末新疆建省后第一部全省通志。王树枬、曾少鲁等纂,宣统三年(1911)冬成书。因此书附有测绘地图(尚未全附),故名图志。共 116 卷,200 余万字,卷帙浩繁,内容丰富,包罗万象,门类分建置、国界、天章、藩部、职官、实业、赋税、食货、祀典、学校、民政、礼俗、军制、交涉、山脉、土壤、水道、沟渠、道路、古迹、金石、艺文、奏议、名宦、武功、忠节、人物、兵事等志。全面反映了清代新疆地区的政治、经济、军事、外交、自然地理、物产风俗等各个方面的情况,尤其反映了清末新疆地区的特点,可称为清代新疆的"百科全书",梁启超誉之为清代方志中"经名儒精心结撰或参订商榷"而"斐然可列著作之林者"[①]之一。

赵琪主修、袁荣叜主纂的民国《胶澳志》是胶澳商埠的方志,实际是青岛的方志,因为当时青岛从日本侵略者手中第一次收回后设有胶澳商埠督办公署,赵琪任督办,袁荣叜任胶澳商埠督办公署秘书处

---

① 梁启超:《中国近三百年学术史》,《饮冰室合集·专集之七十五》,中华书局,1989 年,第 300、304 页。

长。《胶澳志》就是在那时纂的。1938年日本第二次占领青岛时,赵琪却当了汉奸。该志记载了光绪二十三年(1897)德国将青岛强占为租借地、第一次世界大战后日本侵占青岛和1922年北洋政府收回青岛三个时期的青岛早期历史,共约30年。体例较完备,规模宏富,设沿革志、方舆志、民社志、政治志、食货志、交通志、教育志、建置志、财赋志、人物志、艺文志、大事记等卷目,并附图8幅:胶澳商埠区域图、青岛市街图、胶澳东部地形山脉图、胶澳西部地形山脉图、崂山游览图、青岛及附近周年雨计分配略图、青岛周年有雾日期有雨日数及雨量变差图、青岛周年气象变差图。资料翔实,详今略古,对德国侵占租借始末、日本侵占始末和中国收回始末都立题详记,并指出"在德人心目中租借同于割让"。该书1928年由青岛华昌印刷局铅印出版,共12卷60万字。

鸦片战争前成书的《八旗通志》,不仅是记录八旗制度的政书,而且更应该是方志的一种,因为驻防八旗具有与行省一样的地位,其志书里有地方志通行的类别,分旗分、土田、营建、兵制、职官、学校、典礼、艺文八志;封爵、世职、八旗大臣、宗人、内阁大臣、部院大臣、直省大臣、选举八表;宗室王公、名臣、勋臣、忠烈、循吏、儒林、孝义、烈女等列传。各地八旗驻防志,更如行省通志一样,有建置志、风土志、食货志、学校志、武备志、职官志、选举志、仕宦志、人物志、列女志、艺文志等。由马协弟主编,辽宁大学出版社1990年出版的《清代八旗驻防志丛书》收录了《驻粤八旗志》《杭州八旗驻防营志略》《绥远旗志》《京口八旗志》《福州驻防志》《荆州驻防八旗志》和直省、东北、新疆等地八旗驻防志(史料汇编),对于研究八旗驻防制度和驻地地理、历史提供了史料。但该丛书点校质量比较差,错误多,阅读时要注意,前面几种最好找来原著阅读使用,以免以讹传讹。

余绍宋(越园)编纂的《龙游县志》,被梁启超推崇备至,认为有十大优长:掌故、文征别为附志,以隶于正志,主从秩然,其长一也。述学之旨,具见叙例。其正志则以胸中绳墨自检束,寓文理密察于洁净精微中,其长二也。征引之书,不下四五百种,实为搜集史料、辨证史料之最好模范,其长三也。以平恕之心,衡量前人,既不盲从,亦不轻侮,旧志舛者订之,可存者采之,一经甄冶,转成璆琳,其长四也。通纪之作,综一县二千年间大事,若挈裘振领,为考表传略之尺度,俾得所丽,其长五也。《氏族考》之义例为千古创体,前无所承。其功用则抉社会学之秘奥,于世运之升降隆污,直探本原,其长六也。《艺文考略》,仿朱氏《经义考》例,详录其序例解题,或自作提要,间加考证,令读者得审原书价值,以年代为次,一展卷而可见文学盛衰之大凡,其长七也。《食货考》,以户口田赋水利仓储物产及物价为次,什九皆凭实地采访,加以疏证;其必须参考官书格式者,则入诸附志之掌故,以期体裁峻洁,读者不迷,其长八也。创立都图表,道里远近,居民疏密,旁行斜上,一目了然,兼以与氏族考互证,其长九也。采康对山《武功志》之意,美恶并书,非但以存直道,亦将以儆官邪,俾图治者得所鉴焉,其长十也。①

为了促进地方志文献资源的保护与开发,使之更好地服务于地方经济文化建设,服务于学术事业,南京图书馆特影印出版《南京图书馆藏稀见方志丛刊》,收录南京图书馆藏方志140种,涉及沪、冀、晋、蒙、陇、宁、新、鲁、江、浙、皖、赣、闽、台、豫、鄂、湘、粤、桂、蜀、滇、藏等22个地区。其中,孤本方志52种,国内收藏单位在3家以内的稀见方志88种。每种方志撰写有提要。

成立于明治三十三年(1900)的上海东亚同文书院,每年夏秋分派即将毕业的学生到中国各省作实地考察。从山川城邑到人情风俗,从物资特产到农牧收成、水陆交通等,巨细靡漏,无所不包。彼等北渡黄河,逾阴山;西越秦岭,履蜀道,攀峨眉;南踏滇粤之区,历苗瑶之野,栉风沐雨,足迹几乎遍布支那各省,调查稿件达二十万页余。《支那省别全志》即以此调查报告为主,在旧方志基础上加以新的内容修订而成。《支那省别全志》于1917—1920年在日本东京出版,共18卷:第一卷广东省(附香港、澳门);第二卷广西省;第三卷云南省;第四卷山东省;第五卷四川省;第六卷甘肃省(附新疆自治区);第七卷陕西省;第八卷河南省;第九卷湖北省;第十卷湖南省;第十一卷江西省;第十二卷安徽省;第十三卷浙江省;第十四卷福建省;第十五卷江苏省;第十六卷贵州省;第十七卷山西省;第十八卷直隶省。各卷大体包括以下内容:一、总

---

① 梁启超:《龙游县志·序》,《饮冰室合集·文集之四十三》,中华书局,1989年,第2页。

论(各地沿革、面积、人口、气候、民俗、军事概况、对外关系等);二、都市(通商口岸、主要城市及各县城);三、贸易;四、交通(铁路、公路、船运、邮政与电信);五、农林渔牧;六、工矿;七、商业与金融;八、度量衡。每卷约一千余页,图、表、文兼具,并附有地图。2015年以《中国省别全志》为名由国家图书馆出版社出版。冯天瑜认为:"以中国固有旧方志为基础,又大量补充东亚同文书院调查材料,并部勒以近代地方志体例,是《支那省别全志》的修纂特色。"①

地方志太多,检阅起来很不方便。于是就有学者将地方志中的有关内容摘编辑录成书,这是一件大好事。

来新夏主编了《中国地方志历史文献专辑》。据其序言称:"《中国地方志历史文献专辑》的取材,不限于一地区或一收藏单位,而是搜访全国之收藏。然后,全方位地比对一地区不同纂修年代之版本,论证其史料价值及版本价值而慎加遴选,一般以每一地区较晚之方志为主,盖取其记述较全,编制较善,征选较易耳。该书所选全国方志达2600种,先以'建置沿革''灾异'及'金石'三类,分别类编。并附一《今旧地名对照表》及分编索引,以方便读者使用。"②《中国地方志历史文献专辑·灾异志》,来新夏主编,学苑出版社2009年出版。本书可为中国历代灾害史、天文地理史以及赈济制度的研究,提供系统的第一手原始文献。《中国地方志历史文献专辑·金石志》,来新夏、赵波主编,学苑出版社2012年出版。该书著录近三千种旧方志,收其碑记、篆刻等金石相关内容,涵盖题、序、记、文、赋、诗等多种文体。这是目前一套全面、完整、系统的金石志资料集。还有《中国地方志历史文献专辑·建置沿革志》。

地方志是一个资料的宝库,各种专业都可从地方志中找到相关资料,汇编各种专题资料。

《中国地方志民俗资料汇编》就是一种专题内编性质的书,选编了几千种地方志中有关民俗的记载,分为华北、东北、西北、华东、中南、西

---

① 冯天瑜:《〈中国省别全志〉印行面世》,2015年9月15日《古籍新书报》。
② 来新夏:《中国地方志历史文献专辑·金石志》,学苑出版社,2012年。

南六卷,每卷基本按现代行政区划对应编排,颇便查阅。如:

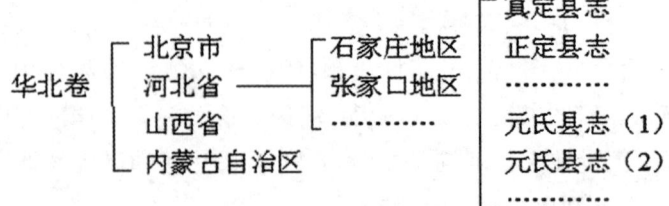

该书所记录的民俗资料共有七大类:礼仪民俗、岁时民俗、生活民俗、民间文艺、民间语言、信仰民俗、其他。大类下又分为若干小类目,如,礼仪民俗下分婚礼、丧礼、祭礼等,生活民俗下分衣、食、住、行等项。所收方志均注明卷数、版本,许多地方还收了不同年代的版本,可以互相参阅,窥见其民俗的变迁。由于编纂的目的是为研究工作提供资料,对所选录的文字尽量保持原貌。该书对民俗学、风俗史和社会生活史的研究提供了相对集中的方志资料,省去读者许多翻检之劳。惟选录资料多摘抄自方志中有名目的集中叙述的民俗内容,而散见于其他章节或篇目中的民俗资料很少辑录。该书由丁世良、赵放主编,书目文献出版社1986年起陆续出版。

戴鞍钢、黄苇主编的《中国地方志经济资料汇编》,1999年由汉语大词典出版社出版。该书将散布于我国不同地方志中的经济资料汇编在一起,内容丰富,资料翔实,这些资料对研究中国经济的发展变迁具有极为重要的作用。

何建明主编的《中国地方志佛道教文献汇纂》,由国家图书馆出版社于2012年出版。共1039册,收录1949年以前编纂的全国各省市区县及乡镇的各种地方志文献(寺观志除外)6813种。其中,汉—唐和宋辽金元方志辑佚本337种,唐本4种,宋本38种,金本1种,元本9种,明本704种,清本5108种(含旧志清刻本),民国本1569种(含旧志新版本),各类稿本143种,各类抄本800余种。全书分寺观卷、人物卷和诗文碑刻卷三个系列,依照2012年中国官方公布的最新行政区划,按地区(华北、东北、华东、华中、华南、西南、西北和港澳台)及所属的省市区县乡镇和方志版本的历史时间顺序,依次先后排列,并将全部的各甄选文献的前面统一新增该文献所属方志的版权页,标明类别、地名、地方志、修纂者及时代、版本种类及时间等重要信息。据出席该书出版座谈会的方广锠称:"《中国地方志佛道教文献汇纂》有两大特色:第一,规模之大,使它成为前所未有,大概在今后一定时间段内也难以超越的佛道教方志资料的高峰。第二,这一文献汇纂把佛教、道教资料一并纳入,适应了当前学术发展的需要。"①

《地方志人物传记资料丛刊》,徐蜀等主编,国家图书馆出版社 2010 年起陆续出版。以国家图书馆的馆藏为底本编辑影印而成。直接采用的地方志有 3000 种左右,在编辑过程中参考对照的方志在 6000 种以上。由于各地方志的修撰都具有连续性,后代续修者常把先前所修志书的一些内容全部照搬,或改动不大。在编辑过程中为免重复,同一地区的方志在质量有保证的情况下,一般采用后修的本子;如早期的本子确实优于后来者,即采用前者,再用后修本子中的内容作补充。全书共分西北、西南、东北、华北、华南、华东六卷。为便于使用,在每卷后附有人名笔画索引。

此外还有吴觉农主编,农业出版社 1990 年出版的《中国地方志茶叶历史资料选辑》等。这类方志专题资料汇编,极大地方便了研究者,使他们省去了四处搜寻方志之麻烦,节约了对每本方志进行爬梳的时间和精力,实为嘉惠学界,功德无量之好事。

二 专志

"专志"是专记某项内容的志书,有山水志(山志、水志、山水合志)、名胜志(庵志、庙志、祠志、塔志、陵志、楼志)、书院志、岛屿志、巷里志等等,《西湖志》《庐山志》《白鹿洞书院志》《内阁小志》《泉志》《风俗志》等都属于专志。专志是从地方志的类别志基础上发展起来的。

---

① 《中国地方志佛道教文献汇纂》出版座谈会书面发言,https://www.douban.com/group/topic/39763534/。

相对于地方志内容广泛,包罗万象来说,专志内容集中于某项事物的专题记述,将其来龙去脉、方方面面叙述得很详细,有关资料囊括无遗,是史学专题研究的基本史料之一。

梁廷枏著《粤海关志》,30卷。备载粤海关沿革、通商情况及当时的行政制度,分皇朝训典、前代事实、禁令、兵卫、贡舶、市舶、行商、夷商等十四类,所记始于乾隆朝,止于道光十八年(1838)。不仅从文字上对各口岸的情况作简要的说明,而且绘有各口岸图,图文并茂,使读者对历史上粤海关口岸的情况有更为形象的认识。广州是鸦片战争前唯一准许外国商船来中国贸易的口岸,因此,本书是研究鸦片战争前中西通商、中外关系的极重要史料。有道光年间刻本,1935年北京文殿阁排印其中一部分。广东人民出版社2002年出版校注本。

凌鸿勋于1954年在台湾编著的《中国铁路志》是一部非常好的专志,好就好在保存的原始史料丰富。据作者自己介绍:

> 作者自民国初年服务铁路起,即好保存资料,其有重要铁路设施,或计划估计统计等,每喜抄存。其时只以工程建设为限,自后主持铁路工程,且涉管理行政,凡有重要事项或数目字,每笔之于案头日记,查核时举手即得,不必有待于调卷之烦,积而久之,遂成习惯。所搜存亦不以工程事项为限,凡中央重要决策设施,甚至他路之经画进展情形,见诸报章或公报者,每为剪存,单行刊本搜集亦多。自日人发动战争,京居沦陷,以前资料,散失殆半,然自后益觉资料之可贵。抗战后干役于西南与西北,工作紧张,战局变化亦大,于整个铁路变迁的经过不无脱节。其后入襄部务,由重庆胜利还都,以至戡乱再度撤出南京的四年,于铁路兴废知其大概,日记积存更成巨帙。幸经多方保存,所有毁余文件尚能运达台湾,年来稍加整理,觉其中有弥足珍贵者。私人搜存,不应久阈。几经知友之督促,遂不揣简陋,从事编一部《中国铁路志》,将八十年来中国铁路历史,采其精华,揽其概要,以便于铁路界人士之参考,与关心铁路者之阅览,似亦作者应有之责任。①

---

① 凌鸿勋:《中国铁路志·前言》。

可见作者保存资料之艰难与可贵。该书分上下两编,上编总述,依铁路之全面问题,如组织、管理、建设、运用、财政、统计,以及对外关系等,其叙述为横的性质。下编则就每一路加以分述,以期每路由始至今,所有筹划建设及运用经过,为纵的叙述。始于同治年间,大陆各路记至1947、1948年左右,台湾铁路则记至1953年。各路除述其经营经过外,并将路线依其路别或区域制成简图,俾于各路的环境及其联系,与当初设计及比较选择,得以一目了然。另于编末附入中国铁路大事简明年表,及铁路里程总表以资参考。

1932年7月,实业部提议展开全国实业调查并编写"全国实业志",按照计划,调查工作分4期进行,前期由实业部国际贸易局分省调查编写了《中国实业志(一)江苏省》(1933)、《中国实业志(二)浙江省》(1933)、《中国实业志(三)山东省》(1934)、《中国实业志(四)湖南省》(1935)、《中国实业志(五)山西省》(1938)。《南开大学中国社会史研究中心资料丛刊》中有一部《近代中国实业志》(凤凰出版社2014年出版),收录了以上5个报告和个人编写的实业志2种,即杨大金编《现代中国实业志》(中华书局1938年初版)、吴承洛编《今世中国实业通志》(中华书局1929年版)。附录调查报告3种:《直隶省商品陈列所第一次实业调查记》(直隶省商品陈列所编,1917年)、《后套实业调查记》(朴学齐著,1923年)、《江西之实业调查与统计》(卫士生编,1935年)。其中中央大学杨大金以个人力量编纂的《现代中国实业志》上下册,史料翔实,用他自己的话说:"旁搜海外,远绍前修,专家所造,铅椠所传,并施采揽,疏通其义而申引之。阅时数稔,稍得条贯,其所苞育者广矣,其所标举者众矣。"[1]上册为第一编制造业,涉及39种主要制造业和其他14种制造业,下册为第二编矿冶业,涉及煤和各种金属矿与非金属矿。这些实业,既有概貌总论,又有分地区分企业的具体介绍。吴承洛编的《今世中国实业通志》与杨书相反,上册是第一编矿冶业,下册是制造业。内容不乏雷同之处。

由著名建筑学家、建筑教育家童寯(1900—1983)所著《江南园林

---

[1] 杨大金:《现代中国实业志·自序》,中华书局,1938年。

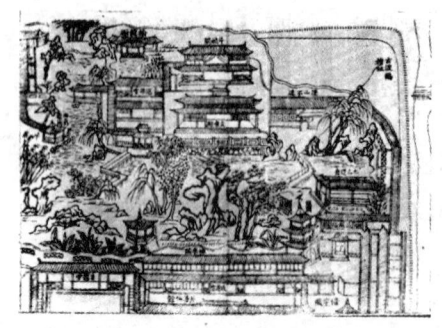

版画二十三 上海愚园图(摹自清同治十年—1871刊上海县志)

版画二十四 上海也是园(清光绪三十一年—1905《沪游杂记》上海维记)

图9-2 《江南园林志》书影

志》也是很有价值的一部专志。童寯在20世纪30年代初在上海工作期间,利用工作余暇遍访江南(苏、浙、沪)60多处园林,在实地踏勘、调查的基础上,又广为收集文献资料,于1937年完成此书。内容包括文献举略(著录我国有关园林方面的志乘、野史、笔记等)和造园、假山、沿革、现况、杂识五章,并论述中国诗、文、书画与园林创作的关系。书中图片部分包括版画、图画、照片、平面图等共340余帧。在许多园林早已无存的情况下,书中的测绘图纸和照片都格外珍贵。1963年由中国工业出版社出版。20世纪80年代中国建筑工业出版社又印了第二版。

胡朴安20世纪20年代初编纂的《中华全国风俗志》很有影响,为中外文化学术界,特别是民俗学研究者所看重。主要内容为汇编全国各地方志和古今笔记、刊物中所载风俗,举凡生产、贸易、居住、饮食、器物、服饰、娱乐、婚嫁、丧葬、祭祀、礼仪、时令、语言等风俗习惯,无不抄录。该书分上下两编。上编摘自历代的史志、笔记,下编抄自近代报刊、杂著、游记等,把散见于浩繁卷帙之中有关风俗民情的资料加以摘抄整理,汇集成册,免除了人们的翻检求索之劳,是一大贡献。上编所抄录的民间风俗颇为简单,每县的介绍基本都是寥寥数语,大都为县志等所载,不过还算准确。下编有不少报刊、游记所载短文,生动活泼,饶有趣味。惟上编摘抄文字虽注明出处,然十分简略,令人费解;而下编抄录的各篇又不注出处,使人茫然。1923年上海大达图书供应社首先刊行,20世纪80年代以后,有几家出版社重印了该书。对研究社会风俗史很有价值。

湖北武汉负有盛名的黄鹤楼也有了专志,那就是冯天瑜主编的《黄鹤楼志》。这是一部综汇古今,详记当代的新志书,其体例多有创新之处,主要内容分为概述、古楼兴废、巍峨今楼、园林胜景、旅游服务、名人游踪、艺文荟萃、轶闻传说、大事纪略等10章。虽然是新志,但采录了许多历史资料,并注明出处,具有存史的作用。该书于1999年由武汉大学出版社出版。

王日根、薛鹏志编纂的《中国会馆志资料集成》,收辑大量散见于各地图书馆、民间或私人手中的会馆志和征信录等稀珍藏本,系统展现不同历史时期各地会馆的设立过程、运行机制、管理规约、捐输源流、兴衰历程及其特点各异的社会功能,对于挖掘和保存中国优秀的本土文化资源,借鉴和发扬传统乡土社会流动人口和行会社团管理的有效经验,都具有深刻的现实意义。厦门大学出版社2013年出版的该书第一辑收录有道光《重续歙县会馆录》、同治《陕省安徽会馆录》、光绪《京都绩溪馆录》、光绪《苏垣安徽会馆志》、宣统《金陵石埭会馆录》、民国《金陵旌德会馆志》、光绪《浙省安徽会馆志》、民国《闽中会馆志》、光绪《漳郡会馆录》、同治《潮州汀龙会馆志》、道光《湘潭闽馆类成堂集》《八闽会馆总簿》、光绪《福州两广会馆纪略》《新加坡福建会馆章程》《马来西亚华族会馆史略》、光绪《汉口山陕西会馆志》《京师华州会馆章程》《北京宝庆五邑会馆财产志》《北平湖广会馆志略》《北京湖南会馆志略》《上海洞庭东山会馆落成报告书》《上海同仁堂征信录》《上海育婴堂征信录》《上海同仁堂栖流局育婴堂商船捐征信录》《上海辅元堂施医局征信录》《上海工商业会馆公所征信录选辑》、嘉庆《汉阳会馆题名匾录》《徽商公所征信录》《新安怀仁堂征信录》。附录《六安创建会馆兴讼底稿》《上海市通志馆收藏征信录目录》等。其中有一部分经理公益款项的收支报告书《征信录》,史料价值也是比较高的。

白化文、张智主编《中国佛寺志丛刊》及续编,全130册,江苏广陵古籍刻印社1996年起出版。佛寺志有三种,有的专记某一地域寺院之兴废沿革,有的专记一山梵宇之兴衰,有的专记某一寺院的历史与现状。后面这一种寺志数量最多,内容最丰富。修志者,有寺僧、名儒居士,也有官方所修,其内容大致包括:图考、沿革、山水、古迹、建置、僧传、法语、寺产、规约、艺文等。众多的寺志组成了一部最详备、最直接、最原始的中国佛教史。人们可以从中发掘出中国历朝历代的政治、经济和佛教的关系以及中国文化发展与佛教的关系,各地民俗和佛教千丝万缕的联系。收入本丛刊有:许多著名佛寺的志书,如,《少林寺志》《玉泉寺志》《寒山寺志》《灵隐寺志》《天童寺志》《龙华寺志》《洪山宝通禅寺志》等;一些佛教圣山的志书,如,《峨嵋山志》《琅琊山志》《九华山志》《金山志》《宝华山志》《普陀山志》《鼓山志》《黄梅老祖山志》等;还有部分地方关于佛寺的志书,如,《金陵梵刹志》《吴都法乘》等。另外,还有《中国道观志丛刊》(全36册),广陵书社编,江苏古籍出版社2004年出版。

还有一种"救生类志书",也属于专志,向来无人研究。实际上,清末救生志书体例已经成熟,包括文件案牍、规章制度、收支款项、田房契约、地图图绘五大部分内容。救生类志书的编修,对当时倡导张扬民间慈善救济,进一步推行水上救生事业的发展,无疑是颇有益处的;同时也为今天的社会史、经济史、交通史研究留下了宝贵的史料。[①]

《岳州救生局志》,光绪元年(1875)刻本。八卷,分别为文件、章程、银捐、典息、契据目录、图考。附《岳州救生局征信录》和《救活人口姓名》各一卷。内容相当完备。

《峡江救生船志》,光绪三年(1877)刻本。两卷,卷一为文件,卷二分为碑记、章程、滩路、用款、典息、契券、另册图考。

《衡山救生局志》1921年印。内容首为案牍,次为捐款,次为契约,胪列详明,有条不紊。

各地还出版了《地震志》《水文志》等,是编纂地方志时的副产品,对于研究这类专题颇具参考价值。

[①] 参见蓝勇:《中国历史上特殊的地方志书——救生类志书》,《中国地方志》2015年第12期。

三　年鉴

《宋史·艺文志》中，著录有《年鉴》一书，最早见于北宋庆历元年（1042）官修书目《崇文总目》，为唐末宋初术数类典籍中有关五行时令的书籍，不是今天所讲的"年鉴"，而且已佚。① 现代年鉴起源于西方，英文一般称作 yearbook、annual 或 almanac。汉字"年鉴"一词是日本人首创，中文文献直接借用过来。年鉴是一种按年编撰出版的参考性工具书，即汇集上年一年之内的新闻、事件、数据和统计资料，按类编排。年鉴之名称出现较晚，但编年鉴的制度起源甚早。汪兆铭（精卫）认为："《周礼》：大司徒岁终令教官正治而致事，正治谓处其文书，致事谓上其计簿，岁集教官所上文书计簿而编次之，当即教育年鉴；使其法果行至今不废，则三千余年之教育年鉴，已可蔚为中国教育全史之大观，不待今日而中国教育年鉴始为第一次也。"②

年鉴的主要作用在当年是向人们提供上一年内全面、真实、系统的事实资料，便于了解事物现状和研究发展趋势。由于它博采众长，集辞典、手册、年表、图录、书目、索引、文摘、表谱、统计资料、指南、便览于一身，具有资料权威、反应及时、连续出版、功能齐全的特点，保存了许多具体资料，是今天研究历史的一种重要史料来源。黎锦熙在谈县志作用时，顺带提及年鉴，他认为："年鉴之体制颇卑，直昔日之类书耳；然其功用绝大，今之一切学术研究与施政设教乃至经商企业皆资之。年鉴必发轫于地方，而后综合于全国，参加于世界，则繁简详略，皆能不失其准确性。"③戴传贤更认为年鉴是最新的历史："年鉴之体例，类于合典、志、考而为一之史乘，史之最新者也。"④用今天的话说，年鉴就是当

---

① 参见牟国义：《宋代〈年鉴〉一书考略》，《江苏地方志杂志》2012 年第 5 期。
② 汪兆铭：《第一次中国教育年鉴·序》，教育部中国教育年鉴审委员会编，1934 年。
③ 黎锦熙：《方志今议》，商务印书馆，1940 年，第 5 页。
④ 戴传贤：《第一次中国教育年鉴·序》，教育部中国教育年鉴审委员会编，1934 年。

代史。汪兆铭称其史料价值云:"年鉴者,吾人身观而亲知之最近史料也。"他认为"年鉴之作,岂独限于教育,如交通、实业、经济、内政、外交各年鉴,皆与教育年鉴有密切关系,合而观之,乃能得其全象。"他希望"其相观而益善,相得而益彰也"。①

南京国民政府成立后,各个部门都出版了年鉴,如1928年,北平社会调查部编印了《中国劳动年鉴》。1931年,大东书局出版了《世界年鉴》;1932年,南京铨叙部编纂出版了《铨叙年鉴》;同年,北新书店出版了《中国文艺年鉴》;1933年,南京中国图书馆编印了《图书年鉴》;1934年,上海法治书店出版了《中国外交年鉴》;1935年,南京交通部编印了《交通年鉴》;1936年,上海商务印书馆出版了《内政年鉴》;1937年,国民党国际事务局编辑出版了《中国年鉴》等等。

近代中国曾陆续出版过一些综合性年鉴,如《中国年鉴》《世界年鉴》《申报年鉴》等;地方综合年鉴,如《香港年鉴》《上海市年鉴》《台湾年鉴》等,其他各地亦有这类综合年鉴出版;专业性年鉴,如《中国经济年鉴》《中国教育年鉴》《商业新年鉴》《中国电影年鉴》等。《香港年鉴》是最先出版的城市综合年鉴,所登载的内容不但可以反映当时香港一地的概貌,还可以看出鸦片战争后,中国沿海通商各口的商行、外侨的简况。上海神州编译社印行的《民国二年世界年鉴》是中国人自己编纂的第一部年鉴,也是一部辛亥革命的纪录史,有黎元洪、袁世凯、章炳麟等诸多名人题词。上海有编年鉴的传统,最早的是1854年的《上海年鉴》。1935年至1937年、1946年至1948年,上海市通志馆、上海市文献委员会曾编纂《上海市年鉴》6种。另外,上海华东通讯社出版有1947年《上海年鉴》。上述年鉴均收录于上海书店出版社《民国上海年鉴汇编》之中。

下面介绍几种年鉴。

《上海年鉴(1854)》是《北华捷报》出版的第三本《上海年鉴》,也是目前可见最早的一册《上海年鉴》。为复原上海开埠初期的面貌提

---

① 汪兆铭:《第一次中国教育年鉴·序》,教育部中国教育年鉴编审委员会编,1934年。

供了重要史料。上海市地方志办公室在上海图书馆的配合下重印了这部年鉴,由上海书店出版社出版。

阮湘等编辑,上海商务印书馆 1924 年印行的《中国年鉴》,是第一部反映中国国情内容的年鉴。该书序言云:"本年鉴应时代之要求,从事编纂,参考图籍不下百数十种……或取诸公私记录,或译自外人调查,犹有未尽,则直接稽考编次之,以期充实。各门内容,特措意于数字统计,篇幅逾全书三分之二;而于各种典制沿革,以及凡百近况,加以简要说明,以补统计之不足。复以自有清末造,迄于今日,为吾国政治上、社会上最大转折之期;且世界各邦,文明日进,观摩取益,所待正多,故殿以《二十年来中国大事记》,以明既往而测将来;附以世界之部,以资参较而图改进焉。"有 1700 个细目,有检索系统,内容分为土地、人口、政治、军事、财政、金融、交通、水利、农工商业、教育、宗教以及 20 年来大事记等,有阴阳历对照表,五千年间星期检查表。百科比较全面,内容贴近现实。对此后年鉴发展影响重大。此时的年鉴为我国开创时期,为以后年鉴发展奠定了基础。

实业部中国经济年鉴编纂委员会编的《中国经济年鉴》,为民国时期编纂的大型年鉴,1934—1936 年间共出版 3 次,分别是《中国经济年鉴》(1934)、《中国经济年鉴:民国二十四年续编》(1935)、《中国经济年鉴:民国二十五年第三编》(1936),每册共 5000 页左右,记录各经济门类、各省经济情况,内容丰富翔实、数据可靠,具有很高的文献价值。国家图书馆出版社 2011 年合订出版。附带收录了《第一回经济年鉴纪念册》《第二回经济年鉴纪念册》以及太平洋经济研究社所编的《中国经济年鉴:1947》《中国经济年鉴:1948》,以资参考。

经济类年鉴还有《财政年鉴》,两册,财政部财政年鉴编纂处编,商务印书馆 1935 年印。内容分财政概况、财务行政、会计、国债、金融、地方财政等 13 篇。1945 年有续编,1948 年又有第三编。

《第一次中国教育年鉴》,教育部中国教育年鉴编审委员会于 1934 年编。从戴传贤(季陶)为该书所作序言可知其内容:"教育部将近代中国教育之沿革、制度、典章,以及教学之情况,学术之大势,人事之消长进退,经费之增减,一一根据详明之调查、统计,汇为专书,而殿之以教育先进之事略,与各国教育之概要,名之曰《中国教育年鉴》俾成为继续久远之工作,令全国从事于政、教事业、学问者得所观摩,诚近年来至可赞叹称美之一大事业也。"①因为路途遥远,于东北地区的辽、吉、黑、热等省未得直接之材料,语焉不详,实为一大缺憾。

《中国电影年鉴1934》,中国教育电影协会编。分通论、专论、史实、各国电影检查、中国电影行政、电影商业、电影从业员和附录等部分。虽称为年鉴,但由于是首次编纂,内容追溯到以前的历

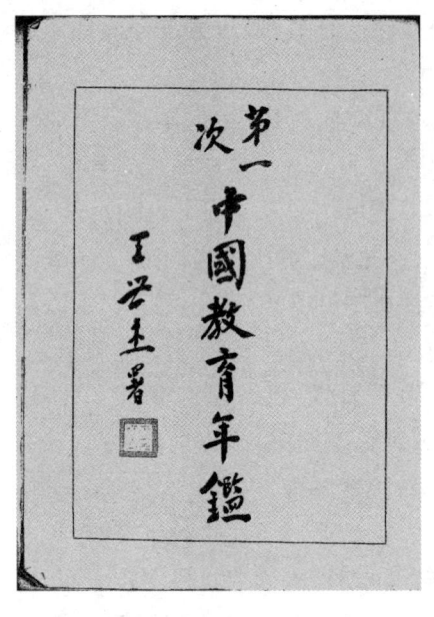

图9-3 《第一次中国教育年鉴》书影

史,包括关于我国及各国电影的历史、理论、电影教育的历史以及运用电影实施教育的历史和发展过程的实录。现实内容则有当时全国所有制片公司、各大影院、电影从业人员的名录,及1932年至1933年国产片和进口影片的详尽片目与分类记载。中国广播电视出版社2008年出版了影印本,对中国电影史学界的研究无疑具有重要的现实意义和学术意义。

《申报年鉴》,于1932年《申报》创刊60周年之际创办。第一期于次年一月编竣,同年出版。此后每年出一编,直到上海沦陷。日军侵占上海期间,《申报》成了敌伪的宣传工具,于1944年复刊过一期。1932年第一本年鉴上有马相伯的扉页题字。《申报》总经理史量才亲撰卷首语,道出《申报年鉴》创办之旨趣:"《申报》既以促进文化之责自励,又以顺时演进自策,则为读者需要计,宁有故步自封于日报之理?于是

---

① 戴传贤:《第一次中国教育年鉴·序》,教育部中国教育年鉴编审委员会编,1934年。

同人乃益相督责……复有年鉴之编辑。"主编张梓生的《编者序》称："日报的记载,缺乏系统的叙述与综合的探究。为进一步服务社会、满足国民的需要起见,所以于创刊60周年纪念时,有这年鉴的制作。"要目分为:"一年来之国难""土地""历象""人口""政制""考试""财政经济""侨务""交通水利""社会""教育""出版""学术""宗教""六大都市(南京、上海、汉口、天津、广州、北平)""国内大事日志""世界""便览"等。从内容编排来看,该书基本仿照当时欧洲所出的年鉴。2012年,《申报》创刊140周年之际,上海书店出版社将5册《申报年鉴》影印出版,目的是将其与《申报月刊》相配合,"俾日报月报为经,年鉴为纬",相辅相成,相得益彰,更好地为海内外专家学者提供相关的可以长久保存和使用的文献史料。据学者研究,《申报年鉴》具有详细、准确、完整的特点。① 这些特点,其实应该是《申报》所具有的。对于《申报年鉴》的局限性,其主编张梓生曾回忆说："此事有数困难:经营草创,难期完备,一也;材料来源不同,每相矛盾,统计数字,尤难正确,二也;篇幅有限,事态无穷,既恐过繁,又惧遗漏,三也;世界经济,浩无涯岸,附带撮述,决策尤难,四也;世事变化,莫可捉摸,早甫草就,暮成过去,五也。"②

---

① 傅德华、于翠艳:《〈申报年鉴〉的历史文献价值》,《中国索引》2013年第1期。
② 张梓生:《改编经过》,《申报年鉴》,申报馆特种发行部,1934年,第2页。

第十讲　政书与典制类史料

典章制度原在正史中用"书"或"志"介绍，后成专门著作，称为"政书"，与前面介绍的作为官员职务作品的"政书"不同。首先是《史记》，用"八书"记载政治制度和社会经济情况，它们是礼书、乐书、律书、历书、天官书、封禅书、河渠书、平准书。班固《汉书》改为志，有律历志、礼乐志、刑法志、食货志、郊祀志、天文志、五行志、地理志、沟洫志、艺文志，他扩大了范围，不仅仅是典章制度和经济，将有关图书典籍目录也编为艺文志。《三国志》有纪传而无志，范晔撰《后汉书》，未及撰志而被杀。嗣后的正史，有的有志，有的无志，并不一致。为补志的不全，有人综合编撰历朝典章制度为一书，于是，就有了"九通""十通"之类的政书，比较集中地提供政治、经济制度的资料。冯尔康《清史史料学》称："政书，是政府各部门规章制度本身的记录，各项政治、经济、文化政策和它实行情况的著作，比较集中地提供了社会政治、经济资料，是重要类型的史籍。"①诏令奏议因其内容涉及政治、经济、文化制度，因而也被视为是政书类文献，如《朱批谕旨》《圣谕条例》《圣谕广训》等均是。

典章制度在历史研究中具有重要性。陈恭禄指出："政治制度是上层建筑，由经济基础而产生，对于社会每一阶段的发展，有维护、巩固或束缚、阻碍的力量。每一阶段适应生产力的发展，制度先后也有不同。研究历史，若不明了政治组织和社会、经济制度，便不能深入了解

---

① 冯尔康：《清史史料学》，沈阳出版社，2004年，第61页。

促成发展的情况,也不能有适当的说明。"①官制、科举制度、礼仪、法令、则例、赋税制度等等既是在各种研究中常常会碰到的问题,又是制度史的重要研究对象。典制诸书把典章制度的订立、施行、演变的情况较为详细地记载下来,对这些典章制度的利弊和时人的反应也作分析,是研究历史不可缺少的资料。了解了一个时代的典章制度和国家法令政策,就能对那个时代的社会类型、结构与状态有深入的理解。但是,制度是"死的",执行制度才是"活的",所以采集制度文本比较容易做到,更重要的是还要通过其他方面的史料来考察制度实施的状况,所以陈恭禄还指出:"法令制度仅是空文,运用的情况和实施的效果,另为一事。抄录若无考证和说明,读者不能辨别,贸贸然信以为真,便非诬即枉。"②同时,根据世界上一切现象都是彼此联系的、互相制约的这一规律,也应当了解产生这种制度的历史条件。如,南京临时政府成立后,先采用总统制,后制定《临时约法》时,规定实行内阁制,袁世凯当了大总统后,又恢复总统制,这里面的深层原因比这两种制度的文本更值得研究。

下面介绍的既有官修的"政书",也有学者编纂的典章制度类史书。

一 晚清政书

《四库全书总目》依据官修政书所反映的内容,把政书分为通制、典礼、邦计、军政、法令、考工六小类。最著名的则为"三通"。

(一) 通制类政书

唐杜佑著《通典》,属政典类图籍,专记典制,分食货、选举、职官、礼、乐、兵、州郡、边防八门;南宋郑樵著《通志》,属通史类图籍,但其中"二十略",大多属于典制史,分别是氏族略、六书略、七音略、天文略、

---

① 陈恭禄:《中国近代史资料概述》,中华书局,1982年,第319页。
② 同上书,第321页。

地理略、都邑略、礼略、谥略、器服略、乐略、职官略、选举略、刑法略、食货略、艺文略、校雠略、图谱略、金石略、灾祥略、草木昆虫略;元马端临著《文献通考》,总古今典章制度而考之。此三书史称"三通"。三通只是"通到"作者著书时,后面的需要补充,于是有了续编。

清代编纂了《续通典》《续通志》《续文献通考》,沿袭"三通"的体例分别将前面各书续到明末为止。然后又编纂了清朝本朝的"三通",即《清通典》《清通志》《清文献通考》。二者与"三通"合称"九通"。

《清通典》原称《皇朝通典》,乾隆时官修,100卷。将乾隆以前的清代典章制度分门别类,加以记载,颇便检阅。清三通虽作于近代以前,但许多典章制度沿袭到晚清,要作近代史研究,也须了解清三通。

《清通志》原称《皇朝通志》,乾隆时官修,120卷。本来《通志》为纪传体通史。但《清通志》省去本纪、列传、年谱,因为这些在"实录""国史列传"及"宗室王公功绩表传"诸书中已收录,馆臣不敢再加撰述,仅存与《通典》《文献通考》性质相近的内容,以凑足清"三通"之数。除氏族、六书、七音、校雠、图谱、金石、昆虫草木诸略(书)外,大体与《清通典》相重复。

《清文献通考》又称《皇朝文献通考》。乾隆时嵇璜等奉敕修撰,300卷。是记清代前中期行政制度和社会经济制度的资料汇编。所依据的材料为实录、国史、钦定诸书以及档案资料、私人著述。分门别类,每事系年,详其原委。对乾隆以前之清代文献,编辑翔实,翻检称便,是研究清代典章制度必阅之书。清三通中《文献通考》最为人所常用。

来新夏在《清人笔记随录》著录王庆云的《石渠余纪》时曾说:"有人尝说不读'三通'非通人。研究清代历史读'清三通'固佳,但卷帙浩繁,不若先读《石渠余纪》,眉目清醒,条理清楚,且有各类具体数字,读后可大致了解清代有关典制。间有上溯前朝源流变迁者,尤有益于研究政治、经济各门类之参考。"①

以上三书都只编到乾隆朝止,乾隆以后的典章制度则要阅读《清朝续文献通考》。该书又称《皇朝续文献通考》,合"九通"而成"十

---

① 来新夏:《清人笔记随录》,中华书局,2005年,第374页。

通"。刘锦藻以个人的力量修撰,四百卷。上继乾隆年间修成的《皇朝文献通考》,下迄光绪三十年(1904)。民国后,复增辑光绪三十一年迄宣统三年(1911)事。其中田赋、钱币、户口、职役、征榷、市籴、土贡、国用、选举、学校、职官、郊社、群祀、宗庙、群庙、王礼、乐、兵、刑、经籍、帝系、封建、象纬、物异、舆地、四裔26门仍《皇朝文献通考》之旧。其凡例将续增内容说明如下:"马考(按:指马端临《文献通考》)共二十四门,前考(按:指《皇朝文献通考》)于宗庙考内分立群庙,郊社考内分立群祀,合为二十六门。《续编》悉仍旧贯,第时局既日新而月异,则制度亦岁盛而年更,有为乾隆五十年以前所未见者,于前考各门无可附丽,不得已增外交、邮传、实业、宪政四门,共成三十门,都四百卷。""前考于各门子目多所更定,如征榷考并铁于坑冶而标名盐法,今续增厘金、洋药;国用考续增银行、海运;选举考续增赀选;学校考添八旗官学,今续增书院、图书、学堂;王礼考续增归政、训政、亲政、典学;兵考原删车战,续增长江水师、海陆军、船政;职官考因官制全更,难沿旧例,略举始末,用备钩稽,亦当世得失之林焉。"①

这种续增适应了道光、咸丰以后新形势,说明该书能审时度势,与时俱进。就政府制度而言,它比《清史稿·职官志》还全面,《职官志》未提总理衙门和海军衙门,此书却有。该书所依据材料多为清代实录、会典、则例诸书。增有编者的按语或说明。该书编纂颇为艰辛,陆润庠曾称:"顷年偶游青岛,每过君寓斋,铅椠填委,钞胥三四辈,埋首几案间恒昕夕不休,余以是服君用力之颛,为不可及。"②1921年成书。是研究清代后期典章制度和社会经济情况的重要史料。不足之处是选录史料,而未注明出处,对原文也有删节。录有法令制度,一纸空文,实际实行的情况反映不出来。

20世纪30年代,商务印书馆将前"三通""续三通""清三通"和《清朝续文献通考》合印成"十通",作为《万有文库》第二集,并附有两种索引,其中检字索引,将"十通"所载的制度名物列为条目,指出它在

---

① 刘锦藻:《清朝续文献通考·凡例》(万有文库本),商务印书馆,1936年。
② 陆润庠:《清朝续文献通考·序》(万有文库本),商务印书馆,1936年。

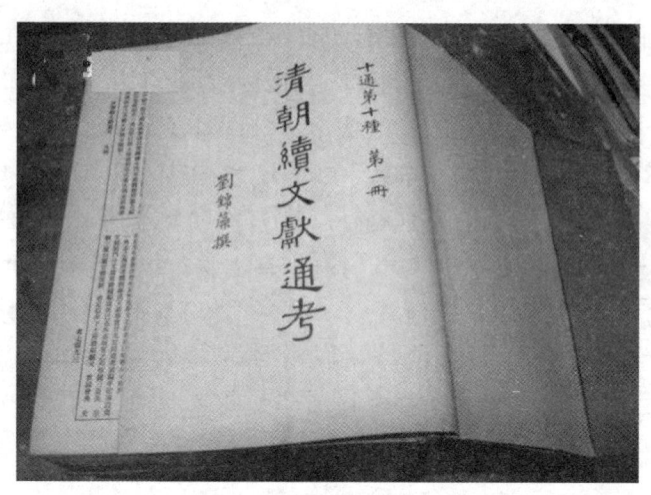

图10-1 《清朝续文献通考》书影

"十通"中初见之处或论列最详细的地方;另一索引是"十通"分类详细目录索引。

"会典"是专记一代或一时期的经济、政治制度及其嬗变事迹的书,与《文献通考》等书性质相同。唐时称《会要》,明时改称《会典》。是现行政治制度的总汇,有教育官僚和士大夫的意义,使其了解政治组织和政策,借以巩固其政权,并示以统治的方法。政治制度变更就要重修。康熙、雍正、乾隆、嘉庆几朝都修有《大清会典》,光绪时续修,所以又称《光绪朝续修大清会典》,简称《光绪会典》。昆冈、徐桐等奉敕编纂。有《会典》100卷,条目较嘉庆朝略有新增;另有《事例》1220卷,不特多于乾隆朝,且又视嘉庆朝而远过之;还有图270卷。"会典""事例""图说"三者互相补充,会典为纲,事例、图说丰富其内容,形成"会典"的完整体裁。自嘉庆十八年(1813),迄光绪十三年(1887),展至二十二年(1896),其间有关典礼者一律纂入。分述各部、府、院、禁卫军等行政机构编制、执掌、事例等。比《嘉庆会典》新增补的有神机营、总理各国事务衙门以及垂帘听政、亲政礼制等。除礼、乐、冠服、舆卫、武备、天文诸图外,并有舆地图。是研究清代典章制度的资料。光绪十二年(1886)设馆修纂,二十五年(1899)告成。这次重修,遵循前人的旧例和编纂的规模,惟取材广博,"网罗掌故,实集大成"。《事例》按照会典纲目,依年系事,说明某一机构在不同时间的状况,比较集中地反映政治制度的嬗变。但多是抄自他书或奏折的材料,繁多而琐屑,近于账簿式的记录。有光绪二十五年(1899)原刻本,光绪三十四年(1908)上海商务印书馆影印本(缺事例和图)。台北中文书局和新文丰出版公司据光绪二十五年原刻本影印,均有《清会典》《清会典事例》和《清会典图》。中华书局1991年影印光绪朝《大清会典事例》12册,《大清会典图》2册。辽宁省社会科学院1991年影印了光绪朝会典、事例和图。线装书局2006年首次整理出版了《大清五朝会典》。

《光绪宫中现行则例》,4卷,辑录清初至光绪有关宫内太后、皇后以至太监诸人各事等条例事例而成。可补《清会典》所未详。有光绪官刊本。另有《钦定六部处分则例》和宗人府、太常寺等机构的各种则例,是关于六部的办事规则和处罚规定,对于研究清王朝的职官管理具有一定价值。

席裕福、沈师徐所辑的《皇朝政典类纂》是关于清代典章制度的分类汇编。500卷。起自顺治初年,止于光绪末年。其中包括田赋、户役、水利、漕运、钱币、盐法、榷征、市易、矿政、仓库、国用、选举、学校、职官、礼、乐、兵、刑、象纬、方舆、邮政、外交等内容,材料或采撷自《圣训》以下官私记述等,多达821种。该书例言阐明了编书宗旨:"辑书之志,以本朝制作崇闳,钦定政书卷册极博,将讨津源,苦无崖涘。故或横揽前史而不详,熙朝文献刿心问学而不瞭,政宪原流,非有钩元提要之编,安免摘填索涂之患。伏见政学家综辑官书,厘定要略者吴氏《吾学录》、张氏《会典简明录》,王氏《石渠余纪》而外,罕有专家。然此数书,资寻诵则,省劳稽端,悉则太简,窃不自揆,辄藉群力,广衷诸书,区分事类,剪采要典,非敢谬附前贤,聊以自裨强记,略疏谊例,用质宏通。"说明该书编纂尚属严谨。辑录资料不予增删,其后必并注明出处,或加按语说明引用书目。卷帙浩繁,条目清晰,体例严谨,是研究有清一代典制史必备材料。有上海图书集成局光绪二十九年(1903)刊本,台北文海出版社有限公司重印。

来新夏《清人笔记随录》和此处《皇朝政典类纂》例言所提到的《石渠余纪》,是一本由清代王庆云编著的介绍清初到道光年间的财政经济情况的书籍。分条记载清代财政、兵额、吏治、漕运、钱币、矿政、关税等项。作者通晓时事,尤留心财政。咸丰初年曾任户部侍郎等职。本书所记清初到道光年间的财政经济情况,简明扼要,颇有参考价值。书原名《熙朝纪政》,后改此名,石渠为西汉皇家图书典藏与编校机构,后用作皇家图书馆的代称。书名作"石渠余纪"者盖为官书以外的记载。依据内容推断,《石渠余纪》一书,当是王庆云于咸丰年间所撰。全书采用"纪节俭"之类"纪××"形式,分门别类,分章述论,内容一般都追述到清初建国,下限于咸丰年间,有的还考评到明代或明代以前。这样,凡读是书的人,对各个问题均能有一个较清晰的、明确的纵的了解,对其得失利弊,作者在行文中,有倾向性的表述,间或有画龙点睛的评断,使人一目了然。全书除用少量篇幅去探索科举、吏治等以外,均有历代沿革的考证,例举史实简明,数据精当,而且重点突出。例如盐务,就有《纪盐法》《纪引课》《直省盐课表》《纪盐禁》《纪河东盐法篇上》《纪盐禁》《纪河东盐法篇》等等。①

(二)法律类政书

清代的法律类政书有《大清律例》等。

为了编修法律,刑部在同治九年(1870)奏准编纂了《大清律纂修条例》1册,是对当时所存在的众多条例进行重修后的定本,对研究同治朝,乃至晚清时期的条例纂修具有重要的参考价值。

宪政编查馆辑录的《大清法规大全》《大清法规大全续辑》,分别辑录了光绪十一年至二十七年(1885—1901)、光绪二十七年至宣统元年(1901—1909)间的各种法规章程以及有关奏折、咨文,分类叙述。书后附录了法律馆审订的核订现行刑律、民律草案、亲属编等篇目。有宣统三年(1911)上海政学社刊本。

在清末的法律改革中制订了《大清现行刑律》,宣统二年四月初七日(1910年5月15日)颁行,是一部过渡性法典。它不仅将"律例"改称"刑律",而且取消了《大清律例》中按吏、户、礼、兵、刑、工六部名称

---

① 参见庄园:《王庆云及其〈石渠余纪〉》,《益阳师专学报》1985年第2期。

而分的总目,将法典各条按其性质分属30门。具体条款中对于继承、析产、婚姻、田宅、钱债等纯属民事性质的条款不再科刑,并废除了一些残酷刑罚手段,如删除了凌迟、枭首、戮尸、刺字等刑罚和连坐制度,将主要刑罚确定为死刑(斩、绞)、遣刑、流刑、徒刑、罚金等五种。同时根据新形势增加了一些新罪名,如妨害国交罪、妨害选举罪、私铸银元罪及破坏交通、电讯的犯罪等。显然这个现行刑律的改革是不彻底的。为此,又制订了《大清新刑律(草案)》,这才是中国历史上第一部近代意义上的专门刑法典。它抛弃了以往旧律"诸法合体"的编纂形式,以罪名和刑罚等专属刑法范畴的条文作为法典的唯一内容,成为一部纯粹的专门刑法典。在体例上抛弃了以往旧律的结构形式,采用近代西方刑法典体例,将整部法典分为总则和分则两部分。它所确立的新的刑罚制度规定,刑罚分为主刑和从刑两种。主刑包括:死刑(绞刑)、无期徒刑、有期徒刑、拘留、罚金。从刑包括剥夺公权和没收财产两种。它所采用的近代刑法学的通用术语,不仅贯彻了近代西方的刑法原则,而且也体现了西方法制精神。如,采用了罪刑法定主义原则,删除了旧律中的比附制度;采用了近代法律面前人人平等原则,取消了"八议"等等级特权制度。该律还采用了西方国家中通用的缓刑、假释、正当防卫等制度,并规定了对监所犯罪改用矫正感化教育的办法,等等。这一法律草案没有来得及实施清朝就被推翻了。

同时完成的《大清民律草案》是中国历史上第一部专门的民法典草案。共分总则、债、物权、亲属、继承五编,1569条。当时修律取法日本,因此总则、债、物权三编由日本法学家松冈义正等人仿照德、日法典的体例和内容草拟而成,吸收了大量西方资产阶级民法的理论、制度和原则;而由修订法律馆会同礼学馆起草的亲属、继承两编,则带有浓厚的中国传统礼教的色彩。

在清末修律过程中,还起草了《大清商律草案》《大理院编制法》《法院编制法》等,都没有真正得到实施。但有一部分法律在民国初年曾被援用,所以还是必须了解的史料。

《大清光绪宣统新法令》实际是《大清光绪新法令》和《大清宣统新法令》的合称,因为商务印书馆编译所于宣统二年(1910)将两书合印出版，并编有《大清光绪宣统新法令分类总目》。《大清光绪新法令》所采新法令始于光绪二十七年（1901），迄于三十四年（1908）。内分宪政、官制、外交、民政、财政、教育、军政、司法、实业、交通、典礼等13类。附法典草案。《大清宣统新法令》，收录了宣统元年以后的各种法令。后又以《大清新法令》名义出版，辑录了光绪二十七年至宣统三年（1911）间的谕旨、法令，分为大清光绪新法令和大清宣统新法令两部分，宣统末年上海商务印书馆刊行。为研究清末法律制度改革的重要资料。在中国第一历史档案馆制作的"清代档案文献数据库"中可以查阅到《大清光绪新法令》电子版。尘封百年之后，商务印书馆于2011年组织专家学者将《大清光绪新法令》《大清宣统新法令》进行整理汇编，出版了三百余万字的点校本《大清新法令（1901—1911）》。此举对于研究近代法律史无疑是一件大好的事情。

图10-2 《大清宣统新法令》书影

二 民国时期的法令法规

民国时期，由于政府公报出版比较正常，大众传媒比较发达，国家的政治制度和法律法规，一般在议决通过后，很快就能在政府公报和报刊上刊载，包罗所有典章制度的书籍很少，特别是像"三通"那样的对典章制度的沿革变迁作全面的历时性叙述的书籍更少。所以要查阅民国时期的典章制度，基本上还是要靠翻阅政府公报。但阶段性的法规汇编之类的书还出版了不少，有许多是政府有关部门作为公文印行的，也有许多是出版社出于商业目的出版的。下面介绍部分这样的史料。

北洋政府印铸局编纂处从1912年开始逐年编印《法令全书》，像一份公布法令的刊物，每年4期。1916年起编《法令辑览》和《法令辑览续编》。

南京国民政府建立后，与原北洋政府为另一法统，一切制度、法令要重新立法，来不及制订新的就援用原有法规。为了方便人们了解这些法规，国民政府法制局从1928年起，逐年编辑《国民政府现行法规》，交商务印书馆出版。其中1929年的《增订国民政府现行法规》例言称："本局所刊国民政府现行法规出版以后法令颇多变更增益，兹特重为编订再版印行。"其所载法规除中央党部直接公布之《中华民国国民政府组织法》外，以国民政府、国民政府直辖之中央各机关、民国十四年(1925)七月一日以前(即国民政府成立前之广东中央政府)机关所颁布者为限。所载以前条所列法规截至民国十七年(1928)十月尚继续有效者为限，但在印刷期间如有关系重大之法规亦特别补入。选录法规大抵以国民政府公报及中央各部院会公报为根据，然亦有公报所未载而由该局向颁行机关征集者。内容分根本组织法、官制、官规、内政、外交、财政、军事、交通、司法、教育、农矿、工商及地方制度13类。

国民政府行政院秘书处则编辑了《国民政府行政文件集》。

1933年起，立法院编译处编制《中华民国法规汇编》，收录南京国民政府1928年10月—1933年12月期间新颁行的法规，北洋政府所颁法规被国民政府继续援用者也一并编入该书。共12编分印8册。第1册包括法源、组织法两编；第2册为服务法编；第3册为内政编；第4册包括外交、军事两编；第5册财政编；第6册包括实业、教育两编；第7册交通编；第8册包括司法、杂件两编。该书所指法源，主要是"总理遗教""约法""中国国民党宣言及决议案"。中华书局1934年出版。1935年又编印了《中华民国法规汇编二十三年辑》，法源部分未重印，注明"缺"。

1933年商务印书馆出版了一部《中华民国现行法规大全》，汇编了

1933年7月以前国民政府颁布的法规,按根本法、民法、刑法、民事诉讼法等12大类编排。其中有《中华民国训政时期约法》(1931年6月1日公布,共89条)、《民法》(1929年10月10日—1931年5月5日分编施行,共1225条)、《刑法》(1928年3月10日公布,同年9月1日施行,共387条)、《民事诉讼法》(1930年2月26日—1931年2月13日陆续公布,1932年5月20日施行,共600条)、《刑事诉讼法》(1928年7月28日公布,同年9月1日施行,共513条)等。书后附法规的四角号码索引。世界书局也印了同名的书。

徐白齐编辑的《中华民国法规大全(全五册)》1936年由商务印书馆出版。1937年1月初版,4月再版。收录了1936年10月以前国民政府中央机关所颁行的法规,分类沿袭了《中华民国现行法规大全》,还是分根本法、民法、刑法、民事诉讼法、刑事诉讼法、官规官制、行政、立法、司法、考试、监察、党务等12类。附四角号码索引一册。

《六法全书》是民国时期国民政府的主要法规汇编。"六法"一词,是在1789年法国资产阶级革命后的"五法典"(《民法典》《商法典》《民事诉讼法典》《刑事诉讼法典》和《刑法典》)的基础上加上日本明治初年增加的法国宪法而形成的。国民政府辑录的《六法全书》开始时包括宪法、民法、商法、刑法、民事诉讼法和刑事诉讼法六项法律。后来将商法拆散,分别纳入民法和行政法中,而以行政法取代商法作为六法之一。同时还包括与六法有关的各种单行条例。1935年文公直编了《中华民国现行六法全书》,由上海教育书店出版。分基本法、民刑法、诉讼法、司法法、行政法、自治法、商业法、实业法、专门法、特种法、教育法、团体法等12类。收国民政府颁行的法规200种及经修改的法规40余种,其中包括《破产法》《职业介绍法》《民事诉讼法》《邮政法》《提审法》等。《六法全书》版本很多很杂,研究者可根据自己的需要选择版本,如要准确,最好是查阅政府公报上公布的单个法规。

抗战时期,沙千里编了《战时重要法令汇编》,由重庆双江书屋1944年出版。收"七七"事变后至1944年国民政府及各院部会颁行的各种法规共210余种,分总类、内政、外交、军事、财政、经济、交通、粮食、司法、社会、教育、杂法等12类,其中有《中华民国法规辑要》(中央训练团编)、《内政法规汇编》(内政部编)、《财政法规汇编》(财政部编)、《外交法规汇编》(外交部编)、《教育法令汇编》(教育部编)等重要法令法规。其中《中华民国法规辑要》是1941年中央训练团编印,收录1941年2月以前由国民政府颁布的重要法规。分根本法、服务法、内政、外交、军事、教育、社会、财政、金融、经济、交通、立法、司法、考试、监察等15类。

民国时期,曾有多个政权并存,除了国统区,还有根据地或解放区,有汉奸伪政权,都有法令法规之类的书籍出版,政府各机构和地方政府也颁布了许多法规,此处不一一列举。

《清末民国法律史料丛刊》,华东政法大学法律史研究院整理,何勤华、李秀清、陈颐主编,上海人民出版社2014年出版。该丛刊包含民国时期的"法律辞书""汉译六法"和"法科讲义"三个方面的文献著述,囊括清末民国时期法学教材、法律工具书、法规等内容,系统地反映了当时历史背景下法学研究、教学及相关读物的出版情况,全面清晰地呈现出近代中国法律的框架,填补了清末民国基本法律史料整理的空白,是研究民国法律和社会制度不可或缺的史料。分为4个系列,系列一是京师法律学堂笔记;系列二是朝阳法科讲义;系列三是"汉译六法",有《德国六法》《法国六法》《日本六法全书》《苏俄新法典》;系列四是"法律辞书",有《法律大辞典》《经济法律辞典》《法律辞典》。

蔡鸿源主编的《民国法规集成》,是中华民国时期各类政府所颁布法律、法令、条例、规则、章程等法律文件之重要典章制度的汇集,亦为纂修各种史书志书之原始基础资料。黄山书社1999年出版。此外还有《北京审判厅制度研究档案资料选编》《国民政府司法例规全编》等。

三 约章类史料

清末,为方便办理交涉事务,各种有关条约的汇纂、类纂本陆续问世。光绪十二年(1886)天津官书局曾刻印徐宗亮等编纂的《通商约章类纂》(35卷),断至光绪十一年。全书依大纲分吏、户、礼、兵、刑、工六类,内收大量约章条款及案例,是研究清末中外通商以及海关、税务状况的重要史料。由于有李鸿章撰序,台北华文书局股份有限公司1968年出版时误为李鸿章撰。文海出版公司出版的《近代中国史料丛刊(续辑)》收有此书。

光绪十八年(1892)上海图书集成印书局印行劳乃宣等辑《各国约章纂要》(6卷首1卷附1卷),断至光绪十六年。主要采撷条约涉于内地的内容,以便州县之讲求。后月异而岁移,10年后形势不同了,或昔订而今删,或前疏而后密,清廷迭下谕旨,通饬各省纂集近年约章,颁发各州县,俾有率循。

湖南巡抚俞廉三奏设农工商务局,以蔡乃煌总其事。为办理交涉有所参考,乃饬局员编纂《约章分类辑要》,本着"废者剔之,繁者削之,新者益之"的原则,将前此所有中外交涉签订的约章分门别类编纂。计有38卷,内分13门29类,"订约门"所以志缘起,"交际门"所以笃邦交(下分4类:遣使、设官、仪文、优待),"传教门"所以安民教(下分4类:优待保护、传教、游历、游学),"口岸商务门"所以重关市(下分10类:贸易、货税、船钞、稽罚、改运、中外权度、免税、税则、单照、各关关章),"内地商务门"所以示限制,"禁令门"所以肃法纪(下分2类:违禁、法禁),"狱讼门"所以息争端(下分5类:控断、凌害、命盗、钱债、捕务),"佣工门"所以劝工艺(下分2类:佣役、招工,选募洋将成案附之),"疆界门"所以正疆域,"赏恤门"所以纪赔抵,"租建门"所以安行旅,"行船门"所以利攸往,"路矿电线门"所以扩利源,后几门各自为类,邮政、赛会附之。该书于图表特详,补汇纂诸书所未备。其中有六表(各国立约年月表、通商征税比较表、通商水陆口岸停泊租借处所表、遣使各国编年表、口岸浮桩镫铛表、各省铁路轨道表)、八图(通商水陆口岸停泊租借处所图、各省电线连接图、各省铁路勘设轨道图、海岸行船水线图、口岸浮桩镫铛图、厘定各等宝星图、各国官商旗式图、行船传意旗式图),颇具史料价值。光绪庚子(1901)湖南商务局刊印。

光绪三十一年(1905)上海点石斋石印出版的《约章成案汇览》52卷,颜世清编纂,分甲乙两篇,总目相同,分为订约、交际、疆界、开埠、租借、通商、行船、禁令、狱讼、聘募、招工、游学、游历、传教、尝借、铁路、矿务、圜法、邮电、赛会20门,门下分若干类。同年又有北洋洋务局刊本。

民国初年,外交部命许同莘、汪毅、张承棨等汇编了清代条约系列,其中有《道光条约》《咸丰条约》《同治条约》《光绪条约》《宣统条约》属于近代史。

关于旧中国与外国订立条约、协定、章程、合同等约章的汇编本《中外旧约章汇编》(3册),王铁崖与北大法律系国际法教研室编,1957—1962年三联书店出版。本书汇辑自清政府开始对外订立条约到1949年中华人民共和国成立前所有中国对外订立的约章,按订约时间先后顺序编次。每册之末附有详细的约章分国表,便于查阅某一国家的约章。各册时段为:第一册从1689年《中俄尼布楚条约》以后到1901年《辛丑条约》;第二册从1901年《辛丑条约》以后到1919年《凡尔赛和约》;第三册从1919年《凡尔赛条约》以后到1949年中华人民共和国成立前夕。这是研究中国近代史和对外交涉史的一部很有价值的参考书,编者"希望尽可能把中华人民共和国成立前所有的旧约章都包括进去。但是,由于约章的范围很广,有些章程、合同很难找到,编

图10-3 《中外旧约章汇编》书影

者还没有找到,因而未能包括进去"。① 所以该书尽管对人们的研究工作帮助很大,但使用过的人却发现了书中的一些不足之处,如,有人撰文指出该书误译、遗漏的内容;②有人发现,书中所收 1918 年的《修改各国通商进口税则:善后章程》与 1920 年的《修改通商进口税则:善后章程》属于同一个文件,认为有必要剔出其中的一个;③也有人发现该书在 1907 年签订条约中所列之《河南矿务章程》,实际上是对 1898 年 6 月 21 日所订之《河南矿务合同章程》的重复误列,也认为有必要剔除。④

《中国参加之国际公约汇编》,薛典曾、郭子雄编,商务印书馆 1937 年出版。收录有第一次海牙保和会公约、第二次海牙保和会公约、战后巴黎各和约、国联盟约、国际法庭规约、华盛顿条约、非战公约、国际红十字会公约、国际邮政公约、国际电信公约、国际交通公约、国际劳工公约、国际禁贩人口公约、国际禁毒公约、关于经济之国际公约、关于军事之国际公约、关于文化之国际公约、国际法公约、其他国际公约共 19 项。国家图书馆缩微中心 2010 年编印的《近代中国参加之国际公约汇编》,基本是其翻版。

附录　清代官制与爵位制度

根据《清会典》和《清朝续文献通考》《历代职官表》等书,介绍清代官制与爵位制度如下,以便在查阅史料时参考。

(一) 清代官制

中央:

宗人府,掌皇族属籍,以时修辑玉牒,辨昭穆,序爵禄,均其惠

---

① 王铁崖编:《中外旧约章汇编》(第一册)编辑说明,三联书店,1957 年。
② 石楠:《〈中外旧约章汇编〉补正两则》,《近代史研究》1986 年第 2 期。
③ 侯中军:《〈中外旧约章汇编〉求疵一则——1918 年税则与 1920 年税则真伪之辩》,《聊城大学学报》2006 年第 2 期。
④ 李玉:《〈中外旧约章汇编〉求疵一则》,《历史研究》2000 年第 5 期。

养,而布之教令,凡亲属之属胥受其治。设宗令1人,亲王、郡王为之;左、右宗正各1人,贝勒、贝子为之;左、右宗人各1人,镇国、辅国公为之。府丞汉1人,正三品。左、右司理事官,宗室各2人,正五品。左、右司副理事官,宗室各2人,从五品。左、右司主事,宗室4人,正六品。经历,宗室2人,正六品。堂主事,宗室2人,正六品。笔帖式,宗室24人,并支七品俸。

三公,太师、太傅、太保,正一品。无职掌,无员额,皆加衔、虚衔,表示恩宠。

三孤,少师、少傅、少保,从一品。无职掌,无员额,皆加衔、虚衔,表示恩宠。

内阁,是内廷殿阁的意思,总理全国政务。大学士,兼殿、阁及六部尚书衔,掌赞理庶政,满、汉各2人,正一品,有相国之称。三殿,即保和殿、文华殿、武英殿,三阁,即体仁阁、文渊阁、东阁;协办大学士,满、汉各1人,俱从尚书本衔,从一品;内阁学士兼礼部侍郎,满6人,汉4人,从二品;侍读学士,满4人,蒙古、汉各2人,从四品;侍读,满10人,汉2人,蒙古、汉军各2人,正六品;典籍,满、汉、汉军各2人,正七品;内阁中书,满70人,蒙16人,汉军8人,汉30人,从七品;贴写,满40人,蒙古6人,从七品;中书科中书舍人,满2人,汉4人,从七品。掌书诰、敕。笔帖式,旗人10人。

军机处,即办理军机处,为皇帝办文牍,并备顾问。军机大臣,掌军国大政,以赞军务,无定员,由满、汉大学士及尚书、侍郎奉特旨召入。俗称"大军机"。属官为军机章京,分掌满、汉文书,俗称"小军机"。军机处下设内翻书房、方略馆等。

六部:吏部、礼部、户部、兵部、刑部、工部均有尚书满、汉各1人,从一品,下有左右侍郎,满、汉各1人,正二品。属官有堂主事、司务厅司务、笔帖式等。清末又增加总理各国事务衙门(后改外务部)、学部、商部(农工商部)、巡警部等。各部下辖若干司。

理藩院,是处理藩部(少数民族地区)事务的衙门,掌内外蒙古、回部及诸番部行政事宜。官员配置大致相当于六部,设尚书1人,满人担任。左右侍郎各1人,满人或蒙古人担任。额外侍郎1

人,在蒙古贵族中选任。下有堂主事,领办处的员外郎、主事、司务厅司务、笔帖式等。

都察院,相当于中央监察机关,掌察核官常,整饬纲纪。设左都御史,从一品,满、汉各1人。左副都御史,正三品,满、汉各2人。右都御史和右副都御史为督抚兼衔。属官有经历司经历,正六品,满、汉各1人。都事厅都事,正六品,满、汉各1人。笔帖式和六科笔帖式100余人。另按省区设十五道御史,从五品,每道满、汉各1人。还有巡仓科道官、巡漕科道官和巡察科道官等。

内务府,是管理宫廷事务,照料皇帝生活的机构。设总管大臣,正二品,王公贵族担任。堂郎中1人,正五品。主事2人,委署主事兼笔帖式1人。下辖七司三院,还有管理官内手工作坊的造办处,管理太监的敬事房。

通政使司,掌受天下章奏,审其程式,校阅送阅。设通政使,正三品,满、汉各1人。通政副使,正四品,满、汉各1人。经历、知事,正七品,亦是满、汉各1人。笔帖式与登闻鼓厅笔帖式,满、汉各若干人。

銮仪卫,主管皇帝的警卫和仪仗。设掌卫士大臣,正一品,王公大臣兼任。銮仪卫使,正二品,3人。下属有左所、右所、中所、前所、后所的各官,驯象所各官,旗手卫各官,主事、经历和笔帖式各若干。

翰林院,掌国史、图籍、制诰、文章之事。设掌院学士,从二品,满、汉各1人。翰林院翰林有:侍读学士,从四品;侍讲学士,从四品;侍读,从五品;侍讲,从五品;修撰,从六品;编修,正七品;检讨,从七品;庶吉士。还有典簿、孔目、代昭和笔帖式各若干人。翰林院下辖文渊阁,相当于皇家图书馆,设领阁士、直阁士、校理、检阅、内务府司员、笔帖式等。国史馆,负责编修国史,设总裁、清文总校、提调、总纂、纂修、协修、校对等。经筵讲官以及讲官、日讲起居注官、主事、笔帖式等。翰林院、国史馆和经筵讲官等均是他官兼任。

詹事府,掌经史文章之事。设詹事,正三品,少詹事,正四品,均为满、汉各1人。下辖左春房、右春房,设左、右庶子满、汉各1人,左右中允满、汉各1人,左右赞善满、汉各1人,司经局,设洗马满、汉各1人,汉正字2人,校书等职。主簿厅:设主簿满、汉各1人,掌文移;笔帖式满6人,掌翻译。

大理寺,掌平反重辟,以贰邦刑。设卿,正三品,满、汉各1人。少卿,正四品,满、汉各1人。属官有堂评事、司务厅司务、左右寺丞、左右评事、笔帖式等。

太常寺,掌典守坛庙,岁时祭祀。设卿,正三品,满、汉各1人。少卿,正四品,满、汉各1人。下有寺丞、赞礼郎、学习、读祝官、博士厅博士、典簿厅典簿、满洲司库、库使、笔帖式等。

光禄寺,掌大内膳馐及祭祀、朝会、燕飨酒醴之事。设卿,从三品,满、汉各1人。少卿,正五品,满、汉各1人。下有典簿厅典簿、银库司库、笔帖式各若干人。大官署,设署正,从六品,署丞,从七品,均为满、汉各2人。珍馐署、良酝署和掌醢署,官制与大官署同。

太仆寺,掌两翼牧马场之政令。设卿,从三品,满、汉各1人。少卿,正四品,满、汉各1人。属官有左司员外郎、主事和右司员外郎、主事,均满、汉各1人。牧场(在张家口外)两翼各设总管1人,正四品,蒙古人担任。

鸿胪寺,掌朝会宾客、祭祀、燕飨之仪。设卿,正四品,满、汉各1人。少卿,从五品,满、汉各1人。下有鸣赞、学习、序班、主簿和笔帖式,品级从八品、从九品不等,满、汉均有。

国子监,掌成均之法,以教国子及俊选之士。设祭酒,正四品,满、汉各1人。副职称司业,正六品,满、蒙古、汉各1人。下辖绳愆厅监丞,正七品。博士厅博士,从七品。典簿厅典簿,从八品。均满、汉各1人。司籍厅典籍,从九品,汉1人。率性堂、诚心堂、正义堂、崇志堂和广业堂,各设助教、学正、学录若干人。还有八旗官学助教、教习、笔帖式。兼管算法馆、俄罗斯馆、琉球学和档子房,各设有官员管理。

钦天监,掌测候推步之法。设监正,正五品。监副,下有左、右监副、主簿厅主簿、时宪科五官正、五官司书、天文科五官灵台郎、五官监候、漏刻科五官挈壶正、五官司晨、博士、天文生、阴阳生、笔帖式等。

太医院是皇家医院,分九科。设院使,正四品,汉1人。左、右院判,正五品,汉各1人。御医吏目、医士各若干,全为汉缺。还有治药院使和教习厅教习。

另有盛京百官,还有坛庙官、陵寝官、僧道录司官、宫官、王府官、朝廷特设的漕运官、河道官和上驷院、武备院、奉宸苑官员,以及宦官等。

武职从略。

地方：

省总督辖区：总督,从一品或正二品,世称制台、总制、督军、制军。

抚院：巡抚,从二品,世称抚台、抚军、抚院。掌一省事务,与总督并称封疆大吏。

学院：提督学政,世称督学、学台、大宗师,清末改设提学使司提学使。

承宣布政使司(藩司)：布政使,掌一省财政,民政,世称藩台、方伯。

提刑按察使司(臬司)：按察使,掌一省司法、监察之事,世称臬台、外台,清末改为提法使,旋废。

道：道员,因事、因地建置,各掌一事、一地事务,世称道台。晚清设巡警道、劝业道。

京府：顺天府尹、奉天府尹,各有府丞为辅。

府：知府,下有同知、通判。

州：知州、州同、州判。

县：知县、主簿。

武官有各省驻防将军、各地提督、各地驻防大臣。

回部、藩属、土司各官略

还有各地巡检、驿丞、库仓、税课、河泊各官、番部僧官等。

官制在不同时期会有少量变动,以上所列仅供参考。

光绪三十三年(1907),经总核官制大臣庆亲王奕劻等人奏定各省官制通则三十四条。其要点是:第一,规定全国地方政府为省、府(或直隶州、直隶厅)、县(或州)三级,取消以前的守、巡各道。县(州)以下可设区。省级官制为,在总督(一省或数省)或巡抚之下,设三司(东三省除外),即布政司、提学司、提法司;二道,即劝业道、巡警道。此外各省视地方情形可设(也可不设)盐法道(或盐茶道)、督粮道(或粮储道)、关道、河道。总督与巡抚之职掌有明确分工:前者总理该管地区外交、军政及统辖行政事权;后者统管一省行政及统辖文武官吏,但无外交及军政事权。其无总督之省,则由巡抚自行核办诸事,其无巡抚之省,则以总督兼管。督抚衙署均可设幕职,分科理事,自此清代幕僚由私人聘请而改为政府属员。府的长官称知府,与府同级的直隶厅设同知、直隶州设知州。县有知县,州称知州。第二,各省自督抚以至州县官,均可视地方情形自行征辟属下办事人员,不作为官缺,不用奏咨请准,是为革除吏役基础。州县佐治员缺,则统由有关司道从现任佐贰杂职官或中学以上毕业生中考试委用,分咨各部存案。第三,行政权与司法权分离,各省设立各级地方审判厅,以为司法独立之基础。清廷于批准颁行此官制通则之同时,又宣布鉴于各省地方风俗不同,人民知识未浚,故不能全国同时施行,可于江苏、直隶两地先行举办,其余各省分年分地逐渐推行,可在十五年内一律通行。[①]

(二) 清朝爵位制度

清朝如古代一样,依然施行王公侯伯子男爵位制度,也按照晋朝的宗王官于京师的制度。藩王不就藩地方,没有爵土。清朝爵位分为宗室爵位、异姓功臣爵位、蒙古爵位三个系统:

宗室爵位(十四等),依次为:

和硕亲王(和硕:满语意为一方、一隅)

[①] 参见刘锦藻:《清朝续文献通考》卷一百十五,职官一,商务印书馆,1936年,第8744页。

世子(亲王嫡子)

多罗郡王

长子(郡王嫡子)

多罗贝勒

固山贝子(固山,满语意为一角)

奉恩镇国公

奉恩辅国公

不入八分镇国公

不入八分辅国公

一、二、三等镇国将军

一、二、三等辅国将军

一、二、三等奉国将军

奉恩将军

以上爵位皆世袭,分为降等世袭与世袭罔替。

降等世袭,即每承袭一次要降一级,但降级若干次(亲王降至镇国公,郡王降至辅国公,贝勒降至不入八分镇国公,贝子降至不入八分辅国公,镇国公降至镇国将军,辅国公降至辅国将军)后便不再递降,以此爵传世。

世袭罔替,即以原爵位承袭,俗称"铁帽子王"。

世爵

满、蒙贵族以外的旗人、汉人的功勋封爵分世爵与世职两种。

世爵,即异姓功臣爵位,或称功臣世爵、民世爵,掌于吏部验封司,授予汉员和西南民族等满、蒙外其他民族人士。

世爵有五级,依次为:

公爵(有三等)

侯爵(有四等)

伯爵(有四等)

以上三者为超品

子爵(有四等,属正一品)

男爵(有四等,属正二品)

世职有四级,依次为:

轻车都尉(有四等,属正三品,以上爵位均分一等、二等、三等三个等级)

骑都尉(有二等,属正四品)

云骑尉(只有一等,属正五品)

恩骑尉(只有一等,属正七品)

晋爵方式:

除恩骑尉外,所有爵位的晋爵都是以云骑尉为基础的。

获得二个云骑尉,就晋爵为骑都尉;

骑都尉再加封一个云骑尉,就为"骑都尉兼一云骑尉";骑都尉再加封二个云骑尉,就晋爵为三等轻车都尉;

一等轻车都尉再加封一个云骑尉,就为"一等轻车都尉兼一云骑尉";一等轻车都尉再加封二个云骑尉,就晋爵为三等男爵。

类推,一直到一等公。

这样,大清的功臣爵位实际分为二十七个级别:

公爵:一、二、三等公爵;

侯爵:一等侯爵兼一云骑尉、一、二、三等侯爵;

伯爵:一等伯爵兼一云骑尉、一、二、三等伯爵;

子爵:一等子爵兼一云骑尉、一、二、三等子爵;

男爵:一等男爵兼一云骑尉、一、二、三等男爵;

轻车都尉:一等轻车都尉兼一云骑尉、一、二、三等轻车都尉;

骑都尉:骑都尉兼一云骑尉、骑都尉

云骑尉:云骑尉

恩骑尉:恩骑尉是一级特殊的爵位,大清世爵每承袭一次,即降一级,云骑尉再袭一次,就降为恩骑尉,恩骑尉不再降爵,而是世袭罔替。

蒙古爵位

蒙古爵位,称为外藩蒙古世爵,掌于理藩院。蒙古爵位一般按照宗室爵位例,同时保留原来的蒙古尊号,有时在亲王之上依旧设立汗号世袭罔替。

封爵七等,依次为:

亲王

郡王

贝勒

贝子

镇国公

辅国公

台吉

塔布囊

均为世袭。

注意,清代有大量的封爵,特别是藩部封爵,代代承袭。称公爵以上者如亲王、郡王、贝勒、贝子及公为王公,名副其实;然而称台吉、塔布囊亦为王公,则不正确。

第十一讲　报纸与期刊类史料

报纸和期刊(杂志)合称报刊。把它们作为一类史料介绍,一是因为报纸、杂志有时没有明显的界限和严格的区别。叫作什么报的,有时是杂志,比如《时务报》《民报》、当代的《文艺报》;而有些杂志性质的刊物,又以报纸的形式发行,如《每周评论》(陈独秀、李大钊于1918年12月创办)、《星期评论》(戴季陶、沈玄庐于1919年6月创办)、《湘江评论》(毛泽东于1919年7月创办)。传统报纸是书版式,近代才渐渐有了散纸式。二是因为它们的史料价值有许多共同的地方。张宪文《中国现代史史料学》(山东人民出版社1985年版)分《报纸史料》《期刊史料》两章介绍,一般史料学著作则是合在一起介绍。

一　近代报刊的兴起

报纸和杂志是随着中国近代社会的产生和发展而出现的一种新史料,古代没有。中国古代虽有"塘报""邸报""宫门抄""京报"之类,但都不是近代意义上的报刊。这几种概念常常混为一谈,其实是有区别的。不同朝代有演变,现以清代为例加以说明:

"宫门抄",相当于政府新闻公报,由内阁发布,各省驻京之"邸"(相当于驻京办事处)抄录传送,所以又称"邸抄"。乾隆年间永瑢、纪昀等编纂的《钦定历代职官表》:"国朝定制,各省设在京提塘官,隶兵部,以本省武进士及候补候选守备为之,由督抚遴选送部充补,三年而代。……谕旨及奏疏下阁者,许提塘官誊录事目,传示四方,谓之邸抄。"①

"邸报",政府每日重要文件汇编。交由私人报房印刷,仍由政府发送给各省驻京之"邸",传送各地。邸报中有"宫门抄"的内容。通过沿途驿站塘兵接力传递邸报,所以又称塘报。②

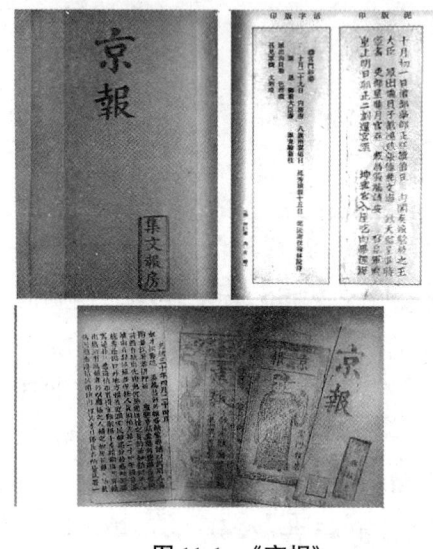

图11-1 《京报》

"京报",又称报房京报。早在清朝初年就已经有京中的私人报房利用印刷邸报的有利条件,翻印每日内阁发抄的官文书出售。这才是报纸的前身或雏形。

近代报刊与塘报、邸报不同的是,塘报、邸报是为政府机关传递文书和信息的工具,并无社会新闻。故《申报》云:"中国昔年只有邸抄,并无报纸,夫邸抄即王荆公所谓之朝报。邸抄只涉朝政,不涉细事。只存实录,并无引申。难动劝惩,未云有益。"③而近代报刊是有关政治、经济、文化无所不载的公开刊物。

我国真正的近代报刊起于何时?

人们常常把1815年创刊,1821年停刊的《察世俗每月统纪传》作为中国近代报刊的开端。戈公振《中国报学史》称:"若在我国寻求所谓现代的报纸,则自以马六甲所出之《察世俗每月统纪传》为最早。时

---

① 永瑢等:《钦定历代职官表》卷二十一,《钦定四库全书》本。

② 邸报:"郡国朝宿之舍,在京师者率名邸。"(《汉书》卷四《文帝纪》"至邸而议之"颜师古注)。邸中传抄一切诏令章奏以报于诸侯,谓之"邸报"。"邸报"二字见于集部记载始于唐,见于史册始于宋。因此方汉奇认为邸报作为专制时代传播官方信息的一种载体,起始于唐朝,完善于宋明,延用于清。(《〈清史·报刊表〉中有关古代报纸的几个问题》,《国际新闻界》2016年第6期)。

③ 《本报第一万号记》,1901年2月14日《申报》。

民国前九十七年（嘉庆二十年），西历一八一五年八月五日也。"①张革非在其近代史史料学讲义中认为："我国最早的报刊是嘉庆二十年（1815）由传教士马礼逊在马来亚以中文刊行的《察世俗每月统记传》。"②方汉奇的《中国近代报刊史》虽然没有这样说，但他把此报列为"第一批近代化的中文报刊"，把创办这一刊物的英国传教士马礼逊、米怜作为在中国办报的外国人。③ 十四所高等院校合编《中国新闻史》上说："1815年8月5日，马礼逊在米怜帮助下，创

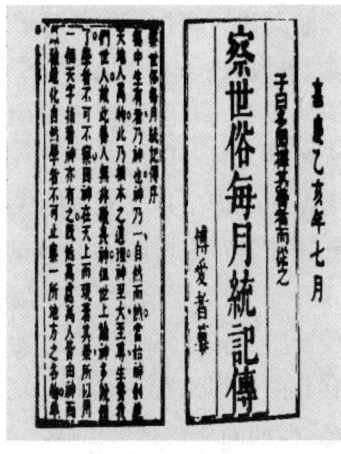

图11-2 《察世俗每月统记传》

办了一份中文宗教报纸《察世俗每月统记传》，这是外国人创办的第一个中文近代报刊。"同时还提出《察世俗每月统记传》的广告当时称为"告帖"，是非营利性的，它是"我国近代新闻史上最早的广告"，"从《察世俗每月统记传》的"告帖"可以看出我国近代新闻史上初期的广告制作比较原始"，并称第二期上的《月蚀》一文，"是我国近代报刊上的第一条预告自然现象的消息"，更指出"尽管我国第一份近代化报刊《察世俗每月统记传》具有宗教性质，但它与中国的封建报刊大不相同了，它有消息，有言论，面向广大民众。1815年《察世俗每月统记传》的创刊，标志着我国新闻史由古代进入了近代的发展阶段"。同时，该书还认为1823年在巴达维亚（雅加达）由英国传教士麦都思主编的教会报刊《特选撮要每月统记传》"是中国第二家中文近代报刊"。"《天下新闻》是1828年在马六甲由英国传教士吉得创办的中文教会报刊（月刊），采用活版印刷、散页形式（突破传统书本式）均为我国首创。"④

---

① 戈公振：《中国报学史》，三联书店，1955年，第65页。
② 张革非：《中国近代史史料学讲义》（打印稿）。
③ 方汉奇：《中国近代报刊史》，山西人民出版社，1981年，第12、15页。
④ 王洪祥主编：《中国新闻史》（古近代部分），中央民族学院出版社，1988年，第65页。

其实,《察世俗每月统记传》这个刊物不能算为我国最早的近代报刊,因为,(一)出版地不在中国。(二)办报人不是中国人,米怜的回忆说明了这一点:"欲使本报随时改良,以引起读者之兴味,非竭教士一人半月之时间以从事于斯不为功,且须征求外来稿件,以补其不足。记者甚愿致力于是。他日国人(按:指英国人)之习华文者日多,当有佳作以充本报之篇幅。"(三)读者对象以南洋华侨为主。米怜回忆:"年来月印五百册,借友人通信游历船舶之便利,以销售于南洋群岛、暹罗、交趾支那各地华侨荟萃之区,而内地亦时有输入焉。"(四)它同中国近代化的进程没有一点渊源关系。尽管它用的是中文,而且以华人为对象,但如同现在北京出版的英文《北京周报》不是英国的刊物一样,它也不是中国的报刊。① (五)外国人在中国范围内创办的最早的近代报刊应是1833年外国传教士在广州发行的《东西洋每月统计传》。戈公振也是这样看的:"此报发刊于中国境内,故我国言现代报纸者,咸推此为第一种,因前三种皆发刊于南洋也。"该报于1837年停刊。② 中国最早的近代报刊还是要推1858年在香港创办的《中外新报》,即香港英文《孖剌报》的中文版。但所有一切营业权利,皆属华人。16岁的伍廷芳参与其事,因此有的著作称是伍廷芳创办。开始是两日刊,后来发展成日刊,有"京报全录""羊城新闻""中外新闻"及船期、行情等栏。《开埠——中国南京路150年》上说《上海新报》1861年创刊,是上海第一家也是唯一的一家中文报纸。它是英文《字林西报》所发行的中文版(周刊,后来改为每周三次)。③ 真正由中国人自办的日报,开其先路者,实为《昭文新报》,艾小梅于同治十二年(1873)创于汉口。戈公振《中国报学史》称:"我国自办之日报,开其先路者,实为《昭文新报》。"该报内容多为轶闻趣事,间有诗词小品,与当时以刊载官方文书为主的"京报""宫门钞"旨趣颇异。《申报》在报道该报创刊的消息时评论说:"倘能于各行省及大都会之处,遴设此馆,则南北不至有风尚之殊,

---

① 参见严昌洪:《〈察世俗每月统记传〉不是我国第一份近代报刊》,《新闻与传播研究》1990年第2期。
② 戈公振:《中国报学史》,三联书店,1955年,第68页。
③ 程童一主编:《开埠——中国南京路150年》,昆仑出版社,1996年。

山泽不至有情势之隔,将来汇而存之,可以作野史,可以备辎轩矣,岂不美哉。"初为日刊,后因读者甚少,改为五日刊。① 也有说比此报早一年的广州《羊城采新实录》是国内民间创办的第一家新闻报纸,但具体情况现已不甚清楚。

1874年2月4日创刊于香港的《循环日报》,是中国人自办成功的最早的中文日报,其创办人和第一主编是著名报刊政论家王韬。报名取"天道循环,自强不息"之意。内容主要是选录京报和羊城新闻、中外新闻,每日报首还有论说一篇,多出自王韬之手。王韬在报上发表的政论文,鼓吹变法自强或评论政局,大部分收入王韬的《弢园文录外编》。《循环日报》大胆改革文体文风,开创一种报刊文体,王韬所撰写的政论,立场鲜明,短小精悍,深入浅出,通俗易懂,而且富于感情,对当时的文坛和以后的维新派报人有很大的影响。

随后,国人自办报刊越来越多,到维新运动时期,达到第一个高潮。在报馆有益于国事,报刊可以开启民智的思想影响下,维新团体往往把办报作为他们的主要活动之一,因此出现了"报馆之盛为四千年来未有之事"②的办报高潮。戊戌前后,全国出版的中文报刊有120种左右,数量相当于甲午战争前40多年的3倍。除了维新派办的报刊外,在清末新政时期,官府也办了不少官报,在救亡图存爱国主义思潮裹挟下,民间办报热情高涨,革命派、留学生,地方开明人士,纷纷投身报界,隔三差五地会有新的报刊面世。史和、姚福申、叶翠娣编的《中国近代报刊名录》(福建人民出版社1991年出版),辑录1815年至1911年中文报刊1753种。新纂《清史》的《报刊表》,收录有清一代从顺治元年(1644)到宣统三年(1911)公开出版的全部报刊,包括清初的邸报、报房小抄、报房京报等老式报刊及晚清出版的各类近代化的日报期刊

---

① 严昌洪:《昭文新报——中国内地自办的第一份中文日报》,《武汉掌故》,武汉出版社,1994年,第383页。
② 1898年9月8日《中外日报》,转引自姚琦《中国近代报刊业的发展与百年社会变迁》,《社会科学辑刊》2001年第6期。

2356 种左右。其中海外华文报刊,根据目前掌握的情况,约为 248 种。①

这两种数字所统计的大部分是晚清出现的报刊。民国年间出版的报刊更是多如牛毛,没有一份完整精确的统计数字。仅民国初年,全国报纸总数就高达 500 余家,不少报纸以"民主""民权""民国""国民"命名。仅上海图书馆馆藏 1949 年前出版的杂志在 8000 种以上。所以说,汗牛充栋的报刊是史学研究的史料宝库。

二 近代报刊的史料价值

人们把报刊作为一种史料搜集保存下来,是比较晚的事情了。陈恭禄 1949 年前在南京国学图书馆搜集史料时,该馆就没有收藏报纸杂志,只重视图书。其实,报刊是从事近代史研究不可或缺的材料。

报刊具有较高的史料价值,是由报刊这种大众新闻传播媒介的特点所决定。报刊一般要求迅速、准确、广泛。报刊可谓当时人记录当时事,许多报道、记载堪称第一手材料。电讯、通讯、新闻报道,有许多是记者、访事、通讯员通过各种途径采访得来,而社论、评论则都是编辑人员对当时事物的认识和看法,反映了他们的观点。有学者形象地谈到报刊的作用:"天地像一座大舞台,历史剧目波澜壮阔、绚烂多姿、复杂多变。后排的看客,由于距离的缘故,如置身云雨巫山。一些前排看客,甚至能到幕后打探的特殊看客,便充当起解说的职责。这特殊的看客就是新闻记者,能告诉我们许多后排看客看不真的历史细节、幕内蹊跷。"②因此报刊对于了解历史事件的过程,了解当时人们的思想认识,都十分重要。即使是一些轶文琐事,广告行情,也是了解当时社会的有用材料。广告可以折射当时当地的社会文化心理。如所周知,报刊广告在宣传国货方面有其独特的作用。抗战时期,更是如此,"救国先从爱用国货起"的广告词,将居民的消费行为与救国热情结合起来,其效

---

① 方汉奇:《〈清史·报刊表〉中有关古代报纸的几个问题》,《国际新闻界》2016 年第 6 期。

② 夏晓虹:《晚清报纸的魅力》,1998 年 12 月 30 日《中华读书报》。

果不亚于宣传抗战的传单。广告还能反映社会生活变迁的进程,折射民众心理和社会风尚,利用广告作社会史研究是一种不错的思路。有人通过考察抗战前《申报》化妆品广告中女性形象的变迁,探索了化妆品在近代中国的销售情况;同时结合当时的社会文化,探索女性美的建构过程。历史上部分出版物现在难以确定其出版时间,而这些出版物在出版之际大都会在报刊上刊登书讯或广告,借助这种出版广告,就可以大致确定某一出版物的出版时间。凡此等等,都反映了报刊广告的特殊史料价值。

报刊一般具有地域性,就是全国发行的大报,也会有本埠新闻,所以报刊又是研究区域社会的重要史料来源。当代媒体人认为:"报刊是近代意义上的新媒介,其于区域性舆论场域的功能发挥关涉社会语境、结构、话语乃至修辞术。研究近代报刊从中窥测近代区域政治的风云变幻、新旧文化的相互碰撞与激荡,给当今社会乃至国家政治和文化走向提供启发。同时,通过近代报刊透视媒介如何形塑政治、传播和引领文化思潮,提供了观察当时社会和政治的标准视野。正是由于近代报刊与区域政治、文化的相互联动关系,报刊史的书写研究更显价值。"①

由于是当时人记当时事,比事后若干年的回忆录可靠性更大。因此,报刊还可用来鉴别一些史实记载的正误。如,论者一般认为《民呼日报》被清政府查封而停刊,《中国近代史词典》上面就说该报"出版九十三天即被查封"。②"查封"的概念应该是指政府派军警前来报馆用强制手段勒令其停止营业,并在大门上贴上封条。可是,这种情形在民呼日报馆没有出现。该报宣统元年六月二十九日(1909 年 8 月 14 日)(第九十二号)刊登《本报重要广告》一则称:

> 本报出版甫三月,销数已达万纸,受社会之欢迎至矣。惟尽言贾祸,竟中当道之忌,致讼案迭出,同人审时度势,报纸一日不停,

---

① 鲍宪伟、王雨晴:《第六届"中国报刊与社会历史研究"学术研讨会综述》,中国社会科学网 2016 年 7 月 25 日新闻传播学频道。
② 陈旭麓等主编:《中国近代史词典》,上海辞书出版社,1982 年,第 196 页。

图 11-3 《民呼日报》第九十二号

讼案一日不了,加以酷暑如焚,总理于右任被系狱中,备受苦楚,同人委曲求全,不得不重违于君之意,现已由开明日报馆接办,自明日起馆中一切生财及编辑发行悉归开明日报经理,所有本馆经手事件及账项等类,统俟于君出狱自行清结。特此声明。民呼日报馆股东启

根据这段文字,可以得出这样的结论:《民呼日报》是被迫停刊,而不是被查封。

当年报刊的记载还可以澄清多年后的谎言。如,日本右翼势力否认日军南京大屠杀的罪行,他们编写的中学历史教科书都没有对"南京大屠杀"或"南京屠杀事件"予以直接确认,日本战犯野田毅和向井敏明因"百人斩"杀人比赛而被南京审判日本战犯军事法庭判处死刑,日本右翼势力一直要为他们翻案。而上海复旦大学文摘社编、黎明书局印行的《文摘·战时旬刊》第十五号(1938年3月18日)译载了《大阪每日新闻》1938年2月9日的一篇报道,该报道称野田毅在与向井敏明所进行的"百人斩"比赛中,将上海至南京进军途中所杀的人数加上"入南京城后所杀的一部分合计起来,共斩杀二百五十三人",他"尤以为未足",还"相约好作斩杀千人的竞争"。这篇由日本报纸报道的事实,不仅彻底否定了右翼分子的翻案,还暴露了野田的新的罪行,原先只知其杀害了105人,而根据该报道,他一人斩杀了253人。该旬刊还在这则报道右上方刊出了一幅照片《暴敌兽行的铁证》,其说明文字为"右图是从美国 Chicago Tribune 上复制下来的,是敌寇入南京后,将解除武装的我国士兵绑赴刑场作'集群屠杀'的摄影。据纽约时报访员杜丁(T. Durdin)调查所得,敌寇入城后,烧杀之惨,为旷古所未有,杜丁君曾于江边目睹寇军屠杀国人二百名之多。敌寇这种行为可谓禽兽不

如"。中美日三国当时报刊的这些记录就是日军南京大屠杀罪行的铁证。①

报刊反映事物迅速,特别是新闻报道,包含有时间、地点、人物、事件过程和结局。许多报刊寿命又长,有的长达几十年,等于整个社会的一部庞大日记,一卷长长录像带,今天翻开报刊,仿佛回到当时的社会,论坛上的刀光剑影,战场上的硝烟弥漫,社会上的巨细变化,都可以再现在眼前。报刊保存了比较原始的材料,比如《时报》光绪三十年(1904)第29号刊登丁开嶂《抗俄铁血会檄文》(全国华辑,刊于《河北师院学报》(哲社版)1979年第3期)与丁的自传《丁开嶂革命事迹》所录檄文(载《近代史资料》1955年第2期)不尽相同。《时报》檄文中将直、奉、吉、黑四省绿林领袖名字一一列出,为自传檄文所无。这是否说明革命党人在辛亥革命后对绿林看法改变,羞与为伍?将当年某作者在报刊上发表的文章,与日后出版的该作者的文集中的同篇文章比对,可以发现作者的修订,反映作者思想的变化。

报刊可以成为搜集佚文的重要来源,而佚文的发现不仅可以对文集、全集做补充,有时对于史学研究还具有填补空白的意义。因为报刊种类多,时间长,数量大,编纂人物全集、文集或资料集时,不可能穷尽所有报刊把作者用笔名发表的文章都搜罗无遗,所以有时间坐冷板凳翻阅报刊的人,常常会有意想不到的发现。如李楠在研究上海小报时就发现了张爱玲的小说《郁金香》②和另一海派作家李君维(东方蝃蝀)的中篇小说《补情天》③,这都是近代文学史研究中遗漏了的作品。有人在1930年6月1日出版的《旭日》月刊创刊号上发现了时任中国公学教员的沈从文的文章《男女谈》,④使读者对沈从文早期的思想和写作有一个侧面的了解。吴永平在《中央日报》副刊上发现胡风佚文《五卅纪念中忆萧楚女》,对于萧楚女研究和胡风本人的研究,都是重

---

① 何季民:《抗大老剪报,留证千人斩——纪念"南京大屠杀70周年"》,2007年11月21日《中华读书报》。
② 《张爱玲小说佚文〈郁金香〉惊现于世》,2005年9月14日《中华读书报》。
③ 《"海派作家"重要作品〈补情天〉被发现》,2005年9月28日《中华读书报》。
④ 商金林:《新发现沈从文佚文〈男女谈〉》,2009年4月1日《中华读书报》。

要的史料。① 故夏晓虹说:"倘若有心搜集佚文,报纸更是值得留心的好去处。"②

杂志有综合性的和专业性的,它的篇幅比报纸大,出版周期长,对于历史事件和社会面貌的报道和记载更为全面、更为详细、更为深刻。一些专业性理论刊物,对于研究思想史、学术史,提供了许多前人的研究成果。

总之,在历史研究中要重视利用报刊史料。夏晓虹认为:"处于同样的舆论空间,穷追不舍的新闻记者令成为热点的各类官私隐情无所遁逃,于是,日日面世的民营报纸便升格为补正史之阙、正官书之误的最佳底本。"其史料价值高的根源在于保留了"社会情状的原生态","晚清社会的基本信息确实完好地保存在当年的报纸中。要想穿越时间隧道,拥有回到现场的准确感觉与裁断,读报纸显然是上选"。③

三 利用报刊史料应注意的问题

报刊毕竟不是当时历史现象的重演,它反映的历史经过了作者、编者的劳动。作者、编者的政治立场(写作是否忠于事实)、工作态度(采访是否深入)、业务水平(表达是否清楚)决定了报刊史料的可靠程度,也就是决定了它的价值。旧时报纸的记者在采访时,对问题的了解常常不够深入。他们为了抢新闻,及时把消息报道出去,有时是抓住一点材料或表面现象,或道听途说的东西,加些夸张、猜测,便发表出去了。再加上文字简短,叙事不清,报道往往片面、不准确,甚至与事情真相完全不合。新闻是有阶级性的,许多报刊为了某种目的,可以不说真话。革命报刊,有时也会夸大其词、言论偏激,如辛亥革命前,刊登伪造的石达开遗诗,在武昌起义后伪造"大总统孙"的文告、伪造各地起义捷报,大造其谣言。为了对敌斗争的需要,也会发布虚假信息。如在平津战

---

① 吴永平:《新发现的胡风重要佚文》,2010 年 4 月 23 日《中华读书报》。
② 夏晓虹:《晚清报纸的魅力》,1998 年 12 月 30 日《中华读书报》。
③ 同上。

役初期,为了实施东北野战军秘密入关,毛泽东以中央军委名义先后两次指示东北局,"令新华社及东北各广播台在今后两星期内,多发沈阳、新民、营口、锦州各地我主力部队庆功祝捷、练兵、开会的消息,以迷惑敌人",并表示林彪尚在沈阳。① 有时原始档案、内部文件与报刊公开的口径不一致,报上报道的信息与现实生活所表现出来的情景不一致,各种史料之间存在矛盾。遇到这种情况,有学者是这样认识和处理的:"以辩证的历史思维与正确的研究方法,将公开性

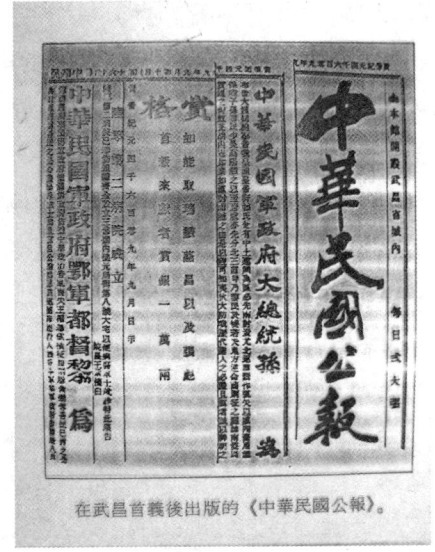

图11-4 《中华民国公报》伪造的"大总统孙"的文告

史料、内部史料与原始档案史料、口述访谈史料等有机结合,摒弃真实与虚假的纠结,理解新闻与宣传的异变,对接上层与下层的逻辑,融通表述与客观的矛盾,平衡文本与口述的互补,搁置新闻与宣传有效或无效的价值性考量,从而消解史料间的矛盾性问题,找到打通各类史料的切入点。"②

官方报刊、对中国有偏见的西方报刊,均有不实事求是的报道和论说。所以说,不能把报刊上登载的都看成是历史真实,必须会判断。

以专电的可靠性为例,包天笑在《钏影楼回忆录》中告诉人们,专电有许多名堂:(1)"详电报":电报号码的错误,错得奇形怪状。有的是猜出来的,"详电报"有时如同"详梦"一般。有的一个字码的错误,把人名、地名弄得匪夷所思。如老徐(徐世昌)、小徐(徐树铮)、老段

---

① 中共中央文献研究室编:《毛泽东年谱(1893—1949)》下卷,中央文献出版社,2013年,第448、460页。

② 侯松涛:《中国当代新闻史料的比较与研读——以抗美援朝运动史料为例》,《中共历史与理论研究》2016年第1辑。

(段祺瑞)、小段(段芝贵),一字之差,可以把人名搞错。(2)"补电报":为了省钱,不肯打字数较多的电报。在报上不能原文登出,必须要装头装脚,加进了许多字,来补足这个电报的意思,方可以使人看得懂。补得准不准,对不对,那是另外一回事了。(3)最可笑的是"造专电"。报纸版面排好了,空着一个地位,等待专电,真似三国演义上说的"万事俱备,只欠东风",而专电老是不来,第二天别的报纸有专电,自己的报上没有,是丢面子的。于是有些编辑便造出专电来。邵力子就是其中能手。因为《民国日报》最穷,专电常常脱稿,他造出来的假专电,和人家的真专电竟无甚参差,可称绝技。① 也有闭门造车,捏造社会新闻者。如一首竹枝词所揭露的:"访员闭户费神思,社会新闻捏造之。已报沙家双服毒,又闻李女私养儿。"(原注:旧式访员以闭户造新闻著名,而社会新闻尤甚。今通讯社林立,新闻事业进步,然不免仍有闭户造车者。)②

还有清政府、北洋政府和国民政府的新闻检查制度也往往使报刊不能毫无顾忌地报道事实真相与全貌。如光绪三十二年(1906)就由巡警部颁布了《报章应守规则》《大清印刷物专律》,宣统二年(1910)颁布了《大清报律》,袁世凯政府也在1914年颁布了《报纸条例》和《出版法》等法律,对报道进行限制。《大清报律》曾经两次颁行。第一次是在清光绪三十三年十二月(1908年1月)由民政部、法部会奏,交宪政编察馆议决,于光绪三十四年二月十二日颁行,由于遭到报界抵制,由民政部修改后,交资政院于宣统二年(1910)十二月二十九日重行颁布。内容凡38条,附录4条。规定:报纸不得登载冒渎乘舆、淆乱政体、妨碍治安、败坏风俗之语,不得登载禁止登载的外交、陆海军事件及其他政务、不得登载禁止旁听的诉讼或会议事件等。本报律成为清政府压制舆论的工具。中华民国成立后,各省尚有援用此律者,1914年《报纸条例》颁布后始失效力。

报纸开"天窗"就是这种新闻检查制度逼出来的。武昌起义发生

---

① 包天笑:《钏影楼回忆录》,大华出版社,1971年,第415页。
② 华:《汉口竹枝词》,1933年9月27日《镜报》。

后，清朝民政部于1911年10月12日依据《大清报律》第十二条的规定，下令北京各报不要刊登来自武昌的军事消息。当时北京《国风日报》在获知武昌起义消息后，立刻出版号外，把这一重大新闻用二号字排出来，招致大量警察前来干涉，禁止刊登任何与武昌有关的消息。于是，《国风日报》在第二天头版位置干脆开了一个整版的天窗，上面只印了一行字："本报得到武昌方面消息甚多，因警察干涉，一律削去，阅者恕之。"皖南事变爆发以后，国民党要封锁消息，新闻检察官就把《新华日报》上不符合他们要求的稿件撤下来。周恩来愤怒之下，提笔写了"为江南死国难者致哀"的题词和"千古奇冤，江南一叶；同室操戈，相煎何急"的挽诗，放在报纸开天窗的地方，对国民党政府制造皖南事变的罪行和禁止刊登有关消息的行径表示抗议。

1945年，黄炎培的《延安归来》一书，未经检查突击出版发行，被国民党当局查禁，引发了"拒检运动"。重庆杂志界发表联合声明宣布"拒检"，得到《宪政》（月刊）、《国讯》杂志、《中华论坛》《民主世界》《再生》《民宪》（半月刊）、《民主与科学》《中学生》等16家杂志社的响应，于8月17日正式发表，庄严宣布自9月1日起一致不再送检，并将这一决定正式函告国民党中宣部、宪政实施协进会和国民参政会。9月1日记者节，《新华日报》发表社论《为了笔的解放而斗争》，9月重庆出版界发起的拒检运动扩展到成都昆明等地，并由出版界扩展到新闻界，终于迫使当局从1945年10月1日起停止了新闻检查和书刊检查。

即使是愿意如实报道情况的记者，是否能全面地客观地了解到情况，是否能准确地把情况记录下来，也还是有疑问的。一位美籍学者在谈到即使是当事人当日记载，或者次日报导，也多有失实的地方时曾说："美国总统在记者招待会说的话，多少人在电视上也能看到听到，原意所在，第二天有时就有不同的报道和解释。老师在班上说的话，学生听来就常有不同的说法，而且常以自己的想法认为是老师的意思。1981年11月19日，美国有位外交官在巴黎寓所门外被恐怖分子袭击，事后8个目击者描述刺客形象,大不相同。"①所以说,各个记者从不同的角度采访,记录所发生的事件,就会出现不同的报道,哪个准确,哪个不准,需要分析。

另外,连续性的报道,不同报刊的不同说法,要全面了解,不能只看到一点就引用。有些事情发生后,第二天就有快报,常常不准确,因为事情没有完结,调查没有深入,许多事情尚未弄清楚,所以有"续志""三志""四志"的连续报道。如果抓住一条新闻就用,往往会出错。如《中华民国史事日志》中记载1912年9月4日湖北沙市第七镇兵变,又记载1912年9月7日湖北沙市兵变。②其实9月4日还不能称为"兵变"。是日兵士赎当闹事,受到责罚后于7日哗变。《申报》1912年9月17日《沙市兵变续闻》才有完整报道。

报刊上文章如果是署的笔名,还需要把真实姓名弄清楚,才能了解文章的背景。解决笔名问题可查阅张静庐编《清末民初重要报刊作者笔名字号通检(正续编)》(香港中山图书公司1972年出版)。

同样的,对报刊本身的背景也要弄清楚:中国人办,还是外国人办?官办?还是民办?是什么团体的机关报?主要立场是革命抑或改良?一些时间比较长的报刊,如《申报》《东方杂志》等,中间办报人有变化,办报的立场、方针也有变化,应予注意。弄清了这些,对报刊上反映的情况才能判断它的真伪,对报刊上刊登的文章才能评论它的观点。还要具备一定的报刊知识,懂得什么是"日报""晚报",什么是"公报""党报",还有期刊的刊期,刊期根据内容而定,一般来说,过去的刊物,政治新闻类的刊物用周刊,通俗文史杂志用半月刊或双周刊,综合性刊物用月刊或双月刊,学术性期刊则用季刊,而年刊多半是文献资料性的刊物。期刊以一年为一卷,从创刊开始,第一年为第一卷,以此类推。

另外,利用报刊史料,还需与其他相关文献资料互证,以保证史料的可靠性。革命报刊,为迷惑敌人,往往会有掩饰实情的做法,只有参

---

① 薛君度:《黄兴生平探讨》,薛君度、萧致治合编:《黄兴新论》,武汉大学出版社,1988年,第8页。
② 郭廷以:《中华民国史事日志》,台北:近代史研究所,1979年,第63页。

阅其他资料才能弄清真相。如同盟会机关刊物《民报》1908年被日本政府封禁后，1910年汪精卫又在日本秘密印刷两期，但标明的出版地点为法国。像这种情况，只有参阅其他文献史料才能弄清楚。如果阅读范围有限，就会弄错。

四　主要报刊介绍

近代报刊多如牛毛，要查找线索，需要利用工具书。除了本书第三讲介绍的有关报刊方面的工具书外，还有前述新纂《清史》的《报刊表》值得关注。

（一）维新运动时期的主要报刊

甲午战争后，在民族危机日益严重的刺激和资产阶级改良派的鼓动下，各地报刊如雨后春笋，蔚然兴起，不仅品类众多，而且内容新颖，或议论时政、宣扬变法，或介绍西方社会科学和自然科学知识；既有综合性报刊，亦有专业性报刊。这些报刊，在当时对知识分子的思想解放，维新变法的实现，产生了积极影响。在今天，对于研究戊戌维新运动的历史，了解维新派的主张和活动等等，是很重要的史料。

当时全国的主要报刊有不少，北京强学会机关报《万国公报》，开始时袭用了英、美传教士的广学会在上海所办之《万国公报》名称，因为后者在政治官僚中行销有年，袭其名以利推广。如今看来是属于侵权行为。该报光绪二十一年六月二十七日（1895年8月17日）创刊，双日刊。每册有编号，无出版年月日，刊式与《京报》相似。每册有论文一篇，许多文章没有署名，实际出于梁启超、麦孟华等之手。有《各国学校考》《学校说》。着重宣传"富国""养民""教民"之法，对于开矿、铸银、制机器、造轮舟、筑铁路、办邮政、兴学堂、设报馆，以至务农、劝工、惠商、恤穷等都有论述，基本上是发挥康有为几篇《上清帝书》中的变法主张，有些文章认为"言富"不能止于"开矿、制造、通商"，"言强"不能止于"练兵、选将、购械"，而应该看到"国家富强，在得人才，人才成就，在兴学校"，"学校之盛"，是"西洋诸国所以勃兴之本原"。北京强学会正式"开局"以后,"先以报事为主",把《万国公报》改名为《中外纪闻》,以梁启超、汪大燮为主笔。《中外纪闻》于光绪二十一年十一月初一日(1895年12月16日)正式出版,双月刊。每册注明出版年月,无编号。有论说、阁抄、照译路透电、选译西报、录各省报、译印西国格致有用诸书、附录、旧报选存等栏目。主要介绍西方国家情况,兼及自然科学知识。所附论说,也每每考察各国强弱之原,反映了改良派学习西方的政治倾向。发刊一月又五日,即遭封禁。①

上海强学会的机关报《强学报》于光绪二十一年十一月二十八日(1896年1月12日)创刊,共出三号,现仅见前二号,署有"孔子卒后二千三百七十三年",以其与光绪二十一年十一月二十八日并列。徐勤、何树龄主编。以"广人才,保疆土,助变法,增学问,除舞弊,达民隐"为宗旨,内容录上谕(有当时未经公开的"廷寄")、论说、强学会有关文件(《京师强学会序》《上海强学会序》《上海强学会章程》等)。《强学报》上印孔子纪年,与光绪年号并列,是企图通过宣传孔子托古改制来扩大维新变法的影响。但用孔子纪年有"改正朔"之嫌,颇触时忌,本来支持强学会的张之洞通过梁鼎芬对康有为表示了不赞成"孔子改制"的意见,希望康有为能放弃。但康有为认为是原则性问题,坚持己见,引起张之洞的不满。梁鼎芬则秉承张之洞的意图,也对此予以指责。就在这时,御使杨崇伊弹劾北京强学会,清廷下令封闭该会,查禁《中外纪闻》。张之洞闻讯后,怕孔子纪年触怒当道,于己不利,立即宣布"此报不刊,此会不办"。《强学报》仅办10天即告结束。

《时务报》于光绪二十二年七月初一日(1896年8月9日)在上海创刊,旬刊。分论说、谕折、京外近事、域外报译诸栏。另附各地学规、章程等。汪康年总理、梁启超撰述。梁启超的议论新颖,文字通俗,风行海内,影响深远。张之洞对于《时务报》一面予以支持赞助,一面希望该报按他的意图来办,审慎地宣传维新变法,不再给他惹麻烦。为此,梁鼎芬通过对报馆总理汪康年施加压力而干涉《时务报》的办报方针。起初,张之洞认为"该报识见正大,议论切要,足以增广见闻,激发

---

① 参见汤志钧:《戊戌变法史》,人民出版社,1984年,第129—130页。

图 11-5 《强学报》与《时务报》

志气","实为中国创始第一种有益之报",札湖北善后局筹发《时务报》至全省各衙门、各学堂。① 张、梁倾向于维新的姿态和《时务报》在鄂的传播,曾一度使湖北政治空气活跃起来,一时间,黄鹤楼下,长江之上,泛起了阵阵维新思潮的波澜。但好景不长,梁启超在报上大力宣传新学,揭露官场腐败,宣扬民权思想,甚至对张之洞本人也有所批评,渐渐地为张之洞所不喜欢。张之洞见该报论说太新,越出了他所划定的框框,十分生气,声言"明年善后局不看此报"。梁鼎芬根据张之洞的旨意暗中加紧了对该报的干预、压制,他常给汪康年写信,传达张之洞的指示,规定言论方针,不让汪康年与康、梁跟得太紧,代表张之洞对《时务报》实行遥控。他时时提醒汪康年要"常存君国之念,勿惑于邪说,勿误于迷途",还威胁汪康年说:"以后文字真要小心。仆前救康长素,

---

① 张之洞《札善后局筹发时务报价》,赵德馨主编:《张之洞全集》第 5 册,武汉出版社,2008 年,第 506 页。

今救简竹居,他日幸勿有救两君之事也。"①康有为的弟子徐勤在该报发表《中国除害议》,梁鼎芬一连给汪康年写几封信,指责"徐文太悍直,诋南皮,何以听之?弟不能无咎也。弟自云不附康,何以至是!""徐文专攻南皮,弟何以刻之,岂此亦无权耶?后请格外用心。"②光绪二十四年六月二十一日(1898 年 8 月 8 日)停刊,出版 3 年,有 60 余册。汪康年另办《昌言报》,自称"仍与从前《时务报》蝉联一线"。③

《知新报》是戊戌变法时期南方的著名刊物,光绪二十三年正月二十一日(1897 年 2 月 22 日)在澳门出版,初拟名《广时务报》,后改此名。初为五日刊,后改旬刊、半月刊。何廷光、康广仁任总理,梁启超、徐勤等任撰述。载有论说、上谕、京外近事、各国情况、农事、工事、商事、矿事、中外交涉新闻、各省新闻等栏目。与上海《时务报》相呼应,宣传变法图存思想,发表维新的条陈和言论,介绍新政推行情形。戊戌政变后,仍继续出版,曾著论指斥清廷,为维新变法辩护。光绪二十六年十二月初一日(1901 年 1 月 20 日)停刊。

《国闻报》是戊戌变法时期在北方影响最广的报纸。严复、夏曾佑、王修植等在天津创办。光绪二十三年十月初一日(1897 年 10 月 26 日)创刊,日报。载有告白、上谕、直隶制台辕门抄、路透电报、社论、全国新闻、地方新闻、外国新闻等栏目。后增出旬刊《国闻汇编》,收录报上重要议论。《国闻报》曾按期发表严复译述的《天演论》。戊戌政变后售与日人。刊录的维新运动史料,比其他各报翔实。对"百日维新"期间的新政颁行、实施情况,多有报道,可资参考。如伊藤博文来到中国以及和清朝政府官僚的问答等,也可补其他史书之不足。

《湘学新报》,又名《湘学报》,旬刊,线装一册。江标发起,唐才常、蔡钟濬等编辑,光绪二十三年三月二十一日(1897 年 4 月 22 日)在长沙创刊,光绪二十四年八月(1898 年 9 月)被禁,共出 45 册。报首录谕

---

① 上海图书馆编:《汪康年师友书札》(二),上海古籍出版社,1986 年,第 1899—1900 页。
② 同上书,第 1901 页。
③ 汪康年:《〈昌言报〉跋》,《昌言报》第一册,光绪二十四年七月初一日(1898 年 8 月 17 日)。

旨及新学一切章奏,分史学、掌故(后改时务)之学、舆地之学、算学、商学、交涉六门,报末附谈格致浅理及各处电传要语。此报为湖南首创之报,湖南维新运动早期资料赖此以存,如湘中许多学会的章程、《论湘中所兴新政》的专论,都是研究湖南地区历史的重要文献。早期论文,以唐才常的文章最多,与后来辑录的《觉颠冥斋内言》,在文字内容上有所增损,所以《湘学报》又是勘校唐才常遗集、探讨唐才常思想演变的参考资料。但它的刊式有缺陷,每每一篇论文,连载多册,既无目录,又乏标题,以致检寻原文既感不便,中途抽读又似残篇,不是全帙通读,难得要领。由于《湘学报》是旬刊,"既已十日矣,昨日之新至今日而已旧,今日之新至明日而又已旧。然而则既已十日矣,谓之新可也,谓之日新不可也"。① 总之,跟不上割胶(德国强租胶州湾)事后外患日逼的形势,于是又创办《湘报》。唐才常主编,董事撰述有谭嗣同、梁启超、熊希龄等。光绪二十四年二月十五日(1898年3月7日)在长沙发刊,日报,同年九月初一日(10月15日)停刊,共出177号。首载论说、奏疏,次录电旨,次录公牍、本省新政、各省新政、各国时事、杂事、商务。《湘报》记载当时湖南政治、经济、文化情况,留存大量戊戌维新运动的资料:如南学会、时务学堂、保国会、京师大学堂以至新政情况,都有报道。《湘报》有中华书局1965年影印本,2006年该局出版的《中国近代期刊汇刊第二辑》亦收录此报。

除了以上在近代史著作中常常提到的重要报刊以外,戊戌时期的重要报刊还有如下一些:

名　称	地　点	办报人	创刊时间
《广仁报》	桂林	赵廷飓等	1897年4月
《农学报》	上海	农学会罗振玉等	1897年5月
《集成报》	上海	陈念藏创设	1897年5月6日
《富强报》	上海	程霱主编	1897年5月21日
《新学报》	上海	叶耀元总撰述	1897年8月

---

① 《湘报后叙》上,《湘报》第11号,光绪二十四年二月二十六日(1898年3月18日)。

(续表)

名　称	地点	办报人	创刊时间
《经世报》	杭州	胡道南等创办,章太炎、宋恕、陈虬撰述	1897年8月2日
《萃报》	上海	朱克柔主笔	1897年8月22日
《实学报》	上海	王斯源、王仁俊等编辑,初期章太炎任撰述	1897年8月28日
《求是报》	上海	陈季同等创办,陈衍主编	1897年9月30日
《译书公会报》	上海	恽积勋、陶湘总理,章太炎、杨模总主笔	1897年10月26日
《渝报》	重庆	宋育仁总理,潘清荫主笔	1897年10月
《蒙学报》	上海	叶瀚等编辑	1897年11月
《演义报》	上海	章伯初、章仲和创办	1897年11月
《岭学报》	广州	黎国廉总理,朱淇撰述	1898年2月10日
《蜀学报》	成都	宋育仁总理,吴之英主笔,廖平总纂	1898年5月15日
《时务日报》	上海	汪康年创办	1898年5月5日①
《无锡白话报》	无锡	裘廷梁、裘毓芬创办、主编	1898年5月11日②
《东亚报》	神户	简敬可总理,韩昙首等撰述	1898年6月29日
《女学报》	上海	康同薇、李蕙仙主笔	1898年7月24日
《昌言报》	上海	汪康年总理,梁鼎芬总董	1898年8月17日
《工商学报》	上海	汪大钧创办、主编	1898年9月

---

① 1898年8月17日后改名《中外日报》。
② 后改名《中国官音白话报》,是中国早期的白话刊物之一。

以上报刊,绝大多数都和改良派在各地创办的学会有关,如《中外纪闻》是北京强学会机关报,《强学报》是上海强学会机关报,《湘报》与南学会通声气,《渝报》《蜀报》是蜀学会的机关报,《广仁报》是圣学会的机关报,《女学报》是中国女学会的机关报。它们的主编多是康梁的门徒、亲属,有的是受他们影响的维新派的"有志之士"。它们的宣传,有的侧重于"新政""新学",有的致力于"保国""保种""保教",有的则明白揭出"本报意主变法,义谨尊王"。总之,都力图从不同角度为维新变法作舆论上的鼓吹,以扩大它的影响。

(二)辛亥革命时期的主要报刊

据调查,辛亥革命前后,从 1900 年到 1918 年出版的各种刊物约有七八百种。丁守和主编《辛亥革命时期期刊介绍》,共介绍 252 种,分 5 集出版,人民出版社 1982—1987 年先后印行。还有报纸,为数也不少。

以下择要介绍辛亥革命时期的部分报刊。

中国同盟会机关刊物《民报》已为大家所熟悉。有科学出版社 1957 年影印本。该刊 1905 年创刊于东京,初为月刊,后不定期。1908 年被日本政府封禁后,1910 年汪精卫又在日本秘密印刷两期,但标明的出版地点为法国。前后共出 26 期。

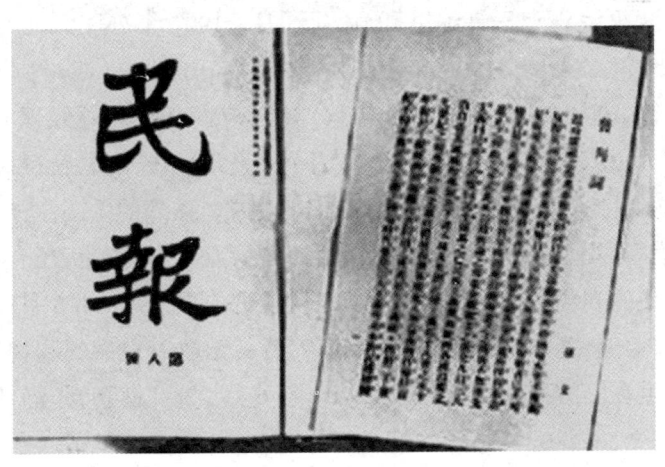

图 11-6 《民报》

东京和上海是 20 世纪初年中国革命的两个策源地,两地的革命报刊在宣传"革命排满"方面不遗余力。

先看东京方面。留日学生的早期报刊有《国民报》(秦力山总编辑,1901 年 5 月 10 日创刊)、《游学译编》(杨守仁主办,1902 年 12 月—1903 年 11 月 3 日)、《湖北学生界》(王憬芳等发行,刘成禺等编辑,1903 年 1 月—9 月 21 日)①、《江苏》(秦毓鎏总编辑,1903 年 4 月—1904 年 5 月 15 日)、《浙江潮》(孙翼中、蒋方震等编,1903 年 3 月 17 日—1904 年初)②、《直说》(杜羲等人主办,1903 年 2 月 22 日创刊)等。这些刊物的特点,一是在国外出版、国内发行,二是时间不长,三是多由留学生的同乡会主办,四是其内容主要为宣传爱国救亡,五是在本省开展广泛的社会调查活动,所刊登的调查材料涉及政治、经济、国防、交通、教育、物产、税收、商业、出版、农业、宗教、风俗、人物和自然地理等各个方面,列有详细数据,提供了不少第一手材料。这些刊物对于了解留学生由爱国走向革命的历程,对于研究当时各省的省情,颇有参考价值。

留日学生中的革命报刊主要有《醒狮》《新译界》《晨钟》《洞庭波》《革命军报》《豫报》《鹃声》《汉风》《汉帜》《秦陇》《晋乘》《粤西》《大江日报》《关陇》《江西》《滇话报》《湘路警钟》等。影响较大的有如下几种:《复报》(柳亚子等编辑,1906 年 5 月—1907 年 7 月)、《云南》(席聘臣、张耀曾等编辑,1906 年 10 月—1911 年 10 月)、《四川》(吴玉章编辑发行,1907 年 11 月—1908 年秋)、《河南》(张钟瑞总经理,刘绍学总编辑,1907 年 12 月—1908 年 12 月)、《夏声》(杨铭源发行人,赵世钰总编辑,1908 年 2 月 26 日—1909 年 9 月)。强烈的爱国主义和革命宣传、浓厚的地方色彩是这些刊物的突出特点。当时东京还有主张无政府主义的刊物《天义报》,是女子复权会机关报,1907 年 6 月 10 日创刊,何震主编,刘师培、汪公权等撰稿。另一无政府主义的刊物是中国留欧学生在巴黎办的《新世纪》,1907 年 6 月 22 日创刊,张静江出资,

---

① 后改名《汉声》。
② 有人说是共出 10 期,实际是 12 期。

李石曾、褚民谊、吴敬恒主编。这两个刊物在宣传革命的同时,大力鼓吹无政府主义。

再看上海方面。上海的革命报刊有《苏报》《大陆》(戢翼翚、秦力山等创办、撰稿,1902年12月9日创刊)、《童子世界》(何梅士等主编,1903年4月6日—1903年6月)、《国民日日报》(章士钊主编,1903年8月7日—1903年12月1日)、《俄事警闻》(蔡元培主编,1903年12月15日—1904年2月)、《警钟日报》(蔡元培主编,1904年2月—1905年3月)、《二十世纪大舞台》(陈去病主编,1904年10月创办)等。这些报刊,密切注视国内政治动向,言论日趋激烈,所以寿命都不太长。1905—1911年,革命派在上海又先后出版了15家报刊,比如《竞业旬报》《中国女报》《神州女报》《越报》《中国公报》《民声丛报》《光复学报》《锐进学报》《大陆报》《天铎报》等。比较重要的有于右任创办的几份报纸:《神州日报》(于右任经理,杨毓麟主编,汪彭年、王无生、邵力子等撰稿,1907年4月2日创刊)、《民呼日报》(于右任主编,1909年5月15日—8月14日)、《民吁日报》(1909年10月3日—11月19日)、《民立报》(1910年10月11日—1913年9月4日)。《民呼日报》《民吁日报》《民立报》都由于右任创办,都用"民"字打头,创办时间相衔接,风格和基调相同,被人称为"竖三民"。①《民立报》由宋教仁、吕志伊、范鸿仙、徐血儿、章士钊等先后任主笔。以提倡国民的独立精神为宗旨。内容分论说、批评、纪事、丛录、图画5部。日出3大张,激烈攻击清政府,批判专制制度,报道各地革命运动。辛亥革命时态度激进,反对议和,主张北伐。1913年宋案发生后,揭露袁世凯为元凶,遭查封。上海还有国粹主义的报刊《政义通报》《国粹学报》,邓实、黄节、章太炎等主编、撰文。还有《学林》《保国粹旬报》等。国粹主义和无政府主义是当时革命阵营里的两大思潮。

除了东京和上海外,沿海和内地也有一些倾向革命的报刊,如,

---

① 还有"横三民",系指民国初年"同盟会—国民党"系统在上海创刊的《中华民报》和《民国新闻》,以及激进派在上海创办的《民权报》。因为言论激烈,报头横立,在报界有"横三民"之称。

《中国日报》(香港)、《广东日报》(香港)、《有所谓报》(香港)、《岭东日报》(汕头)、《亚洲日报》(广州)、《觉民》(江苏松江)、《俚语日报》(长沙)、《萃新报》(浙江金华)、《重庆日报》(重庆)、《可报》(广州)、《二十世纪军国民报》(广州)、《帝国日报》(北京)、《国光新闻》(北京)、《克复学报》(天津)、《晋学报》(山西)、《南报》(广西)、《南风报》(广西)、《自治学社杂志》(贵州)。这些报刊是"戴着镣铐跳舞",言论远不如在东京、上海租界出版的革命报刊那么激烈。此外还有几种宣传革命的白话报如《杭州白话报》《中国白话报》《安徽俗话报》《直隶白话报》《广东白话报》《岭南白话报》。

湖北作为辛亥革命首义之区,湖北革命党人长期经营,进行了卓有成效的宣传工作,除了将《湖北学生界》《江苏》《浙江潮》以及《黄帝魂》《孙逸仙》《革命军》《猛回头》《警世钟》等革命书刊,偷偷输入省内,在军队和学校散发,以唤醒大众外,还办了一些革命报刊,如《楚报》(冯特民创办,1905 年)、《武昌白话报》(陈少武,1908 年)、《湖北日报》(郑江灏,1908 年夏—1909 年春)、《雄风报》(杨玉如,1910 年春)、《政学日报》(郑江灏,1911 年春)、《夏报》(高汉声,1911 年前后)。影响较大、较具特色的是《商务日报》(宛思演总经理,詹大悲总编辑,1909 年 10 月 8 日—1910 年夏)、《大江报》(初名《大江白话报》,詹大悲、何海鸣主笔,1911 年 1 月 3 日—1911 年 8 月 1 日)。这些报刊揭露官场黑幕、军营流弊、社会不公,公开地与清政府作激烈斗争;同时宣扬革命烈士事迹,极大地鼓舞了民众的革命热情。《大江报》在 1911 年发表两篇激烈文章,受到清朝当局迫害,酿成轰动全国的"大江报案"。当年 7 月 17 日,该报发表由何海鸣撰写,署名"海"的文章《亡中国者和平也》。在文章中,作者痛斥清政府颁布的宪法大纲,批驳改良派、立宪派分子企图利用请愿等"和平"方式来抵制革命的主张。认定"和平"是"亡中国"之道,是走不通的。7 月 26 日,该报又发表后为一代国学大师的黄侃署名为"奇谈"的文章《大乱者救中国之妙药也》。当时黄侃自京抵汉,詹大悲在报社为其设宴接风,席间詹大悲请黄侃为《大江报》写一篇时评,黄侃乘醉一挥而就:

中国情势,事事皆现死机,处处皆成死境。膏肓之疾,已不可为,然犹上下醉梦,不知死期之将至。长日如年,昏沉虚度,软痫一朵,人人病夫。此时非有极大之震动,极烈之改革,唤醒四万万人之沉梦,亡国奴之官衔,行见人人欢然承戴而不自知耳。和平改革既为事理所必无,次之则无规则之大乱,予人民以深创巨痛,使至于绝地而顿易其亡国之观念,是亦无可奈何之希望。故大乱者,实今日救中国之妙药也。呜呼!爱国之志士乎,救国之健儿乎,和平已无可望矣,国危如是,男儿死耳,好自为之,毋令黄祖呼佽而已。①

这篇两百余字的短文,情绪从沉痛悲愤转而慷慨激昂,行文跌宕起伏,一气呵成,读来让人心潮澎湃,热血沸腾,大大鼓舞了革命者的斗志。这种文字当时各报经常刊登,甚至比此种文字还激烈者尚多,但久已衔恨于该报的当局以"宗旨不纯,立意嚣张"及"淆乱政体,扰害治安"等罪名,于8月1日查封报馆,《大江报》被"永禁发行",并逮捕詹大悲。何海鸣闻讯后自动投案。报馆被封的第二天,《大江报》同人即向全国通电:"各报馆鉴:敝报昨夕被封禁,拘总理。乞伸公论。大江报叩。"一时舆论哗然,民情沸腾。全国各地报刊纷纷发表文章声援。汉口各界人民团体和新闻界也公开集会表示抗议。被封的大江报社门口遍贴慰问纸条与哭吊短文。清政府慑于舆情,只得轻判结案。詹、何二人被判监禁18个月,因身无分文,均免科罚金。著名报人胡石庵曾赞誉《大江报》:"大江流日夜,鼓吹功不朽。"②《大江报》虽然仅仅发行数月即被查封,但它所起到的作用却是无可估量的。

武昌起义后,出版了湖北军政府机关报《中华民国公报》(1911年10月16日创刊),还有《大汉报》,胡石庵主笔,1911年10月14日创刊,日报。内容有社说、时评、译电、要闻、各属新闻、军政纪事、阳夏纪事、满清末日记等栏。这些报刊刊载大量有关起义军事进展情况的消

---

① 刘望龄:《黑血·金鼓——辛亥前后湖北报刊史事长编》,湖北教育出版社,1991年,第229页。
② 参见刘望龄:《黑血·金鼓——辛亥前后湖北报刊史事长编》,湖北教育出版社,1991年,第228—241页。

息和军政府的各项命令文告。比较重视采访工作,派出不少记者分赴前线采访战事新闻。但也存在根据需要编造新闻的情况,比如前述"大总统孙"的文告、各地民军作战捷报和声援武昌起义的消息。

戊戌变法失败后,康梁等逃到海外,办有《清议报》《新民丛报》等,已为大家所熟悉。论者曾论及《清议报》具有两重性:它的根本政治主张是"尊皇",实行君主立宪,保护"国家之秩序",抵制推翻清朝的革命。在革命成为时代主流时,这些主张日益成为反动的。但是它们宣传的"爱国""国民"等观念,它们介绍的西方哲学、政治、社会伦理学说在当时又起过一定的积极作用。此外,还有立宪运动中的一些报刊。如,《政论》(政闻社机关报,上海,蒋智由主编,1907年10月至1908年8月13日)、《国风报》(上海,何国桢发行,梁启超编辑、撰稿,1910年2月20日至1911年9月)、《预备立宪公会报》(预备立宪公会机关报,上海,孟昭常主编,1908年2月创刊)、《国民公报》(国会请愿同志会机关报,北京,徐佛苏主编,1910年7月创刊)。四川宪政会等团体办有《蜀报》《蜀风杂志》等;贵州宪政预备会主办有《黔报》《贵州公报》;广东地方自治研究会主办有《广东地方自治研究录》。这些刊物传播西方宪政思想,支持预备立宪,并敦促清廷早日实行宪政。以《民报》和《新民丛报》为龙头,各地的革命派报刊和立宪派报刊之间,围绕革命还是君宪的问题展开了长期的论战,通过论战,扩大了资产阶级民主思想的影响,为辛亥革命的到来作了舆论准备。

(三) 清末民国时期官方报刊和政党报刊

清末民国时期的官方报刊与政党报刊是不能不关注的。

清政府公开编印发行的官报,起始于光绪二十二年(1896)在北京创刊的《官书局报》和《官书局汇报》。由当时主持官书局工作的工部尚书孙家鼐负责,是维新运动的产物。光绪三十一年(1905)后,为了实行预备立宪,在北京和各省省会陆续办起了一大批新型的政府官报。其中有考察政治馆主办的《政治官报》,后由内阁接办,改称《内阁官报》。商部主办的《商务官报》、学部主办的《学务官报》。地方各级军政机关主办有《北洋官报》《南洋官报》《两湖官报》《湖北官报》《江西日日官报》《豫省中外官报》等等。这些官报除了刊载上谕、奏章、官方文书外，还普遍地增辟了科学、实业、图表、新说、要电、要闻和广告之类的栏目，以新耳目，以广招徕。

民国时期有《临时政府公报》(南京，1912 年 1 月—4 月)、《临时公报》(袁内阁，1912 年 12 月 26 日)、《政府公报》(1912 年 5 月—1928 年 6 月)、《中华民国国民政府公报》(1925 年 7 月—1948 年 5 月)。还有各部、各省也有自己的公报。这一整套政府公报将各届政府的重要公告、命令、法令等公诸于世，可供了解政府政策及运作情况。有关官员任免、文件内容等，若其他文献记载不详或有歧义，可以通过查阅政府公报弄清楚。

民国初年的政党报刊分为两大系统，同盟会—国民党系统有《民立报》《民主报》(北京)、《亚东新报》(北京)、《国民》月刊(上海)、《大江报》(系复刊，不久又被禁)、《民心报》《震旦民报》《春秋报》《民国日报》(以上五报出版地系武汉)。共和党—进步党系统有《国民公报》(北京)、《庸言》(天津)、《大共和日报》(上海)、《不忍》(上海)、《群报》《国民新报》《讨报》《共和民报》(以上四报出版地在武汉)。以上为两大系统，互相争吵。此外还有许多小党派，也都有自己的报刊。二次革命失败以后，在上海有《中华新报》(谷钟秀等主持)，在东京有《民国》杂志等坚持反袁立场。

民国中后期，也有两大系统的报刊，国民党系统与共产党系统。中国国民党中央机关报《中央日报》1928 年 2 月 1 日创刊于上海，后来迁到南京。作为国民党的喉舌，宣传蒋介石的专制主义政策。抗战时迁往重庆，并在各大城市出版。是国民党控制的最大报纸。1949 年随国民党迁往台湾。国民党控制的报刊还有《扫荡报》《救国日报》《文化建设》月刊、《社会主义月刊》等。

共产党方面，早期主要是在五四新文化运动中创办的报刊。当时各种社会思潮竞相登上政治舞台，它们的影响主要是靠报刊的宣传。当时可能有几百种这样的刊物，大多数刊物比较激进，或宣传刚刚传入中国的马克思主义，或对传统文化进行批判，还有一部分刊物是保守的，维护传统，反对改革，少数刊物站在反动当局一边，攻击革命。中共中央马克思恩格斯列宁斯大林著作编译局研究室编的《五四时期期刊介绍》共3集,介绍了从新文化运动兴起到中国共产党成立时期出版的期刊将近160种。其中第一集就介绍了《新青年》《每周评论》《国民》《新潮》《晨报副刊》《湘江评论》《新民学会会员通信集》《星期评论》《觉悟》(上海民国日报副刊)、《建设》《少年中国》《少年世界》《星期日》《少年社会》《新生活》《曙光》《新社会》《人道》《觉悟》《平民教育》和《解放与改造》等等。全国图书馆文献缩微复制中心于2005年出版了《中国共产党早期刊物汇编》(全8册),收录了《新青年》《共产党》《向导》《人民周报》《实话》《斗争》6种刊物,可以利用。

　　五四新文化运动中影响大的是《新青年》。1916年9月1日,陈独秀创办的《青年杂志》正式更名为《新青年》。《新青年》杂志发表的文章,涉及很多的思想流派和社会问题,讨论过孔教和家族制度,讨论过第一次世界大战,讨论过白话文、世界语,讨论过妇女问题、青年问题、人口问题、工人问题,讨论过俄罗斯、十月革命、马克思主义、社会主义等等众多话题。王奇生认为,在1918年以前,《新青年》杂志的影响还十分有限,或者说,它所提倡的"新文化",还没有形成为一场全国性的"运动"声势。陈独秀到北大以后,拉了一批北大教授为《新青年》写稿,使杂志真正以全国最高学府为依托。这样一来,《新青年》由一个以安徽读书人为中心的地方性刊物,转变成为以北大教授为主体的"全国性"刊物。除了北大这块招牌之外,陈独秀为了扩大杂志的影响,还采取了一些措施。有些做法,用今天流行的话来讲,就是"炒作"。第一招,是文章"故作危言,以耸国民",语不惊人死不休。第二招,是自己骂自己。第三招,挑衅竞争对手,拿当时最有影响的刊物《东方杂志》开刀。《新青年》影响扩大,还有一个非常关键的因素,也就是赶上了五四学生爱国运动。王奇生还认为,"民主"与"科学"只不过是陈独秀的挡箭牌,并不是《新青年》杂志具体提倡的思想主张。当时守旧派与新闻媒体对《新青年》的关注主要集中在两点:一是白话文运动;一是反对孔教。"总之,《新青年》并非一创刊就名扬天下,'新文化'也不是一开始就声势浩然。《新青年》从一个'普通刊物'发展成为'时代号角','新文化'由涓涓细流汇成洪波巨浪,都经历了一个相当的'运动'过程。过去人们较多关注'运动'的结果,而不太留意'运动'的过程。"①

在第二次国内革命战争时期,共产党中央革命军事委员会办有一份机关报《红星》。它于1931年12月11日在中央苏区诞生,红军长征时,是中共中央、中革军委唯一的报纸。它公开记录了红军长征战略目标的变迁、介绍了遵义会议的情况和会议精神,报道了长征中的一些重要战役。是研究红军长征的原始资料。②《新华日报》是第二次国共合作期间,经过与国民党斗争后,在国统区创办的共产党的报纸。1938年1月11日在武汉创刊,武汉失守后迁往重庆。该报发刊词称:"本报愿在争取民族生存独立的伟大战斗中作一个鼓励前进的号角","提倡一切有利于抗战之办法、设施、方针,力求其迅速确实的实现,而对一切阻碍抗日事业之缺陷及弱点,本报亦将勇敢地尽其报急的警钟的功用"。它在坚持抗战、反对投降,坚持进步、反对倒退,坚持民主、反对独裁方面发挥了巨大作用。在内战中于1947年2月28日被国民党政府查封。

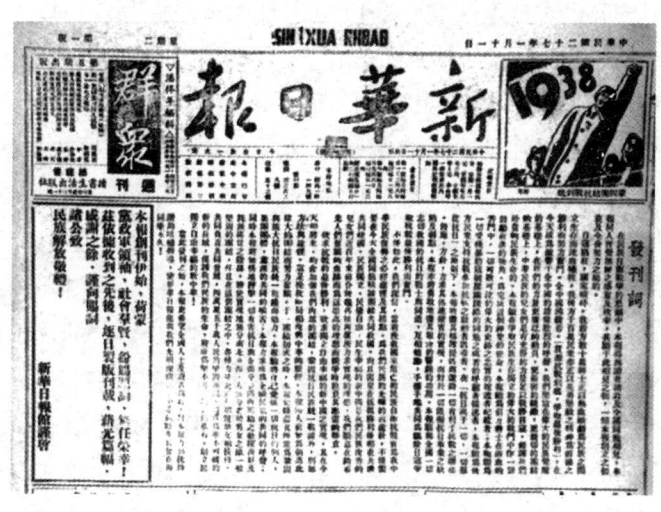

图11-7 《新华日报》

---

① 王奇生:《〈新青年〉100年:新文化运动的内涵到底是什么?》,2016年9月1日《新京报》。

② 参见肖裕声:《长征中的红星报》,2006年10月11日《中华读书报》。

《解放日报》是中共中央机关报,1941年5月16日创刊于延安。主要面对抗日根据地和解放区的党政军民,宣传共产党的方针、政策和抗日战争、解放战争的形势,起到宣传和鼓舞作用。1947年胡宗南部进攻延安后不久终刊(3月27日)。各抗日根据地、各解放区均办有自己的报刊。

《群众》是抗日战争时期和第三次国内革命战争初期在国民党统治区公开出版的中国共产党机关刊物。由中共中央南方局领导。署名编辑兼发行人为潘梓年,实际主持者是许涤新。1937年12月11日在汉口创刊。周刊。以宣传中共抗日救国十大纲领和中共全面抗战的路线为宗旨。1938年10月因日军进犯武汉,被迫停刊。同年12月在重庆复刊。1943年1月改为半月刊。抗日战争胜利后,1946年6月3日迁至上海出版,复为周刊,担负着中国共产党机关报的任务。此刊及时报道国共谈判情况,宣传中国共产党反对内战、反对独裁、主张和平民主的立场,对国民党统治区的民主运动起了促进作用。在国民党当局压制下,1947年3月2日出至第14卷第9期被迫停刊。1947年1月曾创办香港版,开展对海外的宣传工作,并以伪装封面在国民党统治区发行。1949年10月20日出至第143期停刊。

抗战时期,各党派的抗战报刊显示了中国人民抗日救亡的意志。1938年,全国文艺工作者齐集江城武汉,中华全国文艺界抗敌协会(简称"文协")在武汉成立,标志着文艺界在民族解放的旗帜下,结成了最广泛的统一战线。"文协"提出了"文章下乡,文章入伍"口号,组织作家战地访问团,创办《抗战文艺》等,写作并出版了一大批宣传抗战的作品,积极推动抗战文艺运动,在当时产生了很大的影响。

报纸方面,除了上面提及的有关大报《新华日报》《扫荡报》等外,在武汉还诞生了《前进日报》(中华民族解放行动委员会)、《时代日报》(陈铭枢等赞助,胡秋原编辑)、《大众报》(救国会系统)。其他各地的抗战报纸还有上海的《华美晨报》《文汇报》《上海周报》等,长沙的《抗战日报》(田汉)、《长沙民国日报》《长沙大公报》等,西安的《老百姓报》、广州的《救亡日报》(复刊)、成都的《星芒报》、贵阳的《贵州晨报》、重庆的《新蜀报》、浙江的《民族日报》等。爱国华侨胡文虎创办的《星洲日报》《星岛日报》等星系八大报纸和陈嘉庚创办的《南洋商报》等,在抗战期间动员华侨出钱、出力、出人支持祖国抗战方面发挥了积极作用。各抗日根据地也办有抗战报纸,如八路军的《前线报》《胜利报》和新四军的《抗敌报》等。抗战时期创办的《抗战日报》就有4家之多,有中共鲁西北特委创办的机关报《抗战日报》(前身为《山东人》,创办于1937年10月,同年12月改名)、中共地下党员田汉、廖沫沙等人在长沙创办的统一战线报《抗战日报》(1938年1月28日发刊)、湖北房县抗战动员委员会主办的《抗战日报》、中共晋绥分局主办的机关报《抗战日报》。还有一份特殊的报纸——《重庆各报联合版》,介绍如下:

1939年5月3日和4日,重庆遭到日军飞机大轰炸,一些报社受到严重破坏,致使继续出报困难。为应付非常局面,保证信息畅通,大轰炸后的第二天即5月5日,国民党中央宣传部发出通知,指定由《中央日报》牵头,召集《新华日报》《大公报》《扫荡报》《时事新报》《国民公报》《新蜀报》《新民报》《商务日报》《西南日报》等10家大报共商联合出版事宜。开始只有4家报社参加,于5月6日发刊。《新华日报》以民族利益为重,从国家大局出发,于5月7日参加进来。5月8日,由10家报社负责人共同组成"重庆各报联合委员会",以程沧波为主任委员,王芸生为编撰委员会主任委员,黄天鹏为经理委员会主任委员,负责联合版的编辑发行工作。为加强合作,减少矛盾,联合版在编辑方针上,主要刊载中央通讯社的各项消息,不写社论,也不发各报采写的新闻稿;编辑则由10家报社分组轮流担任。至8月12日停刊止,虽然只有短短的3个月零7天,计出版发行99期。但它的出版发行,却适应了当时特殊形势下的特殊要求,也是战时中国新闻界团结奋斗、共同对敌的象征,是中国报业史和中国新闻史上前所未有的一个壮举和永值纪念的大事。它是战时中国特殊的历史背景下各党派、各报社求大同、存小异的结果,是战时中国新闻界在国家民族最高利益下捐弃成见、团结一致、共同对敌的体现,正如联合版在其发刊词中所说的那样:"敌人对我的各种残酷手段,我们的回答是加紧我们的组织,我们要拿组织的力量,去粉碎敌人的一切阴谋诡计。"①

抗战期刊更是异彩纷呈,有胡绳主编的《救中国》、老向主编的《抗到底》、黄百克主编的《人人看》、陆京士主编的《好男儿》等通俗读物,也有"文协"主办的《抗战文艺》、王平陵主编的《文艺月刊》、胡风主编的《七月》、穆木天等主编的《时调》、丁玲等主编的《战地》、田汉等主编的《抗战戏剧》、唐纳主编的《抗战电影》、臧云远等主编的《自由中国》等等。在桂林有《克敌周刊》《全面抗战周刊》《战时艺术》《文化半月刊》《人世间》等。广州有《大众生路》《民风半月刊》《抗战大学》等39种抗战刊物。西安有《大团结》《抗敌先锋》《救亡周刊》等23种。长沙也有17种。在香港有《保盟两周通讯》,东南亚还有《生路》《文化丛刊》《学习青年》《热带文艺》《南风》《南洋周刊》等。各根据地也办有抗战期刊,除了《解放》外,延安还有《共产党人》《八路军军政杂志》《中国妇女》《中国工人》《中国青年》《中国文化》《大众习作》《文艺月报》《谷雨》《群众文艺》《文艺突击》《文艺战线》《大众文艺》《草叶·新诗歌·中国文艺》《鲁迅研究丛刊》,其他根据地有《连队文艺》《文艺学习》《冀中文化》等等。《战时文化》创刊号曾发表《全国杂志一览》,对1938年4月至5月编者所见杂志作了大略统计,全国这一时期出版的各类期刊大约有275种之多。诚如《中华全国文艺界抗敌协会发起旨趣》所说:这些报刊把分散的各个战友的力量,"团结起来,像前线将士用他们的枪一样,用我们的笔,来发动民众,捍卫祖国,粉碎寇敌,争取胜利"。②

以《文献》为例,看看抗战时期的报刊的史料价值。1937年11月上海沦陷后,部分爱国作家寄身租界,发文、办刊、组织社团,以多种方式坚守文化战线,宣传抗战。1938年10月,阿英主编的《文献》于"孤岛"发声。共出版8期,至1939年5月停刊。出版事宜由阿英创办的风雨书屋负责。在此期间,刊物又出附刊3册,即《艺术文献》第一册、

---

① 唐润明:《〈重庆各报联合版〉的出版》,陆大钺主编:《近代以来重庆100件大事要览》,重庆出版社,2005年,第44—45页。
② 武汉地方志编纂委员会办公室编:《武汉抗战史料》,武汉出版社,2007年,第566页。

《妇女文献》第一册和第二册。阿英以文献研究著称学术界,搜集、整理史料则是他文献研究的重要基础。他将搜集、保存文献与抗战结合起来,所办《文献》以收集抗战资料为己任,"意在保存伟大抗战史料,以存永久","有关战事文献著作,无论书报,文件,传单,像片",皆其采编对象,所载文章主要来源于上海、大后方、各抗日民主根据地的报纸杂志,反映了抗战前期的政治、军事、经济、文化、社会生活、国际风云、日伪动向、沦陷区情况等。故而史料价值较高。1984年上海书店影印本加柯灵的《复印〈文献〉赘言》一篇,附刊则印在卷末。

抗战时期,在敌伪政权统治下,沦陷区和伪满洲国都有一批汉奸报刊出版。

(四)清末民国时期其他报刊

跨越清末与民国时期的重要报刊有《时报》《申报》《大公报》《京话日报》和《东方杂志》等。

《时报》是改良派的一份重要报纸。近代史上有两种《时报》,一为英国人德璀琳、茄臣在天津创办的中文报纸,是英帝国主义的喉舌。光绪十二年(1886)创刊,5年后自动停刊。另一种《时报》为改良派狄葆贤主办的报纸,光绪三十年四月二十九日(1904年6月12日)在上海创刊。罗普、雷奋、陈景韩、包天笑等人担任主笔和编辑。这是一份大型的日报。为了防备清政府干扰,创刊时挂了日商的招牌。它在内容与体例上有所革新。光绪三十年(1904)参加争回粤汉铁路的宣传,光绪三十一年(1905)参加抵制美货、购买国货的宣传。在当时的中国报界,《时报》首创了时评、专电、特约通讯、副刊等栏目。"专电"来得及时,往往是当天深夜到第二天一早就见报。"特约通讯"由聘请的特约通信员撰写,有内幕新闻。黄远庸、邵飘萍、徐凌霄等著名报人都做过《时报》的北京特约通信员。这些人写作态度尚属严谨,因此,《时报》的史料价值比较高。1920年以后,该报转让给黄伯惠接办。1932年6月27日,《时报》以四色版套印庆祝发行第一万号。其所载《时报万号》一文宣称,"每至一次国家患难剧烈之时,时报同人尽其全力以奋斗。而同时,《时报》之销数,亦必风行一时,为任何报纸所不及","对于报纸,一以普及人民之智识为职志;对于国是,一以国家人民为重,而无其他特殊之主张"。抗战爆发后,因上海沦陷,该报于1939年6月1日停刊。

《申报》是旧中国历史最久的报纸。初拟名《申江新报》,《申报》为省称。同治十一年三月二十三日(1872年4月30日)由英商美查和任华德、普莱亚、麦基洛4人合资在上海创办。后来归美查一人所有。创刊时为双日刊,不久即改为日报。为了使报纸尽可能地中国化,编辑和经理工作都聘请中国人担任,文字和版面安排尽可能地迎合中国读者的阅读习惯,言论上装出一副"公正"的"替中国人说话"的模样;标榜是"商业"报纸,办报目的只是为了"行业营生",旨在"谋利"。但实际上,还是站在列强和清朝统治者一边,对中国人民的反帝爱国运动和革命斗争,采取反对态度。光绪二十六年十二月初五日(1901年1月24日),《申报》出版一万号,当天发表《本报一万号记》,声称:"凡朝廷之政令,官吏之职守,民生之休戚,水旱之凶荒,学校之栽培,国用之会

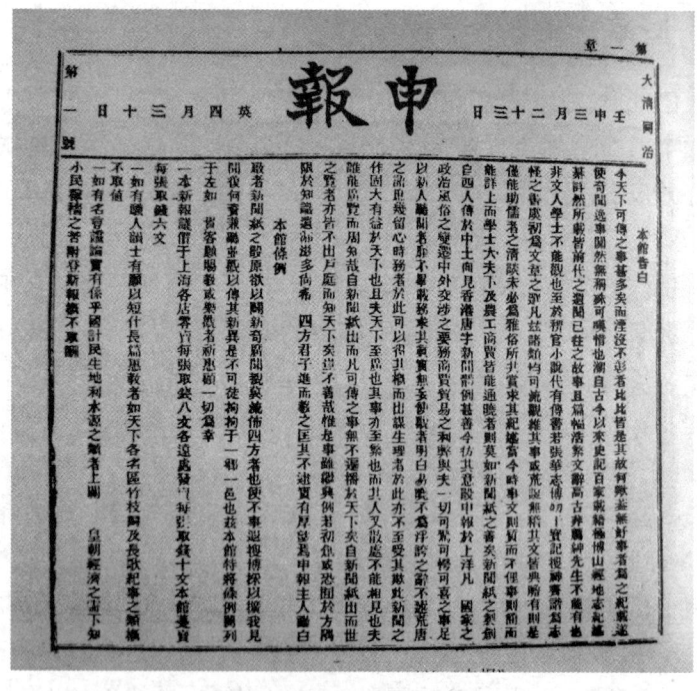

图11-8 《申报》

计,疆舆之险要,军政之废兴,商业之盈亏,物产之品目,邻国之举动,交涉之事端,格致之精微,器艺之新制,罔不周咨博访,采录报中。纪载要闻,不嫌其琐。"宣统元年(1909)因营业不振,由该报华人经理买办席裕福收买。1912年转让于史量才,张謇、应德闳、赵凤昌均为股东。史量才接办后,业务渐有起色,成为著名大报。《申报》在内容方面注意将自己与传统中国旧报刊区别,强调自己的"新",所以赢得读者。1932年销数达15万份。同年7月创办《申报月刊》,1933年起又编印《申报年鉴》。该报立场保守,但对时政也偶有批评。"九一八"以后,反映民众的抗日要求,言论日趋激烈,并出刊《自由谈》副刊,刊载鲁迅、茅盾等人宣传民主自由的言论。1934年11月13日史量才在沪杭公路上被蒋介石集团杀害,报纸言论重趋保守。上海沦陷时,曾一度被日伪控制,战后为国民党接收,成为CC系报纸。1949年5月27日上海解放时停刊,出刊共计25600号,坚守了77年之久。《申报》历史悠久,而且重视新闻的采访报道工作。它招延"访事",在各大城市聘有特约记者,及时报道当地的有关新闻。在一些重大政治事件发生时,还派专职记者到现场采访。甚至到战地采访。因此,《申报》具有重要的史料价值。大量的广告、启事也反映了近现代史的许多重要内容和线索。如地下党为通讯联络而用暗语刊登的广告,1932年3月上海地下党因周恩来被诬蔑,用"巴和律师代表周少山紧急启事"针锋相对进行斗争。《申报索引(1919—1949)》:全30册,《申报索引》编辑委员会编,上海书店出版社2008年出版,可以利用。

另一张有重要影响的报纸是《大公报》,创刊于光绪二十八年五月十二日(1902年6月17日)。馆址设在天津租界里。创办人为满族人英华。1916年9月,出售给王郅隆,1926年9月,又由王郅隆的遗族转让给吴鼎昌、胡政之、张季鸾三人合组的新记公司,一直出版到1949年。《大公报》在旧中国一共出版了47年,是一份在各个时期都很有影响的报纸。开始的政治倾向是保皇立宪、崇洋亲日。这家报纸有洋人作后盾,所以敢言。《大公报》以"忘我之为大"的"大"字,"无私之为公"的"公"字作为报名,自出版起,即负敢言之名,以指摘权贵,激评地方时弊为己任。清末,它敢于揭露和攻击清政府的一些弊政,敢于指责袁世凯一类的清廷大员,敢于刊载沈荩被杖事件这类引起义愤的新闻。它宣称不愿在"猥邪琐屑之事"上过多地花费精力,而是尽可能地做到"从大处落墨",具有一定的严肃性。它声称"宁愿赔钱受累,吃苦操心",也要"整天鼓着一团精神,拿着一枝破笔,东涂西抹说短道长"。它能"替穷苦大众说话",为"洋车夫"、为受虐待的学徒鸣不平,对"达官贵爵"侮辱损害下层人民的罪恶,也时有揭露。它比较重视评论。新闻以官场动态、各衙门公布的告示和"上谕"为主,各地通信则主要剪自沪报。到民国时期,1926年确定社训为"不党、不卖、不私、不盲",坚守"不锦上添花、不落井下石、不与人共利害、不参与别人秘密"的独立报格,标榜文人论政、摒弃歪曲捏造、抵制低趣俗味、崇尚公众喉舌,力图办成"文人论政"的报纸。由于主笔张季鸾与上层的密切关系,由于他的高超的写作技巧和业务能力,《大公报》影响大增,据说,蒋介石在自己的官邸、行营、办公室各放一份《大公报》,以便随时查看民意。共产党人对《大公报》也相当看重。论者认为《大公报》的广泛影响还在于它"社评稳健、理性,被认为是中国的主流声音;版面采用当时比较先进的综合编辑法,新闻编排有序,重点突出;特别是它有众多优秀的记者编辑,能发回很多独家报道,因此很受读者欢迎"。这一切都和张季鸾的一支笔分不开。① 过去,一般认为《大公报》敢言是对国民党政府的"小骂大帮忙",对其持否定评价的多。改革开放以来,对《大公报》的评价逐渐提高,方汉奇主编的《中国新闻事业通史》评论说:"它的读者,遍布中上阶层,对统治集团中的决策人士犹有影响。同时,它又以其消息灵通,敢于批评和客观公正的姿态而吸引了知识分子。《大公报》的崛起,为中国新闻事业史翻开了新的一页。"②

著名报人彭翼仲以开启民智为己任,自光绪二十八年(1902)春起,相继创办《启蒙画报》《京话日报》和《中华报》。三种报刊中,以《京话日报》影响最大。《京话日报》于光绪三十年七月初六日(1904

---

① 王润泽:《看张季鸾如何舞动他的一支笔》,2009年10月15日《中华读书报》。
② 方汉奇主编:《中国新闻事业通史》第二卷,中国人民大学出版社,1996年,第459页。

年 8 月 16 日)在北京创刊。此报在北京报界"享有大名",原因一是敢言,二是爱国。彭翼仲曾因此而被充军新疆,《京话日报》也因此而先后被清政府和袁世凯两度封禁。1918 年后由梁漱溟接办,到 1922 年最后停刊。它的敢言表现在它暴露了一些社会上的阴暗,反映了一些下层民众的疾苦。它言必有征,敢于负责。它的爱国表现在对侵略者欺侮凌辱、剥削掠夺中国人民的罪行,能站在中国人民的立场上进行一定的诛伐。光绪三十二年正月(1906 年 2 月)南昌教案发生后的第 5 天,它就刊出《江西首县被杀》的专电,报道南昌县知县江召棠被法国传教士王安之杀死的事件。后又对事实真相和办理教案的经过作了连续的评论与报道。当法方传出江召棠是自杀而非被杀的谣言妄图诿过卸责的时候,它立即在报上刊出了江令尸体颈部以上创口的特写照片,下附编者按语,以无可辩驳的事实和确凿的证据,驳斥了帝国主义的无耻谰言。梁漱溟在其自述中讲了这样一件事:清朝末年,北京东交民巷"一个外国兵,欺侮中国贫民,坐人力车不给钱,车夫索钱,反被打伤。《京话日报》一面在新闻栏详记其事,一面连日著论表示某国兵营如何要惩戒要赔偿才行,并且号召所有人力车夫联合起来,事情不了结,遇见某国兵就不给车子乘坐。事为某国军官所闻,派人来报馆查询,要那车夫前去质证。那车夫胆小不敢去,彭公(即彭翼仲,引者注)即亲自送他去。某国军官居然惩戒兵丁而赔偿车夫"。① 该报所有来稿发表前,报社都派人查对事实,一旦登出,"一切责任都在本馆"。以上情况表明《京话日报》忠于事实,因而它的史料价值也是较高的。

《东方杂志》是旧中国历史最久的大型综合性杂志。光绪三十年正月二十五日(1904 年 3 月 11 日)在上海创刊,商务印书馆编辑出版。初为月刊,后改半月刊。内容分谕旨、社说、内务、军事、外交、教育、实业、宗教、记载、文件、调查、附录、小说等栏。它是一种选报性质的刊物,各栏文字多数转载自当时出版的国内外报刊,只有少数出于自撰。运用《东方杂志》中的文章作史料时,应该注意该文选自何报刊,加以

---

① 梁漱溟:《我生有涯愿无尽:梁漱溟自述文录》,中国人民大学出版社,2004 年,第 15—16 页。

图11-9 《东方杂志》书影

注明,因为不同的报刊宗旨不同,立场不同,不要笼统说成是《东方杂志》的文章。《东方杂志》的记载栏分中国大事记、世界大事记、中国时事汇录,较详细地连续辑录国内外政治、经济、文化等方面的重大事件,极便查考翻检。早期政治倾向为改良,但杂志中还是颇多革命和民变方面的史料,如徐锡麟刺杀恩铭、台州民变、长沙抢米风潮、莱阳抗捐等,均有详细报道。军事、教育、实业、宗教各栏有分省的记载和报道。如某省办了何学校、何工厂等等。《东方杂志》1932年做了一件很有意思的问卷调查,向各界人士发出通启,提出"先生梦想中的未来中国是怎样""先生的个人生活中有什么梦想"两个问题,在第 30 卷第 1 号上以"新年的梦想"为题,发表了142人的答案。很多知名人士都有答案发表在报上,其中有陈翰笙、老舍、巴金、柳亚子、茅盾、谢冰莹、徐悲鸿、叶圣陶、张申府、曹聚仁、杨杏佛、陈时等。要了解当年中国各界人士的思想动向,这是很好的史料。该杂志1948年12月停刊,共出44卷。上海书店影印再版了全套《东方杂志》。

清末民国年间,各类学术团体纷纷建立,它们都办了自己的专业刊物。各大学也办有学报,一时间,各种学术专业刊物像雨后春笋般生长出来。尤其学术期刊在 20 世纪二三十年代得到空前发展,时人曾把1934—1935年的期刊创办高峰期称为"期刊热"或"杂志年"。学术类重要期刊举例如下:

光绪二十六年八月(1900 年 9 月),杜亚泉在上海创办的《亚泉杂志》,是中国人自编科学杂志最早的一种。

最早的地理学期刊是《地学杂志》,原中国地学会主办的机关刊物,宣统二年正月(1910年2月)创刊。开始时在天津出版,1913年1月始移到北京。编辑白毓昆、张相文。最初全年出10册,后来改为月刊。1924年仅出秋季刊。1925—1927年间见出刊。1928年起改为季刊,至1937年停办,共出版181期,刊登文章1520余篇(一说1600余篇)。上海图书馆、复旦大学图书馆等均藏有部分原件。该刊第一期地学杂志叙例中说明了编辑方针:"既组成地学会,拟以见闻所得,汇录杂志,其体裁则略依史例,变易其规,经以中夏,纬以列邦,搜罗故实,博采新闻,其目的则注重于民生之消长,物产之盈虚,疆圉之沿革。"有图迹、论丛、杂俎、说郛、邮筒、本会纪事、图书介绍等栏目,多载经济地理方面的文章,其中以水利、交通、物产为重点。政治地理则注重于行政区域的建置和划分,边界问题文章较多。自然地理刊载了关于气象气候、地形、水文方面的文章,以及调查报告和考察探险文章及地图等,是我国现代地理学萌芽时期的重要文献。

创办于1934年3月的禹贡学会和《禹贡》半月刊,标志着中国历史地理学的诞生。谭其骧撰、顾颉刚修改的《禹贡》发刊词指出:"自然地理有变迁,政治区划也有变迁。如果不明白这些变迁,就到处都成了'张冠李戴'的笑柄。……打开《二十四史》一看,满纸累累的都是地名。要是一名限于一地,那就硬记好了;无奈同名异实的既很多,异名同实的也不少,倘使不把地理沿革史痛下一番功夫,真将开口便错。我们好意思让他永远错下去吗?""我们是一群学历史的人,也是对于地理很有兴趣的人,为了不忍坐视这样有悠久历史的民族没有一部像样的历史书,所以立志要从根本做起。《禹贡》是中国地理沿革史的第一篇,用来表现我们工作的意义最简单而清楚,所以就借了这个题目来称呼我们的学会和这个刊物。我们要使一般学历史的人,转换一部分注意力到地理沿革这方面去,使我们的史学逐渐建筑在稳固的基础之上。我们一不偷懒,二不取巧务名,因为地理是事实并且是琐碎的事实,不能但凭一二冷僻怪书,便在发议论。我们一方面要恢复清代学者治《禹贡》《汉志》《水经》等书的刻苦耐劳而谨严的精神,一方面要利用今日更进步的方法——科学的方法,以求博得更广大的效果。"他们要做的工作是:整理一部中国地理沿革史、绘制若干种详备精确而又合用的地理沿革图、编一部精确而又详备的中国历史地名辞典、把每一代的地理志都加以一番详密的整理。由于历史条件的局限,这一庞大的计划未能全部实现。

光绪二十七年四月(1901年5月)在上海出版的《教育世界》半月刊,是近代最早的教育刊物,由罗振玉发起创办,王国维任主编,至光绪三十四年十二月(1909年1月)停刊,共发行166期。主要译著者除罗振玉、王国维外,还有张元济、罗振常等。创办号上序例称:"当今世界,列雄竞争,优胜劣败,欲图自存,非注意教育不可。因此,特将教育学说编译,并定名为《教育世界》。"刊行之初,只有文篇、译篇两专栏,偏重译述,并采取"遣东人包译"的翻译策略。后在第68期发表《本报改章报告》,提出三项宗旨:"一、引诸家精理微言,以供研究;二、载各国良法宏规,以资则效;三、录名人嘉言懿行,以示激劝。"至于"浅薄之政论,一家之私言与一切无关教育者,概弗录"。故从69期起,内容扩充,改体例为分类,其中论说、代论、视学报告、文牍等栏,主要刊登有关教育的言论、章程、奏折、调查报告、学理、教授训练、修身训话、学校管理、家庭教育、学制、教育史、学术史、传记等,主要介绍中外教育思想、教育制度,还刊载外国教育小说等。其中有西方著名教育家的传记和论著、王国维的译著《教育学》和《教育学教科书》以及日人汤本武比古著《教授学》和东吉基著《小学教授法》《幼稚园保育法》等比较有影响。该刊对近代中国教育理论和教育事业发展具有积极的影响。

1912年1月上海中华书局创办的《中华教育界》月刊,也是最早出版的教育期刊之一。辟有教育评论、教育论著、中小学教育研究、国外教育译述、国内外教育新闻等栏目。每期还附有数帧校舍或是学生活动的彩色插页。1931年8月,发表文章谈治理教育病象,认为现在教育的病象"其最严重而紧要者:第一是抄袭;第二是空虚;第三是敷衍。中国三十年来的新教育,其开始也如此,至今还是如此,学制的变更是抄袭,宗旨的改换是空虚,一切的设施是敷衍。因为抄袭,言之不得边际,行之不得着实;因为敷衍,办理失其真意,改革在其枝节"。文章还认为,教育失败"根本原因就在从事教育者没有教育全部的知识,因而未能认清其内容,了解其功能,以致盲目抄袭,随意乱动,而形成教育之危机,这就是中国教育的病源"。① 1937 年 8 月,刊物出到第二十五卷第八期时,因日本侵略军进攻上海而停刊。1947 年 1 月复刊,由《中华教育界》杂志社编辑,舒新城任社长。此后,该刊便致力于"教育普及于全国,文化深入于民间"以及传播新的教育学说和方法,除介绍资本主义国家教育理论和经验外,也介绍当时苏联的先进教育理论与实践经验,提倡科学教育、电化教育以及卫生与健康教育、生活教育等。同时,对中国共产党解放区先进的教育经验也作了传播。曾刊发芮良恭主张改良私塾、陶行知主张减少人口等文章。

各高等学校学报中,燕京大学创办的《燕京学报》比较有特色。特色表现为:内容充实,文章新颖;设立专栏,形式创新;百家争鸣,兼容并蓄;时代记录,观照现实。该刊 1927 年创刊,以研究和传播中国传统文化为办刊宗旨,著名学者王国维、陈寅恪、郭沫若等均在刊物上发表过文章,在学术文化上产生过重要影响。1951 年因燕京大学与北京大学合并而停刊。共发刊 40 期,发表论文 300 余篇。顾颉刚为第二任主编,虽然任职时间最短,但在其主持和引导下,《燕京学报》承前启后,既坚持了严谨精深的学刊精神,又进行了形式和内容的创新,展现了执着坚定的学术信仰、傲骨铮铮的学人姿态与百家争鸣的学界风貌。

政论性刊物也不少,其中三起三落的《甲寅》是章士钊在 1914 年创办于日本东京,当时办刊无以得名,便取当年农历年干支"甲寅"为名,并在封面上画了寅年的属相虎,人称"老虎报",后来当了教育总长的章士钊也被人戏称为"老虎总长"。章士钊主编,陈独秀、杨永泰等协办。撰稿人有章士钊、李大钊、陈独秀、胡适等。主要发表政论文章,设有"时评""通信""文艺"等栏目。1915 年 5 月改在上海出版,至第 10 期被禁停刊。"通信"栏开展自由讨论,答疑辩难,富有生气。宣称"以条陈时弊、朴实说理"为主旨,主张社会革新,反对封建专制,批评袁世凯独裁统治,但力主调和,反对使用暴力。1917 年 1 月 28 日章士钊又在北京创办《甲寅日刊》,2 月 7 日改为周刊,不久停刊。1925 年

---

① 范云龙:《今日研究教育者应有的觉悟和认识》,《中华教育界》第 19 卷第 2 期(1931 年)。

章士钊任北洋政府教育总长时,《甲寅》周刊复出,宣传复古和尊孔读经,反对人民群众的革命斗争,曾遭到以鲁迅为代表的进步力量的抨击。后迁天津出版。1927年2月停刊,共出45期。

如果说,学术刊物多半是学术团体和高校、科研机构创办的专业期刊,那么,文艺期刊则多数是同仁刊物。文人结社由来已久,清末民国时期,文人结社也很盛行。三五好友,志趣相投,辄组一社,合办一刊,发表同仁作品,宣扬群体主张,进而自称或被人称为某某派,如新月派、鸳鸯蝴蝶派、七月派之类。在20世纪30年代所谓"杂志年"里,仅文艺期刊就达1100余种。除抗战时期的文艺期刊前已涉及的以外,30年代文艺界有左翼、右翼、京派、海派等几大主要流派。

以"左联"为主的左翼期刊在20世纪30年代,遍及大江南北,其中著名的有《创造月刊》《文化批判》《萌芽》《拓荒者》《北斗》《文艺研究》《艺术》《巴尔底山》《五一特刊》《文化斗争》《大众文艺》《沙仑》《世界文化》《文艺讲座》《文学导报》等。

为了对抗左翼的"普罗文学",在国民党的支持下,右翼文人也办起了文艺期刊,主要有《前锋周刊》《前锋月刊》《现代文学评论》《文艺月刊》《流露》《矛盾》《青年文艺》《黄钟》《新垒》等。

"京派"因其作者在当时的京津两地进行文学活动,其作品较多在京津刊物上发表,其艺术风格在本质上较为一致,故名。他们的主要刊物有《文学杂志》《文学季刊》《大公报·文艺》《骆驼草》《水星》等。

海派文人比较复杂,其中影响比较大的是鸳鸯蝴蝶派,亦称礼拜六派,他们的文学期刊主要有《小说月报》《礼拜六》《申报》副刊《自由谈》《小说画报》《紫罗兰》等刊物。《礼拜六》是他们代表性的刊物。

《礼拜六》周刊由中华图书馆创办于1914年6月,至1916年4月出满百期停刊。1921年3月又复刊,再次出满百期,才彻底停刊。在《礼拜六》创刊号上有一篇发刊词性质的文字,这样写道:

> 或问子为小说周刊,何以不名礼拜一、礼拜二、礼拜三、礼拜四、礼拜五,而必曰礼拜六也?余曰:礼拜一、礼拜二、礼拜三、礼拜四、礼拜五,人皆从事于职业,惟礼拜六与礼拜日,乃得休暇而读小说也。然则何以不名礼拜日,而必名礼拜六也?余曰:礼拜日多停

止交易,故以礼拜六下午发行之,使人先睹为快也。或又曰:礼拜六下午之乐事多矣,人岂不欲往戏园顾曲,往酒楼觅醉,往平康买笑,而宁寂寞寡欢踽踽然购读汝之小说耶?余曰:不然,买笑耗金钱,觅醉碍卫生,顾曲苦喧嚣,不若读小说之省俭而安乐也。且买笑觅醉顾曲其为乐转瞬即逝,不能继续以至明日也。读小说则以小银元一枚,换得新奇小说数十篇,游倦归斋挑灯展卷,或与良友抵掌评论,或伴爱妻并肩互读。意兴稍阑,则以其余留于明日读之。晴曦照窗,花香入坐,一编在手,万虑都忘,劳瘁一周,安闲此日,不亦快哉! ……

这种通俗文学流派,承袭了中国古代通俗小说的传统,在读者中有较大的市场,其成员并非什么"黄色作家",已成当今学术界的共识。这类通俗文学报刊与当时那些低俗的小报不可同日而语。

后来又有类似刊物称为《礼拜六》者,如,1923年康兰编辑出版了《礼拜六》,1951年在香港也有新的《礼拜六》杂志出版。

女性期刊则有,线装书局2006年5月出版的《中国近现代女性期刊汇编》,收入各地的女性期刊,如,上海的《女权》《妇女杂志》《妇女声》《新女性》《女子月刊》《战时妇女》《女声》《玲珑》;北京的《妇女月刊》《妇女月报》《妇女周刊》《妇女》《妇女之友》《妇女杂志》《妇女青年》;南京的《妇女月刊》《妇女导报》;重庆的《妇女与家庭》《妇女文化》《妇女共鸣》《妇女新运》;天津的《妇女旬刊》《妇女园地》;广州的《妇女世界》《妇声》《女青年》《新妇女》;成都的《妇女工作》《妇女呼声》《妇女界》;昆明、杭州、兰州的《妇女旬刊》;汉口的《妇女文化》;香港的《妇女文粹》;苏州的《妇女医学杂志》《妇女评论》;福州的《妇女与国货》;长春的《妇女战线》等。初国卿为该套书撰写了序言《中国近现代女性期刊述略》,简介了各地各时期的女性期刊,可以参考。

晚清画报曾一度繁荣,因为读者对图像的青睐已成一种时尚。《点石斋画报》应运而生,它是中国最早的画报,旬刊,由上海《申报》附送,每期画页8幅。光绪十年(1884)创刊,光绪二十四年(1898)停刊,共发表了四千余幅作品。当时参与创作的画家除吴友如和王钊外,还有金蟾香、张志瀛、周慕桥等17人。这些画家多参用西方透视画法,构图严谨,线条流畅简洁优美。画报不仅反映了19世纪末帝国主义列强的侵略行径和中国人民抵抗外侮的英勇斗争,揭露清廷的腐败丑恶现象,也有大量时事和社会新闻内容,以图文并茂的形式保存了相当多的史料。鲁迅在《上海文艺之一瞥》中写道:"在这之前,早已出现一种画报,名目就叫《点石斋画报》,是吴友如主笔的,神仙人物,内外新闻,无所不画,但对于外国事情,他很不明白,例如画战舰罢,是一只商船,而舱面上摆着野战炮;画决斗则两个穿礼服的军人在客厅里拔长刀相击,至于将花瓶也打落跌碎。然而他画'老鸨虐妓'、'流氓拆梢'之类,却实在画得很好的,我想,这是因为他看得太多了的缘故;就是在现在,我们在上海也常常看到和他所画一般的脸孔。"①

民国时期的《良友》画报也是影响比较大的画报。1926年2月15日在上海创刊,到1945年10月停刊,正式出刊共172期。中间曾几度因时局或内部纷争而停刊、复刊。创办人为伍联德,主编先后为伍联德、周瘦鹃、梁得所、马国亮。其主要内容:封面女郎和大量美女照片;国内外政治新闻的图文介绍;世界风俗、旅行散记、中外体育、中外电影、名人婚宴、明星行踪乃至上海都市日常生活指南等;还有上海地方生活素描、名人生活回忆录栏目,展示最新最时尚的大上海"表情"。还举办过良友摄影旅行团采访、采风活动,轰动全国。《良友》打名人牌,打女人牌,并举办大型活动,取得成功。在内地时,每月一期,每期销量均数以万计,最高时竟达4万余份。1954年在香港重新出版。现在改为网络版。《良友》出版时间之长,地域之广,销量之大,读者之众,在中国画报史上无出其右。"《良友》画报,是一个时代流行时尚的拷贝,是一个时代文人的背影,也是一个时代社会生活的缩影。"②

《北洋画报》1926年7月7日创刊于天津,初为周刊,继改三日刊,最后为隔日刊。冯武越、谭北林创办,吴秋尘主编。创刊号刊载创刊缘由称:"中国的报纸杂志,就现今人民知识程度而论,总算够发达的了!

---

① 鲁迅:《上海文艺之一瞥》,《鲁迅全集》第四卷,人民文学出版社,2005年,第299页。

② 柯兆银:《你不知道过去〈良友〉画报,今天就OUT了》,新浪博客"上海故事—周末茶座"2016年7月17日。

然而社会所最需要的画报,却还十分缺乏!画报的好处,在于人人能看、人人喜欢看,因之画报应当利用这个优点,容纳一切能用图画和照片传布的事物,实行普及知识的任务,不应拿画报当做一种文人游戏品看!举凡时事、美术、科学、艺术、游戏,种种的画片和文字,画报均应选登,然后才能成为一种完善的报纸,这样组织完备的画报,中国还没有一个!"内容包括时事、社会活动、人物、戏剧、电影、风景名胜及书画等,以照片为主,兼有文字,其宗旨在于"传播时事、提倡艺术、灌输知识";副刊专载长篇小说、笔记、名画、漫画等。1937年7月29日,因财力不支停刊。共出1587期,总信息条目47000余条,并于1927年7月至9月间另出版副刊20期。为北方画报中刊行最长、出版期数最多的画报。当时在中国传媒界被称为"北方巨擘"。其史料价值比较高。但办刊不够严谨,编辑排版过程中经常出现讹脱衍倒现象,而在后期并未对这些失误有过更正。引用时应防止以讹传讹。

民国时期的画报还有《联华画报》《大美画报》《号外画报》《星期六画报》《影迷画报》《风月画报》《沙漠画报》《上海画报》《美术生活》《世界画报》等等。

(五)外国人所办的报刊

1815年英国传教士在马六甲出版了以南洋华人为主要对象的第一个中文期刊《察世俗每月统记传》。后来,外国人干脆跑到中国来办报。到19世纪末,外国人在中国一共创办过近200种中、外文报刊,占当时我国报刊总数的百分之八十以上。

开始,外国人在中国还未站稳脚跟,他们办的报刊大都以宗教刊物的姿态出现。除了可以从中了解外国资本主义的宗教渗透以外,提供的其他信息并不多。

鸦片战争以后,外国人在中国的办报活动进入了一个新阶段。这时起,宗教宣传不再占主要地位。有的刊物几乎完全以"各国近事""商业"消息和一般的新闻评论为主,也刊载一些介绍科学技术知识("西学""新学")的文字。在中国人民的反帝斗争蓬勃开展,帝国主义与中华民族的矛盾日趋尖锐的情况下,这些刊物有时也自行掀掉伪装,不顾一切地赤裸裸地进行反华叫嚣,为殖民主义侵略摇旗呐喊。如《北华捷报》1854年10月21日的社论主张封锁小刀会,一个月后,英、美、法在县城北边筑围墙,使小刀会不能突围出走。这些刊物还刊载外国侵略者干涉中国内政,为清政府出谋划策,使其进一步买办化的建议。各家报纸还在中国的主要城市,甚至在边远地区如甘肃、新疆、四川、云南等地没有教堂的城乡,都派有记者或聘有通讯员,博采中国政治、经济、文化和国防各方面的情报,采访和搜集有关各地历史、地理和政治经济等方面的新闻和资料。因此,这些外国人办的报刊,也不同程度地保存了一些有关中外关系、外国侵华情况、西学在中国的传播和其他一些历史事件的资料。《中国近代工业史资料》等书就选录了许多外国人报刊的材料。但是使用时要注意它们把侵略说成"友谊",把反帝斗争诬蔑为"仇洋"的反动观点。另外,他们对中国情况的了解毕竟有限,有许多不准确的地方,如郭士立在《中国丛报》上发表文章说贾宝玉是一个"性情暴躁的女子"。

《万国公报》是外国人在华进行文化渗透的组织广学会的机关报。原名《中国教会新报》,周刊。1874年9月5日起改名《万国公报》,1883—1888年停刊六年,1889年2月复刊,改为月刊,并成为广学会的机关报,一直到1907年7月停刊。它先后出版近40年,累计近1000期,是外国传教士所办的中文报刊中历史最长、发行最广、影响最大的一家。参加编辑和撰稿的林乐知、李提太摩、丁韪良等都是当时知名的外国传教士。它名义上是教会报纸,但有关教会的新闻和阐明教义的文章并不多见,却大量刊载评论中国时局的政论和介绍西方国家情况的知识性文章,是一个综合性的时事刊物。它在光绪皇帝和洋务派官僚中间,在一般的士大夫和"求新之士"中间,都产生了广泛的思想影响。第一个向中国人介绍马克思和他的学说的也是《万国公报》。该报刊载的《大同学》第一章中称:"其以百工领袖著名者英人马克思也。马克思之言曰……"第三章中有"近代学派有讲求安民新学之一家,如德国之马客偲,主于资本者也"。①

---

① 李提摩泰译:《大同学》,1899年2月4日《万国公报》。

《字林西报》又称《字林报》。英国人在上海出版的英文报纸。原名《北华捷报》,周刊,1850年8月3日创刊。1864年7月1日改名《字林西报》,日报,《北华捷报》转为它的每周增刊。它同英国派驻上海的外事机关和租界当局保持密切的联系。1859年,英国驻沪领事馆特别指定该报为英国驻沪领事馆及商务公署各项公告的发表机关。上海公共租界公部局的文告、新闻公报及付费广告,也都优先在该报刊载,因此,在上海的外国人称它为"英国官报"。它以刊载通讯报道、时事新闻和有关中国的军事情报为主。1951年3月31日停刊。先后出版101年,是在中国出版时间最长、发行最广、最有影响的一家外文报纸。保存下来的一整套《字林西报》,是一部记录了帝国主义侵华历史的很好的罪证材料。

五　报刊辑录与影印

为了某种宣传目的或为了研究的需要,人们选编一些报刊辑录。有的是单一报刊的同类文章的辑录,有的是各种报刊有关文章的汇编,有的是各种报刊文章的摘录。今天使用起来,如果研究某个专题,恰好有这个专题的报刊辑录资料,就会感到方便很多。但如果要全面了解情况,报刊辑录资料就很不够用,因为它的内容是经过编选人按其主观意图筛选过的,有的甚至是断章取义。在这种情况下,辑录资料就不能代替原来报刊。所以在原有报刊不易看到的情况下,为了满足读者需要,影印旧报刊就成为首选的办法。原版报刊不要说一般读者甚至收藏家很难找到,就是一些大的图书馆也不一定有全套的。出版机构影印,可以从各个方面凑齐一整套。所以影印报刊给人们带来极大的方便。

为了宣传目的而选编的报刊言论辑录,往往是在当时;现在如果选编,则是为了借鉴,为了供研究者采用。

《苏报案纪事》就是当年为了宣传目的而选编的。该书又名"癸卯大狱记",光绪二十九年(1903)出版于上海。它按时间顺序收载了原在《苏报》上发表的、为清政府深恶痛绝的一些论文,以及与"苏报案"

有关的一些文章,如《革命军》等,目的在于揭示"苏报案"的真相,抗议清政府对舆论的镇压,歌颂章太炎、邹容的革命精神,对章、邹进行声援。"苏报"被封后,章士钊等人于1903年8月继续办《国民日日报》,人称"苏报第二"。清政府曾下令禁止售卖和阅读此报,出版仅数月即停刊。为了扩大它的影响,次年九月,由上海东大陆图书译印局出版了《国民日日报汇编》,共4册。

《黄帝魂》系辑录当时报刊中有关反清革命的论著而成,署名"黄帝子孙之一个人"(章士钊考证作者为长沙人黄藻)。光绪二十九年(1903)上海东大陆图书译印局初版印行29篇,包括《国民报》的《亡国论》《正仇满论》;《开智录》的《义和团有功于中国说》;《苏报》的《驳革命驳议》;《国民日日报》的《黄帝纪年说》《王船山史说申义》等。其后一再重刊,篇目互有增删,宣统三年(1911)版有44篇。

邓实辑录的《政艺丛书》是国粹派刊物《政艺通报》的汇编,有光绪壬寅(1902)、癸卯、丁未三年的《政艺丛书》。

为了研究而辑录的报刊比较早的有《云南杂志选辑》。《云南杂志》是清末革命党人所办期刊之一。光绪三十二年八月二十八日(1906年10月15日)创刊。1911年武昌起义后停刊,在东京印行,共发行23期,另有附刊《滇粹》一册,现已不全。为了保存史料,选录了其中有关当时政治、经济、文化、教育、云南社会状况、帝国主义侵略云南、争回路矿利权运动、外交、英法帝国主义侵略越南、缅甸史料及大事月表10类,以类相从,各为一编。另有广告启事可以反映当时革命党人的活动和社会问题真相者,则汇为附录一;原杂志各期目录,可查考其全部内容,特辑为附录二。由中国科学院历史研究所第三所(现为近代史研究所)编,科学出版社1958年版。

《民呼、民吁、民立报选辑》是马鸿谟摘录1909—1913年同盟会—国民党的国内机关报《民呼日报》《民吁日报》《民立报》中之纪事、论文、短评、广告等有参考价值的史料,按日期编排成书的,它实际上是"竖三民"的"摘要版"。根据这些史料,可以了解当时国内的政治、经济形势,以及各种政治势力的主张、活动和力量对比。为研究这个时期的中国历史提供了重要资料。1982年由河南人民出版社出版。虽然编者在前言中感谢该社在出版事业不景气的形势下慨然出版此书,但至今只见第一辑(1909年5—1910年12部分),后面不见下文,可见市场之无情。

太平天国革命期间,《北华捷报》登载了大量有关太平军的消息报道,翻译了不少太平天国的印书和文件,也有一些外国传教士访问太平天国的报告以及同情太平军的外国读者来信,是研究太平天国历史的重要资料,具有很高的史料价值。原报用英文出版。上海社会科学院历史研究所选译了其中1860—1863年的材料,分为"太平军文告""太平军四次投书""外国传教士的报告""《北华捷报》的报道和评论一(1860—1861)""《北华捷报》的报道和评论二(1862—1863)""《北华捷报》的回顾"等6个部分,编为《太平军在上海——〈北华捷报〉选译》,上海人民出版社1983年出版,为太平天国史研究者利用《北华捷报》提供了方便。

《武汉老新闻》本着从老新闻中寻找活的历史的宗旨,从旧中国若干种重要报纸上记录有关武汉的新闻报道,帮助人们回顾武汉1906—1949年的历史场景。武汉市档案馆编纂,武汉出版社2002年出版。

影印近代报刊的工作早在1954年就开始了,那一年,为了研究党史和革命史的需要,经中央领导批准,人民出版社影印了《新青年》(月刊,1915年9月—1922年7月)、《每周评论》《共产党》《先驱》《向导》《新青年》(季刊,1923年6月—1924年12月)、《前锋》《中国工人》(1924年10月—1925年5月)、《新青年》(1925年4月—1926年7月)、《政治周报》《农民运动》《布尔什维克》《无产青年》《中国工人》(1928年12月—1929年5月)、《实话》《群众》《八路军军政杂志》《中国青年》《中国工人》(1940年2月—1941年3月)等19种共产党的机关刊物。1959年人民日报出版社出版《十九种影印革命期刊索引》,为这19种刊物上的论文做了资料索引,方便检索查阅。1958—1960年,上海文艺出版社等分3批影印了几十种革命文学期刊,包括《北斗》《前哨》等"左联""文总""创造社""太阳社"等刊物和《抗战文艺》。

1991年中华书局又影印再版1895—1918年的多种期刊,称为《中国近代期刊汇刊》,原计划第一批出版14种:《强学报》《时务报》《昌言报》《实学报》《集成报》《清议报》《中外纪闻》《经世报》《亚东时报》《求是报》《知新报》《译书公会报》《萃报》《蒙学报》，因各种原因，实际上只出版了《强学报》《时务报》《清议报》《昌言报》《集成报》《实学报》《清议报》。20世纪80年代以来，在改革开放大潮中，京、沪等地出版界陆续影印出版了《申报》《大公报》《益世报》《东方杂志》《中央日报》《点石斋画报》《良友画报》《语丝》《礼拜六》等等各种流派的一大批著名报刊。这些工作，使当时发行量不大，现在又不易找到的报刊重新进入读者视野，让史学爱好者得以通过阅读这些陈年报刊找到回到历史现场的感觉，让史学研究者得以就近查阅自己所需的史料。

全国图书馆缩微文献复制中心2011年影印出版的《民国新闻期刊汇编》，60册，汇编收录了民国新闻类期刊50余种，是研究民国时期政治、时事、工业、农业、商业、经济、文化、教育、军事等方面不可多得的第一手资料。其中有：《学生新闻》《中国新闻学会年刊》《新闻世界》《新闻纪事》《工商新闻》《宪法新闻》《国民新闻副刊》《新闻通讯》《国民新闻周刊》《社会新闻三日刊》《工商新闻百期汇刊》《留东新闻》《自治新闻》《新闻杂志》《新闻记者》《新闻学季刊》《国际新闻》《文化新闻》《新闻学报》《军事新闻特辑》《工商新闻》《新闻资料》《中华新闻》《工商新闻》《新闻导报》《新闻杂志》《新闻战线》《新闻》《新闻资料》《现代新闻》《大众新闻》《中西新闻》《长风新闻》《新闻业务》《半月新闻》《新闻观察》《新闻天下》《宇宙新闻》等。

国家图书馆文献开发中心2010年出版了《民国珍稀专刊特刊增刊纪念号汇编》《民国珍稀短刊断刊》274册。国家图书馆出版社2016年还出版了傅谨、程鲁洁选编的《清末民国戏剧期刊汇编》（60册）。

台湾张玉法还主编有《清末民初期刊汇编》，内收期刊7种26册，包括《新译界》《宪政杂志》《中国新报》《法政学报》《牖报》《大同报》《宪法新闻》等，1985年由台北经世书局出版。将这些不常见的期刊汇编出版，实在使学术界受益匪浅。

第十二讲　笔记与野史类史料

笔记和野史类史料,属于记事史料,野史其实是私家所撰历史,其记事比较系统,而笔记比较灵活,这些史料都可以补正史、官书之不足。

一　近代笔记及其史料价值

古人往往把广征博引、注重辞藻、讲求声韵、对偶工整的文章称为"文",把品次人物,讲述轶闻,信笔记录的散行文字称为"笔",前者如左思的《三都赋》、张衡的《二京赋》,后者如刘义庆的《世说新语》。直接以笔记为书名的有宋祁的《笔记》、陆游的《老学庵笔记》。还有称笔录、笔说、笔谈、随笔、漫笔、余笔或札记、琐记、新语、旧闻、漫钞者。

(一)笔记源流与史料价值

笔记类图书应该起源比较早,据说《论语》是最早的笔记,邓云乡谓:"广义地说,圣经贤传中的《论语》,也可以说是一部十分重要的笔记。"只不过它具有笔记性质而不以笔记做书名,而且成为经书后也无人敢称其为笔记了。① 但古代图籍分类中并没有"笔记"一类,目录学家有的按其记事的内容,分别归入经史子集各类中,有的直接将其归入小说家、杂家,并无一定之规。《四库全书》就把它们归入子部杂家类,

---

① 邓云乡:《〈民国笔记小说大观〉序言》,《民权素笔记荟萃》,山西古籍出版社,1997年。

并且解释说:"衰周之季,百氏争鸣。立说著书,各为流品。《汉志》所列备矣。或其学不传,后无所述;或其名不美,人不肯居;故绝续不同,不能一概著录。后人株守旧文,于是墨家仅《墨子》《晏子》二书,名家仅《公孙龙子》《尹文子》《人物志》三书,纵横家仅《鬼谷子》一书,亦别立标题,自为支派,此拘泥门目之过也。黄虞稷《千顷堂书目》于寥寥不能成类者并入杂家。杂之义广,无所不包。班固所谓合儒墨,兼名法也。变而得宜,于例为善。今从其说。"《四库全书总目提要》还将笔记类图书细分为六类:"以立说者谓之杂学,辨证者谓之杂考,议论而兼叙述者谓之杂说,旁究物理、胪陈纤琐者谓之杂品,类辑旧文,涂兼众轨者谓之杂纂,合刻诸书、不名一体者谓之杂编。"①还认为"杂说"就是笔记的直接来源:"杂说之源,出于《论衡》。其说或抒己意,或订俗讹,或述近闻,或综古义,后人沿波,笔记作焉。大抵随意录载,不限卷帙之多寡,不分次第之先后。兴之所至,即可成编。故自宋以来作者至夥,今总汇之为一类。"②也有说笔记来源于"小说",《汉书·艺文志》:"小说家者流,盖出于稗官,街谈巷语、道听途说者之所造也。"③最早以"笔记"做书名者,是北宋的宋祁,他撰有《笔记》三卷。宋代笔记多达500余种。笔记类书籍,始于汉魏,盛于唐宋,明清时笔记种类繁多,数量也大。张舜徽说:"清人笔记,本不及文集之多。余平生所寓目者,仅三百余家耳。"④来新夏《清人笔记随录》著录清人笔记200余种,戴逸认为二百种,远未囊括清代所有的笔记。⑤ 之所以只有二三百种,那是因为人们对笔记的定义与归类不一致罢了。

光绪年间,直隶乐亭举人史梦兰叙述自己写作《止园笔谈》的情形说:

> 园居无事,惟以卷轴破寂。偶有所触,辄赫蹏记之,以备遗忘。客至则藉为谈柄。谈之快意,则相呼浮一大白。遇有以杂事、异

---

① 《四库全书总目提要》卷一百十七·子部二十七·杂家类一。
② 《四库全书总目提要》卷一百十七·子部三十二·杂家类六。
③ 《汉书》,中华书局,1962年,第1745页。
④ 张舜徽:《张舜徽集·清人笔记条辨·自序》,华中师范大学出版社,2004年。
⑤ 戴逸:《清人笔记随录·序言》,中华书局,2005年。

闻、琐语相告,可以资劝惩、广见闻者,亦收拾缀辑,付之毛生,积久成帙,遂亦忘其为我谈,为客谈,为今人之谈,古人之谈,而概目之为笔谈云。①

从史氏所言,可知笔记一般具有这样几个特点:

第一,事前并无写作计划,往往是闲居无事时,读书解闷,偶有一得,随时记录。还有的是"非公余纂录,即林下闲谈"。纪昀曾讲他写笔记的情形:"《滦阳消夏录》等四种,皆弄笔遣日者也。年来并此懒为,或时有异闻,偶题片纸,或忽忆旧事,拟补前编,又率不甚收拾,如云烟之过眼,故久未成书。今岁五月,扈从滦阳退直之余,昼长多暇,乃连缀成书,命曰《滦阳续录》。"②看来纪晓岚的笔记也是闲时无事消磨时光的产物。

第二,内容芜杂而包罗万象。"笔记最明显的特点就是内容杂,大千世界,芸芸众生,兼收并蓄,无所不包。"③邓云乡更具体指出:"内容亦极为广泛,几乎无所不包,无所不有,天文地理、历史典章、奇闻轶事、生活琐事、排日游程,以及志怪谈鬼、荒诞不经之小说家言,无不在笔记形式著述包罗之内。"④笔记的史料价值就在于内容的广博,研究者可以在其中爬梳到自己想要的任一方面的资料。

第三,在形式上,笔记很散。一部笔记,往往没有什么中心议题,"每闻一说,旋即笔记",没有专著那样全面、系统和完整。这亦是笔记史料最大的不足之处。

第四,写作目的没有功利性,主要是聊以备忘,或借为谈助。纪昀云:"景薄桑榆,精神日减,无复著书之志;惟时作杂记,聊以消闲。"⑤

笔记一般分为鬼神仙怪类、小说故事类、历史掌故类、考据辨证类几种类型,值得注重的是后面两种类型。

---

① 来新夏:《清人笔记随录》,中华书局,2005 年,第 400 页。
② 纪昀:《阅微草堂笔记》卷十九《滦阳续录》一,嘉庆五年刻本。
③ 戴逸:《清人笔记随录·序言》,中华书局,2005 年。
④ 邓云乡:《〈民国笔记小说大观〉序言》,《民权素笔记荟萃》,山西古籍出版社,1997 年。
⑤ 纪昀:《阅微草堂笔记》卷十九《滦阳续录》一,嘉庆五年刻本。

笔记是作者根据亲身见闻，包括时事新闻、书刊所载，随手笔录的杂记，所记的题材有大有小，如前引《止园笔谈》内容就涉及读书杂录、典制故实、人物轶事、兵事政务、异闻琐语、诗文小说、医方风俗等，既有军国大事，又有朝野琐闻，许多内容是正史所不载的，"其事可补正史之亡，裨掌故之阙"①。有人在评论刘叶秋编著的《历代笔记概述》时说："这部看似很小的书，却是一部可分可阖可拆可接的大书。"②这岂止是对该书的评价，实际上也是对笔记类图书的评论。

笔记是作者闲居无事时，消愁解闷，自娱自乐而随意写作的，并非刻意著作，亦无功利性，所记无所避讳和掩饰，其中透露的一些史实比官方记载真实可信，鲁迅曾说："历史上都写着中国的灵魂，指示着将来的命运，只因为涂饰太厚，废话太多，所以很不容易察出底细来，正如通过密叶投射在莓苔上面的月光，只看见点点的碎影。但如看野史和杂记，可更容易了然了，因为他们究竟不必太摆史官的架子。"③因此，在政治史、制度史研究中，笔记史料可起补充、印证作用。来新夏谈到他撰写《北洋军阀史稿》时，参阅笔记多种，如刘成禺的《世载堂杂忆》、陈夔龙的《梦蕉亭杂记》、魏元旷的《光宣佥载》、居正的《辛亥札记》、马叙伦的《石屋余渖》和《续渖》等等。④

现在史学研究的题材多样化，许多人在提倡研究社会、风俗、民情等等的变化，而笔记和稗官野史正在这些方面提供了材料。笔记中保留了正史史料之外的有关社会生活的大量记载，成为研究当时社会生活和历史人物的主要史料来源。所以，研究历史，除必须使用正史及官方文件外，还应该充分利用笔记之类史籍。

但是，笔记亦存在不少问题。笔记中所反映的史实比较零碎，不够全面和系统，记事的笔记多属于事后追忆，并带有较强的主观色彩，作为史料运用时还应当与其他史料加以对勘，以求得真相。笔记中有时

---

① （明）阙名辑：《五朝小说》序，见《五朝小说大观》第一册，中州古籍出版社，1991年。
② 宁宗一：《从容涵泳，放眼考量》，载《历代笔记概述》，北京出版社，2003年。
③ 鲁迅：《华盖集·忽然想到》，《鲁迅全集》第三卷，人民文学出版社，2005年，第17页。
④ 来新夏：《民国笔记小说大观》序言，山西古籍出版社，1997年。

所记事实，真伪杂糅，需要认真分辨。有的编排杂乱，各种内容的条目混杂一起，需要耐心选择。还有的辗转抄袭，不知哪本书的记载是源头，需要考辨。所引书证，仅凭记忆，引文常常错误，需要核对原著。不太正规的职官名目、人物称谓、地名沿革等等，更需要仔细判别。

（二）近代笔记介绍

笔记数量很多，有几位学者编写了关于笔记的著作，可供参考。

来新夏著《清人笔记随录》，中华书局 2005 年出版。作者阅读了很多笔记之类"杂书"，"每读一种，辄以小笺考其撰者生平，录其序跋题识，括其要点卓见，论其评说得失，甚者摘其可备论史、谈助之片断，时有所获，不禁瞿然而喜"，后来整理散笺成文，遂有是作。该书著录的笔记约 200 种，与近代史有关的有：梁章钜《归田琐记》和《浪迹丛谈》、姚莹《康輶纪行》、张祥河《关陇舆中偶忆编》、王清亮《溃痈流毒》、叶廷琯《吹网录》、王庆云《石渠余纪》、陆以湉《冷庐杂识》及续编、齐学裘《见闻随笔》和《见闻续笔》、施鸿保《闽杂记》、韩泰华《无事为福斋随笔》、许宗衡《玉井山馆笔记》、叶名沣《桥西杂记》、陈其元《庸闲斋笔记》、史梦兰《止园笔谈》、福格《听雨丛谈》、张畇《琐事闲录》、彭邦鼎《闲处光阴》、黄钧宰《金壶七墨》、俞樾《春在堂随笔》、王韬《瀛壖杂志》和《瓮牖余谈》、张培仁《妙香室丛话》、李慈铭《萝庵游赏小志》、方濬师《蕉轩随录》及《续录》、陈作霖《凤麓小志》和《炳烛里谈》、薛福成《庸庵笔记》、陈康祺《郎潜记闻》、卢秉钧《红杏山房闻见随笔》、王崇烈《种瓜亭笔记》、朱克敬《儒林琐记》、百一居士《壶天录》、张焘《津门杂记》、继昌《行素斋杂记》、张心泰《粤游小志》、范祖述《杭俗遗风》、黄协埙《淞南梦影录》和《锄经书舍零墨》、李详《愧生丛录》、朱彭寿《旧典备征》和《安乐康平室随笔》、潘味言《花烛闲谈》等。

其中，黄钧宰撰《金壶七墨》，是比较流行的一种笔记，有清同治十二年（1873）癸酉刻本，包括浪墨 8 卷、遁墨 5 卷、逸墨 2 卷、戏墨 1 卷、醉墨 1 卷、心影（原名泪墨）2 卷，尚有丛墨未刊。其中不少条目与鸦片战争及太平天国历史有关，如浪墨卷二"广东夷变""英吉利""烟费"

"陈关阵亡""再陷定海"、卷三"吴淞之变""吴淞从殉""镇江之乱""刘中丞书"、卷四"洪秀全"、卷六"金田"、卷七"永安州",遁墨卷一"武昌初陷""金陵被围""洪大全""张炳垣""钱江"、卷二"军营近事""贼酋内乱""北军凯旋",卷三"杭州初陷""大营兵溃""张提军玉良"、卷四"何制军总统张公轶事"等。各卷中还有与清朝政治、经济及社会风尚有关的记述,如浪墨卷一"熙朝财赋""南巡盛典""盐商""漕弊""纲盐改票",卷四"州县积弊",遁墨卷二"铜厂""铁矿",史料价值更高。

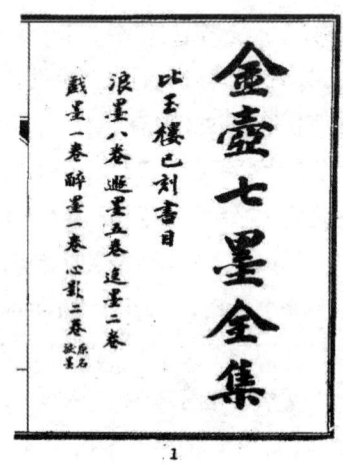

图 12-1 《金壶七墨》书影

张舜徽著《清人笔记条辨》,有中华书局 1986 年版,后收入华中师范大学出版社 2004 年出版的《张舜徽集》第一辑之七。本书收书百家,厘为 10 卷,略依时世先后而次第之。把众多清人笔记收集在一起考察,从整体上进行了归类与分析,认为从内容上看,清人笔记主要有这样一些:有专载朝章礼制者,有但记掌故旧闻者,有讲求身心修养者,有阐扬男女德行者,有谈说狐怪者,有称述因果者,有录奇闻奇事者,有纪诗歌唱和者,有载国恩家庆者,有记读书日程者,有叙友朋酬酢者,有经术湛深、考证邃密者,有博涉子史、校勘精审者,有辨章学术者,有考论经籍者,有证说名物制度者,有订正文字音义者,有品定文艺高下者。并对每本笔记的作者、版本、内容、重点做了准确的评述,对其中的错误内容进行驳正，对涉及的人物作客观公正的评价，对前人不明了的知识作补充说明。书中涉及近代史的笔记有：陈澧《东塾读书记》、雷浚《睡余偶笔》、平步青《霞外攟屑》、缪荃孙《云自在庵随笔》、谢章铤《围炉琐忆》《藤阴客赘》《稗贩杂录》《课余偶录》《课余续录》、皮锡瑞《师伏堂笔记》、冯煦《蒿庵随笔》《蒿叟随笔》、文廷式《纯常子枝语》、李详《愧生丛录》、谭嗣同《石菊影庐笔识》、沈家本《日南随笔》、姚永概《慎宜轩笔记》、丁国钧《荷香馆琐言》、刘声木《苌楚斋五笔》等。

　　谢国桢著《明清笔记谈丛》，中华书局 1960 年初版，上海古籍出版社 1981 年再版，上海书店出版社 2004 年重版。《重版说明》称："小说笔记这种体裁，起源很早，《汉书·艺文志》说：'小说家流，盖出于稗官，街谈巷议，道听途说之所造也。'可以说肇始于秦汉，盛于唐代，到了宋朝，著名作家像欧阳修、苏轼等几乎都写笔记。笔记内容，日益丰富重要。这些记载足以扩充历史的内容，补充官修正史的不足。明清两代是我国封建社会的后期，阶级斗争、民族矛盾和统治阶级内部的矛盾互相交织着，社会情况日形复杂，因此当时有心人士所写下来的野史笔记种类尤为繁多，数量也很巨大。"作者将明清时代野史笔记的兴起和源流大致分为七个时期。认为第七期，即鸦片战争以后，爆发了太平天国运动，爱国志士如龚自珍、魏源、张际亮诸君发为文章，大声疾呼，借以挽救颓局。于是记载时事的野史稗乘，据其亲眼目睹，写出随笔日记，遗留到现在的种类，尤为繁多。这可以说是由衰微而到复盛的时期。该书涉及近代史的笔记有王贤仪《辙环杂录》、甘熙《白下琐言》、陈作霖《凤麓小志》、许起《珊瑚舌雕谈初笔》、文廷式《闲尘偶记》、林昌彝《射鹰楼诗话》、邱炜萲《菽园赘谈》、杨静亭《都门杂记》、齐学裘《见闻随笔》、天悔生《金蹻逸史》、陈去病《五石脂》等。

　　过去和现在一些出版部门出版了一些笔记丛书，将现在很难找到原书的笔记史料，集中印出来，给读者带来很大的方便。

　　《近代史料笔记丛刊》是中华书局从 1959 年开始出版的一套大型史料丛刊，所收史料，范围广泛，体裁不一，笔记是其中的一种，着重编印未发表的资料和笔记，以稿本、抄本为先。这样可以增加史料流通的数量，对于历史工作者更加便利。但选辑资料时加以删节，使资料不完整,使读者不易了解真相。因为限于当时条件,只出版了《夷氛闻记》(梁廷枏著)、《漏网喁鱼集》(柯悟迟著)、《镜湖自撰年谱》(殷光清著)等少数几种,后归并到《清代史料笔记丛刊》。为满足学术界的研究需要和广大文史爱好者了解和认识中国近世社会的需要,后来恢复出版《近代史料笔记丛刊》,所收史料的时间断限,下延至1949年中华人民共和国成立之前。除收录具有较高史料价值的笔记之外,对于确能反映当时历史事件和历史人物真实情况的随笔、日记、年谱及其他原始资料,亦予以选择性的辑录。本丛刊所收史料,以一种或数种为一册,尽量保持其原貌,在每种史料前,均由整理者撰写说明文字一则,指明史料来源、版本情况及内容提要。现将已出版的《近代史料笔记丛刊》书目列表于下:

书　名	作者与整理者	出版时间
安福祸国记	南海胤子撰	2007
段氏卖国记	温世霖撰	2007
北洋派之起源及其崩溃	吴虬撰	2007
直皖秘史	张一麐撰	2007
陈炯明叛国史	鲁直之、谢盛之、李睡仙著	2007
中山先生亲征录	黄惠龙著	2007
睇向斋秘录;附二种	陈灨一著	2007
滇輶日记;东使纪程	花沙纳撰	2007
东游纪程	聂士成著	2007
日知堂笔记	郭沛霖著	2007
段祺瑞年谱	吴廷燮撰	2007
吴佩孚正传	濒江浊物撰	2007
复辟半月记	许指严撰	2007
革命史谭	陆丹林著	2007
梅楞章京笔记	丁士源著	2007

(续表)

书　名	作者与整理者	出版时间
癸亥政变纪略	刘楚湘编撰	2007
桂系据粤之由来及其经过	李培生撰	2007
郭松龄反奉见闻	姚东藩等撰;徐彻整理	2008
国闻备乘	胡思敬著	2007
花随人圣庵摭忆	黄濬著;李吉奎整理	2008
甲子内乱始末纪实	古蓨孙撰	2007
劫余私志	汪曾武撰	2007
复辟之黑幕	天忏生撰	2007
近代笔记过眼录	徐一士著;徐泽昱整理	2008
镜湖自撰年谱	段光清著	1960
乐斋漫笔	岑春煊著	2007
崇陵传信录	恽毓鼎著	2007
李烈钧将军自传	李烈钧撰	2007
李烈钧出巡记	天啸撰	2007
漏网喁鱼集	柯悟迟著	1959
海角续编	陆筠著	1959
梦蕉亭杂记	陈夔龙著	2007
民国军事近纪;广东军事纪	丁文江撰	2007
民国十年官僚腐败史	沃邱仲子撰	2007
北京官僚罪恶史	正群社辑纂	2007
民国政党史	谢彬撰	2007
政党与民初政治	戴天仇撰	2007
闽浙阵中日记	佚名撰	2007
北京政变记	无聊子撰	2007
《青鹤》笔记九种	(清)祁寯藻、文廷式、吴大澂著	2007

(续表)

书　名	作者与整理者	出版时间
清代野记	张祖翼撰	2007
十叶野闻	许指严著	2007
世载堂杂忆	刘禺生著；钱实甫整理	1960
水窗春呓	（清）欧阳兆熊、（清）金安清著	1984
四川内战详记	废止内战大同盟会编	2007
陶庐老人随年录	王树楠撰	2007
南屋述闻	龙顾山人撰	2007
汪穰卿笔记	汪康年著	2007
汪穰卿先生传记	汪诒年纂辑	2007
湘军援鄂战史	国史编辑社编	2007
湘鄂川鄂战争纪略	彭洪铸著	2007
湘灾纪略	湖南善后协会编纂	2007
辛壬日记；一九一二年中国之政党结社	（日）宗方小太郎著	2007
新华秘记	许指严撰	2007
一士类稿	徐一士著	2007
一士谭荟	徐一士著	2007
夷氛闻记	梁廷枬；邵循正校注	1959
乙丑军阀变乱纪实	古蓨孙撰	2007
袁世凯与中华民国	白蕉撰	2007
粤氛纪事	夏燮著；欧阳跃峰点校	2008
直皖奉大战实记	汪德寿撰	2007
奉直战云录	陈冠雄著	2007

民国时期的笔记以前没有大规模的整理刊印。1996年山西古籍出版社决定斥资汇印《民国笔记小说大观》，其后几年相继出版了4辑，是目前规模较大的"民国笔记"丛书。

第一辑有《春冰室野乘》(李孟符)、《十叶野闻》(许指严)、《眉庐丛话》(况周颐)、《餐樱庑随笔》(况周颐)、《张文襄幕府纪闻》(辜鸿铭)、《近代轶闻》(陶菊隐)、《退醒庐笔记》(孙玉声)、《健庐随笔》(杜保祺)、《世载堂杂忆》(刘成禺)、《枃庐所闻录》(瞿兑之)、《故都闻见录》(瞿兑之)、《曾胡谭荟》(徐凌霄、徐一士)、《曾胡治兵语录》(蔡锷)、《石屋余瀋》《石屋续瀋》(马叙伦)。

第二辑有《异辞录》(刘体仁)、《云自在庵随笔》(缪荃孙)、《一士谈荟》(徐一士)、《陈嘉庚回忆录》《太一丛话》(宁调元)、《云在山房丛书三种》(杨寿枬辑)、《网庐漫墨》(昂孙)、《梦蕉亭杂记》(陈夔龙)、《蕉窗话扇》(白文贵)、《清代野记》(梁溪坐观老人)、《近代笔记过眼录》(徐一士)、《一士类稿》(徐一士)。

第三辑有《凌霄一士随笔》(徐凌霄、徐一士)、《新世说》(易宗夔)、《洪宪纪事诗本事簿注》(刘成禺)、《康居笔记汇函》(徐珂)、《春明梦录客座偶谈》(何刚德)、《罗瘿公笔记选》(罗惇㬜)、《清代名人轶事》(葛虚存)、《民权素笔记荟萃》(苏曼殊、戴季陶等人笔记29种)、《栖霞阁野乘》(孙静庵)、《悔逸斋笔乘》(李岳瑞)、《人物风俗制度丛谈》(瞿兑之)。

第四辑有《钏影楼回忆录》及续编(包天笑)、《近世中国秘史》(扪虱谈虎客)、《花随人圣庵摭忆》(黄濬)、《辛丙秘苑寒云日记》(袁克文)、《南亭笔记》(李伯元)、《民国野史》(姜泣群)、《梵天庐丛录》(柴小梵)、《南巡秘记》(许指严)、《新华秘记》(许指严)、《趋庭随笔蜷庐随笔》(江庸、王伯恭)。

第三辑中的《民权素笔记荟萃》辑录原载于《民权素》杂志上的笔记29种,其中有张海沤《曼陀罗轩闲话》、叶景葵《蘐园随笔》、飘瓦《京华闻见录》、寿鹍《都门消夏琐记》、戴季陶《天仇丛话》、潘承厚《弈史》、孙举璜《虫天阁摭谈》、向恺然《变色谈》、李怀霜《装愁庵随笔》、陈昌荣《读史管见》、张冥飞《无所不谈》、苏曼殊《燕子龛随笔》、冯君木《夫须阁随笔》等。《民权素》1914年4月在上海创刊,1916年5月停刊,共出17期。它的前身是《民权报》的副刊。《民权报》是民国初年革命党人中部分激进分子创办的日报,以反袁世凯、要求民主为宗旨,受袁世凯政府压迫而停刊。《民权素》继承其主旨,改以文学艺术形式出现,寓政治于文学之中,宣传民主思想。其中一个栏目是"谈丛",这些笔记就是从中辑录的,不见其他坊间印本,十分珍贵。

就在这前后,上海书店出版社也在短短几年里推出《民国笔记丛刊》30册,其中十分之九是重版书,十分之一是从报刊上结集而成。无论于历史、于文学方面都有其参考作用。这30册书是:《花随人圣盦摭忆》(黄濬)、《上海鳞爪》(郁慕侠)、《上海轶事大观》(陈伯熙)、《上海俗语图说》(汪仲贤)、《老上海三十年见闻录》(陈无我)、《满宫残照记》(秦翰才)、《采菲录》(《中国妇女缠足史料》)(姚灵犀)、《辛丙秘苑》(袁克文)、《光宣小记》(金梁)、《北洋述闻》(张国淦)、《新语林》(陈赣一)、《政海轶闻》(陶菊隐)、《古红梅阁笔记》(张一麐)、《死虎余腥录》(曹芥初等)、《民国政史拾遗》(刘以芬)、《京话》(姚颖)、《求幸福斋随笔》(何海鸣)、《退醒庐笔记》(孙家振)、《汪穰卿笔记》(汪康年)、《石叟牌词》(谭人凤)、《辰子说林》(张慧剑)、《国闻备乘》(胡思敬)、《故宫五年记》(吴景洲)、《洪宪惨史》(王建中)、《睇向斋谈往》(陈瀓一)、《自勉斋随笔》(陈邦贤)、《西北东南风》(大华烈士)、《蛰存斋笔记》(蔡云万)、《旅俄日记》(蔡运辰)、《南巡秘记》(许指严)。

各出版社竞相出版笔记野史,对于历史文化的积累与传播无疑是件好事,但缺乏统一部署和相互沟通,使一些图书重复出版,浪费了宝贵的纸张和印刷资源,而且对于某部笔记主要是记述晚清还是民国的轶闻轶事,即该书属于清代笔记还是民国笔记,也缺乏严格区分,以致出现有的书,清代笔记丛书和民国笔记丛书都收录了,如何刚德的《春明梦录》和《客座偶谈》既收入了"清代历史资料丛刊",也收入了"民国笔记小说大观"。

下面介绍几种具有特色的笔记史料:

《世载堂杂忆》系刘禺生(刘成禺)所著,钱实甫整理。从1946年9月15日开始在上海《新闻报》副刊《新园林》刊登,"年余始毕,风靡一时"。郑逸梅称"《杂忆》可与汪东之《寄庵随笔》铢两相称,洵为两大力作"。由于刘成禺生平交友广泛,当时的上层人物如孙中山、黎元洪、伍廷芳、章太炎、邹容、蔡锷、杨度、胡景翼等,无不与他过从甚密,所以他的著作内容广泛,而且具有很高的史料价值。他自己评价说:"典章文物之考证,地方文献之丛存,师友名辈之遗闻,达士美人之韵事,虽未循纂著宏例,而短篇簿录,亦足供大雅咨询。"有许多亲身参与的内幕材料,但也有不少误记的地方。如在《章太炎被杖》一篇中将章太炎在武昌参与筹办的《正学报》误作《楚学报》,在《记先师容纯父先生》一篇中将容闳会见的干王洪仁玕,误作侍王李侍贤(李世贤)。还说李世贤王府里有三位老人:梅曾亮、包世臣、魏源,皆"中国年高有大学问者,最为王所礼遇"。① 其实梅曾亮早已逃往江北,寄故人篱下;包世臣、魏源也已不在人世,哪里能做王府宾客,刘氏所言,皆为附会。所以董必武在书前的题辞中就指出"不无耳食之谈,谬悠之说"。章士钊也曾说:"禹生以小说家姿态,描画先烈成书次第,故实随意出入,资其装点,余殊不取。查当时留学生谈革命者,显分两派,一派出言无择,嬉怒笑骂,模仿柳敬亭一流之说书,洎有为革命实事求是者,辄遮阻不使阑入,免致偾事,禹生殆此派人之眉目也。"②

黄濬著《花随人圣盦摭记》,初连载于《中央时事周报》,续刊于《学海》,起迄年代为 1934 年至 1937 年 8 月。积时既久,汇成巨帙,竟得 347 则。后又有补篇 84 则。作者曾居北京 30 年,耳食既多,目见益广,不仅熟习北方风土人情,而且对清代民国之史事掌故与人物轶事,亦了解甚多,遂详为记述,或加考订,或予议评。所据资料,除杂采时人文集、笔记、日记、书札、公牍、密电以及有关的一些外国人著述外,亦多本人亲自经历和目睹耳闻者。内容涉及军国大政、宫廷秘史、财政金融、人际交往、旅游山水、生产环保乃至社会万象,林林总总,匪特内容丰富、议有见地,且文字生动,委婉传神,足称洋洋大观,素被学界所重视。瞿兑之在该书序中谓"与夫交游踪迹,盛衰离合,议论酬答,性情好尚,而一时政教风俗之轮廓,亦显然如绘画之毕呈。所谓明乎得失之迹,达于事变而怀其旧俗者,非与?"③该书还著录了一些佚文,为个人文集、

---

① 刘成禺:《世载堂杂忆·纪先师容纯父先生》,中华书局,1960年。
② 章士钊:《疏〈黄帝魂〉》,《辛亥革命回忆录》第一集,文史资料出版社,1981年,第247页。
③ 瞿兑之:《花随人圣庵摭忆·序》,中华书局,2008年。

全集所未载,弥足珍贵。汉版《张之洞全集》就从中搜集到为《张文襄公全集》所未载的一些佚文。为了便于读者检索,全书另编"条目",标明页码,附录于后。后由李吉奎整理,收入中华书局的《近代史料笔记丛刊》。

《梦蕉亭杂记》,作者署名"庸庵居士",实际是陈夔龙。原属于上海古籍书店出版的《清代历史资料丛刊》,1983年据1925年刻本重新影印。此书写于"宣统三年后甲子"(1924)作者68岁时。陈夔龙将一生之经历,耳所闻,目所见,记为随笔若干条,由其子昌豫录之,"于光宣两朝朝章国故与其治乱兴衰之数言之綦详"(冯煦序)。如义和团运动失败后,辛丑和约的谈判等情况,与荣禄、李鸿章交往的内幕情况等等。有较高的史料价值。他的妻子是奕劻干女儿,他是靠了这种裙带关系擢升的,却没有记载。

徐一士是近代掌故大家,被誉为"晚近掌故史料之巨擘"。其所撰《一士类稿》《一士谭荟》,取诸笔记、小说等文献资料,汇编了清末民初与政治、经济生活有密切关系的人物掌故,涉及40余人。书中关于佚事、佚话的资料不仅采集丰富,而且编写生动,故事性较强;正史里没有记载的事,此书多有记载。经过比勘研究,可以补充、校正正史之不足。他另一部书是《近代笔记过眼录》,介绍了近代11位学者、名人所著的笔记原著、版本及其流变,其中有毓盈的《述德笔记》、卓从乾的《杏轩偶录》、曾肇煜的《瓜棚闲谈》、高照煦的《闲谈笔记》、陈庆淮的《谏书稀庵笔记》、江庸的《趋庭随笔》、徐花农的《南斋日记》、高廷瑶的《宦游纪略》、史念祖的《弢园随笔》、黄清宪的《半弓居省墓日记》、陈惟彦的《宦游偶记》等。其可贵之处是将许多已不传世的笔记加以著录,并摘录了大量的原文,使之得以传世,保存了大量清末的政治、军事、经济、文化、教育、民俗等诸多方面史料,包括中国现代警政制度、晚清教育制度、学部留学生考试制度以及官吏的贪污腐败情况、各种掌故轶闻等等。这些内容多是笔记原作者的亲闻亲历,属于第一手资料,可补正史之不足。

崇彝所撰《道咸以来朝野杂记》是一部记载道光、咸丰以来直到20世纪30年代北京的掌故旧闻的笔记,内容涉及朝野的各个方面,举凡帝系宗支、政局典制、园林第宅、寺庙古迹、节令游览、里巷琐闻、市井风俗、人物轶事,均有所叙述。在某些方面反映了这一时期北京的社会面貌,有一定的参考价值。作者在清末吏部作过多年部郎,熟悉吏部的典章制度,熟悉北京风土人情,对此都有具体的叙述,可作官书记载的补充。还订正了一些讹传,如说北京富户"锺杨家",不是清皇室的铸钟匠,而是对内务府汉军旗人杨姓、曾官河道总督的锺祥的一种习惯称法。但也有些迷信的叙述,对人物也有评论不当之处,个别叙述且与事实有出入,如记隆福寺街聚珍堂书铺用木活字印书,"欲印《红楼梦》不果",就与事实不符。实际上该书铺在光绪二年(1876)已用活字印行了《红楼梦》。① 该书没有标题,缺乏系统,不便翻检。有北京古籍出版社1983年印本。

《庸盦笔记》为薛福成所撰,6卷。是作者平生见闻随笔记载。光绪十七年(1891)将其同治四年(1865)以来27年之笔记择取精华成此编。订为史料、轶闻、述异、幽怪4类。其中有关于鸦片战争、太平天国的史料。此外还有官场、文苑等轶事,及报刊资料之辑录。有上海文明书局所刊《清代笔记丛刊》本、江苏古籍出版社2000年版。

《归田琐记》也是"清代史料笔记丛刊"之一。梁章钜撰,于亦时校点,中华书局1981年出版。梁章钜(1775—1849),字闳中、茝林,号茝邻、退庵,祖籍福建长乐,清初徙居福州。官至江苏巡抚,曾兼两江总督。本书8卷,为晚年之作,约在1843、1844两年写于浦城。第一卷:记述扬州园林、坊巷、草木虫鱼类,占篇幅最多的却是医学内外科验方;第二卷:包括书札、家传、寿序、钱法乃至生活琐事;第三卷:谈历史人物、碑帖、书板、典章制度;第四卷:记述古今人物,科第;第五卷:关于清代前期人物的轶闻轶事;第六卷:主要记载师友,兼及读书论学、诗歌楹联等;第七卷:记小说、酒食、谜语;第八卷:收录晚年的日记诗。从编排上看,前3卷显得杂乱无章,但就内容来看,确实是见闻所及,无所不录,这就为治史者从多方面提供了一些可以参考的资料。书中一些内容,都是为了"济时警俗"而写的。其中有关于鸦片战争的情形,"炮说"一则对敌我双方的大炮进行了分析,道出敌胜我败的原委:不是中

---

① 《道咸以来朝野杂记·出版说明》,北京古籍出版社,1983年。

国军队炮不好,而是打不中;不是洋人炮利,主要是它的桅顶飞炮用以惊敌,清军闻而奔溃。有道光二十五年(1845)北东园家刻本,后有翻刻本,咸丰二年(1852)羊城同文堂刻本、上海文明书局石印本。

《春明梦录》和《客座偶谈》为"清代历史资料丛刊"之一。何刚德撰。《春明梦录》2卷,杂记清代宫廷掌故、科场见闻、名人轶事等。涉及的重大史事有中法战争、甲午战争、义和团运动等。原书曾辑入作者的《平斋家言》。《客座偶谈》4卷,杂记清代有关官制、科举、法律、经济方面的史事,也涉及民国初年的一些历史情况。作者何刚德为光绪进士,曾任京曹19年,后又出任江西建昌和江苏苏州等地知府。两书所记录多为作者亲身经历,史料价值颇高。如《春明梦录》记曰:

> 宣宗极崇俭德,平常穿湖绉,裤腿膝上穿破一块,不肯再做,命内务府补之。开账三千两。宣宗怒其贵,严诘之。渠对曰:皇上所穿裤腿,系属有花湖绉,剪过几百匹,鲜有花头恰合者,是以如是其贵,后来不知如何结束。

这则故事是说道光皇帝为了表示节俭反而造成浪费,极具讽刺意味。还有一则是写慈禧太后政治才干的进步:

> 孝钦太后精明虽胜于孝贞太后,而甫经听政,诸事究未娴熟,故当曾文正功成入觐之日,召对问答不过敷衍数语而已,文正集中所载,自非虚语。嗣后历四十余年之世变,备尝艰险,体悉下情,余在宝师处熟闻,其召对情形,早有所知,故余甲午放苏州时召见,侃侃而谈,其英明处,不能不令人钦服。

该两书民国年间有作者自刻本。上海古籍出版社1983年将两书合印成一书出版。

《张文襄幕府纪闻》署名汉滨读易者,系辜鸿铭所著,2卷,72篇。辜氏在张之洞幕府20余年,张卒后,掇拾旧闻成此篇。张之轶事及闻见要端均书录。所叙政治、经济、军事、文化、艺术等方面掌故,可补史乘不足。间有对清朝政治腐败、文武大员贪劣之讥评。书中有这么一个"依样葫芦"的故事:

  犹忆中国嘉、乾间,初弛海禁,有一西人身服之衣敝,当时又无西人为衣匠者,无已,招华成衣至,问:"汝能制西式衣否?"成衣曰:"有样式即可以代办。"西人检旧衣付之,成衣领去。越数日,将新制衣送来,检视剪制一切均无差,惟衣背后剪去一块,复又补缀一块。西人骇问故,成衣答曰:"我是照你的样式做耳。"今中国锐意图新,事事效法西人,不求其所以然,而但行其所当然,与此西人所雇之成衣又何以异欤?噫!

这则故事讽刺当时一些人学习西方没有学到别人的好东西反而学了别人的弊端,很有意思。该书有宣统二年(1910)刊本,现收入海南出版社1996年出版的《辜鸿铭文集》中。

  张继煦(春霆)撰写的《张文襄公治鄂记》,记张之洞在湖北的"政绩",举凡张氏在湖北开办教育和文化事业,提倡实业,整理财政,改进武备,扩展交通等活动都有记载。并制了张之洞"治鄂大事表",挈纲结领,一目了然。作者系张氏幕府中人,所记史实系统详实。可供研究张之洞在湖北办洋务和新政以及辛亥武昌首义的背景等的参考。湖北通志馆1947年8月出版。

  《辛亥札记》为国民党元老居正(别号梅川居士)所撰,1929年初刊,1944年易名《梅川日记》重刊,多有增改。1947年上海大东书局再版。均铅印。居正,湖北广济人,为清末革命派重要成员。武昌首义,全国响应,他随时将重要见闻记录于日记内。书名日记,然不以月日系事,皆以本末体分条缕述。起自中部同盟之酝酿,迄于同盟会由秘密转为公开。凡104条,按事之先后排列。内容多为作者亲历,其中虽有异闻趣谈,但仍有相当参考价值。载《辛亥革命在湖北史料选辑》《居正文集》等书中。

  《菊隐丛谈》,陶菊隐著,是一套丛书,在民国年间由中华书局陆续出版。陶菊隐(1898—1989),湖南长沙人。曾先后担任长沙《女权日报》《湖南民报》《湖南新报》《新闻报》《武汉民报》的记者、编辑,1941年后除为京、沪大报撰稿外,以主要精力从事中国近现代史研究。其所撰《菊隐丛谈》已见《欧洲风云》第一集和第二集、《世界名人特写》及续编、《中南美洲谈薮》《亚洲谈薮》《非澳两洲谈薮》《美国谈薮》《欧洲谈薮》《现代知识》《现代女性》《欧洲五强内幕》《近代轶闻》《国际掌故》《新语林》《吴佩孚将军传》《世界珍闻》《欧美谈片》《闲话》《密斯马》《六君子传》《督军团传》《天亮前的孤岛》《最后一年》等。其中《近代轶闻》是陶菊隐掌故代表作,共18则,记述民国初年之政坛风云及名人轶事,尤侧重于民国军阀混战内幕。

《苦榴花馆杂记》,汪恸尘著。作者为民国时期教育家、文字学家。本书是他早年(1916—1917)在京主持《民苏报》笔政时所作。全书不分卷,以明清以来(有少量明清以前的)直至清末民初的历史地理、诗文典故、名人轶事为主,具有一定的参考价值。

《人物风俗制度丛谈》,瞿兑之著。作者出身于名门望族,其父为清末军机大臣瞿鸿禨。民国时期从政、从教,于宫廷、官场内情耳濡目染,多所了解,对清代及民国掌故十分熟悉。该书为其重要的掌故笔记著作,涉及民初人物、风俗制度等,影响甚大。

邓之诚早年博览群书,喜收藏。《骨董琐记》是其研究历史的副产品。《骨董琐记》初版问世于1926年11月,由北京富文斋佩文斋发行。后又有《续记》《三记》,1955年三联书店将《琐记》《续记》《三记》汇辑为《骨董琐记全编》正式出版。该书从前人别集及笔记中搜罗若干材料,考释文物,钩稽史料,记述史事共一千余条目,证以古近人诗文集及笔记诸书达数百种,注所引书于每条目之首或末,间加案语,内容丰富。该书具有重要的学术价值,自问世半个世纪以来,在国内外学术界有较深影响。

《艺林散叶》和《艺林散叶续编》,郑逸梅著。作者是海内外知名的文史掌故大家。其笔下著述,多以清末民国文苑轶闻为内容,广摭博采,蔚为大观,成为了解近现代文艺界情形的宝贵资料。两本书以笔记文体琐记近现代文史掌故,文字短小精悍,涉及人物众多,叙述亲切生动,兼具史料性和趣味性。郑逸梅说:"我喜欢写些一鳞半爪的小品文,这是有原因的。我平素爱读《世说新语》和《幽梦影》,觉得这一类的名作,虽寥寥数语,可是辞藻很隽永;叙述很精练,以少胜多,耐人寻味。这是非学有深造者不能道一字。"①

二 野史和稗史

相对于官方所修的史书(正史)而言,私人撰写的史书称"野史"。从前把各种出自坊间的史书都视之为"野史"。最早以野史名书者,是唐朝沙仲穆所著的《太和野史》,以后作者甚多,但不必以野史名书。稗史是野史的一种,主要记录朝野琐闻和民间风俗、掌故等。《汉书·艺文志》"小说家者流,盖出于稗官"。如淳注云:"稗音锻家排。《九章》:'细米为稗。'街谈巷说,其细碎之言也。王者欲知闾巷风俗,故立稗官使称说之。今世亦谓偶语为稗。"②因谓其所记载者曰稗史。

冯自由在《革命逸史·自序》中解释了"逸史"(野史)与正史的区别:"史有正史逸史之区别,吾国自周秦迄今三千年来,除官书而外,举凡民间记载及历代相传之遗闻轶事,皆逸史也。逸史又称野史,其所以异于正史者,则正史以简约明达要言不烦为主,而逸史之旨趣,则在于搜罗见闻之典章、故实、嘉言、懿行、旧闻、琐语、奇谈、艳迹,一一倾囊倒箧以出。体例无须严谨,纪载不厌琐细,既可避文网之体裁,亦足补官书之阙漏。"③

正史依靠国家组织的集体力量来修纂,国家图书馆或国史馆是官修正史史料的主要来源,还有一部分则采自地方志或从民间征集来的著作。正史往往从宏观的视野来把握历史进程的大致脉络,基本史实简明扼要,尚属详实可靠。但出于统治者利益的需要,或者为尊者讳、为贤者讳,看问题的观点时常站在统治者的立场,某些史实真相或被遮蔽,诸多历史细节可能省略。正史的这些不足在野史那里可以得到某种程度的弥补或矫正,不少在正史中被遮蔽、被省略掉的历史真相和细

---

① 郑逸梅:《艺林散叶续编·前言》,中华书局,2005 年。
② 陈国庆编:《汉书艺文志注释汇编》,中华书局,1983 年,第 163 页。
③ 冯自由:《革命逸史·自序》,中华书局,1981 年。

节得以还原。①

有些史学工作者一听说是野史、稗史,就觉得不可信,弃而不用。其实,近代的野史、稗史需要分析,固然有不少臆说传闻不可靠,甚至有荒诞不经的记载,需要剔除,但也有许多有用的材料,或可补正史之不足。

如,关于光绪三十年(1904)中国参加美国圣路易斯博览会的情形,在一般官方或非官方的文献中,总是强调中国展品获奖之类的"好消息",但野史中却有这样的记载:

> 圣路易赛会,中国政府馆之卑陋,既如前所述。而最足以章吾国耻者,则赴赛物品是焉。兹录其尤甚者如左:烟枪十余枝,烟灯数枚,满面烟容之官员一,杀人刀数柄,杀人小照数方,雏形知县署一,各种酷刑俱备,枷一,上海、北京、广东、宁波装小足妇人各一,小木人数百枚,乞丐、烟鬼、囚犯、苦工、娼妓之类,小草屋十余间,苗蛮七,绿营兵一,翰林、进士、举人、秀才各一,均高四尺以上,背驼面目枯瘠,奎星楼一,小城隍庙一,城隍、鬼判俱备,教会学校照片数十方,药王、财神等神像照片多方。呜呼!政府糜数百万巨款,而所征出品,乃悉为卑陋劣粗之物件,或代表陋俗迷信之具,是非赴赛,直自求辱耳。论者所以太息痛恨于承办官吏之毫无心肝也。②

再如,关于孙中山等被称为"四大寇"的来历,一般史书讲的是孙中山等4人高谈革命,昌言无忌,当时人戏称为"四大寇"。为什么不称四大盗、四大金刚、四条好汉呢?因为"四大寇"是一个现成的词语,《清稗类钞·方言类》中"广州方言"条就记有:"四大寇,犹言四大强盗也。外省人落魄者,结成团体,开始时以乞食为事,如有善事,必来送喜,其实乞赏钱也。"③可见,人们是用广州方言现成的词汇来戏谑孙中

---

① 参见潘凯雄:《〈一个月的战斗〉:应该重视这些"野史"》,2014年3月26日《中华读书报》。
② 小横香室主人编:《清朝野史大观》卷四,河北人民出版社,1997年,第413页。
③ 徐珂编撰:《清稗类钞》第五册,中华书局,1984年,第2227页。

山他们,这在关于辛亥革命和孙中山的史籍中是看不到的,这也可以解释人们时常拿来表现"四大寇"的那张照片上为什么是5个人。

当然,有些所谓"野史"是不值得信赖的,如,清朝灭亡后,人们出于对清朝统治的激愤,编写了《清宫秘史》《清代野史丛钞》《清代野记》一类书,多半是凭借传闻,对清朝加以丑诋,有的出于个人爱憎,随意嬉笑怒骂,很多史料是不符合当时事实的。这也是需要认真对待的。

野史、稗史有许多其实也是笔记,分类并不明确,故下文介绍的野史、稗史与上述笔记会有重复之处。

小横香室主人所辑《清朝野史大观》,为有清一代野史之总汇。内容丰富,5种12卷,分"清宫遗闻"(2卷449则)、"清朝史料"(2卷522则)、"清人逸事"(4卷1220则)、"清朝艺苑"(2卷597则)、"清代述异"(2卷483则)。上自宫闱,下逮闾里,遗闻轶事,巨细无遗,本末俱备。采辑手抄秘籍及各省府县志乘、名家文集,为数不下百十余种,已刊行的笔记丛录150种,将书名一一列于凡例,"以示矜慎而便稽考"。该书自称注重征信,凡隐怪荒唐之说,及偏激虚构之谈,无关信史,概不采录,并称"本编记事,偶有评论,亦必采自名家,以见当时舆论,未敢妄加断语,自呈谫陋"。编辑凡例介绍各类史料的编选原则或办法尚属严谨:

(一)清代文字,历禁綦严,宫内奇闻,曼珠风俗,偶有载纪,托于寓言。本编悉力钩稽,考核实录,是为清宫遗闻。

(二)巨狱大案,层见叠出,忌讳既多,遂无直笔。本编旁征博引,毕见真情,内政外交,并陈详述,是为清朝史料。

(三)名臣名将,大佞墨吏,一言一事,传闻异词。本编竟委穷源,兼收并蓄,彰彰公论,惩劝并昭,是为清人逸事。

(四)名儒文苑,诗人墨客,风致韵事,流布艺林。本编摭拾刺取,乃撷其华,詹詹小言,粲然颐解,是为清朝艺苑。

(五)虞初之志,梼杌之言,怪诞离奇,更仆难数。本编撷采维严,宁阙毋滥,既富兴趣,益增阅历,宗教外纪,并附著焉,是为清代述异。

有1981年上海书店根据中华书局1936年版复印本,还有1997年河北人民出版社出的李秉新等校勘本。

巴蜀书社1987年推出的《清代野史》,原名《满清野史》,是1920年成都编辑排印。全书共收资料100种,约200万字。自清代建国前至宣统逊位300年间的内政、外交、军事、经济及文化,无不赅备,内容十分丰富。《清代野史》纂集有关资料,汇而录之,供学者采择。所收资料来源广泛,汇录的清代及民初笔记40余种,大多是未见载录的。采自近世秘史的也不少,有《满清纪事》《庆亲王外传》《庚子拳变始末记》等。还有采自当事人或亲身见闻的实录和系统撰述材料。对太平天国和戊戌政变,或褒或贬,正反兼收;对李鸿章、张之洞等的功过,兼收并蓄。记述者虽各有其倾向性,但对治史者来说,可以参互比较,有助于作出历史的评价。[①] 全书共8辑,分别是:

第一辑有《清代兴亡史》《清代外史》《中日兵事始末》《庚子国变记》《景善日记》《庚子拳变始末记》《拳变余闻》《戊壬录》《外交小史》。

第二辑有《清代前纪》《胤禛外传》《多铎妃刘氏外传》《德宗承统私记》《庆亲王外传》《第一次中俄密约》《中俄伊犁交涉始末》《中法兵事本末》《清代割地谈》《清代纪事》《清宫琐闻》《清宫禁二年记》《奴才小史》。

第三辑有《咸同将相琐闻》《康雍乾间文字之狱》《记桐城方戴两家书案》《陆丽京雪罪云游记》《指严笔指三则》《乾嘉诗坛点将录并序》《清宫词》《长安宫词》《都门纪变百咏》《清华集》《所闻录》《述庵秘录》《北使纪略》。

第四辑有《清光绪帝外传》《慈禧及光绪宾天厄》《董妃行状》《董小宛别传》《戊戌政变始末》《发史》《贪官污吏传》《梼杌近志》《满清入关暴政》《归庐谭往录》《都门识小录》《慧因室杂缀》《鹅山文摘抄》《圆明园总管家世》《西藏风俗记》。

第五辑有《清末实录》《春冰室野乘》《殛珅志略》《儒林琐记》《割台记》《记朱一贵之乱》《丘逢甲传》《骨董祸》《兰陵女侠》《洪福

---

① 《清代野史·出版说明》,巴蜀书社,1987年。

异闻》《梅花岭遗事》《金川妖姬志》《乌蒙秘闻》《叶名琛广州之变》《张汶祥记》。

第六辑有《李文忠公事略》《张文襄公事略》《太平天国战纪》《武昌纪事》《殁园笔乘》《洪杨异闻》《庸庵文》《蓬山密记》《牧斋遗事》《桂藩事略》。

第七辑有《栖霞阁野乘》《悔逸斋笔乘》《庸闲斋笔记摘抄》《秦鬟楼谈录》《阳秋剩笔》《知过轩随录》《小奢摩馆脞录》《清代之竹头木屑》《清稗琐缀》《啁啾漫记》。

第八辑有《铁路国有案》《辛亥四川路事纪略》《名人轶事》《清代名人趣史》《蕉窗雨话》《蜀乱述闻》《蜀燹死事者略传》《奉天行宫游记》《故宫漫载》《圆明园记》《北京游记汇抄》《汉人不服满人装》。

原书体例不统一,同类的各种资料,分散在各辑内,而且清前期史事和后期史事穿插安排,同一内容的文章,前后错见重复的不少。然其中近代史事不少,读者可根据需要选择阅读。

第二辑中的《清代纪事》,原名《满清纪事》,采自《近世中国秘史》。此书在太平天国史研究中常被提及,如《中国近代史资料丛刊·太平天国》附录《太平天国资料目录》介绍说:"《满清纪事》在扪虱谈虎客编《近世中国秘史》第二册,一二四至一四四面。书名《满清纪事》,实则全记太平革命。起林则徐烧鸦片,洪秀全利用宗教,至林凤祥北伐,上海小刀会起事。今按书中文字,及韩氏评语,似出国人之手,而伪托日人所撰者。"①所指韩氏(即韩文举,笔名扪虱谈虎客)评语为:"《满清纪事》一卷,吾友披发生往年观书上野图书馆所手录者。秋间检尘箧得之。余方辑《中国秘史》第二编,获此瑰宝可喜知也。是书标名日本某著,而察书中口吻,似出于吾粤人之手。岂粤人成著,而日人攫取为己有耶,抑咨询吾粤人而撰述者耶,皆未可知。……唯是书有缘起而阙煞尾,殆不止一卷,殊令人有未窥全豹之憾。然即此区区小册子,已有为中土士人闻所未闻者,如徐广缙之外交也,洪氏初起之历史

---

① 张秀民、王会庵编:《太平天国资料目录》(中国近代史资料丛刊"太平天国"附录),上海人民出版社,1957年,第161页。

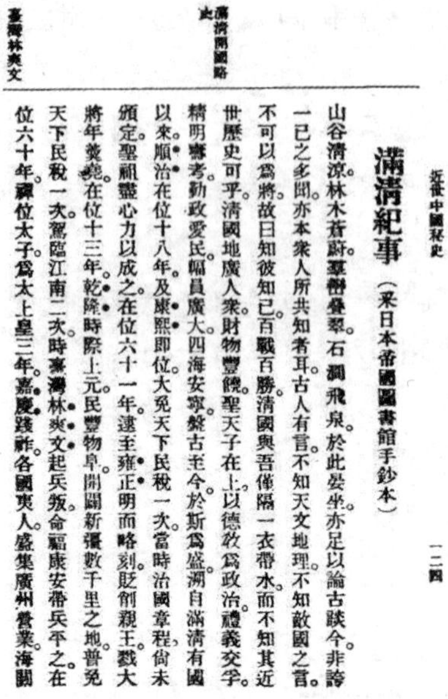
近世中國秘史 一二四

滿清紀事（采日本帝國圖書館手鈔本）

山谷清涼。林木蒼蔚。翠巒疊翠。石澗飛泉。於此晏坐。亦足以論古跌今。非誇一己之多聞。亦本衆人所共知者耳。古人有言。不知天文地理。不知敵國之言。不可以爲將。故曰知彼知己。百戰百勝。清國與吾僅隔一衣帶水。而不知其近世歷史可乎。清國地廣人衆。財物豐饒。聖天子在上。以德教爲政治。禮義交孚。精明審考。勤政愛民。幅員廣大。四海安寧。盤古至今。於斯爲盛。溯自滿清有國以來。順治在位十八年。及康熙即位。大免天下民稅一次。當時治國章程。尚未頒定。聖祖靈心力以成之。在位六十一年。逮至雍正明而略刻。貶削親王。戮大將年羹堯。在位十三年。乾隆時際上元。民豐物阜。開闢新疆數千里之地。普免天下民稅一次。駕臨江南二次。時臺灣林爽文起兵叛。命福康安帶兵平之。在位六十年。禪位太子。爲太上皇三年。嘉慶踐祚。各國夷人。盛集廣州營業。海關

滿清兩國略史

臺灣林爽文

图 12-2 《满清纪事》书影

也，钱江之上书洪氏也，洪氏之檄告百姓也，太平国与外人之交涉也，张祥晋之请括宫中金器铸币也。凡此诸端，皆于将来史家大有裨助。其他关涉兵事、民事者亦多为官书所不及载或有所讳而不敢载，然则谓是书字字皆瑰宝，宁夸谩哉。”①郭廷以《太平天国史事日志》在参考书目中亦有介绍和评论：“《满清纪事》（光绪三十年排印本），见《近世中国秘史》。记太平军早年（约在咸丰四年以前）历史，惟多不正确，常将天地会事混入。细审是书文字，作者确系日人。”②这里有一个问题，就是中国的历史学家，可能未见日本版的《满清纪事》，所以对于作者是中国人还是日本人，存在不同看法。根据日人增田涉所著《西学东渐与中国事情》所收其文章《〈满清纪事〉及其著者——关于我国所传的“太平天国”》考证，《满清纪事》在日本和中国有几个版本，最开始是广东人罗森1854年年初随美国军舰访日时，将自己“南京纪事”的手稿借给日本学者平山谦二郎阅读，可能被平山谦二郎誊抄了一份，以后就以手写本在日本流传，不久，大约在安政年间（1854—1859）刊行了美浓版木活字本一册。明治二十四年（1891）宫内省藏版胜海舟著《开国起源》上卷所载“支那骚乱概况”中收录了《满清纪事》，并注明是“广东罗森著”。日本所传的《满清纪事》，经扪虱谈虎客编的《近世中国秘史》做了修改而又逆输入中国，当作太平天国的一种

① 扪虱谈虎客：《近世中国秘史》第二编，广智书局，1904年，第144页。

② 郭廷以：《太平天国史事日志》附录，第221页。

史料被引用。① 《满清纪事》中既记载有关太平天国运动的部分史实,然亦有许多事情属于误传误录而不可信,被韩文举吹嘘的"闻所未闻""字字皆瑰宝"的一些内容,如,钱江上书洪氏等,实为子虚乌有的杜撰,并不符合史实。

稗史类钞起于清初潘永因的《宋稗类钞》和《明稗类钞》,至于清代稗史类钞则有徐珂编撰的《清稗类钞》,汇辑各家文集、笔记、说部、报章(数百种)中有关清朝掌故、轶事而成,于典制名物略有考证。分时令、地理、外藩、外交、礼制、度支、教育、战事、吏治、种族、宗教、门阀、风俗、农商、工艺、会党、著述、经术、文学、艺术等92类,凡13500余则。于清代历朝大事、人物、典章制度均有记述。其中有关鸦片战争、中法战争、戊戌变法及辛亥革命的记载,可供研究中国近代史者参考。但每则不注出处,抄录也较为芜杂,荒诞不经的传闻也录有。外交类的《洪秀全亦知外交》称洪秀全曾派洪仁玕使美,战事类的《冯婉贞胜英人于谢庄》所载冯婉贞抗击英法联军的故事等等,就属不辨真伪,抄录了虚构的史料。谢国桢在重印《清稗类钞》时所撰前言,在肯定该书史料价值的同时,指出了它的缺点:一是全书引用的资料,不注出处,若不经过检查,后人引用,就难以置信。二是书为编者平时读书随手札记,大半是"概括其事,贯串而成斯篇,未能悉记其来历",只能说是"信以传信,疑以传疑"。三是编纂宗旨是"事以类分,类以年次",但编制的分类过多,漫无系统,13500余条,分为92类,失于琐碎,且有前后不相照应或重复之处,也有遗漏的地方。但谢氏认为"既经其手编制,就应当跟随时代编制有体,不应当保留原书中的'国朝'、'王师'、'大兵'等项字眼,如清朝遗老、遗少一般所著的《石渠余记》歌颂胜清德政等类的书籍一样,就失去编者著书的意旨和编制的体裁,是其大失之处",②却批评过苛,不甚恰当。徐氏既是抄录史料,原书中的"国朝""王师""大兵"等项字眼理当保留,以保存原书全貌,保存原作者观点,不能视为

---

① 参见增田涉:《西学东渐与中国事情》所收文章《〈满清纪事〉及其著者——关于我国所传的"太平天国"》。江苏人民出版社,2010年,第191—219页。
② 谢国桢:《清稗类钞·前言》,中华书局,1984年。

图 12-3 《清稗类钞》书影

歌颂清朝德政,读者自会明白。《清稗类钞》有 1917 年商务印书馆本,后中华书局重印。

徐珂还辑有《晚清祸乱稗史》。《满清稗史》是一种丛书,陆保潇辑,28 卷,包括 18 种稗史(别史、野史、笔记、日记):《满清兴亡史》《满清外史》《贪官污吏传》《奴才小史》,以上揭露清代历朝弊政。《戊壬录》叙戊戌变法、义和团时事。《中国革命日记》《各省独立史别裁》《清末实录》《南北春秋》《当代名人事略》《黄花岗十杰纪实》《暗杀史》等为辛亥革命史料。还有《三江笔记》《湘汉百事》《所闻录》《新燕语》《变异录》《清华集》等。有 1913 年新中国图书局刊本。

许金城所辑《民国外史》的广告称:"中华民国四十年来,堂堂正史以外,史家所不齿记述的:政坛秘闻、丑史、趣剧、民国奇闻、妙事……琐琐屑屑,收罗丰富,专集成册,颜曰《民国外史》,言而有据,趣味浓厚。"其续集《民国野史》(许金城、许肇基辑)卷首三言两语谓:"本册搜集资料和文字有四要:(一)要有趣味的,要读者仰天哈哈笑;捧腹呵呵笑;甚至嗤的一笑,皮笑肉不笑,作会心的微笑。(二)要有刺激的,要读者洞悉其奸,拍桌蹬脚,'脑海起火',有所猛醒,国乱民困,或有补救乎?(三)要政坛趣事,民间怪事;例如张勋复辟趣剧,以及民国一只奇异毒虫,均特别记述。(四)要民国人海中可歌可泣有生动事迹,记之;有三分咸湿妙味,好比我们挖臭脚趾,另有一种味道,非一嗅不可的,记之。平平淡淡,均非本册着眼点也。有三不录:(一)'为国为民''自由''解放'等魔术作用的不录。(二)歌功颂德,'我们的领袖''英雄''伟人',肉麻当有趣的不录。(三)冠冕堂皇的、假仁假义的屁话,不录。"

该书收录了民国时期各报刊上发表的轶闻、掌故、趣话,内容涉及政治、经济、文化、军事等,包括兴中会秘辛、吴樾为革命牺牲、红花岗上忠魂碑、记女斗士徐宗汉、黄兴在革命中恋爱、绛衣将军愚忠等100多篇野史著作。除了香港励力出版社1955年版以外,云南人民出版社作为"旧版书系"之一于2003年出版。另外台北文海出版社有限公司出版的《近代中国史料丛刊》收有此两书。

冯自由所著《革命逸史》有120万字。有中华书局1981年版,2009年新星出版社重印本。作者早年参加兴中会,与孙中山等过从甚密,见闻颇详。南京临时政府成立,任总统府机要秘书,后又担任临时稽勋局局长。从20世纪20年代起,就着意收集报导、通讯、文件及私人回忆录等有关资料,取材丰富。全书6集载目220余项,举凡兴中会时代革命党人及辛亥革命前后同盟会会员的事迹,历次革命军起义的经过,都有记载。又兼采传闻、异说,并参以典章、故实、旧闻、琐语、嘉言、懿行,不少为他书所未载。然叙事有不少错讹、失实之处。如果对该书进行校正,所出校记篇幅当在原书之上。孔祥吉在《略析冯自由〈革命逸史〉的严重缺陷》一文中谓其近年来用了比较多的时间在档案史料中考察辛亥史实,尤其是用了较多的日本外交史料馆所存的有关史料,发现冯自由的叙述与档案记载颇多不同,认为该书有这样几个严重缺陷。一是"年代久远,记忆失误"。二是"主观推断,屡出差错"。三是"把复杂的历史简单化"。① 孔祥吉还与日本村田雄二郎合撰文章《辛亥革命史料抉择之困惑——冯自由〈中华民国开国前革命史〉与〈革命逸史〉异议》,亦对冯自由的著作提出异议。②

荣孟源、章伯锋等主编的《近代稗海》,选收从鸦片战争到中华人民共和国建立百多年间有关中国经济、政治、军事、文化等各方面资料,以原始文献和属于稗史著作为主,可作为已刊行的各种专题史料的补充。四川人民出版社1985年开始出版。该书共有12辑,收录70余种稗官野

---

① 孔祥吉:《略析冯自由〈革命逸史〉的严重缺陷》,《博览群书》2012年第8期。
② 孔祥吉、村田雄二郎:《辛亥革命史料抉择之困惑——冯自由〈中华民国开国前革命史〉与〈革命逸史〉异议》,《广东社会科学》2012年第1期。

史，其中有些著作与《近代史料笔记丛刊》所收著作中有不少重复。

此外，还有《民国野史》，姜泣群著，光华编辑社1922年出版。又名《朝野新谭》，收录民国初年人物逸事。现收入山西古籍出版社出版的《民国笔记小说大观》第四辑。《民国艳史》，修竹乡人编，文学书社1914年出版。《民国趣史》，李定夷编著，上海国华书局1917年出版。内容分庆颂声、荣哀录、缙绅传、神怪谈、续情史、新黑幕、博物院、杂货店等目。《安福趣史》，鸿隐生著，有上海宏文图书馆1920年版。

署名"云中孤雁"的网友制作了《民国文献合集》的电子书，收录了张慧剑《辰子说林》、钱基博《费太公传》、佚名《慧因室杂缀》、秦翰才《满宫残照记》、虞公《民国奇闻》、刘以芬《民国政史拾遗》、郁慕侠《上海鳞爪》、黄质《四巧工传》、徐一士《一士类稿》、姜泣群《朝野新谭》、蒋芷侪《都门识小录摘录》、佚名《汉奸叛国丑史》、夏仁虎《旧京琐记》、宣南吏隐《民国官场现形记》、沃邱仲子《民国十年官场腐败史》、何海鸣《求幸福斋随笔》、刘成禺《世载堂杂忆》、陈赣一《新语林》、陈邦贤《自勉斋随笔》、姚灵犀《采菲录》、孟森《丁香花》、胡开明《汉奸内幕》、翊勋《蒋党内幕》、陈夔龙《梦蕉亭杂记》、虞公《民国趣闻》、孟森《清朝前纪》、马叙伦《石屋余瀋》《石屋续瀋》、佚名《小奢摩馆脞录》、辜鸿铭《张文襄幕府纪闻》、陶菊隐《政海轶闻》、佚名《慈禧及光绪宾天厄》、佚名《汉奸丑史》、许国英《记胡雪岩故宅》、汉史氏《满清兴亡史》、李定一《民国趣史》、老吏《奴才小史》、陶希圣《汪记舞台内幕》、佚名《圆明园总管世家》。这些书与前述丛书收录的书籍有不少重复，但因为是电子书，便于检索，故一并著录于此供参考。

图12-4 《民国文献合集》电子书封面

第十三讲 实物与口传类史料

实物史料与口传史料与文字史料是史料的三大形态。文物、遗迹、音像资料等都是实物史料。实物史料是历史真实存在的痕迹。包括生产工具、生活器物、建筑物、碑刻、印章、照片、摄像带、录音带、旗帜、工艺品、美术品等。马克思《资本论》第一卷:"要认识已经灭亡的动物的身体组织,必须研究遗骨的构造;要判别已经灭亡的社会经济形态,研究劳动手段的遗物,有相同的重要性。"①

音像资料是传统意义上的文字史料以外的一种非文本史料。传统史料是无言的,而音像资料是有声音的,它可以对历史进行立体的"复原"。音像资料可以形象地再现历史的场景。它虽然不能像传统史料那样在史学论著中被直接引用,但可以帮助读者回到现场,直观地感受历史,比较准确地理解历史现象。

口传史料是人们口头对所记忆历史的复述,也具有一定的史料价值。

一 实物史料及其价值

古人把史料分为文字、口碑和金石三类,实物史料归为金石类。在梁启超的史料分类中,把文字记录以外的史料归为第一类,文字记录的史料归为第二类。在第一类史料中,除了口碑外,现存之实迹、原物、实

---

① 马克思:《资本论》第一卷,人民出版社,1953年,第194—195页。

物之模型及图影以及已湮之史迹意外发现者,实际就是通常所说的遗址遗迹、传世文物、照片及绘画、考古发现的文物等。荣孟源说得比较具体,他认为实物史料包括了生产工具、生活资料、武器和刑具、货币、度量衡器、印信、建筑、墓葬和古迹以及历史事件的遗迹、模型和雕塑、照相和绘画、语言和文字、碑刻和砖瓦、纪念物。

近代距离今天时间并不久远,许多方面还存留着过往的痕迹。凡是承载着过往痕迹的实物,能引领人们回到历史场景或证实历史发展进程的事物,都可以拿来为研究近代史所用。

实物史料包括被称为"文物"的实物和非文物的各种实物。文物是根据一定标准认定其具有较高价值的古物。文物可分传世文物和出土文物。传世文物又可分可移动文物和不可移动文物。可移动文物多收藏于各地博物馆、纪念馆、陈列馆,也有不少散落于民间。不可移动文物包括遗址和史迹(历史遗迹)、古墓葬、代表性古建筑、寺庙及其中的造像、石窟、大型石刻、大型壁画等。能反映历史真实的非文物或尚未认定为文物的各种实物,比文物数量要多,也可用作史料。历史研究者应当像傅斯年所说的,"上穷碧落下黄泉,动手动脚找东西"。① 走进博物馆和考古现场,考察传世文物和出土文物;到历史文化街区和历史文化名镇、名村,观察留住乡愁的老建筑;进村找庙,进庙找碑,甚至深入农户,寻访废弃农具,搜集地方文献……这些都是找实物史料的办法。

19世纪60年代后,摄影技术在中国开始广泛应用和传播,大中城市都建立了照相馆。这些照相馆的摄影师除了为顾客照相外,还经常关注发生在身边的一些事件,为各种报刊提供新闻照片,成为报刊的编外"摄影记者"。近代报刊兴起后,图像新闻也是报刊重要内容之一,特别是画报更把图像新闻作为主要内容。摄影作品成为记录、储存、传递事物形象的特殊信息载体。留存的历史照片,使人们能够"目睹"已经消逝的前人的生活情状。"百闻不如一见",历史照片可以帮助读者

---

① 傅斯年:《历史语言研究所工作之旨趣》,《傅斯年全集》第三卷,湖南教育出版社,2003年,第11页。

"看见"过去，虽然它只是零散的、中断的、瞬间的形象，但却是实在的、具体的、生动的映象，蕴藏着丰富的历史生活内容。

实物史料可以弥补文献资料的不足，填补历史研究的空白，也可以证实或补充、修正、否定其他史料。采用将实物史料与文献史料相互印证的"二重印证法"，可以使研究结果更接近历史的真实。

图 13-1　三元里平英团缴获的英军军服、佩刀

如，三元里人民打败英国侵略者，博物馆展出的缴获英军的武器、服装等就是明证。

辛亥革命前夕，武昌文学社和共进会于宣统三年八月三日（1911年9月24日）在武昌小朝街85号开会策划起义，有的文献记载有几十人参加，但遗址只有两间小房，根本无法容纳几十人，又经当事人证实，这一记载是夸大了。

传说洪秀全禁止太平天国绘画中画人物，有的学者便考证太平天国的绘画没有人物像，但是太平天国后期的壁画中还是出现了人物形象，金华侍王府的《樵夫挑刺图》就是一例，从而否定了原考证的结论。

图 13-2　武昌小朝街85号武昌起义临时总指挥部旧址

利用实物史料时要注意它的来源和真实性，要有考古学方面的知识。文物有真有伪，不能以伪乱真，也不能把真的说成是假的。《历史

图 13-3　金华侍王府壁画《樵夫挑刺图》

研究》1956 年第 2 期刊罗尔纲《绍兴太平天国壁画调查记》，认为这些壁画是太平军退出绍兴以后，地主阶级在太平天国绘过壁画的墙壁上"另绘上太平天国信仰对立的东西而为他们所崇奉并且认为可以'辟邪'的神佛故事来加以'厌胜'"。邹身城却撰文论证这些壁画是太平天国所绘。①

遗址、遗迹可以加以整修，实物可以复制，照片有可能弄错，都需要加以考察，尽可能利用文献材料加以印证。

（一）可移动文物

近代遗留的文物很多，作研究时，可以利用有关文物作史料，说明想要说明的问题。

生活用品方面，孙中山穿过的"中山装"就展现了"中山装"的来历和不断改进的历史，也可以说明"毛氏服装"或中国式"礼服"的渊源。中山舰出水文物中有一个带有"新生活运动之推行应以整齐清洁简单朴素迅速确实为标准礼义廉耻为基础"字样的搪瓷脸盆，告诉人们蒋介石发动的"新生活运动"是怎样影响着军队官兵的日常生活。而一些博物馆展

---

①　邹身城：《绍兴太平天国壁画辨疑——兼论史料的调查和研究》，《天国史事释论》，学林出版社，1984 年，第 158 页。

出的"弓鞋",则记录着中国妇女曾经承受过的"缠足"的痛苦。

武器方面,以辛亥革命武昌起义纪念馆所收藏的"汉阳造"步枪为例,说明文物在历史研究中的作用。"汉阳造"步枪与中国近现代史上许多重大历史事件都有联系。在震惊世界的武昌起义中,工程八营士兵程正瀛用来打响第一枪的武器正是"汉阳造",因为当时该营所负责守卫的楚望台军械库里,存放着大量湖北兵工厂生产的武器,而且根据当年在新军第八镇21标当兵的一个士兵回忆,当年第八镇的步枪全部是汉阳兵工厂出产的。为了捍卫清朝统治而生产出来的武器,被调转枪口,结果把清朝给推翻了。如今在武昌紫阳路湖北省总工会院内辛亥首义工程营发难处旧址,立了一座纪念碑,碑身上方就是用大理石雕成的三支"汉阳造"步枪。1927年8月1日中国共产党在江西南昌发动的武装起义中,起义骨干力量,即叶挺和贺龙的军队,主要装备便是"汉阳造",故南昌八一起义纪念馆内陈列着起义军当年使用过的"汉阳造",南昌人民广场的八一起义纪念塔,塔顶就是由一支花岗岩雕成的"汉阳造"步枪和八一军旗图案所组成。南昌起义建立起来的人民

图13-4　中山装

图13-5　中山舰上的脸盆

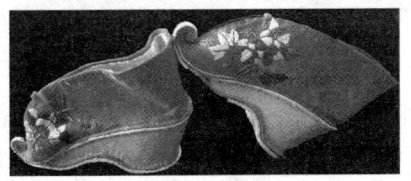

图13-6　缠足妇女穿的"弓鞋"

军队,此后便长期使用着"汉阳造",南征北战,打出一片新天地。在艰苦卓绝的抗日战争中,中国军队用"汉阳造"PK 日军比较先进的"三八大盖",终于将侵略者赶出了家门。在解放战争中,人们常说的解放军用"小米加步枪"打败了用美式装备武装起来的国民党军队,实际上是人民军队拿着"汉阳造"缴获蒋军的"美式卡宾枪"和大炮,使得他们败退台湾。甚至在冰天雪地的抗美援朝战场上,中国军队都使用着这种"汉阳造"对抗 16 个国家军队组成的所谓"联合国军",迫使美帝国主义者在谈判桌边坐下来。所以在北京天安门广场人民英雄纪念碑的 10 幅碑身浮雕中,其中有 4 幅浮雕中都有"汉阳造"的身影,那就是在反映辛亥革命武昌起义、八一南昌起义和抗日游击战、解放战争(胜利渡江)的浮雕中,革命士兵手中所持武器多半是汉阳兵工厂造的枪支。

"汉阳造"之所以这么出名,还因为生产它的汉阳兵工厂最早叫湖北枪炮厂,是 19 世纪末 20 世纪初由张之洞创办的。"汉阳造"的历史就是汉阳兵工厂的历史。张之洞在湖北所办企业,以军事工业为发端,与洋务派制造新式武器,实现军队装备现代化的"求强"目标一致。世界兵器发展的历史,从冷兵器到热兵器,从前膛枪炮到后膛枪炮,不断进步。晚清的中国,正处于各种武器并用的时代。被西方侵略者坚船利炮打败了的清政府于 19 世纪 60 年代开始了追求自强的洋务运动,学习西洋的坚船利炮,在向外国购买军舰和洋枪洋炮的同时,自己也设厂仿制军舰和洋枪洋炮。张之洞于光绪十四年(1888)致电驻德公使洪钧请其代购制造枪炮的机器,拟造毛瑟 M1871/1884 步枪和克虏伯过山炮。并选定广州西北 40 里的石门作厂址,从广东官员和商人那里募集捐款 80 余万两作建厂资金。后张之洞了解到德国研制出新型 M1888 步枪更先进后,即电请驻德公使许景澄,追加 45 万马克,改订制造 M1888 的设备。光绪十五年(1889)刚刚给朝廷奏陈筹办枪炮厂情形才几天,张之洞就被调任湖广总督。他向朝廷请求将枪炮厂移来湖北。光绪十六年(1890)成立湖北铁政局,为了就铁的方便,枪炮厂也选址龟山北麓。该局总办蔡锡勇兼领铁厂和枪炮厂两厂筹办事宜。当时生产的是 M1888 式步枪,即 1888 年式五响毛瑟快枪,口径 7.9mm,亦称"汉阳造 88 式七九步枪"或"委员会步枪"。这就是"汉阳造"的来历。

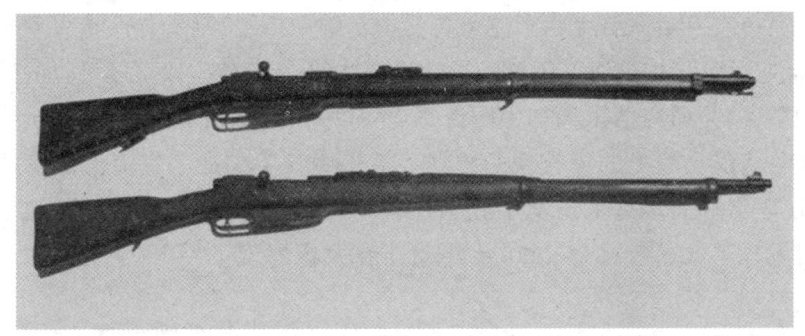

图 13-7 "汉阳造"步枪

湖北兵工厂不仅生产出了一批先进的新式枪械,创造了名牌产品,更奠定了中国兵器工业的基础,所以张之洞的学生、革命党人吴禄贞曾客观地评论说:湖北兵工厂"植中国军械专厂之初基"①。辛亥革命以后,1914 年该厂收归陆军部直接管辖,从此正式称为汉阳兵工厂。南京国民政府成立后,更对这军工重镇予以整顿,产量和质量有所提高。全面抗战爆发后,1938 年 2 月,汉阳兵工厂改称兵工署第一兵工厂,火药厂改称兵工署第二兵工厂。后因日军逼近武汉,汉阳厂奉令迁往湖南辰溪,规模开始缩小,制炮厂归属炮兵技术处,后并入第 50 兵工厂。同年 7 月,制枪厂被并入兵工署第 21 厂,该厂就是内迁重庆的原金陵兵工厂。自 1939 年 1 月起,继续生产"汉阳造"。为与原厂相区别,21 厂产品在机匣上刻有"汉式"两字及 21 厂标记。自 1943 年 10 月,21 厂利用生产"汉阳造"的机器,开始批量生产"中正式步枪",汉式步枪逐渐减产,直至 1944 年完全停产。50 年间,除了汉阳兵工厂和民国年间各派军阀及国民政府的兵工厂生产或仿造外,中国共产党领导下的各根据地兵工厂,如延安茶坊兵工厂、晋察冀边区兵工厂等都先后进行了仿制。据有关专家推算,"汉阳造",包括正品和仿制品,总产量应在 108 万—130 万支之间。研究张之洞和湖北洋务运动,研究中国革命史、军事史、兵器工业史,都离不开"汉阳造"。

---

① 吴禄贞等:《为已故大学士张之洞官鄂最久,功德在民,请建专祠事折》(宣统二年十一月二十四日)中国第一历史档案馆藏:录副奏折档,光绪朝职官类。转引自孔祥吉:《日本档案中的张之洞与革命党——以吴禄贞事件为中心》,《福建论坛》2010 年第 5 期。

1997年在长江武汉段水域打捞出水的中山舰,就是一件特大型文物,它见证了中国海军舰艇驶过的艰难航程,承载着一段可歌可泣的历史事件,是研究清末民初中国海军史、孙中山生平和革命事业史、抗日战争武汉会战史的最直观的史料。关于中日甲午战争黄海海战的研究,学者们大多是基于文字或图片档案资料,很少有实物。2015年9月发现了致远舰残骸,200余件致远舰文物再现了"甲午海战"悲壮记忆。

交通工具方面,一些博物馆陈列的轿子、独轮车、马车、自行车、人力车、三轮车、"老爷车"等等,是中国城市代步工具逐步近代化的见证,而退出运营进入博物馆展出的蒸汽机车,记忆着中国铁路运输曾经经过的一段蒸汽机车的时代。

还有一些实物尚未认定为文物,或者根本不够文物的标准,但它也可能是很有用的史料。有的民间博物馆收藏的老式农具石磨、石碓、石碾、水车、戽斗、风谷车等等,就是从前农业生产力低下,农具落后,农民劳动强度大的见证。

集藏品也是有趣的史料。烟标、火花、邮票、商标、广告单等,都是中国近代工商业发展进程的见证。还有戏单,也是有用的史料。吴小如在遗文《片楮还当信史看》中说:"戏单颇具学术研究价值,能据之考镜演出历史,审视剧目变迁,乃至订正讹传谬误。"①齐如山《辛亥庚戌剧目跋文》云:"二十余年以来,余所收藏之戏单约三千余件,见者多非笑之,以其无非玩物而已。其实欲考当时戏剧流行之变迁、戏单印刷之改进、戏班脚色之情形、戏院营业之状况种种迹象者,舍此莫由,是岂可徒以玩物视之耶?"谷曙光亦称:戏单的学术价值,首先表现在忠实记录了演出情况、演员、剧目、班社,乃至剧场、地址、剧情、戏价、剧照等,"逐日搜罗,就是一部活的京剧演出史实录。若以学术之道研治戏单,尚可据之考订某位演员的生卒年、声誉高低的变化,某一时期的流行剧目等"。戏曲收藏家、研究家周明泰就是收藏京剧戏单的大家,他根据所藏戏单,编纂了极具学术价值的《五十年来北平戏剧史料》,开以戏

---

① 吴小如:《片楮还当信史看》,2015年5月13日《中国社会科学报》。

单研究戏剧的先河,可谓筚路蓝缕。"由此可见,戏单作为演出实物,兼具文献资料和学术价值,同时又有一定的趣味性,岂可因其一张故纸而忽视哉!"①中国金融博物馆保存的一张1911年5月20日发行的债券,面值20英镑,年息5厘,九五折实付,期限40年。盛宣怀签名的这张旧债券不仅反映了民营铁路国有化的历史,还说明了清末债券风波与辛亥革命的关联。

(二) 不可移动文物

考察遗址遗迹,可以了解当时的政治制度、经济形态和社会风情,甚至思想观念。如,通过清末公共建筑式样,可以清楚地看到房屋式样的改革与打破旧传统的关系。旧式衙门多采取庙宇式,建在高墙深院中,几与世隔绝;而咨议局、商会、洋学堂一般都采取西式建筑,直接向公众敞开大门。内部特别设立大礼堂、会议堂作为公众举行会议、发表讲演的地方。美国学者周锡瑞(Joseph W. Esherick)在《孙中山的时代——从义和团到辛亥革命》一文中评论这种现象时指出:"咨议局等的西方建筑不仅是形式上的'欧化',作为新政治的场所,它也表现了内容与形式上的统一。"②

研究近代史上重大的历史事件,应该到事件发生的地方去考察一下遗址遗迹,如,研究辛亥革命武昌起义就要去考察湖北军政府旧址。探讨一些重要的历史现象,也应该考察它的遗存物,如,研究租界问题,就应该到各地租界去走走,看看那里的地形和老建筑。清朝和民国的府邸、衙门、官署建筑;传统书院、近代学堂、医院、寺庙、道观、教堂和会馆公所等建筑;各地的善堂、育婴堂、敬节堂等慈善公益事业的建筑等,都是研究有关历史的有用史料。如,敬节堂收养节妇,其建筑有特殊的构造:节妇们居住的号子,大门长年紧锁,除特殊

---

① 谷曙光:《于方寸间探寻梨园秘辛——梅兰芳老戏单研究》,2015年5月13日《中国社会科学学报》。此处所引齐如山《辛亥庚戌剧目跋文》和周明泰事迹亦转引自该文。
② 《孙中山和他的时代——孙中山研究国际学术讨论会文集》(上),中华书局,1989年,第136页。

图 13-8　湖北咨议局(1911 年远景)

情况外节妇不能外出,外边的人也不许进去。用水在大门边设水缸,挑水的人从外边将水倒入枧槽流入缸内。大门上有小洞,家人探望,隔门通过小洞交谈,要从小贩那里买针头线脑,也通过小洞交易。节妇带进堂内的未成年子女上学出入,则使用特制的大转桶。这种转桶直径约 2 尺,高约 3 尺,中间有铁条轴心,安装在大门上或门侧边,桶边开一个口子,可容 10 岁上下的孩子钻进去,用手脚一推,或者由别人帮助转动,洞口便可由门内转到门外,小孩就可以出去了。这种让节妇有"名为守节,实同坐牢"感慨的敬节堂,如果没有实地踏勘过,是难以理解的。

　　古代中国与外国交通,有丝绸之路和海上丝绸之路,近代则有万里茶道。万里茶道起点原在武夷山一带,后因太平天国农民战争,江浙赣道路不通,茶道起点改到两湖地区,后定点在汉口。由武汉通往俄罗斯圣彼得堡的中俄万里茶道及其沿线遗存,是中蒙俄三国宝贵的历史文化资源,也是珍贵的世界文化遗产,更是研究近代商贸史、中外经济交流史的重要史料来源。还有古战场,如,鸦片战争时的虎门、中日甲午战争时的刘公岛、北伐战争时的汀泗桥、红军长征时的泸定桥、抗日战争时的卢沟桥、台儿庄等,都是战争史研究者必到之处,在那里可以找到重回历史场景的感觉。

碑刻史料越来越受到历史研究者的青睐。汉代蔡邕在《铭论》中指出:"物不朽者,莫不朽于金石。"①因此,近代碑刻资料也是很重要的史料。用作近代史研究的史料能利用石碑原件更好,没有条件考察石碑时,利用碑刻拓片、照片和碑刻集也是不错的选择,因为对史学研究而言,石碑上刻写的文字记载着当时发生的事实或者某些规定,比石碑本身更有用处。碑刻文字是其他类型史料所无法替代的珍贵史料,所记载的内容多不见于正史和传统纸质文献,故碑刻文字不仅可以说明史实,还可以订正其他传世文献之讹误,补充传世文献的缺略。使用碑刻时,不仅要解读碑文的含义,还必须深入探究碑刻的来历,即制造碑刻的原委,弄清文字背后所隐藏的意蕴。武汉一位收藏家曾展示过一块在汉口老里份收集到的"义犬纪念碑",那是当年在汉口租界,一户外国人家的狗,咬伤了人被市民打死后,狗的主人硬是逼迫打死狗的市民为狗办丧事、立碑刻字才罢休,这块碑就是租界外国人欺侮中国人的铁证。② 如果仅看碑文,不知事情的原委,就不清楚"义犬"何指,这块碑就失去做史料的价值。

各地存留的碑刻是研究地方历史文化不可或缺的文献资源。研究近代史利用的碑刻以近代以来制造的为主,而古代遗存的碑刻,可以说明事情的前史。如,名胜古迹,屡毁屡建,每次重建均要立碑,将修建经过、出资出力人员记录在案。通过这些碑刻文字就可了解该建筑的前世今生。现在许多地方都出版了碑刻集,有的是照片,有的是拓片,为不能到原地抄录碑文的研究者提供了方便。

重要碑刻集有陈垣编《道家金石略》、吴文良编《泉州宗教石刻》(1957)、江苏省博物馆所编《江苏省明清以来碑刻资料选集》(三联书店,1959年)、李华辑《明清以来北京工商会馆碑刻资料选编》(文物出版社,1980年)、上海博物馆编《上海碑刻资料选辑》(1980)、《明清苏州工商业碑刻集》(江苏人民出版社,1981年)、〔英〕科大卫

---

① 张少康、卢永璘编选:《先秦两汉文论选》,人民文学出版社,1999年,第549页。
② 《学者30年寻遍武汉三镇摩崖石刻整理成书》,2015年10月8日《武汉晚报》。

(David Faure)等编《香港碑铭汇编》(1986)、《北京图书馆藏中国历代石刻拓本汇编》(1989—1991)、郑振满、丁荷生编《福建宗教碑铭汇编》(1995—2003)、《清代工商行业碑文集粹》(中州古籍出版社,1997年)、《上海碑刻资料选辑》(上海人民出版社,1980年)、《明清佛山碑刻文献经济资料》(广东人民出版社,1987年)、《广东碑刻集》(广东高等教育出版社,2001年)、冯俊杰编《山西戏曲碑刻辑考》(2002)、张小军等编《福建杉洋村落碑铭》(2003)、《明清山西碑刻资料选》(山西人民出版社,2005年;山西经济出版社,2009年)、许檀编《清代河南、山东等省商人会馆碑刻资料选辑》(天津古籍出版社,2013年)等。台湾出版了《台湾教育碑记》(1959)、《台湾中部碑文集成》(1962)、《台湾南部碑文集成》(1966)、《明清台湾碑碣选编》(1980)、《台湾北部碑文集成》(1986)、《台湾中部古碑文集成》(1986)、《台湾地区现存碑碣图志》(1992—1998)等。

王国平、唐力行主编的《明清以来苏州社会史碑刻集》,由苏州大学出版社于1998年出版。内容分4个方面:一、社会角色与社会群体(妇女儿童、农民、商贾、塾师郎中、粮长富户、士宦乡绅、将官、其他;血缘群体个案、地缘群体个案等)。二、社会生活与社会合作(宗族生活与互济、行业生活与互济、公共生活与公益事业等)。三、社会信仰与社会心态(道教、佛教、回教、基督教、民间神祇、先贤祠祀、祖先崇拜、行业神灵、劝世劝善等)。四、社会问题与社会管理(社会问题、赋役管理、商业管理、宗族管理、寺观管理、环境、市政管理等)。这些碑刻对于研究明清以来苏州社会史是十分宝贵的史料。

如果说《明清以来苏州社会史碑刻集》是以文字为主的文集的话,海南出版社出版的《民国政要海南石刻遗墨》则主要是利用拓片编辑的一本好书,书中收录了辛亥革命一百周年之际在各地巡回展出的"辛亥名人拓片专题展"中展出的68位民国政要的石刻拓片遗墨,其中有50位是中国近代史上的风云人物,包括孙中山、于右任、胡汉民、李宗仁、冯玉祥、康有为、蔡廷锴等,成为记录海南历史的一份珍贵的人文读本。海南出版社还出版了《海南碑碣匾铭额图志》,

亦可补海南古代文献的不足。

还有不是文物的建筑，也可做历史研究的史料。民居是社会史研究的对象，现存民居建筑就是最重要的史料。比方说，要研究西式住宅对中国民居的影响，不仅要研究天津的小洋楼，还要研究上海、武汉等地的里弄。近代从西方传来的里弄住宅，里面大有文章。以汉口里份（上海人称里弄或弄堂）为例说明之。汉口里份的崛起是近代受西俗影响，"阛阓多仿西式"的典型表现之一。高大洋楼是外侨和富商的住宅，平民是难以入住的。在此情况下，适合于普通市民居住的西式里份应运而生，当然也不排除有供富裕者居住的高级里份。

旧式小巷，或者因讲求风水，或者因迁就地势，大多弯弯曲曲，高低不平，而且十分狭窄，以致民间流传着这样的歇后语："巷子里赶猪——直来直去。"到了近代，汉口开埠以后，在租界建筑的影响下，在正街上洋式或半洋式建筑增多的同时，还出现了一种民居建筑的新形式——里份。里份房屋多为砖木结构，许多里份一色两层楼房，中间留出笔直宽敞的通道，其整齐划一的景观与旧式小巷形成鲜明对照。多数里份每栋住房的造型和布局几乎一致：石库门，进门为天井、大厅，大厅两侧是厢房。厅后是楼梯间及后天井，再后为厨房、厕所和后门。楼上与楼下结构大致相同，木楼梯，木楼板，房里空间较高。这种形式的住宅，颇合当时中国人的居住习惯和经济条件，所以在清末民初建造者甚多。在成片建造时，有总体规划，或呈"工"字形，或呈"丰"字形，左右对称，排列整齐。里份出口多，便于疏散人流和消防。缺点是里份里一般不植树，这与传统小巷是一样的。民国初年出现的少数高级里份为混合结构，三层，底层配汽车间及杂屋，侧面有露天台阶通向二层，始为门厅、客厅、餐厅，第三层才是卧室、书房、卫生间，其平面及立面墙身并不规则，窗户大小不一，上下错落，清水外墙，红平瓦，略带西班牙建筑艺术风格。

人们在里份里过着与家族或家庭独处的传统生活方式不同的生活。穆木天在《弄堂》一文里用散文的笔法告诉读者：上海"有一些弄堂,是具有浓厚的氛围气的。那种典型的地方色彩,在我们的异乡人的眼睛中看来,是非常古老而且鲜艳的。那里住着典型的说'啊啦'话的人家,在过着典型的地道生活。如果您走到那里去的话,可以得到好些见所未见闻所未闻的事"。"清晨的'马桶合奏乐',由叫卖和喧声构成的'弄堂交响乐',东家的主妇和西家的女仆在那里制造'弄堂的新闻',鼓吹'弄堂的舆论'。夏天晚上穿着黑香云纱裤子的女人在弄堂里团团地聚坐在一起,使弄堂成了'一个没有一根草的夜花园'"。① 这哪里是写上海的里弄,汉口的里份又何尝不是这样呢! 在里份中,居民的社会联系与交往增加了,对养成他们开放的性格不无作用,但同时人们之间的摩擦和争吵不断,家庭主妇们的饶舌与搬弄是非,使人的隐私权被剥夺,倒洗马桶的声音和生煤球炉子的青烟以及横跨弄堂的晾衣竹竿上挂着的"万国旗",使里份显得是那样的狭窄、杂乱和压抑。早年拍摄的电影《七十二家房客》就是对这种现象的真实反映和辛辣嘲讽。要研究城市发展史和社会生活史,离不开对里弄的研究。

类似文物、非文物的实物史料很多,可以隅反。没有条件接触实物时,可以利用各地文博机构编纂的文物图录。

(三) 音像史料

记录有历史人物声音和图像的唱片、录音带、影片拷贝和照片及其底片等,记录历史场景的照片、绘画或者影片等,也是重要的实物史料。

首先是图片史料。古人用来形容积书盈侧、藏书丰富的"左图右史"成语,到了史学家那里就变成了编著图书的一种形式,即在文字记载以外,再附上图画。还有史学家将史料分为书报、文件、实物三大类,在实物类史料中,则赫然列着"照相和绘画"。这说明人们越来越重视照片的史料价值。照片是名副其实的第一手资料,它的来

---

① 穆木天:《弄堂》,《良友》画报,第110期。

源就是历史事实本身,所以,照片的存史功能是无可替代的,一些好照片的史料价值之高,常常为其他形式的史料所不及。照片再现了当年的历史场景,使人们看到了以前只在文字上读到过的一些事物、人物的庐山真面目,也使从前没有弄得十分清楚的史实得以澄清。照片对文献记载的史实或作了补充,或作了诠释,或作了纠正,充分体现了图像的史料价值。

利用图片史料研究历史,或者研究图片反映的历史,形成了"图像史学""影像史学"或者"形象史学",已有方兴未艾之势。从图像角度研究历史事实与演变,是目前国际史学研究的一个重要发展方向。英国历史学家彼得·伯克在《图像证史》的导言中介绍了他的写作目的:"本书的主要内容是关于如何将图像(Images)当作历史证据来使用。写作本书的目的有二:一是鼓励此种证据的使用,二是向此种证据的潜在使用者告知某些可能存在的陷阱。"将图像当作历史证据来使用,是因为"一两代人以来,历史学家极大地扩展了他们的兴趣,所涉及的范围不仅包括政治事件、经济趋势和社会结构,而且包括心态史、日常生活史、物质文化史、身体史等等。如果他们把自己局限于官方档案这类由官员制作并由档案馆保存的传统史料,则无法在这些比较新的领域中从事研究"。"范围更加广泛的证据被越来越多地使用,其中除了书面文本和口述证词外,图像也占了一席地位。"① 这就是说,研究领域拓宽了,相应地,使用的证据也应有所拓展,许多新领域的研究都需要图像证史。

在中国,抗战后就有类似"图像史学"的著作出现,那就是曹聚仁、舒宗侨编著的《中国抗战画史(上下册)》,这两位抗战时期著名的战地记者,采集了许多第一手资料,两人一个用文字,一个用图片,编著了这本画史,真实地记录了这场中国人民伟大的抗战。最初由上海联合画报出版社在1947年出版,内有数千张珍贵的新闻照片,包括抗战前、中、后期各大战役的战地掠影,抗日名将的英姿,还有数

---

① 〔英〕彼得·伯克:《图像证史》,北京大学出版社,2008年,第3页。

百幅共产党、八路军、新四军的照片,近百幅实战地图。20余万文字,总结性地记述了中国抗战的经过。可以说这是第一部反映抗日战争比较全面的史论。当年《申报》等报刊予以高度评价,将其誉为"画史的先锋"。1988年,北京中国书店重新影印出版。中国文史出版社则于2011、2012、2013年三次再版。东方出版社2015年以《一个战地记者的抗战史》为书名再版。

图像史学在中国兴起时间不长,实践不够成熟,理论缺乏构建,连这门学问的名称及其定义也未获得共识。比如说,中国社会科学院近代史研究所文化史研究室提倡"形象史学",编辑出版了《形象史学研究》集刊,该刊主编刘中玉指出:"形象史学指的是运用传世的包括出土(水)的石刻、陶塑、壁画、雕砖、铜玉、织绣、漆器、木器、绘画等历史实物、文本图像及文化史迹作为研究对象,并结合传统文献整体考察历史的史学研究模式。"① 显然,他们是将图像和实物一并作为研究对象的。

西南大学历史地理研究所受彼得·伯克"图像学"的影响,提倡"图像史学",他们编辑出版了另一种学术集刊《中国图像史学》,其主编蓝勇认为"所谓'图像史学',主要是指利用图像来研究历史和传播历史的科学,可以分为图像史料学和图像媒介史学两大部分,分别体现'图像证史'和'图像传史'的不同功能"。他不同意"形象史学"的提法,认为"'形象'一词词义复杂,在中国语境中'形象'并不完全指图像,往往是指有形状的东西,即具象的、可视的东西;而在西方语境中也不完全是指Images,而是指具象、可视,相对应的词是抽象、无形。显然,将'形象'与'文字'相对,本身在语言逻辑上是讲不通的"。② 但他没有注意到,上述"形象史学"提出者的研究对象与"图像史学"的研究对象不完全一样。

国家清史编纂委员会编辑出版的《图录丛刊》的实践,使他们将图录历史的定义概括为"图像历史"或"图像史学",即"通过历史图

---

① 刘中玉:《沈从文与形象史学》,2013年2月27日《中国社会科学报》。
② 蓝勇:《中国图像史学的理论建构略论》,2016年5月21日《光明日报》。

片,配以准确的文字说明,用以图为主图文并茂的形式来连缀历史。用直观形象的图像资料达到生动传神地解读、印证历史的目的"。①

复旦大学历史系张广智于1996年发表《影视史学:历史学的新领域》一文,将美国历史学家海登·怀特在其著作《书写史学和影视史学》中提出的"影视史学"概念引入我国学术界。而北京师范大学历史影像研究中心吴琼则提出了"影像史学"的学术概念:"以传统历史学思想和研究成果为基础、以镜头语言为认识手段、以日益丰富的影像资料为研究对象、以影像表达为传播载体的'影像史学'。"他们的"影视史学"或"影像史学"显然是将"图像史学"中涉及的影视作品加以强调,在照片之外,突出影视作品的史料意义。

这些提法尽管思路和表述不尽相同,所涉及的史料范围也不一致,但有一点是相同的,就是都主张"以图证史",即以图像(照片、绘画等)作为史学研究的史料,不是把图片作为插图,以图文并茂吸引眼球,也不是以图片作为文字史料的旁证,而是以图片为主体,配以说明文字,成为图片连缀的历史。

美国一部教科书《美国人民》的作者告诉读者:"1839年摄影技术的发明为19世纪的美国人扩展了视觉和想象的空间。……照片也扩大了历史学家的视野。由于摄影技术变得越来越简单,19世纪的摄像资料捕捉的画面也越来越多。历史学家可以在照片上看到19世纪美国人的穿着,他们是怎样举行婚礼和葬礼的,他们的家庭、房子和城市看上去如何。选举活动、游行、罢工和战争的图片展现了公众生活。历史学家也可以像研究图画一样,从照片中收集到有关当时人们的观念和价值标准的资料。主题的选择、人群和物体的分组和排列方式,以及照片上人们的关系,对于研究19世纪美国的社会和文化价值观都是重要线索。"②

本书所说图片史料,主要是指照片、绘画实物或者复制品(图集

---

① 朱诚如:《从〈图录丛刊〉论图像史学的勃兴》,2007年5月16日《中华读书报》。
② 〔美〕加里·纳什等编著:《美国人民:创建一个国家和一种社会》(第6版)上卷,北京大学出版社,2008年,第510页。

等),所以上述"形象史学"或"图像史学"中所使用的图片史料也可以用到其他领域研究中做史料。图像可以更加生动地再现过去。正如彼得·伯克在《图像证史》中引用的库尔特·塔科尔斯基的名言:"一幅画所说的话何止千言万语。"①

图像史料的价值在于,它是历史场景的无言的见证人,它也可以见证当时没有用文字表达的事物、场景,而且能迅速而清楚地从细节方面交待复杂的过程。在文字史料缺乏或比较薄弱的研究领域中,图像史料显得特别有价值。在文字史料相当丰富的报刊上,新闻图像则能让报刊文字更加生动、直观,甚至能表现文字不曾写出的情景。

但图像史料亦有其不足之处,正因为图像是无言的,它反映事物比较曲折隐晦,含义多元,不易解读。许多图片没有具体的拍摄时间,单独一幅图像缺少社会维度,隐去了它的社会背景。图像制作者的不同目的使从前的许多图像未能真实地反映历史,或者美化,或者丑化。正如刘易斯·海恩所说:"照片不会撒谎,但撒谎者却可能去拍照。"②前文提及的康有为在海外为了扩大影响而伪造光绪皇帝和康梁师徒的合影就属于这种情况。照片也可以篡改,"移花接木"或"换头术"(将照片中人物的头部换成另外的人)、"隐身术"(将照片中认为不适合的人物裁剪掉)都可以改变照片原本表达的意思。

1984年3月,有一篇题为《孙中山在伦敦蒙难脱险后的一张照片》的文章,并附有孙中山、康德黎与乔义生的合影照片。文章说1896年春,乔义生赴英国伦敦医学院留学。这张照片,是孙中山在伦敦蒙难脱险后,在当年或翌年与康德黎(前)和乔义生(后左)的合影。而《中山文史》第35辑(2006年3月22日出版)发表《乔义生与孙中山、康德黎合影照片质疑》称:"孙中山于1896年蒙难伦敦时,乔义生时年十三岁,还是一个少年,且当时在英国还没有中国留学生,就是华侨也仅有四五百人。因此,所谓乔义生帮助营救蒙难伦敦时

---

① 〔英〕彼得·伯克:《图像证史》,北京大学出版社,2008年,第2页。
② 转引自〔英〕彼得·伯克:《图像证史》,北京大学出版社,2008年,第20页。

的孙中山,是失真的",这帧合影照片是将康德黎和孙中山两人的半身照片(见《纪念孙中山先生》1981年文物版第26图和第164图)以及乔义生照片合拼而成。这就是"移花接木"。

人民文学出版社张小鼎在1997年7月30日的《中华读书报》上发表了《真假照片背后的故事》一文,指出文物出版社在1976年出版的《鲁迅》照片集中有三幅照片分别剪掉了林语堂、伊罗生、孙福熙,并作了订正。对此,《鲁迅》照片集的实际编者周海婴和裘沙在1997年9月

图13-9 有争议的孙中山、康德黎与乔义生合影

4日的《中华读书报》上发表了《一部在逆境中诞生的文献》一文对《鲁迅》照片集的编辑和出版过程进行了介绍,并说明书中有8幅照片进行了剪裁。① 这就是"隐身术"。在"文革"期间,把所谓"有问题的人"从照片中裁剪掉是很常见的事。这种情况就是彼得·伯克所谓"陷阱"之一种。

图像反映历史是不全面的,即使是对某一历史片段的反映也不是每个方面都留下了图片。所谓用图片连缀的历史是不完整的历史。

因此,使用图像史料应注意几个问题:需要努力解读图像中的信息。因为制作者的时代和使用者的时代距离久远,图像的解读是处在与图像制作时完全不同的文化氛围和时代气息之下,要解读图像,需要将之放在一定的背景中进行考察,需要具有一定的历史知识,需

---

① 参见葛涛:《两张鲁迅照片注错四十年》,2016年11月2日《中华读书报》。

要熟悉识别图像的叙事习惯或"话语"。如果缺乏近代文化的必要知识,也就无法解读近代许多绘画。要了解图像背后的社会维度,弄清其时代背景,不知时代背景的图像不能用作史料。要注意研究图像制作者的不同目的,特别是来华外国人士,有的是出于客观地记录一段历史,有的是想通过图像来丑化中国,有的是猎奇,有的只是为了日后炫耀。所以有些照片反映的是阴暗落后的东西,有的是请人摆拍的,并不能反映真实的中国社会和当时的社会生活。这就需要鉴别。还要尽可能多地搜集图片,系列图片所形成的证据链总会比单张图像提供的证词更为可信。

利用图片集中的图片做史料时,还要注意图片集对照片的说明是否准确。文物出版社1976年8月出版的《鲁迅》照片集,在该书的"照片说明"部分,对第100幅和第102幅照片作了如下的注释:"(100)大病初愈后在大陆新邨寓所门前所摄之一(5.5×4)1936年3月23日摄于上海史沫特莱摄";"(102)大病初愈后在大陆新邨寓所门前所摄之二(5.5×4)1936年3月23日摄于上海史沫特莱摄"。而北京鲁迅博物馆陆晓燕两次发文指出这两处注释的错误:《鲁迅》像册中第100幅照片,根据《日本评论》杂志上记载,此照应为浅野先生摄,而且摄于"昭和十一年一月",即1936年1月。这时候的鲁迅先生尚未大病。从像册中的第102幅照片与第100幅照片上鲁迅的服装相同,而且地点也相同这一点判断,两张照片很可能摄于同一天。① 还要注意不要把照片弄错,或者把时间前后颠倒,或者把人物张冠李戴。有学者发现,新版《鲁迅全集》就把鲁迅一张照片弄错了:把1926年1月13日摄于北京的"北京女子师范大学驱逐反动校长杨荫榆斗争胜利后师生合影"当成"在西安讲学时合影(1924)"。两张照片时间相差一年半之久,一为盛暑,一为酷寒,背景人物的性别也是一目了然的,出这样的错误让人匪夷所思。② 还有人把1905年生于陕西西眉的曾任志愿军参谋长、国防部副部长的李达上将的

---

① 参见葛涛:《两张鲁迅照片注错四十年》,2016年11月2日《中华读书报》。
② 参见高信:《新版〈鲁迅全集〉照片之误》,2006年1月23日《中华读书报》。

照片当作1890年生于湖南零陵的中国共产党创始人之一、"一大"代表李达的照片配发在文章里,这种张冠李戴的错误更是低水平的了。① 也有人将顾顺章和钱壮飞的照片弄混淆了。② 照片鉴别是很难的,近代照片由于当时技术水平不高,照片模糊,照片上的人物看不真切,很难查考,所以需要认真鉴别。

下面介绍部分比较重要而且有趣的照片集。

图录是新修清史综合体体裁的五大组成部分之一,是新修清史的一大创新。国家清史编纂委员会在海内外广泛地搜集纪实性绘画、老照片以及各种有历史价值的器物、文书档案图片,这一工作得到各省档案馆、图书馆、博物馆的大力支持。在此基础上,编辑出版了《图录丛刊》,其中《清代历史图片精品集》除了清代早中期的大量绘画反映了当时社会风貌、生产活动、风土人情外,还有相当数量的晚清老照片,内容涉及政事、军事、生产、商业、交通、社会、文化、民俗、建筑、肖像和舆图等主题。第二次鸦片战争以后,清政府的一些官僚买办兴起了一股"办洋务"热,引进外资和技术设备,开工厂、修铁路、办矿山等。他们常常把工程进展情况摄制成"照相贴册"出售,有的宣传社会上的重大事件,更多的是汇集风景名胜、戏剧演出等等。晚清宫廷内的皇帝后妃、王公大臣也都照相,仅故宫就藏有二万多张这样的照片。当西方列强用大炮轰开清王朝闭关锁国的大门之时,也正是摄影技术开始传播之际。有着悠久文明的东方古国,自然会吸引众多的摄影师来进行"探险""猎奇"的旅行摄影。在抱有此类目的来华的人群中,有的是旅行摄影师,有的是传教士,还有的是跟着侵略军一起打进来的。他们拍摄了大量照片,尽管目的各异,但客观上这些照片对沟通中西文化、保存我国当时社会生活的情景起了较大作用。③ 清史《图录丛刊》中的《广东省立中山图书馆藏清

---

① 《张冠李戴搞错了》,见 http://www.gotoread.com/mag/758/contribution51346.html。
② 《钱壮飞还是顾顺章?这张照片究竟是谁?》,2012年1月4日《中华读书报》。
③ 朱诚如:《历史的另一种诠释——〈清代历史图片精品集〉前言》,2005年10月25日《光明日报》。

史图录》亦很有特色。广东省立中山图书馆从馆藏数十万清代文献中，精选出书画、老照片原件、初版书刊中的照片、书刊插图和舆图5个类别共2067张图片，作为国家清史编纂项目。其中有光绪三十一年至三十三年(1905—1907)间广州出版的《赏奇画报》和《时事画报》中的近700张照片，充分展现了晚清时期广东地区政治、经济、文化、民生等各方面的风貌，弥足珍贵。

辛亥革命前后，一些照相馆对于革命党人给予了关注，1911年10月10日凌晨就义的彭楚藩、刘复基、杨洪胜三位烈士的照片，就是武汉文化照相馆摄影师冒险摄下的。广州艳芳照相馆和星洲照相馆在民国元年孙中山回到广东时也拍摄了很多反映孙中山活动的照片。这类照片以上海商务印书馆编译所编辑的《大革命写真画》为集大成者。还在辛亥革命进行时，该馆就开始一集一集地编印搜集到的照片，到1912年4月，共出版了14集。照片集真实地记录了辛亥革命的主要进程和辛亥革命时期政界、军界及社会各个层面在革命中的状态。该书收录了大量关于辛亥革命时期军政人物和时事的照片，并采用中英文对照的方式，以便产生国际影响。该书出版时，距武昌起义不过半年，时效性很强，社会影响巨大。且有许多珍贵的照片是第一次披露，如第12集第2页上有"孙大总统夫人"陈粹芬的照片，在当时算是首次披露。现在传世的原书，图片清晰，保存完整，是研究辛亥革命历史的珍贵史料。

与一百年前出版的《大革命写真画》相映成趣的，是湖北美术出版社2001年出版的章开沅主编的《辛亥革命大写真》，此书中一幅幅老照片将人们引进历史的场景，远去了的"鼓角争鸣"又回响在耳畔，一个个"鲜活的面容"又展现在眼前。《辛亥革命大写真》可谓集辛亥革命"老照片"之大成的一部皇皇巨著，收录之全令人叹为观止。编辑人员不仅倾本单位所有，将家藏珍品和盘托出，而且长途跋涉，东至福建，西至四川，南到云南，北到北京，广泛搜集各地历史照片，并实地拍摄了一些革命遗址、纪念建筑。许多文博单位和有关个人也将自己的珍藏贡献出来，共襄盛举。编辑人员在所掌握的大量

(一) 清國因革命退職之親貴
Imperial Princes of the Ching Dynasty Retired Owing to the Revolution

軍諮大臣毓朗　　　海軍大臣載洵　　　軍諮大臣載濤

YÜ LANG
Chief of the General Staff

TSAI HSÜN
Minister of the Navy

TSAI T'AO
Chief of the General Staff

图 13-10 《大革命写真画》一页书影

照片中精心挑选了 3800 多帧，分类编排，为了每张照片的说明文字不致出错，他们用放大镜来鉴别照片的细部，尽量做到准确无误。因此，这些照片对文献记载的史实或作了补充，或作了诠释，或作了纠正，充分显示了历史照片的史料价值。该书以成百上千的照片再现了当年的历史场景，使我们看到了以前只在文字上读到过的一些事物、人物的庐山真面目，也使从前没有弄得十分清楚的史实得以澄清。如，共进会是辛亥革命时期一个重要革命团体，但关于它的文献资料比较少，对它的专题研究也不多，所以共进会的许多内幕并不清楚。该书收录了秘密时期共进会所制公章的全部印谱，有军政府之印、大都督之印、全权员之印、军政府所属八部（总理部、参议部、内务部、外务部、调查部、理财部、纠察部、交通部）部长之章、总部六司（司勋、司书、司刑、司教、司礼、司令）之章，使我们得以知道共进会对革命后政权建设的具体设想。拿这些设想与同盟会《革命方略》中关于军政府政权设计的方案加以对照，就可以从一个侧面了解共进会与同盟会之间的微妙关系。书中还将湖北军政府各个部门的长官和办公地点的照片一一胪列，使我们对这些机构的设置情况有了详细的了解。如果将共进会的前述设想与鄂军都督府的这种实际组织情况相对照，则又可以清楚地看到共进会在各派势力联合组建的新政权中的地位和作用。一位民间收藏家收藏的两份辛亥革命时期革命军的布告，根据其内容和"辛亥年"的落款，这些所谓文物值得怀疑。证诸《辛亥革命大写真》中同一时期各地革命军布告、文件的照片，可知这两份布告落款时间均署"辛亥年"某月某日是一大破绽，因为该书所收录的湘军都督的照会、秦陇复汉军大统领张凤翙的委札、沪军都督陈其美的剪辫告示、浙省都督的告示、江浙联军总司令徐绍桢的照会、大汉四川军政府民政部的通告、北军大都督王金铭的布告等，无一不是使用的黄帝纪年。这一实例说明，不论是文献史料中不实的记载，还是实物史料中的假古董，在真实的历史照片面前无所遁逃。诸如此类的照片在书中俯拾即是，3800幅照片连缀成了一部直观的、形象的、可信的辛亥革命史。所以说，《辛亥革命大写真》的史料价值也是值得重视的。

  晚清人物照片编集除了1905年上海有正书局出版的《中国名人照相全册》和1993年出版的《辛亥革命人物像传》（辛亥革命武昌起义纪念馆编）等书外，规模最大的要算闵杰编著的《晚清七百名人图鉴》，该书由上海书店出版社2007年出版。闵杰曾在报上发表书评，呼吁学界同仁花大气力搜集清晰度高、具有审美价值的历史照片，引起了不少学界内外人士的反响。这本书是他多年来搜集晚清人物照片的阶段性成果，他自己搜集了600余人的照片，依据人物的重要性从当前别的出版物上选择了一小部分，辑成这本"图鉴"。所谓"名人"，是晚清帝王后妃、文官武将、社会名流、党人义士、在华洋人等各界名人，及其眷属。入选人物照片，依据的是作者一贯的标准，即审美考虑，从而割舍了不少画面模糊的照片，以保证照片总体上的清晰。全书按照人名音序编排，易于检索，被媒体称为"一本名副其实的'晚清名人照片词典'"。①

---

① "本版推荐"，2008年5月21日《中华读书报》。

1844年，法国海关总检察官于勒·埃及尔（Jules Itier，1802—1877）率先将照相机带入中国，并为中国人拍摄了第一张照片。在以后百多年的历史中，外国探险家、旅行家、商人、记者、传教士和汉学家带着照相机遍走中国各地，实时实拍，较之绘画而言，摄影图片对历史的记录更准确、更真实、更形象。他们的摄影以纪实的手法见证了中国最苦难、最动荡的历史。"国家清史纂修工程"委员会将西文典籍中有关清史图像的系统整理专门立项，名为"国家清史纂修工程·西文古籍中清代图片数字化整理"。这些图书中不少附有大量插图和照片，形象地记录了历史人物（尤其是清皇族和大臣）、历史事件（如义和团和八国联军等）、山川景色（几乎覆盖了所有的省份和地区）、民俗、宗教、文化教育、在华传教士、日常生活（涉及了所有阶层的人民生活）、少数民族、边疆和不发达地区（尤其是对新疆、西藏等地区的记录非常珍贵）等等，涉及了中国社会的方方面面。前文曾介绍美国传教士亚瑟·史密斯撰写的《中国人的性格》，该书中就用了一些插图和照片来印证"中国人的性格"。

　　北大图书馆根据丰富性、特殊性和珍稀性的原则，选择了清代来华外国人所摄或所绘建筑类图像（包括图片和照片）编成了《烟雨楼台·北京大学图书馆藏西籍中的清代建筑图像》一书，以一斑而窥全豹。其中有的是清代建筑，有的则是前朝古迹，或是在清代经修缮和改建的前朝建筑。

　　100年前，英国《泰晤士报》驻北京记者莫理循到中国新疆旅行、采访，沿着古丝绸之路，穿过河西走廊，经过戈壁沙漠，到达南疆的喀什，历时174天，行程3760英里。沿途摄下了无数张照片，保留在他的原籍澳大利亚米歇尔图书馆的照片就有近千张之多。旅澳华人画家沈嘉蔚、澳大利亚历史学者海伦和中国研究莫理循的专家窦坤，将这些照片加以整理，编译成《1910，莫理循中国西北行》一书，于2009年由福建教育出版社出版。该书不仅让读者随着莫理循的照相机镜头领略到古丝绸之路的风光和西域的种种风土人情，而且还看到在新疆流放的载澜、彭翼仲等历史名人的形象，看到晚清西北洋务运动的若干成就。

2016年，上海远东出版社推出图片系列，分为风景名胜、寺庙宫观、城门街景、帝皇陵寝、风俗习惯、铁路桥梁等。其中有邱举良编著的《百年沧桑:法国军官从热气球上看中国》，共收录270余张(其中有14张热气球航拍照片)20世纪初京津地区的老照片。本书是根据法国远征军三位上尉军官普莱桑、

图13-11 《1910,莫理循中国西北行》书影

卡尔梅尔和蒂西埃1900年在北京和天津地区拍摄的黑白照片翻印整理而成。这些照片真实地记录了八国联军入侵之时,北京和天津在侵略者铁蹄下遭受蹂躏和破坏的情景。更多的照片是反映京津地区的建筑和人文景观,编著者还加入了一些自己在同一场地同一角度拍摄的彩色新照片,以便读者有穿越时空之感,产生强烈的对比,看到北京和天津百年来翻天覆地的变化。该系列还有《民国旧影:皇城景致之风景名胜》,法国人普意雅摄,陈红彦主编。可以从中了解清末民初北京城的建筑装修,以及上至帝后、下至百姓的生活情形,对清末建筑复原和内部修复、民生研究等均有重要参考意义。

类似的图书还有王烁、高初主编的《大卫·柯鲁克镜头里的中国:1938—1948》(中国民族摄影艺术出版社,2016年)、《近世西方的中国影像:1793—1949》(黄山书社,2013年)、《航拍中国,1945——美国国家档案馆馆藏精选》(福建教育出版社,2014年)、《遗失在西方的中国史:〈伦敦新闻画报〉记录的晚清1842—1873》(北京时代华文书局,2014年)、《中国与中国人影像:约翰·汤姆逊记录的晚清帝国》(广西师范大学出版社,2015年)、《德国公使照片日记(1900—1902)》(福建教育出版社,2016年)等。

还有个人照片,对于研究人物很有帮助。如,《对照记——看老照相簿》是张爱玲晚年的作品,她精心选取了54张幸存又怕丢的照片,在每一张富有神韵的照片后面有或长或短的说明性文字,形成了作者别具一格的小传记,从照片看出在美国生活四十多年的张爱玲仍保留着中华民族的传统文化意识,追求叶落归根。恋父、恋母、恋衣情结浓厚,照片和文字相得益彰,显示了古稀之年的作家仍然持有旺盛的创作活力。该书由北京十月文艺出版社于2007年出版。《梁思成林徽因影像与手稿珍集》,胡木清、黄淑质主编,上海辞书出版社2014年出版。分上中下三编。上编选入梁思成、林徽因的珍贵影像369幅,中编收入两人的手稿21幅,下编则为他们子女纪念父母的文章。本书影像图版均由梁、林家属提供原版印刷,内容编排兼顾了普通读者与专家学者的双重需要,对研究梁思成和林徽因两人的生平事迹很有裨益。

20世纪90年代以来,山东画报出版社出版了一套《名人照相簿丛书》,将近现代名人的照片按时间顺序编纂起来,加上记叙他们生平的文字,让读者了解这些名人的生平和主要成就。每本书用一个生动而有特色的书名概括人物的一生。已出版有《孤云野鹤:苏曼殊》《生命之华:巴金》《永远的爱心:冰心》《大漠情:吴作人》《无悔人生:杨献珍》《智民之师:张元济》《困惑的大匠:梁思成》《天心月圆:弘一大师》《静谧的河流:启功》《奇才逸女:张爱玲》《不灭的诗魂:艾青》《驿路万里:钟敬文》《万山层林:李可染》《人民艺术家:老舍》《大师情怀:杨振宁》《道通天地:冯友兰》等,文字部分是作家撰写,但照片部分绝对是真实的史料,可供研究人物生平事迹者参考。

反映地方历史的图像史料有《图像中国满族风俗叙录》,富育光主编,山东画报出版社2008年出版。精选300余幅满族民俗实物图片,其中不少图像尚属首次面世。该书本着集学术性、趣味性、鉴赏性、收藏性于一炉的原则,一改某些民俗书籍喜用陈述笔法、以章节形式沉闷阐释的惯例,通篇采取了读者喜闻乐见的图说故事形式,以图叙史,以图谈俗,图文并茂,新颖活泼,可增进对北疆古老风俗的理解。

各地档案馆也编印了一些当地的老照片集,如《大武汉旧影》《走在历史的记忆里(南京路1980—1950)》等等,不胜枚举,可供研究地方史参考。

除了照片集外,还有绘画类图像也是一种有用的史料。试举例说明之。

黄镇的《长征画集》虽然只收录了24幅长征画作,但不失为一部很有意思、很有影响的画集。曾任外交部部长的黄镇,在长征途中一路行军作战,一路抽空作画,他的《长征素描》(又称《长征画集》)经历坎坷问世后,受到世人瞩目。1938年,阿英的"风雨书屋"编印《文献月刊》宣传抗战,他在险恶的环境下,以《西行漫画》为名出版了肖华托人转寄来的这部画集,因为画稿无作者姓名,便署名为肖华。1958年人民美术出版社决定再版时,请肖华作序,这时才知原版的作者署名有误,几经周折,最终查出作者是黄镇。《长征画集》版本很多,有人民美术出版社1962年、1977年、1982年、1986年版,文物出版社1987年版,解放军出版社1977年、2006年版。外文出版社1982年还出版了精装法文版,2006年又出版了英文版。黄镇见到再版的《长征画集》,感慨地说:"我的画,远远没有表达伟大的长征,仅仅是留下一点点笔迹墨痕,画下一点生活的纪实,从来没想到结集出版,更想不到画集经过一番坎坷还流传至今。这应该感谢肖华同志,感谢阿英同志。"①反映长征历程的摄制照片不多,黄镇的素描作品成了反映长征的珍贵的图像史料。其中第一幅画的是年近六旬的林伯渠左手提马灯、右手拄拐杖,昂首挺胸地走在红军队伍前面,题字曰"夜行军中的老英雄"。

饶怀民主编的《中国近代漫画史迹寻踪》,包括《外交风云》《内政春秋》《官场百态》《社会万象》4册,将近代报刊上的有关漫画辑

---

① 转引自张爱斌:《黄镇的〈长征画集〉》,2014年5月24日《安庆晚报》。

录,也是很有意思的图籍。

近世中国影像资料编委会所著的《近世中国影像资料》除了来华外国摄影师等拍摄的照片外,还有西方来华画家所绘图画,内容包括自然风光、宫殿民居建筑、生产生活场景、民族宗教社会习俗,以及重要人物和历史事件等。《近世中国影像资料》分册出版,共计 1 万幅左右图像。按绘画和摄影者来华时间先后顺序,以画家和摄影师为一单元,每位作者选择 200 幅左右(或多或少,因人而异);某一单元或若干单元成一册;每一单元前,置作者像(或缺),附作者简要说明及来华活动简介;每幅图片作简要说明。黄山出版社于 2013 年出版了第一辑。

影片史料。美国批评家海登·怀特(Hayden White)主张"影视史学",即"用视觉形象和影视化的话语表达的历史以及我们对它的思考"是对"史学"的补充。因此一些历史纪录片就是很好的史料,可以找来看看,感受一下当年的情景。像新影百闻老故事传媒和 CCTV 出品的老故事系列就有《东北三年解放战争》《中国 1949 年》等历史纪录片,真实地反映了解放战争的场面。看这些影片可以产生亲眼目击事件的感受。用影片记录的各地风土民情,被称之为"影视民族志",亦是研究社会史的绝好史料。

但要注意,纪录片、录像之类的资料存在有意误差。因为作为新闻资料拍摄的录像,在摄录时就已经考虑到发表的因素,拍摄者自然会对场景和人物有所取舍,有所掩饰或突出。照片可以摆拍,纪录片中有的场面也有出于特别的"导演"的,例如,北平和平解放时解放军和国民党部队换岗的纪录片,就是事后专门为了记录这一历史场景而重新导演拍摄的。把影片当作史料使用的时候,要弄清电影导演在影片的哪些地方做过剪辑。因为在影片后期加工中,编导会将拍摄的素材进行编辑,选取某些画面,舍弃另一些画面。影片呈现的历史也需要解读。侵华日军攻占中国南京的纪录片,就美化侵略战争,说民国政府反日亲共,在国内大搞恐怖统治,"大日本帝国"为了解救中国的贫苦百姓,毅然出兵,推翻腐败腐朽的民国政府,日军所到的地方,和平立即实现,建立起和台湾、东北一样的"皇道乐土"。这样的谎言必须用其他的史料予以反驳。

历史地图,也属于图像史料。2016年8月27日《中华读书报》有一篇"南海诸岛及海域属于中国再添历史新证"的报道称,作家李汀在北京报国寺古旧书摊发现了一本1948年5月由"亚光舆地学社"出版、"大中国图书局"发行的《中国新地图》,图、文中多处明确标示南海诸岛及海域属于中国疆域。此地图集经过中华民国政府内政部审定出版发行,编纂和发行申请人均为我国著名历史学家顾颉刚先生。68年前出版的这本地图集,为南海诸岛及海域属于中国增添了新的历史铁证。类似地图的图像史料也要充分利用。涉及近代史的地图集,在工具书中已有介绍。

其他图录还有:

文物图录如《中国历代货币》,中国人民银行《中国历代货币》编辑组编辑、新华出版社出版。《那个年代的武汉:晚晴民国明信片集萃》,辛亥革命博物馆编,武汉出版社2015年出版。

历史图录如《从军图记》(清唐训方撰,同治六年刊本)和《平定粤匪功臣战绩图》(吴嘉猷编绘,光绪十八年石印),都是研究太平天国农民战争的形象资料。

《中国历史参考图谱》,郑振铎编,上海出版公司1947—1951年出版,书目文献出版社1994年再版。

《中国近代史参考图录》,中国历史博物馆编,上海教育出版社1981年出版。

旅日台胞施玉森出于爱国情怀,与大陆学者合作编著了系列反映西方列强和日本军国主义侵华历史的著作,由他开办的雏忠会馆自费出版。计有:《鸦片战争战迹述论》(1996)、《第二次鸦片战争战迹述论》(1997)、《甲午战争战迹述论》(1998)、《义和团运动一百周年纪念——义和团运动和八国联军侵华战争》(2000)、《近代列强侵华战争述论》(2001)、《抗英西藏战争100周年纪念——英国入侵西藏战争和藏族风情》(2002)、《日本侵略中国东北与伪满傀儡政府机构》(2004)、《纪念抗日战争胜利60周年——日本侵华史》(2006)、《日本对中国侵略和南京大虐杀》(日文版2008)等。这些图书的编著特点,就是将搜集到的历史照片与自己实地考察时拍摄的新照片结合起来,加上简明扼要、生动活泼的叙述文字,反映历史人物和历史事件的梗概,"左图右史",图文并茂,史料翔实,图片精美,融学术性、知识性和可读性于一体,既可阅读学习,又可收藏欣赏。

人物图录如《中国历代名人图鉴》,苏州大学图书馆编,上海书画社出版1989年出版。像《孙中山画册》《黄兴画册》等的历史名人画册出版很多,可供研究历史人物时参考。

历史地图如《中国近代史参考地图1840—1919年》,湖南师范学院历史系郭利民编制,林增平审订,湖南教育出版社1984年出版。2015年以《中国近代史地图集》由星球地图出版社出版。该作者还出版过《中国新民主主义革命时期通史地图集》等。

《中国近代史稿地图集》,张海鹏编著,中国地图出版社1987年出版。这是一部以反映近代政治事件为中心的读史地图集,概略反映中国近代(1840—1919)政治、军事、经济、文化方面的基本情况。

《辛亥革命史地图集》,辛亥革命武昌起义纪念馆编,中国地图出版社1991年出版。

《中国城市人居环境历史图典》,王树声编著,科学出版社2016年出版。全书共分18卷,涉及古代城市1400余座,共收录历代城市图3000余幅,历代规划设计经验3500余条,借鉴前人"左图右史"的传统,以图文并重的方式,着重从"图""文"两方面总结展示每座城市的规划经验和建设智慧。所谓"图",就是从历史上遗留下来的舆图、境图、城图、形胜图、八景图、石刻图等图中选取能够代表城市规划与营造特点的内容。所谓"文",就是从历史文献中发掘出来的城市规划建设典型经验。可供研究中国历代城市、建筑、园林、文化时参考。

类似这样的图录现在出版很多,国家清史编纂委员会还专门出版了图录丛刊10种,均形象地展示了历史人物和历史事件当年的情景,使人们回到历史的现场。这些图录又可以把它作为史料,研究近代史可以找来这些书翻翻,可以增加对历史的了解和理解。后面讲到图片史料时还会提到。

二 口传史料

口传史料是没有形成文字的史料和经过口传为后人记录下来的史料,它包括口碑、传说、歌谣、访谈录、调查报告和口述史料。前已述及,口传史料是三大史料之一,其他两类是实物史料和文字史料。口传史料在一定程度上反映出人民群众对有关事件和人物的态度和观点,也有些叙事传说、歌谣、还提供了历史事件的具体经过。如湖北崇阳钟人杰起义的情况,范文澜的《中国近代史》(上册)论及近代早期的反清斗争时,写道:"一八四一年,湖北崇阳县人钟人杰聚众数千人起义,自称钟勤王,并竖都督大元帅红旗,次年战败被杀。"[1]崇阳当地流传的《钟九闹漕》长篇叙事诗就可以作为该事件的史料对范文澜的说法加以印证。钟人杰为什么要聚众起义,起义打击的为什么首先是县衙的"粮房"?《钟九闹漕》告诉人们:"提起缴粮好伤心,贪官污吏压乡民。饷逢毫厘一分算,米上合匀要一升,算盘珠子打死人。完粮凭他一句言,余外还要烟酒钱,见十加一还嫌少,秤平斗满又要添,天理良心放一边。"[2]这说明清政府贪官污吏的暴虐是他们聚众闹漕的直接原因之一。再如刘源深《鄂渚纪闻》所记辛亥革命前夕武汉的童谣:"湖北翻了天,犯人全出监,红衣满街走,长毛在眼前。"就反映出湖北革命形势的成熟和人民群众对行将到来的革命高潮的热切呼唤与殷切盼待。[3] 用口传史料,要与文献相印证。如河北义和团的歌谣:"妇女不梳头,砍了洋人头;妇女不裹足,杀尽洋

---

[1] 《范文澜全集》第九卷《中国近代史(上册)》,河北教育出版社,2002年,第68页。
[2] 孙敬文等搜集整理:《钟九闹漕》,湖北人民出版社,1957年,第3页。
[3] 章开沅、林增平主编:《辛亥革命史》(下),东方出版中心,2010年,第935页。

人笑呵呵。"①原以为是义和团动员妇女冲破封建习俗参加运动。然而后来看到侨析生《拳匪纪略》说:"涿州团"盛时,"令妇女七日不梳头,不洗脸,不裹脚,安坐床上勿行动,令民群呼曰:'七天不梳头,砍下洋人头,七天不洗脸,能把洋人赶,七天不洗脚,天下洋人杀尽了'"。②说明这个歌谣约束了一般妇女不能梳洗打扮,出屋入市,"恐冲破神拳法术"。这是义和团的一种迷信风习。

反过来,文献如果有口碑作旁证,则更能有充足的说服力。如有文献说李秀成要学三国姜维伪降曾国藩。也有文献说曾国藩曾遇到过可以当皇帝的机会,但他忠君思想严重,不敢。罗尔纲找到一条口碑,说曾国藩的曾外孙女俞大缜提供口碑材料说:"李秀成劝文正公当皇帝,文正公不敢。"罗认为这是一条证明李秀成学三国姜维伪降曾国藩的铁证。③但口碑史料不一定正确,符合实际,必须要注意鉴别。下面分歌谣、调查报告、口述史料几部分介绍部分口传史料出版物。

(一)歌谣

近代歌谣受到重视,是从20世纪20年代歌谣研究会征集歌谣开始的。1918年2月1日,《北京大学日刊》第61号刊载《北京大学征集全国近世歌谣简章》,计10项22条,规定了歌谣征集的办法、范围、要求等,并在《北京大学日刊》上开辟"歌谣选"专栏,至1919年5月22日,共登载四川、江西、黑龙江、安徽、广东、湖北、江苏、河北、北京、河南、陕西、山东、浙江、云南等省市流传的歌谣148首。中国征集民俗歌谣的事业,就此开场。《歌谣周刊》于1922年12月17日创刊,到1925年6月28日并入《国学门周刊》,共出版97期及周年增刊一册。在两年半的时间里,共发表征集到的歌谣2226首。1936年4月,《歌谣周刊》在胡适主持下复刊,出版了第2卷40期,第3卷13

---

① 刘崇丰等搜集:《义和团歌谣》,上海文艺出版社,1960年,第64页。
② 侨析生:《拳匪纪略》卷五"涿州据城",光绪癸卯(1903),上洋书局石印本。
③ 罗尔纲:《一条关于李秀成学姜维的曾国藩后人的口碑》,1981年3月2日《广西日报》。

期,1937年6月停刊。歌谣研究会在不到10年的时间里,征集到全国22省的各种歌谣13908首。这些歌谣就是研究近代社会生活的重要史料。

程英编的《中国近代反帝反封建历史歌谣选》,由中华书局于1962年出版。这些歌谣反映了近代中国的社会状况和人民反帝反封建斗争的历史。如,《太平军打仗好军机》一首,反映太平军攻占镇平县城的情形:"太平军来打镇平城,镇平大爷就是惊;连更星夜就逃走,带得家小到长沄。"还有太平天国运动中老百姓歌颂忠王李秀成的一首歌:"萝藤爬在高墙上,农民要靠李忠王。地主老爷吓破胆,百姓找到亲爹娘。"有一首流传在直隶一带的民谣:"你为什么信教?为了三块北洋造,神甫不给我洋钱,我不奉教!"说明了教会为扩张势力不择手段,用金钱收买人心。对于发表诬蔑和攻击义和团文章的《国闻报》,义和团提出严重警告:"国闻报上多谬妄,乱言乱语任意登。该报因有日本保,大胆造谣毁我们。兹特示尔国闻报,此后下笔要留神。倘敢再有诽谤语,烧毁馆屋不留情。"

图13-12 《中国近代反帝反封建历史歌谣选》书影

此外还有《太平天国歌谣传说集》(中国科学院江苏分院文学研究所编,1960年1月江苏文艺出版社出版)、《义和团故事》(河北省民间文学研究会编,1960年6月人民文学出版社出版)等,均属于这类口碑史料。

(二)调查报告

从前未用问卷方式进行的历史调查得到的资料一般说来是口传史料的一种,记录被访问者谈话原文的调查资料具有口传史料的特征。山东大学历史系中国近代史教研室编的《山东义和团调查资料选编》就是典型的口碑式资料。该书选辑的调查资料绝大部分来自口述,保留了口述者的方言口语,以保存其原始性,有的甚至对其中某些不恰当词语,为了存真,也未予以改动。引用文献资料对调查资料进行印证时,也是加按语予以区别。如,关于茌平县令豫咸对神拳的态度有一位被访问者说:

> 闹兴神拳那阵子,茌平县豫官是个清官。他这县坐二"运"子(一运子为六年)。在茌平城南关百姓给他立了个万民碑。意思是老百姓感谢豫大老爷。豫官断官司清,不图财害命,不贪赃枉法,他待民好,抗上。这里年月不好,有灾情他下来看看,给百姓减轻捐税负担。刚兴神拳,他下来调查过。实际神拳已经很多了,听说他回去往上报的说茌平没有神拳。又如神拳常乐平是杜郎口人(当日杜郎口归长清管),他来茌平赵石庄住。他抢了天主教的东西,被天主教告到豫大人那里,豫大人说常乐平是长清人,本县不应处理他。(茌平县赵庄,克孟北,78岁,1965年12月)

这段记录保留了原始性,被访问者在神拳活动当年已有十二三岁了,所说应该有一定的可靠性。该书"编者按"亦印证了这位被访问者所提供的口碑史料:"关于茌平县令豫咸对神拳的态度,《茌平县志》中有所记载:'吾茌神拳……忽而千百为群,忽而三五结侣。焚教堂,杀教民,乃不旋踵而失败。幸赖邑侯豫咸善为处置,我茌未受大创,然教民自此亦少戢矣。'(《茌平县志》卷十一《灾异志》,牛占城编修,民国二十四年)。"①

类似的调查资料还有路遥主编的《山东大学义和团调查资料汇编》,由山东大学出版社于2000年出版。

广西通志馆编的《中法战争调查资料实录》。编者于1960—1961年间在广西、云南24个县市对中法战争情况进行了调查,1979年又进

---

① 山东大学历史系中国近代史教研室编:《山东义和团调查资料选编》,齐鲁书社,1980年,第145—146页。

行了补充和调查,收集了大量资料,目的在于为研究这段历史提供来自群众口传的材料。他们访问了600多位老人,收入本书的有325人。他们是中法战争的参加者和目击者,更多的是当事人的后代或亲属。分"黑旗军""镇南关大捷""中法战争后的侵略和反侵略斗争"3部分。采取资料实录的形式,以提供原始材料为主,把被访问者的原话按内容次第排列,加以必要的说明和考订。这样做,可以容纳更多的材料,减少主观随意性,保持访问材料的原貌,给读者较大选择对比的自由。由于中法战争距调查时已七八十年了,当事人多已故去,少数亲历、目击者也年逾古稀,记忆模糊,加上群众辗转相传,很多材料时间、地点不明,人名、数量、经过情况不确,或者几件事糅合在一起,或者一条材料中有真有假,虽经考订,但使用时必须慎重,最好有文献资料加以印证。1982年经广西博物馆修订后由广西人民出版社出版。

然而,有许多调查资料经过调查者整理、编辑、分析,并加以综合,甚至研究,予以评论,还有的利用了问卷调查的方式,或者加入了调查时搜集到的文献资料,那就不是口碑史料了,可以称作"研究性"调查资料。福建教育出版社出版的李文海主编的《民国时期社会调查丛编》所收录社会调查资料193种,就属于这种情况。所以有学者称:"《丛编》中收集的193种城乡社会调查,每卷都凸显着社会学、人类学、经济学、统计学等理论方法、调查技术的娴熟掌握和运用。也就是说,《丛编》不仅为社会史研究提供了众多的第一手史料,同时社会调查研究本身所含有的社会科学理论范式和解析问题的策略对社会史也有着很好的借鉴作用。"[①]无论是口碑式调查资料还是研究性调查资料,包括被称作"殖民型"的民事习惯调查,为了叙述的方便,均在此一并介绍。

南京国民政府司法行政部1930年编印的《民事习惯调查报告录》,1969年由台北进学书局影印,中国政法大学出版社2000年出版了由胡旭晟等点校的铅印本。主要内容为前北京政府司法部修订法律馆和各省区司法机关搜罗所得的民商事习惯调查录中有关民事部分的

[①] 行龙:《中国社会史研究的奠基石》,2006年4月5日《中华读书报》。

调查报告。共分4编:民律总则习惯、物权习惯、债权习惯、亲属继承习惯。是研究民国前期民事习惯的重要史料。

20世纪30年代,国民政府内政部下发《风俗习惯调查纲要》,要求各地按照纲要调查各地生活状况、社会习尚、婚嫁情形和丧葬情形,材料上报。已知多数地方的《风俗习惯调查纲要》现藏中国第二历史档案馆。还有陕甘宁边区高等法院1944年调查、整理了《各县有关民生的风俗习惯材料摘录》。这些材料都可以作为社会史研究的史料。

李文海主编的《民国时期社会调查丛编》共有3编24卷,第一编有《乡村社会卷》《底边社会卷》《城市(劳工)生活卷》《文教事业卷》《婚姻家庭卷》《宗教民俗卷》《少数民族卷》《人口卷》《社会组织卷》《社会保障卷》。第二编有《乡村社会卷》《乡村经济卷》《城市(劳工)生活卷》《近代工业卷》《文教事业卷》《法政卷》《宗教民俗卷》《少数民族卷》《人口卷》《社会组织卷》《医疗卫生与社会保障卷》《华侨卷》。第三编是何一民、姚乐野主编的《四川大学卷》和程焕文、吴滔主编的《岭南大学与中山大学卷》。

《民国时期社会调查资料汇编》,2013年国家图书馆出版社出版。属于《民国文献资料丛编》之一种。收录民国时期的社会调查资料120种,分为社会概况调查、农村调查、文教卫生事业调查、工业与工人调查、社会组织调查、民族与民俗调查等。调查机构既包括共产党领导的江南问题研究会,还包括北平社会调查所等研究机构,南京市社会局等官方机构,金陵女子文理学院社会学系等高校院系,更有日本(满铁)、伪政权的调查机构。这些调查,涵盖了全国的大部分省份,由于采用了较为先进的调查、统计方法,是研究近代中国社会变迁的重要资料。

张双兵所著《"慰安妇"调查实录》,由江苏人民出版社于2015年出版。这是中国第一部慰安妇口述史书籍。作者被称为"中国慰安妇民间调查第一人"。30年间,他寻访了数千人次,寻找到近百位当事人,对山西省的盂县、阳曲县、沁县、武乡县及辗转到河北等外地的受害女性进行调查,写下了数十万字的调查证言。不仅让世人了解了她们在战争中死里逃生的劫难,也为起诉日本政府提供了有力的证据。本书如实收录了作者的第一手调查资料,其历史价值无法估量。

此外还有日本方面为了获取中国情报进行的"殖民型"调查资料也很丰富,广西师范大学出版社2005年至2010年陆续出版了《满铁调查报告》1—5辑。由华中师范大学中国农村研究院牵头编译、中国社会科学出版社出版的《满铁调查》中文版第一辑也于2015年1月26日正式面世。冯天瑜、李少军等编译的《东亚同文书院中国调查资料选译》已于2012年由社会科学文献出版社出版。《东亚同文书院中国调查手稿丛刊》200册于2016年11月15日在中国国家图书馆首发出版。

属于近代史的重要调查资料还有:《太平天国起义调查报告》(广西太平天国文史调查团,三联书店,1956年)、《太平天国革命在广西调查资料汇编》(广西通志馆编,广西人民出版社,1962年)、《宋景诗历史调查记》(宋景诗历史调查组调查,陈白尘撰述,人民出版社,1957年)、《直隶义和团调查资料选编》(黎仁凯主编,河北教育出版社,2001年)、《江湖会资料选辑》(华中师范学院历史系编,内部印行)等。

1956年至1964年,在中国历史上第一次有组织有计划地进行了全国少数民族社会历史状况的科学调查。第一批调查了20个民族,整理出不同民族从原始社会末期到奴隶制社会和封建社会,各个历史发展阶段的第一手资料约1500万字。至1964年,调查任务基本结束,据不完全统计,写出调查资料340多种,计2900多万字;整理档案资料和文献摘录100多种,计1500多万字;拍摄少数民族科学纪录片十几部。此外还搜集了一批少数民族的历史文物。这一批材料比较详细地、忠实地记录下各民族历史和现状,是非常可贵的第一手材料。这次调查的直接成果就是出版了《中国少数民族社会历史调查资料丛刊》,它是国家民委《民族问题五种丛书》之五,内容包括了20世纪50年代中央访问团收集的资料,全国人大民委、中央民委等组织民族社会历史调查以及民族识别等工作所搜集到的资料。这些资料集中记录了我国少数民族社会历史的基本情况,对于历史研究者来说,它是少数民族及民族地区历史研究的第一手资料。该丛刊在20世纪80年代以后由各省、自治区陆续分别出版,共84种145本,总文字量约5000万字。

为了撰写论文,需要进行一些调查工作。调查材料和编辑调查材料要注意以下几点:

(1)选择调查对象(事件参加者、目击者、参加者的后代亲属、有一定经历见闻者、记忆力强者),讲究调查方法。(2)即使用录音笔录音,每条材料也要作成卡片,注明被访者姓名、年龄、籍贯(或住址),有些材料还要介绍被访问者的身份和材料来源。现在数码相机很普及,最好给被调查者照相存留(当然要征得被调查者的同意)。(3)编书时要加以取舍,明显错误的内容要去掉。(4)由于口碑材料多是片断的,为了把它连贯起来,每个章节前面都要写上说明,概述本章节的内容和范围。(5)某些口碑材料,有文献可以印证的,或需要征引文献加以考订的,在后面还需用按语的形式把文献加以录载。(6)某些地名、人名、事件、方言,不易明白,还要核对准确,加以注释。

(三)口述史料

口述史料和口述史是有区别的。口述史是描述历史的一种方法,即利用采访记录的材料撰写历史人物的传记,编纂有关事件的历史,就是口述史。口述史不是采访记录的复制,是研究者对采访得来的材料进行加工、整理、研究和提升,有时还要补充其他文献材料。而口述史料是描述历史的一种素材,它是口述史研究者搜集到的口述资料,也是口述史研究的对象,同时也可以作为非口述史研究所利用的史料。

有人认为口述史料包括以第一人称表述的日记、自传、回忆录等。这就将口述史料的范围定得太宽,其实,除了口述自传、口述回忆录外,作者自己撰写的日记、自传和回忆录,很难算口述史料,因为口述史料的形成有特定的环境,特定的语境,一定是经过采访者记录下来的材料。采访者采访时会从采访的角度,引导、启发、一步步"挖掘",将被采访者潜在的历史记忆调动出来,这与坐在书桌前执笔撰稿是有一定区别的,口述出来的史实与撰述史料所记述的史实有一定差距。

口述史料存在的问题,一是被采访者或者由于年龄原因,记忆力减退,有些事情记不起来;或者由于事情久远,记忆有误差。二是被采访者因为各种顾虑,如时代背景,政治环境,个人的虚荣心等,陈述有选择,有些明明记得的事情也不一定讲出来。三是被采访者限于角色、地位,只知事情的局部,对全局了解不多,而且不能将自己知道的事情置于全局审视。所以有学者指出,"口述历史提供的往往是一部分情节记忆,辅助于文献记录资料有一定参考价值,单独并不能成为正确的历史根据。如果能找到当时的文字记录史料时,一定不能先采用口述为证"。①

即使如此,口述史料在史学研究中仍是重要的史料来源,特别是文献史料很少记载的史实,需要口述史料重新建构。

另外,整理口述史料,一定要认真、仔细,准确地核对史事以及有关人名、地名、书名等细节。有人指出陈远整理的陈之藩口述史《穿越美与不美》(重庆出版社2011年出版)的差错:有几处,把著名的潼关都写成了"通关",有的记叙不准确,使人读了如堕雾中,在人名、书名方面出现的差错更多。"这样的差错,不仅误导读者,恐怕更令相关的口述者尴尬——试想,当一个著名学者在该书中看到他在口述中提到的他尊敬的前辈和师长的名字时,他却不认识;看到他提到的某一种影响过他的著作连他都不明就里时,他还能坦然面对吗?"②

解决这种问题的办法,就是整理者认真核对,口述者也认真核对。采写周有光最新回忆录《百岁忆往》(三联书店2012年出版)的张建安介绍说:"有的口述作品,口述者在叙述时,虽然是自己的事情,但也可能因为时间长了而产生记忆的失误。《百岁忆往》的内容,周先生经过了认真的核对,使原来说过的内容更加准确,文字表达上也更加精准。"他举了两个例子,其中一例是:第一稿"生于晚清"的文字是:"我生于清朝光绪三十二年(1906),后经北洋政府时期、国民党政府时期、1949年后的新中国时期,友人喜欢称我'四朝元老'。"修改后的文字为:"我出生于清朝光绪时期,阴历乙己年十二月十九日,阳历1906年1月13日,今年107岁,经历北洋政府、国民党政府和新中国时期,友人喜称我'四朝元老'。"③这一改,使周有光的出生时间更准确了,第一稿可能根据公元1906年推出"光绪三

---

① 姜克实:《日军的战时档案资料》,爱思想网·思想库·姜克实专栏文章。
② 王保贤:《〈穿越美与不美〉一书差错举例》,2012年8月15日《中华读书报》。
③ 张建安:《周有光〈百岁忆往〉的一些特点》,2012年12月19日《中华读书报》。

十二年",其实周有光出生在光绪三十一年十二月,换算成公历就在1906年1月了。

利用口述史料时还必须与其他文献材料互相印证,口述者记忆不准确,或者有意选择讲述内容而出现的史实错误,需要用其他文献来纠正,口述者只知其一,不知全局而发生的以偏概全的问题,需要其他文献来补充。

以下介绍部分重要口述史,以便提供口述史料的来源或线索。

一般认为"口述历史"是第二次世界大战后的新生事物,它有特定的现代含义。1948年哥伦比亚大学阿兰·列文斯首创口述历史研究室,用"传主口述,学者记录整理"的方法帮助一些要人写回忆录。他的同事和学术继承人路易斯·斯塔尔说:"口述历史是通过有准备的、以录音机为工具的采访,记述人们口述所得的具有保存价值和迄今尚未得到的原始资料。"[1]为什么口述历史出现在"二战"以后?因为世界大战毁灭了许多档案,造成许多历史之迷。战后许多政界军界的当事人移居美国,向他们采访可以得到有关的资料。当然这个工作是要尊重被采访者的人权与知识产权,跟他签订合同,发表与否,何时发表,均根据口述者的意愿。采访者向被采访人支付一定的费用,作为报酬。而被采访者则要保证所讲述内容的真实性。中国台湾也遇到相似的问题,即到台湾去的国民党人"丢失"了大陆各地的大部分档案,哥伦比亚大学与台湾史学界合作,专门访问1911—1949年期间的国民党领导人并记录下他们的回忆,以弥补档案资料的缺失。唐德刚被聘为哥伦比亚大学教授后,于1957年在口述历史研究室下面建立"中国口述历史学部",他根据胡适口述回忆16次正式录音的英文稿和他自己所保存、经过胡适手订的残稿,对照参考,综合译出并整理出版了《胡适口述自传》,系统地介绍胡适的家世、求学、治学及从政的经历和学术成就。后来又整理出版了《李宗仁回忆录》《顾维钧回忆录》《黄郛夫人回忆录》等。

---

[1] 转引自王炎:《口述史与当代中国问题研究五十年》,《当代史资料》2004年第2期。

图13-13 《胡适口述自传》书影

1980年台湾"中研院"近代史研究所也开始从事口述历史的工作,刊行了《凌鸿勋先生访问记录》《白崇禧先生访问记录》(贾廷诗等)、《刘琛航先生访问记录》《罗友伦先生访问记录》《蒋纬国口述自传》(刘凤翰整理)、《郭廷以先生访问记录》《陶希圣先生访问记录》等属于口述历史的著作。[①] 1989年还创办了《口述历史》刊物。

在改革开放以后,叶永烈等人也开始做了些口述历史的工作,如对"四人帮"的采访所做的录音资料,根据采访所得撰写的他们的传记,都是口述历史。老一辈革命家的回忆录或自传有许多都是由他人采访、记录、整理出来的,只不过没有用采访记录的形式出版(即没有署采访、记录、整理者的名字),这些实际也是口述历史。所以说,中国大陆也有口述历史的传统。1999年,北京大学出版社本着"口述个人身世,鲜活地映现时代变迁的历史"的宗旨策划了一套口述传记丛书,有《风雨平生——萧乾口述自传》(傅光明整理)、《带翅膀的摄影机——侯波徐肖冰口述回忆录》(刘明银整理)、《小书生大时代——朱正口述自传》(朱晓整理)、《跋涉者——何满子口述自传》(吴仲华整理)。还有《从"洋娃娃"到外交官——冀朝铸口述回忆录》(苏为群整理)等。此外,其他出版社也出版了一些口述自传或回忆录,如《我的一生——师哲自述》(师秋朗笔录,人民出版社,2001年)、《张学良三次口述历史》(采用唐德刚采访传主口述录音整理而成,华文出版社,2002年)、《文强口述自传》(刘延民撰写,中国社会科学出版社,2003年)、《雪域求法记:一个汉人喇

---

① 中国大百科全书出版社已将其中一部分在大陆出版。

嘛的口述史》(邢肃芝口述,张健飞、杨念群笔述,三联书店,2008年)、《吴德口述:十年风雨纪事》(朱元石整理,当代中国出版社,2004年)、《启功口述历史》(赵仁珪、章景怀整理,北京师范大学出版社,2004年)、《这个世界会好吗——梁漱溟晚年口述》(艾恺整理,东方出版中心,2006年)、《周有光百岁口述》(李怀宇撰写,广西师范大学出版社,2008年)、《丹心素裹——中共情报员沈安娜口述实录》(李忠效、华克放整理,中共党史出版社,2016年)、《回家的路:高秉涵回忆录》(台湾老兵高秉涵口述,张慧敏、孔立文撰写,九州出版社,2017年)、《我是一个中国的美国人:李敦白口述历史》(徐秀丽撰写,九州出版社,2014年)等。文强在接受采访后几个月就去世了,所以说,从某种意义上讲,口述历史就是一种抢救史料的工作,具有重要意义。

国家图书馆"中国记忆项目"是以中国传统文化遗产、现当代重大事件、重要人物为专题,以传统文献体系为依托,系统性、抢救性地进行口述史料、影像资料等新类型文献建设并最终形成特色专题资源体系的文献建设和服务项目,是国家总书库的重要组成部分,是图书馆资源采集、整理、服务、社会教育与文化传播职能的新拓展。中国记忆项目的成果通过借阅和网站发布为广大读者提供服务,并以《中国记忆丛书》、展览、讲座、纪录片等形式进行展示与传播,全方位的服务于社会。自2012年开始,中国记忆项目已开展"东北抗日联军""大漆髹饰""蚕丝织绣""我们的文字""我们的英雄""著名学者口述史"等20多个专题的文献资源建设,共采集或收集超过1200小时的口述史料、影像资料和大量照片、非正式出版物等相关文献。已经出版了《大漆髹饰传承人口述史》《我的抗联岁月——东北抗日联军战士口述史》等4种出版物。

齐红深主编《见证日本侵华殖民教育》(辽海出版社2005年出版)以汇集口述历史的形式,用真人、真事、真情立体展示了日本殖民教育的真实情形,全书120万字,是一部留存日本侵华教育历史记忆的鸿篇巨制。这部著作所蕴涵的力量足以使任何歪曲那段历史的言论变得苍白无力。抗日老将吕正操在为本书所撰写的序言中说道:"口述者的生存环境、文化背景和在日本投降之后所受到的教育、影响,会对记忆不断地进行修正,使得记忆的结果特别是对事物的认识产生某些变化。""口述史的工作同依据档案、文献资料开展学术研究,有很大不同,可以说,档案只记载事实,口述历史记录的是感情化的历史,是历史留在经历者心中的感受。——这与以往单纯依据档案、文献资料开展学术研究,是两种完全不同的途径、方法。"①

台湾"中研院"近代史研究所和"国史馆"都有口述史丛书的编辑出版。

口述历史之所以受出版社青睐,受读者欢迎,受研究者关注,一是因为它具有存史的功能,二是因为它具有"揭秘"的性质,三是因为可读性强。口述历史正在以新的姿态在史学舞台上展现其魅力。现在口述史学不仅采访著名人物,而且扩展到各方面人物,包括下层社会人物,通过对他们的采访,搜集整理有关社会生活的各个层面的史料。四川省社会科学院主办的《当代史资料》是以汇集、整理、研究当代历史资料为主旨的一个内部刊物,它不仅发表了许多属于口述历史的文章,而且也大力提倡口述历史的工作。

---

① 吕正操:《〈见证日本侵华殖民教育〉序言》,《党史纵横》2004年第11期。

第十四讲 其他类史料

除了以上各讲所介绍的主要类型史料以外，还有一部分特殊类型的史料，包括地方文献、文艺史料、教科书和"他者"著述（来华外国人著述）等等。本着傅斯年所言："凡一种学问能扩张它研究的材料便进步，不能的便退步"的标准①，有必要扩大近代史研究的史料。多样性史料具有多种用途和多重效果。试看美国的一本教科书《美国人民：创建一个国家和一种社会》，该书作者为介绍史料设置了若干专栏，包括考古发现、配有插图的旅行记述、房屋、财产清册、诗歌、征兵名单、爱国主义绘画、外国人的旅行日记、人口普查、家庭绘画、民间故事、奴隶的自述、个人日记、参议院演说、摄影、长篇小说等，分别介绍其史料价值和使用这些史料时要注意的问题，并用实例加以说明。② 该书涉及的史料十分宽泛，各有用处。其中的日记、自述等类史料，前面已有介绍，而其他不少类型的史料，都是本讲将要介绍的。

一 地方文献

自从徽州千年文书和贵州清水江文书先后被发现后，民间文书作为一种新史料越来越受到史学工作者的青睐。包括民间文书在内

---

① 傅斯年:《历史语言研究所工作之旨趣》，《傅斯年全集》第三卷，湖南教育出版社，2003年，第6页。
② 〔美〕加里·纳什等编著:《美国人民：创建一个国家和一种社会》（第6版）上卷，北京大学出版社，2008年。

的地方文献的受重视,与社会史的兴起以及历史人类学的实践密切相关。社会史提倡眼光向下,关注民众日常生活史和基层社会变迁史,历史人类学的实践则利用人类学的田野调查方法,"进村找庙,进庙找碑",搜寻能够反映村落变迁的各种民间史料,乡村社会由于从前相对闭塞而保存下来的海量的民间文书使社会史学家和历史人类学家如获至宝。

什么是地方文献?答案因标准不同而言人人殊。大致说来,地方文献之所以冠以"地方"二字,是因为它具有地方特色,是本地的"土特产",包括乡贤著述、地方志乘、宗谱家训、乡土教材、启蒙读物、应用文范本、乡规民约、义仓谱、建桥谱、义渡谱、寺庙楹联、宗教科仪书、诉讼文书、草药土方、行业秘籍、民谣、传说、唱本、剧本、画册、碑刻、标语、壁画、方言俚语、特殊文字写本(如女书)、闽南、粤海的针路簿、水路簿、更路簿以及各种民间文书。

在少数民族地区,还有具有民族特色的各种文献,如,民族文字(东巴文、托忒文等)书写的经文和读物、各民族的创世史诗和英雄传说、民族文艺(满族说部之类)以及特殊历法(彝族十月历)等等。

民间文书是地方文献中的一大种类,民间文书本身也种类繁多,内容琐细,有各种分类法,如形态分类法、作者分类法、年代分类法、内容分类法、单位分类法等。徽州文书的研究起步早,研究者们对卷帙浩繁、种类繁多的文书进行了科学分类和整理,积累了很好的经验。这几种分类方法就是他们创造出来的。其中内容分类法所概括的种类,基本涵盖了各地地方文书的主要内容。中国社会科学院历史研究所收藏编纂的《徽州文书类目》将徽州文书分为散契、簿册、鱼鳞册3种,共分9类:土地关系与财产文书、赋役文书、商业文书、宗族文书、官府文书、教育与科举文书、会社文书、社会关系文书和其他,下分117目、128子目。各类目之下排列顺序依次为散契、簿册、鱼鳞册,每种再按时间顺序排列。① 这种分类比较有代表性。内容分类法简洁明朗,将繁复的徽州文书分为反映社会生活各领域的不同门类,

---

① 中国社会科学院历史研究所编:《徽州文书类目》,黄山书社,2000年。

有利于研究者使用。①

各类文书之下还有更琐细的种类,如土地房屋耕牛等的大小买卖文约、典当文书、租佃文书、税契凭证、招佃租约、合同书、阄书、继书、招书、遗嘱、秉状、甘结、票据、告示、会书、信函、置产簿、收借条、日记、账单、礼单、收租簿、归户册、鱼鳞图册等等。侨乡地区还有侨批,俗称"番批""银信",专指海外华侨通过海内外民间机构汇寄至国内的汇款暨家书,是一种信、汇合一的特殊邮传载体。江河、湖区还有河泊所赤历册,一种记录所属渔户进行业甲的编排、具体办课水域以及承担的课额等内容的征税册籍,功能类似于里甲系统的黄册。

类似徽州文书和清水江文书的地方文献,被发现整理的还有清顺天府宝坻县档案、东北和内蒙古地区土地文书、明清山东曲阜孔府档案、清代江苏商业文书和太湖厅档案、明清浙江严州府土地文书、明清福建契约文书、清代四川南部县衙档案、清代四川自贡盐业档案、清代云南武定彝族那氏土司档案、江西鄱阳湖文书、珠江三角洲土地文书、清代香港土地文书、清代台湾淡新档案等。

这些地方文献或民间文书对于研究农村社会史、经济史,都是很珍贵的史料。

但是,这类史料也存在不少问题。一是纸张残缺,利用不便。由于年代久远,又保管不善,许多文书纸张破烂,文字漶漫,不经修复,不能利用。二是文字潦草,不易辨认。民间文书一般是在草根阶层中流转,大多是文化不高的人书写,文字潦草的多,辨认困难。而且还有一些当地方言、习惯用语、隐语、代码等,是外人难以知晓的。三是内容琐碎,不能系统说明问题。文书涉及内容繁多,但每时每地每类文书常常就发现那么一张两张,缺乏系统性,不能清晰地反映事物的来龙去脉。四是有弄虚作假的内容。宗谱中,有时为了自高门楣,附会古代名人为本姓先祖,甚至假造名人的题词、序言等。账簿中有做假账等情形。有的为了欺骗官府,有的为了自身的某种权益,文书中有虚假的成分。五是

---

① 徐国利、林家虎主编:《安徽文化精要·徽学》,安徽文艺出版社,2012年,第251页。

有些地方文献有迷信之类的糟粕。家训常常被视为优良传统,其实,产生于传统社会的家训,间有旧的伦理道德和荒诞不经的迷信掺杂其中,今天不能不加区别的用来教化青少年。

有鉴于此,利用地方文献或民间文书作史料时,要注意几个方面的问题。一是修理搜集到的文书中的残破文本,整理琐碎的纸片。二是鉴别文书的真伪,扬弃糟粕。学者李义敏在借鉴传统书画、敦煌文献以及明清档案等辨伪方法的基础上,依据明清契约文书的特质,结合自己积累的辨伪经验,总结出辨伪八法:验纸张、观墨色、辨字体、鉴笔迹、核印信、识形制、考内容、查来源。① 三是了解当地历史传统和风土民情,将零星的文书放到一定的社会背景中考察、解读。还要学习辨认草书字体和隐语代码,要认识民间文书中常用到的数码字。旧时的商业、手工业、当铺、金融业等许多经营活动和生活中的数字记载、契约的签订及账务的处理,要用苏州码子,即用〡〢〣〤〥〦〧〨〩十,表示一二三四五六七八九十,二十为两个十组成"廿",读作"念",三十则为汉字"卅",读作 sa,四十为"卌",读作 xi。

安徽大学徽学研究中心刘伯山主持教育部人文社会科学重点研究基地重大项目《新发现徽州文书的归户性整理与研究》,他提出的民间文书整理"两尊重"原则,确是经验之谈,值得汲取。所谓"两尊重",是"充分尊重民间文书档案的历史形成"和"充分尊重民间文书档案的历史留存"。他指出:"要对文书档案的历史形成及历史形成形式的客观连续性予以无条件认同和承认,给予充分的尊重。"他认为,"民间文书档案往往不是一经最初的形成就一成不变的,而是会因文书的归属主在不同历史时期的不同考虑或同一时期的不同目的而有所改变,但由于这种改变是发生在历史上的,因此在今天看来也就是客观真实的,对此,整理者只能予以充分尊重"。②

许多民间文书尚在整理、研究之中,已出版的不是很多。王钰欣、周绍泉主编的《徽州千年契约文书》(花山文艺出版社,1993 年)、福建

---

① 李义敏:《明清契约文书辨伪八法》,《文献》2018 年第 2 期。
② 刘伯山:《文书整理的"两尊重"原则》,2012 年 12 月 31 日《光明日报》。

师范大学历史系主编的《明清福建经济契约文书选辑》(人民出版社,1997年)、杨有赓、唐立主编《贵州苗族林业契约文书汇编(1736—1950)》(东京外国语大学出版社,2001年)、刘伯山编《徽州文书》(广西师范大学出版社,2005年)、张应强、王宗勋主编《清水江文书》第一、二辑(广西师范大学出版社,2007年、2009年)、陈金全、杜万华主编《贵州文斗寨苗族契约法律文书汇编——姜元泽家藏契约文书》(人民出版社,2008年)、顾剑徽《清代宁波契约文书》(宁波市档案局,2009年)、天津市汉沽区档案局编纂的《契约资料汇编》画册(2009年)、黄山学院《中国徽州文书》整理出版工作委员会编的《中国徽州文书(民国编)》(清华大学出版社,2010年)、张介人《清代浙东契约文书辑选》(浙江大学出版社,2011年)、曹树基、潘星辉、阙龙兴编《石仓契约》第1、2辑(浙江大学出版社,2011年、2012年)、《安徽师范大学馆藏千年徽州契约文书集萃》(安徽师范大学出版社,2014年)、张新民主编《天柱文书》第一辑(江苏人民出版社,2014年)、刘小萌主编的《北京商业契书集》(国家图书馆出版社,2011年)等。熊敬笃编《清代地契档案史料》(新都县档案馆编印,1985年)、自贡市档案馆等编《自贡盐业契约档案选辑》(中国社会科学出版社,1985年)、黄永豪编《许舒博士所辑广东宗族契据汇录》(东京大学东洋文化研究所,1988年)、杨国桢编《清代闽北土地文书选编》和《闽南契约文书综录》(1990年)、蔡志祥编《许舒博士所藏商业及土地契约文书》(东京大学文化研究所,1995年)、福建师范大学历史系编《明清福建经济契约文书选辑》(人民出版社,1997年)、谭棣华、冼剑民编《广东土地契约文书》(暨南大学出版社,2000年)、杨有

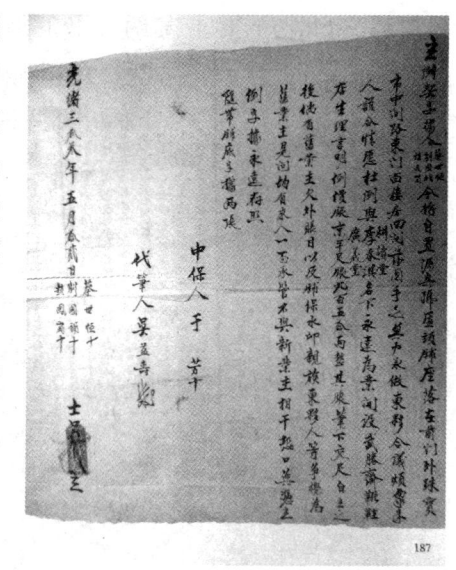

图14-1　转让房屋契约

赓等编《贵州苗族林业契约文书汇编（1736—1950）》（东京外国语大学，2001—2003年）等。这些文书出版物的内容，有一部分属于近代史研究的范围，可以参考。下面介绍两种特殊的地方文献。

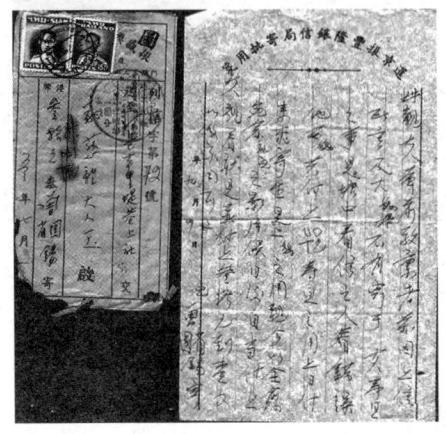

图14-2　侨批

《海邦剩馥——潮汕侨批遗珍》，潮汕历史文化研究中心与侨批文物馆2013年编印。"侨批"被视为华侨历史文化的"敦煌文书"，是海外侨胞通过民间渠道寄回国内、连带家书及简单附言的汇款凭证，2013年入选世界记忆名录。本书汇集来自马来西亚、泰国、新加坡等国家的侨批，以彩版原件影印，真实地呈现了各个历史时期侨批的风貌，具有较好的文献价值与欣赏价值。福建人民出版社于2016年出版了《闽南侨批大全》第一辑。

有一种书，流传于海南渔民手中，它是海南渔民千百年来航行南海的"指南针"——《更路簿》。这种手抄书是海南岛文昌、琼海一带的渔

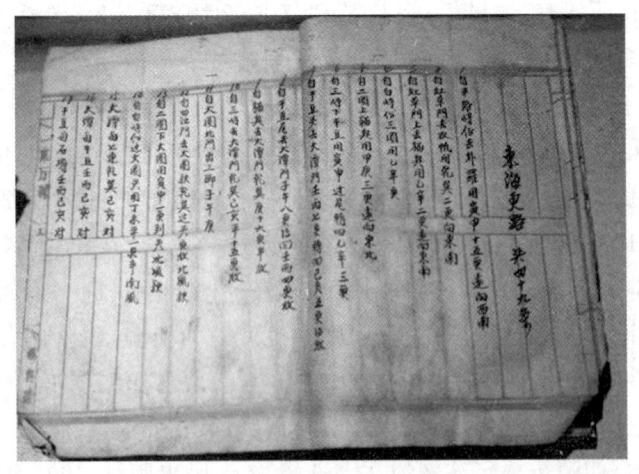

图14-3　更路簿

民去南海三沙作业的路线图。《更路簿》又名《定罗经针位》《西南沙更簿》《顺风得利》《注明东、北海更路簿》《去西、南沙的水路簿》等,是海南渔民祖祖辈辈传抄的小册子,被誉为"南海天书"。《更路簿》也是中国人民自古以来开发南海诸岛的又一有力证明。广东科技出版社2016年出版了《中国历代海路针经》,分上、下两册,共180万字。自秦至清,举凡经由海路的官方出使、高僧播教、民间贸易、舟子针经、渔民捕捞等航行记载乃至航海图录,都尽量搜集在书。其中清末广东水师提督李准对南海诸岛的多番巡视的内容属于近代史范围。

二 文艺史料

文艺作品能否用为史料?答案是肯定的。首先,文艺作品起码能作为研究其作者生平和创作思想的史料。如,有人以史料和作品集《清代闺阁诗人征略》《湘痕吟草》《冰魂阁诗存》的文本为中心,全面探究晚清女诗人施淑仪的人生经历、诗学思想、诗歌创作题材、分类、艺术特色及其在当时的社会地位和影响。① 还可以利用当事人的文学作品,通过考察语义及用词来研究其个性与心理特征。② 其次,文艺作品从不同角度反映当时的政治、经济、社会状况,可作为历史研究的重要史料。恩格斯就曾从巴尔扎克的《人间喜剧》中看到"法国'社会'特别是巴黎'上流社会'的卓越的现实主义历史",也从中了解到一些经济问题,如"革命以后动产和不动产的重新分配"等等。③

有学者指出:"'以诗证史'是现代史家颇为推崇的一种治史方法,它可以有狭义和广义的两种理解,狭义的'以诗证史'就是'以诗入史',就是用'诗'为史料来证史说史;广义的'以诗证史'可泛指以文学作品用作史料来研究历史,举凡中国古代的诗词、文论、小说、寓言,乃

---

① 王晓萍:《晚清女性诗人施淑仪研究》,陕西师范大学2015年硕士学位论文。
② 参见明海英:《历史心理学未来在中国》,2016年1月8日《中国社会科学报》。
③ 《恩格斯致玛·哈克奈斯》,《马克思恩格斯选集》第4卷,人民出版社,1972年,第462页。

至政论文章,都可包括在内。"①这就是梁启超所言:"集部之书,其专纪史迹之文,当然为重要史料之一部,不待言矣。'纯文学的'之文——如诗辞歌赋等,除供文学史之主要史料外,似与其他方面无甚关系,其实亦不然。"屈原《天问》、班固《两都赋》、张衡《两京赋》和杜甫、白居易诸诗等,都是价值很高的史料。"非惟诗古文辞为然也,即小说亦然。……中古及近代之小说,在作者本明告人以所纪之非事实,然善为史者,偏能于非事实中觅出事实。"②可见,文学作品是一种具有特殊价值的史料,需要以新的方法和思维去解读。

小说、戏剧等文艺作品中,人物和故事情节可能是虚构的,但所描写的社会背景和当时制度即普遍性的史实一般不会虚构,完全可以用作历史研究的史料。《美国人民》的作者在谈到长篇小说的史料价值时指出:"虽然从历史意义上讲小说不具有真实性,但也可以把其作为一种史料来进行阅读,因为小说揭示了特定时期人们的态度、梦想、恐惧,以及平凡的、日常的生活经验。小说也显示出人们对当时一些主要事件的反应。像历史学家一样,小说家是特定时间与环境的产物,他们对事物有自己的见解。"③

陈天华的小说《狮子吼》,是一部未完成的浪漫主义与写实主义相结合的政治小说。作者在楔子中假托在梦里获得《光复纪事本末》史书副本,醒后据以演绎为这部章回小说。说它带有浪漫主义色彩,是指陈天华借虚构人物华人梦的梦境,构想了国家光复五十周年时的情景,其中所谓《共和国年鉴》中关于学校、学生、军队、军舰、铁路、邮局、轮船等的统计数据和每年税收总数,预言了革命成功五十年后中国经济社会发展的程度。作者还虚构了一个"民权村",在那里有民主自由、平等幸福的生活,寄托了陈天华对未来资产阶级共和国的理想。说它

---

① 张耕华:《"以诗证史"与史事坐实的复杂性——以陈寅恪〈元白诗笺证稿〉为例》,《华东师范大学学报》2006年第5期。

② 梁启超:《中国历史研究法》,《饮冰室合集·专集之七十三》,中华书局,1989年,第50页。

③ 〔美〕加里·纳什等编著:《美国人民:创建一个国家和一种社会》(第6版)上卷,北京大学出版社,2008年,第540页。

又具有写实主义风格,是因为小说以当时的阶级矛盾和民族矛盾作为广阔的时代背景,揭露列强特别是俄国的侵略阴谋,控诉清政府的腐败和压迫人民的罪行,并通过小说中人物狄必攘、文明种、孙念祖等的故事,反映了黄兴、陈天华等人的革命经历,而小说中叙述的很多事物和情节,可以在现实生活中找到其原型:强中会——兴中会、华兴会;拒俄会——拒俄义勇队;共和学堂——爱国学社;破迷报馆案——苏报案;《革命论》——《革命军》;沈血诚——沈荩……很真实地展现了当时爱国志士所进行的艰苦卓绝的革命活动,宣传了革命派激进的排满反帝的民族主义思想。① 该小说就可作为研究辛亥革命准备阶段的宣传发动、组织活动的史料。

秋瑾牺牲后,描写其生平,歌颂其精神的文学作品很多,固然有的虚构太甚,做史料不足为凭,如有一篇《轩亭复活记》,时人评论道:"'死者不能复生',安有身首异处,而能复活的道理?此等小说,在迷信时代,固不足责;乃竟明目张胆登诸报端,其不为同胞所窃笑者几希。"而萧山湘灵子编的《轩亭冤传奇》剧本,则"编演实人实事,既非附会,又不臆造,较胜《轩亭复活记》,奚啻万倍?"故山阴杞忧生在进行了以上对比后评论道:"是书虽云游戏笔墨,然女士一生行事,暨当时诬陷情形,均网罗其中矣。余谓此本当作秋女士历史读。"②

至于诗歌,可以抒发诗歌作者个人的思想感情,有人从林纾的诗文中探讨出他的感情世界:批评科举与追慕革新、廉洁自守与憎恶权势、饱富情感与真诚待人、关心时事与爱国情怀,③这对于研究林纾的生平和思想就是很有价值的。古语云:"诗以言志",也有人从袁世凯刚柔相济,绵里藏针,气象非凡的诗篇中,感受到他当年因"足疾"养疴洹上时也"从未忘怀自己的抱负。他是一个不屈服的人"。④ 不宁唯是,诗

---

① 严昌洪、何广编:《中国近代思想家文库·杨毓麟陈天华邹容卷·导言》,中国人民大学出版社,2014年。
② 章开沅、罗福惠、严昌洪主编:《辛亥革命史资料新编》第4册,湖北人民出版社,2006年,第105页。
③ 郭丹:《林纾诗文中的情感世界探究》,2016年4月11日《中国社会科学报》。
④ 高有鹏:《诗人袁世凯》,2013年6月5日《中华读书报》。

歌更反映了那个时代政治、经济、社会等方面的面貌,也完全可以作为研究那个时代历史的史料。如《诗经》是研究上古史特别是周代历史的重要史料,李白、杜甫、白居易等诗人创作的唐诗,就是研究唐代历史的重要史料。史学论著里,如果能引用一点诗歌史料,整个作品就会显得生动活泼起来,使面孔严肃的史学论著多了些笑容,让读者也得到些许轻松。历代美国历史学家一直利用诗歌捕捉各种情感、思想和特定群体的经历。他们对于伴随深沉的情感展现出的人类过去经历的诗歌、为各种政治目的服务的政治诗歌、革命时期创造的诗歌,都有着浓厚的兴趣。① 诗歌甚至还有更重要的价值,如,在明清别集和其他相关文献中,保存了不少以钓鱼岛列岛为题材的诗歌,可以为这一重要的国家历史问题的研究提供佐证。②

既然是说"以诗证史",说明在文艺作品中,诗词作为历史研究的史料,价值应该是较高的。首先就是纪事诗。按今天文学分类来说,纪事诗就是叙事诗,它是时人用诗歌语言这种特殊的形式记录的历史,反映当时的政治、经济、社会等情状,当属于第一手资料,应该予以足够重视。有学者认为:"诗是注重感情和细节的,用这种文学性很强的体裁写历史,不仅使读者看到历史的细部,还会受到历史氛围的感染。"③

还有竹枝词也是可以用为史料的。竹枝词是唐代诗人刘禹锡等人仿照巴渝地区(即今重庆市辖区加上湖北西部部分地区)民歌所创制的一种乐府诗歌,后来摹写者甚多,成为诗歌的一种特殊题材,专门描绘风土时尚,以纪事为主。《都门杂咏》的作者杨静亭谓:"竹枝词者,古以纪风俗之转移,表人情之好尚也。"④唐圭璋亦说,宋元以降的竹枝词,"内容则以咏风土为主,无论通都大邑或穷乡僻壤,举凡山川胜迹,人物风流,百业民情,岁时风俗,皆可抒写"。⑤ 竹枝词的语言和内容有

---

① 参见〔美〕加里·纳什等编著:《美国人民:创建一个国家和一种社会》(第6版)上卷,北京大学出版社,2008年,第172页。
② 罗时进:《明清钓鱼岛诗歌及其相关文献考述》,《文学遗产》2014年第1期。
③ 王学泰:《〈洪宪纪事诗〉中的王壬秋和杨度》,《博览群书》2000年第8期。
④ 路工编选:《清代北京竹枝词(十三种)》,北京古籍出版社,1982年,第71页。
⑤ 唐圭璋:《竹枝纪事诗·序》,暨南大学出版社,1994年。

如下几个特点:(一)草根性。历代竹枝词的作者除了少数著名诗人外,多为生活在基层的官员或布衣文人,他们贴近生活,故诗中常反映民间情状,大众疾苦。风格上也受到"下里巴人"的影响。(二)纪实性。竹枝词不论记叙山川形胜、名胜古迹,或是记述人物、事件,抑或是描写风土人情,写作常用白描手法,少有雕琢,朴实自然,生动地反映了事物的原生态。(三)通俗性。竹枝词虽然用的是七言绝句的形式,但在格律上又没有七言绝句那么严格,语言通俗,用典浅显,到晚近时代白话、口语入诗情况更多,老妪亦懂。这些特点决定了竹枝词除了供人吟唱、赏析外,还具有较高的史料价值,它不仅可以以诗证史,还可以补史之缺,详史之略,甚至可以参史之错,更可使枯燥的史实变得鲜活起来,其中所反映的一些有益的历史经验和教训还可以为今人引为借鉴。清代在乾隆年间竹枝词风行一时,以董竹枝的《扬州竹枝词》和杨米人的《都门竹枝词》影响最大。

诗歌创作虽也有以真人真事为创作素材者,但由于经过艺术加工,与历史真实有一定距离,措辞加以修饰,词句不够明确,用这些作品作史料证史说史还要予以处理、解读、说明。其他集部、子部等里面的史料也是如此。

有些诗歌作者看到这个问题,自己在诗中附加的一些注释,更可以作为史料利用了。曒西复侬氏、青村杞庐氏所作《都门记变百咏》,是记庚子之变、义和团事的竹枝词,每一首都加注释。如,第一首是

> 初起山东号义民,忽延保定忽天津。
> 俄惊辇下纷纷遍,真似神仙会驾云。

其注曰:"团民起于山东、直隶接壤之处,延及保定、天津,今年三月间,流入京师,胁从益众,踪迹飘忽,相传有驾云之术。"[①]用简单的文字将义和团运动发生、发展的梗概和活动方式基本讲清楚了。

又如,另一首诗云:

> 大栅栏前热闹场,无端一炬烬咸阳。

[①] 路工编选:《清代北京竹枝词(十三种)》,北京古籍出版社,1982年,第108页。

　　　　问渠闭火多奇术,为底神灵误主张。

其注曰:"五月二十日团民焚大栅栏老德记药房,霎时全街俱烬,延及观音寺街、煤市街、廊坊头条胡同、二条、三条胡同、西河沿、珠宝市、东西荷包巷,灼及正阳门城楼,计焚二千余家,相传团众有闭火之术,至此独不灵验。"①焚毁哪些街道,焚毁多少人家,如何波及正阳门城楼,都有详细的记述,这在其他史料中是难以看到的。

　　以下介绍一些具有代表性的纪事诗和竹枝词。

　　刘禺成的《洪宪纪事诗》是记录、描写袁世凯复辟帝制前后史实的诗集,共208首。人们认为这是一部很有趣的书,董必武在20世纪60年代初为刘禺生的另一本书《世载堂杂忆》作序时说:"武昌刘禺生以诗名海内,其脍炙人口者为《洪宪纪事诗》近三百首。余所见刊本为《洪宪纪事诗簿注》四卷,孙中山、章太炎两先生为之序。中山先生称其宣阐民主主义。太炎先生谓所知袁氏乱政时事刘诗略备,其词瑰玮可观,后之作史者可资摭拾。"②有1919年排印本线装1册。刘成禺又作《洪宪纪事诗本事簿注》,由京华印书馆1922年印行,董必武所见当是此书。刘成禺在纪事诗每首之后附长篇注释,各类史料杂陈,或叙述当时事实经过,或摘引当时他人的记述。书前有孙中山的"叙辞"、章炳麟的序,以及赵蕃、陈嘉会的题诗。另有张伯驹续写的《续洪宪纪事诗补注》,上海古籍出版社将三种合为《洪宪纪事诗三种》于1983年出版,由李一氓题签。刘成禺的纪事诗所记史事除个别细节外,大多可信,因为洪宪帝制复辟之时,他正在北京,他与副总统黎元洪同是湖北老乡,应该能够时相过从,加上与筹安会骨干杨度是湖广"大同乡",且共过事,对杨度有一定了解,并通过杨度知道了一些洪宪帝制的内幕。当时复辟势力秉承袁世凯旨意,为了丑化和诬蔑孙中山,他们根据孙中山的姓,把以孙悟空大闹天宫和被收伏的故事为题材的戏剧《安天会》改为《新安天会》,用孙悟空影射孙中山,并于袁世凯生日时在中南海的宴会上首次演出。《洪宪纪事诗》有两首记载了这件事。

---

① 路工编选:《清代北京竹枝词(十三种)》,北京古籍出版社,1982年,第119页。
② 董必武:《世载堂杂忆·序》,中华书局,1960年。

誓言国贼撰成篇,教谱梨园敞寿筵。
忘却袁家天下事,龙袍传赏李龟年。

盛时弦管舞台春,一阕安天迹已陈。
今日重逢诸弟子,念家山破属何人。

　　清末学者叶昌炽《藏书纪事诗》首创了以诗和传相结合的形式,综述藏书家渊源递嬗的独特体例,即为每位藏书家咏七言绝句一首,后录各条文献,作为诗注,实即藏书家之纪事及传,必要时殿以按语。其诗不注重文采,而重在概括描写该藏书家之精神;在注传中,则详细辑录了有关该藏书家的史料文献;而按语则为作者自己对文献的补充、考释及评论。该书所收藏书家起于五代末期,迄于清代末期,计收集有关人物739人。同时还收录了历代刻书、校书、抄书、读书等方面的资料,因而对于研究目录、版本、校勘及文化学术的演变发展情况,具有重要的史料价值。被誉为"藏家之诗史,书林之掌故"。传本有光绪二十三年(1897)江标辑《灵鹣阁丛书》6卷本和宣统元年(1909)叶氏家刻7卷本。1958年上海古典文学出版社据7卷本进行校点整理,并附以四角号码人名索引,铅印出版叶氏藏书纪事诗续补之作甚多。上海古籍出版社1989年出版了《藏书纪事诗·附补正》

　　叶著这种体例为士林所推重,因此续补者竞起仿效。以伦明《辛亥以来藏书纪事诗》、徐信符《广东藏书纪事诗》、吴则虞《续藏书纪事诗》、王謇《续补藏书纪事诗》等,可与叶著比肩。1999年上海古籍出版社出版的《辛亥以来藏书纪事诗(外二种)》就是汇集了上列伦、徐、王等三家的续作而成。之所以将这三家续作合编为一册,是因为三书体例相同,即都是模仿"藏书纪事诗"的体裁。只是叶著的注、传均为辑录文献,而这三种续作则多为笔记,因其所记藏书家多为同时代人,笔记体更为方便,而且,很多记载就取材于作者与传主的实际接触,又多为外人所不知,所以甚为珍贵。又有1988年辽宁人民出版社出版的《续补藏书纪事诗传》,汇集伦明、王謇、徐绍、吴则虞等所作的续补藏书纪事诗351篇,专记清代和近代以来藏书家277人,内容涉及300多年来历史文献的传播、藏书事业的发展、书业活动的兴衰等。本书同近人谭卓垣的英文译本《清代藏书楼发展史》合刊出版。类似的书还有《上海近代藏书纪事诗》(周退密、宋路霞著,华东师范大学出版社,1993年)、《使东纪事诗略》(魁龄著,北京图书馆出版社,2003年)等。

《卢沟桥抗战纪事诗四十首》,王冷斋撰,时事出版社1987年出版。作者1936年任河北宛平县县长,是"卢沟桥事变"期间事变地区的主要负责人,在同日军谈判、交涉中,坚持守土有责、寸土不让的高度民族气节和爱国精神。诗为当时纪实之作,每首略加注解以醒眉目。如:

> 河山寸土属中华,保卫毫厘敢失差。
> 逆料风波终险恶,不教蹈隙与乘瑕。
>
> 注:敌欲购买卢沟桥至丰台地亩建筑兵营机场,交涉数十次,均为我方拒绝,乃变本加厉冀以演习为名,乘隙袭佔宛平。

四句诗表现了作者保卫国土的决心,而简短的"注"把日军挑起"卢沟桥事变"的阴谋交待得比较清楚。

《清代北京竹枝词(十三种)》是研究清代北京历史、政治、经济、文化艺术、生活风俗的资料,路工编选,1962年由北京出版社出版,1982年北京古籍出版社重印。其中属于近代的有:杨静亭的《都门杂咏》(道光二十五年刊)、何耳的《燕台竹枝词》(咸丰年间刊)、李静山的《增补都门杂咏》(同治十一年刊)、暧西复侬氏、青村杞庐氏的《都门记变百咏》(宣统元年刊)、兰陵忧患生的《京华百二竹枝词》(宣统年间刊)、吾庐儒的《京华慷慨竹枝词》(宣统二年刊)等6种。

北京古籍出版社同年还出版了孙殿起辑、雷梦水编、石继昌校阅的《北京风俗杂咏》,内有晚清名人俞樾、樊增祥的诗作。1987年又出版了雷梦水辑《北京风俗杂咏续编》,共收清代作者的作品近20家,民初作者的数十家,是对前书的续补。其中收录有富察敦崇的《都门记变》,不仅写了义和团活动情况,还描绘了八国联军劫掠北京造成的凄惨局面。如《分疆界》和《地安门》两首分别哀吟道:

> 联兵结队到京畿,红白参差各有旗。
> 暗把吾疆分八面,临风一望总歔欷。

元宵灯火闹黄昏,此日惟余两壁存。
忆到繁华浑不觉,放声哭过地安门。①

雷梦水等编的《中华竹枝词》由北京古籍出版社1997年出版,共6册。从专集、诗文集和方志等历史文献中,辑录中唐至民初1260多位作者21600多首竹枝词作品。该书按地域编纂,即按作者年代先后分省编排,诗作繁多者又分区排列。不同时代,不同地域的竹枝词反映了各地名胜古迹、人民生活、风俗民情、物产和历史沿革等等。

丘良任、潘超、孙忠铨、丘进等人看见各地图书馆所藏的古籍中,还有大量竹枝词没有被发掘出来,而这些古籍不仅破坏损失严重,而且由于年代久远,蠹蚀严重,于是决定继续进行搜集竹枝词的工作。经过长达8年的苦战,汇编出始于唐代、止于民国千余年间近5000位诗人所创作的6000余篇、近6万首作品的《中华竹枝词全编》,共7册,篇幅是《中华竹枝词》的2.5倍。由北京出版社2007年出版。

王利器、王慎之、王子今等编纂了《历代竹枝词》5册,陕西人民出版社2003年出版。顾炳权编著的《上海历代竹枝词》由上海书店出版社于2001年出版。还有《上海洋场竹枝词》等。

除了北京、上海的竹枝词已经有人编纂出版外,其他还有《成都竹枝词》《扬州竹枝词》《武汉竹枝词》《安徽竹枝词》《四川竹枝词》等。武汉徐明庭等在辑校《武汉竹枝词》的基础上又辑校了《湖北竹枝词》,由湖北人民出版社于2007年出版。该书从历代方志、文集、诗集到近代报刊在内的270余种图籍中搜集了382人的4486首竹枝词,亦按地域编排,对于研究地方史很有裨益。

这些竹枝词中都有关于近代史的内容,可供参考。

比起纪事诗和竹枝词的结集本来说,近代各类文学作品的数量实在太大,无法罗列和逐一介绍,只有根据需要选用。下面介绍有心人阿英搜集并汇编成集的几种文学作品集。

阿英(1900—1977),安徽芜湖人。即钱杏邨,原名钱德富,又名钱德赋。主要笔名还有钱谦吾、张若英、阮无名、鹰隼、魏如晦等。现

---

① 雷梦水辑:《北京风俗杂咏续编》,北京古籍出版社,1987年,第83、85页。

代著名剧作家、文学理论家、文艺批评家。著有诗歌、小说、散文,尤以戏剧成就最高,有历史剧《李闯王》《碧血花》等。有文集《阿英文集》等。其编校的近代文学作品集有:《日记文学丛选》(上海南强书局,1933年)、《现代名家随笔丛选》(上海南强书局,1933年)、《现代小品钞》(上海光明书店,1935年,1940年增订后改名《现代十六家小品》)、《抗战独幕剧选》(汉口戏剧时代出版社,1937年)、《近代国难史丛钞》(上海潮锋出版社,1940年)、《现代名剧辑选》(上海剧艺出版社,1941年)、《现代名剧精华》(上海潮锋出版社,1947年)、《中法战争文学集》(北新书局,1948年;中华书局,1957年)、《中日战争文学集》(北新书局,1948年;后改名《甲午中日战争文学集》,中华书局,1958年)、《鸦片战争文学集》(北京古籍出版社,1957年)、《庚子事变文学集》(中华书局,1959年)、《反美华工禁约文学集》(中华书局,1960年)。

最重要的是《晚清文学丛钞》,它是近代文学作品、文学史资料汇编。包括晚清文学作品,晚清时期外国文学翻译作品,以及反映晚清文学思想变化的文论资料等,为晚清文学重要作品与资料选集。中华书局于20世纪60年代初刊行。原计划出12卷,已出9卷,即《小说戏曲研究卷》《小说》1—4卷、《传奇杂剧卷》《说唱文学卷》《俄罗斯文学译文卷》《域外文学译文卷》。未出者3卷,即《文学论卷》《诗词卷》《散文与杂文卷》。

三　教科书史料

"教科书"又有"课本""教材"等名称。将教科书作为史料,是因为教科书不仅是研究近代教育史的重要资料,还是研究中外文化交流、中国社会变迁与文化转型的重要资料。

直到19世纪中叶以前,中国没有现代意义上的教科书。在科举时代里,私塾、蒙学为参加科举考试打基础,在那里,儿童开蒙认字,读的是三、百、千、千,即《三字经》《百家姓》《千字文》《千家诗》,女孩则读《女儿经》。稍长,不预备将来参加科考的就增加《幼学琼林》《增广贤文》《日用杂字书》等。打算走科举之路的,则进入书院和府学、县学,死读"四书""五经"、史鉴、古文辞等。由于明清以来,统治者提倡理学,科举所考的"经艺"解经标准主要是程朱学说,"四书"以《朱子集注》、《易经》以《程朱二传》、《诗经》以《朱子集传》为标准,所以士子要参加科考,都奉程朱理学为圭臬。为了思想控制,清政府还把《圣谕广训》作为士子的必读书。这些带有封建教化功能,贯穿儒家伦理规范和道德标准的课本,严重脱离实际,内容艰涩难懂,搞得教书的"娓娓玄谈未终席",读书的早已"纷纷胡骑乱如麻"。①

中国近代教科书最早由来华传教士为教会学校编写或翻译,光绪三年(1877)在传教士组织益智书会的基础上,成立了一个教科书编纂委员会,负责编写和出版学校教科书工作。传教士编写了初小适用的《教会三字经》《耶稣事略五字经》《圣道问答》等,高小适用的《福音史记课本》《旧约史记课本》等。他们模仿中国传统读物《三字经》来灌输宗教意识:"世上物,皆神造……既造物,始造人……耶稣者,神之子……若不信,难得救,身死后,罚必至。""爱众人,如爱己,待敌人,亦以礼。"他们也编译了《笔算数学》《形学备旨》《代数备旨》《三角数理》《格致须知》《八线备旨》《重学》等自然科学教科书。这些教科书"对当时新学的发展,在客观上也产生了一些积极的影响"。② 中国人就是通过传教士编译的教科书了解到学生学习的课本要分学科、分程度,成系统,由浅入深,循序渐进地教给学生各种知识和道理。

据有关学者考证,汉语"教科书"一词是从日文引进的。③ 中国人自编的新式教科书出现在19世纪与20世纪之交。第一部教科书是光绪二十三年(1897)南洋公学外院学生所用的仿英美体例的《蒙学课本》,由该校师范院师生编写。分3编,铅印本,其内容专取习见习闻之事物,用浅近文言,使学生由"已知达于未知"。④ 如,第一编第一课:

---

① 徐光启:《题陶士行运甓图歌》,姚弘绪编《松风余韵》卷七,乾隆八年(1743)刊本。
② 陈景磐编:《中国近代教育史》,人民教育出版社,1979年,第73页。
③ 参见张伟、代钦:《"教科书"词探源》,《内蒙古师范大学学报》(教育科学版)2011年第2期;孙建军:《近代新词"教科书"的生成与传播》,《日语学习与研究》2012年第5期。
④ 陈学恂主编:《中国近代教育大事记》,上海教育出版社,1981年,第80页。

"燕、雀、鸡、鹅之属曰禽。牛、羊、犬、豕之属曰兽。禽善飞,兽善走。禽有两翼,故善飞。兽有四足,故善走。"同年,又有《笔算教科书》一种,董瑞椿译的《物算教科书》一种,张相文编的《本国初中地理教科书》二种出版。这套课本是中国人自编小学教科书之嚆矢。光绪二十八年(1902),无锡三等公学也编了《蒙学读本》7 册,报请官府存案,由上海文明书局出版,并正式规定为"寻常小学堂读书科生徒用教科书"。这套书从形式到内容都比较好,能够在一定程度上反映新兴资产阶级和爱国者要求国家独立、富强的愿望。其中第三册第一课为:"祝我国,巩金汤,长欧美,雄东洋,陆军海军炽而昌,全球翻映龙旗光。帝国主义新膨胀,勿谓老大徒悲伤!印度灭,波兰亡,请看我帝国,睡狮奋吼剧烈场。"

  民间编写教科书走在了前头,直到壬寅—癸卯学制颁布后,新式学堂大幅增加,官方才开始重视编纂教科书的工作。为了统一教科书的编审,兼管全国教育的京师大学堂于光绪三十年(1904)公布了《大学堂编书处章程》,规定教科书的编纂宗旨,"一曰端正学术,不堕畸邪;二曰归于有用,无取泛滥;三曰酌取年限,合于程途;四曰博采群言,标注来历"。[①] 并拟按照中小学课程门目分类编纂 7 种课本:经学课本、史学课本、地理课本、修身伦理课本、诸子课本、文章课本、诗学课本。这些课程设置和课本编纂,突出了中学的主体地位,却忽视了数理化等科技知识的教育。光绪三十二年(1906)学部设立编译图书局,专门负责编纂和审订教科书。并制订《编译章程》9 条,规定编纂教科书,宜恪守忠君、尊孔、尚公、尚武、尚实之宗旨。编辑大意,大半仿照商务印书馆和文明书局所出教科书体例。这是我国部编教科书之始。当时编辑出版了被称之为"国定教材"的《初等小学国文教科书》《初等小学修身教科书》等。后来陆续有《高等小学国文教科书》《高等小学历史教科书》《高等小学算术教科书》《高等小学地理教科书》《学部第一次编纂高等小学格致教科书》《女子初等小学国文教科书》等。还出版了属于扫盲性质的《国民必读课本》《简易识字课本》等。

[①] 舒新城:《中国近代教育史资料》上册,人民教育出版社,1981 年,第 354 页。

从上可知,晚清教科书可分为官编教科书和民间教科书两类。民间教科书出版商,除了商务印书馆、文明书局外,还有中国图书公司、集成图书公司、乐群图书编译局以及其他几家小型的出版公司。

民国初年,南京临时政府制定《普通教育暂行办法》14条,规定"凡各种教科书,务合乎共和民国宗旨,清学部颁行之教科书一律禁用"。"凡民间通行之教科书,其中如有尊崇清朝廷及旧时官制、军制等课,并避讳抬头字样,应由各该书局自行修改,呈送样本于本部及本省民政司教育总会存查。如学校教员遇有教科书不

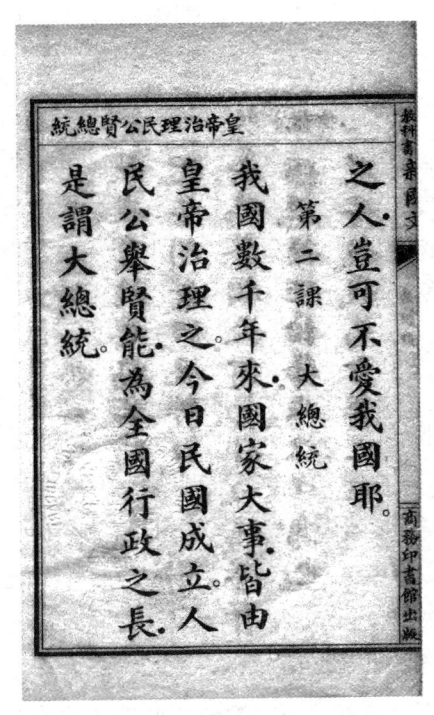

图 14-4 《共和国教科书新国文》书影

合共和宗旨者,可随时删改,亦可指出呈请民政司或教育部,通知该书局改正。"①中华书局崛起,它率先编辑出版了一套适合共和政体的教科书"新制中华教科书"。一度落后的商务印书馆迎头赶上,采取措施,将旧存各书按教育部通令精神大加改订,教科书中凡与清朝有关系的内容悉数删除,并于封面上特加订正为共和国字样,先行出版,同时着手编辑《共和国新教科书》,以适应新时代教育改革的需要。商务印书馆还在《教育杂志》上公布该馆的《编辑共和国小学教科书缘起》,提出了编辑教科书的大意,其中有:"注重自由平等之精神""注重表彰中华固有之国粹特色""注重国体政体及一切法政常识"。"注重汉、满、蒙、回、藏五族平等主义""注重博爱主义""注重教育及军事上之知识"

---

① 《临时政府公报》第4号,1912年2月1日。

"注重国民生活上之知识与技能",①反映了当时共和政体下编写教科书的一般思想和要求。编撰新式教科书的先驱则有张元济、蒋维乔、陆费逵、杜亚泉、李步青、杨人梗、刘师培等人。

受新文化运动的影响,同时也是为了普及国民教育和发展小学教育的需要,民国初年的教科书,还经历了由文言文向白话文的过渡。教科书以白话取代文言,具有重大意义,它既是教育近代化的产物,又是推动教育近代化的动力。

南京国民政府成立后,中央教育行政机构虽历经更替,教科书编审程序也有所变异,但始终以"三民主义教育宗旨"为基准,对教科书采取严格的审定制和国定制,强化管理体制。存在时间最长的是1932年设立的国立编译馆。编译馆以"发展文化,促进学术暨审查中等以下学校用书"为宗旨,其编审体制大体延续到1949年。②

人民教育出版社的"中国百年教科书整理与研究"项目及其成果公诸于世,引起学术界、教育界对近代教科书的关注。他们的研究成果首次呈现中国教科书全学科百年发展立体全景,对于百年教科书数据资料整理的完整性和系统性达到前所未有的高度。项目最终形成的研究成果包括五大系列48卷,即中国百年中小学教科书综录(3卷)、中国百年中小学教科书珍本图鉴(4卷)、中国百年中小学教科书变迁脉络研究(19卷)、中国百年中小学教科书变迁专题研究(19卷)、中国百年中小学教科书已发表成果(3卷)。他们创建了中国百年教科书最全书目,创立了第一个中国百年中小学教科书全文图像库——《中国百年中小学教科书图像库》,为当前和今后的教科书编写工作提供了启示与指导。

从他们的研究中,可以看到,近代教科书是具很高学术价值的史料宝库。从这些教科书中,可以看到西方教育理念和方法对国人的影响,看到中国教育从传统到近代的艰难转型,看到社会变迁在学校教育中留下的痕迹,看到国家观念、革命话语、民族意识在教科书中如何叙述、

---

① 《教育杂志》第4卷第1期,1912年4月。
② 李华兴主编:《民国教育史》,上海教育出版社,1997年,第489、491页。

演变、道德规范、科学常识、如何通过教科书润物细无声般地向青少年灌输，一代又一代中国人怎样从这些教科书中吸取营养而成长，还可以看到国统区与革命根据地的教科书有何异同，沦陷区日本侵略者和汉奸编写的教科书如何实行奴化教育……所以近代史各个领域课题的研究都可以从旧的教科书中找到史料。

如果要考察近代教科书的实物，不妨到课本博物馆，中国课本博物馆于2016年9月10日在山东淄博印象齐都文化创意产业园隆重开馆。该馆收藏有百年来中国各时期课本逾两万册，经专家论证是国际范围内规模最大、国内首座课本主题专业博物馆。馆中最早的藏品为1862年出版的老课本，非常罕见。

如果要了解小学课本的内容，不妨读一读各出版社出版的"民国课本系列"之类的图书。贵州人民出版社出版了《民国老课本系列》，辽宁教育出版社出版了《民国老课本》，武汉出版社出版了中级学生用《开明新编国文读本》之类的《民国老课本系列》，九州出版社出版了《民国老课本（典藏本）》，上海科学技术文献出版社出版了《上海图书馆馆藏拂尘老课本》，吉林出版集团有限责任公司出版了《民国教育书系》等。广东教育出版社2016年出版了《中国革命根据地教科书》影印版套书。该书收录了陕甘宁、晋察冀、晋冀鲁豫3个主要革命根据地的小学国语教科书，首次将那段特殊历史背景下的教科书"原书原样"地呈现给读者。

高等教育的教科书，是社会科学家和自然科学家潜心研究成果的结晶，是研究他们人生、研究近代学术发展史的重要资料。

上海古籍出版社出版了李孝迁编校的《史学研究法未刊讲义四种》，将尘封库馆或流落民间的史学研究法讲义从视野之外拉回视线之内，其中前三种是黄人望《史学研究法讲义》、柳诒徵《史学研究法》、李季谷《历史研究法》，均渊源自日人坪井九马三的《史学研究法》；而第四种为姚从吾的《历史研究法》，则主要依据德人伯伦汉著作《历史学概论》。这四种讲义的再版，不仅保存了文献，而且对于研究史学研究法的源流提供了很好的史料。

2012年中国工人出版社出版了陈恭禄的《中国近代史》，这部书曾经是民国时期最有影响力的大学历史教科书,近年来被学术界认为是"代表民国知识分子立场和最高学术水准的经典之作"。1935年出版后,被推荐为当时大学必读书目,很受欢迎,再版两次,到1947年已经印到第七版。

《清末民国法律史料丛刊》中的"法科讲义"系列包含民国时期最具代表性的两所高等法科院校的讲义,即我国第一套法科系列教材"京师法律学堂笔记"和"朝阳大学法科讲义"。

社会教育的教材,如乡土识字课本、科教馆的科普读物等,对于研究社会下层民众接受教育的历史很有帮助。

四 "他者"著述

西方人视我们为"他者",我们何尝不能视他们为"他者"。此处将要介绍的"他者"著述,即来华外国人的著述。

自从古丝绸之路将中国与欧洲沟通之后,西方来华的使节、商人、探险家、传教士逐渐多了起来,在东方则有日本的遣唐使、遣隋使,朝鲜的燕行使者来到中国,他们留下了关于中国的著述不在少数,其中比较著名的有元朝来华的威尼斯人马可·波罗的游记(《马可波罗行纪》)、明朝来华的意大利耶稣会士利玛窦的札记(《利玛窦中国札记》)、清朝来华的朝鲜人朴趾源的日记(《热河日记》)。这类游记、札记(杂记)、日记,加上回忆录,就是来华外国人士著述的主要形式。随着国门被动或主动打开,近代来华外国人比古代更多,他们所撰写的关于中国的游记、杂记、日记和回忆录的数量剧增,是我们研究中国近代史和中外关系史的十分重要的史料。这里所介绍的,是指这些外国人关于中国的著述,他们的其他方面的著作不在其内。

(一)来华外国人士著述的史料价值

近代来华的外国人,形形色色,除了旅行家、探险者外,主要有侵华军人、传教士、商人、外交官、"洋匠""洋教习"、军事顾问、政治顾问、新闻记者等等。有的长期在中国,成为"中国通"或"汉学家"。他们一部分人是为了侵略目的而来的,但也有很多人诚心为了传播宗教,传播西方文化,还有少数人与中国的进步势力发生联系,同情、支持甚至参加了中国的进步事业或革命运动,如呤唎参加太平军,宫崎滔天等参与孙中山的革命活动,共产国际派人来华帮助组建中国共产党,抗战时期更有许多志愿者来华参加抗日斗争。他们大多数对中国和中国人怀有友好感情,如,英国传教士麦高温在他所著的《中国人生活的明与暗》的前言中就说:"我在中国生活了五十年,几乎与每个阶层的人都有过很深的交往,从中得到了莫大的快慰。我越是深入到中国人生活的内部,我的心就越是被他们深深吸引,他们确实是一个非常可爱的民族,在充满欢乐的时刻,在笼罩着悲哀的时刻,以及在激发起正义感的时刻,他们都证明了自己真正拥有作为一个伟大民族的品质。"①

各种各样的外国人,撰写了不少关于中国的著述,有当时写的日记、游记、杂记、调查报告、新闻报道等,有事后写的回忆录,还有学术著作或"野史"。

这些著述,以"他者"的视角观察并记录中国事物,许多看法与中国人看法不一样,因为国人对自己的优缺点司空见惯,犹如"久入芝兰之室而不闻其香,久入鲍鱼之肆而不闻其臭",对优良的传统引不起自豪感,对丑陋的事物产生不了自省意识。正所谓"旁观者清",外国人士对中国的优劣看得比较清楚,如,美国传教士林乐知说:"仆于中国诚知之深而爱之至者也,不谓自初来以迄于今,中国内治外交,无一事出人头地,而且江河日下,岁月骎骎,流极既衰,日本难作,向不甚以荣名显者,到此而竟以辱名显;向不甚以上等称者,到此而竟以下等称。呜呼噫嘻,寄籍之久,关心之切,如鲰生者,尚忍代为讳疾忌医,而坐视沉疴之中于膏肓哉?"②他们针对中国的国民性、政治制度、社会风俗等方面存在的问题,提出建议,开具药方。戴逸在为"西方视野里的中国形象"系列图书所写的序言里指出:"总体来看,这些作者对中国还是

---

① 〔英〕麦高温:《中国人生活的明与暗·前言》,时事出版社,1998年。
② 林乐知:《中东战纪本末》卷八,"治安新策"上之上,上海图书集成局,1896年。

较有感情的;在向世界介绍中国文化方面也确有贡献。"①研究中国近代文化史、社会史和历史人类学等,如能利用一些诸如此类的史料,了解中国与世界各国的区别和差距,就可以更加清楚地认识中国的事情。甚至研究中国近代史上的重大历史事件和重要历史人物,也需要有西方的资料。胡适曾指出:"写这些人物的传记,中国老一辈的传记作者根本无法运用外文资料,而在许多情况下必须以外文资料补正本国学者记载的不足,因为本国学者往往对外部世界的状况与事件并无所知。例如太平天国起义领袖的事迹在中国的记载中均被有意毁掉或加以查禁,而外国的记录则是唯一可信的消息来源。太平天国起义的历史以及它反对偶像崇拜的特殊表现,不借助于外国观察家与传教士所保存下来的记录是难以说得清楚的。"②

在华生活了22年的另一位美国传教士亚瑟·史密斯(Arthur Henderson Smith,1845—1932,中文名为明恩溥),对中国态度友好,他在《中国乡村生活》一书的前言中说:"作者在中国有过丰富的生活经历之后,对中国人无数的优秀品质深表尊重,并对大多数中国人怀有强烈的个人敬意。中华民族不仅有着一个举世无双的过去,也必将有着一个美好的未来。"③为了帮助中国人认识自己撰写的《中国人的性格》,为中国人性格归纳了20多种特征,有褒有贬,并常能在同一问题上看到正反两方面的意义。鲁迅就很受启发,他说:"Smith 的《Chinese Characteristics》……这书在他们(引者按:指日本人),二十年前就有译本,叫作《支那人气质》;但是支那人的我们却不大有人留心它。第一章就是 Smith 说,以为支那人是颇有点做戏气味的民族,精神略有亢奋,就成了戏子样,一字一句,一举手一投足,都装模装样,出于本心的分量,倒还是撑场面的分量多。这就是因为太重体面了,总想将自己的体面弄得十足,所以敢于做出这样的言语动作来。总而言之,支那人的

---

① 戴逸:《中国人生活的明与暗·序言》,时事出版社,1998年。
② 胡适:《清代名人传略·序》,青海人民出版社,1990年。
③ 〔美〕明恩溥:《中国乡村生活·前言》,时事出版社,1998年。

重要的国民性所成的复合关键,便是这'体面'。"①鲁迅希望中国有人翻译这部书,他在《立此存照(三)》中说:"我至今还在希望有人翻出斯密斯的《支那人气质》来。看了这些,而自省、分析,明白哪几点说的对,变革、挣扎,自做工夫,却不求别人的原谅和称赞,来证明究竟怎样的是中国人。"②

然而,外国人了解中国的情况,受到种种条件的限制,记录不大准确,有如隔靴搔痒。辜鸿铭曾评论外国人的中国著述说道:"所谓中华文明之权威研究者,其实未必真正晓悟中国人、中国语言。如尊者阿瑟·史密斯先生,曾著一书,题曰《中国人之特性》,然竟未明何谓真正之中国人,盖鉴于外国人故,不及深邃。"③有的好似盲人摸象。鲁迅在《内山完造作〈活中国的姿态〉序》中曾指出:"一个旅行者走进了下野的有钱的大官的书斋,看见有许多很贵的砚石,便说中国是'文雅的国度';一个观察者到上海来一下,买几种猥亵的书和图画,再去寻寻奇怪的观览物事,便说中国是'色情的国度'。连江苏和浙江方面,大吃竹笋的事,也算作色情心理的表现的一个证据。然而广东和北京等处,因为竹少,所以并不怎么吃竹笋。倘到穷文人的家里或者寓里去,不但无所谓书斋,连砚石也不过用着两角钱一块的家伙。一看见这样的事,先前的结论就通不过去了,所以观察者也就有些窘,不得不另外摘出什么适当的结论来。于是这一回,是说支那很难懂得,支那是'谜的国度'了。"④还是戴逸所说的:"由于文化的隔膜及未能深入准确地了解中华民族的历史传统,书中难免存有一定的偏见和错觉。因此,某些仅凭粗浅的认识即信口开河妄作解人的观点,多少便带有自大张狂和民族歧视的痕迹。"来华外国人中有一部分是站在西方中心主义的角度,有的本人就是侵略分子,他们的记载还有许多帝国主义的偏见,这要特

---

① 《马上支日记(七月二日)》,《鲁迅全集》第3卷,人民文学出版社,2005年,第344页。
② 《立此存照(三)》,《鲁迅全集》第6卷,人民文学出版社,2005年,第649页。
③ 辜鸿铭:《春秋大义:中华文明之精神·序言》,四川文艺出版社,2009年。
④ 鲁迅:《内山完造作〈活中国的姿态〉序》,《鲁迅全集》第6卷,人民文学出版社,2005年,第277页。

别注意。

还有一些属于胡编乱造的书,猎奇的书,也有伪书,需要认真鉴别。比方说,一个叫埃蒙德·巴恪思的英国爵士1898年到北京,长期生活在中国,曾任英国驻华外交官、京师大学堂的教授,1944年死在中国,身后留下一本英文回忆录手稿:《太后与我:慈禧太后的英伦情人》,在尘封68年后,经王笑歌翻译成中文,首度在香港出版,后由北京有关单位引进,云南人民出版社于2012年出版。全书以他的宫廷奇特见闻为主轴,揭露诸亲王与军机大臣、后妃之间种种情爱,以及他本人与慈禧之间维系多年的情爱关系。对清朝的灭亡和慈禧的去世,书中处处流露出惋惜和悲伤的情绪。此书出版以后,引起很大争议,沈渭滨在接受记者采访时指出,慈禧不可能有这么一段跨国恋。从清代森严的宫闱制度就可看出,第一,非太监不能进入宫内,同治帝的天花病是在宫外患的,这反过来证实,偷情这类事件是绝对不可能在宫内发生的。第二,慈禧太后所居的西六宫,在故宫里环套森严,结构紧密,每一个宫门都有太监把守,任何人不可私自进入,官员也是一样,寝宫制度严格,不可能有外国人随便出入。第三,慈禧的每一次出巡都有大量的跟班,根本不会一个人偷偷地出宫。根据这样一些很明显的证据即可以证明,慈禧不可能和宫内、宫外的人密行苟且之事。① 有人认为:"《太后与我》一书,实则是巴克斯的胡编乱造的产物,满篇胡言乱语。其中关于同慈禧的所谓性事都是他自己的幻觉与构想。也可以说,这本读物,是精神病人巴克斯的精神病产物。作为历史读物,此书没有任何史料价值。即使作为文艺小说,也十分离谱,不具阅读价值。总之,巴克斯其实就是一个政治和学术骗子。"②这样的著作绝对不可能拿来作为史料。

(二) 来华外国人士著述介绍

来华外国人人数多,职业不同,来华目的不同,所撰关于中国的著

---

① 《史学家表示:慈禧不太可能有"英伦之恋"》,2012年1月9日《中国社会科学报》。
② 徐彻的博客文章:《〈太后与我〉的作者巴克斯是一个政治和学术骗子》(2012年7月11日)。

述的宗旨和内容有很大差别。下面,每一类型的外国人的著述举一二个例子予以说明。

1. 传教士

鸦片战争以后,西方传教士在炮舰的护送和不平等条约的保护下,再次来到中国。他们肩负起明末清初耶稣会士们没有完成的任务,试图将十字架"插得满山遍谷"。他们之中除了少数人以道袍作掩护从事间谍活动,直接为西方国家的军事侵略充当鹰犬外,多数人所从事的是一种宗教文化传播活动。这种活动在中国传统文化处在衰落时期的情况下,对中国社会带来了许多冲击。他们在传教的同时,开办学堂,出版报刊,兴办慈善事业,中国传统文化和民众思想受到西方科学文化、教育理念等等的影响,悄然地发生着演变。传教士是来华时间比较长的一群人,他们有的人还成为了汉学家,他们的中国著述不仅记载他们在中国的活动,还发表对中国事物的看法,特别是对中国的落后现象进行剖析和批判,直接间接地影响着中国人的观念和行为。传教士的著述是研究中国近代史、中外关系史、近代思想文化史的重要史料。

瑞典传教士韩山文(Theodore Hamberg,1819—1854),在香港传教。洪秀全族弟洪仁玕参加洪秀全反清活动,因故未能赶上金田起义,为躲避清廷追捕,逃到香港,向韩山文学道。他给韩山文讲述了洪秀全早期的活动,韩山文据以写成《洪秀全之异梦及广西乱事之始原》(*The Visions of Hung-Siu-tshuen and Origin of the Kwang-Si Insurrection*)一书,于洪秀全身世和在广西起义的经过以及太平军初期的情况等有较详细记述。原书1854年出版于香港,旋即分期转载于《北华捷报》。当时正值太平天国运动蓬勃发展时期,所以该书出版在海外产生重要影响。经简又文译为中文,改书名为《太平天国起义记》,由燕京大学图书馆于1935年印行。此书对于太平天国早期历史的研究提供了官方记载以外的另一视角。但由于其中内容是从洪仁玕处听来,算不得第一手材料,所以错讹之处也不少,如书中所录洪秀全早期的反清诗,已被证明是伪造的,前已述及。

美国公理会传教士明恩溥亦在中国生活了近50年,而且在山东乡村传教,对中国农村生活十分熟悉,将其观感于1899年编写成《中国乡

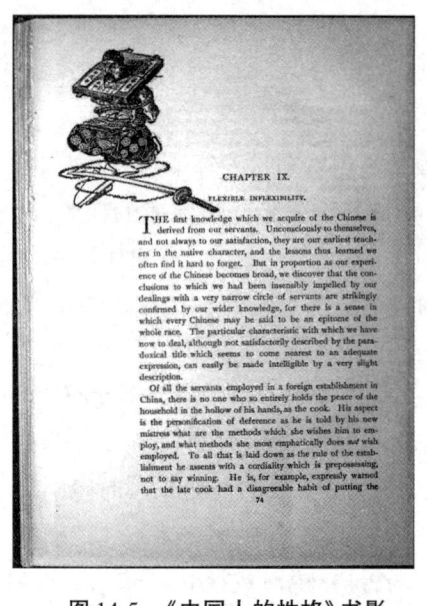

图 14-5 《中国人的性格》书影

村生活》一书,举凡乡村的一切事物,从乡村的名称、结构、道路、渡口、水井、商店、戏剧到乡村学堂、庙宇、集市和各种团体、各种礼俗等等,都在他的笔下展现,他对中国社会的研究曾为鲁迅、潘光旦等大家称道。这也是"西方视野里的中国形象"丛书之一,可作中国农村社会史研究的史料。他的《中国人的性格》1890 年首先在上海英文报纸《华北每日新闻》上连载,后由纽约弗莱明出版公司出版。日本人最先翻译出版,书名叫作《支那人气质》,译者为涩江保,1896 年由东京博物馆出版。鲁迅在日本留学时读过。史密斯在华生活 22 年,《中国人的性格》中为中国人的性格归纳了 20 多种特征,有褒有贬,并常能在同一问题上看到正反两方面的意义。他还出版了《中国的文明》(1885)、《动乱中的中国》(1901)、《基督之王:对中国概括性的研究》(1903)、《中国的社会进步》(1906)等。

明恩溥的这部书在西方有来自 3 点不同观点的异议,而在中国更是很有争议的,有的认为他指出的中国人身上的性格问题对我们有启发,可以促使我们克服民族性格中的一些劣根性。但有的认为他没有资格对中国的民族性说三道四,因为他不真正了解中国人。诚然,来自西方的传教士对落后的中国和中国人有一种自然而然的轻蔑与偏见,我们应本着既批判又吸收的态度,不必苛责外国人 100 多年前说过的话。

此外,传教士的著述还有:

德国基督教路德会牧师郭士立(Karl Friedrich August Gützlaff,1803—1851)有《中国简史》(1834)、《1831、1832、1833 年三次沿中国海岸航行日记,附暹罗、朝鲜、琉球介绍》(1834)、《开放的中国——中华帝国概述》(1838)、《道光皇帝传》(1852)等。

德国传教士花之安（Ernst Faber,1839—1899）著有《儒教汇纂》(1875)、《中国宗教学导论》(1879)、《中国妇女的地位》(1897)、《从历史角度看中国》(1897)、《自西徂东》(1899)等书。

美国监理会传教士林乐知（Young John Allen,1836—1907）有《中东战纪本末》《中国在国际间之地位》《文学兴国策》《李傅相历聘欧美记》等。

英国浸礼会传教士李提摩太（Timothy Richard,1845—1919），有《亲历晚清四十五年：李提摩太在华回忆录》（天津人民出版社,2005年）。

英国基督教新教传教士医生爱德华兹（E. H. Edwards），有《义和团运动时期的山西传教士》（南开大学出版社,1986年）。

英国伦敦会传教士麦高温（John Macgowan,1835—1922）有《厦门方言英汉字典》(1883)、《耶稣，还是孔子——厦门差会的故事》(1889)、《中华帝国史》(1906)、《华南写实》(1897)、《华人生活杂闻》(1907)、《中国人生活的明与暗》(1909)。

美国北长老会传教士丁韪良（William Alexander Parsons Martin,1827—1916)有《中国人：他们的教育、哲学和文字》(1876)、《花甲忆记》(1896)、《北京之围：中国对抗全世界》(1900)、《中国的觉醒》(1907)等。其中《花甲忆记》的中译本：《花甲忆记：一位美国传教士眼中的晚清帝国》，广西师范大学出版社2004年出版。

美国传教士和学者贝德士（Miner Searle Bates,1897—1978）有《宗教自由：一份调查》。他在金陵大学的学生章开沅利用贝德士文献研究"南京大屠杀"和中国教会大学史，出版多部著作。

雒魏林（William Lockhart）的《在华二十年行医传教记》（伦敦,1861)、卫三畏（S. Wells Williams）的《中国总论》（纽约,1871、1883)、李佳白（Gilbert Reid）的《中国排外暴动的原因》（上海,1903)、宝复礼（Frederick Brown,1860—?）的《义和团和其他关于中国的回忆》《三十年后中国之觉醒》(1900)、《跟随联军从天津到北京》（伦敦,1902)、《天津的宗教》等。

2. 外交官

自《天津条约》规定外国公使驻京以后，来华的外交人员逐渐增多,除了政府官员外,还有司徒雷登这样的学者。有时外交官的身份与学者身份是不一致的,于是作为外交官的学者的中国著述具有特殊的价值。

美国外交官、教育家司徒雷登(John Leighton Stuart,1876—1962),生于杭州,其父是当地南长老会教士。从美国大学毕业后,于1904年返回中国,曾任金陵大学教授、燕京大学校长,1946年被任命为美国驻华大使。1949年离开中国回国。他所著《在华五十年:从传教士到大使——司徒雷登回忆录》,原书于1954年由美国兰登出版社出版。中译本首先在台湾《大华晚报》连载,1954年出版。1955年,香港求精出版社再次出版了由阎人峻翻译的司徒雷登回忆录。台湾还有周惠民译本。内地出版了3个中译本:程宗家节译本,北京出版社1982年出版;常江译本,海南出版社2010年出版;《在华五十年:司徒雷登回忆录》于2011年中央编译出版社出版。司徒雷登的事迹人们比较熟悉,而且大都知道他是一位有争议的人物,有人说他"既是政客又是学者,既是狡猾的对手又是温馨的朋友"。① 如何评价这样一位有争议的历史人物,既要看他这部回忆录,也还要参阅当时各方面的记载,以还原司徒雷登的真实面目。

柔克义(William Woodville Rockhill,1854—1914),美国资深外交家,曾多次来华任外交官,还曾到蒙古、西藏"探险"与"考察",是著名的汉学家。著述有《1891—1892年蒙藏旅行日记》《西藏人类学笔记》(1895)、《美国外交:中国事务》(1901)、《中国人口研究》(1904)、《十五世纪至十九世纪末的中韩关系》(1905)、《佛陀传》(1907)、《中国的人口调查》(1910)、《达赖喇嘛和满清皇帝的关系》《达赖喇嘛之国》等。他关于西藏的著作,奠定了他作为美国近代藏学研究先驱者的地位。19世纪末他的入藏活动及其著述激发了美国人对西藏的关注和考察热情,促进了美国藏学研究的发展。他的著作中关于西藏地位的阐述影响了美国近代西藏地位政策的定位,是他开启了近代美国卷入西藏事务之先河。《晚清美国驻华公使柔克义涉藏档案选编》(中英文

---

① 《司徒雷登归葬中国》,2013年2月25日《羊城晚报》。

对照版)一书于 2016 年由五洲传播出版社出版。

3. 在华任职人员

还有一部分外国人士在中国政府或租界里担任各种职务。职位高的有海关总税务司、政府顾问，职位低的，在租界当巡捕，他们也有自己的中国著述。

英国人赫德(Sir Robert Hart,1835—1911)曾任清朝政府第二任海关总税务司长达45年。他控制中国海关与财政命脉，插手多项中国涉外及内政事务。他的日记涉及海关事务、各国驻华外交人员、商人、传教士以及清廷高级官员(如李鸿章)、太平天国等内容，为其他史料书刊所未载，是弥足珍贵的历史资料。他在 1854—1863 年最初 10 年的日记未遗失的部分由陈绛翻译，以《步入中国清廷仕途——赫德日记(1854—1863)》为书名由中国海关出版社于 1986 年出版，2003 年再版。2005 年又出版了《赫德与中国早期现代化：赫德日记(1863—1866)》。赫德日记是他在中国全部生活、思想以及一切政治活动的实录，该书内容提要介绍："本书收录的是赫德自 1854 年踏上中国土地，到 1863 年被任命为总税务司这 10 年间所记的全部日记(除去因私人原因而被其毁掉的部分)，并配以注释，同时还穿插有对赫德的身世背景、当时中国的社会状况、赫德与清政府各级官员的接触，以及仕途的逐步展开等内容的专章评价，从而是赫德成长历程的展示，以主、客观双线交叉进行，既勾画出了一个不平凡的人物复杂的心理发展历程以及其中包含着的深刻的文化冲突与交融，也揭示了当时中国的种种纷繁的社会现实与斗争。"①由于日记记载了赫德参与各种事件的来龙去脉和总理衙门的内幕，是研究中国近代海关史、晚清政治史、中国近代史的第一手资料。

美国人马士(Hosea Ballou Morse,1855—1934)，著有《中国泉币考》(1906)、《中朝制度考》(1908)、《中国公行考》(1909)、《中华帝国对外关系史》(伦敦,1910—1918)、《太平天国纪事》(1927)。其中《中

---

① 《步入中国清廷仕途——赫德日记(1854—1863)·内容提要》，中国海关出版社，2003 年。

华帝国对外关系史》叙述了1834年至1911年历史时期的中外关系史，影响较大，是研究中国近代史的中外学者的主要参考书之一。费正清在《中国沿海的贸易和外交》一书的序言中指出："许多新的研究都只是在马士的基础之上，做了局部的补充"，①可见其史料价值之高。有商务印书馆1960年版和上海书店出版社2006年版。另外，他编撰的《东印度公司对华贸易编年史》（广东人民出版社，2016年）对研究清代华洋贸易具有重要的价值。

上海滩巡捕、英国人彼得斯（E. W. Peters）著有《英国巡捕眼中的上海滩》（中国社会科学出版社，2015年）。

4. 新闻记者

近代以来，开始是来华传教士在中国办报刊，后来外国报刊派记者来华采访，于是外国新闻记者活跃在中国各地。有部分记者受其国家政府的派遣从事搜集情报的工作，还有一部分记者纯粹从事新闻报道业务。他们将报道文章汇编成集出版，这样的著作比事后的回忆录要更接近事实。

《泰晤士报驻华首席记者莫理循直击辛亥革命》，窦坤等译著。主要内容是莫理循在辛亥革命时期的报道。全书共分4部分：第一部分是关于莫理循与辛亥革命的研究性论文，以期使读者更加清楚地理解莫理循的报道和当时的活动。第二部分选译了莫理循在《泰晤士报》刊发的有关辛亥革命的报道。第三部分选摘了莫理循与辛亥革命有关的部分书信。第四部分是"莫理循小传"，让读者能较全面地理解莫理循与近代中国的关系。莫理循的这些通讯报道是研究辛亥革命史和中国近代史较有价值的历史资料，有助于读者从一个新的角度认识百年前中国的革命。

澳大利亚骆惠敏编的《清末民初政情内幕——〈泰晤士报〉驻北京记者袁世凯政治顾问乔·厄·莫理循书信集》上（1895—1912）、下（1912—1920）两卷已由刘桂梁等翻译，知识出版社于1986年出版。该书译者的话介绍说："骆惠敏先生从澳大利亚悉尼米歇尔图书馆、伦敦

---

① 转引自邵循正：《中华帝国对外关系史·序言》（第一卷），商务印书馆，1963年。

《泰晤士报》档案室和加拿大的多伦多大学图书馆等处,广泛地搜集了1895—1920年这二十多年间莫理循同他的上司、同事、亲信、友人的往来信件,汇编成《莫理循书信集》两卷,由英国剑桥大学出版社在1976年和1978年陆续出版,为我们提供了研究这一时期中国历史的重要参考史料。""为了如实地反映莫理循和他通信的人的立场观点,以及本书编者骆惠敏先生所写长篇《引言》和每一章开头的简短前言对有关事件和人物的看法(包括他对莫理循的评价),全部译文悉按原文译出。莫氏往来信札,包括发信地点、日期、收信人发信人称呼,悉按原有格式迻译。仅对少数私人生活琐事适当加以删节。莫氏往来信件中涉及许多历史事件、条约或协定内容、中外政情,在译校过程中尽量查对有关史料,个别冷僻的名称或文字内容未能查到的,按英文译出。"书中涉及的大量外国人姓名,在译校过程中都已根据有关辞书和史料加以核对。

美国记者埃德加·斯诺(Edgar Parks Snow,1905—1972)1936年6月至10月在陕甘宁边区进行了实地采访,通过与中国共产党的领导人毛泽东、周恩来、朱德、刘志丹、贺龙、彭德怀等以及广大红军战士、农民、工人、知识分子的接触交往,了解了革命根据地政治、军事、经济、文化、生活各方面的情况,将其所见所闻写成《红星照耀中国》一书,客观真实地向全世界报道了中国和中国工农红军以及许多红军领袖、红军将领的情况,公正地评价了中国共产党和中国革命。全书共12篇,主要内容包括:关于红军长征的介绍;对中国共产党和红军主要领导人的采访;中国共产党的抗日政策,红军的军事策略以及作者的整个采访经历和感受等。英国伦敦维克多·戈兰茨公司

图14-6 《西行漫记》书影

1937年出版英文初版。后被译为20多种文字,将中国革命介绍到世界各地。1938年由胡愈之、林淡秋、梅益等人译成中文,以复社名义出版,为避国民党的检查,改名为《西行漫记》。1949年后,由于种种原因,只是在1960年2月由三联书店根据复社版印了一小部分,作为内部读物,限于内部发行。"文化大革命"期间曾遭冷遇。改革开放以后,董乐山的译本先后由几家出版社出版。1939年,斯诺之妻海伦将其访问延安的经历撰写成《红色中国内幕》在英国伦敦出版。中文译本称为《续西行漫记》。三联书店与解放军文艺出版社分别于1991年和2002年再版了《续西行漫记》。

安娜·路易斯·斯特朗(Anna Louis Strong,1885—1970)写作了《中国出现黎明》和《中国人征服中国》,均于1949年出版。

另一位美国进步作家史沫特莱(Agnes Smedley,1894—1950),1928年以德国《法兰克福报》特派记者身份来华,后来赴红色区域采访新闻。著有《中国的命运》(1933)、《中国的红军在前进》(1934)、《中国在回击:一个美国妇女同八路军在一起》(1938)、《中国战歌》(1943)和《伟大的道路——朱德的生平和时代》(1956)等书。

其他记者的著作还有:

《八国联军目击记》,〔俄〕德米特里·扬契维茨基(Д. Янчевецкий)著,许崇信译,福建人民出版社1983年出版。

《辛亥革命目击记》,〔英〕埃德温·J.丁格尔(Edwin John Dingle,1881—1972)著,辛亥革命100周年时又以《1911—1912亲历中国革命》书名在浙江大学出版社再版。

另有《陕西辛亥革命目击记》,司慕德(Ernest F. Borst Smith)著,1912年初版,记录了陕西北部地区在辛亥革命期间风起云涌的历史实况。

5. 友好人士

像三S(史沫特莱、斯特朗、斯诺)这种对华友好人士还有不少。他们同情中国进步事业,甚至参加到中国的革命运动中,他们事后写了自己的亲身经历,很有史料价值。

英国人呤唎(Augustus Frederick Lindley,1840—1873)曾参与太平

天国活动,同情起义农民。太平天国运动失败后,他根据自己的经历和见闻,以丰富的材料记述太平天国斗争历史,以《太平天国——太平天国革命的历史,包括作者亲身经历的叙述》书名于1866年由伦敦"Day & Son"出版公司印行。该书于起义者方面的人物、阵法、婚姻、税收、法庭均有记载。传奇色彩较浓,记事有失实之处。1915年商务印书馆出版孟宪承节译本《太平天国革命亲历记》。1961年中华书局出版全译本,由王维周、王元化翻译。1983年经王元化修订,由上海古籍出版社重版。

日本志士宫崎滔天(1871—1922),本名宫崎寅藏。1891年来华,未及因故返日。1895年后结识犬养毅等,得到外相大隈重信赏识,被聘为外务省专员,秘密来华调查哥老会、三合会等组织。后与在日本从事革命活动的孙中山相识,参与孙中山和同盟会的革命运动。著有《三十三年落花梦》《支那革命物语》《清国革命军谈》等。宫崎滔天所著日文《三十三年之梦》,最初在1902年上半年的《二六新闻》上连载,八月出版单行本,孙中山为之作序。1903至1904年间出现了两种中文节译本,即黄中黄(章士钊)的《孙逸仙》和金一(金天翮)的《三十三年落花梦》。后者于光绪二十九年(1903)十一月由上海群学社出版,卷首有孙中山1902年写的序。上海出版合作社1925年重印。据重印赘言称:本书系据"大约二十年前"的译本稍作修改后重印。1981年花城出版社与三联书店香港分店联合出版了香港林启彦译的《三十三年之梦》,2011年3月由广西师范大学出版社重新排印出版。该书是宫崎滔天所作的一部纪实性作品,记叙了作者33年的人生经历,重点述说了其于1891年进入中国,辗转中、日、暹罗、新加坡,一直到1900年参与惠州起义,并于革命失败后离开中国的经历。细致地描述了会见孙中山时孙氏呼吁革命,倡论共和的情境,述说了百日维新失败后协助康有为逃亡日本的经过,并透露了孙中山与康有为的微妙关系。孙中山在1902年所作序中说:"君(按指宫崎滔天)近以倦游归国,将其所历,笔之于书,以为关心亚局兴衰、筹保黄种生存者有所取资焉。吾喜其用意之良,为心之苦,特序此以表扬之。"章士钊《疏黄帝魂》称:当年他"本其一知半解的日文知识,择要迻录,成《孙逸仙》一书,一时风行天下,人人争看,竟成鼓吹革命之有力著述"。王德昭为林启彦译本所作序言则说:"黄中黄(章士钊)的《孙逸仙》一书,固是撰者本其一知半解的日文知识,摘译而成,迻录既未及半,译文又多出自意度,但如无宫崎的《三十三年之梦》,则亦将无黄中黄的《孙逸仙》,所以清末的这一'鼓吹革命之有力著述',还是脱胎于宫崎的原著。"这一在清末鼓吹革命有力的著述,可视为孙中山的最早传记,对于研究孙中山早期在日革命活动、研究近代中日关系等问题,具有很高的史料价值。

日本内山完造(1885—1959),著有《活中国的姿态》《上海漫语》(日本改造社,1938)、《上海夜话》(改造社,1940)、《上海风语》(改造社,1941)、《上海霖语》(大日本雄辩会讲谈社,1942)、《上海汗语》(上海华中铁道公司,1944)、《相同血液的朋友啊》(京都中国文化协会,1949)等关于中国的著述。

《战士之路》是美国陆军航空队中将、二次大战时在中国作战的美国志愿航空队指挥官克莱尔·李·陈纳德(Claire Lee Chennault)的回忆录。该书由时代文艺出版社于2014年出版。

6. 侵略军

德国陆军元帅瓦德西(Alfred Graf Von Waldersee,1832—1904)于1900年8月被任为八国联军统帅,11月抵达北京,指挥侵略军由津、京出兵侵犯山海关、保定、正定以至山西境内,残酷镇压义和团,屠杀中国人民,胁迫清政府接受议和大纲,扩大列强侵华权益。《瓦德西拳乱笔记》是其回忆录的中文节译本,除了其日记、笔记中关于八国联军侵华行动及瓦德西个人活动、观感的记载外,还汇编了1900年8月7日其受德皇电旨任命,至1901年11月回国期间的往来文件。包括他与德皇往来之函电、与八国公使、将帅对侵华政策的协调磋商,以及与清廷议和大臣之谈判等重要记录。从一个侧面反映了当时历史的真实一幕。在遭到中国人民的强烈反抗后,他在书中不得不承认"实则无论欧美、日本各国,皆无此脑力与兵力可以统治此天下生灵四分之一也","故瓜分一事实为下策,如欲实行此下策,则后患又不可为防矣"。该书从一个帝国主义侵华分子自供的角度,为义和团运动的历史作用,提供了真实的说明。该书由王光祈译,曾收入《中国近代史资料丛刊·义和团》,2000年上海中国书店出版。

法国海军军官毕耶尔·洛谛(Pierre Loti,1850—1923),本名朱利安·韦奥(Julien Viaud),1900年八国联军之役时随法国舰队来华,在北京活动近一年,回国后写作了《北京最后的日子》,1932年中国留法学生允若译为《庚子外纪》。现以《撕裂北京的那一年》的书名于2009年由九州出版社出版。

由上海文艺出版集团下属中西书局与圆明园管理处共同策划,以大连外国语学院法语系教师及研究生为主要译者的"圆明园劫难记忆译丛"第一辑于2011年1月出版发行。译丛由法国伯纳·布立塞,中国人民大学清史研究所王道成,北京圆明园管理处陈名杰主编。他们从150多种第二次鸦片战争亲历者的回忆录中精选出14种(法文9种,英文5种),总篇幅300多万字。这些战争亲历者包括英法联军的将军(法军统帅蒙托邦将军、英军统帅格兰特将军)、外交官(法国全权特使葛罗男爵、英国特使额尔金勋爵)、医生、翻译、士兵等,他们或亲笔撰写,或根据战场日记整理,或根据口述笔录,还原了许多不为国人所知的历史细节,原版于1860—1932年间陆续出版。第一辑书目14种:《远征中国》《出征中国和交趾支那来信》《蒙托邦征战中国回忆录》《枫丹白露城堡:欧仁妮皇后的中国博物馆》《翻译官手记》《远征中国纪行》《中国之役:1859—1860年陆军少尉的战争记忆》《黄皮书日记》《1860年征战中国记》《额尔金书信和日记选》《格兰特私人日记选》《巴夏礼在中国》《我们如何进入北京——1860年在中国战役的记述》《1860年华北战役纪要》。第二辑正在紧张编辑筹备过程中。译丛以大量第一手原始资料,弥补了中国相关记载的缺憾,极大地丰富了中国学界对1860年英法联军抢劫焚烧圆明园及文物这段惨痛历史的认识。以珍贵的史料填补了中国近代史和中西交流史中的叙事空白,呈现细节,还原真相,为圆明园罹难史的研究提供了新视角。

来华外国人士撰写出版的中国著述还有很多,翻开《近代来华外国人名词典》,很多外国人都写有关于中国的书,有的人不止一部。有些已被译为中文在中国出版,有些尚未有中译本,利用外语可以查阅、引用。

参考书目

安作璋主编:《中国古代史史料学》,福建人民出版社,1998年。
曹天忠著:《中国近现代史史料学》,高等教育出版社,2016年。
陈高华、陈智超等著:《中国古代史史料学》,北京出版社,1983年。
陈恭禄著:《中国近代史资料概述》,中华书局,1982年。
陈明显主编:《中国现代史料学概论》,北京大学出版社,1993年。
冯尔康著:《清史史料学》,沈阳出版社,2004年。
何东著:《中国现代史史料学》,求实出版社,1987年。
梁启超著:《中国历史研究法》,人民出版社,2005年。
荣孟源著:《史料和历史科学》,人民出版社,1987年。
王桧林著:《中国现代史史料学》,高等教育出版社,1988年。
谢国桢著:《史料学概论》,福建人民出版社,1985年。
张革非、杨益茂、黄名长著:《中国近代史料学稿》,中国人民大学出版社,1990年。
张宪文著:《中国现代史史料学》,山东人民出版社,1985年。
张玉法编:《中国现代史史料指引》,新文丰出版公司,2000年。
张注洪编著:《中国现代革命史史料学》,中共党史资料出版社,1987年。
张注洪著:《中国近现代史史料学述论》,汕头大学出版社,2008年。
郑剑顺编著:《中国近代史料学概论与史料书籍汇录》,厦门大学出版社,1996年。

后　记

　　本书前言,介绍本人讲授中国近代史史料学的体会与做法,自认为还没有过时,所以未另撰前言,下面仅就本次修订的情况作点介绍。

　　在本书出版5年之后,出版社适时地提出了修订的建议。2011年本书出版后,我一直在搜集资料,希望有出修订本修正错误、补充内容的机会。谁知这一天来得这么快,让我及时地实现了自己的愿望。

　　这次修订,做了如下几方面的工作:

　　一、纠正原书的错误。以前搜寻史料原著不大方便,有些引文无法核对,文字难免有错漏。现在尽量找到原著,哪怕是电子版也好,逐一核对,纠正了几处不易发现的错误。同时,也根据原著对史料作更具体的介绍。

　　二、弥补原书的不足。以前电子检索系统不够普及,不够稳定,故书中没有对电子检索系统这种查阅史料的新型工具加以介绍,留下遗憾。现在在查阅史料的工具一讲中,将电子检索系统放在与传统文史工具书同等重要的位置加以介绍,多数网址通过自己上网检测了才著录。

　　三、删去原书的枝蔓。原来为了方便教学,将本人在课堂上做过的鉴别史料、阅读史料的练习也照样编进书中,现在看来有越俎代庖之嫌,于是就删去了第二讲的"鉴别史料练习"和第十三讲"史料选读",将这些工作留给利用本书的师生自己去做。

　　四、调整原书的框架。为保证本书的稳定性,原书框架基本不变,但根据新的形势和新的认识做了少量调整。为使史料类型介绍更全面、更合理,将原来的"奏议类史料"改为"官员文书类史料",将"方志和典制类史料"分开,补充年鉴类史料,把方志与年鉴作为一讲,将典制与约章作为一讲。增加专著类史料,与结集类史料合为一讲。为了强调几种特殊史料,增加了"其他类史料"一讲,介绍地方文献、文艺史料、教科书和"他者"著述(来华外国人著述)。

五、吸收最新学术成果,著录最近出版史料。这是本次修订最下功夫的一项工作。原书出版以来,史学界新收获的学术成果层出不穷,出版界新推出的大型成套史料堆积如山,如果增订本不将这些新成果、新史料吸收进来,将失去增订的意义。所以,对于史料的解读,尽量采用前沿的观点,对于史料的评价,尽量引用权威的看法,并将近年出版的重要史料尽量著录。

但是,限于作者的水平和能力,增订本依然会存在不少问题。如,史料分类中,各类史料难免有交叉之处;由于各类史料数量多寡不一,以致各章节篇幅不平衡;史料介绍中,容或有不准确的地方;囿于见闻,吸收新成果、著录新史料难免挂一漏万;尤其是本人对互联网的运用并不熟练,电子检索系统的介绍难免贻笑大方。诚恳希望读者一如既往予以指教与帮助。

严昌洪
2017 年春节于武昌桂子山忍斋